Décadence

DU MÊME AUTEUR
AUX ÉDITIONS J'AI LU

Le souci des plaisirs, n° 9122
L'ordre libertaire, n° 10232
Manifeste hédoniste, n° 10280
Le magnétisme des solstices, n° 10965
Le canari du nazi, n° 11218
Cosmos, n° 11378
La force du sexe faible, n° 11818
Décoloniser les provinces, n° 12085

MICHEL
ONFRAY

Décadence

Vie et mort du judéo-christianisme

ESSAI

J'AI LU

Décadence est le deuxième tome d'une trilogie intitulée *Brève encyclopédie du monde*. Il présente une *philosophie de l'histoire*. Le premier tome, *Cosmos*, proposait une *philosophie de la nature*. Le troisième aura pour titre *Sagesse* et prendra la forme d'une *philosophie pratique*.

« Les eaux de la religion sont en baisse et laissent derrière elles des marécages ou des étangs ; les nations s'opposent de nouveau dans de vives hostilités et cherchent à se déchirer. Les sciences, cultivées sans mesure et avec la plus aveugle insouciance, émiettent et dissolvent tout ce qui était l'objet d'une ferme croyance ; les classes cultivées et les États civilisés sont balayés par un courant d'affaires magnifiquement dédaigneux. Jamais siècle ne fut plus séculier, plus pauvre d'amour et de bonté. Les milieux intellectuels ne sont plus que des phares ou des refuges au milieu de ce tourbillon d'ambitions concrètes. De jour en jour ils deviennent eux-mêmes plus instables, plus vides de pensée et d'amour. Tout est au service de la barbarie approchante, tout, y compris l'art et la science de ce temps. »

NIETZSCHE, *Considérations inactuelles*, III. § 4

Préface

Métaphysique des ruines
Même la mort meurt

Carthage (Tunis),
vendredi 29 avril 2016,
fin de matinée.

Sous un ciel noir comme saturé par les cendres d'un volcan qui n'existe pas, deux fois troué par une lumière froide qui parvient à peine à percer l'obscurité, une ville entière menace de s'effondrer le long d'une plage sans eau sur laquelle, non loin d'un bateau échoué, médite un évêque mitré avec sa crosse. La palette du peintre qui signe cette toile, Monsù Desiderio, est sobre : le noir bitumé de la nuit et l'or mordoré d'un soleil froid. La ville fut magnifique, voire magnificente : les ruines témoignent, les bâtiments furent sublimes par leur grandeur, leur puissance, leur robustesse. Une colonne immense, une rotonde coiffant le sommet d'un arc massif, un campanile ouvragé, d'imposants immeubles à étages, mais le tout ruiné, abîmé, effondré sans qu'on sache par quoi. Une guerre ? Il aurait fallu qu'elle dispose de nos moyens militaires contemporains. Une peste qui aurait vidé la ville de ses habitants et laissé au temps le temps d'effectuer son œuvre ? Possible. Un tremblement de terre qui justifierait qu'après la secousse la mer ait déserté la plage et se soit enfuie plus loin en laissant un bateau effondré sur le rivage ? Plus probable en effet.

Cette *Légende de saint Augustin. Ruines et embarcation échouée* a été peinte au XVIIe siècle par deux Français naturalisés napolitains, Didier Barra et François de Nomé. Il en existe une seconde dans le même esprit, mais sans esquif à terre et avec l'eau d'une mer à gros bouillons bleus dans laquelle émergent des ruines : *Légende de saint Augustin. Ruines imaginaires au bord de la mer*. La première se trouve à la Galerie nationale de Londres, la seconde chez un collectionneur privé. Mais les deux ont été ainsi nommées par Félix Sluys qui a consacré une monographie aux deux peintres en usant et abusant de la pensée magique freudienne pour laquelle une tour est un phallus et une ruine, un vagin... On sait peu de chose de ces peintres ; on en sait encore moins quand on découvre que les titres des toiles ont été inventés par un critique d'art et que rien ne permet de valider ces baptêmes.

Car si une mitre et une crosse font bien l'évêque, elles ne font pas pour autant le saint Augustin. Mais saint Augustin, lui, fait la toile, car l'homme qui fut évêque eut plus d'une raison de se trouver au bord de la mer : à Carthage quand il enseigne, mais aussi toute sa vie puisqu'il y vint trente-trois fois en trente ans, à Ostie, le port de Rome, où il a une extase et où sa mère meurt, à Hippone où, prêtre, il se trouve nommé évêque et où il rend l'âme dans la ville assiégée depuis trois mois. Hippone c'est également le rivage sur lequel, méditant sur le mystère de la Trinité, il aperçoit un enfant qui va de la mer au trou qu'il a creusé et dans lequel il verse l'eau rapportée du rivage dans une coquille. Saint Augustin dit à l'enfant que son projet est voué à l'échec ;

il s'entend répondre par l'enfant, qui est en fait un ange, qu'il aura fini de transvaser la mer dans son trou qu'il n'aura pas, lui, le philosophe, compris le mystère trinitaire.

La mitre et la crosse, les attributs de l'évêque, témoignent en faveur d'Hippone dont Augustin se voit confier la charge dès 396. Il le sera jusqu'à sa mort le 28 août 430. Quand il rend son dernier souffle, la ville est assiégée depuis plusieurs semaines par les Vandales, une tribu de 12 000 hommes conduite par son roi Genséric à laquelle sont associés des Alains et des Goths. Précisons que ces barbares étaient... chrétiens : ils étaient ariens, autrement dit ils croyaient que Dieu était divin, et son Fils, humain, mais partiellement divin. Augustin a eu le temps de voir les dégâts. La mer est tenue par ceux qu'on nomme depuis les barbares ; ils torturent à mort deux évêques ; ils détruisent les villes, rasent les villas dans les campagnes, tuent leurs propriétaires ou contraignent à la fuite ceux qui leur ont échappé ; ils violent les vierges consacrées ; ils interdisent le culte catholique ; ils vident les églises et les brûlent – ils font ce que font les chrétiens là où ils ont le pouvoir depuis que l'empereur chrétien a converti l'Empire...

Les peintures de Monsù Desiderio peuvent donc en effet figurer saint Augustin sur une plage. Il s'agit alors très probablement d'Hippone, aujourd'hui Annaba en Algérie. Mais la piste historique compte moins que la piste allégorique, métaphorique, philosophique : ce que montrent les deux peintres lorrains vivant à Naples, c'est une *nature morte*. Ce qui fut grand est appelé à devenir poussière, un homme ou une civilisation. Fût-il un fameux Père de l'Église, un grand docteur de l'Église, un théologien notable, un philosophe chrétien, un saint selon l'Église catholique, Augustin fut un malade, un mourant, un mort, un cadavre, puis une charogne selon Baudelaire, un squelette, des cendres, une poussière, puis une poussière éparpillée dans la poussière.

Ainsi, cette ville, sublimée par les peintres, raconte la grandeur de la civilisation qu'elle incarne : la Rome impériale, celle d'un César païen, celle des philosophes stoïciens, celle des édifices majestueux, celle du génie des ingénieurs et des architectes, celle des victoires militaires sur de nombreux champs de bataille, celle de la pensée immanente, celle de Virgile et de Cicéron, des penseurs épicuriens ou des poètes élégiaques de Campanie. Augustin ne s'en offusque pas. On peut même imaginer ce qu'il a dans la tête sur cette plage sans mer, car il a écrit sur ce sujet : « Tout ce qu'on a raconté est affreux ; les monceaux de ruines, les incendies, les rapines, les meurtres et les barbaries. Tout cela est vrai ; nous avons gémi, nous avons pleuré sans pouvoir nous consoler ; je ne le nie donc pas, j'en tombe d'accord, cette histoire est triste et la Ville a cruellement souffert... Vous vous étonnez que le monde périsse ; comme si vous vous scandalisiez que le monde vieillisse ! Le monde est comme l'homme ; il naît, il grandit, il meurt... Ne soyons pas troublés en voyant les justes souffrir ! Leur souffrance est une épreuve ; ce n'est pas une damnation » (*Sermons*, LXXXI, 8).

Puis ceci également : « Dans tout cela, le plus important, c'est le parti qu'on tire de ces choses dont on peut dire qu'elles arrivent à point ou qu'elles tombent mal... Tant il est vrai que l'important, c'est moins ce qu'on endure que la façon dont on l'endure » (*La Cité de Dieu*, I, 8). Selon le principe de la grande tradition théocratique, Augustin voit dans le cours de l'Histoire la main de Dieu : s'il a voulu la fin de l'Empire romain, il a ses raisons et ce sont de bonnes raisons. Que Rome périsse si Rome doit périr, tout comme Carthage punique a péri sous le fer puis le sel de la férule romaine.

Ce que saint Augustin ignore, c'est que l'effondrement de la civilisation romaine à laquelle il assiste sur le rivage d'Hippone rend possible l'avènement de la civilisation judéo-chrétienne dont il est l'un des penseurs majeurs. Avant Augustin, Hippone fut phénicienne, punique, numide, romaine ; sous son mandat elle devient chrétienne, puis vandale, puis byzantine avant de devenir musulmane en 705 – ce qu'elle est toujours. La mort de l'Hippone romaine rend possible l'Hippone chrétienne, Augustin vit à l'articulation de ces deux mondes. Nous vivons, je vis, vous vivez à l'articulation de deux mondes, la fin du judéo-christianisme et l'avènement de ce qui reste flou. La mort de ce qui fut est certaine ; l'épiphanie de ce qui va venir demeure incertaine, même si l'esquisse donne une idée de l'œuvre à venir.

Dans les ruines de Carthage où se sont tenus tant de conciles de l'Église des origines je déambule dans une lumière contemporaine d'Augustin, j'avise la Méditerranée et le ciel : exactement les mêmes qu'au temps du philosophe chrétien. Des oiseaux chantent, ce sont les mêmes pinsons, les mêmes rouges-queues, les mêmes fauvettes ; des bougainvilliers d'un mauve mousseux tamisent la lumière, ce sont les mêmes fleurs ; le soleil chauffe l'âme, c'est le même soleil. Et pourtant, ce ne sont pas les mêmes choses car le Même est Autre jusqu'à épuisement du Même et de l'Autre.

Monsù Desiderio est un peintre de vanités, de natures mortes et d'histoire, ce qui est tout un. La tour de Babel comme signe de l'impossibilité d'achever toute construction en regard du temps et comme aveu qu'avant même que l'œuvre soit terminée la ruine est la fin de tout édifice ; des ruines imaginaires avec souvenirs d'Égypte et de ses pyramides, réminiscence d'Athènes et de ses colonnes corinthiennes, mémoire de Rome, de ses colonnes votives et de ses arcs commémoratifs ; des bâtiments effondrés avec ses scènes mythologiques, vétérotestamentaires, puis néotestamentaires. Chaque fois, dans une palette d'or et de nuit, d'ambre et de suie, des personnages vivent leur destin dans une histoire plus grande qu'eux, qui les contient et les emporte.

Les bâtiments percés, les murs à terre, le fût de colonne démantelé gisant, l'arc brisé, la coupole crevée, l'église explosée, les tombes ouvertes, les rues comblées de gravats, les parements à même le sol, le port effondré dans la mer, tout cela montre ce qui attend le spectateur de ces ruines : *Memento mori*, « souviens-toi que tu vas mourir, toi aussi », disent tout bas ces amas de pierres, comme l'esclave debout derrière lui, sur le char de son triomphe, le chuchotait à l'oreille de l'empereur romain le jour de son sacre. Si même une cité qui fut grande peut un jour n'être plus, que peut-on alors dire d'un homme lui aussi traversé par la loi universelle de l'entropie ?

Regardant les ruines de Carthage sur un belvédère qui les surplombe, on se persuade que la ruine est vraiment la loi de tout ce qui est : du plus humble des hommes à la plus majestueuse des civilisations. Le judéo-christianisme fit des ruines avant de se fissurer et de devenir lui aussi bientôt une ruine semblable en cela à celles de Stonehenge ou de Carnac, de Babylone ou de Kheops, de Palmyre ou de Leptis Magna, d'Athènes ou de Rome. Saint Augustin regarde les ruines de Rome et va servir à bâtir l'après-Rome impériale ; regardant saint Augustin méditant sur ces ruines, on sait aujourd'hui que son œuvre chrétienne est elle aussi en passe de rejoindre les ruines dues aux Vandales et à leurs alliés. Ce qui fut meurt et donne naissance à ce qui est, avant de mourir à son tour.

L'histoire du judéo-christianisme est pleine de ruines, on peut même en esquisser l'histoire rien qu'en invoquant ses ruines : ruines les temples païens démontés et déconstruits, ravagés par les premiers chrétiens au temps où leur secte réussissant par la grâce de l'empereur Constantin devient religion d'État. Qu'on songe à l'arc de Constantin qui commémore la victoire de l'empereur chrétien contre Maxence au pont Milvius et ses dix premières années de pouvoir : il a été édifié entre la fin de 313 et l'été 315, soit en une vingtaine de mois, avec des matériaux récupérés sur des bâtiments païens détruits. La première basilique de Rome et les monuments de Constantinople sont eux aussi édifiés avec des pierres païennes. Le christianisme recycle le paganisme aussi bien dans son architecture que dans l'élaboration de sa fable.

Ruines les ruines antiques que la Renaissance découvre plus tard : pendant mille ans, la vérité se trouve prétendument dans la Bible qui s'avère l'horizon indépassable de toute ontologie, de toute philosophie, de toute science, de toute métaphysique, de toute histoire, de toute politique, de toute astronomie, de toute géologie, de toute morale... La pierre qui affleure du sol avec ses inscriptions romaines, les tombeaux qui s'ouvrent et se trouvent remplis de la lumière qui révèle perles et bijoux, fibules et tissus, bracelets et pierres précieuses, les fûts et les entablements, les triglyphes et les métopes mélangés à la terre brune donnent naissance à l'archéologie qui permet l'histoire des peuples sans l'écriture – donc des peuples sans écriture.

La ruine de ce monde enfoui s'avère un trésor : on peut s'affranchir de la Bible pour chercher une réponse à ses questions en lisant les épigraphes, en cherchant les textes des auteurs contemporains de ce monde qui réapparaît en affleurant les sols – ainsi Lucrèce qui agit en levier intellectuel et spirituel pour un nouveau monde. Les ruines antiques ruinent la vision chrétienne du monde. Avec du vieux, les antiquaires font du neuf ; avec ce neuf, le christianisme devient vieux. La ruine romaine vivante fait mourir la vie chrétienne qui devient ruine petit à petit.

Ces fissures dans l'édifice chrétien le minent considérablement. Quand Monsù Desiderio peint *Explosion dans une église*, il montre métaphoriquement que la Renaissance païenne, puis le protestantisme iconoclaste de ce qui reste de paganisme dans le christianisme, détruisent l'édifice. Les deux hommes peignent la partie droite qui s'effondre pendant que des hommes saccagent des statues, des idoles dans la partie gauche. Monsù Desiderio prend acte d'un certain type d'effondrement du christianisme. Leur peinture pourrait illustrer le mouvement de Contre-Réforme catholique baroque. Elle prend acte de l'éboulis d'un monde qui va entraîner avec lui plus que ce que l'on croit *a priori*.

Car, au siècle suivant, le 14 juillet 1789, la Bastille est prise, puis détruite et revendue en morceaux pour faire des affaires par le jacobin Pierre-François Palloy, un entrepreneur en maçonnerie qui met 800 ouvriers sur le chantier pour la déconstruire. Il fait des bagues avec des fragments de ses pierres. Mme de Genlis porte un pendentif fait d'un support en pierre de Bastille avec le mot Liberté écrit en diamants ! Les chaînes de la prison deviennent des médaillons patriotiques. Les boiseries, les ferronneries, les pierres sont recyclées. Des matériaux de la forteresse sont intégrés au pont de la Concorde. Le même Palloy rentabilise son affaire en faisant construire des maquettes de la prison détruite et les vend aux chefs-lieux des départements. L'homme d'affaires qui invente à sa manière les objets dérivés vendus aujourd'hui dans les musées commémorait tous les ans la mort de Louis XVI par un banquet où l'on mangeait de la tête de porc farcie. Il était surnommé le Patriote. Devenu royaliste sous la Restauration, il reçut la décoration de l'ordre du Lys des mains du futur Charles X en 1814. *Sic transit*... Certains hommes sont aussi des ruines.

Hubert Robert, le peintre emblématique des ruines, peint cette destruction, l'intitule *La Bastille dans les premiers jours de sa démolition*, puis l'expose au Salon de 1789. Mondain, hédoniste, épicurien, franc-maçon, il figure aussi avec une gourmandise anticléricale la démolition de bâtiments religieux. Ainsi *Démolition de l'église Saint-Jean-en-Grève* ou *L'Abbaye de Longchamp*. Ce qui ne l'empêche pas de passer neuf mois en captivité sous la Terreur. Il peint sa détention sur des assiettes. Libéré après thermidor, il devient conservateur du musée du Louvre. Incorrigible, il réalise en 1796 une... *Vue imaginaire de la Grande Galerie du Louvre en ruine*.

Nul n'ignore le vandalisme associé à la Révolution française. Outre la Bastille, on peut ainsi lister : saccage de nombre de châteaux d'aristocrates ; même chose avec les châteaux forts et autres édifices fortifiés ; destruction des églises avec leurs sculptures, leurs vitraux, leur statuaire, leurs tableaux ; fonte des châsses ; mise à terre des bâtiments avec des figures de la royauté ; forçage et profanation des tombeaux de rois ; confection d'une pyramide en l'honneur de Marat avec des morceaux de sarcophages royaux ; destruction de la galerie des Rois à Notre-Dame ; hécatombe des statues qui représentent les monarques ; martelage des emblèmes royaux, tels les blasons, les écussons, les fleurs de lys ; décapitation des statues. Comme sous tous les régimes totalitaires, on cherche en vain les grandes œuvres d'art, y compris architecturales, produites par le jacobinisme confisquant la Révolution française ! Le Panthéon ne fut jamais que l'usage païen et profane de l'Église, et les temples de la raison ont fait de même avec les lieux de culte chrétiens. Les grandes architectures mégalomanes et révolutionnaires de Lequeu, Boullée et Ledoux sont restées des utopies – comme la réalisation de la Liberté pour tous…

Ruines païennes, ruines romaines, ruines révolutionnaires, l'histoire du judéo-christianisme suit l'histoire des ruines qui l'accompagnent. L'épuisement de la civilisation multiplie les ruines. Les deux guerres mondiales incarnent de grands moments de nihilisme ; elles ravagent l'Europe et, en plus des humains, détruisent villes et villages en quantité. En 1914-1918, Reims, par exemple, est bombardée par les Allemands du 3 septembre 1914 au 5 octobre 1918. Sur 14 000 maisons, 2 000 échappent au massacre. La cathédrale brûle et perd sa nef, puis son chœur : 350 obus sont tirés sur l'édifice. En 1939-1945, la débâcle et la Libération génèrent d'abondantes destructions. La Normandie est ravagée après le débarquement du 6 juin 1944. Elle était la région la plus riche en monuments médiévaux et renaissants. Caen est bombardée pendant soixante-cinq jours sans arrêt.

Le 10 juin 1944, à Oradour-sur-Glane, la division Das Reich massacre 642 villageois après les avoir réunis sur la place du village. Enfermés dans l'église, des enfants, des femmes, des vieillards, des hommes dont certains ont été raflés dans leur champ, au travail, sont brûlés dans l'édifice. Cinq personnes périssent dans le four du boulanger. Des corps sont retrouvés dans des puits. Le village a été conservé tel quel, avec ses voitures brûlées, ses maisons calcinées, la cloche fondue de l'église, les rails du tramway. Cette ruine est entretenue comme telle. Il n'est pas question que la nature y reprenne ses droits et que l'herbe, le lierre, les buissons recouvrent tout. C'est une vraie fausse ruine conservée en mémoire du fait que des hommes voulaient ruiner cette civilisation.

Ajoutons à ces ruines de guerre les ruines du régime totalitaire qui les a voulues. Hitler, qui voulut être architecte dans sa jeunesse et auquel on doit peut-être le plus de destructions architecturales au monde, voulait un Reich de mille ans. Il avait demandé à son architecte Albert Speer de penser ses constructions avec en tête les ruines qu'elles produiraient : Néron moderne, le dictateur nazi souhaitait qu'elles ressemblent aux ruines romaines ! Ce projet d'une civilisation nationale-socialiste fut une barbarie ayant duré du 30 janvier 1933 au 8 mai 1945 : le millénaire a duré douze ans – douze années de furies meurtrières sans nom.

Entre le débarquement allié et l'arrivée à Berlin des troupes de libération, les nazis ont eu le temps d'effacer nombre de traces de leur forfait. Ils ont dynamité des chambres à gaz et des camps de concentration qui sont devenus des ruines dans lesquelles Claude Lanzmann a tourné son chef-d'œuvre, *Shoah*. Quelques-uns de ces bâtiments, dont Auschwitz, sont restés en l'état et devenus des musées, des lieux de mémoire. Pendant ce temps, les bombardements alliés ravageaient les villes allemandes. Entre le 13 et le 15 février 1945, quelques jours après la fin de la conférence de Yalta, comme pour montrer à Staline la détermination américaine, Dresde est rayée de la carte. Lors de trois raids, 1 300 bombardiers larguent environ 7 000 tonnes de bombes. Près de 40 000 humains périssent dans le feu et les décombres.

L'URSS elle aussi dispose de ses ruines : celles de Stalingrad, bien sûr, ville martyre. Mais aussi celles de tout le pays qui a payé le prix fort lors de cette Seconde Guerre mondiale. La Russie soviétique a ensuite consacré l'essentiel de son énergie à peaufiner un régime totalitaire : construction du rideau de fer pour isoler l'Europe libre de sa partie marxiste-léniniste, mur de Berlin pour couper la ville en deux, vaste programme de construction de milliers de goulags dans tout le pays. Comme le IIIe Reich qui se proposait d'instaurer une nouvelle civilisation, l'État bolchevique a vécu : les débris des goulags sont aujourd'hui recouverts de végétation, balayés par le vent glacé et brûlés par la neige d'hiver, parfois invisibles pour ceux qui ne savent pas.

Le mur de Berlin a été démoli. Les marchands du Temple n'ont pas manqué qui ont recyclé le béton comme jadis le citoyen jacobin les pierres de la Bastille. Un ancien ouvrier de la RDA, Volker Pawlowski, a récupéré les gravats lors de la destruction. Il les vend au détail ou en bloc dans des magasins de souvenirs berlinois ; il les repeint à l'occasion ou en refait selon les besoins du marché ; il en intègre de petits morceaux dans des capsules de carte postale avec un certificat aux armes de l'ancienne Allemagne de l'Est fabriqué par ses soins. La CIA a acheté l'un des morceaux pour l'intégrer dans son nouveau bâtiment. Sur les 302 miradors, cinq subsistent dont un dans un musée.

Ces ruines européennes, ruines nazies, ruines bolcheviques, ajoutent à la liste des ruines païennes, ruines romaines et ruines révolutionnaires. Le judéo-christianisme connaît également une ruine technologique : celle du village de Tchernobyl, moins due au nucléaire en soi qu'à l'impéritie marxiste-léniniste qui, à coups de bureaucratie, de fonctionnarisation et, disons, d'oblomovisme, a rendu possible cette explosion d'un réacteur nucléaire qui a ravagé une cité et contaminé très largement en Europe à partir de cette ville d'Ukraine qu'on peut aujourd'hui visiter en car... Cette ruine pourrait bien préfigurer la ruine ultime, celle de la civilisation de la fin des civilisations vers laquelle semble nous conduire l'innocence coupable des hommes.

Notre Europe judéo-chrétienne en fin de course dispose déjà de sa ruine emblématique sous la forme d'un des bâtiments les plus visités d'Europe : la cathédrale de la Sagrada Familia de Barcelone voulue par l'architecte vitaliste Antonio Gaudí au XIXe siècle, en 1883 pour être précis, à l'époque où Nietzsche publie *Ainsi parlait Zarathoustra* ! La crypte et la façade de la nativité de cette église qui sont dues à Gaudí ont été déclarées patrimoine de l'Unesco en 2005. De même, le pape Benoît XVI a consacré l'église le 7 novembre 2010. Mais, malgré cette reconnaissance profane et cléricale, la Sagrada Familia n'est toujours pas achevée... C'est donc une ruine anthume !

Songeons que, quand Guillaume le Conquérant décide de construire l'abbaye aux Hommes (que mille ans plus tard je vois chaque jour de mon bureau...) et l'abbaye aux Dames à Caen au XIe siècle, il lui faut dix-huit années (entre 1065 et 1083) pour mener à bien ces deux chantiers parmi beaucoup d'autres, dont le château. Avant cela, entre 1035 et 1066, Guillaume fait construire une vingtaine d'abbayes dans le duché. Moins de vingt ans pour deux abbayes, avec les moyens du génie civil de l'époque médiévale, alors que la Sagrada Familia, commencée en 1883, reste pitoyablement inachevée cent trente ans plus tard… Ce projet catalan court sur trois siècles, du XIXe au XXIe, sans aboutir. Le souverain pontife a donc consacré en personne une église que les hommes ne parviennent pas à finir. Le symbole est fort.

La puissance d'une civilisation épouse toujours la puissance de la religion qui la légitime. Quand la religion se trouve dans une phase ascendante, la civilisation l'est également ; quand elle se trouve dans une phase descendante, la civilisation déchoit ; quand la religion meurt, la civilisation trépasse avec elle. L'athée que je suis ne s'en offusque ni ne s'en réjouit : je constate comme un médecin le ferait d'une desquamation ou d'une fracture, d'un infarctus ou d'un cancer. La civilisation judéo-chrétienne européenne se trouve en phase terminale.

L'annonce nietzschéenne de la mort de Dieu dans l'Europe du XIXe siècle coïncide avec celle du début de la fin de la civilisation judéo-chrétienne. Ce qu'au siècle de Guillaume le Conquérant la foi obtenait sur le terrain de la construction des cathédrales et des abbayes, des églises et des basiliques, la foi défaillante du XXIe siècle ne le peut plus. Les échafaudages qui enserrent la Sagrada Familia comme une prothèse qui la retient symbolisent à la perfection où en est exactement la religion chrétienne : en rade ontologique. Comble de l'ironie, la ruine du christianisme est déjà là, bénie par le pape Benoît XVI.

C'est ce même pape qui, à l'université de Ratisbonne où il avait enseigné la théologie et la philosophie, le mardi 12 septembre 2006, a cité Manuel II Paléologue pour expliquer ce qui se passe en Europe. Au vu des réactions de la planète entière, a-t-il compris qu'il était trop tard et qu'il ne lui restait plus qu'à démissionner ? Toujours est-il que Benoît XVI renonce à sa charge le 28 février 2013 – il renonce, il démissionne, il se retire dans le silence et la prière… Redevenu Joseph Aloisius Ratzinger, il est remplacé par le pape François, tellement jésuite qu'il a pris le nom du premier des franciscains ! La Sagrada Familia est en ruine et le pape qui l'a consacrée a démissionné. Rome n'est plus dans Rome.

Introduction

Puissance et décadence

Dans l'écho d'une étoile effondrée

Treize milliards huit cent millions d'années
avant le lecteur.
Big-bang

Avant quelque chose, il n'y avait pas rien, mais ce qui a rendu possible le quelque chose. De même, avant ce quelque chose se trouvait déjà autre chose. Ajoutons qu'avant ce quelque chose qui rend possible le quelque chose, il y avait aussi un autre quelque chose qui a rendu possible l'antépénultième quelque chose... Et ceci infiniment, car si finitude il y avait, il faudrait alors parler de cause incausée, de premier moteur immobile. Dès lors Dieu pointerait son nez ontologique et l'on se demande bien pourquoi ce Dieu ne serait pas lui aussi causé par autre chose que lui. Il faut se contenter d'éternels fils dont les pères sont des fils sans qu'un seul fils puisse être père de lui-même. Le père est toujours plus vieux que son fils, mais éternellement plus jeune que ce qui l'a rendu possible.

La métaphysique permet tout, c'est d'ailleurs à cela qu'on la reconnaît. Pas la physique qui, elle, se contente du monde donné. Pour l'empirique que je suis, il n'y a rien d'autre qu'une ontologie matérialiste

– *Cosmos* en esquissait l'allure. Dès qu'advient un seul événement, le premier de tous par exemple, l'originel, le généalogique, l'initial, le primordial, l'histoire en est possible. L'histoire est d'ailleurs la réponse à une série de questions qui s'avèrent toutes variations sur la première. La première : d'où vient ce qui est ? Les suivantes : comment est-il advenu ? Quelles formes a-t-il prises ? Comment ? Pourquoi ? En dehors de celui qui la vit, il n'y a pas d'histoire sans l'historien qui la fait. Il n'y a donc pas un sens à l'histoire, ou un sens de l'histoire, mais un sens donné par l'historien à l'histoire qu'il raconte et qui prend forme sous la pression sculptante de son verbe. Le verbe fait la chair de l'histoire.

Toute philosophie de l'histoire qui se présente comme objective n'est jamais que l'histoire de la philosophie subjective de celui qui la propose. La vérité d'une philosophie de l'histoire n'est pas à rechercher ou à trouver dans l'histoire, mais à découvrir dans l'historien qui propose son ordre. Ainsi, chez Hegel, la Raison fait moins la loi dans l'Histoire qu'elle n'impose son ordre au cerveau du philosophe qui veut voir l'Histoire d'abord confuse dans son esprit plier ensuite sous le joug de ses concepts. De même avec Vico ou Herder avant lui, puis avec Spengler ou Toynbee après lui. Même chose avec Kant en amont et Marx en aval.

Ce que veut Hegel, l'histoire ne le veut pas *a priori*, mais le philosophe le lui fait vouloir *a posteriori*. Même remarque avec quiconque s'aventure à proposer une philosophie de l'histoire. L'histoire, même adornée d'une majuscule, n'obéit à aucun autre ordre qu'à celui de l'historien qui, lui, se soumet à la pente de sa biographie. Nietzsche a tout dit sur le sujet en affirmant avec raison que toute philosophie était la production d'une autobiographie. La fragilité psychologique de Hegel révélée même par ses hagiographes trouve matière à dépassement et à apaisement dans l'édifice composé de triades de triades et de triades de triades de triades dans lequel le réel divers, diffus, multiple, diffracté, explosé, entre comme un jouet manufacturé dans les tiroirs d'une armoire d'adulte.

Schopenhauer avec son *vouloir* et Nietzsche avec sa *volonté de puissance*, sinon Bergson avec son *élan vital* ou Deleuze avec ses *flux* se sont approchés au plus près de ce qu'est l'histoire en affirmant l'empire d'une puissance qui échappe à la raison, mais se soumet volontiers à l'observation. La meilleure épistémologie, y compris en histoire, reste celle de Paul Feyerabend qui l'expose dans *Contre la méthode*, un livre allégrement sous-titré *Esquisse d'une théorie anarchiste de la connaissance* (1975). Le propre de cette anti-méthode qui fonctionne comme une véritable méthode, c'est de ne jamais aborder le réel avec l'a priori d'une idée ou d'un concept, encore moins d'une grille de lecture forgée en amont par l'idéologie. Il faut d'abord se laisser envahir par ce qui advient, puis le penser ensuite.

Les philosophies de l'histoire, souvent allemandes, s'appuient d'abord sur une architectonique conceptuelle *a priori* (le progrès kantien, la raison hégélienne, la morphologie spenglerienne...), au détriment de la matière même du monde. Le réel n'a qu'à bien se tenir face aux châteaux conceptuels en Espagne. Spengler a raison de parler de morphologie des civilisations, mais tort de croire qu'un seul et même schéma fonctionnerait pour toutes les civilisations – comme si une seule et même grille logique permettait de rendre compte de la sexualité des tiques, du tropisme des tournesols vers la lumière, de l'usage des mathématiques chez les hommes et du chant d'un ara dans la forêt amazonienne. Certes, une même vie traverse tout ce qui est ; mais les dynamiques, les formes et les forces de cette vie ne sont pas les mêmes d'un fragment du monde l'autre.

Il en va de même avec les civilisations ; toutes obéissent au schéma du vivant : naître, être, grandir, croître, se développer, rayonner, se fatiguer, s'épuiser, vieillir, souffrir, mourir, disparaître. Mais toutes ne vivent pas de la même manière : un nouveau-né peut mourir dès la sortie du ventre de sa mère, il peut aussi donner un fringant centenaire ; il pourra vivre une vie heureuse, sans trop d'histoire, sans grande douleur, sans réelle souffrance ou, comme un grand malade, traverser une existence pleine de périls, de tourments, de supplices ; il connaîtra peut-être une vie brève, mais dense, ou bien une existence longue, mais terne, ou bien brève et terne, et longue et dense ; il fera des rencontres heureuses qui l'élèveront ou de mauvaises qui l'abaisseront ; etc.

Il en va de même avec les civilisations : toutes naissent, sont, vivent, croissent, meurent, mais selon des ordres divers et multiples, irréductibles. L'une est brève, l'autre courte. L'une qui fut il y a trois mille ans, celle des Juifs soumis à la loi de Moïse, persiste jusqu'à ce jour après de multiples aléas, mais dans une grande santé existentielle ; une autre, celle des Étrusques par exemple, dure six cents ans, avant de disparaître diluée dans la Rome royale en nous laissant d'énigmatiques sourires sur les couvercles de tombeaux d'époux en terre cuite ou de fragiles peintures de corps féminins réduits en poussière depuis des siècles.

Les unes produisent des traces durables, avec le désir de ceux qui les écrivent de les inscrire dans l'éternité, celles du judéo-christianisme par exemple ; alors que d'autres, comme les civilisations africaines, polynésiennes ou océaniennes, taillent un masque dans un bois abandonné aux termites après l'usage cérémoniel, dessinent un entrelacs sur la peau pour des rituels sacrés, ou tressent la fibre de coco pour coller des plumes et des cheveux destinés à une parure que la première pluie réduit en bouillie. Le sourire de l'ange gothique de la cathédrale de Reims ne dit pourtant pas moins que le masque ricaneur Hemba arboré par les membres des sociétés secrètes Bugado et Bambudye pendant les cérémonies d'enterrement.

Une même énergie, une même force, un même déterminisme travaillent pourtant les hommes aux mêmes moments. Comment sinon expliquer que, séparés par d'innombrables chaînes de montagnes, des kilomètres de géographies hostiles, des paysages nullement propices aux rencontres, des hommes puissent sculpter mêmement des figures grimaçantes sur des masques, ici dans une montagne du Népal primitif, à l'est de Katmandou, là dans un village africain de la tribu Pendé Mbangu de l'ancien Congo belge : l'un et l'autre montrent le nez tordu par la grimace, la bouche déformée par le rictus de la douleur, de la souffrance – et ce dans une même orientation. Ces bouches ouvertes sur un cri semblent taillées dans le bois par une même intelligence bien qu'il s'agisse de sculpteurs qui s'ignorent et méconnaissent l'art de leur frère ontologique. Il faut bien qu'il y ait dans l'âme de ces hommes une force identique à l'œuvre.

D'où vient cette force qui fait l'histoire ? De l'écho et du tremblement vaste d'une étoile effondrée. Or la philosophie de l'histoire pèche de ne concevoir les choses que sur de petites distances. Certes, sous l'influence d'un article publié par Fernand Braudel en 1958, les historiens ont jadis travaillé sur ce qu'ils nommaient les *longues durées*. Mais qu'est-ce qu'une longue durée dans l'esprit braudélien ? Quelques siècles, pas même des millénaires… De toutes petites distances, d'infimes espaces, de ridicules segments au regard de la vastitude dans laquelle s'inscrit tout ce qui est, puis advient sur cette planète.

Car l'anthropocentrisme qui se trouve habituellement et légitimement dénoncé par les historiens fait la loi en matière de philosophie de l'histoire. Or, le mouvement qui anime les civilisations, toutes les civilisations, des premières, les plus frustes, aux dernières, les plus élaborées, a été initié bien avant les hommes, bien avant le vivant, bien avant la Terre, dans les temps hors temps dont l'astronomie nous donne aujourd'hui un sentiment plus qu'une mesure, une intuition plus qu'une raison. Nous vivons dans le jet d'un geste décrit par l'astronomie la plus récente. Mais nous ne le savons pas. Du moins : nous voulons ne pas le savoir.

L'histoire, qui est écriture du passé dans le présent afin de le conserver pour l'avenir, suppose le temps. Vérité de La Palice. Or le temps quant à lui suppose qu'on s'en soucie moins en philosophe qui voudrait une belle définition, genre *forme immobile de l'éternité immobile* platonicienne, le *nombre du mouvement selon l'antérieur et le postérieur* aristotélicien, ou bien la *forme* a priori *de la sensibilité* kantienne, qu'en penseur empirique qui sait que la durée advient, du moins dans la forme que nous lui connaissons, quand s'effondre sur elle-même l'étoile dont tout procède. Cette explosion en expansion depuis presque quatorze milliards d'années produit une onde dans laquelle s'inscrit tout ce qui vit : une étoile ou une fourmi, une rotation de planète ou le tropisme d'une anguille vers les Sargasses, la fixité de l'étoile Polaire dans notre Voie lactée ou le devenir homme d'un singe, une civilisation ou un humain.

Vitalisme ? Si l'on veut. Car le vitalisme invalide le mécanisme qui est description pure *a posteriori* du réel et non compréhension de l'épiphanie de ce même réel. La simple somme des actions humaines ne saurait faire l'histoire, pas plus que l'addition de toutes les cellules d'un corps ne parvient à produire un être vivant. L'addition des faits ne suffit pas à l'obtention d'un ordre. Ni même leurs multiplications ou leurs soustractions. La civilisation obéit à la force qui la propulse, exactement de la même manière qu'un projectile qui se contente de subir la loi de qui en a généré le mouvement. Dieu lui-même est un projectile des hommes, il n'est pas le projecteur qui, lui, est le souffle de cette étoile effondrée.

Penser l'éternité avec les catégories du temps s'avérera toujours une tâche impossible. De même avec l'espace, surtout quand on le pense en termes d'années-lumière. Car, qu'est-ce que se trouver à dix mille années-lumière d'un lieu ? Et quelle différence l'esprit est-il capable de faire entre dix mille années-lumière et dix millions d'années-lumière ? Certes, dix millions, c'est plus loin, mais comment cette distance peut-elle être dite plus lointaine que l'autre ? Ajouter une dimension à l'infini n'augmente pas l'infini mais décuple notre malaise à ne pas parvenir à le saisir. L'infini ne se pensera jamais selon l'ordre de notre finitude.

Nous sommes prisonniers de notre temps et de l'espace dans lequel nous nous mouvons. Mais notre intelligence, qui ne saurait percevoir le détail de l'infini du temps ou de l'espace, peut en éprouver le vortex, peut chanceler devant l'abîme, trembler devant le gouffre sans fond. Les vérités de l'astrophysique donnent le vertige à une pensée qui, pourvu qu'elle entame ce voyage vers l'ineffable, connaît l'ivresse devant ce spectacle : la voracité des trous noirs et le champ infini des multivers, l'énigme de la matière noire qui nomme la quasi-totalité de ce qui est et l'écho du big-bang encore audible à cette heure, la contraction d'une étoile devenue naine blanche et les issues mystérieuses des trous de ver, l'explosion des supernovas et le rayonnement électromagnétique des pulsars, la vibration conceptuelle des cordes et le quasar qui est quasi-star, la dilatation exponentielle de l'Univers et la possibilité d'une vie sur d'autres galaxies. En dehors de nos petites catégories mentales ravagées par les leçons de l'astrophysique, que peut-on savoir et qu'est-il permis d'espérer ?

Seule une image permet de concevoir un peu ce qui fut jusqu'à nous et quelle place nous occupons dans l'Univers. L'allégorie est connue : si l'on recourt à la métaphore d'une année de trois cent soixante-cinq jours et que l'on fait commencer la naissance de notre Univers à minuit, qu'est-ce qui advient ensuite et quand ? Cet artifice conceptuel a été pensé avec un big-bang vieux de quinze milliards d'années alors que les estimations les plus récentes ont affiné à treize milliards huit cent millions d'années. Dans cette configuration, un an égale donc quinze milliards d'années. Un jour, c'est quarante et un millions d'années ; vingt-quatre jours, un milliard d'années ; un million d'années, trente-six minutes ; une seconde, cinq cents ans.

Donc : 1er janvier à 0 h 00, big-bang avant lequel… il y avait quelque chose. Les récentes théories de la gravitation quantique posent l'hypothèse qu'avant cet Univers le même existait, mais inversé. Du vide et des champs d'énergie aléatoires dans une vaste étendue glacée, voilà ce qui existe avant que notre

Univers soit. Ces forces s'agrègent après avoir gagné en intensité, des grumeaux se forment, puis des trous noirs au sein desquels la densité de matière s'élève. L'espace s'effondre sur lui-même. La densité, la température et la courbure connaissent des points d'acmé avant de décroître. Le big-bang nomme le moment de ce renversement : d'une certaine manière, il est *déjà* une décadence.

Poursuivons dans la métaphore : fin janvier se forme notre galaxie que nous nommons la Voie lactée. Elle signifie la trace blanche qui ceint le ciel étoilé. Les Grecs en faisaient des gouttes de lait tombées du sein de Héra quand elle allaitait Héraclès, un bambin alors remuant… Nous vivons dans une galaxie plate comme une galette constituée d'une concrétion d'étoiles. La Terre fait partie de cette galaxie que nous observons. Voilà pourquoi nous ne pouvons en observer que le bord. Diamètre : 100 000 années-lumière. Épaisseur : 2 000 années-lumière. Le centre est composé d'un amas compact d'étoiles qui entourent un trou noir massif. De février à août : plusieurs cycles se constituent dans notre galaxie – nébuleuses, formations d'étoiles, naines blanches, géantes rouges, supernovas, explosions de quelques-unes d'entre elles non loin de notre nébuleuse. Dans cette conjonction de forces et d'événements, le 31 août se forment la Terre et le système solaire dans lequel elle évolue. Selon l'ordre de notre métaphore, ce processus prend une journée – rappel de la durée véritable : quarante et un millions d'années…

La *vie astrophysique* continue en même temps que la *vie géologique* : le 6 septembre apparaissent les plus vieux minéraux connus – le zircon australien ; le 12 septembre, les plus vieilles roches connues – lac des esclaves au Canada. Vie astrophysique, vie géologique, c'est au tour de la *vie biologique* d'apparaître le 13 septembre avec les plus vieilles traces de vie connues – une matière organique retrouvée au Groenland ; le 24 septembre, les premiers fossiles connus – bactéries et stromatolithes découverts en Australie ; le 15 octobre : inauguration de la plus vieille glaciation connue, inutile de préciser que ces variations climatiques sont effets cosmiques et non anthropiques, il y en aura une quinzaine jusqu'à ce jour ; 25 octobre : plus vieilles traces chimiques connues – des cellules eucaryotes ; 31 octobre : création de la croûte continentale, tectonique des plaques, formation de la pangée, début de la vie constante des continents terrestres. Disparition du règne de l'Archéen, règne du temps géologique, et apparition du Protérozoïque, autre règne géologique. Vers le 10 novembre, l'oxygène libre apparaît dans l'atmosphère. Un mois plus tard, c'est au tour des algues, des vers et des méduses de naître. Les 15 et 16 décembre, glaciations généralisées, puis formation et dislocation de la dernière pangée. Apparition du règne primaire. Coquillages et crustacés le 18 décembre ; premiers poissons le lendemain ; végétaux et animaux terrestres le jour suivant. Règne secondaire : nuit du 25 au 26 décembre, mammifères et dinosaures – ces derniers disparaissent le 30 décembre à 10 heures du matin.

Règne tertiaire. Dans la vie biologique surgit la *vie humaine*, même si l'on se trouve dans un temps généalogique de l'humain : le 31 décembre vers 21 heures apparaît Toumaï, un moment généalogique du primate qui va rendre l'homme possible – nous sommes sept millions d'années avant aujourd'hui. Son crâne est découvert au Tchad. Ce même jour, mais une heure et demie plus tard, apparaît Lucy, découverte en Éthiopie – nous sommes à trois millions deux cent mille années d'elle. Lucy marche de façon bipède. Règne quaternaire : le 31 décembre à 23 heures 59 minutes et 26 secondes les hommes peignent dans la grotte de Lascaux. Quelques secondes plus tard, minuit sonne. Au sixième coup, les pharaons font construire les pyramides de Kheops. Huit secondes nous séparent d'eux.

Ce qui advient quand s'effondre l'étoile dont tout n'est que poussière d'icelle est puissance. Je nomme puissance cette force aveugle qui n'obéit qu'à ce plan ignoré et qui n'est pas divin mais cosmique, qui nous conduit de l'être au non-être. Car ce qui est vivant meurt : une étoile et une galaxie, un univers et une espèce. Tout obéit aveuglément et inéluctablement à ce schéma : naître, être, croître, culminer, décroître, disparaître. Les civilisations sont elles-mêmes soumises à ce processus qui affecte tout ce qui est vivant et se trouve dans un temps et dans un espace. Je nomme décadence ce qui advient après la pleine puissance et qui conduit vers la fin de cette même puissance.

L'allégorie se poursuit pour le futur. Nous nous trouvons donc quelques secondes après cette nouvelle année. Dans cette série nouvelle, début mai, la Terre se vaporisera et le Soleil deviendra une géante rouge. Tout ce qui aura eu lieu sur cette planète se trouvera aboli. L'homme aura disparu depuis bien longtemps. La Terre sera une boule de roches en fusion qui circulera dans l'atmosphère comme un terrible incendie. Vers le 10 mai, le Soleil mourra. Il deviendra naine noire. Ce qui aura été ne sera même pas un souvenir.

On ne peut donc proposer une philosophie de l'histoire sans relier l'homme au cosmos. Les philosophies de l'histoire n'ont fait que lier l'homme à l'homme en croyant qu'il décidait, qu'il voulait, alors qu'il était décidé, qu'il était voulu. Pas plus qu'une étoile n'a décidé un jour de s'effondrer sur elle-même ou que la pangée n'a désiré se modifier sous l'influence de la tectonique des plaques, pas plus non plus que les dinosaures n'ont décidé de disparaître un jour de la planète ou que les hommes auraient souhaité y apparaître, tout ce qui a été, tout ce qui est, et tout ce qui sera obéit à cette puissance. Le réel n'est jamais que le dépliage d'une fatalité, le pur effet du déterminisme. Les hommes s'illusionnent quand ils pensent vouloir ce qui les veut.

On ne peut délier l'homme de ce qui l'a rendu possible pas plus qu'on ne peut le délier de ce qui le conduit vers son anéantissement. Une philosophie de l'histoire qui ne regarde que la microcoupure qu'est une civilisation en imaginant que des jeux de force volontaires opposent des hommes, des cultures, des civilisations avec des desseins clairs se trompe. En histoire, le regard de Sirius reste un regard de myope. La puissance qui a produit ces forces avec lesquelles se fait l'histoire se joue des hommes de la même manière que l'océan demeure indifférent aux gouttes qui le composent.

Il faut définir à nouveaux frais un matérialisme historique et dialectique, mais dans une tout autre optique que celle de Marx et Engels. Le matérialisme historique est patent quand on renvoie les forces en jeu dans l'histoire à la puissance issue de l'effondrement d'une étoile sur elle-même. Le temps et l'espace, qui sont les modalités architectoniques de l'histoire, naissent à ce moment-là dans ces formes-là. L'histoire est dialectique parce qu'elle obéit à un mouvement qu'elle ne choisit pas mais qui la choisit. Ce mouvement relève du vitalisme :

ce qui est vit pour aller vers sa mort. Une civilisation comme toute autre chose bien sûr.

Disciple des vitalistes Théophile de Bordeu et Paul-Joseph Barthez, l'anatomiste Bichat qui meurt à l'âge de trente ans après avoir disséqué des centaines de cadavres, dont certains obtenus par violations de sépultures, a raison de définir la vie comme « l'ensemble des forces qui résistent à la mort ». Une civilisation lutte d'abord contre ce qui la met en péril. Elle n'existe qu'autant qu'elle a raison de ce qui la menace et veut sa fin. Dès qu'elle naît, elle fait face à ce qui veut l'abolir. Pour s'installer, elle doit s'imposer ; pour s'imposer, elle doit conquérir. Toute civilisation est d'abord le fait de barbares. La qualification s'inverse : quand le barbare a réussi, il est le civilisé qui traite de barbare celui qui a été vaincu. On le sait, l'histoire est écrite par les vainqueurs qui, rarement magnanimes, tuent les cadavres et assassinent les morts.

La civilisation lutte contre tout ce qui la menace. Le principe d'entropie faisant la loi, elle n'existe que selon la logique de la néguentropie qui rend possible l'homéostasie du système. La civilisation meurt quand ce qui la menace depuis qu'elle est a raison d'elle un jour parce que les forces ne sont plus assez tendues, bandées, efficaces. La néguentropie explique la capacité à s'adapter en permanence à un environnement changeant. L'entropie finit toujours par triompher, car la puissance a pour vocation d'entrer en décadence, comme la vie a vocation à déboucher un jour sur la mort.

Mais la dénégation fait la loi dès que la mort est en jeu. Qu'il s'agisse d'individus ou de civilisations, la lucidité est grande sur la mort d'autrui, mais jamais sur la sienne. On le sait depuis que Valéry en a donné la magnifique formule dans *La Crise de l'esprit* repris dans *Variété* au lendemain de la Première Guerre mondiale, en 1919 : « Nous autres, civilisations, nous savons maintenant que nous sommes mortelles. » *Mortelles*, dira le dénégateur, ne veut dire ni *mourantes* ni *mortes* ! Et il ouvrira son sac à malice pour jouer le Diafoirus de la civilisation en expliquant qu'il a bien de l'émétique, du purgatif, du laxatif, du diurétique, du détoxifiant comme on ne disait pas du temps de Molière, pour purger bébé et lui donner un nouveau coup de jeunesse – avant d'assister bouche bée au trépas du malade dans la minute qui suit l'ouverture de sa musette…

Pourtant, une grande culture n'est pas nécessaire pour savoir qu'on n'enterre plus aucun pharaon dans les pyramides égyptiennes, qu'on ne réunit plus les druides dans les alignements des mégalithes celtes, qu'on ne gravit plus les marches du Parthénon athénien pour y sacrifier à Athéna, qu'on ne tient plus de réunion dans le sénat sur le forum romain, qu'on n'offre plus aucun cœur humain au dieu aztèque du soleil, ni même qu'on ne sacre plus aucun roi dans la cathédrale de Reims… Faut-il préciser les raisons ? Parce que ces civilisations sont mortes !

Il n'existe aucune raison unique à l'effondrement d'une civilisation, sinon un prétexte qui a causé la mort de ce qui devait mourir un jour. La liste des causes données à la chute de l'Empire romain relève de l'inventaire : la modification du climat avec une longue période de sécheresse ; la dégradation des sols à cause de l'impéritie agricole ; la chute drastique de la population ; les épidémies de peste ; le malthusianisme chrétien induit par sa politique sexuelle ; le vandalisme des barbares ; le métissage des populations ; la généralisation du luxe et de la corruption ; la destruction des richesses et de la production par la pression fiscale ; la mauvaise gestion financière et administrative ; le déplacement du commerce vers l'Orient ; l'impossibilité d'une ligne politique claire à cause des assassinats d'empereurs ; la disparition de l'esprit militaire ; la perte du sentiment patriotique ; la coupure de l'Empire en deux ; une crise intellectuelle et morale défaitiste ; la vie dans un âge d'angoisse ; etc.

Mais aucune de ces causes ne saurait être la seule et unique : un empire ne s'effondre pas parce que les instruments agricoles qui ont rendu possible sa grandeur causeraient d'un seul coup sa chute ! Ni parce que l'agriculture lessive les sols ou que les précipitations génèrent des famines. Ou que les chrétiens pratiquent l'abstinence sexuelle. Sinon parce que le sentiment patriotique s'effrite. La plupart de ces prétendues causes semblent en fait bien plutôt des effets ! C'est parce qu'il y a entropie de la puissance et insuffisance des forces néguentropiques pour la combattre avec assez d'efficacité que ce qui aurait été piqûre de moustique sur le cuir de l'éléphant devient venin mortel. Le renoncement au sexe des dévots de la secte du Christ ne suffit pas à causer l'effondrement de l'empire de Rome.

Un empire s'effondre parce que sa néguentropie lui a interdit de lutter contre l'entropie qui a fini par l'emporter après l'avoir guetté, accompagné, menacé, travaillé, abîmé, vaincu. Le temps qui naît dans les limbes astrophysiques n'a pas vocation à être éternité. Il est dans sa nature d'être volatil, passager, fugitif – temporaire si je ne craignais la redondance. Une civilisation éclate un jour comme une bulle de savon parce qu'il est dans l'ordre des choses que l'être cesse d'être, que l'être aille vers le non-être pour s'y dissoudre, que l'être se glisse un jour dans le néant comme un corps dans un cercueil et un cercueil dans un tombeau. Rien n'échappe à l'entropie dans un monde dont la matière la plus dure est le temps.

La décadence est un fait. Mais il existe une exploitation politique de ce fait. Elle s'avère toujours dommageable. L'optimiste dira qu'il suffit d'un homme providentiel pour inverser la vapeur décadentiste. D'un homme providentiel ou d'une perspective messianique : les marxismes et les fascismes, y compris le national-socialisme, sont des optimismes car ils affirment qu'il suffit d'agir dans un sens pour obtenir l'inversion de la courbe entropique. L'islamisme entre dans cette catégorie des politiques optimistes qui escomptent un avenir radieux si l'on applique leur plan. Vivre selon l'ordre de la charia effacerait tout ce qui est présenté comme décadent. Marxistes, léninistes, maoïstes, castristes, fascistes, vichystes, nazis, islamistes parlent de régénération, d'homme nouveau, de renaissance, ils croient que le monde pourrait être autre que ce qu'il est, autrement dit, meilleur, prospère, florissant, d'une certaine manière : édénique. Le sang n'est pas compté dans ce délire de régénération par le prolétariat, la nation, la race, le djihad. Cet optimisme se double d'hécatombes sans nom et d'un échec systématique de leurs projets dans l'histoire.

Le pessimiste dira qu'il n'y a rien à faire, que c'est ainsi, que c'est dans l'ordre du monde, mais qu'il faut une forte digue pour retenir cette marée d'eau sale. Nature humaine pour les laïcs, péché originel pour les chrétiens, pulsion de mort pour les freudiens, tous communient dans la croyance en un régime fort pour contenir la violence qui ne peut pas ne pas être. Le contre-révolutionnaire Joseph de Maistre en appelle au bourreau, le néobouddhiste Schopenhauer à l'homme à poigne, le pansexualiste Freud au dictateur fasciste, le philosophe de l'oubli de l'Être Heidegger au Führer, l'homme des *Syllogismes de l'amertume* et du *Précis de décomposition*, Cioran, au glaive purificateur des barbares…

Le pessimiste se fait parfois optimiste quand il se déclare réactionnaire, autrement dit, au sens étymologique, quand il souhaite restaurer un ordre ancien. L'optimiste veut améliorer le présent avec le futur ; le pessimiste veut la même chose, mais avec le passé. L'un promet le paradis avec le progrès ; l'autre, avec le regrès. Le premier attend le salut de l'avenir parce qu'il croit que tout s'arrange avec ses recettes progressistes ; le second estime que, puisque c'était mieux avant, il faut revenir aux fondamentaux anciens. Or, le présent ne se fait ni avec le futur de l'optimiste ni avec le passé du pessimiste, mais avec l'instant du tragique.

Car ni l'optimisme ni le pessimisme ne sont de mise quand s'impose la tierce option qu'est la pensée tragique : le tragique voit le réel tel qu'il est, du moins il s'efforce autant que faire se peut de voir le réel tel qu'il est. Il ne se contente pas de croire comme l'optimiste qu'on peut boucher le cratère du volcan en éruption ni, comme le pessimiste, de supposer qu'une digue peut en contenir la lave qui se déverse à flots. Le tragique voit et n'échafaude aucun plan pour empêcher que le réel soit. C'est ainsi et pas autrement. *Fatum* disaient les Romains. Le volcan dégorgeant sa lave, comme la civilisation qui s'effondre, est une manifestation de pur déterminisme. S'en offusquer relève de la pensée magique.

Mais, diront les amateurs de libre arbitre, il ne faudrait donc pas s'engager dans une cause plutôt qu'une autre ? Choisir un camp et écarter celui d'en face ? Ce qui n'a pas eu lieu aurait eu lieu si ce qui a eu lieu n'avait pas eu lieu. Ce qui n'a pas été aurait été si ce qui a été n'avait pas été. Question de formes aléatoires pour des forces qui, seules, demeurent. Napoléon mort dans son berceau à l'âge de quatre mois, un autre homme aurait fait couler le sang à sa place, nourri les champs de bataille de l'Europe et voulu conquérir encore et encore les terres qui ne lui appartenaient pas. Peu importe le nom du dictateur, la dictature est inscrite dans l'ordre des choses. La résistance à la dictature obéit à un semblable déterminisme. De même pour l'indifférence à la dictature. Les noms propres sont des masques portés par la nécessité.

L'éternel retour est une évidence, non pas du même, de ce qui a eu lieu avec tel ou tel fantôme, mais de la puissance qui s'avère multiforme, polymorphe, protéiforme. Qu'importe les noms de Tamerlan ou de Gengis Khan : ils furent les prête-noms d'une force sans cesse à l'œuvre qui a pour nom thanatocratie et qui triomphe comme l'une des nombreuses variations sur le thème de la *puissance*. Ils furent, ils ne sont plus, mais leurs semblables les ont remplacés, avant eux aussi de n'être plus et de se trouver remplacés par d'autres qui agiront exactement comme eux. Ainsi, hier, Staline et Mao. Aujourd'hui Kim Jong-un en Corée du Nord ou le calife al-Baghdadi dans l'État islamique.

Dans une configuration judéo-chrétienne nourrie à la croyance au libre arbitre, il est difficile de concevoir que l'histoire est une aventure dans laquelle les hommes sont des sujets et non des acteurs. Plus ils semblent acteurs, plus ils sont sujets. Une civilisation est une cristallisation effectuée sur le principe stendhalien du rameau tombé dans la mine de Salzbourg : autour d'un morceau de bois, les cristaux de sel s'agglutinent pour transformer la branche en objet scintillant. La fiction d'un Jésus, pure construction conceptuelle sortie tout droit des textes de l'Ancien Testament des Juifs, est ce rameau sur lequel se cristallisent les molécules qui constituent la brillance : la religion, la théologie, l'armée, la politique, l'art, la loi, le droit, l'État, la police, la justice, l'architecture, l'éducation, l'école, l'université, la guerre, voilà les cristaux avec lesquels se présentifie le rameau judéo-chrétien.

Toute lecture de civilisation s'apparente à une déconstruction cristallographique. Tout est cristal : un cristal de sel est semblable à un autre cristal de sel, car tous deux obéissent à une même nécessité et aucun n'a choisi d'être ce qu'il est plutôt qu'autre chose. Un cristal de quartz ressemble à un autre cristal de quartz, et pour les mêmes raisons. Mais, bien que cristaux l'un et l'autre, le sel et le quartz sont soumis aux mêmes règles cristallographiques, sans être semblables. Il en va de même avec les civilisations : semblables dans le principe dialectique de leur devenir, soumises au jeu de l'entropie et de la néguentropie, mais dissemblables dans le détail de ce devenir.

Personne ne choisit d'être ce qu'il est, car nombre d'individus auraient choisi autre chose que ce qu'ils sont s'ils en avaient eu la possibilité. Baudelaire n'a pas plus choisi d'être poète que celui qui voudrait être Baudelaire n'a choisi de n'y point parvenir. La puissance poétique touche l'un ; elle épargne l'autre. De même pour une civilisation qui devient ce qu'elle est par déploiement de son programme aléatoire. Elle est une puissance qui va et force le réel pour trouver une issue à son exigence. Son trajet est un destin. La puissance va jusqu'à son épuisement obtenu par l'accumulation de frictions entropiques. La somme de ce qui ralentit finit un jour par immobiliser.

Le rameau d'une civilisation est toujours une spiritualité. Il n'est pas d'exemple dans l'histoire d'une civilisation dont le noyau dur n'ait pas été à l'origine une croyance qui, devenue officielle et collective, se transforme en religion. On le sait, une religion, c'est une secte qui a réussi. Et comment une secte peut-elle réussir ? Quand elle s'impose par la force et la violence, et rien d'autre. La puissance n'est l'alliée que de la puissance. Ce qui la contrarie ou la contredit se trouve pulvérisé par son passage.

Le judéo-christianisme triomphe non parce qu'il est vérité, mais parce qu'il est puissance armée, contrainte policière, ruse politique, intimidation martiale. De pur et glorieux concept messianique échappé des versets vétérotestamentaires, le Prophète juif Jésus devient figure historique contraignante pour chacun par la grâce de la soldatesque. Économe et darwinienne, l'histoire emprunte toujours la voie d'une minorité agissante pour soumettre les minorités silencieuses. La vigueur est alors ce qui caractérise la civilisation dans son moment généalogique. La première partie de *Décadence*, « Le temps de la vigueur », en propose le détail.

La puissance déborde la salle de garde et la sueur des légionnaires, elle sait aussi se faire intelligence et pénètre les cerveaux d'une autre minorité qui donne à la fiction son corps idéologique : quand ils sont catholiques, et tous ont alors intérêt à l'être à cette époque, les penseurs, les philosophes, les théologiens, les professeurs, contribuent à la cristallisation du rameau civilisationnel. La patristique, la rhétorique, la sophistique, la scolastique, la théologie sont autant de légions venues de partout en appui aux soldats qui sentent l'ail et le mauvais vin. L'un affûte et polit son glaive, l'autre taille sa plume et prépare son encre. Tous les deux marchent dans la même direction.

Les artistes, les peintres, les sculpteurs, les musiciens, les archéologues, les historiens ajoutent des divisions à ce corps d'armée. On donne à l'histoire de Jésus et des siens des visages et des corps, des formes et des vêtements, des regards et des voix, du sang et de la chair. On lui fabrique une vie réelle et concrète, on lui trouve des lieux de naissance, de procès, de trépas, de crucifixion, on fouille le sol pour récupérer des clous et des morceaux de la vraie croix. Quatre siècles plus tard, on dispose des épines de la couronne du supplice et l'on a soigneusement plié la tunique du crucifié.

L'architecte construit les écrins de ces rouages idéologiques. La destruction des anciens bâtiments, le recyclage des temples païens, la construction de nouveaux édifices majestueux, tout cela confère à l'idée une forme ouvragée. Les organes du pouvoir et du savoir disposent de leurs bâtisses. La visibilité de la puissance exige des édifices monumentaux. Les lieux de culte foisonnent. Siècle après siècle, on peut suivre sur une carte d'Europe le mouvement de cette vigueur : l'incroyable floraison de basiliques, d'abbayes, d'églises, de cathédrales, de monastères montre combien le judéo-christianisme prolifère, fort d'une grande santé.

L'empereur, le légionnaire, le théologien, l'artiste, l'architecte voient le juriste les rejoindre. La foi fait force de loi ; la loi fait force de foi. Le maillage juridique fonctionne comme le filet du rétiaire dans l'arène : impossible de s'en défaire une fois qu'il est jeté sur les autres gladiateurs. La loi n'est rien d'autre que la cristallisation d'une force dans une forme avantageuse à ceux qui la créent. Le droit ne dit pas le juste ou le vrai, mais la force. Le juriste est un mélange de prêtre et de soldat, de philosophe et de professeur. Il donne à la violence l'apparence de la paix. Du moins : il interdit toute autre violence que celle qu'il impose.

Le professeur éduque les éducateurs. L'école et l'université fabriquent les petits soldats intellectuels de l'idéologie dominante. Dans ces lieux, on n'apprend pas à penser librement mais à obéir fidèlement. Le savoir y tourne sur lui-même comme un derviche en folie. Les arabesques de la scolastique, les volutes de la rhétorique, le rococo de la sophistique noient le poisson intellectuel dans l'eau saumâtre d'un monde qui fatigue. Ce que l'enseignant n'obtient pas, le juriste le réalise avec l'aide du soldat et du garde-chiourme. Le banc de l'université ne convainc que les convaincus. Dehors, le pouvoir judéo-chrétien massacre à tour de bras pendant que les élèves ânonnent les formules du syllogisme – Barbara, Festino, Celarent, Fresison, Bocardo, etc.

L'exercice de la Raison correspond peu ou prou à l'entrée du loup dans la bergerie. Quand elle n'est pas l'instrument de la foi, ce qu'elle fut pendant mille ans, la raison devient son ennemie, ce qu'elle va être pendant quelques siècles, avant de succomber elle-même engloutie par le vide qu'elle aura ouvert sous ses pieds. Entre les mains de Thomas d'Aquin la raison n'obtient pas les mêmes résultats qu'entre celles de Montaigne qui abolit le Moyen Âge. Le temps de la vigueur fut celui de la *Naissance*, de la *Croissance*, de la *Puissance* de la civilisation judéo-chrétienne ; le temps de l'épuisement qui s'annonce sera celui de la *Dégénérescence*, de la *Sénescence* et de la *Déliquescence*. C'est la seconde partie de *Décadence*.

La Raison bien conduite, autrement dit autonome et débarrassée de Dieu, fait plus et mieux que l'empereur, le légionnaire, le théologien, l'artiste, l'architecte, le juriste, le professeur, car elle abolit tout ce monde-là. La réalité politique construite à partir de la fiction christique se fissure. À la manière de l'archéologie, l'exégèse biblique fait remonter à la surface des témoignages qui prouvent que tout n'a pas été comme le raconte le récit officiel. Contradictions, invraisemblances, anomalies, cocasseries, étrangetés, bizarreries sont étalées sur la table du philosophe qui, debout et non agenouillé, pense vraiment les textes et ne se contente pas de les réciter ou de gloser les gloses. La déconstruction rationnelle pose des charges explosives dans tous les coins de l'édifice judéo-chrétien. Il n'est pas sans drôlerie que le premier dynamiteur du christianisme dans les premières années du XVIIIe siècle soit un curé : Jean Meslier.

Ce ne sont pas les philosophes qui appuient sur le détonateur mis en place par leurs soins, mais les révolutionnaires de 1793. En Europe, et dans la totalité de la sphère judéo-chrétienne, l'onde de choc ébranle considérablement la civilisation. Pendant mille ans, une caste a soumis les peuples en s'appuyant sur Dieu et ses ministres. On n'humilie jamais ni une personne ni un peuple impunément. Le ressentiment est une puissance capable d'abolir la puissance dominante – jeu de force, effets de dynamique, suites causales, principes de thermodynamique... Ce qui se trouve contraint ici cherche une issue ailleurs. La mécanique féodale génère une contre-mécanique révolutionnaire. Dieu étant partie prenante de la première, la mort de Dieu structure la seconde.

Avec la guillotine, instrument présenté comme égalitaire et humaniste par son inventeur franc-maçon, l'Homme du ressentiment impose sa loi en lieu et place de la hache et du billot de l'Homme féodal. Le sang qui coule du cou coupé de Louis XVI va se répandre au moins pendant deux siècles. De la même manière qu'il fallut le sang du Christ pour oindre la civilisation judéo-chrétienne, il a fallu en théocratie le sang d'un roi pour tremper un monde qui voulut dépasser le judéo-christianisme en s'en faisant l'exact inverse. Mais en retournant le gant on ne l'abolit pas.

Garder la théocratie sans Dieu, conserver le millénarisme sans Messie, maintenir la parousie sans Prophète, sauvegarder l'enfer et le paradis sans arrière-monde, sacrifier à l'eschatologie en dehors du sens, viser la fin de l'histoire en ayant brisé la boussole théologique, c'était sans conteste se précipiter vers l'abîme. On ne saurait se diriger vers les gouffres sans s'y trouver aspiré – loi physique. Le vide appelle la chute.

L'entropie de cette puissance débandée par la raison critique triomphe de la néguentropie. La raison chrétienne ne fait plus la loi, certes, mais la raison philosophique et philosophante non plus. Ce qui fut négation se trouve nié à son tour avec les avant-gardes intellectuelles et esthétiques au début du XXe siècle. La raison négatrice de la foi est niée par le retour de la force brutale – l'instinct lâché, l'inconscient libéré, le cerveau reptilien laissé à lui-même, le nihilisme dispose d'un boulevard devant lui. Nous en sommes là, radeau de la *Méduse* sur une mer avant la tempête…

Première partie

LES TEMPS DE LA VIGUEUR

I. Naissance

La fabrication d'une civilisation

1

Les aventures de l'anticorps du Christ

Biographie d'une fiction

Mont du Golgotha, Palestine,
vendredi 7 avril 30.

La civilisation judéo-chrétienne se construit sur une fiction : celle d'un Jésus n'ayant jamais eu d'autre existence qu'allégorique, métaphorique, symbolique, mythologique. Il n'existe de ce personnage aucune preuve tangible en son temps : on ne trouve en effet de lui aucun portrait physique, ni dans l'histoire de l'art qui lui serait contemporaine, ni dans les textes des Évangiles où l'on ne trouve aucune description du personnage. Plus de mille ans d'histoire de l'art lui ont donné un corps d'homme blanc, un visage avec un regard clair, des cheveux blonds et une barbe bifide, autrement dit des critères qui renseignent plus sur les artistes qui le figurent (au sens étymologique : qui lui donnent figure) que sur leur sujet. Dans l'art occidental, Jésus prend en effet le corps de l'aryen brachycéphale qui le peint. Mais rien de ce qui constitue ce portrait emblématique ne trouve de justification dans un seul verset du Nouveau Testament, muet sur son aspect physique.

Notre civilisation tout entière semble reposer sur la tentative de donner un corps à cet être qui n'eut d'autre existence que conceptuelle. Jésus de Nazareth qui n'a pas historiquement existé devint donc le Christ pantocrator qui cristallise sur son nom presque deux mille ans d'une histoire occidentale saturée de lui. Là où l'histoire de son temps a été silencieuse à son propos, l'histoire qui a suivi a été plus que bavarde puisqu'elle fut conduite par le désir de donner à Jésus la forme entière du monde. Le pari fut presque tenu : le monde entier n'a pas été totalement fait à son image, mais ce qui a été épargné n'a pas existé sans se déterminer par rapport à lui.

Ce Jésus sans corps procède d'une naissance qui n'est pas une naissance. À l'évidence, un anticorps ne saurait naître comme un corps ! Rappelons quelques banalités de base : depuis le début de l'humanité, l'histoire veut qu'un enfant digne de ce nom, c'est-à-dire un être de chair et d'os, ait un père qui soit son géniteur et une mère qui porte l'enfant conçu avec la semence de celui-ci – du moins jusqu'à la fin du XXe siècle il en allait ainsi et, banalement, le père était un homme, la mère, une femme…

Très en avance sur leur temps, le trio Jésus, Marie, Joseph procède de ce que la modernité chérit : une procréation dissociée du sexe, un père qui n'est pas père, une mère qui est vierge et dont l'accouchement préserve l'hymen, un géniteur sans sperme, un sperme sans géniteur, un enfant conçu sans liqueur séminale, des frères issus d'une mère qui n'en reste pas moins vierge, une famille dans laquelle le père n'a pas de sexualité, la mère non plus, ni même le fils qui meurt vierge à trente-trois ans. Le tout chez un individu qui se dit Fils de Dieu, tout en affirmant que le Père et le Fils c'est la même chose – l'ensemble se nommant également le Saint-Esprit. Cette absence de corps physique réel paraît dommageable à l'exercice d'une raison sainement conduite. Or, c'est sur cette déraison pure que va se construire la raison occidentale judéo-chrétienne.

La généalogie de Jésus est bien compliquée. Quand on lit la litanie qui ouvre l'Évangile selon Matthieu, elle le fait descendre en droite ligne de David, d'Abraham, et sur trois fois quatorze générations. Il s'agit donc, dès le départ, de présenter Jésus comme le Messie attendu par les Juifs, l'héritier direct des promesses faites à Abraham, à David et à sa dynastie. Ce que dit l'apôtre, c'est que Jésus n'est rien d'autre que le Prophète annoncé par les Juifs : ceux des Juifs qui souscrivent à cette version sont les judéo-chrétiens, ceux qui n'y souscrivent pas, les Juifs. Dans la configuration judéo-chrétienne, Jésus est une fiction qui cristallise l'annonce qui fut faite de lui. De sorte que ceux qui l'ont fait pour le futur l'ont construit tel qu'il a été annoncé dans le passé. Ce qui est annoncé dans l'Ancien Testament est dit réalisé dans le Nouveau Testament : ce qui est futur pour le premier devient passé pour le second. J'y reviendrai.

Si l'on réduit la généalogie aux parents et aux grands-parents de Jésus, les corps sont aussi performatifs, comme on dit en linguistique, que le sien : ils furent rien que parce qu'on a dit qu'ils étaient. Qu'on en juge : les grands-parents de Jésus étaient Joachim et Anne. Le nom de Joachim signifie en hébreu « Dieu se tiendra debout » – autant dire que le patronyme annonce la couleur théologique : il est celui qui va permettre l'incarnation de Dieu ; celui d'Anne, lui, dit la « grâce » – il rappelle celui de la mère de Samuel. Les emplois ontologiques du grand-père et de la grand-mère de Jésus se trouvent ainsi annoncés dès qu'ils sont énoncés. L'une a la grâce, l'autre donne forme à Dieu. Comment leur progéniture pourrait-elle échapper à ce destin fixé et figé par les patronymes ? Jésus lui-même signifie « Dieu sauve », « Dieu délivre ». Ces simples informations patronymiques annoncent la nature métaphorique de cette histoire.

Les Évangiles synoptiques ne s'attardent pas beaucoup sur Joachim et Anne. Il faut lire les Évangiles apocryphes pour disposer de renseignements sur les détails de ces grands-parents qui humanisent Jésus. On comprend que, quand il arrête les 27 livres du Nouveau Testament dans *De la doctrine chrétienne* (II, 8), saint Augustin choisit ce qui nourrit la mythologie d'un christianisme selon ses vœux, donc plutôt métaphysique, qu'un christianisme selon l'histoire. Plus on spiritualise, plus on dématérialise. Moins Jésus est matériel, plus il est spirituel.

Le *Proto-Évangile* de Jacques et l'*Évangile de l'enfance* du pseudo-Matthieu permettent de savoir ce qu'il en est des géniteurs des parents de l'anticorps de Jésus. Le titre originel du *Proto-Évangile* est *Nativité de Marie*. L'Occident latin a condamné ce texte qui fut abondamment diffusé dans nombre de langues – latin, syriaque, copte, arménien, géorgien, éthiopien, arabe, vieil irlandais. Il recycle, comme toujours avec le christianisme, des histoires déjà présentes dans l'Ancien Testament : celle de Sarah et Abraham, et la naissance inattendue d'Isaac annoncée par un ange à forme humaine dans la Genèse (18, 1-15).

Anne est stérile et veuve. Joachim part au désert pour y jeûner quarante jours et quarante nuits afin que Dieu lui apporte l'enfant qui lui permettra d'effacer l'affront de la stérilité pensée à cette époque et dans ce milieu comme une punition divine. Ces quarante jours renvoient à des durées symboliques, avant lui, Moïse (Exode 24, 18) et Élie (I Rois 19, 8), après lui, Jésus (Matthieu 4, 2). Pendant ce temps, Anne pleure. À la neuvième heure, elle s'assied comme par hasard sous un laurier : il se trouve que cet arbre, toujours vert, symbolise l'immortalité... De même, la neuvième heure sera celle de la mort du Christ sur la croix. Elle invoque Dieu et évoque Sarah, Abraham et Isaac. Elle lève les yeux et voit un nid de passereaux dans l'arbre – nul besoin cette fois-ci de préciser la symbolique. Elle se lamente ; un ange lui apparaît ; il se présente également à Joachim. À sept mois, chiffre de la perfection, c'est en effet le nombre du jour de l'achèvement de la création, Anne accouche de Marie, future mère de Jésus. Elle allaite.

L'*Évangile de l'enfance* du pseudo-Matthieu apporte quelques précisions supplémentaires. Joachim est berger, là aussi, là encore, la profession relève moins d'un état sociologique que d'une information allégorique : le berger conduit des moutons et des brebis, certes, mais c'est également celui qui guide le troupeau des fidèles. Il est donc berger comme son petit-fils le sera, bien que ce dernier ait la profession de son père... qui était charpentier ! Il faut s'y faire. La logique de l'allégorie n'est jamais celle de la raison raisonnable et raisonnante.

Joachim est généreux, il donne et nourrit « tous ceux qui craignent Dieu » (I, 1) – allégorie une fois de plus. Dans le texte, il s'agit des veuves, des orphelins, des pauvres, autrement dit du futur petit peuple devant lequel Jésus professera. À vingt ans il épouse Anne ; vingt ans plus tard, ils n'ont toujours pas d'enfant. Parce qu'il n'a pas de descendance, volonté punitive de Dieu, les prêtres lui interdisent le Temple et l'on se moque de lui. Il part dans le désert. Non pas quarante jours comme dans le texte de Jacques, mais cinq mois – parce que cinq est le nombre nuptial : il est la somme du deux féminin et du trois masculin. L'ange visite Anne et lui annonce la maternité ; puis il apparaît à Joachim et lui donne la bonne nouvelle : « Sache qu'elle a conçu une fille de ta semence » (3, 2), dit l'envoyé de Dieu à l'homme qui, sans être géniteur, devient ainsi père.

Sans rancune, Joachim invite l'ange sous sa tente à fêter l'événement. Ce dernier refuse poliment et répond : « Ma nourriture est invisible et ma boisson ne peut être vue par les mortels » (3, 3), inaugurant ainsi une gastronomie ontologique qui sera celle du petit-fils annoncé. Joachim sacrifie un agneau de sorte que « l'ange accompagné par l'odeur du sacrifice, comme avec la fumée, remonta au ciel » (*id.*). Joachim s'endort, l'ange lui réapparaît en rêve et confirme son annonce. Joachim rejoint sa femme, un autre ange avertit Anne du retour de son époux qu'elle n'avait pas vu depuis cinq mois. Elle accouche de Marie à terme.

Voici donc pour la parentèle de Jésus : un grand-père qui engendre sans avoir touché sa femme stérile qui accouche tout de même d'une petite fille, sa mère. De même que ses grands-parents constituent un attelage ontologique singulier (un vieillard devenu père avec une vieille femme stérile, le tout sans relation sexuelle, avec juste l'intercession d'un ange), ses parents feront de même. Pareil fatras familial augure mal une postérité équilibrée. Qu'une civilisation se construise à partir des racines d'un tel arbre généalogique augure un roman historique inouï.

La vie de Marie ne manque pas elle aussi de nager dans le merveilleux : l'enfant naît avant terme, au septième mois, ce qui est le signe d'une intervention divine. Dieu étant numérologue en chef, il sait que sept est le chiffre de la perfection. Isaac, déjà, était né sous le même signe. L'enfant marche à six mois ; et elle fait... sept pas. À un an, elle est présentée aux Grands Prêtres d'Israël qui la bénissent. À trois ans, elle entre dans le Temple et y demeure comme une colombe nous dit le texte – la colombe annonce la fin du Déluge, donc la fin de la colère de Dieu, elle est sur la tête de Jésus lors de son baptême. Par ailleurs, l'anagramme numérique du mot colombe en grec donne la même somme que l'*alpha* et l'*oméga*. Marie « recevait de la nourriture de la main d'un ange ». Or on sait que l'ange ne consomme pas de nourriture terrestre, mais des nourritures immatérielles, donc symboliques. Avec ce genre d'aliment ontologique, on ne craint que l'indigestion de symboles.

À douze ans, elle a ses règles. Impure selon la loi juive du Lévitique, elle doit quitter le Temple. Un ange dit au Grand Prêtre qu'il doit convoquer les veufs du Temple. Chacun doit apporter une baguette. Dieu donnera son signe avec ces baguettes qui se trouvent déjà dans l'Ancien Testament – Nombres (17, 16-28) : celui dont le bâton bourgeonne (que les freudiens commentent...) est l'élu de Dieu. Pas de bourgeon pour Joseph dont le petit bâton sec était resté dans un coin (que les freudiens continuent...) – rappelons qu'il était veuf. Mais c'est... une colombe qui sort de son petit bout de bois (que les freudiens, etc.) et se pose sur sa tête.

Joseph est vieux, veuf, il a des enfants d'un premier mariage ; Jésus aura donc des frères, des demi-frères. Des sœurs aussi, dit-on. Marie est jeune et vierge. Le charpentier refuse la garde de cette enfant, il craint le ridicule et le qu'en-dira-t-on. Le prêtre l'oblige à la prendre chez lui : Marie a douze ans. Il la garde sous son toit, ne la touche pas, respecte sa virginité et repart sur ses chantiers – Joseph était plus un entrepreneur en charpente qu'un petit artisan modeste. Il est parfois absent trois mois sur des chantiers lointains.

Pendant ce temps, avec 82 autres jeunes filles vierges, Marie tisse le voile du Temple qui sépare le sanctuaire du Saint des Saints, elle appartient à la tribu de David. Donc elle est d'un sang noble et relève d'un grand lignage. On répartit les tâches ; sept jeunes filles tisseront chacune un matériau : l'or, l'amiante, le lin, la soie, le bleu, l'écarlate et la pourpre. À Marie revient évidemment le tissage de la pourpre, signe du pouvoir et de l'empire. Codage toujours.

Un jour qu'elle va chercher de l'eau à la source, métaphore et allégorie une fois de plus, un ange lui apparaît et lui annonce son destin. Quelque temps plus tard, il lui redit : « Ne crains pas, Marie, car tu as trouvé grâce devant le Maître de toutes choses. Tu concevras de sa Parole » (11, 2). À qui sait entendre cette phrase angélique, *concevoir de la Parole de Dieu*, c'est dire que Jésus n'est pas un corps mais un concept, un *Logos*, un Verbe, une Parole. C'est l'Évangile selon Jean qui dira combien cette piste est la bonne : Jésus n'est pas un corps de chair, mais un *corpus de mots*.

Marie interroge l'ange sur les modalités de cette conception : concevra-t-elle comme les autres femmes, avec un père qui soit un géniteur concret, terrestre ? L'ange écarte cette idée triviale. Pas de corps pour générer un anticorps : « La puissance de Dieu le couvrira de son ombre » (12, 3), lui dit-il. Elle sera donc couverte, certes, mais par une ombre ; pas n'importe quelle ombre, bien sûr, celle de Dieu, mais par une ombre tout de même. L'ange lui dit que son enfant se nommera Jésus. Rappelons que l'étymologie enseigne qu'elle donnera vie à *celui qui sauve*.

Cette ombre de Dieu est une lumière... Du moins : une ombre lumineuse. Luc explique en effet qu'« une nuée lumineuse couvrait la grotte de son ombre » (1, 35). Marie a seize ans quand elle tombe enceinte. Six mois après son départ, Joseph revient et retrouve sa femme grosse. Il se frappe le visage, se jette à terre, pleure et demande qui est le père ! « Qui m'a ravi la vierge et qui l'a souillée » (13, 1). Question légitime... Marie répond qu'elle ne l'a pas trompé : « Je suis pure, moi, et je ne connais point d'homme. » Puis : « Je ne sais d'où il est venu en moi » (13, 3). Silence de Joseph qui réfléchit à sa réaction : se taire, c'est trahir la loi d'Israël, parler, c'est prendre le risque de n'être pas cru et de sacrifier ce qui pourrait être le Fils de Dieu. Il envisage de lui demander de quitter discrètement sa maison. L'ange Gabriel l'en dissuade ; il y consent.

Le Grand Prêtre accuse Joseph d'avoir trahi. Marie est amenée au tribunal du Temple. Elle pleure et réitère : elle est pure et n'a connu aucun homme. « Tu as consommé furtivement ton mariage » (16, 1), affirme le Grand Prêtre. Joseph pleure. Il répond au prêtre cette phrase magnifique : « Envoie tes serviteurs, et tu trouveras la vierge enceinte » (15, 2). Une *vierge enceinte*, voilà un oxymore appelé à faire de terribles ravages quand l'Église proposera ce modèle existentiel aux femmes de l'Occident pendant plus d'un millénaire. Il faudra toute la rouerie sophistique des Pères de l'Église pour expliquer avec force circonlocutions qu'on peut être chaste en couchant – il suffira de ne pas consentir au plaisir et de faire de nécessité sexuelle vertu uxorale !

Les prêtres soumettent le couple à une ordalie : le père qui n'est pas le géniteur et la mère qui n'a pas couché boivent *l'eau d'amertume* offerte par l'officiant : si, après avoir bu et fait plusieurs fois le tour de l'autel, la femme est coupable d'adultère, son ventre enfle et son sein dépérit. Rien ne se manifeste. Ils partent ensuite tous deux au désert et reviennent sains et saufs. Preuve qu'ils ont dit vrai ! Le couple rentre à la maison et bénit Dieu. La grossesse peut aller à son terme : Marie est enceinte de Dieu, elle reste donc bien vierge et Joseph est lui aussi respectable car il n'a pas couché avec sa femme bien qu'elle soit enceinte.

L'heure venue, Joseph selle un âne et y juche Marie. Ils cherchent une grotte pour accoucher. L'âne est une citation de l'Ancien Testament, en l'occurrence de Zacharie : « Voici que ton roi vient à toi : il est juste et victorieux, humble, monté sur un âne » (9, 9), en même temps qu'une annonce faite dans le Nouveau Testament de la future entrée de Jésus dans Jérusalem à dos de mulet – par exemple dans l'Évangile selon Matthieu (11, 29). Le couple va donc vers son destin.

Juste avant l'accouchement, Jacques signale un prodige cosmique : la voûte du ciel est immobile, Joseph se promène et ne se promène pas, l'air est figé d'effroi, les oiseaux sont immobiles dans le ciel, des ouvriers juste à côté mangent mais ne mangent pas, les moutons avancent mais restent sur place, le berger lève la main pour les frapper mais sa main reste en l'air, les chevreaux ont le museau dans la rivière mais ne boivent pas – puis, soudain, le temps suspendu reprend son cours : tout va, tout vit, tout bouge à nouveau. La voûte céleste est en mouvement, les oiseaux volent, les ouvriers mangent, les moutons avancent, le berger n'a donc plus aucune raison de les frapper, les agneaux boivent, Jésus peut naître.

« Une nuée lumineuse couvrait la grotte » (19, 2). C'est la fameuse ombre de Dieu... La sage-femme juive dit : « Le salut est né pour Israël » (19, 2). Le judéo-christianisme est en train de naître en même temps que Jésus. Puis ceci : « Et aussitôt la nuée se retira de la grotte et une grande lumière apparut dans la grotte, au point que les yeux ne pouvaient pas la supporter. Et, peu à peu, cette lumière se retirait jusqu'à ce qu'apparût un nouveau-né ; et il vint prendre le sein de sa mère Marie » (19, 2). Dans l'Exode, on parle de « nuée sombre » (19, 16). On s'y perd entre les ombres lumineuses et les nuées sombres ! Toujours est-il que Jésus est né et qu'il y eut de la lumière, beaucoup de lumière – ce qui confirme mon hypothèse proposée dans *Cosmos* d'un Jésus comme nom pris dans l'histoire par l'ancestral culte païen de la lumière.

L'incarnation est manifeste dès le premier souffle de Jésus : Jésus, qui pourrait tout aussi bien se nourrir comme maman des nourritures spirituelles de l'ange, tète le sein de sa mère, comme tous les nourrissons de la planète depuis que le monde est monde. La sage-femme qui sort de la grotte et rencontre Salomé lui dit : « Une vierge a enfanté, ce que pourtant sa nature ne permet pas. » Salomé répond : « Aussi vrai que vit le Seigneur mon Dieu, si je n'y mets pas mon doigt et n'examine sa nature, je ne croirai nullement qu'une vierge ait enfanté » (19, 3). Salomé y met son doigt : « Et voici que ma main, dévorée par le feu, se retranche de moi », preuve ontologique, à défaut d'être gynécologique, que Marie est bien vierge et mère. Salomé confirme : il est bien né pour être roi d'Israël.

L'enfance de Jésus, outre l'épisode de la leçon qu'il donne aux prêtres alors qu'il a douze ans et que rapporte le seul Luc (2, 41-50), nous est inconnue : entre la fuite en Égypte, âgé de quelques jours, et les premiers moments de son magistère vers trente ans… rien. Trois décennies sans traces. Rien sur son enfance, rien sur son adolescence, rien sur ses études, rien sur sa formation, rien sur d'éventuels copains de rue. Rien non plus sur ses jeux avec ses frères Jacques le Juste, Joseph Barsabas, Jude Apôtre et Simon le Zélote – Paul entretient de Jacques, frère de Jésus, dans son Épître aux Galates (15, 19) et de ses autres frères dans sa Première Épître aux Corinthiens (9, 4-5).

Or il existe un texte intitulé *Histoire de l'enfance de Jésus* qui rapporte les faits et gestes d'un sale gamin entre cinq et douze ans. Ce court texte est un florilège des bêtises et sottises de ce qu'on nommerait aujourd'hui un enfant-roi… Joseph et Marie semblent en effet bien souvent dépassés par leur progéniture. Si Jésus fut le fruit de l'Esprit-Saint, ce texte montre qu'il pouvait aussi être humain, très humain, et pour tout dire, tête à claques. C'est probablement la raison pour laquelle ce petit bijou littéraire n'a pas été retenu par Augustin dans le corpus néotestamentaire et qu'il fait désormais partie des écrits apocryphes.

Le jour du sabbat, toute activité est proscrite par la loi juive. Or, ce petit Juif de cinq ans fabrique douze petits oiseaux avec de l'argile. La symbolique est lourde : de la même manière que Dieu prit un jour de l'argile pour fabriquer le premier homme, Jésus répète le geste mais pour douze oiseaux, autrement dit : douze apôtres… Joseph le réprimande pour n'avoir pas respecté le sabbat ; réaction du fils qui se moque bien de son père : il claque dans ses mains et les volatiles partent dans le ciel. Autrement dit : rien ne pourra empêcher Jésus de faire ce qu'il doit faire – violer le sabbat des Juifs et créer une escouade d'apôtres qui s'envoleront partout sur la planète porter la bonne parole, sa bonne parole. C'est la naissance du judéo-christianisme comme élément séparé du judaïsme qui se manifeste métaphoriquement dans cet épisode.

Pour obtenir l'eau qu'il mélange à la terre afin de modeler ses oiseaux, Jésus a fait un petit barrage dans le gué d'un ruisseau. Le fils d'un scribe qui partageait ses jeux détruit sans malice cette flaque d'eau en s'amusant avec une branche de saule. Jésus le maudit et dit à son père qui était là, avec Joseph : « Que ton rejeton soit sans racine et que ton fruit devienne aride comme une branche arrachée par le vent » (3, 1). Aussitôt dit, aussitôt fait : l'enfant se dessèche sur place. On ne plaisante pas avec l'enfant Jésus !

Alors qu'il marche avec son père, un enfant heurte Jésus à l'épaule par inadvertance. Mécontent, Jésus dit : « Tu ne continueras pas ton chemin » (4, 1) et l'enfant tombe raide mort. Les parents du garçon foudroyé par la volonté de Jésus se plaignent à son père qui n'en peut mais. Joseph demande à Jésus pourquoi il se comporte ainsi. L'enfant répond qu'on n'a pas à s'opposer à sa volonté, puis il transforme en aveugles tous ceux qui se mettent en travers de son chemin. Joseph se fâche et lui tire l'oreille ; Jésus répond à son père qu'il n'a pas été sage, lui, son propre père…

Zachée qui passe par là entend Jésus parler ainsi à son père. Il se propose de l'éduquer et de lui apprendre à se comporter correctement avec autrui, à aimer ses camarades, à aider les personnes âgées (ce qui veut dire qu'il ne les aidait pas, ce dont aucune histoire ne témoigne…), à devenir l'ami des enfants, à les instruire à son tour. Jésus prend les choses de haut et dit à Zachée : « Avant que tu sois né, moi, j'étais déjà là » (5, 2a). Puis il se propose d'enseigner celui qui voulait l'enseigner. Autour de lui on s'esclaffe ; il répond : « J'ai joué avec vous, car vous vous émerveillez de peu de chose et vous êtes de peu de science et de peu d'intelligence » (6, 2d).

Plus déterminé que jamais, Zachée veut éduquer ce gamin insolent et prétentieux, agressif et suffisant, impertinent et malappris. Il commence avec gentillesse et le conduit à l'école. Jésus se tait. L'instituteur récite l'alphabet et demande à son élève de répéter la première lettre ; refus de Jésus. Zachée se fâche et le frappe sur la tête. Jésus dit : « Si on frappe une enclume, c'est ce qui la frappe qui reçoit le coup le plus dur. Je peux te dire que tu parles comme un airain qui retentit et comme une cloche qui résonne, qui ne peut pas parler, et n'a ni science ni sagesse » (6, 2f). Il récite alors l'alphabet dans l'ordre. Puis il ajoute : « Ceux qui ne connaissent pas *alpha*, comment enseigneront-ils *bêta* ? Ô hypocrites, commencez vous-mêmes par enseigner ce qu'est *alpha* et ensuite nous vous croirons en ce qui concerne *bêta* » (6, 3).

Jésus d'infliger ensuite une leçon au maître sur la forme et le nom de la première lettre, pourquoi elle a de nombreux triangles, pourquoi elle est allongée, inclinée, penchée vers le bas, tordue, droite. Zacharie renonce et avoue qu'il a affaire à un être d'exception. « Malheureux que je suis, moi qui ai pensé trouver un disciple, alors que j'ai trouvé un maître ! » (7, 2). Devant pareille raclée, « Jésus rit » (8, 1), dit le texte : on ne trouvera nulle part dans les 27 textes retenus pour le corpus définitif du Nouveau Testament une seule occurrence d'un seul rire de Jésus. Pas question de donner une forme trop humaine à ce personnage conceptuel. Un concept ne rit pas. Magnanime, puisque après cette leçon d'humiliation du maître, tout le monde se rallie à sa nature exceptionnelle, à son caractère hors norme, Jésus abolit ses malédictions : il décide que ceux qu'il a rendus aveugles doivent recouvrer la vue. Ils recouvrent alors la vue. Le concept Jésus est performatif.

Mais la magnanimité n'a qu'un temps ; elle se trouve en effet soumise à l'occasion. Car un jour qu'il joue sur un toit avec des enfants, l'un d'entre eux tombe et se tue. Tous les autres s'enfuient. Les parents du petit mort l'accablent : Jésus a poussé l'enfant. Pas question de se laisser faire. Jésus pose la question au cadavre : « Zénon, est-ce que c'est moi qui t'ai fait tomber ? » (9, 3) : le petit défunt se réveille, se lève aussitôt et répond : « Non, mon Seigneur. » Stupéfaits, les parents glorifient Dieu. Jésus retourne à ses jeux d'enfant de cinq ans.

Deux ans plus tard, à sept ans donc, Jésus va chercher de l'eau à la source. La cruche se casse. Pas de problème : il étend son manteau sur le sol, le remplit d'eau et le rapporte à sa mère qui s'étonne de ce petit prodige d'un tissu qui ne laisse pas passer le liquide. Elle s'étonne, mais ne dit rien à personne. Les pouvoirs thaumaturgiques permettent donc à Jésus : de désobéir à son père, de se venger d'un copain de jeu dont il a décidé qu'il était méchant, d'humilier un instituteur, de tuer un enfant qui le bouscule dans la rue, d'en ressusciter un autre pour se disculper de l'avoir tué, mais aussi, plus futile, de pallier le désagrément d'une cruche cassée.

À huit ans, son père lui apprend les rudiments de son métier de charpentier. Il ne néglige pas non plus sa formation intellectuelle. Il le conduit donc à nouveau chez un instituteur. Ce dernier, comme le précédent, lui demande d'épeler *alpha*, puis *oméga* – autrement dit, métaphoriquement, de nommer le début et la fin de toute chose. Jésus recommence et questionne le maître en lui demandant de dire d'abord ce qu'est *alpha*. Après seulement il dira *bêta*. L'adulte s'énerve, le frappe. Fidèle à une méthode qui a fait ses preuves, Jésus lui ôte la vie : il rentre chez ses parents comme si de rien n'était. Joseph demande à Marie de garder leur rejeton à la maison « afin que ceux qui le frappaient ne meurent pas » (14, 3). Ambiance…

Un troisième maître se mit en tête de dresser le garçon. Dès son entrée dans l'école, Jésus « ne lut pas ce qui était écrit, mais ouvrant la bouche il parla dans l'esprit, en sorte que le maître, frappé d'épouvante, tomba à terre et l'implora » (15, 2). La vie avec Jésus enfant n'est pas de tout repos. Apprenant la chose, et, averti par le passé, redoutant le pire, Joseph arrive en craignant une nouvelle victime. L'homicide d'instituteur n'ayant pas eu lieu cette fois-ci, Joseph prend Jésus par la main et le ramène à la maison.

Une autre fois, Jésus va ramasser du bois dans la forêt avec son frère Jacques. Une vipère lui mord la main ; il perd connaissance ; Jésus étend la main, souffle là où le serpent a planté ses crochets et guérit Jacques. Puis ce fut le serpent qui mourut. Nul besoin d'aller chercher loin la signification de cette allégorie : le serpent qui, depuis la Genèse, signifie le mal, est mis à mort par Jésus qui, lui, fait le bien et tue le mal. C'est une réponse au péché originel dont on sait qu'elle s'accomplira par l'adhésion à sa prédication et sa crucifixion.

On pourrait également comprendre ainsi les morts infligées par Jésus quand on s'oppose à sa volonté, quand on se met en travers de sa route, quand on imagine qu'on peut instruire celui dont la vocation est d'instruire, quand on l'accuse de choses qu'il n'a pas faites, quand un accident lui complique la vie, quand le mal veut faire la loi : comme des histoires qui enseignent qu'on ne s'oppose pas à ce que cet enfant doit devenir, qu'on ne saurait contrarier sa volonté qui est volonté de Dieu, que dire non à l'enfant qu'il est, c'est dire non au Messie qu'il sera.

À douze ans, on connaît cette histoire, il donne des leçons aux docteurs du Temple à Jérusalem. Cet épisode conclut l'*Histoire de l'enfance de Jésus*, il se retrouve dans le Nouveau Testament. Mais hormis ce moment, les Évangiles canoniques ignorent l'enfance de Jésus. Probablement parce que, dans les textes qui subsistent sur ce sujet, l'allégorie est plus complexe à décoder, le symbole plus difficile à comprendre. Dans ce texte, on peut imaginer qu'un Jésus qui distribue la mort selon son caprice est un méchant et que tout cela ne coïncide pas avec l'image du Jésus bon et doux qui triomphe dans les textes choisis pour constituer le corpus institutionnel.

Le corps de Jésus enfant obéit aux mêmes lois que le corps de Jésus adulte : il ne mange pas, ne boit pas, ne rit pas, ne dort pas, ne rêve pas, ne pâtit pas ; il n'a aucun désir, on ne lui connaît aucune passion ; il n'est pas affectueux, il n'est pas aimant avec son père ; il ne lui obéit pas, il lui désobéit même ; il n'a aucune relation avec les filles et la seule femme de son entourage, c'est sa mère. Ce que dit le texte écarté du Nouveau Testament confirme que Jésus, même enfant, est un personnage conceptuel cristallisant lui aussi les informations éparpillées dans l'Ancien Testament à propos du Messie annoncé par les textes juifs. Jésus n'existe pleinement qu'en coïncidant avec le portrait annoncé de lui par le corpus vétérotestamentaire. Il est ce que les textes ont dit qu'il serait.

La biographie de Jésus correspond à la biographie du Prophète annoncé par les Juifs. Laissons de côté les autres influences, nombreuses, qui en font une cristallisation d'autres sources : syriennes, égyptiennes, asiatiques, grecques, romaines. C'est un monde à soi seul que de démêler l'écheveau de ces citations qui montrent combien Jésus s'avère un collage méditerranéen. Jésus est aussi conceptuellement en relation avec les esséniens, les gnostiques, les pharisiens, les zélotes, les sadducéens et nombre d'autres sectes alors florissantes aujourd'hui disparues sans laisser de traces, de textes.

Mais le judéo-christianisme qui nous intéresse ici est moins celui des sources et du collage que celui du résultat : il y eut un Jésus de papier, à défaut d'un Jésus historique, et cette figure s'est constituée à partir de récits poétiques, de proses allégoriques, de textes symboliques, de discours mythologiques, qui pallient le manque d'être concret, réel, redisons-le, historique, par une surenchère métaphorique avec les textes, d'abord, et les œuvres d'art ensuite. L'Occident est le nom pris par le travail esthétique de cette surenchère. Notre civilisation nomme l'esthétisation d'un concept pour tâcher de le présentifier dans l'histoire.

Le corps de Jésus dans les Évangiles canoniques ne mange pas et ne boit pas. Ou alors : des nourritures spirituelles, symboliques. Cet anticorps ingère des métaphores. Ce même Jésus ne dort pas : à Gethsémani, avec Pierre et les deux fils de Zébédée, il veille et prie. Les autres dorment ; lui prie. C'est un corps de Juif, car il a été circoncis le huitième jour nous dit Luc (2, 21). Mais c'est aussi un corps de thaumaturge : il guérit les malades, ressuscite les morts, il change l'eau en vin, il marche sur la mer, il apaise les flots déchaînés, il multiplie les pains, ce qu'aucun homme normal ne fait. Quand il est sur la croix et vit ses dernières heures, une lance lui perce le flanc, il en sort de la lymphe et du sang, pas des mots. *Ecce homo*...

Prendre l'allégorie au pied de la lettre, c'est se condamner à ne jamais sortir du merveilleux. La lire comme une énigme codée qui appelle le déchiffrement, voilà qui donne tout son sens aux textes. Que faire, sinon, des abondantes paraboles : le bon grain et l'ivraie, le grain de sénevé, le levain, le débiteur impitoyable, les ouvriers employés à la vigne, le trésor caché, la perle précieuse, la brebis égarée, les deux enfants, les vignerons homicides, le bon pasteur, les noces royales, le figuier, les talents et tant d'autres histoires à ne pas croire à la lettre, mais à saisir dans l'esprit.

Dans Matthieu on peut lire : « Tout cela, Jésus le dit aux foules en paraboles, et sans parabole il ne leur disait rien, afin que s'accomplît ce qui avait été annoncé par le Prophète quand il disait : *J'ouvrirai ma bouche pour des paroles. Je proférerai des choses cachées depuis la fin du monde* » – ce qui est une citation des Psaumes (78, 2). Cette citation montre que Jésus est le nom donné par ceux des Juifs qui croyaient que le Messie n'était pas à venir, mais qu'il était déjà venu. Il suffisait, pour dire qu'il avait été et comment il avait été, de puiser dans les textes qui l'annonçaient pour en faire celui qui, de fait, parce que sa vie coïncidait avec ce qui avait été dit de lui, semblait être véritablement le Messie annoncé. La biographie de Jésus est écrite avant même qu'il n'ait eu à vivre sa vie – d'autant qu'il n'a pas eu besoin de la vivre puisqu'il ne l'a pas eue.

Ainsi, l'ascendance de Jésus telle qu'elle est donnée au début de l'Évangile selon Matthieu est-elle directement puisée dans les textes de l'Ancien Testament :

Genèse, Isaïe, les livres des Chroniques, Josué, le livre de Ruth, les livres de Samuel, les livres des Rois, etc. L'ange qui apparaît à Marie se trouve dans la Genèse (16, 7), en songe, dans l'Ecclésiastique (34, 1). La Vierge qui enfante un fils est dans Isaïe (7, 14). Le baptême purificateur dans le Jourdain est dans le deuxième livre des Rois (5, 14). La tentation dans le désert, les marchands du temple, la multiplication des pains, la formule de l'Eucharistie, ainsi que nombre d'autres scènes du Nouveau Testament, se trouvent déjà dans l'Ancien.

Jésus est présenté comme naissant à Bethléem (Matthieu 2, 1), ce qui fait sens quand on renvoie à Michée (5, 13), au second livre de Samuel (5, 2) et au premier livre des Chroniques (11, 2), et que l'on tient pour l'hypothèse d'un Jésus fabriqué pour répondre à l'annonce juive de la venue prochaine d'un Messie. Matthieu cite les textes de l'Ancien Testament : « Et toi, Bethléem, terre de Juda, tu n'es nullement le moindre des clans de Juda ; car de toi sortira un chef qui sera pasteur de mon peuple Israël. »

Mais Luc (2, 39) parle de Nazareth comme ville natale – ne dit-on pas couramment « Jésus de Nazareth » ? Or Nazareth n'existe pas historiquement au temps où Jésus, qui lui non plus n'existe pas historiquement, est censé naître. Les fouilles archéologiques de la ville montrent en effet que cette bourgade ne voit le jour qu'à la fin du IIe siècle. Si Jésus est dit être de Bethléem, c'est parce que cette ville est d'abord et avant tout une métaphore : il s'agit de faire de Jésus un successeur de David, souverain de la terre d'Israël quand elle était unie. Car Bethléem est la ville de David ainsi que le rappelle Luc (2, 3-5).

L'étymologie d'évangile, la *bonne nouvelle*, dit que ce qui avait été annoncé s'est trouvé accompli. L'histoire du christianisme est l'histoire des notes en bas de page de cette fiction livresque et son inscription dans l'histoire *via* la patristique, les décisions conciliaires, la papauté, la théologie, la scolastique, la philosophie médiévale, le tout mis en images par l'art occidental.

La Passion même du Christ se trouve déjà écrite en filigrane dans le psaume 22 intitulé *Souffrances et espoirs du juste* : on sait que, sur la Croix, un fameux *vendredi 7 avril 30* dit-on, Jésus prononce cette étrange phrase : « Mon Dieu, mon Dieu, pourquoi m'as-tu abandonné ? » (Marc 15, 34). Elle se trouve déjà mot pour mot dans le deuxième verset du psaume en question : « Mon Dieu, mon Dieu, pourquoi m'as-tu abandonné » (Psaume 22, 2). On trouve également *dans ce seul texte écrit plusieurs siècles avant Jésus* : la mère accouchant selon l'ordre de Dieu, la risée et le mépris pour l'homme en question, la foule qui demande pourquoi son Dieu ne le libère pas de la fâcheuse situation dans laquelle il se trouve, la souffrance et la soif dans le châtiment, les vauriens qui l'entourent, les pieds et les mains déchiquetés, les habits partagés, les vêtements tirés au sort, l'annonce du règne de Dieu par sa lignée...

Il ne sert donc à rien de lire les Évangiles comme des textes d'historiens, encore moins comme des textes rédigés par des témoins directs. Jésus eût-il existé historiquement qu'aucun d'entre les évangélistes ne l'aurait connu : le plus proche de la Passion est séparé de Jésus par au moins une génération – dans les hypothèses les plus courtes. Par ailleurs, on imagine mal que, si les choses avaient factuellement eu lieu comme on le dit, avec force manifestations surnaturelles – obscurcissement du ciel et nuit en plein jour, secousses de la terre et rochers fendus, silence des animaux et déchirement du voile du Temple, sans compter les corps de nombreux saints trépassés qui sortent de leurs tombes… –, un historien contemporain n'en consigne rien.

Or aucun des historiens ayant vécu à cette époque n'a parlé de cet événement : ni Suétone, ni Pline, ni même Flavius Josèphe, un Juif passé chez les Romains qui chroniquait scrupuleusement les moindres faits et gestes des Juifs et des Romains de son temps. Il n'existe aucun manuscrit du Iᵉʳ siècle de notre ère. Flavius Josèphe ne parle pas de Jésus mais de chrétiens. De plus, le paragraphe qui concerne le sujet a été ajouté quelque huit siècles plus tard, ce dont témoigne l'analyse stylistique du document, par des moines copistes l'ayant complété par ce qu'ils estimaient être un oubli de l'historien !

Il n'y eut aucune trace parce qu'il n'y eut aucun fait. Le seul fait qui fût est d'ordre conceptuel : celui d'une construction allégorique, mythique, mythologique, fabuleuse, métaphorique, symbolique qui fonctionne comme un mille-feuille d'énigmes. Cette cristallisation donne un corps de papier à un Jésus qui n'eut jamais aucun autre corps. Même la chair de son incarnation est une fiction : Jésus boit du vin parce que ce liquide rouge annonce le sang de la Passion – c'est aussi la vigne du Seigneur plantée par Yahvé qui symbolise le peuple d'Israël ; Jésus mange du pain parce que le levain annonce le ferment des croyants qui font lever la pâte de l'Église – c'est également le pain envoyé par Dieu à Moïse pour le peuple d'Israël, le pain venu du Ciel qu'on trouve en l'Exode (16, 4) – c'est enfin un clin d'œil à Ézéchiel (47) qui nous apprend que là où il y a du poisson, il y a eau vive, et l'eau vive est celle du baptême de Baptiste, celle de Jésus, puis des chrétiens à venir.

Jésus mange donc du symbole, et le symbole ingéré ne faisant pas de déchets, on ne s'étonnera pas que Jésus, Dieu fait homme rappelons-le, n'ait pas besoin d'uriner ou de déféquer – ce qui serait la moindre des choses quand on a choisi la voie de l'incarnation. Jésus boit donc du vin et mange du pain, lors de la Cène, mais il annonce ainsi la Passion, le sang qui va couler pour racheter les péchés du monde, et le levain à venir des chrétiens qui accompliront sa prophétie ; il mange du poisson grillé après sa résurrection, mais pour annoncer que le temps du baptême et de l'Église est venu.

Plus l'évangile est terrestre et concret, plus il entre dans le détail factuel, plus il est indéchiffrable, car on reste plus facilement dans l'anecdote, on s'englue dans la petite histoire, on stagne et l'on ne s'élève pas jusqu'au sens véritable qui est caché, crypté. Croire que la multiplication des pains est l'effet d'un miracle, c'est ignorer que la numérologie sacrée permet de renvoyer là aussi, là encore, à un sens caché : en hébreu, chaque lettre est, en plus d'être lettre, un nombre. Chaque mot produit donc son équivalence en chiffre : la *Gématrie* est la discipline qui met en relation les termes ayant même valeur numérique ; la *Notarique* est un code, celui qui associe initiales, médiales ou finales de plusieurs mots pour en former d'autres ; la *Thémura*, le procédé kabbalistique qui permet de transposer une lettre en une autre.

La mise en œuvre de ces procédés permet de lire sous le texte ce qu'il veut dire véritablement. Il y a donc deux niveaux de lecture : un pour le peuple auquel on destine les histoires mythologiques, fabuleuses, légendaires, mythiques (Jésus pêche 153 poissons dans le lac de Tibériade), faciles à comprendre

– d'où la profusion de paraboles. Et un autre niveau de lecture réservé à des initiés qui permet de savoir que, sous ce chiffre, « 153 », se cache la valeur numérique de l'expression « les Fils du Dieu » mais aussi « la Pâque ». Ce que pêche Jésus c'est, de façon exotérique, 153 petits poissons, et, de façon ésotérique, l'annonce de ce qui va advenir : le règne de celui qui a remonté son filet.

Tout est dit à qui veut bien l'entendre dans l'Évangile selon Jean. Il donne la clé des trois autres, mais c'est aussi paradoxalement une clé cryptée... Jean est le plus cérébral, le plus conceptuel, le plus intellectuel des évangélistes. Il est aussi le plus énigmatique, ce qui est un comble quand on sait qu'il est le plus clair sur la vérité conceptuelle et non historique de Jésus. Jean dit : « Au commencement était le Verbe, et le Verbe était auprès de Dieu, et le Verbe était Dieu. Il était au commencement auprès de Dieu » (1,1). Le Verbe, c'est le *Logos*, c'est la Parole. Dieu est donc Jésus qui est donc *Logos*, Verbe et Parole – et rien d'autre. Jésus est une pure parole, un Verbe pur, un simple *Logos*. Il n'a donc aucune existence historique mais, comme quand on a ouvert un oignon et que l'on ne trouve rien en son centre, Jésus est un oignon conceptuel au centre duquel on ne découvre qu'un verbe, une parole, un discours. De sorte que, quand les disciples invitent Jésus à manger, il leur répond : « Moi, j'ai à manger une nourriture que vous, vous ne connaissez pas » (4, 32). Puis : « Mon aliment, c'est de faire la volonté de Celui qui m'a envoyé et d'accomplir son œuvre » (4, 34). Il mange du pain, certes, mais il en donne la recette ontologique : « Le pain qui vient du ciel, le véritable, car le pain de Dieu, c'est celui qui descend du ciel et donne la vie au monde » (6, 32-33).

Après sa mort, Jésus, dit-on, est ressuscité le troisième jour, puis il est monté au ciel. Dans le tombeau, on ne trouve que des bandelettes roulées et un suaire plié. Le véritable corps du Christ est un corps absent : c'est par son absence qu'il est la présence la plus entêtante qui soit. La civilisation judéo-chrétienne a voulu, sans le vouloir vraiment, parce qu'elle ne savait pas qu'elle le voulait, donner un corps au Christ qui n'en avait pas d'autre que sous forme de *Logos*, de Verbe, de Parole. Croire à ce Verbe, c'était être sauvé.

Le judéo-christianisme, qui nomme notre civilisation en train de s'effondrer, s'est constitué pendant mille cinq cents ans en essayant de donner une forme à ce Christ conceptuel. Cette forme, c'est notre civilisation. Il aura fallu des disciples à ce Christ sans corps, des artistes pour donner corps à ce verbe sans chair, des empereurs pour contraindre à croire à cette fiction, des croyants ayant fini par souscrire à cette fable pour les enfants, et des philosophes qui, petit à petit, ont douté un peu que cette histoire fût vraie.

Certes, Jésus a encore plusieurs milliards de disciples sur la planète. Mais une hallucination collective a beau être collective, et rassembler de vastes foules, elle n'en demeure pas moins une illusion. Comme Isis et Osiris, Shiva et Vishnou, Zeus et Pan, Jupiter et Mercure, Thor et Freia, Baptiste et Jésus sont des fictions. Les civilisations se construisent sur des fictions et on ne sait qu'il s'agissait de fictions que quand les civilisations qu'elles ont rendues possibles ne sont plus. Plus on croit à ces fictions avec force, plus la civilisation est puissante. La courbe de la croyance épouse celle de la civilisation : la fable de Jésus est généalogique des mille cinq cents ans de la nôtre.

2

Théorie de la circoncision des cœurs

La progéniture de l'avorton de Dieu

Chemin de Damas,
juillet 34, vers midi.

L'anticorps du Christ a donc rendu possible le corps du judéo-christianisme – et ce fut au détriment du corps réel et concret des chrétiens. Il fallut, pour cette transmutation du concept de Jésus en or religieux, l'action d'un homme qui eut un corps véritable, lui, mais un corps défaillant. J'ai nommé Paul de Tarse, saint Paul. Plus qu'un autre ce Juif ayant commencé dans la vie par une contribution au meurtre d'Étienne, le premier martyr chrétien, eut des raisons de vouloir que son corps impuissant génère une puissance qui compense l'anticorps qu'il eut aussi – mais le sien fut un anticorps physiologique. Paul fit de Jésus le doux un Christ à l'épée. Et le tranchant de cette épée ruisselle de sang pendant plus de mille ans.

On ne connaît pas le nom complet de Paul ; on ignore sa date de naissance ; on ne sait pas précisément ce qu'ont été ses moyens de déplacement lors de ses nombreux voyages ; certes, il prend beaucoup de notes pendant ses missions, mais quand il rédige, il contracte des faits, déplace des événements, modifie des situations pour produire une œuvre littéraire apologétique plus qu'une autobiographie historique ; on ne sait où, quand et comment il est mort – décapité dit-on ; on ne sait pas plus à quelle date – peut-être 67 ou 68 ; on ignore avec certitude le lieu de sa sépulture – possiblement à Saint-Paul-hors-les-Murs...

Paul reconstruit son histoire ; il se fabrique une personnalité *ad hoc* ; il réécrit des discours et montre au lecteur non pas ce qu'il a dit mais ce qu'il voudrait qu'on croie qu'il a dit ; il raconte l'histoire de l'avancée du christianisme telle qu'il l'a souhaitée, désirée, voulue, mais elle n'a pas véritablement progressé comme il le dit ; il se présente comme l'instrument de Dieu qui permet l'expansion de la prophétie du Christ sur la totalité de la planète ; il se grime en acteur de ce péplum international qui montre un Juif converti à Jésus qui cherche ensuite à convertir les autres, les Juifs d'abord, puis le restant de l'humanité, les Gentils, au message de Jésus. Il fait la propagande de lui-même, ce qui ne saurait en aucun cas transformer ses textes en documents historiques pourtant souvent pris comme tels.

Les récits qui se présentent comme autobiographiques ne le sont pas. Sous couvert de raconter l'histoire vraie d'un combat vrai dans un temps et des lieux vrais, Paul raconte l'histoire merveilleuse d'un christianisme qui s'universalise grâce à lui : il se construit lui-même en missionnaire du christianisme, en conquérant du monde qui conduit la secte orientale chrétienne et palestinienne des origines en religion occidentale d'abord méditerranéenne, puis européenne avant qu'elle ne devienne planétaire.

Sa biographe catholique Marie-Françoise Baslez écrit qu'animé par de pareils sentiments « Paul devint ainsi un héros de roman dès le milieu du IIe siècle, le premier héros de roman chrétien ». Constantin fut en effet le véritable convertisseur ; c'est lui qui crée l'Occident chrétien et donne une forme politique au judéo-christianisme. Mais, sans Paul, cette conversion de l'Empire aurait peut-être été moins facile, voire moins possible. Il a fallu pour ce faire que le treizième apôtre infléchisse le discours la plupart du temps pacifiste de Jésus en apologie de la conversion par le glaive, le symbole de Paul.

Pour ce qui semble sûr, du moins si l'on en croit les Actes de Paul évidemment apocryphes, on sait que Paul est petit, maigre, chauve, barbu, les sourcils joints, qu'il a le nez busqué et les jambes arquées. On sait également que ce Juif a désobéi à la tradition de son peuple en ne se mariant pas. Habituellement, on se fiance vers dix-huit ans pour se marier dans la foulée afin d'éviter l'errance sinon sentimentale, du moins sexuelle, dommageable pour les filiations, essentielles à la vie et à la survie du peuple juif. Le mariage fixe la libido. Dans sa Première Épître aux Corinthiens, Paul affirme : « Je voudrais que tous les hommes fussent comme moi » (7, 7), autrement dit célibataires, non mariés, sans conjoints. Cet homme disgracieux n'a pas de femme – une énigme en milieu juif. Pour quelles raisons peut-on, à cette époque, demeurer célibataire ?

On sait que saint Paul est affligé, à cause de Satan dit-il, d'une « écharde dans la chair » (Deuxième Épître aux Corinthiens 12, 7). C'est probablement cette écharde qui permet de résoudre l'énigme de cette vie sans femme et sans épouse : la haine des corps et de la chair, le mépris des femmes et de la sexualité, l'invitation à la chasteté ou à la continence, la proposition du modèle d'une vierge qui enfante ou de l'imitation du cadavre du corps du Christ, voilà autant de schémas du corps judéo-chrétien infligés aux Occidentaux pendant plus de mille ans qui procèdent en lignage direct du corps débile et malade de Paul de Tarse.

La littérature est abondante sur cette écharde. Elle renvoie la plupart du temps à la physiologie : arthrite, colique néphrétique, tendinite, sciatique, goutte, tachycardie, angine de poitrine, démangeaisons, gale, prurit, anthrax, furoncles, hémorroïdes, fistule anale, eczéma, lèpre, zona, peste, rage, érysipèle, gastralgie, colique, maladie de la pierre, otite chronique, sinusite, trachéo-bronchite, rétention d'urine, urétrite, fièvre de Malte, filariose, paludisme, pilariose, teigne, céphalées, gangrènes, suppurations, abcès, hoquet chronique, convulsions, épilepsie. J'avais compilé tout cela quand j'écrivais mon *Traité d'athéologie*. Je commentais ainsi cette liste : « Les articulations, les tendons, les nerfs, le cœur, la peau, l'estomac, les intestins, l'anus, les oreilles, les sinus, la vessie, la tête, tout y passe… »

Tout y passe sauf ce qui relèverait du sexologue, du conseiller conjugal, du psychologue, voire du psychanalyste – il existe même d'étranges centaures de cette corporation qui mélangent l'affabulation freudienne et l'affabulation chrétienne… Car, je veux bien que Paul ait été affublé d'un hoquet chronique ou d'une otite persistante, mais c'est trop peu pour conclure que pareille pathologie empêche de trouver une femme pour faire des enfants ! Certes, la fistule ou les hémorroïdes pourraient dissuader un peu une jeune fille en quête d'un père pour sa progéniture, mais si tous les hommes affligés de ce genre de maux devaient demeurer célibataires pour la vie, il y aurait pléthore.

Une homosexualité latente et, ou, refoulée, a bien été tentée par des psychanalystes qui trouvent plus facilement ce qui n'est pas que ce qui est. Cette hypothèse ne mange pas de pain anatomique, mais on voit mal que Paul ait souhaité que son mal, donc ce mal, devienne un bien pour l'ensemble de l'humanité car, rappelons-nous la Première Épître aux Corinthiens, il invite chacun à lui ressembler. Certes, à lui ressembler dans le célibat, et non dans l'homosexualité, mais si la seconde avait été la cause du premier, nul doute qu'il aurait trouvé une autre formule.

J'avais précisé que l'usage métaphorique de cette écharde cachait une certaine honte : on n'a en effet aucune raison de dissimuler une arthrose, un zona ou une gastralgie, des céphalées ou de l'angine de poitrine. Pas plus qu'on ne saurait cacher ce qui se voit – une gale, une teigne, un eczéma, des furoncles. Si Paul tait ce qu'il a, c'est probablement qu'il s'agit d'une maladie honteuse qui lui interdit le commerce des femmes et la possibilité de fonder une famille. Autrement dit une impuissance sexuelle avec turgescence impossible.

Quand il souhaite que l'humanité lui ressemble et qu'il entretient immédiatement dans la foulée de sa démonstration de la chasteté, quand il fait l'éloge de la continence absolue plutôt que du mariage auquel il se résout faute de force suffisante pour renoncer à toute chair, Paul fait de nécessité vertu : il se croit libre en voulant ce qui le veut, à savoir l'impuissance sexuelle. Ce petit homme chauve aux jambes torses, ce Juif chétif et malingre, ce barbu disgracié dit ne pas vouloir ce corps qui ne le veut pas, ce corps qui l'a quitté. On le comprend. Mais, de là à vouloir névroser l'Univers entier en croyant qu'ainsi sa névrose ne se verra pas, il n'y a qu'un pas !

Avant sa conversion au christianisme, Paul a persécuté les chrétiens. Il a participé à la lapidation d'Étienne – il gardait ses vêtements pendant qu'on massacrait le disciple du Christ. Sur le chemin de Jérusalem à Damas, sous la canicule d'un soleil de juillet 34, alors qu'il part demander à la Synagogue l'autorisation d'arrêter les chrétiens, une lumière tombe du ciel et une voix lui parle. Elle lui demande pourquoi il le persécute. Il s'agit donc du Christ. Ceux qui voyagent avec lui entendent la voix, mais ne voient rien. Paul, qui s'appelle alors encore Saül, tombe de sa hauteur (et non d'un cheval – c'est l'iconographie qui lui prête une monture absente des textes néotestamentaires...) et se relève. Mais il est aveugle. Trois jours plus tard, le chrétien Ananias lui rend la vue (Actes des Apôtres 9, 10-19).

L'épisode est raconté à trois reprises – la Deuxième Épître aux Corinthiens (5, 17), les Actes des Apôtres (9, 3-8 et 23, 6-11). Dans les *Actes*, Paul précise que cet événement est advenu « vers midi » (22, 6) : midi est évidemment une heure symbolique. C'est l'heure de la clarté la plus absolue, l'heure du soleil au zénith, l'heure de la plus grande lumière, l'heure sans ombre, celle qui permet de faire reculer le plus possible les ténèbres, celle qui fait en même temps triompher la vérité, la justesse et la justice. Des cultes solaires préhistoriques aux travaux maçonniques en passant par le zoroastrisme et la métaphore nietzschéenne, l'heure de midi est la plus dense en clarté métaphorique et réelle. De même l'aveuglement et le recouvrement de la vue n'ont pas grand-chose à voir avec un problème ophtalmique – une erreur que je fis au temps du *Traité d'athéologie* en prenant le texte au pied de la lettre biographique avec un souci moindre de son sens allégorique et symbolique. La lecture historique suppose une écriture historique ; ce qui ne fut pas le cas. Certes, cette chute suivie d'une perte de vue recouvrée peuvent être vues comme des signes d'une crise d'hystérie. Les symptômes coïncident. J'ai donné dans cette lecture…

Mais au-delà de l'erreur qui consiste à regarder avec le seul œil de l'historien des documents écrits avec une plume poétique, mythologique, il faut décoder ces signes : Paul est un Juif qui persécute les chrétiens ; sur le chemin de son forfait, la vérité s'empare de lui ; la violente clarté est la forme prise par la manifestation de la puissance divine ; l'aveuglement est celui du Juif qui n'a pas compris que la vérité du judaïsme est dans le christianisme – voire que la vérité du christianisme est dans la formulation de ce néojudaïsme ; le recouvrement de la vue est la preuve que Paul sait ce qu'il faut désormais savoir : il va dès lors passer sa vie à enseigner cette bonne nouvelle. Or la « bonne nouvelle » se dit « évangile » : rappelons que les Évangiles sont écrits *après Paul*.

Le retour de la vue trois jours après l'événement fait également sens : c'est après trois jours que le Christ, mort, est ressuscité. Ce que fut la mort pour Jésus, la chute sur le chemin de Damas l'est pour Paul. Le règne de l'un et le règne de l'autre adviennent après ce moment plein de clarté – quand ses amis découvrent le tombeau vide, un ange lumineux, plein de cette clarté irradiante lui aussi, leur enseigne que le Christ est vivant. De l'ange qui annonce la venue du Messie à celui qui enseigne sa mission accomplie, en passant par la conversion de Paul, la lumière fait la loi.

L'anticorps de Jésus se trouve donc célébré par un homme qui déteste son corps et qui se propose de recourir à une métaphore pour dire ce qu'il enseigne. Cet homme probablement impuissant fait du message d'un Jésus sans corps l'occasion d'abolir la circoncision du prépuce qui définissait le Juif pour lui préférer une « circoncision du cœur » qui va faire le judéo-chrétien. Le combat pour abolir le marquage identitaire du corps local par le *mohel* (le rabbin officiant pour couper le morceau de chair), au profit du marquage spirituel de l'âme universelle par le baptême, est fondateur du judéo-christianisme.

Jésus est circoncis, Paul est circoncis. Normal, tous les deux sont juifs. Toutefois, Paul souhaite que la circoncision ne concerne plus le corps de chair, mais l'âme. Jésus qui n'eut pas de corps propre n'a eu que faire du corps d'autrui : il n'a jamais manifesté aucun mépris pour la chair des autres, le corps des autres, la sexualité des autres, la libido des autres. Il n'a jamais mis en garde contre les relations sexuelles. Il n'a eu cure d'inviter son prochain à la chasteté ou à l'abstinence, à la continence ou au célibat. Il n'a invité personne à se marier ou à ne pas se marier. Son souci n'était pas prescripteur corporellement, mais spirituellement. Paul qui fut possiblement impuissant a véritablement voulu faire de l'impuissance la puissance des chrétiens. En plus de mille ans, il y est souvent parvenu.

La circoncision vient de l'Égypte – et de l'Éthiopie. Les pharaons y sont soumis. Abraham la pratique sur son propre corps à quatre-vingt-dix-neuf ans et sur son fils Ismaël, l'ancêtre des Arabes, qui a treize ans. On circoncit en tranchant la peau du prépuce ; le rabbin qui pratique l'opération avec une lame consacrée lèche le sang qui coule de la plaie ; on peut enterrer le prépuce dans un endroit sacré, sous un arbre centenaire, dans des carrefours, des tombeaux d'ancêtres, sous des seuils de maison et autres lieux qu'on pensait chargés de l'énergie du cosmos.

Ce rite a lieu au septième jour – le huitième si l'on compte celui de la naissance disent la Genèse (17, 12) et le Lévitique (12, 3). Chacun sait que Dieu a fait le monde en sept jours. Le jour d'après, c'est celui qui permet à l'homme de vivre sa vie. La circoncision est l'occasion de donner un nom. Donc d'entrer dans sa vie pour la vivre. Et de la vivre sous le signe de Dieu. Ce geste chirurgical effectué par un rabbin marque l'accueil de l'impétrant dans la communauté juive – ce dont témoignent, outre le rabbin, le père, son témoin ou parrain et huit autres personnes. C'est également le signe de fidélité du peuple juif à son Dieu.

Jésus, qui, donc, n'avait pas de corps, puisqu'il n'avait pas d'existence réelle, a tout de même été circoncis. Pour preuves, la douzaine de prépuces pieusement conservés dans différents lieux de culte en Europe – chez les moines de Coulombs en Eure-et-Loir, à l'abbaye Saint-Sauveur de Charroux dans la Vienne, à Hildesheim en Allemagne, à Saint-Jean-de-Latran à Rome, à Anvers, au Puy-en-Velay, à Chartres, à Metz, etc. Charlemagne en a même reçu un, en cadeau, de la main d'un ange. La Saint-Prépuce a été une fête célébrée par les chrétiens le 1er janvier (mon jour de naissance...) pendant plus de mille ans, jusqu'au 1er janvier 1970 où le Vatican a rangé discrètement cette fête dans ses cartons.

Pour ceux qui l'ignorent, d'autres lieux de culte disposent également du cordon ombilical qui reliait Marie à Jésus (à Rome, Clermont, Châlons-en-Champagne...) ou de ses dents de lait (à Soissons, Versailles, Noyon...). « Saint-Prépuce », dit aussi « Sainte-Vertu » (allez savoir pourquoi !),

« Saint-Nombril » et « Saintes-Dents », tout cela est très sérieux, je n'invente pas, voilà de multiples preuves que, pour un Jésus qui n'eut pas de corps, celui qu'on lui prête a été multiplié comme les pains. Ce corps introuvable a fait d'innombrables petits sous forme d'organes disséminés. Miracles...

Rien ne permet de savoir ce qu'il en a été du prépuce de Paul lui aussi sectionné. Si j'étais psychanalyste, ce qu'à Dieu ne plaise, je ferais de cette opération chirurgicale un traumatisme inducteur de la théologie paulinienne : cette coupure l'aurait marqué à vie, elle aurait fait bouillir son complexe de castration jusqu'à lui sectionner métaphoriquement les génitoires. Il aurait ainsi voulu, d'une part, interdire la circoncision aux chrétiens pour éviter la reproduction du trauma, d'autre part, condenser et déplacer le geste anatomique pour en faire une geste spirituelle. Mais, Dieu merci, je ne suis pas psychanalyste.

Paul marque le passage du judaïsme au judéo-christianisme en obtenant que les disciples du Christ ne soient plus circoncis physiquement mais spirituellement. « Prenez garde aux faux circoncis ! Car c'est nous qui sommes les circoncis, nous qui offrons le culte selon l'Esprit de Dieu et tirons notre gloire du Christ, au lieu de placer notre confiance dans la chair » (Épître aux Philippiens 3, 3). En agissant ainsi, Paul définit un christianisme qui abolit la différence entre les Grecs et les Juifs, les barbares et les Scythes, les esclaves et les citoyens, les circoncis et les incirconcis, il n'y a plus que des hommes et des femmes qui communient dans une même foi en Dieu, *via* Jésus-Christ. Paul crée l'universalisme chrétien, il passe du local et du national juif au cosmopolitisme et à l'internationalisme chrétien. Le judaïsme était une religion nationale, tribale, la circoncision du prépuce en faisait foi ; le christianisme devient une religion mondiale, déterritorialisée, la circoncision de l'esprit témoigne.

Paul abolit le corps physique et parle de la « circoncision des cœurs » – mais cette formule qui permet de sortir du judaïsme est judaïque : on la retrouve en effet dans le Deutéronome (10, 16 ; 30, 6). On découvre également ailleurs une « circoncision de la bouche » et une « circoncision des lèvres » dans l'Exode (6, 12), une « circoncision de l'âme » dans le Lévitique (26, 41), une « circoncision des oreilles » dans Jérémie (6, 10). Quand Paul, qui est juif, sort du judaïsme, c'est encore en Juif qu'il en sort, et c'est ainsi qu'il fonde le judéo-christianisme.

Paul dit : « La circoncision n'est rien, ni l'incirconcision ; il s'agit d'être une créature nouvelle » (Épître aux Galates, Épilogue, 15). Cet homme nouveau fonde une anthropologie nouvelle – celle de notre civilisation. Contre l'homme juif ou contre l'homme romain, l'homme chrétien voulu par Paul voudra moins imiter Jésus le philosophe, le sage, le chamane, la figure de douceur, de paix, d'amour, de tolérance, l'homme qui pardonne à la femme adultère, que le Christ, pire, le cadavre du Christ. Le corps malade de Paul qui affirme : « Je meurtris mon corps et le traîne en esclavage » (Première Épître aux Corinthiens, 9, 27) devient le corps emblématique, la chair archétypale, le modèle soumis aux chrétiens afin qu'ils méritent et obtiennent leur salut.

Il ne suffit pas de vouloir imiter la vie sainte de Jésus pour être sauvé, il faut aussi et surtout imiter le Christ sur la croix, autrement dit le corps hissé et cloué, le corps à la tête couronnée d'épines, le corps au flanc percé par une lance, le corps qui boit le vinaigre sur l'éponge, pour ce faire, la vie masochiste est exigée. Notre civilisation judéo-chrétienne se construit donc à partir d'un corps absent, celui de Jésus, pris en charge par le corps d'un masochiste, Paul, qui souhaite névroser le monde pour ne plus s'y sentir étranger. Quand tout le monde souffrira comme lui, sa souffrance lui paraîtra plus supportable. Sauf qu'il n'en souffrit pas moins et que pendant mille ans son propos enseigna à des millions d'hommes et de femmes la jouissance dans la souffrance.

La question sur la circoncision fut tranchée, si je puis dire, par le premier concile de Jérusalem en l'an 51 de ce qui n'est pas encore l'ère chrétienne. C'est le premier de tous les conciles, il fournit la matrice de tous ceux qui suivent et qui décident de la nature et de la forme, donc de la force, de l'Église. Les fidèles d'Antioche débattent de la question posée par Paul : certes, les Juifs doivent être circoncis pour pouvoir être ce qu'ils sont. Mais les chrétiens, eux, le doivent-ils ? Certes, ils procèdent d'un lignage Juif, mais faut-il retenir ce marquage du corps ou s'en défaire ? On le sait, Paul milite pour la circoncision des cœurs et l'incirconcision des corps.

Avec quelques pharisiens d'Antioche, Cérinthe veut que les Gentils devenus chrétiens soient circoncis et obéissent à tous les préceptes juifs. Autrement dit que les chrétiens soient… des juifs comme les autres. Paul et Barnabé soutiennent que le Christ est venu libérer les hommes de ce genre de servitude. Cinq apôtres, dit-on, assistaient à ce concile : Pierre, Jean, Jacques, présenté comme le frère de Jésus, Paul et Barnabé. Quelques-uns de leurs disciples les accompagnent. Pierre est contre la circoncision ; même chose pour Jacques, il souhaite que les convertis s'abstiennent de manger la viande consacrée aux idoles, mais aussi toute autre nourriture carnée, il interdit également la fornication. La chose fut entendue, les chrétiens n'auront pas besoin d'être circoncis. Il fut dit que le Saint-Esprit avait ainsi dicté sa loi. Ce fut donc un oracle divin et non une prescription humaine... Des milliards de prépuces chrétiens furent épargnés ce jour de l'année 51.

Si saint Paul est représenté dans l'histoire de l'art avec une épée, ce n'est pas forcément, comme il est dit partout, parce qu'elle est l'instrument de son supplice. L'épée dit bien plutôt la collusion de la religion et de la politique rendue possible par la doctrine théologique de Paul qui fonde ce qu'on nommera plus tard le césaropapisme. L'épée de Paul est celle du pouvoir temporel du spirituel. La parole pacifique de Jésus peut alors devenir action conquérante *via* Paul. L'anticorps de Jésus devient, grâce à Paul, le corps politique chrétien. Le corps du Christ, c'est l'Église ; et l'Église, c'est le Vatican, le pouvoir concentré dans les mains d'un seul – l'empereur qui est pape, le pape qui est empereur, la version chrétienne du philosophe-roi de Platon.

De la même manière que Paul remplit les blancs de Jésus avec l'encre de ses soucis (ainsi le silence de Jésus sur le sexe devient-il chez Paul haro sur le sexe, le mutisme de Jésus sur les femmes devient-il misogynie chez Paul, l'absence de considération sur le mariage est-il remplacé par son conseil faute de pouvoir vivre la continence...), le « treizième apôtre », comme il se nomme lui-même, remplit les blancs de Jésus sur le terrain politique. Car on ne sait rien non plus sur la politique de Jésus : il n'a rien dit, ni sa préférence ni sa détestation. Son royaume, disait-il, n'était pas de ce monde – Paul pensait très exactement l'inverse...

Il existe un moment dans les Évangiles où l'on peut déduire une politique de Jésus. Les scribes et les Grands Prêtres lui demandent s'il est permis de payer le tribut à César. Réponse célèbre et fameuse : « "Montrez-moi un denier. De qui porte-t-il l'effigie et l'inscription ? Ils dirent : "De César." Alors il leur dit : « Eh bien ! Rendez à César ce qui est à César, et à Dieu ce qui est à Dieu" » (Luc 20, 24-26). Une partie des chrétiens s'appuient sur ce verset pour affirmer aujourd'hui que Jésus invente la laïcité : c'est lui qui dirait, en effet, qu'il existe deux registres hétérogènes : celui de la cité des hommes, avec César et ses deniers, celui de la cité de Dieu, avec ce royaume qui n'est pas de ce monde.

Paul n'est pas dans cette logique *libertaire* (si l'on me permet l'anachronisme...) de Jésus qui, lui, ne reconnaît aucun pouvoir temporel : ni celui d'Auguste, sous lequel il serait né, ni celui de Tibère, sous lequel il serait mort, ni celui du roi Hérode, roi de sa naissance, ni celui de Ponce Pilate, procurateur lors de sa mort, ni celui des fonctionnaires romains en Palestine. Jésus est tout à son œuvre spirituelle et revendique un seul maître : Dieu, auquel les conciles l'identifient d'ailleurs... À sa manière, il est un Diogène ne reconnaissant aucun Alexandre qui lui ferait de l'ombre et lui cacherait la lumière du Seigneur, son seul maître. L'enseignement de Jésus n'est pas celui avec lequel on construit un empire : un César dont le royaume ne serait pas de ce monde ne saurait être César. Saint peut-être, mais pas longtemps César. Un César qui ne juge pas, qui pardonne les fautes, qui veut l'amour de son prochain ? C'est le contraire d'un César...

Ce que Jésus ne permet pas, à savoir le César et l'empire, Paul va le permettre : voilà pourquoi l'iconographie le représente avec une épée à la main. Il est celui qui conquiert les terres du bassin méditerranéen et les christianise. Un épisode des Actes des Apôtres rapporte un autodafé : Paul est à Éphèse pour évangéliser les Éphésiens. Il en convertit une douzaine (19, 7) – autant que les apôtres, le chiffre symbolique fait plus la loi que les mathématiques immanentes. Ces nouveaux convertis « parlaient en langues et prophétisaient » (19, 6) – autrement dit, affligés de glossolalie, ils discouraient dans une langue inventée comme sous le signe d'une possession.

Dans cette ville d'Asie Mineure aujourd'hui en Turquie, Paul continue son travail de conversion pendant deux années. Pendant cinq heures, entre 11 et 16 heures, le tribun parle dans une salle. La chaleur est étouffante. Il effectue des miracles. On l'approche, on touche sa peau avec des linges qui deviennent des reliques avec lesquelles les chrétiens nouveaux guérissent. Des altercations ont lieu avec des Juifs, on n'en donne pas les détails, le texte dit juste que ces derniers « s'enfuirent [...] nus et couverts de blessures » (19, 16). Le climat de violence est donc avéré : vêtements déchirés, arrachés, lacérés, en lambeaux, mais aussi, sur les corps, coupures, entailles, plaies, sang versé.

De la même manière que le narrateur, tout à son hagiographie, signale des violences sans préciser leur nature ainsi que cet autodafé. Pas question de dire, de laisser dire, ou de laisser croire, que Paul le suscite, le sollicite, le demande, le veut, l'organise ou s'en réjouit : Luc, dont on dit qu'il a écrit ce texte, raconte que, comme par enchantement, sans que Paul y soit pour quelque chose, des personnes apportent leurs livres et les consument dans un grand bûcher. Première trace d'un autodafé chrétien. « On en estima la valeur : cela faisait cinquante mille pièces d'argent » (19,19) – ce qui constitue une somme considérable. En 1562, Maarten De Vos, un peintre maniériste flamand, a reconstitué la scène dans une grande toile intitulée *Saint Paul à Éphèse*. De même le peintre baroque Eustache Le Sueur, surnommé « le Raphaël français », avec *Le Sermon de saint Paul à Éphèse*.

Il s'agit, dit l'hagiographe chrétien, de livres de « magie ». On ne sait ce que signifie « magie » pour des gens qui croient qu'une femme peut être vierge et mère, qu'un père peut n'avoir pas de relation sexuelle avec son épouse, mais engendrer tout de même un enfant avec elle qui, cependant, reste vierge, qu'un homme peut mourir et ressusciter trois jours plus tard avant de monter au ciel et de s'asseoir à la droite du Seigneur… C'est l'hôpital chrétien qui se moque de la charité païenne. Il s'agit bien plus probablement de livres païens sacrés qui relèvent autant de la magie que les Évangiles. Sinon de textes de philosophes incompatibles avec la fable chrétienne : les nombreux rouleaux de Démocrite ou les 300 livres d'Épicure n'ont pas été rayés de la planète sans raison.

Paul part ensuite à Rome continuer son évangélisation : on peut imaginer qu'il y eut d'autres rixes avec des Juifs et des païens, puis d'autres autodafés de livres de la religion qu'il fallait éradiquer ou d'ouvrages de philosophes qu'il fallait détruire, donc déconsidérer en les assimilant à des pratiques induites par des livres de magie – ce que sont tous les livres religieux. Paul n'y serait pour rien ! On se bat, on frappe son prochain, on le blesse, on le dénude, on lui donne des coups, on brûle des livres, mais Paul n'a rien demandé ! Certes, il peut bien n'avoir rien demandé, mais ce qui est clair, c'est qu'*il laisse faire* ! Il ne dit rien contre : il n'empêche pas, il ne condamne pas, il n'invite pas à la retenue, il ne fait pas ce qu'il faudrait faire pour que le sang de ses adversaires ne coule pas, ne coule plus, et pour que les livres qui ne sont pas les siens ne soient pas détruits. Dans pareille configuration, des persécutions avec des victimes physiques et des brasiers dans lesquels on précipite des bibliothèques, qui ne dit mot consent. Un consentement bien restitué par De Vos et Le Sueur.

L'hagiographie a insisté sur le Jésus de douceur et de bonté. L'histoire de l'art regorge d'images à la gloire de cet homme-là. On passe sous silence qu'il y eut aussi un autre Jésus, moins connu, plus caché, moins cité, mais tout aussi légitime et qui permit aux allumeurs d'autodafés contemporains de Paul, aux croisés armés jusqu'aux dents et prêts à en découdre, aux inquisiteurs avec leurs instruments de torture, aux conquistadors avec leurs épées de se réclamer eux aussi de Jésus sans que leurs revendications soient illégitimes.

De saint Paul dans Éphèse à Bernard Gui l'auteur du *Manuel de l'inquisiteur* au XIIIe siècle, en passant par le pape Urbain II qui déclenche la première croisade contre les musulmans au XIe siècle, ou Arnaud Amaury, l'archevêque de Narbonne, chef de l'ordre cistercien qui réprime la révolte cathare et, lors du siège de Béziers pendant la croisade des albigeois au XIIIe siècle s'écrie « Tuez-les tous, Dieu reconnaîtra les siens », sinon le conquistador espagnol Hernán Cortés qui ravage la civilisation aztèque au XVIe siècle, tous ceux qui ont imposé le judéo-christianisme partout sur la planète peuvent en effet s'appuyer sur ces versets de l'Évangile selon Matthieu qui affirme sans ambages : « Ne croyez pas que je sois venu apporter la paix sur la terre ; je ne suis pas venu apporter la paix, mais le glaive. Car je suis venu mettre la division entre l'homme et son père, entre la fille et sa mère, entre la belle-fille et sa belle-mère ; et l'homme aura pour ennemis les gens de sa maison » (10, 34-36). La voilà donc, la fameuse épée associée à saint Paul.

La logique du prélèvement permet d'oublier le Jésus de paix, de tolérance, celui qui tend l'autre joue quand on l'a frappé, celui qui pardonne les offenses, celui qui rend l'amour quand on le hait. Il suffit pour ce faire d'invoquer d'autres passages du Nouveau Testament. Ainsi : « Je suis venu apporter le feu sur la terre et que désirais-je sinon qu'il soit déjà allumé ? » (Luc 12, 49). Et puis : « Pensez-vous que je sois venu apporter la paix sur la terre ? Non, vous dis-je, mais la division » (Luc 12, 51). Mais aussi ceci qui fait suite à la parabole des mines : « Amenez ici mes ennemis, qui n'ont pas voulu que je régnasse sur eux, et égorgez-les en ma présence » (Luc 19, 27). Ou bien encore, cet épisode cité avec admiration par Hitler dans *Mon combat* : « Lorsque Jésus entra dans le Temple il se mit à chasser ceux qui vendaient et qui achetaient dans le Temple ; il renversa les tables des changeurs, et les sièges des vendeurs de pigeons ; et il ne laissait personne transporter aucun objet à travers le Temple » (Marc 11, 15). Ceci enfin : « Si quelqu'un vient à moi, et s'il ne hait pas son père, sa mère, sa femme, ses enfants, ses frères, et ses sœurs, et même sa propre vie, il ne peut être mon disciple » (Luc 14, 26).

Apporter le feu et la guerre, la division et l'épée sur terre, inviter à couper la gorge à ceux qui ont refusé de se convertir à sa parole, manifester sa colère et, « se faisant un fouet de cordes » (Jean, 2, 15), frapper son semblable, haïr ses parents et sa descendance pour faire passer au premier plan l'amour de Jésus, voilà qui permet à saint Paul qui n'aimait pas son corps ni la vie, qui a montré, lors de la lapidation d'Étienne, qu'il portait en son âme noire de quoi fêter plutôt Thanatos qu'Éros, voilà donc de quoi faire de la communauté chrétienne une armée placée sous le signe d'une épée. L'Église sera l'épée avec laquelle la civilisation se trouve taillée dans le vif de l'Histoire.

Paul n'aime pas les philosophes. La philosophie est, dit-il, « une creuse duperie » (Épître aux Colossiens 2, 8). Dans ses nombreuses pérégrinations, Éphèse et Antioche, Thessalonique et Corinthe, Césarée et Pergame, Tyr et Milet, entre Syrie et Galatie, Bithynie et Lydie, Thrace et Macédoine, Pont et Cilicie, il n'a pas manqué d'en rencontrer sur les agoras ou au milieu du peuple, parmi marchands et tisserands, foulons et potiers, poissonniers et portefaix. C'est là en effet que les pythagoriciens, les platoniciens, les stoïciens, les épicuriens, les cyniques enseignaient leur art de vivre selon l'ordre de la raison. À cette époque, la religion fournit une spiritualité aux amateurs d'histoires simples ; la philosophie aussi, mais, cette fois-ci, à destination de ceux qui désirent moins des fictions qui les rassurent que des vérités qui les apaisent.

Le Nouveau Testament a conservé trace d'une des rencontres de l'apôtre et des philosophes. Paul se trouve à Athènes, sur l'agora qui, jadis, a servi d'écrin aux échanges entre Socrate et Platon, Platon et Aristote, Diogène et Platon, Platon et Aristippe, sans parler de nombre d'autres philosophes moins connus, dont des néoplatoniciens. Les Actes nous disent de Paul que « son esprit s'échauffait en lui au spectacle de cette ville remplie d'idoles » (17, 16). L'esprit échauffé ? Voilà qui augure un grand climat de sérénité mentale et spirituelle, philosophique et amicale…

Lisons : « Il y avait même des philosophes épicuriens et stoïciens qui l'abordaient. Les uns disaient : "Que peut bien vouloir dire ce perroquet ?" D'autres : "On dirait un prêcheur de divinités étrangères" parce qu'il annonçait Jésus et la résurrection » (17, 18). Les philosophes lui demandent d'éclaircir un peu ce qu'il enseigne. En effet, la résurrection de la chair, voilà qui fait sourire le partisan de Zénon ou d'Épicure ! Paul tient alors un discours aux philosophes. Il a remarqué dans la ville que les païens avaient élevé un autel au dieu inconnu – il en va ainsi du polythéisme qu'il n'est jamais pourfendeur du dieu d'autrui, mais qu'il lui laisse toujours une place dans son panthéon.

Habile dialecticien, ce dieu inconnu, Paul se l'approprie en disant, d'une part, que c'est le sien, d'autre part, que c'est le seul. Ce geste fait éminemment sens, il est allégoriquement prophétique : abolition du paganisme et de la multiplicité de ses dieux tolérants, puis remplacement de ces dieux divers et multiples, tolérants, par un seul et unique Dieu, intolérant dès qu'il aura le pouvoir. Le programme paulinien tient tout entier dans ce discours aux philosophes : ils vont devoir remballer leurs anciens dieux et les ranger dans la cave de l'histoire pour laisser place au seul Dieu qui soit, celui qui enseigne la « résurrection des morts » (17,32). Face à ce délire mental, les philosophes rient, persiflent, se moquent de lui. Paul quitte cette assemblée goguenarde, non sans avoir converti au passage Denys l'Aréopagite, futur premier évêque d'Athènes, et une femme nommée Damaris. Il continue son périple et part évangéliser Corinthe.

L'Église est pour lui le corps qu'il n'a pas eu ; c'est aussi le corps que Jésus n'eut pas. Pour expliquer sa mission évangélique, Paul dit : « Je complète ce qui manque aux tribulations du Christ en ma chair pour son Corps, qui est Église » (Épître aux Colossiens 1, 24). Pour lui, « la réalité c'est le corps du Christ » (2, 17). Et qu'est-ce que le corps du Christ ? « La Tête, dont le Corps tout entier reçoit nourriture et cohésion, par les jointures et ligaments, pour réaliser sa croissance en Dieu » (2, 19). Ailleurs, dans l'Épître aux Éphésiens, Paul précise : « Tête pour l'Église, laquelle est son corps » (1, 23) ou bien encore, dans l'Épître aux Colossiens, « Il est aussi la Tête du Corps c'est-à-dire l'Église » (1, 18). Le corps est donc une tête dont la cohésion se fait par les ligaments – précisons, mais le faut-il ?, que cette anatomie est métaphorique…

Ajouter le corps inexistant de Jésus au corps défaillant de Paul, c'est donc obtenir le corps de l'Église. Un faux corps, plus un corps débile (au dire même de son propriétaire qui se présente comme un « avorton » dans la Première Épître aux Corinthiens 15, 8), cela donne un corps mystique, celui de l'Église qui est communauté. L'Eucharistie est le lieu de cette transmutation des corps épars en un corps mystique. On le sait, dans le dernier repas avant la Passion, la Cène permet à Jésus de partager le pain et le vin avec ses disciples. En affirmant qu'il tient du Christ lui-même le principe de l'Eucharistie, Paul fait basculer le judaïsme originaire, dont il se réclame, en christianisme et plus particulièrement en catholicisme dont l'étymologie renvoie à l'universel.

On peut en effet lire ceci dans la Première Épître aux Corinthiens : « Pour moi, en effet, j'ai reçu du Seigneur ce qu'à mon tour je vous ai transmis : le Seigneur Jésus, la nuit où il était livré, prit le pain et, après avoir rendu grâce, le rompit et dit : "Ceci est mon corps, qui est pour vous ; faites ceci en mémoire de moi." De même, après le repas, il prit la coupe, en disant : "Cette coupe est la nouvelle alliance en mon sang ; chaque fois que vous en boirez, faites-le en mémoire de moi." Chaque fois en effet que vous mangez ce pain et que vous buvez cette coupe, vous annoncez la mort du Seigneur, jusqu'à ce qu'il vienne. Ainsi donc, quiconque mange le pain ou boit la coupe du Seigneur aura à répondre du corps et du sang du Seigneur » (11, 23-27).

Paul fonde ainsi un sacrement propre à l'Église catholique. Le corps absent d'un Jésus inexistant, passant par le corps défaillant d'un Paul infirme, produit un corps mystique obtenu avec un repas symbolique dans lequel le croyant mange le corps du Christ sous les espèces du pain de l'hostie et boit le sang du Christ sous les espèces du vin, le Christ, mélangé d'eau, son peuple. Chaque communion lie et relie les membres de la communauté qui se soude et se définit dans la réitération symbolique d'une scène allégorique – d'une Cène allégorique. La Passion inaugure l'âge chrétien. À plusieurs reprises, Paul parle de ces premières communautés chrétiennes primitives qui se réunissent pour rompre le pain mais aussi parfois pour « boire à un rocher spirituel [...] qui est le Christ » (Première Épître aux Corinthiens 10, 4). Le vin est du sang ; le pain, de la chair ; le rocher est liquide. La raison est en vacance.

Paul est également, enfin et surtout, l'homme d'une théologie politique, voire d'une politique théologique. C'est à lui en effet qu'on doit cette terrible affirmation : « Tout pouvoir vient de Dieu. » Lisons en effet ce texte fondateur de la théologie politique paulinienne qui constitue le socle sur lequel se construit l'Église politique de saint Pierre : « Que chacun se soumette aux autorités en charge. Car il n'y a point d'autorité qui ne vienne de Dieu, et celles qui existent sont constituées par Dieu. Si bien que celui qui résiste à l'autorité se rebelle contre l'ordre établi par Dieu. Et les rebelles se feront eux-mêmes condamner. En effet les magistrats ne sont pas à craindre quand on fait le bien, mais quand on fait le mal. Veux-tu n'avoir pas à craindre l'autorité ? Fais le bien, et tu en recevras des éloges ; car elle est un instrument de Dieu pour te conduire au bien. Mais crains, si tu fais le mal, car ce n'est pas pour rien qu'elle porte le glaive : elle est un instrument de Dieu pour faire justice et châtier qui fait le mal. Aussi doit-on se soumettre non seulement par crainte du châtiment, mais par motif de conscience. N'est-ce pas pour cela même que vous payez les impôts ? Car il s'agit de fonctionnaires qui s'appliquent de par Dieu à cet office. Rendez à chacun ce qui lui est dû : à qui l'impôt, l'impôt ; à qui les taxes, les taxes ; à qui la crainte, la crainte ; à qui l'honneur, l'honneur » (Épître aux Romains 13, 1-7).

Ce texte est, si je puis me permettre l'expression, du pain bénit pour un homme politique : il lui suffit en effet de se réclamer de Dieu pour assimiler quiconque s'oppose à lui, non pas à un adversaire politique, mais à un ennemi de Dieu, puisque le pouvoir qu'il a, il le tient de Lui ! Ce formidable tour de passe-passe théologique fonctionne en clé de voûte de l'Église comme pouvoir temporel. Toute figure dépositaire d'un pouvoir, pourvu qu'elle se dise chrétienne, se trouve *de facto* investie par Dieu ; il faut donc s'y soumettre. Le vicaire, le prêtre, le curé, l'évêque, le cardinal, le pape bien sûr, mais aussi la hiérarchie qui conduit du soldat romain à son empereur, en passant par la gamme de toute la bureaucratie impériale, dont le receveur des impôts, voilà devant qui il faut effectuer une génuflexion. La chose est dite clairement : l'autorité est un instrument de Dieu, s'y soustraire, c'est se refuser à Dieu.

On retrouve dans le texte de l'Épître cette fameuse épée, « le glaive » (13, 4). Il s'avère donc de moins en moins le symbole du martyre du saint, l'instrument de sa passion, que celui de sa puissance temporelle au nom du spirituel, l'instrument de son empire. Pareil boulevard ontologique est une providence pour Constantin qui comprend bien qu'une telle doctrine est une bénédiction pour conduire seul un empire dont le pouvoir se trouve, de fait, éclaté depuis la mise en place de la Tétrarchie par Dioclétien à la fin du IIIe siècle afin de lutter contre les invasions dites barbares.

Avec Paul, Jésus cesse d'être un personnage conceptuel. Il revêt l'armure et prend l'épée tendue par l'apôtre. La civilisation judéo-chrétienne est en ordre de marche. L'empereur va pouvoir donner le signal à l'armée chrétienne qui va alors s'ébranler. Les disciples de Paul vont sortir des catacombes pour entrer dans les palais. Les loqueteux misérables qui constituent les premiers bataillons chrétiens, Celse les raille et les décrit, vont devenir les soldats sans scrupule d'un empire devenu chrétien. Le judéo-christianisme qui fut celui des persécutés va devenir un judéo-christianisme persécuteur. Ce ne sont plus les chrétiens qui, comme Étienne, vont mourir pour leur foi, ce seront les païens qui, eux, vont trépasser, à cause de leur foi qui n'est pas la bonne.

3

Un coup de poing juif dans le visage du Christ

Naissance de l'antisémitisme chrétien

Épître du pseudo-Barnabé
Alexandrie, vers 130.

La patristique est un courant philosophique de presque mille ans passé sous silence par l'histoire officielle de la philosophie. Après les présocratiques et Platon, Aristote et Épicure, Lucrèce et Cicéron, Sénèque et Marc Aurèle, la philosophie tombe dans un trou noir. Certes, on parle bien de saint Augustin, puis de philosophie médiévale, en l'occurrence la pensée scolastique, mais c'est oublier l'incroyable nébuleuse que représente la patrologie grecque et latine forte d'un nombre incroyable de penseurs qui mettent leur intelligence et leur plume au service d'un christianisme d'abord éclaté, éparpillé, moléculaire, ensuite d'un christianisme ramassé, orthodoxe, officiel, institutionnel, molaire, enfin d'un christianisme dominateur et conquérant. Les conciles constituent un instrument idéologique de domination massive : la patristique nourrit leurs débats.

L'origine du christianisme est obscure, opaque : il lui faut composer avec un Jésus invisible, incorporel, conceptuel. Ce christianisme primitif doit dire l'indicible, manifester l'ineffable, donner un aspect rationnel à ce qui ne l'est pas, voire à ce qui semble franchement déraisonnable. Par exemple : comment une vierge peut-elle rester vierge et enfanter ? De quelle manière Joseph, le père, peut-il être dit père d'un fils sans en être le géniteur ? Le corps du Christ se trouve-t-il réellement ou symboliquement présent dans l'hostie ? Le péché originel relève-t-il du savoir ou du sexuel ? Quand un veuf se remarie et retrouve sa femme au paradis, puis sa seconde épouse, comment se passent les choses ? De quelle manière peut-on être Père et Fils en même temps, sachant que l'un engendre l'autre et que, pour ce faire, le Père préexiste ? Dieu veut-il tout, y compris le mal, et si oui, pourquoi ? À quoi ressemble le paradis ? Et l'enfer ? Quelles différences entre virginité, chasteté et continence ? Faut-il choisir la voie du célibat ou se marier ? Et pour quelles raisons ? Un officiant du Christ peut-il être marié ? L'âme est-elle une ? Matérielle ou spirituelle ? Survit-elle après la mort ? Si oui, comment ? Faut-il choisir la voie de l'ascèse ? Quel est le sens de la pénitence ? Le péché originel se transmet-il par la chair ou par l'esprit ? Que sont les sacrements ? Combien sont-ils ? Comment organiser l'Église ? À quoi ressemblent les anges ? Qu'est-ce qui distingue anges et archanges, trônes et séraphins ? Faut-il choisir la vie monastique des cénobites ou la vie anachorétique des ermites ? Qu'est-ce que la grâce ? Pourquoi peut-on n'en être pas gratifié ? Quid de la prédestination ? Comment définit-on un dogme ? Qu'est-ce qu'un concile ? Un symbole ? Le Saint-Esprit ? Quels rapports entretiennent raison et foi ? Y a-t-il une bonne façon de lire les Écritures ? A-t-on le droit de représenter le Christ ? Quel est le pouvoir d'un évêque ? D'un cardinal ? Le pape peut-il se tromper ? Comment connaître Dieu ? Quels sont les attributs divins ? Quelle est la nature du Christ ? Que peut-on dire de l'incarnation ? À quoi ressembleront les corps lors de la résurrection des morts ? Qu'est-ce qu'un corps glorieux ? Quelles sont les modalités de la rédemption ? Qu'est-ce qui distingue la grâce sanctifiante et la grâce actuelle, les grâces supérieures et les grâces extraordinaires ? Comment l'Église peut-elle distribuer les grâces ? À quoi servent le baptême, la confirmation, l'eucharistie, la pénitence, l'extrême-onction ? Que sont les péchés ? Où est le bien ? Et le mal ? Quelles sont les vertus théologales ? À quoi sert la prière ? Qui est appelé au sacerdoce ? Comment l'est-on ? Et autres joyeusetés intellectuelles…

La patristique fournit les matériaux des controverses ensuite discutées dans les conciles : elle discute les erreurs sur Dieu et sur le monde chez les gnostiques, dans le marcionisme, le manichéisme, le priscillianisme, le mithraïsme, le panthéisme ; elle soulève les erreurs sur la Trinité commises par les unitariens (qui sont des adoptianistes), les modalistes (qui sont aussi appelés monarchianistes ou patripassianistes), les arianistes (avec des sous-sections d'anoméens, d'homéens, d'homéousiens…), les photinistes, les pneumatomaques ; elle dénonce les erreurs commises sur le Christ, Marie par les docétistes, les aloges, les apollinaristes, les nestoriens, les monophysites, les monothélistes, les antidico-marianites ; elle analyse les erreurs commises sur les images par les iconoclastes ; elle disserte abondamment sur les erreurs commises sur la grâce et les sacrements par les pélagiens, les semi-pélagiens, les prédéterminationistes ; elle met en lumière les erreurs sur l'Église ou la discipline commises par les quartodécimans, les novatianistes, les donatistes, les lucifériens ; elle dénonce les erreurs commises sur les fins dernières des millénaristes, des origéniens ; ou bien encore, elle instruit le dossier de ceux qui commettent des erreurs sur la vie chrétienne, par exemple les encratistes, les montanistes.

Cette liste montre qu'il y eut mille et une façons d'être chrétien aux premiers siècles du christianisme. Cette constellation de sectes qui se constituent autour d'une personne (Arius, Marcion, Pélage, Mani, Paul de Samosate, Photius, Caïus, Nestorius, Papias, Origène, Tatien, Eustathe et tant d'autres...) ne saurait constituer une Église sainte, catholique, apostolique. Il faut pour ce faire décider d'une pensée vraie, juste, droite, conforme, l'orthodoxie, et d'une pensée fausse, altérée, corrompue, l'hétérodoxie. L'hérésie nomme ce que l'orthodoxie refuse : elle est tout ce que l'autre n'est pas.

Le concile est le lieu où se constitue la vérité de l'Église. Cette vérité n'est jamais que la cristallisation politique des évêques les plus malins, les plus violents, les plus rusés, les plus forts, les plus intrigants, les plus démagogues, les plus dialecticiens, les plus sophistes, les plus retors, souvent aussi les plus riches. Pour lisser la mécanique des passions tristes et des passions humaines, très humaines, le concile décide lui-même que, quand il a pris une décision, il n'a été soucieux de rien d'autre que de la vérité. Il décide un jour que ses décisions ne procèdent pas de la somme des volontés individuelles démocratiquement exprimées mais de l'expression du Saint-Esprit qui, telle la colombe sur la tête du Christ lors de son baptême, descend sur chacun des électeurs au moment de son vote. Dès lors, s'opposer à une décision conciliaire, c'est tout simplement s'opposer au Saint-Esprit, donc à Dieu lui-même.

Cette mise aux voix décide des matériaux avec lesquels se constitue la civilisation occidentale. Au cours des siècles, on y décide de ce qu'est un corps chrétien et de ce qu'il doit être selon l'Église – un corps charnel méprisé au profit d'une âme immatérielle ; d'une politique chrétienne théocratique et de sa toute-puissance – une monarchie absolue qui permet la réalisation de la cité de Dieu dans la cité des hommes ; de la complicité du pouvoir spirituel avec le pouvoir temporel – le clergé et la papauté soutiennent les empereurs, les rois, les princes qui les soutiennent ; des rapports de soumission de la raison à la croyance, de l'intelligence à la foi – la philosophie devient outrageusement la domestique de la théologie ; des relations avec les non-chrétiens qu'il faut convertir ou réduire – légitimation des guerres dites justes et bénédiction des massacres perpétrés au nom du Christ...

On rêve quand on découvre que des décisions fondatrices de l'Occident s'effectuent dans des conciles avec peu d'évêques : 18 au concile de Carthage en 253, 14 à Cologne en 346, 12 à Saragosse en 380, 31 à Constantinople en 448 ! Certains évêques illettrés ne savent pas même écrire leur nom ; d'autres ont fait des études qu'on dirait aujourd'hui supérieures et maîtrisent la rhétorique classique. Les uns sont des paysans incultes devenus évêques dans leur campagne ; d'autres des sophistes formés dans une école philosophique. Les débats sont houleux, agressifs, par acclamations ou huées du peuple qui s'invite, des coups sont parfois donnés. Après Constantin, l'or coule à flots, et les hommes de l'empereur distribuent des pièces en quantité pour obtenir la nomination de tel ou tel évêque.

Pour le seul IIe siècle, il y eut huit conciles : Hiéraphe en 170, Rome en 196, Éphèse la même année, Palestine également, l'année suivante, 197, Rome, Césarée, Lyon, et le concile d'Afrique en 200. Presque tous concernent la question de la date à laquelle il faut célébrer la Pâque : le dimanche, jour de la résurrection du Christ pour certains qui s'appuient sur des textes et des apôtres ; le 14 de la Lune, quel qu'en soit le jour, pour les autres qui s'appuient sur d'autres textes et d'autres apôtres. Les quatorze évêques réunis lors du concile de Palestine en 196 retiennent le dimanche. Mais le concile d'Asie, à Éphèse, sous Polycarpe, évêque du lieu, refuse cette décision et menace, déjà, de séparer l'Église d'Orient et l'Église d'Occident. À Rome, en 197, le pape Victor veut excommunier les quartodécimans, ceux qui veulent fêter la Pâque le 14 de la Lune. Le concile de Lyon dirigé par Irénée, évêque de la ville, calme le jeu et maintient les quartodécimans dans le giron de l'Église.

Deux conciles échappent à ce débat qu'on dira plus tard, et l'on comprend pourquoi, byzantin ! Le premier, celui de Hiéraphe en Asie, vers 170, relève de la police intérieure : 26 évêques entourent Apollinaire, l'évêque du lieu, qui souhaite évincer Montan de l'Église. Cet évêque entrait dans des moments de fureur et niait alors l'enseignement des prophètes puis se présentait comme le Saint-Esprit ! Avec deux femmes, il avait fondé la secte des Cataphryges – les montanistes. Le second, le concile d'Afrique, qui réunit des prélats venus d'Afrique et de Numidie, autour d'Agrippa, évêque de Carthage. Cette assemblée décide de ne pas valider les baptêmes célébrés en dehors de l'Église officielle.

On comprend qu'une vie tout entière ne suffise pas à démêler l'écheveau patristique dans son ensemble. Trop de noms, trop d'œuvres, trop de débats, trop de discours. Des sermons à foison, des homélies en quantité, des lettres à profusion, des épîtres en veux-tu, en voilà, des traités en nombre. Des centaines de milliers de pages illisibles, incompréhensibles, obscures, absconses. Une liste de noms interminables – de Clément de Rome ou Ignace d'Antioche au Ier siècle, à Jean Damascène ou Théodore Studite vers la fin, au VIIIe siècle. Confusion, pinaillages, arguties, chicanes, subtilités, sophisteries, rhétorique, procédures, ergotages, byzantinisme comme on finira par dire, ce marigot intellectuel et philosophique ne cesse d'étonner : tant d'intelligence mise au service de tant de bêtises, tant de raison perdue, tant de vains débats dans lesquels la pensée délire, le jugement dérape, le discernement disparaît, l'entendement fuit, l'esprit manque, la perspicacité meurt, la réflexion agonise – et ce pendant presque mille ans ! On comprend qu'une partie de la philosophie occidentale, la scolastique médiévale et l'idéalisme allemand, la phénoménologie germanique et la French Theory, ait été contaminée par de pareilles divagations…

Dans cette jungle patristique, on peut suivre une question afin de voir comment fonctionne cette machine à fabriquer l'idéologie et les vérités institutionnelles. La *question juive*, pour la nommer dans un vocabulaire postérieur, ne manque pas d'intérêt. Pour que le judéo-christianisme des origines devienne christianisme historique, il lui faut devenir antisémite. Cet antisémitisme se trouve déjà dans le Nouveau Testament, dont la Première Épître aux Thessaloniciens de Paul. De même, il existe un hypothétique moment dans la montée au Golgotha qui donne naissance au mythe du Juif errant.

Rappelons que Jésus est juif, Paul également. Tous deux sont circoncis. L'un et l'autre enseignent que la vérité du judaïsme n'est pas dans l'observance pour quelques-uns des rites et coutumes, dont la circoncision, mais dans l'invention de rites et de coutumes pour le futur de tous. Jésus dit être *la vérité advenue* dont les Juifs disent qu'elle est *à venir* : l'un dit qu'il est le Prophète annoncé et venu, les autres, que ce Prophète reste à venir. Le judéo-christianisme est donc le nom pris par ceux des Juifs qui « croient en Christ » comme il est dit. On peut imaginer que pareille prophétie constitue une offense pour les Juifs croyants et pratiquants de stricte observance – les pharisiens ou sadducéens, par exemple, qu'on retrouve en permanence dans les Évangiles.

Cette offense peut donc expliquer que, parmi les plus zélés des Juifs, ou les plus offensés, certains aient voulu la mort de Jésus ou celle de Paul. « Jésus ne pouvait circuler en Judée, écrit Jean dans son Évangile, parce que les Juifs voulaient le tuer » (7, 1) et que, parlant de Paul, on puisse lire dans les Actes des Apôtres : « Au bout d'un certain temps, les Juifs se concertèrent pour le faire périr » (9,23). Avant la crucifixion, Pilate demande aux Juifs s'ils veulent tuer Jésus ; ceux-là lui répondent qu'ils n'en ont pas le droit, mais qu'ils invitent Pilate, lui, à le faire. Pilate rédige donc l'écriteau « Jésus roi des Juifs » mais les Juifs lui font remarquer qu'il ne l'est pas mais qu'il se dit tel et qu'il faut donc ne pas écrire ce qu'il prévoyait d'écrire. Quand Pilate avertit les Juifs qu'il se lave les mains de cette mort qu'ils réclament, il dit : « "Je ne suis pas responsable de ce sang ; à vous de voir !" Et tout le peuple [juif] répondit : "Que son sang soit sur nous et sur nos enfants !" » (Matthieu, 27, 24-25). Paul quant à lui rapporte : « Cinq fois j'ai reçu des Juifs les trente-neuf coups de fouet » (Deuxième Épître aux Corinthiens 11, 24). De même, alors qu'il est en prison à Rome : « Voulant faire plaisir aux Juifs, Félix laissa Paul en captivité » (23, 26).

Quand Jésus meurt sur la croix, Paul affirme clairement que les Juifs ont tué le Christ : « Ce sont ces Juifs qui ont fait mourir le Seigneur Jésus et les prophètes, qui nous ont persécutés, ils ne plaisent pas à Dieu, ils sont ennemis de tous les hommes » (Première Épître aux Thessaloniciens 2, 15). Peuple déicide, peuple haï par Dieu, et surtout peuple ennemi de tous les hommes : comme on dit aujourd'hui, les éléments de langage de l'antisémitisme occidental se trouvent ici posés. L'Église catholique n'abolit cette version des Juifs peuple déicide que sous Jean XXIII, en 1962, avec le fameux concile Vatican II. Entretemps, il y aura eu presque deux mille ans d'antisémitisme chrétien, et son terrible couronnement par la Shoah.

Aux textes néotestamentaires fondateurs de cet antisémitisme s'ajoute l'interprétation d'un étrange moment associé à l'histoire de Jésus. Il est souvent renvoyé à une source évangélique pour expliquer qu'en gravissant le Golgotha Jésus s'arrête devant l'échoppe d'un cordonnier pour se reposer. L'homme le repousse, Jésus lui dit alors : « Je reposerai, mais tu devras errer jusqu'à mon retour. » On dit également que c'est devant le palais de Pilate que Jésus s'arrêta et que son gardien lui dit « Marche, Jésus, dépêche-toi. Pourquoi t'arrêtes-tu ? » avant de lui décocher un formidable coup de poing au visage. Jésus aurait alors dit, variation sur le même thème : « J'y vais, mais tu devras attendre jusqu'à mon retour. » Cordonnier ou concierge de Pilate, ce sont deux Juifs qui refusent le Christ, dont l'un très violemment. Pour ce fait, ils sont damnés et condamnés à errer jusqu'au retour du Christ sur terre, autrement dit jusqu'à la fin des temps. Le mythe du Juif errant, Ahasvérus, s'enracine dans cette histoire.

Les livres doctes renvoient à l'Évangile selon Jean (21, 23). Or, ceux qui reprennent cette information sans la vérifier devraient y aller voir de plus près, car, à cet endroit des Évangiles, il est question de Pierre à qui Jésus apparaît après sa mort, mais pas de cette anecdote. Dans aucun autre Évangile il n'est question de cette histoire. Cette légende est tellement légendaire que même son origine prétendument néotestamentaire est légendaire ! La légende apparaît chez Matthieu Paris, un moine bénédictin anglais du XIIIe siècle. Rappelons qu'Étienne, premier martyr chrétien auquel Paul, pas encore converti, s'était associé, a été massacré par des Juifs. Il fallait donc que les Juifs, auxquels Jésus volait la vedette messianique, fussent coupables. La patristique construisit le dispositif antisémite occidental.

Tout commence avec l'Épître de Barnabé. Juif lévite originaire de Chypre, Barnabé fut chrétien avant même la crucifixion de Jésus. On lui doit la présentation de Paul aux apôtres de Jérusalem, même chose avec la petite communauté d'Antioche. Il fut également le premier compagnon de route des voyages missionnaires de Paul. Nous sommes donc au Ier siècle de notre ère – sauf pour ceux qui contestent la paternité de ce texte à ce Barnabé et préfèrent parler d'un pseudo-Barnabé qui aurait rédigé son texte à Alexandrie vers 130…

Le soussigné Barnabé rédige une homélie, un petit traité apologétique sous forme de lettres, dans lequel il s'adresse à des chrétiens qui restent fidèles à la Synagogue et s'obligent à respecter les règles juives traditionnelles. Pour lui, les prophètes ont annoncé la venue du Messie qui est le Christ ; dès lors, il faut obéir au Christ plutôt qu'aux textes de l'Ancien Testament. Il reproche aux Juifs de n'avoir rien compris au sens allégorique et mystique des textes bibliques. Dieu ne demande pas des sacrifices sanglants, mais un cœur contrit ; il ne souhaite pas le jeûne corporel, mais la pratique de bonnes œuvres ; il n'invite pas à la circoncision de la chair, mais à celle des oreilles et des cœurs ; il n'interdit aucune consommation de viande, mais souhaite qu'on s'écarte des vices signifiés par les animaux impurs. Que les Juifs, dont la spécialité est l'herméneutique, soient considérés par Barnabé comme des gens incapables de comprendre ce qu'ils lisent, faute de disposer de l'intelligence nécessaire pour comprendre les sens cachés, est cocasse !

À la suite de Barnabé, vers 140, Ariston de Pella, originaire de Syrie, est un chrétien qui parle le grec ancien. Il fut peut-être le secrétaire de l'évêque Marc à Jérusalem. On lui doit la *Discussion de Jason et de Papiscus au sujet du Christ*. Or ce texte a été perdu. Mais comme l'œuvre a été commentée, on sait qu'elle opposait Jason, un judéo-chrétien convaincu, à Papiscus, un Juif alexandrin, qui, persuadé par les arguments de son interlocuteur, finit par se convertir à la religion nouvelle. Le traité de patristique jadis utilisé pour la formation des prêtres français, le Cayré, s'appuie sur Maxime le Confesseur, un moine théologien byzantin du VIIe siècle, pour faire de ce texte « la première apologie composée contre les Juifs » (I, 107).

Vers 155, Justin de Naplouse, né en Syrie-Palestine, en actuelle Cisjordanie, est aussi appelé Justin Martyr, pour avoir été décapité vers 165 après un refus de célébrer les idoles. On le nomme également Justin le Philosophe parce qu'il a suivi un enseignement philosophique haut de gamme en son temps. Il est samaritain, autrement dit non juif, non circoncis, mais issu des plus anciens Israélites des territoires de l'époque. Il affirme que la pratique de la philosophie grecque, pythagoricienne, aristotélicienne, stoïcienne, mais surtout platonicienne, l'a préparé à devenir chrétien. En présence de l'exemplarité de la vie d'ascèse, de pauvreté et de dignité des chrétiens qu'il rencontre, Justin se convertit. Il voyage beaucoup, arrive à Rome, ouvre une école de philosophie chrétienne sous Marc Aurèle. Justin et Crescence le Cynique polémiquent sur le sujet : le premier croit que la raison est compatible avec le christianisme ; le second, non. Le préfet de la ville de Rome, qui est stoïcien, estime que Julien le Philosophe est un facteur de troubles dans la cité. Il subit le martyre avec six de ses compagnons – coups de fouet et décapitation.

Dans son *Dialogue avec Tryphon*, un Juif d'Éphèse, Justin, écrit des Juifs : « Mais maintenant encore, en vérité, votre main est levée pour le mal ; car, après avoir tué le Christ, vous n'en avez pas même le repentir ; vous nous haïssez, nous qui par lui croyons au Dieu et Père de l'Univers, vous nous mettez à mort chaque fois que vous en obtenez le pouvoir ; sans cesse vous blasphémez contre lui et ses disciples. » Il y a pour Justin le Philosophe les « Juifs qui croient au Christ », les bons ; et ceux qui n'y croient pas, les mauvais.

Justin eut probablement un disciple nommé Miltiade que Tertullien nomme Miltiade le Sophiste. Probablement originaire d'Asie Mineure, il vécut dans la seconde moitié du IIe siècle et écrivit un *Contre les Juifs*. Il a également publié contre les montanistes et les valentiniens. Eusèbe de Césarée affirme qu'on lui doit également un traité écrit à destination de l'empereur, soit Marc Aurèle, soit son fils Commode, un texte qui aura donc été écrit soit entre 161 et 169, soit entre 176 et 179, pour convertir les puissants au mode de vie chrétien. Toutes ses œuvres ont été perdues. Perdu également le *Contre les Juifs* écrit par Apollinaire, évêque d'Hiérapolis en Phrygie qui, lui aussi, écrivit une apologie du christianisme envoyée vers 172 à l'empereur philosophe Marc Aurèle. Perdu aussi la *Démonstration contre les Juifs* de saint Hippolyte (170/175-235).

La liste est longue des Pères de l'Église ayant écrit contre les Juifs présentés comme le peuple auquel on doit la mort de Jésus, du Christ et de Dieu, les trois instances n'en faisant qu'une, malgré les différences sur lesquelles les évêques s'écharpent aux conciles : au IVe siècle, Grégoire de Nazianze, Grégoire de Nysse, Athanase d'Alexandrie, Cyrille de Jérusalem, Didyme d'Alexandrie, Basile de Césarée ; au Ve siècle, Astérios d'Anassée, Épiphane de Salamine ; au VIe siècle, Léon de Byzance ; au VIIe siècle, Maxime le Confesseur, Georges de Pisidie ; au VIIIe, Jean Damascène…

Jean dit Chrysostome (344/349-407), autrement dit « Bouche d'or », aurait été formé à la rhétorique par Libanios. Sa jeunesse à Antioche où il est né est libertine – il aime manger, aller au théâtre et assister aux concours d'éloquence juridique. Il rencontre Mélétios à dix-huit ans, puis se fait baptiser. Il devient ermite à Antioche puis se consacre à l'exégèse et à la théologie. Il devient diacre, prêtre, prédicateur, écrit beaucoup, donne des conférences très courues avec un nombreux public. Il devient évêque à Constantinople et s'y fait remarquer par sa rudesse, son austérité et son goût pour l'ordre moral : il chasse des évêques, destitue des prêtres, il reconduit au monastère les moines mendiants sortis de la clôture. Il prend ses repas seul et refuse toute ostentation. Il impose son austérité à son entourage, à ses prêtres et aux autres dignitaires chrétiens à qui il reproche leur vie non conforme à l'Évangile. Il attise les haines. Le couple impérial a d'abord ses faveurs, puis il les perd. Il est associé à des affaires qui le discréditent. Contre lui, des évêques obtiennent un concile à la Villa du Chêne près de Chalcédoine. Il perd. Il est destitué, puis condamné. L'impératrice fait une fausse couche, elle y voit un signe divin ; elle fait rappeler Jean Chrysostome. Dans une homélie, il compare la princesse à Hérodiade ; il est exilé en Arménie. Il meurt en exil en 407.

Jean Chrysostome a écrit pas moins de huit sermons à la suite contre les Juifs ! On y peut lire, par exemple dans ses *Homélies* : « La Synagogue est un mauvais lieu où afflue tout ce qu'il y a de plus dépravé ; c'est un rendez-vous pour les prostituées et pour les efféminés. Les démons habitent et les âmes mêmes des Juifs et les lieux dans lesquels ils se rassemblent » (13). Ou bien ceci pour dissuader les chrétiens qui vont encore à la Synagogue : « Et si quelqu'un tue ton fils, dis-moi, est-ce que tu supporterais son regard ? L'écouterais-tu s'il te parlait ? Ne le fuirais-tu pas comme un méchant démon, comme le diable lui-même ? Ils ont tué le fils de ton Maître, et tu oserais entrer avec eux dans le même lieu ? Alors que celui qu'ils ont mis à mort t'a honoré au point de te faire son frère et son héritier. Et tu lui fais le même affront que ses meurtriers qui l'ont attaché à la croix, lorsque tu pratiques et observes leurs fêtes, que tu vas dans leurs édifices impies, que tu entres dans leurs portiques impurs et que tu participes à la table des démons. C'est ainsi que je suis amené à appeler le jeûne des Juifs après le meurtre de Dieu. » Il estime que les Juifs sont tout « juste bons à être massacrés » (18) ; il affirme que le devoir de tous les chrétiens consiste à haïr les Juifs (19) ; il déclare que c'est un péché de les traiter avec respect ; il les traite de chiens, de porcs, de boucs, de bêtes sauvages ; il cite Jérémie qui en fait des « étalons bien repus ; chacun d'eux hennit après la femme de son prochain » (5, 8) ; il leur prête les vices des animaux, voraces, goinfres, lubriques ; il invente également un topos antisémite en associant les Juifs à des vices qui leur seraient propres, « cupidité, rapines, trahison envers les pauvres, larcins, trafics de mercantis » ; il affirme que leurs cultes sont grotesques et ridicules et qu'ils sont le prétexte à des beuveries. On ne s'étonnera pas que les nazis aient abondamment cité Jean Chrysostome pour justifier leur entreprise antisémite auprès des chrétiens. Ce Père de l'Église, saint et docteur de l'Église catholique, de l'Église orthodoxe et de l'Église copte, fonctionne en effet comme une pièce majeure du dispositif patristique.

Nil d'Ancyre, ou Nil du Sinaï, saint Nil, fut un disciple de Jean Chrysostome. Haut fonctionnaire à Constantinople, il était marié et père de famille quand il fut conquis par la parole de Jean et se sépara de sa femme et de ses deux fils pour mener une vie chrétienne et devenir anachorète sur le mont Sinaï. On trouve également sous sa plume de terribles pages contre les Juifs. Au début du Ve siècle, l'Empire est donc chrétien, Nil écrit : « Ne te laisse pas impressionner par le Juif qui soutient qu'il a été spolié de la Palestine pour d'autres fautes. Car ce n'est pas pour d'autres fautes, c'est à cause du meurtre du Christ qu'il endure des maux incurables » (*À Zosarios*, 57).

L'évêque de Ravenne, Pierre Chrysologue (Chrysologue voulant dire « aux paroles d'or », un surnom dû à son éloquence), saint et docteur de l'Église, ajoute une pièce au dossier de l'antisémitisme chrétien des Pères de l'Église : peuple déicide, incapable de comprendre ce qu'il lit, blasphémateur et agressif, compagnon de route des efféminés et des prostituées, gibier de potence, personnes qui ne méritent pas le respect, individus possédés par le démon, engeance légitimement spoliée de sa terre, elle est aussi nation ressentimenteuse, animée par la jalousie contre Jésus Fils de Dieu (*Sermons*, 4, PL 52). Pour ce conseiller du pape Léon Ier, la jalousie mène le monde : elle conduit Caïn à tuer son frère Abel tout autant qu'elle a décidé les Juifs à désirer pour elle le succès qu'eut le Christ après la conversion de l'Empire.

Ces éléments de langage contre les Juifs, plus que ces arguments, sont repris par d'autres Pères de l'Église : dans ses *Poèmes dogmatiques*, Grégoire de Nazianze les dit ennemis de Dieu ; dans *Sur les proverbes* (PG 10). Hippolyte de Rome stigmatise la « servante qui rejette sa maîtresse », autrement dit « la Synagogue qui a tué le Seigneur en crucifiant la chair du Christ » ; dans *Sur les psaumes* (58, 8), Cyrille d'Alexandrie fait de la synagogue un lieu de débauche et invite au « rejet d'Israël pour ses iniquités » ; dans *Sur l'adoration en esprit et en vérité* (4, 183) de Cyrille d'Alexandrie, on apprend que Césaire d'Arles pense que « la Synagogue qui a tué le Seigneur est une bête de somme chargée de livres » ; dans *Commentaire de l'Évangile concordant, ou Diatessaron* (11, 8), Éphrem de Nisibe parle des Israélites comme d'un « vase sans utilité » ; au IVe siècle, l'auteur anonyme des *Constitutions apostoliques* (2, 61) écrit : « Toi qui marches vers la maison des démons, la Synagogue des assassins du Christ ou l'assemblée des malfaisants, n'as-tu pas entendu cette parole : "j'ai haï l'assemblée des malfaisants" ? » ; saint Jérôme traite les Juifs de serpents, il compare leurs prières et leurs psaumes à des braiments d'ânes ; saint Ambroise dit dans son *Commentaire de la Première Épître de saint Paul aux Corinthiens et de Luc IV* : « Il y a chez eux la puanteur des crimes », il ajoute que le peuple juif « souille sa prétendue pureté corporelle par les ordures intérieures de l'âme ». À quoi il faut ajouter les diatribes antisémites d'Épiphane, Diodore de Tarse, Théodore de Mopsueste, Théodoret de Cyr, Cosmas Indicapleustès, Athanase le Sinaïte, Synésios, Hilaire de Poitiers, Prudence, Paul Orose, Sulpice Sévère, Guennadi, Venance Fortunat, Isidore de Séville. Etc.

Avec Constantin au pouvoir au début du IVe siècle, l'antisémitisme de papier devient un antisémitisme d'État. Le premier nourrit le second. Eusèbe de Césarée, son hagiographe, rapporte les moindres faits et gestes de l'empereur pour les embellir. Dans sa *Lettre de Constantin auguste aux Églises au sujet du concile de Nicée* qui ouvre sa *Vie de Constantin*, l'empereur s'exprime ainsi à l'endroit des Juifs : « On a jugé que, pour toutes les Églises, il n'était pas du tout convenable de célébrer la très sainte solennité de Pâques en suivant la coutume des Juifs dont les mains sont souillées par un crime abominable… Que peuvent savoir des hommes qui, après le meurtre du Seigneur et ce parricide, ne se conduisent plus selon la raison, mais sont emportés par des pulsions irrésistibles ? » Puis : « Il importe que nous n'ayons rien de commun avec les parricides qui ont tué le Seigneur. » Et puis ceci, toujours rapporté par Eusèbe : « L'Empereur défendit aux Juifs d'avoir des esclaves chrétiens, car il n'était pas juste que ceux qui avaient été rachetés par le Seigneur soient placés sous le joug de la servitude par ceux qui ont tué les prophètes et le Seigneur. »

Au début de son règne, Constantin n'est pas encore chrétien ; en juin 313, il signe un édit de tolérance, l'édit de Milan, qui permet aux Juifs, mais aussi aux chrétiens et aux païens, de pratiquer leurs religions sans aucun problème. Cet édit met fin aux persécutions qui sévissaient depuis des années. En 321, il édicte une loi qui permet aux Juifs d'être dispensés à vie de nomination à la curie – cette nomination obligeait à rendre un culte impérial et aux divinités traditionnelles. En 323, à la mort de Licinius qui régnait sur l'Orient, Constantin reste le seul empereur ; dès lors, il devient chrétien par opportunisme en comprenant que cette idéologie qui affirme que tout pouvoir vient de Dieu s'avère politiquement rentable.

Non loin de Grenade, le concile d'Elvire en Espagne se tient sous son règne. Il rassemble 19 évêques, 26 prêtres, des diacres, sans parler du peuple présent et bruyant. Parfois, comme au théâtre ou dans les jeux du cirque, le peuple impose sa loi en huant ou en applaudissant, il force ainsi la main épiscopale – l'Église dit que l'Esprit-Saint l'infuse en pareil moment, elle oublie que l'acclamation populaire compte pour beaucoup et que la démagogie des évêques permet parfois, souvent, d'obtenir le soutien d'une claque entretenue.

Ce concile sépare les Juifs des chrétiens : il devient désormais impossible pour un Juif d'épouser une chrétienne, *idem* bien sûr pour une Juive qui cesse de pouvoir épouser un chrétien ; les chrétiens n'ont plus le droit d'abandonner la gestion de leurs biens à des Juifs ; ni les uns ni les autres n'ont désormais la possibilité de commercer ; les Juifs ne peuvent plus accueillir des chrétiens à leur table, pas plus qu'ils n'ont le droit de partager un repas avec eux, chez eux ; les Juifs n'ont pas le droit de bénir le champ des chrétiens. Ce même concile provincial impose l'abstinence sexuelle aux prêtres, excommunie les femmes qui se font avorter et réserve le même traitement aux comédiens, aux acteurs, aux gens de cirque. Variations nouvelles sur le thème de l'amour du prochain...

Vers 329, Constantin édicte une loi qui menace de mort par le bûcher les Juifs qui lapideraient ceux des leurs qui deviendraient chrétiens ; en 335, un rappel est effectué en ce sens : interdiction de molester les convertis ; en 329, un semblable châtiment est réservé à ceux « qui se joignent à leur secte impie et participent à leurs groupements séditieux » ; en mars 336, une loi interdit aux maîtres juifs de circoncire leurs esclaves non juifs – au cas où ils le feraient tout de même, les esclaves seraient de fait affranchis et libres. L'édit de Milan se trouve aboli. Dans l'Empire, Constantin impose lourdement les non-chrétiens, dont les Juifs, et octroie d'incroyables privilèges fiscaux aux chrétiens. On imagine combien les exemptions d'impôts contribuent à des conversions massives ! Il interdit l'entrée de Jérusalem aux Juifs, sauf le jour où ils commémorent la destruction du Temple ; ils le peuvent alors, mais moyennant le paiement d'un lourd tribut.

Des lois interdiront ensuite aux Juifs l'héritage à leurs enfants et petits-enfants convertis ; elles leur imposeront de lourdes charges sociales ; elles leur enlèveront leurs tribunaux spéciaux qui leur permettaient de juger de leurs affaires internes ; elles leur interdiront la fonction publique ; elles réglementeront les détails de leurs sabbats ; elles les obligeront à célébrer la Pâque après que les chrétiens auront fêté la leur. Justin leur interdit la récitation de leurs prières. Les docteurs juifs sont exilés de Judée. Ils sont condamnés à mort s'ils enseignent. Ils sont contraints à cuire leur pain le jour du sabbat, jour où toute activité est interdite par leur foi. Sous Théodose, on brûle des synagogues…

Le judéo-christianisme est donc devenu chrétien en se faisant antisémite. S'il fallait souscrire à cette idée que, depuis la nuit des temps, une société ou une civilisation se fondent toujours avec un sacrifice qui fait couler le sang, c'est du sang juif qu'il faudrait alors parler pour envisager la fondation de la civilisation judéo-chrétienne – donc chrétienne. Jésus est juif, ses parents le sont aussi, Paul est juif, les disciples du Christ l'étaient également. Il leur aura donc fallu retourner le couteau qui servait à la circoncision contre la poitrine de leurs semblables pour que le sang juif arrose la civilisation chrétienne dans un bain qui n'a cessé pendant près de deux millénaires : de saint Augustin qui veut les condamner à l'errance et à l'humiliation pour montrer le triomphe de l'Église sur la Synagogue, à Martin Heidegger, lui aussi catholique, qui lâche la bride à son antisémitisme dans ses *Cahiers noirs*, l'antisémitisme a partie liée avec le christianisme.

Quel catholique du XXe siècle a écrit ceci du Juif : « Sa vie n'est que de ce monde et son esprit est aussi profondément étranger au vrai christianisme que son caractère l'était, il y a deux mille ans, au grand fondateur de la nouvelle doctrine. Il faut reconnaître que celui-ci n'a jamais fait mystère de l'opinion qu'il avait du peuple juif, qu'il a usé, lorsqu'il le fallut, même du fouet pour chasser les marchands du Temple du Seigneur cet adversaire de toute humanité, qui, alors, comme il le fit toujours, ne voyait dans la religion qu'un moyen de faire des affaires. Mais aussi le Christ fut pour cela mis en croix » ?

Un certain Adolf Hitler, dans *Mon combat*. L'antisémitisme des chrétiens primitifs fut la condition de l'émergence de la civilisation chrétienne ; l'antisémitisme des nazis, qui ne furent pas antichrétiens, et pour lesquels le pape Pie XII avait quelque faiblesse, est l'un des signes de la fin de cette civilisation.

4

L'invention du corps mutilé

Universalisation d'une névrose

Vers 215, Alexandrie,
Origène se sectionne les génitoires.

Pour le chrétien moyen que sa religion invite à imiter l'anticorps de Jésus ou le cadavre du Christ et pour la chrétienne moyenne que sa foi contraint à ressembler à Marie, Vierge et Mère, comment vivre avec son corps ? Que faire de son sexe et de sa sexualité, de sa libido et de ses désirs ? Puisque Jésus semble n'avoir connu aucun plaisir sensuel ou sexuel, que le Christ fut un grand cadavre mutilé et sanguinolent, puis que Marie a enfanté sans coucher avec Joseph, que reste-t-il à celui qui embrasse cette foi, sinon à se faire *pareil à un cadavre* – pour utiliser une expression qui deviendra la devise des jésuites…

La loi en matière de sexualité chrétienne se trouve dans quelques versets de sa Première Épître aux Corinthiens, un chef-d'œuvre de névrose personnelle qui a névrosé et névrose encore des millions de chrétiens depuis bientôt deux millénaires. Paul commence ainsi sa harangue misogyne, phallocrate, sexiste et homophobe – s'il faut utiliser du vocabulaire contemporain pour nommer de très vieilles choses. « Pour ce que vous m'avez écrit, il est bon pour l'homme de s'abstenir de la femme. Mais à cause des fornications, que chaque homme ait sa femme et chaque femme son mari. Que le mari s'acquitte de son devoir envers sa femme, et pareillement la femme avec son mari. La femme ne dispose pas de son corps, mais le mari. Pareillement le mari ne dispose pas de son corps, mais la femme » (7, 1-4). Paul donne donc son plan : il a pris soin de dire que le corps réel, matériel, charnel, concret, n'existe pas pour lui-même, en lui-même, mais qu'il est pour le Seigneur (6, 14). Forniquer, c'est pécher contre son corps qui est « un sanctuaire du Saint-Esprit » (6, 19). Que veut dire *forniquer* ? Commettre le péché de la chair, autrement dit : avoir une relation sexuelle en dehors de la perspective de la procréation d'un enfant. Où Jésus entretiendrait-il d'un *péché de la chair* ? Nulle part... Ce que veut Paul, c'est donc une vie dans laquelle il y aura eu autant de relations sexuelles que d'enfants, autant dire une petite dizaine ! Paul enseigne la virginité et, à défaut, pour ceux qui ne pourraient s'y tenir, le mariage dans le cadre étroit de la monogamie, de la fidélité, de la cohabitation, de la reproduction. Le mariage est pour lui un pis-aller.

Paul universalise sa névrose : la sexualité ne veut pas de lui, il ne veut pas de la sexualité ; il souhaite alors que l'humanité entière se refuse à ce qui se refuse à lui. « Je voudrais que tous les hommes soient comme moi. [...] Je dis aux célibataires et aux veuves : il leur est bon de demeurer comme moi. Mais s'ils ne peuvent se contenir, qu'ils se marient : mieux vaut se marier que brûler » (7, 7-9). Paul veut donc : la virginité ; sinon : le mariage dans la continence. Il invente le *devoir conjugal* (7, 3) ; il interdit le divorce (7, 10) ; il refuse le remariage (7, 11) ; il conseille le célibat (7, 32) – celui des prêtres s'enracine dans ce commandement, et nulle part ailleurs ; il demande aux parents de garder leur fille vierge (7, 38) ; il déconseille le remariage aux veufs et veuves, sans l'interdire toutefois (7, 39) ; il voue l'adultère aux gémonies (6, 9) ; il déclenche les foudres contre l'homosexualité ; ainsi, dans son Épître aux Romains, « Aussi Dieu les a-t-il livrés à des passions avilissantes : car leurs femmes ont échangé les rapports naturels pour des rapports contre nature ; pareillement les hommes, délaissant l'usage naturel de la femme, ont brûlé de désir les uns pour les autres, perpétrant l'infamie d'homme à homme et recevant en leurs personnes l'inévitable salaire de leur égarement » (1, 26-27) – même condamnation dans son Épître à Timothée (1, 10).

Dans sa Première Épître à Timothée, Paul essentialise les femmes et estime que, puisque « ce n'est pas Adam qui a été dupé ; c'est la [*sic*] femme qui, séduite, en est venue à la transgression. Cependant elle sera sauvée par la maternité » (2, 14-15). Cette misogynie d'un homme devient misogynie de l'Église : Ève a péché, pas Adam ; si elle veut se racheter, qu'elle fasse des enfants – avec son mari bien entendu. Paul passe d'une femme, Ève, à toutes les femmes : si l'une est pécheresse, alors toutes sont et seront coupables, et ce pour l'éternité. Il veut que les femmes aient des tenues décentes, qu'elles ne portent pas de tresses, pas de bijoux, pas de perles, pas de vêtements de prix, qu'elles soient soumises et silencieuses (2, 11), elles ne doivent ni enseigner, ni faire la loi à l'homme (2, 12). La Première Épître aux Corinthiens dit les choses clairement : « Le chef de tout homme, c'est le Christ ; le chef de la femme, c'est l'homme » (11, 3).

Paul renvoie donc explicitement au péché originel d'Adam et Ève. Et le texte de la Genèse rapporte que le serpent, qui est le diable, Satan, le mal, invite Ève à goûter du fruit de l'arbre défendu qui est « l'arbre de la connaissance du bien et du mal » (2, 17). Ce que Dieu interdit, c'est le savoir, la connaissance, l'intelligence. Le péché que commet Ève est donc de vouloir savoir quand Dieu invite à ne pas savoir pour se contenter de Lui obéir. Ève invente donc l'usage de la raison, le libre examen, l'exercice de la volonté indépendante. Mais nulle part il n'est question dans le texte d'un péché de chair ! Ce que dit la Genèse, c'est qu'Ève a péché en préférant savoir à obéir – elle invente donc la philosophie.

Comment donc ce péché, qui est péché de connaissance, devient-il péché de chair ? C'est le concile de Carthage qui décide de la déchéance d'Adam en 418 ; il ajoute que ce péché se transmet de façon héréditaire par la génération ! Le concile d'Orange reprend cette thèse en juillet 529, puis le concile de Trente en 1546 ! Certes, les Pères de l'Église enseignent la transmissibilité du péché originel d'Adam, le premier homme, jusqu'au dernier homme : Irénée de Lyon dans *Contre les hérésies* (V, 16, 3), Tertullien dans *Témoignage de l'âme* (3), saint Ambroise dans *Apologie du prophète David* (II, 12), saint Athanase Memorandum dans *Sur la déposition d'Arien* (I, 51), saint Basile dans ses *Homélies* (VIII, 7), Didyme l'Aveugle dans *Contre les manichéens* (8). Mais aucun ne sexualise le péché originel avant saint Augustin.

Dans *La Cité de Dieu*, Augustin disserte longuement sur le péché originel et le lie, sans qu'il en soit question dans la Genèse, à la concupiscence ! Alors qu'il n'était question que de goûter du fruit de l'arbre de la connaissance, Augustin parle d'Adam et Ève en soulignant « la rébellion de leur chair » (14, 18) ! Comment Augustin parvient-il à cette conception ? Nullement par explication, démonstration ou preuve, mais par un glissement subjectif, il assimile tout simplement le serpent au sexe : « J'ai estimé que c'était [...] le serpent qui représente le sens corporel », écrit-il dans *La Trinité* (XII, 20). Puisque saint Augustin a estimé, l'affaire est réglée...

Le problème n'est donc plus la connaissance, mais la nudité qui suit le péché originel. Quelles sont donc les modalités de la transmission de ce péché ? Des modalités non pas spirituelles, qui concerneraient l'âme, mais des modalités corporelles qui intéressent l'acte sexuel et tout particulièrement le sperme ! Cette théorie a un avantage théologique certain : puisque Jésus a été conçu sans sperme, il est indemne du péché originel ! Et comme nous avons tous été conçus par du sperme, nous sommes tous pécheurs. La sexualité ne saurait donc être un jeu entre deux corps, mais l'inoculation d'un virus ontologiquement mortel...

Cette question est devenue un article de foi. Or, Augustin défend cette thèse parce qu'elle s'oppose à la doctrine de Pélage, un moine britannique qui affirme que le péché commis par Adam ne valait que pour Adam. Cette affirmation simple et de bon sens suppose en effet que chacun soit responsable pour lui-même du bien et du mal qu'il a commis. Pourquoi rendre les descendants d'Adam, jusqu'au dernier des hommes, responsables et coupables d'un forfait qu'ils n'ont pas commis ? Il en va là d'une singulière injustice qui s'apparente à la punition collective pour l'éternité d'un forfait commis par un seul dans un temps donné.

Pélage affirmait qu'Adam avait mal agi, certes, mais que chacun disposait d'une liberté lui permettant de ne pas suivre ce mauvais exemple. Augustin estime que Pélage donne trop d'importance à la liberté, pas assez à la grâce. Ce débat sera celui de l'augustinisme pendant des siècles, notamment avec le jansénisme et le protestantisme. La doctrine de Pélage se répand en Afrique où Augustin commence à la combattre : il s'agit pour lui d'assurer son leadership – l'auteur des *Confessions* fut en effet un personnage autoritaire et opportuniste, violent et carriériste, un « boursier aux dents longues » pour utiliser l'expression de Lucien Jerphagnon, un ambitieux qui abandonne sa concubine pour épouser une riche héritière, un homme qui sait ce qu'il faut faire pour grimper dans la hiérarchie ecclésiastique. Combattre ce qui se met en travers de sa route fait partie du trajet politique de l'évêque d'Hippone.

Sur ses terres nord-africaines, la pensée de Pélage lui fait de l'ombre ; il la combat. Et ce combat exige qu'il s'oppose à la doctrine pélagienne concernant le péché originel. Il publie contre les pélagiens ; il les attaque dans des sermons ; il prêche à Carthage en ironiste mordant, en rhéteur habile, en sophiste avéré. La pensée de Pélage fait des disciples jusqu'en Palestine : les pélagiens croient que la perfection peut être une affaire humaine, les augustiniens, non. Des conciles sont diligentés contre les pélagiens. Augustin rédige les canons du concile de Carthage le 1er mai 418 ; le pape lui demande de mettre les évêques d'Afrique du Nord en ordre de marche contre Pélage, ce qu'il fait. Quand il meurt, Augustin réfute toujours le pélagianisme dans un *Contre Julien d'Éclane* qui reste inachevé. Sa doctrine qui associe péché originel et sexualité, donc qui fait du sexe un péché, impose sa loi jusqu'à ce jour. Paul avait un corps mutilé, il a voulu que ce corps fût un modèle pour tous afin de se sentir moins seul dans sa pathologie ; il y est parvenu grâce en partie à saint Augustin ; l'Église a toujours fait du corps, de la chair, des désirs, des passions, des pulsions, autrement dit de la vie, sa grande ennemie. Notre civilisation s'est construite sur le refoulement paulinien de la chair.

Comment faire concrètement pour vivre selon l'ordre chrétien ? Pas de corps, pas de sexe, le désir est coupable, le plaisir aussi. Faut-il renoncer à la sexualité, à toute la sexualité ? Certains répondent oui, ceux qu'on appelle les encratites. Le fondateur de cette secte est Justin de Naplouse. Ses adeptes rejettent le mariage, s'abstiennent de toute relation sexuelle, ne mangent pas de viande, ne boivent pas de vin et, abstèmes, célèbrent l'Eucharistie avec de l'eau. Voilà pourquoi, en grec, on les nomme *hydroparastates* et en latin *aquariens*... L'empereur Théodose en fait des hérétiques.

Le monachisme n'est pas sans relation avec ce courant qui va de Justin, donc, à la fin du IIe siècle, à sa condamnation impériale à la fin du IVe – ce qui ne suffit pas, semble-t-il, car l'empereur Théodose II dut réitérer la condamnation en 428. Le christianisme pouvait donc être vécu par des laïcs qui avaient une profession dans l'Empire chrétien ; il concernait également de petits groupes qui constituaient des communautés en écho à celle que Jésus faisait avec ses disciples. Les déserts de l'Orient accueillent saint Antoine en Égypte, saint Épiphane en Palestine, saint Éphrem et Aphraate en Syrie orientale, Diodore, Théodore et saint Jean Chrysostome dans la région d'Antioche, saint Basile en Asie Mineure.

C'est en Égypte que naît donc le monachisme avec ceux qu'on nomme les Pères du désert. La vie de ces saints a constitué une littérature apologétique abondante. Le monachisme concernait des individus solitaires, les anachorètes, ou des personnes réunies en communauté, les cénobites. Le premier anachorète est saint Antoine qui naît en Égypte vers 250. Il s'est retiré dans les montagnes de Pispir, vers la mer Rouge, avant de s'enfoncer dans le désert où il a vécu jusqu'à sa mort en 356. Cette façon ascétique de vivre le christianisme a donné lieu à de singulières biographies de personnages qui ne savaient que faire pour s'humilier, se mépriser, se déprécier, se faire du mal, mourir de leur vivant, tendre vers le cadavre.

On le sait, Origène prend le texte des Évangiles au pied de la lettre et se sectionne les génitoires vers 215 à Alexandrie. Nombre de Pères du désert effectuent des variations sur ce thème, sans aller jusqu'à cette castration physique volontaire, mais en raffinant au-delà de toute saine raison en matière de castration mentale. Certes, il faut se priver de nourritures agréables, de boissons fraîches, de mets sophistiqués, mais il faut surtout salir, souiller, maculer, polluer, contaminer. Le corps doit être martyrisé par ses soins comme celui du Christ le fut par les soldats romains.

Ainsi au IVe siècle, en Égypte, avec saint Antoine qui se fait enfermer à l'âge de vingt ans dans un sépulcre pendant plusieurs mois afin de faire ses classes d'anachorète : quand il se sait capable de mener une vie de renonçant, il quitte son tombeau et marche vers le désert en direction d'une ruine romaine infestée de serpents dans laquelle il élit domicile. La vie est frugale : un repas de pain par jour, voire tous les deux jours, un peu d'eau quotidiennement, du sel, rien d'autre ; très peu de sommeil, deux à trois heures par nuit ; l'oraison en lieu et place du sommeil ; quand il s'allonge pour dormir, c'est soit sur une simple natte de joncs tressés, soit à même le sol ; pas de visites.

Évidemment, rester dans l'obscurité, ne pas voir le jour, jeûner si rudement, boire si peu, se priver de sommeil, n'être plus en contact avec âme qui vive, déclenche des hallucinations. De là à y voir des manifestations du diable, il n'y a qu'un pas. Antoine entend crier des animaux sauvages qui l'assaillent, ours et léopards, lions et taureaux, des serpents et des scorpions l'attaquent, il semble roué de coups, laminé par le mal et gît au sol pendant de très longs moments. Les fameuses tentations de saint Antoine sont là, nées d'un corps volontairement épuisé. À l'époque, on croit aux démons et aux dieux, au diable et à Dieu, aux esprits mauvais et aux anges : le désert est leur lieu, là où la solitude s'avère la plus grande, tous se déchaînent.

Des visiteurs viennent le voir pour un exorcisme, des prières ou des guérisons ; il refuse de les voir ; puis finit par y consentir ; il forme quelques disciples vers 305 – il s'agit de la première communauté monastique chrétienne au monde. C'est en Égypte. Mais la compagnie des hommes lui pèse, il fuit cet afflux de gens dont certains veulent être ses disciples. En 312, il quitte ses ruines et s'enfonce plus encore dans le désert. Il élit une caverne en haut d'une montagne avec une vue sublime sur la mer Rouge. Il a soixante ans. Les bêtes sauvages viennent pour lui nuire ; elles deviennent ses amies. Le ciel est alors plein de visions angéliques, toutes plus délirantes les unes que les autres. Il meurt à cent cinq ans, dit-on, vers 356. Ses disciples l'enterrent dans un lieu secret afin d'éviter le culte qui n'aurait pas manqué d'avoir lieu.

La *Vie d'Antoine* rédigée par Athanase est évidemment un mélange de vérités et de fictions, d'allégories et d'histoires vraies, de symboles et de détails biographiques. Ce genre littéraire se veut édifiant ; il édifie. Des dizaines, puis des centaines, puis des milliers de gens choisissent cette présence au monde qui est renoncement au monde : donner juste à boire et à manger au corps pour qu'il ne meure pas, concéder juste assez de sommeil pour ne pas trépasser de son défaut, quitter le monde mondain des hommes au profit du monde céleste de Dieu, demander puis obtenir de son corps qu'il meure juste assez de son vivant pour mériter, gagner et obtenir un salut éternel auprès d'un Dieu par l'extinction du désir, de la libido, des passions, de la chair. Vouloir être un ectoplasme afin de coïncider le plus possible avec ce concept exsangue nommé Jésus.

De la même manière qu'Athanase a rédigé une vie d'Antoine, Jérôme a écrit une *Vie de Paul de Thèbes, premier ermite*, un autre anachorète d'Égypte. Le seul problème, c'est que cette vie écrite vers 374-379 concerne un homme qui n'a jamais existé dit la critique autorisée. Il n'y a aucune preuve de l'existence de Paul, mais sa vie mythique vaut comme une réalité pour qui veut l'édification. Quel était l'état d'esprit de Jérôme en forgeant cette fable ? Si on lui prête de mauvaises intentions, et il en fut capable quand il s'est agi de salir la mémoire du philosophe Lucrèce, il a pu ainsi contester le fait qu'Antoine ait été le premier ermite, car Paul est censé le précéder exactement selon les mêmes logiques : Antoine part au désert à vingt ans, Paul fait mieux et le rejoint à quinze. Il vit frugalement pendant cent ans dans une ruine jadis occupée par d'anciens faux-monnayeurs où sont restés leurs outils. Il vit près d'un figuier et d'une source, il peut ainsi manger des figues, se confectionner des vêtements et boire juste pour ne pas mourir. Non loin de là vit un reclus dans une caverne ; depuis trente ans il mange un pain d'orge et boit de l'eau boueuse ; un autre vit enfermé dans une citerne et mange cinq figues par jour. Antoine a quatre-vingts ans quand il apprend l'existence de Paul : il n'est donc plus celui qui crée l'anachorétisme mais le disciple d'un plus ancien que lui. Il traverse le désert syrien pour le visiter. Il rencontre un démon à midi, bien sûr, il a la forme d'un hippocentaure. Paul arbore de longs cheveux blancs, il est crasseux et n'a plus que trois jours à vivre. Il meurt alors qu'Antoine était parti lui chercher une tunique pour l'ensevelir. Il le retrouve en position d'oraison. Le sol, trop dur, est impossible à creuser pour faire une tombe. Les animaux sont avec lui : de la même manière qu'un corbeau lui apportait chaque jour un pain, deux lions surgissent de nulle part et creusent une fosse pour qu'Antoine allonge la dépouille de Paul. Si Jérôme n'a pas voulu nuire à Antoine, disons qu'il a créé un mythe, comme avec Jésus, pour édifier et inviter les chrétiens d'Égypte à renoncer au monde en venant vivre une vie d'anachorète dans le désert.

De la même manière qu'Antoine invente l'anachorétisme, l'ascèse individuelle et solitaire, Pacôme (286-348) crée le cénobitisme, l'ascèse collective et communautaire. Il apprend auprès d'un maître pendant sept années et lui obéit : il porte des pierres dans le désert la nuit pour éviter de s'endormir ; le peu de sommeil auquel il consent, il dort debout ; il mange du pain, du sel et des herbes bouillies, mais il y mêle de la cendre pour leur donner mauvais goût ; il prie les bras en croix, sans bouger, pendant des heures ; parfois il se charge les épaules avec des pierres lors de l'oraison ; il s'expose en plein soleil pour prier et s'habille d'un gros manteau de poil pendant les canicules ; il se fait dévorer par une légion de moustiques sans bouger et laisse ses pieds et ses mains enfler, suppurer et pourrir…

Version postmortem hagiographique et édifiante du Ve siècle, un ange lui donne la table des lois du monastère et le décide à concevoir les premières communautés de moines chrétiens. Il crée son premier monastère vers 318. Devant l'afflux, il en ouvre un deuxième. Il va finalement en ouvrir neuf. Quand il meurt à l'âge de soixante-deux ans, lors d'une épidémie de peste, après plus de trente années d'ascèse, entre six et huit mille moines vivent selon l'ordre détaillé dans sa Règle : le jeûne et les mortifications pratiqués en communauté deviennent des occasions de surenchère, il s'agit donc d'inviter à cesser ces rivalités d'orgueil au profit d'une véritable humilité qui suppose des repas dans la frugalité, du travail raisonné, un sommeil assis mais réparateur, du silence pendant les repas, des prières quotidiennes à heures fixes, des vêtements identiques pour tous, l'obéissance à la loi édictée par un moine qui fait office de chef, la répartition des tâches, le respect d'un emploi du temps, la séparation entre moines et moniales, les règles de la clôture, la nature des punitions, les devoirs d'hospitalité à l'endroit des visiteurs, les modalités de l'acceptation d'un moine – humiliations, crachats, refus, épreuves – on lui annonce que sa mère est mourante pour tester l'impassibilité qui prouve la nécessaire mort au monde… À sa mort, le cénobitisme déborde l'Égypte et passe par la Syrie, la Palestine, la Cappadoce, la Grèce et parvient en Occident. Saint Benoît rédige sa Règle pour le monastère du Mont-Cassin, en Italie, à la fin de sa vie, vers 547. Les moines sont dans ce qui va devenir l'Europe au VIe siècle.

Il n'y eut pas de limites à cette haine du corps de ceux qui crurent qu'en mourant au monde ils obtiendraient la vie éternelle : refusé trois jours et trois nuits par saint Antoine qui finit par l'accueillir, saint Paul le Simple lui obéit en tressant des nattes toute la journée sous un soleil de plomb avant de les défaire, il s'évertue à ramasser avec un coquillage le miel répandu sciemment par son maître sans qu'il subsiste une trace de poussière ; saint Simoès, lui aussi disciple d'Antoine, baisse ses bras quand il prie afin que ceux qui le verraient ne l'estiment davantage ; saint Isidore vit en haillons et mange les rinçures d'eau de vaisselle et simule la folie par humilité ; saint Éphrem ne mange que des herbes et des racines qu'il broute comme un animal ; saint Jean d'Égypte n'ingère que des graines, comme un oiseau ; David et Adolas vivent à l'intérieur des arbres ; saint Maron raffine en choisissant des troncs dans lesquels on trouve de très grosses épines ; David de Thessalonique, lui, vit immobile au sommet de l'un d'entre eux ; saint Jacques habite dans des tombeaux, en compagnie de morts desséchés ou qui tombent en poussière ; saint Thalèle croupit dans une cage où il s'est entravé ; saint Acepsime se couvre de chaînes qui le contraignent à marcher à quatre pattes ; saint Macaire cuit dans un désert de nitre où le soleil a desséché les humains, les bateaux, les animaux, le sol coupe les pieds, il déambule nu dans le désert brûlé le jour transi la nuit, il écrase un jour un moustique qui l'a piqué, pour pénitence, il reste six mois entièrement nu dans un marais où les moustiques transforment son corps en plaie purulente, il met son pain dans une bouteille et ne mange que ce qu'il peut saisir avec les doigts, il aide des voleurs qu'il surprend à le voler, il laisse une jeune fille l'accuser de l'avoir engrossée, il dort dans un tombeau et se fait un oreiller du cadavre ; saint Amoun traverse un demi-siècle en marchant en mangeant cinq olives par jour ; saint Pallade se réfugie dans des terriers où il ne peut être que recroquevillé ; saint Poimen refuse de répondre quand on l'appelle pour éviter le péché d'orgueil ; saint Jean le Petit arrose pendant deux ans un bâton sec dans le désert et va chercher de l'eau à trois kilomètres ; saint Arsène le Romain, qui fut précepteur des enfants de l'empereur Théodose, mange à quatre pattes le pain qu'on lui jette à terre, il boit de l'eau croupie et trouble l'eau fraîche et claire qu'on lui donne avec sa boisson puante, il mange deux prunes et une figue chaque jour, pourvu qu'elles soient pourries ; saint Bessarion pleure sans cesse le péché originel ; saint Chenouti grimpe sur une brique et prie jusqu'à ce que les larmes et la sueur l'aient fait fondre ; après avoir vécu au fond d'un puits, saint Siméon le Stylite s'installe pour des années au sommet d'une colonne haute de vingt-cinq mètres ; sainte Marie d'Égypte se prostitue au premier venu ; etc.

Où l'on voit que ces hommes et ces femmes ont été faits saints par l'Église catholique qui n'a donc rien vu à redire à tous ces comportements névrotiques. Où l'on constate également que saint Paul a réussi au-delà de ses espérances à universaliser sa névrose. Où l'on saisit enfin que le corps chrétien manifeste sur le mode masochiste le retour du refoulé de l'anti-corps de Jésus. Où l'on comprend que l'incarnation est problématique dans le judéo-christianisme. Où l'on conclut que ces corps des Pères du désert ont été les prototypes des corps que le christianisme officiel nous a invités à prendre pour modèles depuis un millénaire et demi – il en reste des traces, évidemment, dans le corps postchrétien de la femme et de l'homme du XXIe siècle occidental. Pas sûr que le Jésus des Évangiles ait trouvé tout cela vraiment très catholique.

Quand on n'a pas voué sa vie à Dieu de façon, disons professionnelle, il reste le mariage et la famille dans laquelle il est légitime d'avoir des relations sexuelles afin de faire des enfants. Ceux qui s'appuyaient sur des passages des Écritures qui justifient la virginité et le célibat, l'ascèse et le renoncement, laissent place aux penseurs qui renvoient au « Croissez et multipliez » (Genèse, 1, 22) qui invite à avoir une grande descendance. Si l'on en croit saint Paul, il faut vouloir abolir son corps et le faire souffrir pour en jouir ; si l'on écoute Dieu lui-même, on peut mettre son corps au service de la création – en se reproduisant.

Reste que le cadre du mariage reste extrêmement contraignant. Il ressemble également à une machine à faire des anges, non pas en éteignant la flamme du désir, mais en la réduisant au maximum. Plus besoin de s'installer en haut d'une colonne de vingt mètres de haut comme les stylites, on peut arrêter de brouter de l'herbe comme les paissants ou bien cesser de tourner en rond comme les gyrovagues, on peut désormais vivre sous le même toit avec une épouse et une seule avec qui la sexualité est possible et pensable mais seulement dans la configuration d'une famille avec des enfants.

Il existe un nombre considérable de réflexions sur le mariage chez les Pères de l'Église. Bien sûr, elles sont diverses et multiples, parfois contradictoires et il faudra, comme toujours, des conciles pour régler définitivement le canon. Dans ses *Préceptes*, Hermas estime au Ier siècle qu'en cas d'adultère de sa femme le mari ne peut cohabiter avec elle mais qu'il ne peut pas plus divorcer ou se remarier, car le remariage ferait de lui un adultère (IV, I, 4-10), il faut que la coupable se repente et revienne vers son mari. Au siècle suivant, Tertullien publie pas moins de trois textes sur le sujet : dans *À ma femme* (200-206), il invite son épouse à ne pas se remarier s'il devait lui arriver malheur ; dans l'esprit de Paul, il estime la chasteté supérieure, mais croit que le mariage est désirable, ses liens sont indissolubles et, en cas d'adultère, seule la séparation de corps demeure envisageable ; dans l'*Exhortation à la chasteté* (208-211), il désapprouve les secondes noces ; dans *De la monogamie* (217), il réitère ses démonstrations. Dans son *Apologie*, saint Athénagore défend la chasteté dans le mariage et condamne les secondes noces qu'il définit comme un « adultère décent ». Saint Basile déclare dans *Moralia* qu'en cas d'adultère ni le coupable ni la victime de ce péché dans le couple ne peuvent se remarier ; dans les *Épîtres canoniques*, il affine son analyse et permet au mari d'épouser une autre femme s'il a été trompé. Saint Grégoire de Nazianze s'insurge contre pareille tolérance et condamne les deux époux à égalité à ne pas pouvoir envisager un nouveau contrat. Saint Jean Chrysostome publie *De la virginité* vers 381 pour défendre les thèses de Paul, puis, dans *À une jeune veuve*, il invite son interlocutrice à ne trouver de consolation que dans la vie spirituelle. Il persiste dans *De la persévérance dans le veuvage*, écrit vers 380-381, pour déconseiller les noces aux veuves. Cette thèse n'est pas celle de saint Épiphane qui les permet, à saint Grégoire qui les tolère et à saint Basile qui, lui, les punit d'une année de pénitence ! Saint Ambroise quant à lui méritera le titre de Docteur de la virginité pour avoir célébré cette vertu dans cinq écrits !

Pendant plusieurs siècles, tout est possible : l'anachorète saint Antoine qui s'épuise de faim et de soif après avoir renoncé à toute sexualité, l'évêque marié et père de famille, comme Synésios de Cyrène en Cyrénaïque, le moine de la communauté cénobitique ayant lui aussi éteint toute sa libido, ou bien quelques cas croquignolets : Hormisdas (514-522) marié puis veuf devenu prêtre, puis pape avant que son propre fils Silvère le devienne également ; Adrien (867-872) marié à Stéphanie et père d'une petite fille ; Jean XVII (1003) marié avant d'être élu, père de trois enfants avant d'accéder au trône pontifical, trois fils qui deviendront prêtres ; Clément IV (1265-1268) qui avait deux filles qui sont entrées au couvent ; sans parler des nombreux papes homosexuels…

Le concile d'Herfort en 673 décide qu'un chrétien qui quitte sa femme pour adultère ne pourra se remarier sous peine d'adultère puisque le mariage est indissoluble. Mais c'est le concile de Trente au XVIe siècle qui, pressé par le protestantisme, met de l'ordre en la matière : quiconque refuse de dire que le mariage est l'un des sept sacrements de l'Église institué par Jésus-Christ et affirme que c'est une invention des hommes de l'Église est déclaré anathème – par les hommes de l'Église qui ont décidé que leur décision était un sacrement édicté par Jésus-Christ qui n'en a jamais rien dit. Ce même concile interdit la polygamie, déclare le mariage indissoluble, anathématise quiconque affirme que le mariage est supérieur à la virginité et au célibat, oblige à la publication de bans pour annoncer la cérémonie, interdit rire et bouffonnerie pendant celle-ci et oblige qu'elle ait lieu entre le lever et le coucher du soleil, à jeun. C'est également au cours de ces réunions que l'Église interdit aux futurs mariés d'habiter sous le même toit, une autorisation qui n'est donnée que par la célébration du mariage par un prêtre. On y précise également que toute personne qui veut être mariée selon le rite chrétien doit connaître le christianisme avant que la cérémonie ait lieu. Cette batterie d'interdits et d'obligations n'a jamais été remise en cause. L'Église catholique y souscrit toujours selon les mêmes termes.

Le corps mutilé inventé par l'Église ne concerne pas que la sexualité. Il regorge également de prescriptions en matière de nourriture, de boisson, d'alimentation : le péché de gourmandise accompagne le péché de luxure. On l'a vu, Jésus qui est un concept ne mange que du symbole, sa nourriture de prédilection. Un Jésus historique aurait mis sur sa table ce qu'on y trouvait dans la Palestine d'alors : un bourghol aux lentilles avec du poivre et du cumin, des oignons et de l'huile d'olive, une soupe aux lentilles au citron avec des blettes, de la coriandre et des gousses d'ail, des feuilles de mauve revenues à la poêle avec des oignons frits, une épaule d'agneau avec un plat de riz aux aubergines parsemé de pignons et d'amandes mondées, assaisonné avec de la noix de muscade et de la cannelle, un tajine de poisson à la crème de sésame, des falafels (pois chiches, fèves sèches, oignons, ail, persil, coriandre, piment...), un knafa avec semoule et fleur d'oranger, un vin de palmier, une bière locale. Au lieu de cela, les symboles que l'on sait...

Pas plus qu'en matière de sexualité Jésus n'a dit ce qu'il fallait ou non manger, comment il fallait l'ingérer et en quelle quantité ! Mais il faut compter sur les Pères de l'Église pour ne pas oublier cette formidable occasion de rappeler à tout un chacun au moins trois fois par jour la présence et l'existence de Dieu qui, donc, se trouve dans l'assiette et le verre chrétiens. Le judaïsme interdit un nombre incalculable de choses à manger – pour les mammifères terrestres, oui à ceux qui ruminent et ont les sabots fendus, non aux autres, dont le porc et le lapin ; pour les oiseaux, oui aux oiseaux domestiques, non aux autres ; pour les animaux aquatiques, oui à ceux qui ont nageoires et écailles, non pour les autres, dont crustacés, coquillages, fruits de mer... Mais le christianisme n'interdit rien de particulier. La boisson juive doit être casher, non fabriquée par des non-Juifs ; celle des chrétiens n'obéit à aucune loi.

Le christianisme n'interdit donc rien en soi mais réglemente l'usage et interdit que l'absorption de nourriture et de boisson soit l'occasion d'un plaisir. Car, *in fine*, c'est le plaisir d'être au monde qui pose problème. En regard de la Passion du Christ, toute jubilation est illégitime : pas question de se réjouir dans un funérarium et l'invitation à imiter la Passion qui est identification par la souffrance, voire par la mort, met chacun dans la situation de se trouver dans une morgue étendue aux dimensions de la zone spirituelle concernée.

C'est à Évagre le Pontique qu'on doit cette condamnation des plaisirs de la chère. Évagre passe pour le maître de la vie ascétique. Basile le fit lecteur et Grégoire de Nazianze diacre. Il prêche avec succès à Constantinople, mais quitte cette vie pour devenir Père du désert, il a été le disciple de Macaire et a passé dix-sept ans dans le désert. Il vivait comme copiste. Il a beaucoup écrit, mais aucune œuvre de lui n'a subsisté. On lui doit un *Contre les suggestions des huit vices principaux* dans lequel se trouve sa condamnation de la gourmandise – les autres péchés étant : la luxure, l'avarice, la tristesse, la colère, l'ennui, la vanité et l'orgueil. Il a écrit sur les conditions de la vie monastique et théorisé l'ascèse radicale. Il a mis au point des exercices spirituels destinés à obtenir la purification personnelle faite de lutte contre les tentations. Il prétend bien connaître les démons et leurs techniques ; ainsi le démon de midi qui infuse l'acédie dans le corps du moine. On a fait de lui un précurseur de Pélage au VIe siècle et quatre conciles œcuméniques l'ont condamné. Il est mort à cinquante-quatre ans en 399.

Vers 420, Jean Cassien reprend cette liste des péchés capitaux d'Évagre. On lui doit les *Institutions cénobitiques*, un ouvrage qui codifie la règle monastique. La totalité des monastères d'Occident souscrivent à la liste qui s'inscrit dès lors dans le marbre chrétien. On retrouve dans *La Règle de saint Benoît*, à la fin du VIe siècle, deux chapitres consacrés à la mesure du manger et du boire : il s'agit d'éviter la satiété pour les solides et l'ivresse pour les liquides, donc, avoir faim en sortant de table et n'avoir bu que le nécessaire, saint Benoît préférant l'eau au vin mais consentant à l'alcool faute de pouvoir convertir les moines à l'eau plate (40,6).

Au VIe siècle, le pape Grégoire Ier décrit les cinq manières de commettre le péché de gourmandise : *pécher selon le moment*, autrement dit manger avant l'heure prévue pour restaurer des forces perdues ; *pécher selon la qualité*, à savoir rechercher des délices et une meilleure qualité de la nourriture pour le plaisir ; *pécher selon les stimulants*, en l'occurrence rechercher des sauces et assaisonnements pour le plaisir ; *pécher selon la quantité*, ce qui veut dire manger plus que ce qui s'avère nécessaire ; *pécher selon le désir* qui est manger avec trop de désir même si la quantité s'avère raisonnable. Le pape estime que cette façon de pécher est la pire.

Chacun aura reconnu des rites et des interdits de table propres à la civilisation judéo-chrétienne : ne pas manger en dehors des repas ; ne pas aspirer à des nourritures raffinées ; ne pas trop manger ; ne pas aimer trop manger ; ne pas vouloir avoir du plaisir en mangeant. À table, on restaure donc des forces perdues, mais il n'est pas question de donner au corps autre chose que de quoi persévérer dans son être. Le dicton qui enseigne qu'il faut « manger pour vivre et non vivre pour manger » procède de cette frugalité exigée par le Vatican. Pas question que le corps ait du plaisir, sous quelque forme que ce soit.

Les vices ont été décrétés par l'Église au cours du temps et nullement par Jésus en son temps. Les péchés sont dits capitaux quand ils génèrent d'autres péchés, d'autres vices. Ils sont finalement réduits à sept : l'orgueil, l'avarice, l'envie, la colère, l'impureté, la gourmandise, la paresse ou acédie. Le catéchisme contemporain les reconnaît toujours et n'en a aboli aucun depuis presque un millénaire et demi. La gourmandise relève donc aujourd'hui, au XXIe siècle, de l'interdit signifié dans l'article 1866 de son *Catéchisme de l'Église catholique*. Nous sommes donc censés vivre comme des contemporains d'Évagre le Pontique, de Jean Cassien, de saint Benoît et de Grégoire Ier...

5

Le devenir religion d'une secte

Quand la Louve est mangée par l'Agneau

Milan, 13 juin 313,
signature de l'édit du même nom par Constantin.

Du magistère de Jésus au début du Ier siècle à la conversion de l'empereur Constantin qui induit celle de l'Empire au début du IVe siècle, le christianisme est moléculaire, impressionniste, éclaté. C'est d'abord *un*, Jésus, puis *douze*, les apôtres, ensuite *une poignée* constituée par les premières communautés fondées par Paul dans le bassin méditerranéen, par Pierre dans l'espace romain, par Étienne dans la diaspora juive qui parle grec et par Jacques, qu'on dit frère de Jésus, dans le milieu judéen de Jérusalem. Les apôtres cherchent à convertir en professant dans les synagogues. Les premiers chrétiens se rassemblent discrètement dans des maisons privées, fidèles à cette idée que l'Église est là où deux ou trois fidèles se rassemblent en mémoire de Jésus. Sur une carte du bassin méditerranéen, le développement du paléochristianisme constitue un archipel d'une multiplicité d'îles dans une immense mer païenne. À cette époque la doctrine n'est pas arrêtée et le christianisme ressemble au chrétien qui s'en réclame.

Ainsi, au Ier siècle, les jacobiens derrière Jacques souhaitent que les judéo-chrétiens restent fidèles aux rites du judaïsme ; les pétriniens, avec Pierre, affirment que Jésus est le dernier prophète judéen et qu'il réalise la prédiction des prophètes ; millénaristes, les johanniens en compagnie de Jean attendent le retour de Jésus sur terre ; les pauliniens, fidèles à Paul, veulent abolir la loi mosaïque ; les hellénistes d'Étienne et de Barnabé aspirent quant à eux à une spiritualisation du culte. Les disciples de ces courants constituent des Églises où les problèmes de doctrine génèrent des guerres picrocholines entre les communautés.

Au IIe siècle, cette étoile explosée qu'est le premier christianisme éclate encore en sectes nouvelles : les nazoréens, les ébionites, les elkasaïtes, les marcionites, les gnostiques, les montaniens... Nazoréens, ébionites, elkasaïtes appartiennent au groupe judéo-chrétien : les nazoréens, ou nazaréens, sont les premiers disciples de Jésus, ils croient à la divinité et à l'humanité de Jésus, mais aussi à la résurrection des morts – ce sont les premiers chrétiens ; ébionites et elkasaïtes procèdent des nazoréens, mais s'en distinguent, pour les premiers, parce qu'ils croient que Jésus est né de la semence concrète de Joseph, ils refusent donc le caractère divin de son messianisme, Jésus est un homme qui a accompli la loi mosaïque à la perfection, il n'est pas Fils de Dieu, mais Fils de l'Homme, réincarnation d'Adam destiné à mettre fin aux sacrifices, ils croient également que Jésus est l'antidote du diable qui règne dans la vie courante ; pour les seconds, les elkasaïtes, Jésus est un ange révélateur d'une stature gigantesque doublé d'une formule féminine, le Saint-Esprit, le corps de Jésus a transmigré de corps en corps, de celui d'Adam jusqu'à celui que l'on connaît.

Marcion opère une rupture avec les judéo-chrétiens : cet armateur enrichi et mécène fonde sa propre Église à Rome pour pouvoir enseigner la différence radicale entre le Dieu de l'Ancien Testament, le Dieu des Juifs, vindicatif et violent, jaloux et vengeur, dur et coléreux, et celui du Nouveau Testament, le Dieu père de Jésus, d'amour et de miséricorde. Le premier fait dévorer des enfants par des ours parce qu'ils se moquent d'un prophète (Deuxième Épître aux Romains, 2, 24), le deuxième, on le sait, laisse venir à lui les petits enfants (Évangile selon Luc 18, 15-17). Le Dieu vétérotestamentaire fonctionne au talion ; le Dieu néotestamentaire, au pardon. Jésus n'a rien à voir avec le Prophète annoncé par les Juifs. Dans la contre-Église qu'il crée, Marcion rejette le monde physique et la société concrète ; il refuse qu'on augmente la puissance de ce monde matériel mauvais et invite au végétarisme, au refus de l'alcool, à la continence sexuelle ; il n'accorde le baptême qu'aux veufs, aux célibataires, aux eunuques, aux veuves, aux mariés qui quittent leurs conjoints ; bien évidemment, il invite au martyre...

Le gnosticisme fut également un courant chrétien important : dans un langage extravagant qui convoque un Pro-Père, des Éons, des Plérômes, des Ogdoades, des Syzygies, il propose une cosmogonie singulière avec des Archontes et des Puissances, et des rites étonnants qui vont de l'onction d'huile du corps entier à la communion effectuée avec des fœtus extirpés du ventre de femmes enceintes pour en confectionner des pâtés aromatisés aux herbes en passant par des partouzes dans l'obscurité. Il s'agissait pour certains d'aller jusqu'au bout de la négativité du monde créé par un mauvais démiurge en se roulant dans le mal afin de faire surgir le bien. Dans leur partie libertine, les gnostiques Basilide, Carpocrate, Simon le Magicien, Épiphane, Cérinthe, Marc, inventent la dialectique hégélienne...

Vers 156-157 ou 172-173, Montan commence à professer la fin des temps en extase. Il annonce la chose dans deux villages de Phrygie à une date particulière et invite ses fidèles à s'y préparer par le jeûne, l'abstinence et la macération. Montan se dit l'instrument d'une troisième et dernière révélation, celle du Paraclet, dont il se dit l'organe. Il annonce l'arrivée imminente du Christ qui va régner pour mille ans sur son peuple. Flanqué de deux prophétesses, Priscilla et Maximilla, Montan affirme qu'il est l'Église, puisque l'Esprit-Saint parle par sa bouche. Il interdit les secondes noces, il ne pardonne pas les péchés commis après le baptême. L'Église montaniste eut de nombreux sectateurs qui, parfois, créaient eux aussi leurs Églises – Proclus, Aeschine, etc.

Où l'on voit que le christianisme est d'abord une mosaïque idéologique et spirituelle, un patchwork conceptuel et doctrinal, une marqueterie complexe de noms et de figures. Aucune unité, aucune ligne claire, aucune force qui va, dirigée dans une même direction, mais un bouillon de culture. Aucun nom qui fédère, chacun créant au contraire une communauté de laquelle parfois des sectateurs créent une autre secte qui peut elle aussi se diviser en une nouvelle secte. Cette prolifération est le signe du vivant qui se vit. Il manque une forme à ces forces pour devenir une force.

Dans ce vivier où pullule le divers, le IIe siècle est aussi celui de la constitution de l'essentiel du Nouveau Testament qui propose, dans la grande littérature de chacune de ces communautés, de retenir ce qui permet une synthèse : Épître de Jacques pour les jacobiens, Évangile selon Matthieu et Épîtres de Pierre pour les pétriniens ; Évangile selon Jean pour les hellénistes d'Étienne ; Épître aux Hébreux pour les hellénistes de Barnabé ; Épîtres de Paul, Évangile selon Luc, Actes des Apôtres pour les pauliniens. Ce geste constitue l'ébauche d'une synthèse, donc d'une concentration des forces dans une forme qui donne force.

La fragmentation chrétienne va de pair avec la fragmentation de l'Empire. À l'heure où Dioclétien devient empereur, en 284, l'Empire est en capilotade : l'Empire gaulois a été créé, l'Espagne et la Bretagne s'y rallient, l'anarchie militaire est totale, les empereurs se proclament n'importe quand et n'importe où, ils règnent peu, parfois quelques jours, et se font assassiner, l'État se disloque, les crises économiques se succèdent, s'y ajoutent les crises démographiques, les crises de la production, les crises des échanges, les crises financières, la monnaie se détériore, l'inflation atteint des sommets, la paupérisation est galopante, la délinquance suit, la piraterie également, les barbares massent leurs troupes sur les rives du Rhin et du Danube, dès lors les Alamans, les Saxons, les Carpes, les Sarmates, les Iazyges, les Vandales, les Goths représentent de grandes menaces, des soulèvements de Blemmyes travaillent la Haute-Égypte, des tribus bédouines agissent de même en Syrie, *idem* avec les Maures au Maghreb, la Perse reste menaçante : l'Empire menace effondrement.

Pour sauver ce qui peut encore l'être, Dioclétien met en place le système de la Tétrarchie : quatre augustes sont nommés auxquels sont associés quatre césars adjoints. Constance Chlore, ainsi nommé à cause de son teint olive, est l'un des quatre césars. Il s'agit du futur père de Constantin. Dioclétien reste le premier auguste, il concentre tous les pouvoirs, mais les autres empereurs, qu'on dira adjoints, doivent veiller à la mise en place de sa politique. L'Empire est quadrillé en cent quatre provinces elles-mêmes découpées en douze… diocèses ! Secondé par Galère, Dioclétien s'occupe de l'Orient ; Maximien, secondé par Constance, de l'Occident. Rome a perdu sa prééminence localisable pour devenir une idée déterritorialisée. Tous les vingt ans, l'auguste laisse sa place au césar qui se choisit un nouvel adjoint. Dioclétien sacralise cette institution en la plaçant sous le signe de Jupiter et d'Hercule. Dioclétien règne en majesté, parfois représenté sous les traits de Zeus.

Cette sacralisation du pouvoir va avec sa théâtralisation : rareté des apparitions de l'empereur, majesté de ses interventions, usage de la pourpre et d'un diadème recouvert de pierres précieuses. On se prosterne en sa présence ; on baise le bas de son manteau d'étoffe rare. On montre ainsi sa fidélité aux dieux et à l'Empire. Ne point consentir à ces marques de soumission désigne immédiatement le suspect. Tout à leur Christ, les chrétiens se refusent à ces manifestations d'allégeance au pouvoir temporel impérial. Dioclétien crée la monarchie de droit divin ; Constantin n'aura plus qu'à se baisser pour la ramasser. Le latin devient la langue officielle de l'Empire. La bureaucratie devient tentaculaire. Le christianisme se répand. Et l'on comprend qu'il fasse tache d'huile. Mais pourquoi ?

Dans son *Discours véritable contre les chrétiens*, Celse attaque cette religion qui refuse les lois et les pratiques, les coutumes et les rites de l'Empire. Il refuse que la foi irraisonnée fasse la loi là où la raison doit primer et triompher. Il dénonce leurs allégories insoutenables, leur cosmogonie puérile, leur imposture monothéiste, leur circoncision héritée de

Moïse continué par des gardiens de chèvres, leur rusticité de Juifs ignares, leur public de gens simples et grossiers, vulgaires et incultes, leurs charlatans et leurs imposteurs.

Pour Celse, Jésus est le fruit d'un adultère de Marie avec un soldat romain répondant au nom de Panthère ; sa mère ne fut pas vierge, elle a été mise à la porte par Joseph. Jésus est allé en Égypte où il a travaillé et appris la magie qu'il a recyclée en rentrant en Palestine et en se proclamant Dieu. Dans le Jourdain, il a prétendu, fariboles selon Celse, qu'un « fantôme ailé » (8) était descendu sur lui et qu'une voix s'est fait entendre. Pourquoi un ange viendrait-il annoncer la colère d'Hérode alors que Dieu aurait pu se contenter, s'il s'était agi de son Fils, de le préserver de cette menace en le faisant régner au plus vite ? Ses miracles ? Les tours d'adresse d'un magicien ambulant. Son corps ? Une fiction n'ayant rien à voir avec un corps réel et concret. Celse écrit clairement : « La vérité est que tous ces prétendus faits ne sont que des mythes que vos maîtres et vous-mêmes avez fabriqués, sans parvenir seulement à donner à vos mensonges une teinte de vraisemblance » (20). Il ajoute que ces histoires ont été consignées par écrit et trois ou quatre fois remaniées afin de supprimer ce qui laissait place aux plus grosses et aux plus faciles réfutations.

Comment peut-on croire à pareilles fariboles ? Ce sont des enseignements ésotériques cimentés avec de vieux contes et de vieilles légendes. Un homme qui se dit Dieu et ne peut lui-même assurer son salut ; un « hâbleur et maître en goétie » (22), autrement dit un maître en sorcellerie, qui prétend convertir le monde entier et n'a pas même pu éviter la discorde entre ses apôtres ; un individu aux pouvoirs fabuleux, mais qui ne peut pas ouvrir seul la porte de son tombeau et a besoin pour ce faire de deux anges ; un ressuscité qui n'apparaît qu'à ses amis déjà convaincus, une femme ensorcelée, des témoins à l'esprit troublé, « une femmelette et des comparses » (28), mais jamais à ses ennemis, ou bien à Ponce Pilate, ce qui aurait eu un effet de persuasion considérable ; un prophète qui aurait pu s'envoler vers les cieux une fois crucifié, ce qui aurait également généré un effet de propagande indéniable ; un apôtre qui s'avère incapable de persuader avec son intelligence et qui a besoin d'invoquer la malédiction pour ceux qui ne croient et ne croiront pas en lui.

Celse estime également ridicules les combats incessants entre Juifs et chrétiens ; « leur controverse rappelle proprement ce proverbe : "Se quereller pour l'ombre d'un âne" » (33). Bien avant Freud, Celse fait des Juifs des Égyptiens ayant fait sécession avec leur pays d'origine ; il estime que les Juifs sont aux Égyptiens ce que sont les chrétiens aux Juifs : des schismatiques mus par l'esprit de faction. Il écrit : « À l'origine, quand ils n'atteignent qu'un petit nombre, ils étaient tous animés des mêmes sentiments ; depuis qu'ils sont devenus multitude, ils se sont divisés en sectes dont chacun prétend faire bande à part, comme ils le firent primitivement. Ils s'isolent de nouveau du grand nombre, s'anathématisent les uns les autres, n'ayant plus de commun, pour ainsi dire, que le nom, si tant est qu'ils l'aient encore. C'est la seule chose qu'ils aient eu honte d'abandonner ; car pour le reste, les uns professent une chose, les autres une autre » (33).

Philosophe, probablement néoplatonicien, Celse ne comprend pas que les chrétiens puissent se faire une gloire de refuser la culture, les lettres, la raison, l'intelligence et célébrer l'ignorance, l'inculture, les vertus du simple d'esprit. Pourquoi viser les femmes, les enfants, les esclaves, les portefaix, les cardeurs, les cordonniers, les foulons, « les gens de la dernière ignorance et dénués de toute éducation » (37) ? Pour quelles raisons en appeler au pécheur, c'est-à-dire, à l'homme injuste, au brigand, au cambrioleur, à l'empoisonneur, au sacrilège, à celui qui viole les tombeaux ? Veulent-ils améliorer les méchants ? Si oui, quelle illusion, quelle naïveté ! Qu'est-ce que ce Dieu qui préfère le voleur au volé, le brigand à l'honnête homme, le méchant au bon ? Un Dieu injuste…

Celse démonte la mythologie chrétienne : Dieu descendant sur terre ? Un suicide évident par compromission avec la matière. Dieu créant l'homme et la femme avec de la terre et son souffle ? Un serpent qui parle ? Une fable pour les vieilles femmes. Le Déluge et l'Arche de Noé ? Des histoires pour les enfants. L'homme centre de la Création ? La prééminence des humains sur les animaux ? Bêtises, Dieu n'a pas fait le monde pour les hommes, pas plus pour les bêtes, mais pour sa perfection en soi. Leur remplissage du ciel avec des anges et autres créatures extravagantes ? Sottises… Il n'y a dans le ciel que des astres et des étoiles, ce dont ils se moquent puisqu'ils n'ont que mépris pour la science. La création du monde en six jours alors que les jours n'avaient pas encore été créés ? La damnation par le feu des Enfers ? La résurrection de la chair ? Billevesées.

Le *Discours véritable contre les chrétiens* critique enfin le refus des chrétiens de sacrifier aux divinités de l'Empire, donc, de faire sécession d'avec la société civile. Ils refusent en effet les devoirs civils, la participation aux affaires publiques, le port des armes, le service militaire, la participation aux logiques policières et militaires de l'Empire. Si les chrétiens ont été persécutés, ça n'est nullement sur la question de leur dieu, mais surtout sur leur refus de faire partie de la communauté civile, civique, de se dérober à ce qui fait ce qu'on appellera plus tard la Nation. Dioclétien les persécutera. Que faire en effet de cette armée d'objecteurs de conscience avec laquelle l'Empire va mourir s'ils refusent de l'honorer, de le servir et de le défendre ?

Celse se demande comment le christianisme peut ainsi prospérer alors qu'il enseigne tant de choses contraires à la raison. Mais la question posée dans le *Discours véritable contre les chrétiens* trouve sa réponse dans le corps même de son analyse : les gens écrasés par l'Empire sont nombreux. Qui se soucie en effet des pauvres, des petits, des sans-grade, des humiliés, des artisans, des travailleurs, des chômeurs ? Qui pense et parle pour l'esclave, la femme, l'enfant, le vieillard ? Qui s'adresse aux foulons, aux cordonniers, aux cardeurs, aux portefaix, aux repris de justice dans cet Empire dont la cour croule sous l'or, l'apparat, les bijoux, les pierres précieuses, le tout dans des palais fastueux ? Le prolétariat de l'Empire trouve dans ce discours simple, voire simpliste, allégorique jusqu'à l'infantile, matière à engouement.

Comment en effet ne pas être séduit par le Sermon sur la montagne qui est pour Jésus l'occasion des Béatitudes ? Que dit Jésus ? : « Heureux les pauvres en esprit, car le Royaume des Cieux est à eux. Heureux les doux, car ils posséderont la terre. Heureux les affligés, car ils seront consolés. Heureux les affamés et assoiffés de la justice, car ils seront rassasiés. Heureux les miséricordieux, car ils obtiendront miséricorde. Heureux les cœurs purs, car ils verront Dieu. Heureux les artisans de paix, car ils seront appelés fils de Dieu. Heureux les persécutés pour la justice, car le Royaume des Cieux est à eux. Heureux êtes-vous quand on vous insultera, qu'on vous persécutera, et qu'on dira faussement contre vous toute sorte d'infamie à cause de moi. Soyez dans la joie et l'allégresse, car votre récompense sera grande dans les cieux : c'est bien ainsi qu'on a persécuté les prophètes, vos devanciers » (Évangile selon Matthieu 5, 3-11).

Ce texte est en effet une double bénédiction : *pour les pauvres*, car il légitime et justifie leur pauvreté. Plus ils seront pauvres ici-bas, plus ils seront riches dans l'au-delà. Comment ne pas souscrire à cette promesse qui finit même par justifier qu'on se veuille encore plus pauvre sous César pour se retrouver d'autant plus riche chez Dieu ? Les pauvres en esprit privés de savoir et de culture, de lettres et d'éducation parce que pauvres, les affligés subissant le joug des maîtres dont ils sont les domestiques ou les esclaves, les doux qui n'ont pas le choix d'être durs parce que sociologiquement faibles, les assoiffés de justice qui subissent l'injustice de ceux qui disposent du pouvoir sur eux, les miséricordieux qui n'ont pas les moyens du talion, les artisans de la paix incapables de guerre car ils sont désarmés, les persécutés, les insultés, les diffamés sont nombreux dans le Bas-Empire qui s'effondre. Et le christianisme parle à ces victimes en leur promettant avant tout d'être récompensées après leur mort.

Voilà pourquoi c'est aussi une bénédiction *pour les puissants* : ceux-là ont en effet compris la charge contre-révolutionnaire d'une pareille déclaration. Les Béatitudes avalisent la misère et la domination ici-bas : pourquoi voudrait-on sortir de sa condition misérable puisque, plus on le sera ici-bas, plus grande sera la récompense dans l'au-delà ? Quels intérêts auraient l'humilié et l'offensé, le simple d'esprit et l'affligé, à vouloir quitter leur condition pitoyable puisqu'elle était la raison même de leur salut ? Présenter la pauvreté du pauvre comme sa seule et vraie richesse permet au riche de pouvoir s'enrichir plus encore sur le dos des pauvres. Le Jésus des Béatitudes est un contre-révolutionnaire parfait ; le Jésus de saint Paul, un auxiliaire du pouvoir extraordinaire avec sa doctrine selon laquelle tout pouvoir vient de Dieu. La pauvreté du pauvre est voulue par Dieu, elle est une grâce – dès lors que les voies du Seigneur sont impénétrables.

Tant qu'il vit selon l'ordre des sectes, le christianisme est bien une religion d'esclaves qui justifie leur état aux yeux des opprimés. Quand cette secte devient religion par la décision d'un seul homme, l'empereur Constantin, elle jouera magnifiquement de cette ambiguïté : que les pauvres le restent, ils iront d'autant plus vite au paradis après leur mort. Puis : que les puissants le soient et le demeurent, puisqu'ils tiennent leur pouvoir du même Dieu qui veut la pauvreté des pauvres. Avec une pareille doctrine qui, dans un même mouvement, assomme les pauvres et couronne les princes, la victoire était inévitable. Pour réaliser tout cela dans les faits, il manquait un homme aux vertus de gangster. Constantin fut cette bénédiction pour les chrétiens.

La mère de Constantin était serveuse dans une gargote de Bithynie – un genre de « routier », écrivait mon vieux maître Lucien Jerphagnon dans son *Julien, dit l'Apostat*. Dans l'oraison funèbre de Théodose qu'il prononce en 395, bien après la mort des personnes concernées donc, courageux mais pas téméraire, saint Ambroise en fait une fille d'auberge qui assurait également le service sexuel… Comme il n'existe aucune biographie d'Hélène qui ne soit hagiographique, cette information est la plupart du temps passée sous silence, jusqu'à en faire une gentille hôtesse dans une station thermale où le géniteur de Constantin, Constance Chlore, le patibulaire légionnaire romain, serait venu, en tout bien tout honneur, faire masser sa carcasse couturée après les rigueurs des campagnes miliaires. Constantin serait donc né à la faveur d'une cure thermale, en somme.

Quand vers 326, Constantin est alors au pouvoir, saint Eustache, ou Eustathe, évêque d'Antioche, rapporte en public que les origines d'Hélène ne sont pas bien brillantes, il se fait immédiatement destituer et envoyer en exil. Comme il critiquait les thèses d'Arien, les ariens se sont fait fort d'ajouter au motif de l'affront fait à l'impératrice mère pour justifier la punition. Une prostituée vint même l'accuser d'avoir une liaison avec elle. Le pouvoir avait les moyens de faire écrire l'histoire selon sa volonté.

Constantin fut un homme de sac et de corde tout le long de sa vie. Si Eusèbe, qui invente la figure de l'intellectuel au service du pouvoir, n'a rien dit de tout cela, c'est justement parce que ces deux informations, fils d'une prostituée et criminel en série, contrarient sa perspective hagiographique. Eusèbe ira jusqu'à affirmer que Constantin est mort le dimanche de Pentecôte 22 mai 337, vers midi, heure du soleil à son zénith, ce qui, convenons-en, pour un chrétien, témoigne d'un grand sens de l'opportunité sans pour autant froisser les païens !

L'hagiographie se trouve également fort dépourvue quand il s'agit d'aborder l'éducation du jeune Constantin, collé à sa mère alors que son père court les champs de bataille. Comme on ne sait rien, pourquoi faudrait-il se contenter du bon sens et de l'évidence ? L'affabulation suffit. Dès lors, on fait de la future impératrice, pour l'heure dans le ruisseau, une femme déjà chrétienne – alors que rien, absolument rien ne le prouve. La serveuse qui vend aussi ses services sexuels lui donne donc une éducation chrétienne ! Tant qu'à faire, elle lui fait aussi lire *Commentaires de la guerre des Gaules* de César. On imagine aisément les Thénardier offrant *Britannicus* à Cosette !

Certains le disent médiocrement cultivé, comme l'auteur anonyme de *L'Origine de Constantin*, et l'on peut comprendre pourquoi cette source non hagiographique nous demeurera toujours inconnue, alors que d'autres, comme Eutrope, qu'il était capable de dicter le *Discours à l'assemblée des saints* que d'aucuns lui prêtent alors. Mais la preuve a été faite depuis qu'il s'agit d'un faux, l'ensemble sentant son Eusèbe de Césarée à plein nez… S'il avait été lettré et cultivé, il en aurait fait la preuve et elles seraient restées. On saurait donc lesquelles. À défaut, on peut imaginer que, fils de la soldatesque impériale, le jeune homme a plus été formé sur les champs de bataille où, très jeune, il combat en Mésopotamie, probablement avec Galère en Perse, contre les Sarmates, que dans les bibliothèques avec les rhéteurs et les philosophes.

Au physique, laissons parler Lucien Jerphagnon qui, dans *Vivre et philosopher sous l'Empire chrétien*, écrit qu'au vu des monnaies, des médailles et des statues, cet Illyrien massif, habituellement présenté par l'hagiographie comme beau dehors parce que beau dedans, « ferait plutôt penser à un adjudant-chef, à quelque feldwebel monté dans la transcendance ». De taille moyenne, râblé, fort, puissant, au cou de taureau, il affronte un ours, un lion, une panthère dans les arènes. D'aimables chroniqueurs firent savoir qu'on avait arraché les dents et les griffes de ces fauves… Puissance du virtuel, déjà !

Cet homme, qui n'hésite pas à tuer et à faire tuer, à décimer sa famille et son entourage, qui élimine sa propre femme et son fils sous prétexte qu'ils auraient entretenu une liaison louche, n'est ni un intellectuel ni un philosophe, ni un poète ni un penseur : c'est un seigneur de guerre cynique et brutal, une machine à tuer et à détruire tout ce qui se met en travers de sa route. C'est lui qui va imposer le christianisme à l'Empire et faire de cette petite secte choisie par ses soins pour assurer son pouvoir de monarque unique sur l'Empire une religion planétaire.

Dioclétien engage ce qu'il est désormais convenu d'appeler « la Grande Persécution ». Le premier édit est promulgué à Nicomédie le 24 février 303 : des édifices et des écrits chrétiens sont détruits ; les croyants sont privés de charges, de dignités et de droits ; les maisons privées sont perquisitionnées, leurs biens sont confisqués ; on interdit les croyants de réunion ; les nobles sont dégradés ; ceux qui n'abjurent pas, emprisonnés. Deuxième édit, printemps 303 : le clergé est arrêté. Troisième édit, automne 303 : obligation pour les clercs de sacrifier aux rites impériaux, ceux qui refusent, et ils sont nombreux, subissent la torture. Quatrième édit, début 304 : réitération de l'édit précédent. La répression a lieu dans tout l'Empire.

Le 23 février 303, à Nicomédie, Constantin y participe, les portes d'une église sont fracturées, les Écritures brûlées, le bâtiment est immédiatement détruit par une horde de prétoriens. Un édit placardé exclut les chrétiens de toute charge officielle et de toute dignité. L'un d'entre eux l'arrache : il est charcuté et cuit vivant. On torture, on étrangle, on décapite, on brûle des chrétiens. On ne sait pas que celui dont ses hagiographes disent qu'il a été formé dans le christianisme par son légionnaire de père et son hôtesse de mère a refusé de participer à cette terrible répression. Plus tard, devenu chrétien, Constantin dira pis que pendre de ces opérations dont il rappellera la cruauté. Eusèbe de Césarée écrit, croix de bois, croix de fer, s'il ment, qu'il aille en enfer, que Constantin n'a pas participé à ces événements.

On imagine mal au nom de quelles obscures raisons un soldat « tendre et jeune adolescent encore, et beau comme on l'est à l'âge où commence à poisser la barbe », écrit-il (Constantin a alors vingt-huit ans…), aurait été privé d'exercer son métier sur un pareil théâtre d'opérations. Plus tard, dans un document rédigé avec Eusèbe, Constantin fera savoir qu'à cette époque, presque trentenaire donc, il était encore « un enfant » (*Vie de Constantin*, II, 51, 1)… Cette façon d'antidater pour échapper à l'histoire et prétendre n'avoir pas pu être un acteur de cette persécution vaut aveu qu'il avait des choses à se reprocher. On peut donc affirmer qu'en 303, sous l'empereur Galère, Constantin accompagnait sans état d'âme la troupe romaine qui massacrait les chrétiens.

Le 1er mai 305, l'empereur Dioclétien abdique et se retire à Split. Même chose pour Maximien qui part en Lucanie. Galère devient auguste d'Orient et Constance, le père de Constantin, auguste d'Occident. Maximin Daïa est le César de Galère, Sévère, celui de Constance. Constantin, qui était à la cour de Dioclétien depuis 293-294, quitte Nicomédie pour retrouver son père en Bretagne. Son père meurt à York, Constantin est proclamé auguste par l'armée de Bretagne. Sa mère Hélène le rejoint. Il a trente et un ans.

Galère ne lui reconnaît pas le titre de césar, et Sévère devient auguste d'Orient. Trois mois plus tard, Maxence, fils de Maximien, se fait proclamer à Rome par les prétoriens. Son père quitte sa retraite et reprend son titre d'auguste. Les luttes entre tous ces protagonistes ne cessent pas pendant des années : trahisons, mariages utiles, conspirations, expulsions, capitulations, emprisonnements, suicides, usurpations, mort de tel ou tel. Shakespeare n'a rien inventé. En 309, à Grand dans les Vosges, Constantin a une vision d'Apollon dans un temple gaulois. Deux ans plus tard, en 311, païen avéré, il sacrifie à la religion solaire. À Autun, on le voit en public invoquer *Sol Invictus*, le « Soleil invaincu ».

Le 28 octobre 312, Constantin affronte Maxence : il joue là une partie majeure de son destin politique. Vaincu, il perd tout ; vainqueur, il gagne tout. Il vainc. Maxence est dans Rome dont il ne veut pas sortir ; un oracle lui aurait prédit la mort s'il franchissait les portes, affirme l'hagiographie chrétienne qui ne recule pas non plus devant le portrait à charge : il faut que le païen Constantin ait été chrétien et que le païen Maxence ait été une caricature de païen. Eusèbe, toujours lui, prétend que Maxence aurait fait tuer et éventrer des femmes enceintes pour examiner les entrailles des embryons ou des nouveau-nés et qu'il aurait fait égorger des lions en invoquant des démons... Dès lors, avec la victoire de Constantin, on démontre que le paganisme perd et le christianisme gagne. Or, dans les faits, c'est Constantin qui consulte les haruspices pour savoir s'il peut attaquer !

Maxence est supérieur en nombre ; il a fait construire un dispositif singulier, une machine de guerre ingénieuse : un pont qui s'ouvre en deux parties réunies par des chevilles et qui peut être ouvert afin de précipiter ceux qui s'y trouvent. Mais Constantin a une vision, une autre, il voit dans le ciel l'image d'une croix immense entourée d'un cercle d'astres qui sont agencés de façon à produire un texte qui dit : « Par ce signe tu vaincras. » Pour certains historiens, il est midi ; pour d'autres, la fin de la nuit… Constantin fait une génuflexion et s'en va rassuré ; il fait faire une reproduction en or et pierres précieuses de ce signe dit tropéophore, le porteur de victoire, qui devient un talisman – au passage, il marque ainsi avec cet objet d'orfèvrerie la date de naissance de l'art chrétien.

La nuit suivante, pour confirmer la chose, un miracle ne suffisant pas, le Christ lui apparaît en songe et l'invite à transformer ce signe en enseigne militaire par laquelle il sera vainqueur. Le Jésus qui tendait l'autre joue quand on le frappait est déjà mort, frappé par l'épée de saint Paul qui enseigne que tout pouvoir vient de Dieu : saint Paul empêcha que le christianisme fût la religion de Jésus, il ne fut que l'incarnation de la théologie politique de Paul. On imagine mal le Christ des Béatitudes, celui qui enseigne l'amour du prochain et le pardon des offenses, parler à l'oreille du futur empereur pour lui dire qu'avec un brimborion militaire de parade il obtiendrait la victoire ! Il eût fallu que Jésus fût un peu mesquin, un vice que dans la fable il n'eut pas.

L'étendard sanglant est levé ; le chrisme est sur le casque ; tant qu'à faire, il l'est aussi sur les boucliers ; ses armées attaquent ; la stratégie militaire de Constantin fait des merveilles. Le pont qui devait s'ouvrir sur le passage de Constantin cède – accidentellement ? Maxence tombe à l'eau, il est emporté, ses troupes aussi. Le Tibre vomit plus tard le corps de Maxence : le signe avait effectivement montré sa redoutable efficacité… La tête de Maxence fut coupée et portée au bout d'une pique ; la populace se venge sur lui. Elle sera promenée jusqu'en Afrique… Eusèbe se taira sur ça aussi… Constantin entre dans

Rome ; la foule est en délire. La fête dure plusieurs jours.

On ne sache pas que, dans les cérémonies de victoire de cette bataille, ce prétendu empereur chrétien qui aurait vaincu grâce au chrisme dans le ciel, grâce au songe dans lequel le Christ lui parle et lui assure qu'il vaincra, grâce aux enseignes et aux étendards, au casque et aux boucliers, frappés avec le signe que l'on sait, ait profité de cette liesse pour remercier publiquement le Christ de ce qu'il lui aurait dû ! Il se contente de haranguer la foule des Rostres sur le forum, ce qui est explicitement une façon de ne pas inscrire cette victoire dans une geste chrétienne, mais dans la tradition romaine d'un lieu rappelant les cérémonies des augustes et des césars. Même si Eusèbe dit que Constantin eut « tout à fait conscience du secours venu de Dieu » (IX, 9, 10), on n'a pas vu qu'il l'ait concrètement prouvé lors des cérémonies publiques.

Cette belle histoire d'un signe chrétien avant le combat qui assure la victoire produit ses meilleurs effets quand elle est racontée après que la victoire a eu lieu – on est ainsi sûr et certain que l'histoire a bien obéi à la prédiction. Or, cette version romancée est créée par Lactance entre dix et quinze ans après la fameuse bataille ! De même, il est facile de présenter son père Constance et sa mère Hélène comme des chrétiens cachés, de raconter que Constantin eut une éducation chrétienne, bien qu'on ne dispose d'aucune trace qui puisse faire preuve. J'émets l'hypothèse que l'hagiographie réécrit le passé de la famille de Constantin et le sien sous le signe du christianisme alors que rien n'en apporte la preuve et que tout, au contraire, témoigne en faveur de l'inverse : en 303, il participe à la persécution des chrétiens, en 311, quelques mois avant le pont Milvius, il sacrifie encore publiquement au culte païen du Soleil invaincu, en 312, juste avant la bataille, il consulte les auspices païens pour savoir s'ils sont favorables, après la victoire sur Maxence, prétendument au nom du christianisme, il entre en triomphateur dans Rome et ne manifeste à aucun moment sa gratitude au Christ auquel il aurait dû sa victoire.

Constantin fut païen jusqu'à ce qu'il comprît qu'il avait un intérêt politique à devenir chrétien. Et encore : hypothétiquement devenu chrétien, disons après l'édit de Milan, le 13 juin 313, il a passé sa vie à tuer, à faire tuer. Il a répudié sa femme Minervina, comme son père le fit avec Hélène au profit de Théodora, qu'il envoie en exil avec ses trois enfants, il a épousé une autre femme, Fausta, comme son père également. Est-ce là le comportement d'un chrétien convaincu ? D'un homme de Dieu converti aux paroles du Christ ? En vertu d'arrangements avec le ciel dont il a le secret, un chrétien qui l'est vraiment peut vivre dans le luxe, l'or et l'argent, la pourpre et le brocart, les pierres précieuses et les bijoux, encore que, Jésus doit se retourner dans sa tombe… Mais il évite de laisser derrière lui les cadavres de sa parentèle.

L'édit de Milan est l'occasion d'inverser la vapeur de l'Empire : finies les persécutions, auxquelles Constantin avait contribué. Cet édit permet aux chrétiens de sortir de la clandestinité. La secte est morte. La religion s'annonce. Les chrétiens sortent des catacombes et peuvent désormais pratiquer leur religion à l'air libre. À partir de cette date, le pouvoir impérial restitue à l'Église, et non aux particuliers, les biens confisqués pendant les persécutions ; elle devient donc une personne juridique qui peut posséder et hériter de legs ; dans ce cas de figure, l'héritage échappe au fisc ; un impôt est prélevé sur les propriétés foncières et reversé à l'Église qui peut dès lors assurer des fonctions comme l'école, la santé, la charité ; les clercs chrétiens sont exemptés des charges municipales – l'entretien de l'espace public, la réparation des routes, la collecte des impôts ; ils sont également exemptés du versement des impôts fonciers – une mesure à même de précipiter les conversions en masse ; les esclaves peuvent être affranchis, seulement s'ils sont des adeptes de l'ancienne secte ; le palais du Latran qui appartenait à sa femme est donné à l'évêque de Rome, les papes en font leur résidence ; de nombreuses églises saturées d'or et de pierres précieuses, d'œuvres d'art en marbre et en porphyre, de mosaïques dispendieuses et d'objets liturgiques en or sont construites sur des terrains impériaux offerts avec les finances impériales – trois cents kilos d'argent et plus de trente d'or pour les statues du Christ, de Jean-Baptiste et d'un agneau crachant l'eau à Latran ; le polythéisme et le paganisme deviennent superstition ; le mot religion ne convient plus qu'au christianisme.

Hélène, la mère de l'empereur, elle-même devenue impératrice, met la main chrétienne à la pâte : à l'automne 326, âgée de quatre-vingts ans, elle part en pèlerinage en Terre sainte. Pour expier les fautes de son fils, proclame l'hagiographie ; pour parfaire l'entreprise de christianisation dans l'Empire, dirais-je. Il s'agit d'amener à son fils des populations qu'elle achète partout où elle passe avec force distribution de pièces d'or – l'hagiographie parle de charité, on imagine que les largesses furent destinées aux disciples de la secte. Elle fait libérer des prisonniers, écrit cette même hagiographie – mais elle oublie de préciser : pourvu qu'ils fussent chrétiens.

Sur place, en Palestine, la grâce qui fit beaucoup pour son fils lui donne un coup de main : des fouilles archéologiques avaient été diligentées sur les lieux de la fiction christique. L'évêque Macaire n'a rien obtenu ; Hélène touche le gros lot : sur le Golgotha, elle fait détruire le capitole construit sur l'ancien Temple biblique au sommet duquel trône une statue de Vénus, il s'avère que c'est le tombeau du Christ. Non loin, dans une citerne, elle découvre trois croix et le *titulus*, ce morceau de bois sur lequel avait été écrit « Jésus Roi des Juifs ». Près de quatre siècles plus tard, tout est intact. Miracle. Mais dilemme : sur trois croix, une est la bonne, et deux sont celles des larrons. Comment faire ? On apporte une mourante. Elle reste insensible à deux des trois ; mais elle se lève et marche, guérie, au contact de la troisième. D'autres historiens chrétiens rapportent l'histoire non plus avec une mourante, mais avec une morte qui ressuscite.

Chance : elle trouve aussi les quatre clous. Mais au retour, pour apaiser la mer en furie qui menace d'engloutir tout le monde sur le bateau, elle en jette un dans l'eau : chrétienne, la mer se calme. On s'étonne parce qu'elle avait envoyé les clous à son fils. Comment pouvait-elle en avoir d'autres sur elle ? Miracle… Constantin les fait inclure dans le métal qui lui permet un casque et un mors pour son cheval. Comment dès lors ne pas vaincre sur les champs de bataille avec pareilles amulettes ? Chance également : elle trouve aussi la couronne d'épines. Chance toujours : elle retrouve les marches foulées par le Christ dans sa montée vers le Calvaire. Chance encore et toujours, elle retrouve également les tuniques : quatre siècles plus tard, l'étoffe ne manquait-elle non plus d'être miraculeuse.

Tout cela va donner lieu à un effrayant culte des reliques. En 326, à Rome, le pouvoir ouvre et finance une Maison des reliques de la Passion. En deux années au plus, dans les lieux dits saints, Constantin et Hélène font construire plus de 28 basiliques. On ne compte plus les vrais morceaux de la vraie croix – de quoi bâtir un gratte-ciel en bois ; les véritables épines de la couronne du Christ – de quoi faire surgir une forêt. Des églises sont construites pour abriter ces idoles qu'un païen n'aurait pas reniées. Hélène fait rapporter de la terre de Jérusalem pour recouvrir sa chapelle privée dans son immense palais. Ce culte morbide ouvre, avec celui des martyrs, le sillon thanatophilique du christianisme. Exit le Jésus de paix, doux et pacifique. Il n'y a plus qu'un cadavre de Christ déchiqueté avec les instruments de la Passion qui fournissent autant d'invitations à s'identifier au Christ.

Avec cette scénographie, cette théâtralisation, cette spectacularisation à destination du plus grand nombre sensible aux histoires magiques et fabuleuses, l'anticorps du Christ se trouve effacé. Hélène et son fils réalisent l'incarnation : puisqu'on retrouve trois croix, un *titulus*, des tuniques, une couronne d'épines, des clous, un tombeau, des marches, il faut bien que Jésus ait existé. Qui pourrait dès lors en douter ? La vérité du christianisme se trouve dans les preuves qu'il y eut un Christ. « L'invention de la sainte Croix », comme l'écrit Jacques de Voragine dans sa *Légende dorée*, est un presque aveu... Mais l'étymologie latine permet de rapprocher « invention » d'*inventio* qui veut dire découverte... Dès lors l'invention devient la découverte, autrement dit, le contraire de l'invention !

Hélène meurt l'été 329 on ne sait où, mais en présence de son fils. Ses funérailles sont grandioses.

Mausolée en porphyre, débauche de pierres et de métaux précieux. Le peuple la déclare sainte immédiatement. Constantin ne peut pas faire autrement que d'accéder aux désirs du peuple ! Du XIe au XIIIe siècle, celle qui invente le corps réel du Christ en imaginant les objets qui furent les siens devient la « reine des croisades » parce que la Croix est devenue un enjeu politique majeur. Elle a donc inventé aussi le pèlerinage en Terre sainte, donc le pèlerinage tout court, et les croisades, grand moment de furie chrétienne.

Cynique, opportuniste, stratège, tacticien, calculateur, Constantin devenu empereur a probablement compris qu'il existait un moyen d'en finir avec l'éclatement politique de l'Empire, la Tétrarchie, de régler le mécontentement populaire, de pallier l'effondrement du Bas-Empire : le christianisme. Cette secte qui enseigne que les pauvres doivent le rester (Dieu l'a voulu et les voies du Seigneur sont impénétrables : ceux qui sont pauvres seront les rois du royaume des cieux...) et que le pouvoir n'existe que parce que Dieu l'a confié à celui qui le possède (quels qu'aient été les moyens, parfois peu chrétiens, d'avoir vaincu...) est une bénédiction : il s'assure ainsi, avec une politique favorable aux chrétiens, d'une contre-révolution efficace et d'un pouvoir lui aussi efficace, parce que tous deux sous-tendus par la crainte de Dieu. Il suffit de dire rétrospectivement que Dieu a voulu la victoire qu'on a déjà obtenue pour ne pas se tromper en affirmant que c'est parce que Dieu a manifesté ainsi sa Providence.

Voilà pourquoi, tout en prenant bien soin de ne pas se faire baptiser, ce qui serait le signe chrétien de la conversion chrétienne, autrement que sur son lit de mort, quelques heures avant la fin, le 22 mai 337, Constantin accepte le baptême non pas comme une assurance vie personnelle et spirituelle pour l'au-delà, mais comme une garantie politique de l'être, de la durée et de la pérennité de son œuvre historique. En se convertissant, il convertit l'empire ; en convertissant l'Empire, il tue Rome et le sait puisqu'il crée Byzance ; en tuant Rome comme centre du monde, il crée la civilisation judéo-chrétienne qu'il souhaite étendre au monde ; en agissant ainsi, il donne l'impulsion de ce qui devient l'Occident. Le Bas-Empire a vécu ; il n'eut pas d'Antiquité tardive, mais un effondrement de cette civilisation créée par Remus et Romulus en 753 avant l'ère commune. De la Rome palatinale de 753 av. J.-C. à la Rome de l'édit de Milan en 313, *via* la République de César et l'Empire d'Auguste, Rome aura vécu onze siècles. La Louve est mangée par l'Agneau. C'est le festin inaugural et fondateur de notre civilisation judéo-chrétienne.

II. Croissance

La force de la foi

1

L'ici-bas du royaume des cieux

Parousie, césaropapisme et fin de l'histoire

28 février 380,
édit de Thessalonique.
L'Empire devient officiellement chrétien.

Les chrétiens semblent l'avoir très vite et très tôt oublié, mais le royaume des cieux fut annoncé par eux dans des temps proches et pour un monde tout ce qu'il y a de plus concret. Les premiers chrétiens attendaient le retour de Jésus de leur vivant, et non dans un temps très éloigné. L'un des textes les plus anciens du christianisme, *La Didachè ou Doctrine des Apôtres*, qui a été rédigé en Orient à la fin du Ier siècle par un auteur inconnu, annonce clairement la parousie. Le sens de l'histoire est inventé par le christianisme qui abolit la vieille lecture grecque, sinon orientale, des cycles et de leur éternel retour, après mort et transfiguration. Cette vision du monde disparaît au profit d'un nouveau modèle linéaire d'une flèche du temps qui part du passé, passe par le présent et va vers un avenir qui réalise la parousie. Ce schéma sera celui des parousies athées du XXe siècle.

Qu'est-ce que la parousie ? La croyance que Jésus-Christ, mort sur la croix, ressuscité le troisième jour, monté aux cieux, assis à la droite du père, va revenir sur terre. Convenons que tout ce passé qui était déjà fort extravagant propose un futur qui paraît l'être encore plus ! Ce retour du Christ n'est pas prévu dans les nuées, en des temps lointains, très lointains, mais de façon imminente, dans le cadre d'une vie terrestre. La chose est clairement dite dans les Évangiles selon Matthieu, Marc et Luc. Quiconque entend l'annonce de la parousie peut légitimement croire qu'elle le concernera de son vivant.

Ainsi, Matthieu rapporte les propos de Jésus qui annonce à ses disciples, après la destruction du Temple, « l'abomination de la désolation » (24, 15) : le ciel s'obscurcira, la Lune s'éteindra, les astres tomberont du ciel, les puissances des cieux seront ébranlées, le signe du Fils de l'homme surgira dans le ciel, les hommes se frapperont la poitrine, le Christ apparaîtra en gloire sur les nuées du ciel, les anges joueront d'une grande trompette, et les élus seront rassemblés. Jésus annonce donc une formidable révolution et il donne la date : « En vérité, je vous dis que cette génération ne passera pas que tout cela ne soit arrivé » (24, 34). Il ne peut donner le jour et l'heure, seul Dieu le sait, mais il ne manque pas de donner l'ordre de grandeur : une génération, autrement dit, à cette époque, une cinquantaine d'années. Dans l'incertitude, chacun doit se tenir prêt. C'est l'occasion, pour Jésus, de débiter ses paraboles – celle des vierges sages et des vierges folles, celle des talents.

Quand il sera là, descendu sur terre, moins d'un demi-siècle après sa crucifixion donc, le Fils de Dieu siégera sur un trône de gloire et séparera le bon grain de l'ivraie : à droite, du côté des brebis, seront sauvés ceux qui ont donné à boire et à manger à ceux qui avaient soif et faim, accueilli les étrangers, vêtu les gens en guenilles, rendu visite aux malades ou aux prisonniers, car ce qu'ils auront fait aux plus humbles et aux plus démunis, aux plus pauvres et aux plus éprouvés, c'est à Jésus qu'ils l'auront fait ; à gauche, en revanche, du côté des boucs, les réprouvés, ceux qui auront refusé l'eau et le pain à l'assoiffé et à l'affamé, ceux qui auront laissé loqueteux les pauvres aux vêtements déchiquetés, ceux qui n'auront pas rendu visite au malade sur son lit de souffrance ou au prisonnier dans sa cellule, car en refusant de donner aux damnés de la terre, c'est à Dieu qu'ils auront fait un affront. Du côté des brebis, « la vie éternelle » ; du côté des boucs, le « châtiment éternel » (25, 46). La fin du monde est donc annoncée par Jésus pour bientôt et le Jugement dernier dans les mêmes délais. Il s'agit donc pour chacun d'assister dans sa vie au retour du Christ sur terre annoncé par lui-même.

Voici donc une prédiction facile à vérifier : puisque Jésus dit lui-même qu'à la mesure d'une vie humaine il reviendra sur terre, il n'est qu'à prendre une vie humaine comme mesure pour constater si ce qu'il a prédit s'est réalisé – ou non. Retenons un demi-siècle, ajoutons-le à la date qui passe pour celle de la crucifixion de Jésus, 33, ce qui fait un total de 83 après lui-même. Autrement dit, voyons large et allons jusqu'au siècle pour arrondir, Jésus avait jusqu'à l'an 100 pour revenir – et il n'est pas revenu.

Saint Paul annonce lui aussi dans la Première Épître aux Thessaloniciens « la venue du Seigneur » (4, 15) et il a l'imprudence, alors qu'il enseigne à un moment où la prophétie du Christ *aurait déjà dû avoir lieu* d'affirmer qu'elle *va avoir lieu* puisque, s'adressant aux habitants de Thessalonique, il dit : « Nous les vivants, qui serons restés *[sic]* pour la venue du Seigneur, nous ne devancerons pas ceux qui se sont endormis. Car, à un signal donné, à la voix d'un archange, au coup de trompette de Dieu, le Seigneur lui-même descendra du ciel, et les morts en Christ ressusciteront d'abord. Ensuite, nous les vivants, qui serons restés *[sic]*, nous serons emportés ensemble avec eux dans les nuées à la rencontre du Seigneur dans les airs » (4, 15-17). C'est donc à hauteur d'une vie humaine, celle de ses interlocuteurs, qu'il enseigne que certains d'entre ceux à qui il parle seront contemporains de cet événement.

En toute bonne logique, le quidam doué d'un peu de raison aurait dû conclure que Jésus n'était pas fiable ou, plus probable, qu'il racontait des histoires. Mais la raison ne fit pas la loi. Personne ne prit acte de ce défaut majeur dans les prédictions de Jésus pour passer à autre chose. Et les Pères de l'Église, si prompts à ratiociner sur le moindre verset, n'ont jamais conclu qu'il y avait là une faillite prophétique ! Hermas, le disciple de Paul, insiste au IIe siècle sur le caractère proche de ce retour dans sa deuxième *Visions* et dans *Similitudes*, même chose avec Ignace dans son Épître aux Éphésiens ; au IIIe siècle, Tertullien croit toujours de même et le dit dans son *Apologétique*, à la même époque, saint Hippolyte de Rome et saint Cyprien de Carthage défendent la même thèse ; *idem* au IVe avec Lactance dans ses *Institutions* ; suite au Ve siècle avec saint Augustin dans ses *Confessions* – et ce jusqu'au *Catéchisme de l'Église catholique* contemporain qui énonce dans son article 1001 : « La résurrection des morts est intimement associée à la parousie du Christ. » Suit cette citation de la Première Épître aux Thessaloniciens de l'inévitable saint Paul : « Car Lui-même, le

Seigneur, au signal donné par la voix de l'archange et la trompette de Dieu, descendra du ciel, et les morts qui sont dans le Christ ressusciteront en premier lieu » (4, 16).

Insoucieux du texte évangélique qui dit pourtant bien ce qu'il dit, ce qui oblige à conclure à la prophétie ratée, des Pères de l'Église, non contents de ne pas conclure après calcul à la fausseté du projet, annoncent même la date *à venir* de la parousie : au IIe siècle, après calculs numérologiques effectués à partir des chiffres et nombres de la Bible et du temps mis par Dieu pour créer le monde, Théophile d'Antioche prédit la fin au VIIe siècle ; Clément d'Alexandrie enseigne le milieu du même siècle ; au IIIe siècle, saint Hippolyte, début VIIIe ; saint Augustin, plus prudent, fin Xe. Cet *avenir* annoncé dans le passé comme proche reste *à venir* au fur et à mesure des siècles. En plein XXIe siècle, alors que, concernant cette parousie, il pose la question « Quand ? » (article 1001), le Vatican omet de citer Matthieu qui donne comme limite « la génération » de ceux à qui il s'adresse (24, 34). Et comme Marc (13, 30) et Luc (21, 32) reprennent la même formule, on doit conclure que les trois évangélistes souscrivent à la même durée – *une génération*. On comprend le silence embarrassé du Vatican pris au piège de ses propres textes : ce qui fut annoncé par Jésus, et qui n'est pas rien, puisqu'il s'agit du Jugement dernier, n'a pas eu lieu dans le temps énoncé.

Dans *La Cité de Dieu*, Augustin développe longuement la question de la parousie. Il lui consacre le long chapitre XX. Augustin affirme l'évidence et la vérité du Jugement dernier : puisque la chose est annoncée dans les textes sacrés et que les textes sacrés disent la vérité, c'est la vérité – CQFD. Quand commencera le Jugement ? Il a déjà commencé :

dans le paradis, après la Chute, Dieu a déjà jugé Ève qui a mal usé de son libre arbitre. Comment juge-t-il ? En vertu de quels critères ? On ne le sait… Les voies du Seigneur sont impénétrables : Dieu a ses raisons de vouloir que le juste soit pauvre et que le méchant soit riche, que le bon soit malheureux et le mauvais prospère, que le vicieux soit dans la joie et le vertueux dans la tristesse, que l'innocent soit puni et la coupable impunie, que le gentil soit malade et le pervers en pleine santé, qu'il y ait des prospérités au vice et des malheurs à la vertu. Dieu juge en fonction de son ordre qui nous reste incompréhensible : il donne ou non la grâce selon des critères insaisissables à l'entendement humain. Et Augustin d'accumuler les citations de la Bible, Ancien et Nouveau Testament, pour prouver ses dires. Cette doctrine, à laquelle s'oppose Pélage, sera au cœur du problème janséniste et du protestantisme sur lesquels je reviendrai.

Augustin parle ensuite de deux résurrections : la première, celle des âmes, concerne ceux qui ont été sauvés par leur adhésion au christianisme qui est rachat du péché originel d'Adam par Jésus, elle s'effectue par le baptême ; la seconde concerne les corps, elle est à venir, c'est « la résurrection finale » (20, 6) qui est rachat des péchés volontaires des hommes par Jésus, elle s'effectue par le Jugement dernier. La première est déjà venue, la seconde est donc à venir. Quand ce Jugement viendra-t-il ? « Au-delà du temps, à la fin du siècle » (20, 6), écrit Augustin. Mais quel siècle ?

Dès lors, si l'on veut éviter le ridicule de renvoyer au texte qui parlait d'une génération, ce qui correspondait à la fin du Ier *siècle historique*, vers l'an 100, il suffit, tour de passe-passe rhétorique et sophistique, d'expliquer que le siècle n'est pas le siècle historique, cent ans, mais le *siècle allégorique*, la durée d'un cycle dont il suffit dès lors de déterminer la durée pour ne pas sombrer dans le ridicule qui abolit le crédit de Jésus d'un Jugement annoncé d'ici la fin d'une génération qui n'était pas venu à l'heure – reste d'actualité dans les siècles qui passent ! Dès lors, symbolisme et allégorie aidant, un siècle peut durer mille ans... Voire deux mille ans ! Et pourquoi pas trois ?

Dans son Apocalypse, saint Jean parle d'un règne de Jésus revenant sur terre qui dure « mille ans » (20, 1-6). Augustin se lance alors dans un numéro de haute volée numérologique pour nous expliquer, avec l'aide de mathématiques théocratiques, comment, symboliquement, 1 = 1 000 et 6 = 6 000 ! N'est-il pas en effet écrit dans la Deuxième Épître de Pierre : « Un jour pour le Seigneur est comme mille ans, et mille ans comme un seul jour » (3, 8) ? Alors... Puis cet exercice extravagant pour enfoncer le clou théologique : « Car le nombre millénaire est le carré solide de dix. Dix reproduit dix fois égale cent, et c'est une figure carrée, mais plane. Or, pour l'élever en hauteur et la rendre solide, il faut encore multiplier cent par dix ; ce qui fait mille. Si, d'autre part, le nombre cent se prend pour l'infinité des nombres [...] combien plutôt encore l'infinité des nombres doit-elle être représentée par le nombre mille, qui est le solide de la quadrature même de dix ? » (20, 7) – en effet, bien sûr, évidemment, certainement...

« Voilà pourquoi votre nonne est muette » aurait probablement dit le Père de l'Église qui aura prouvé par un tour de bonneteau qu'il ne faut pas entendre 1 quand on lit 1, ni 100 quand on lit 100 ou 1 000 quand on lit 1 000. Or cet exercice de patristique numérologique passe sous silence que les évangélistes parlent de la durée d'une génération – faut-il là aussi envisager *génération* comme ne signifiant pas génération, et croire que c'est une génération dans l'histoire, dans la longue durée, selon des temps étendus, autrement dit un long cycle susceptible lui aussi de durer mille ans ? Dès lors, et selon cette mathématique magique, 100 = 1 000 qui ne signifient pas 1 000… car ce peut être aussi 1 !

Que va-t-il se passer dans l'attente du Jugement dernier ? De grands malheurs ! Dont le règne de l'antéchrist… Le diable va régner ; le mensonge va faire la loi ; Satan va mener le bal ; les ennemis de l'Église vont pulluler ; ils seront aussi nombreux que les grains de sable sur une plage ; le démon régnera « trois ans et six mois » (20, 8), ce qu'il ne faut pas bien sûr entendre comme signifiant *trois ans et six mois*, ce serait trop simple ; « le parti de l'antéchrist » *(id.)* s'imposera. Et qui est l'antéchrist ? Celui qui nie l'existence du Père et du Fils, celui qui dit que Jésus n'est pas Dieu. Par lui on sait que la dernière heure est venue.

Qu'est-ce que le Jugement dernier ? Le moment où Dieu examine la vie de chacun et, au regard de ce qu'elle fut, décide soit de « la vie éternelle » soit du « supplice éternel » (20, 16) qui passe par le feu sans qu'on sache ni où ni comment la consumation se fera. Autrement dit : le paradis ou l'enfer. Dans l'Apocalypse de Jean, il est dit : « Je vis la grande cité qui, venant de Dieu, descendait du ciel » (21, 2). La mort mourra, mais la terre aussi, puisqu'elle prendra feu – « la terre, avec toutes les œuvres terrestres, brûlera » *(id.)*. Il y aura alors « de nouveaux cieux et une terre nouvelle » *(id.)*. De la même manière que le Déluge a détruit un jour la terre, le Jugement dernier la détruira.

Quid des vivants ? Devront-ils mourir afin de pouvoir revivre éternellement s'ils le doivent ? Il leur faudra en effet mourir, même un court instant, afin de pouvoir ressusciter. De même qu'on ne peut se réveiller qu'après s'être endormi et qu'on ne saurait revenir à la veille si l'on n'est pas passé par le sommeil, le jour du Jugement, les morts de longue date seront rappelés pour être jugés et les vivants ce jour-là mourront juste assez pour pouvoir revivre dans le Christ. Cette opération s'effectuera « dans leur ravissement au milieu de l'air » (20, 20). Pas besoin pour eux de passer par la terre des tombes. Mais la raison est trop faible pour comprendre pareille chose (en effet...), il faudra la vivre pour savoir ce qu'elle est.

Et d'ici là ? Que faire ? Comment vivre ? De quelle façon faut-il se comporter ? Dans l'attente de la parousie, pour éviter de vivre dans le péché, ce qui aurait pour effet de nous conduire immédiatement dans le feu éternel pour un supplice sans fin, nous devons vivre une vie très chrétienne. Le corrélat de la parousie qui suppose la crainte, c'est l'obligation à la vie chrétienne. Et la vie chrétienne, on le sait, n'est rien de moins que l'imitation de la vie de Jésus qui fut le porteur et le praticien des valeurs évangéliques que l'on sait et qui, pour elles, est mort sur la croix dans une passion qu'il nous faut elle aussi imiter. Pour avoir à ne pas mourir pour l'éternité, il nous faut mourir ici et maintenant en refusant de donner au corps et à la chair ce qu'ils demandent et en offrant à l'âme la jubilation des renoncements exigés. Si tu meurs ici et maintenant, alors tu auras la vie éternelle post mortem nous dit Augustin – et tous les chrétiens avec lui.

Cette vie chrétienne qu'il nous faut mener suppose deux temps : celui de l'intime et du privé, du personnel et du particulier, mais aussi celui du public et du commun, du collectif et de la communauté.

Le christianisme primitif est celui de l'individu et de la personne, du for intérieur conduit dans la sphère de la maison particulière ; le christianisme officiel tel que Constantin le légitime politiquement avec son édit de Milan en juin 313 en fait une affaire d'État. Le chrétien doit vouloir la vie chrétienne ; mais le pouvoir d'État doit vouloir cette même vie pour ses sujets. En attendant la parousie, il convient que tout un chacun se prépare au Jugement dernier afin de mettre le maximum de chances ontologiques de son côté. Entre soi et soi, il n'y a qu'un problème de conscience, mais l'Église sait se mettre entre soi et soi pour vérifier que la vie menée est bien une vie chrétienne. Le pouvoir impérial devenu chrétien prend prétexte de la parousie pour vouloir pour qui ne la voudrait pas le mode de vie qui lui vaudra le salut et la vie éternelle.

Le 28 février 380, sans aucune consultation des évêques, l'empereur Théodose décide ceci : « Nous voulons que tous les peuples que régit la modération de Notre Clémence s'engagent dans cette religion que le divin Pierre Apôtre a donnée aux Romains – ainsi que l'affirme une tradition qui depuis lui est parvenue jusqu'à maintenant – et qu'il est clair que suivent le pontife Damase Ier et l'évêque d'Alexandrie, Pierre, homme d'une sainteté apostolique : c'est-à-dire que, en accord avec la discipline apostolique et la doctrine évangélique, nous croyons en l'unique divinité du Père et du Fils et du Saint-Esprit, dans une égale Majesté et une pieuse Trinité. Nous ordonnons que ceux qui suivent cette loi prennent le nom de "chrétiens catholiques" et que les autres, que nous jugeons déments et insensés, assument l'infamie de l'hérésie. Leurs assemblées ne pourront pas recevoir le nom d'Églises et ils seront l'objet, d'abord de la vengeance divine, ensuite seront châtiés à notre propre initiative que nous avons adoptée suivant la volonté céleste. » Où l'on voit que l'amour du prochain a ses limites et que, même les chrétiens, surtout les chrétiens, ont du mal avec quiconque ne pense pas comme eux, fût-il chrétien lui aussi…

Que dit ce texte ? Que l'empereur est clément et modéré – ce que ne dit pas la suite de son édit ; que le christianisme est un, et tel qu'il le décrète ; que les autres sont dénoncés comme hérétiques ; que ce christianisme un affirme l'union du Père, du Fils et du Saint-Esprit, c'est donc une franche déclaration de guerre faite aux ariens, c'est un texte politique ; que le christianisme, hors l'orthodoxie ainsi décidée, est dit insensé et dément – traiter de fou quiconque est chrétien en dehors des clous impériaux définit une nouvelle modalité de l'amour du prochain ; que les hérétiques seront jugés comme tels par Dieu, mais aussi par les hommes, en l'occurrence, lui, Théodose.

De fait, à partir de cette date, l'Empire devient clairement et franchement, officiellement et politiquement chrétien. Théodose est le premier empereur à être baptisé au début de son règne – certes, ce fut à la faveur d'une maladie, car on n'est jamais trop prudent avec l'au-delà, mais ce fut… On sait que Constantin demanda le sacrement le plus tard possible, à deux doigts de mourir – pour éviter qu'aux yeux des conservateurs un péché auquel l'aurait obligé l'exercice de son métier n'ait pas été lustré par l'eau bénite… Politique, l'empereur règle son compte aux christianismes dont la tête dépasse : ariens, donatistes, manichéens, apollinaristes, eunomiens, anoméens, qui, de ce fait, deviennent des hérétiques. Chassés de la capitale, ils sont interdits de culte, de réunion, même dans des lieux privés, d'ordination de prêtres. Les manichéens n'ont pas le droit de tester ni d'hériter ; on les frappe d'incapacité civique, puis de résidence à Rome. En 395, les fils de Théodose étendent toutes ces interdictions aux autres hérétiques. L'État décide désormais de qui est chrétien et de la façon de l'être. Théodose met le paganisme hors la loi. Les empereurs qui suivront imposeront cette ligne.

Cette mise en coupe réglée de l'État avec l'aide de la religion – sinon cette mise en coupe réglée de la religion avec l'aide de l'État – accouche d'une forme politique qui, *via* la monarchie, va fonctionner plus de mille ans comme une évidence : le césaropapisme. De la même manière qu'il y a dans la cité de Dieu un ordre hiérarchique au sommet duquel trône Dieu, il faut, dans la cité des hommes, la même hiérarchie avec un seul, empereur ou roi, peu importe. Le monarque ici-bas est l'équivalent de Dieu au-delà ; toucher à un seul cheveu du roi, c'est attenter à la majesté du Christ lui-même. Le pouvoir devient sacré non parce qu'il est pouvoir, comme chez les Romains, mais parce qu'il se prétend émanation de la volonté divine. Ce que veut le roi, Dieu le veut.

Cette forme politique a été pensée du temps de Constantin avec l'inénarrable Eusèbe de Césarée. On lui doit *Louanges de Constantin*, un texte prononcé en sa présence le 25 juillet 336 pour fêter les trente années du pouvoir de l'empereur, un texte qui, dans son esprit, sert de modèle à tous les intellectuels qui, au cours des âges, se sont faits les thuriféraires des puissants en place – jusqu'à la récente collusion de nombreux philosophes du XXe siècle avec le régime national-socialiste et son double marxiste-léniniste – songeons à Heidegger ou à Sartre, dignes clones de l'évêque Eusèbe.

« Tout ce qui touche au roi est beau », écrit-il... Le reste est à l'avenant. Eusèbe fait l'éloge du « Grand

Roi », qui est Dieu, autrement nommé le *Logos* – il ne faut pas fâcher, à cette époque, ceux qui, dans l'assemblée, n'ont pas encore succombé à la tentation chrétienne et qui sont toujours païens, d'autant qu'à la cour on trouve quelques philosophes néoplatoniciens à qui le *Logos* donne encore l'impression qu'ils sont toujours chez eux bien qu'étant dans la cour de ce roi chrétien... Ce *Logos* est entouré de ses armées célestes ; il est reconnu par les habitants du monde entier, des puissants, comme Constantin, aux plus humbles, le petit peuple des campagnes. Le cosmos tout entier lui rend hommage. Et Eusèbe de convoquer rien de moins que le cosmos : le courant puissant des fleuves, les flots jaillissants des sources, le cours des fleuves qui débordent, les fonds abyssaux sous-marins, les vagues immenses des raz-de-marée, les pluies torrentielles, le bruit terrible du tonnerre, la violente lumière des éclairs, les rafales des vents, la course du Soleil dans le ciel, les phases de la Lune, le réglage des mouvements des planètes, la cadence parfaite des successions des jours et des nuits et des saisons, tout cela glorifie Dieu, écrit Eusèbe. Mais dire que le cosmos célèbre ce Grand Roi qui est Dieu et se nomme également *Logos* fonctionne comme un discours œcuménique. Le lecteur de Plotin tout autant que celui des Évangiles peut souscrire à cette lecture des choses.

Puis il ajoute : « L'un, le *Logos* monogène de Dieu, qui règne avec son père depuis des siècles sans commencement, subsiste pour des siècles sans fin ni terme ; l'autre, aimé de lui, qui tire ses prérogatives des émanations royales d'en haut et sa puissance de l'attribution d'un titre divin, a le pouvoir sur les habitants de la terre pour de longues durées d'années » (199, 1). Dans une langue mâtinée de néoplatonisme et de paulinisme, l'évêque de Césarée développe la formule de saint Paul selon laquelle *tout pouvoir vient de Dieu*. S'il faut des preuves que ce pouvoir qu'a Constantin est dû à la volonté de Dieu plus qu'à ses intrigues humaines très humaines, à ses homicides nombreux, à ses manigances pour écarter ses adversaires, à sa violence et à sa brutalité, à ses ordres donnés de tuer sa femme, son fils, son neveu, etc., alors il faut les chercher – et les trouver… – dans ses succès sur les champs de bataille : si Constantin gagne, ça n'est ni grâce au caractère judicieux de ses plans d'attaque, ni à la valeur de ses guerriers, ni à la chance (un pont qui s'effondre et engloutit Maxence…), mais au fait que Dieu a voulu ses victoires.

Il reste du paganisme chez ces chrétiens qui font de la bataille une ordalie (une croyance orientale, égyptienne pour être plus précis) par laquelle Dieu dit sa préférence. Cette façon de penser posera des problèmes à ceux des chrétiens qui constateront la fulgurance des victoires de Mahomet et à ceux qui s'en réclameront après lui – Dieu aurait-il alors choisi un autre camp que celui des chrétiens ? Pour l'heure, le Dieu des chrétiens a donné son absolution à Constantin puisqu'il lui a offert les victoires qui l'ont rendu empereur, puis qu'il lui a concédé la durée, la preuve, Eusèbe célèbre les trente années du pouvoir de cet homme en majesté. « Paré de l'image de la royauté céleste, regardant vers le haut, il gouverne et dirige ceux d'en bas à la manière de son modèle, confirmé qu'il est par l'imitation d'une autorité monarchique » (201, 4).

Eusèbe formule le principe monarchique comme la seule et unique évidence possible en matière politique. Dans la cité céleste Dieu gouverne seul ; dans la cité terrestre le roi gouvernera seul. Vouloir autre chose qu'un roi, c'est attenter à la puissance du *Logos* qui est un et unique. La monarchie et le christianisme scellent ainsi leurs noces – elles dureront jusque chez les dictateurs et les tyrans du XXe siècle pour lesquels le pouvoir d'un seul garantit de la vérité du *Logos* auquel il suffira de donner des définitions adéquates… Eusèbe écrit : « La monarchie l'emporte sur toute espèce de constitution et de gouvernement, car c'est plutôt anarchie ou dissension que le gouvernement de plusieurs, où l'égalité d'honneur suscite des conflits. C'est pourquoi en vérité il n'y a qu'un seul Dieu, et non deux ou trois ou davantage encore (car à dire vrai le polythéisme est athéisme), un seul roi, et de celui-ci un seul *Logos* et une seule loi royale » (201, 6). Monothéisme et monarchie constituent l'avers et le revers de la même médaille politique. Tout ce qui, dans l'Occident judéo-chrétien, a tenté de remettre en cause le principe du gouvernement par un seul au profit d'un gouvernement collectif a été rattrapé par le principe monarchique – qu'on songe à Robespierre, à Lénine, à Mao…

Suit un panégyrique qui suppose qu'Eusèbe mente éhontément. Il connaît la vie de Constantin faite de crimes et de meurtres, de violences et de brutalités, de tortures et d'ordres de tuer, il n'en fait pas moins un éloge sans mesure. L'empereur a reçu ses vertus d'en haut – ce qui renseigne sur la nature des vertus dans la cité céleste : « Il est devenu raisonnable de par la raison universelle, sage par participation à la sagesse, bon par la communion de la bonté, juste parce qu'il participe à la justice, tempérant grâce à l'idée de tempérance, courageux en ayant part à la force d'en haut » (203, 1). Le lecteur de Platon reconnaît la théorie de la participation du réel sensible au réel intelligible, le fait que l'ici-bas terrestre procède de l'au-delà du monde des idées. Pour les platoniciens, les néoplatoniciens et les chrétiens ici mélangés il existe un monde d'idées pures où se trouvent raison, sagesse, bonté, justice, tempérance, courage ; on y trouve aussi, bien sûr, le *Logos* – qui est le nom de scène philosophique du Dieu chrétien. Constantin, béni de ce Dieu qui lui donne l'être du pouvoir et la durée de sa puissance, participe de ces idées ; il est donc bon, sage, etc.

Quiconque n'entretiendrait pas cette relation intime avec le *Logos* serait un tyran. Ainsi : « À l'inverse, celui qui a retenu en son âme laideur et difformité et a mis à la place de la douceur royale l'humeur d'une bête sauvage, à la place du libre arbitre le venin mortel du vice, à la place de la réflexion la folie, à la place de la sagesse et de la raison l'absence de raison, plus horrible que tout, de laquelle procèdent, comme d'une coupe amère, des fruits pernicieux – une vie dissolue, des appétits insatiables, des meurtres, des guerres contre Dieu, des impiétés –, celui donc qui est livré à tout cela, même si l'on considère parfois qu'il règne avec un pouvoir tyrannique, jamais ne sera appelé roi à juste raison. » Or Constantin est appelé roi avec raison, *dixit* Eusèbe ; donc, Constantin n'a pas eu l'humeur d'une bête sauvage, il a ignoré le venin mortel du vice, il ne sait pas ce que sont les meurtres ?

On rêve... Eusèbe de Césarée invente l'intellectuel au service du pouvoir ; il inaugure une longue tradition de vilenie des philosophes mangeant dans la main des puissants, il en incarne alors tous les vices et recourt à tout ce qui permet cet attelage perfide : mensonges, mystifications, menteries, dénégations, flagornerie, flatteries, travestissements, feintes, camouflages, dissimulations. Car, lui plus qu'un autre, car il était son intime, sait ce qu'a été réellement la vie de Constantin. Ce roi très chrétien inspiré par le *Logos*, rappelons-le, dispose d'un passif de criminel assez impressionnant ! En 310, il contraint son beau-père Maximien à se pendre après qu'il a ourdi un complot contre lui, complot dans lequel un eunuque est sacrifié au passage ; en 312, il tue le fils cadet de Maxence avec ses amis et ses partisans ; en 324, il fait assassiner son beau-frère Licinius, empereur et son maître des offices ; la même année, il demande qu'on ébouillante sa femme Fausta dans un bain et qu'on présente la chose comme un accident ; en 325, il procède de même avec Martinianus, empereur lui aussi ; en 326, il tue son fils Crispus, sous le prétexte d'une prétendue liaison avec sa belle-mère ; en 335, il enlève la vie à Calocaerus pour cause d'usurpation ; sans parler de nombreux supplices infligés à des captifs barbares. Ne comptons pas l'impressionnant nombre de cadavres laissés sur les champs de bataille – en Égypte (295-296), en Perse (297-298), en Italie (312), entre le Rhin et le Danube (322-324), à Chrysopolis (324), dans les Balkans (332-334), en Perse à nouveau (334-337)... Heureusement que cet homme fut raisonnable, sage, bon, juste, tempérant...

Eusèbe ne recule devant rien, il ose tout, c'est d'ailleurs à ça qu'on reconnaît les serviteurs du prince, les courtisans : Constantin est... philosophe ! Il fallait oser. Eusèbe écrit donc : « En vérité seul ce roi est philosophe. » Outre que c'est insultant pour les vrais philosophes, car il y en a à cette époque, et qui résistent au christianisme (Métrodore qui a voyagé en Inde, les néoplatoniciens Jamblique, Maxime d'Éphèse, Marius Victorinus, le païen Themistios), c'est également malvenu pour le mot lui-même qui perd son sens quand il se trouve utilisé mal à propos.

Constantin est donc philosophe. Pourquoi ? Parce qu'il prie ; il invoque les cieux ; il sollicite Dieu et lui demande de le guider dans son action ; il n'a que mépris des biens de ce monde auxquels, pourtant, il ne renonce pas ; il sait que le pouvoir en général, et le sien en particulier, sont choses éphémères, mais il s'accroche trois décennies au trône tout de même ; il sait sa vie mortelle, contre ça, il ne peut rien, mais le sait-il vraiment ? ; il n'est pas dupe du décorum et de l'apparat qui accompagnent sa fonction, mais pas assez pour les abandonner ; il sait les peuples versatiles et compte pour rien les manifestations de gloire, qu'il n'interdit toutefois pas ; il se moque de la pourpre, qu'il porte, et du diadème, qu'il arbore, il ne trouve rien à redire non plus contre ces vêtements précieux brodés d'or et cette coiffure avec trois rangées de perles et une immense pierre précieuse en son centre – un autre philosophe courtisan, le pseudo-Macaire, explique à la même époque que la grosse perle centrale est le symbole de l'éternelle lumière du Christ ; il siège sur un trône en or, mais c'est probablement pour signifier allégoriquement qu'il conchie le métal précieux…

Eusèbe abolit la conception antique cyclique du temps. Certes, il entretient des rythmes et des cycles cosmiques, l'éternel retour des jours et des nuits, celui des saisons, il en fait d'ailleurs le signe de la perfection de la création voulue par le *Logos*, Dieu ; mais il ne souscrit pas aux cycles en matière de temps historique. Eusèbe disserte longuement sur le temps, et l'on imagine l'effet produit sur l'auditoire et sur Constantin le jour où l'évêque de Césarée donne un cours sur la façon dont le temps reçoit sa forme… Il nous dit du temps qu'il est impossible à penser : le passé n'existant plus, il n'existe pas ; le futur n'existant pas encore, il n'existe pas ; seul existe donc le présent, dont on ne peut rien dire…

Mais il nous dit clairement que le temps « est en effet tendu en ligne droite », ce qui est une révolution philosophique. Il n'y a plus éternel retour des choses, répétition du même, extinction puis renaissance du monde de manière cyclique, mais linéarité sur laquelle on peut écrire l'histoire : la naissance du temps suppose le créateur qui le tire du néant, il lui suffit de le vouloir pour qu'il soit, la Genèse en raconte l'origine. La fin des temps est marquée par le retour du Christ, la parousie, l'avènement du royaume des cieux, la chose est racontée dans l'Apocalypse de Jean.

Sur cette ligne, on peut écrire *l'histoire passée* : création du monde par Dieu, chute du premier homme, naissance du Christ pour racheter le péché originel, enseignement de la Bonne Nouvelle, étymologiquement : l'Évangile, Passion sur la croix pour racheter tous les péchés du monde, résurrection du Christ pour instruire les hommes qu'en vivant comme lui ils peuvent obtenir la vie éternelle. On peut également écrire *l'histoire future* : apocalypse, règne de l'antéchrist, millénarisme, annonce de la fin des temps, parousie, Jugement dernier, réalisation du royaume de Dieu. Il existe donc une *fin de l'histoire* qui est « réalisation de la cité de Dieu » – pour employer le vocabulaire de saint Augustin.

Eusèbe parle aussi, révolution non moindre en matière de philosophie de l'histoire, d'un « progrès vers le mieux » – outre que l'expression constitue un pléonasme, elle suppose qu'il existe une marche vers une fin présentée comme meilleure que ce dont nous venons. De la création du temps à partir de rien par Dieu, au « temps sans temps, perpétuel et sans fin, s'étendant jusqu'à un terme infini, (qui) n'est pas mesuré par des intervalles de jours et de mois ni par des cycles d'années et des retours périodiques de saisons et de dates », on peut donc tracer une ligne. Or il s'avère que cette ligne est ascendante : elle se dirige en effet vers le mieux qui est le royaume de Dieu. Le progrès n'est donc pas une invention tardive, moderne, avec Francis Bacon au XVIIe siècle comme inventeur et Condorcet au siècle suivant comme thuriféraire, comme il est souvent dit, mais une proposition chrétienne indexée sur la parousie et l'annonce du royaume. Ce schéma d'une flèche tendue vers l'absolu qui réalise l'histoire a produit des effets récemment avec le national-socialisme et le marxisme-léninisme, deux idéologies qui défendent la parousie et la réalisation de l'histoire par l'instauration d'un royaume prétendument purifié – des Juifs pour les uns, des bourgeois pour les autres, deux figures d'antéchrist…

Eusèbe et Constantin inventent un couple maléfique : la tête pensante et le bras armé, l'intellectuel avec ses livres et ses discours, le chef de guerre avec ses armées et ses soldats, le philosophe avec ses arguties et le prince avec son épée, l'un qui parle et prêche, l'autre qui fait couler le sang au nom des mots du premier. Cet attelage maléfique inaugure également cette idée sanglante que l'histoire a un sens que voudrait la Providence mais à laquelle il faudrait tout de même forcer le bras pour aller plus vite, plus loin, mieux. Si le plan de l'histoire est écrit, pourquoi ne pas se contenter de son développement ?

Car Eusèbe célèbre Constantin qui a raison de détruire et de faire fondre les statues des dieux païens pour transformer les métaux en objets vils ou en monnaie ; il le loue d'avoir rasé les lieux de culte païens et d'éparpiller les ruines pour qu'il n'en reste plus aucune trace : « Grâce à lui les multitudes de l'armée adverse reculaient, grâce à lui les prétentions de ceux qui combattaient contre Dieu étaient détruites, grâce à lui les langues des blasphémateurs et des impies étaient réduites au silence, grâce à lui des tribus barbares étaient domptées, grâce à lui les puissances des démons invisibles étaient chassées, grâce à lui les niaiseries de l'erreur superstitieuse étaient convaincues d'erreur, grâce à lui, point culminant de tous ces biens, le roi, comme s'il s'acquittait d'une dette, dressait partout des stèles victorieuses, en ordonnant à tous, d'une manière généreuse et royale, de fonder des temples, des lieux sacrés, des oratoires. » Si Constantin a obtenu ce qu'il a obtenu, c'est qu'il avait Dieu avec lui, la preuve, Dieu lui a fourni le signe par lequel il a vaincu – le signe de croix.

C'est au nom de ce signe, au nom de cette conception de l'histoire, au nom du progrès, au nom de la légitimité de type ordalique, au nom de cette eschatologie progressiste, au nom de la parousie que, pendant des siècles, l'empereur chrétien va pouvoir imposer sa foi, la seule, la vraie, l'unique, sur la totalité de la planète, car la zone escomptée par le christianisme est rien de moins que la planète. Le césaropapisme rend possible l'impérialisme chrétien conquérant qui se répand sur la totalité de la planète : de la Palestine à l'Europe, puis de l'Europe au Nouveau Monde, enfin du Nouveau Monde à toutes les terres et tous les continents sur lesquels un bateau peut aborder avec des missionnaires. La parousie ne fut pas une bonne nouvelle pour tous.

2

Torturer les corps, torturer les âmes

L'État totalitaire chrétien

Carême 415,
massacre de la philosophe Hypatie par les chrétiens.

Nous sommes entre le IVe et le Ve siècle. Hypatie a tout pour déplaire aux chrétiens qui ont oublié le Jésus de paix et de tolérance, d'amour du prochain et de pardon des péchés, celui du christianisme primitif, et qui communient désormais dans la formule paulinienne du christianisme officiel, celle du glaive et du mépris de l'ici-bas. Elle est en effet belle, jeune, cultivée, intelligente, philosophe, mathématicienne, astronome, elle mène une vie saine, entre l'affection pour son père, le mathématicien Théon d'Alexandrie, et le goût du savoir. De plus, elle a du succès avec les hommes, mais uniquement sur le terrain intellectuel, car ses cours publics sont très prisés par le gratin d'Alexandrie qui s'y précipite. Enfin, elle est célibataire, une insolence libertaire dans ces temps et sous ces latitudes. On ne lui connaît aucune aventure amoureuse, aucune aventure sexuelle, elle ne pouvait donc être ni mère ni courtisane, ni épouse ni hétaïre. On lui prête une ardeur à décourager tout prétendant en le ramenant dans le droit chemin de la pensée et de la vie philosophique : elle ne peut donc être fustigée comme femme de mauvaise vie.

Que reste-t-il au chrétien paulinien qui célèbre tout le contraire ? À longueur d'épîtres, saint Paul enseigne en effet la haine du corps et l'éloge de la mortification ; la haine de la culture et le mépris des livres en dehors des bibliothèques chrétiennes ; la haine de l'intelligence et la célébration de la foi, de la soumission ; la haine de la pensée libre et l'invitation à l'obéissance à ses propres convictions qu'il universalise ; la haine de la vie et la passion pour la mort ; la haine des femmes et les pleins pouvoirs donnés à sa pathologie funeste qu'il nommait son « écharde dans la chair ». Que reste-t-il, donc, au disciple de saint Paul, sinon, une fois de plus, la haine qui triomphe en symbole de cette femme qui incarne tout ce qu'il combat ? Avec saint Paul, le ressentiment fait la loi alors qu'avec Hypatie la sérénité philosophique s'impose dans la douceur de la vie qui la porte.

La vie d'Hypatie, entre 355, 370 ou 390, ses dates de naissance hypothétiques, et le carême 415, date de son assassinat, se déroule dans un climat de persécution à l'endroit des païens. Le christianisme officiel a beaucoup exagéré sa martyrologie et gonflé les chiffres. La fameuse phrase de Tertullien : « Le sang des martyrs est semence de chrétiens » (*Apologétique*, 50, 13) a permis toutes les extrapolations. Or, les historiens, dont certains sont chrétiens, revoient à la baisse les comptages extravagants de ces militants de l'Église qui violent l'histoire en prétendant lui donner de beaux enfants chrétiens. Même Eusèbe de Césarée, habituellement porté à l'exagération pour les besoins de son entreprise hagiographique, donne le chiffre d'une quarantaine de martyrs en

Palestine, « grande persécution » de Dioclétien comprise… Le martyrologe de Rome fournit… une vingtaine de noms ! En Afrique : sept à Théveste, 13 à Hupenna ; si 14 ont été persécutés, emprisonnés et torturés à Abitina, un seul en est mort ; le total pour cette région, l'Afrique, s'élève à un peu plus de 200 noms. On en totalise 144 en Égypte. Certes, c'est trop, toujours trop, mais nous sommes loin des millions avancés par la propagande chrétienne. Le pape François lui-même a dit en 2014 : « Nous avons de nos jours plus de chrétiens persécutés que durant les premiers siècles » (*La Croix*, 6 juillet 2014).

L'histoire, qui est écrite par les vainqueurs, en l'occurrence les chrétiens, a été silencieuse sur les persécutions des païens qu'on lui doit. Entre 379 et 395, l'empereur Théodose lance une campagne contre le paganisme qui génère nombre de destructions de temples et de bibliothèques ; en 380, avec la promulgation de l'édit de Thessalonique, ce qui existait dans les faits depuis Constantin existe désormais dans le droit : le christianisme devient religion officielle ; en 391, le temple de Sérapis est détruit ; en 392, un décret du même Théodose interdit les cultes païens ; en 414, les Juifs d'Alexandrie sont expulsés massivement. Puis, après la mort d'Hypatie : en 525, après l'interdiction faite aux païens d'enseigner, interdiction de l'Académie platonicienne à Athènes ; en 550, l'empereur Justinien ferme le dernier lieu de culte païen de l'Empire : le temple d'Isis à Philæ (Haute-Égypte).

Constantin avait ouvert le bal en faisant détruire des temples païens ; en recyclant certaines de leurs pièces architecturales dans des édifices chrétiens, les colonnes, les marbres ; en fondant les métaux précieux pour les réaffecter à des usages chrétiens – il préside le concile de Nicée sur un fastueux siège en or massif ; en détruisant les statues qui sont ensuite pulvérisées pour faire du matériau d'empierrage des routes ; en ordonnant la destruction des écrits du néoplatonicien Porphyre de Tyr, le disciple de Plotin auquel on doit l'édition des *Ennéades* ; en supprimant les salaires des professeurs de philosophie d'Athènes ; en « défendant à tous de sacrifier aux idoles, d'élever des statues et de vaquer à des rites secrets », comme le dit un édit cité par Eusèbe...

Le Code théodosien a compilé les constitutions impériales qui se proposaient d'extirper le paganisme et l'hérésie. On peut y lire comment sont réglés les privilèges de l'Église ainsi que les immunités et juridictions spéciales du clergé catholique. Une analyse sémantique permet de voir que ces fameux chrétiens tolérants parlent des païens comme de gens déments, de sujets insanes, de superstitieux pervers, d'individus dépravés, de personnes souillées et contagieuses, d'esprits factieux, de créatures ignobles, d'individus perfides, etc.

Lisons un extrait de ce texte écrit en 346 sous Constant Ier, fils de Constance : « Il nous plaît que, en tous lieux et dans toutes les villes, les temples soient immédiatement fermés et que, l'accès en étant interdit à tous, les gens tarés n'aient plus licence de commettre de délit. Nous voulons aussi que tous s'abstiennent de sacrifier. Si par hasard quelqu'un perpètre quelque chose de ce genre, il sera abattu par le glaive vengeur. Nous décrétons que les biens du supplicié seront adjugés au fisc et que soient frappés de même les gouvernements de province, s'ils négligent de punir ces forfaits. » En 353, celui-ci : « Nous ordonnons de soumettre à la peine capitale ceux qui auront été convaincus de vaquer à des sacrifices ou de révérer des statues. » Quiconque sera pris à faire brûler de l'encens (les chrétiens ne se sont pas encore emparés de ce rite païen...) « sera dépouillé de la maison ou de la propriété dans laquelle on aura constaté qu'il a pratiqué une superstition gentilice. Car nous décidons que tous les lieux où l'on aura constaté que l'encens a fumé, s'il est prouvé qu'ils appartiennent à ceux qui ont brûlé l'encens, seront adjugés à notre fisc » (XIV, 392).

Rappelons qu'au début du IVe siècle seuls 10 % de la population est chrétienne. On comprend que, pour caractériser cette époque, l'historien chrétien Henri-Irénée Marrou parle d'« État totalitaire », au sens contemporain du terme, dans son livre *L'Église de l'Antiquité tardive (303-604)*. Ces dispositions légales qui permettent à une minorité d'imposer sa loi à une majorité excitent les folies meurtrières de la populace. Libanius peut alors dénoncer « les bandes noires » des moines qui se sont fait une spécialité de ces opérations de basse police qui comportent vandalisme des choses et passages à tabac des hommes. Il y eut une pause pour les païens avec la parenthèse de l'empereur Julien qui tenta de restaurer le paganisme dans l'Empire pendant les vingt mois où il fut empereur, entre 361 et 363. Mais, à la bataille de Ctésiphon contre les Perses, le 26 juin 363, une lance de cavalerie romaine, envoyée dans son dos par un soldat chrétien qui faisait partie de sa troupe, mit fin à cette entreprise de restauration du paganisme romain dans un empire qui, à partir de cette date, devait demeurer chrétien. Où l'on voit que les chrétiens avaient une façon particulière et sélective d'aimer leur prochain...

Sous Valens, au pouvoir entre 364 et 375, les philosophes sont persécutés, certains y laissent la vie. Pasiphile par exemple, Simonide est brûlé vif, Maxime, un ancien conseiller de Julien, meurt lui aussi. Sous Théodose le Jeune, Damascius cite le nom de Hiéroclès, philosophe néoplatonicien. Sous Constance, les Juifs sont persécutés. En 388, les mariages mixtes sont assimilés à des adultères et donc punis de mort. Théodose réglemente leurs unions. La liste est longue des moments dans cette période de l'histoire qui montrent que, face à la légende d'une persécution sans retenue des chrétiens par les païens, il existe une histoire occultée, sinon niée, des persécutions des païens par les chrétiens. Leur multiplicité se trouve souvent ramassée sous le seul nom d'Hypatie. Retrouvons-la donc.

Sous Hypatie, elle vient d'arriver au monde, en 391, les fidèles du patriarche Théophile ravagent le temple de Sérapis, le dieu de la ville. Ils détruisent les livres de la bibliothèque dite bibliothèque-fille, car elle concentrait des originaux et des copies d'œuvres qui se trouvaient dans la grande bibliothèque d'Alexandrie. Cet autodafé fut majeur : nombre des connaissances acquises par l'Antiquité partent ainsi en fumée. La soldatesque romaine occupe le temple. Un soldat chrétien pulvérise la statue chryséléphantine (ivoire et or sur bois) de Sérapis. Le patriarche Théophile transforme le temple païen en église chrétienne ; il la consacre à saint Jean. Au même moment, sur l'île de Pharos, le temple dédié à la déesse Isis Pharia, l'incarnation de celle qui garde le port d'Alexandrie et protège les marins, subit les mêmes outrages et devient lui aussi une église.

À l'époque, la bibliothèque d'Alexandrie, la ville d'Hypatie, a déjà subi pas mal d'outrages : l'incendie du port par Jules César en 48 av. J.-C. lors de sa guerre contre le frère de Cléopâtre se propagea jusqu'à un entrepôt plein de livres ; les affrontements entre Juifs et païens, puis entre chrétiens et païens ajoutèrent aux dommages ; en 269, les batailles entre la reine syrienne Zénobie de Palmyre et Aurélien affectèrent la bibliothèque ; en 297, Dioclétien ravagea la cité. À l'époque d'Hypatie, on n'y trouve plus que des livres chrétiens – Pères de l'Église, actes des conciles, corpus des Écritures. En 391, les chrétiens ont ravagé ce qui restait de païen. C'est en 640 que, avec les musulmans qui conquièrent Alexandrie, le calife Omar, compagnon de Mahomet, détruit tous les livres qu'il transforme en combustible pour les bains de la ville. Ce feu, dit-on, a brûlé six mois sans discontinuer. L'argument du deuxième calife de l'islam ? Si ces livres sont musulmans, le Coran suffit, on peut les détruire ; s'ils ne le sont pas, alors ils ne méritent pas d'exister. Mais j'anticipe...

Hypatie enseigne la philosophie et les sciences, l'astronomie et les mathématiques. Elle ouvre son école et enseigne Platon, Aristote, les philosophes néoplatoniciens Plotin et Porphyre. L'État subvient aux cours de philosophie ; ils sont alors gratuits. À l'époque impériale, du temps de Marc Aurèle, on enseigne platonisme, aristotélisme, épicurisme, stoïcisme ; dans ces temps chrétiens, on ne permet plus que l'enseignement de Platon dont les idées présentées dans *La République*, dont le monde des enfers et du paradis, dont l'opposition entre l'âme immatérielle incorruptible et le corps matériel corruptible, dont la préférence donnée à la mort sur la vie, le tout rapporté dans le *Phédon*, paraît extrêmement compatible avec la doctrine chrétienne – du moins beaucoup plus que la théorie des atomes épicurienne avec laquelle on a du mal à expliquer qu'il y ait autre chose dans une hostie que des molécules boulangères.

Elle pratique la philosophie chez elle, avec une assemblée de disciples devant lesquels elle lit et commente les grands textes philosophiques néoplatoniciens comme il se doit à l'époque. Elle n'a rien écrit en la matière ; elle fut plus professeur de philosophie que philosophe ; elle portait le *tribon*, le vêtement fruste et sobre des cyniques. Synésios de Cyrène (373-414) fut l'un de ses élèves : formé au néoplatonisme, il accepte de devenir évêque à Ptolémaïs en Libye en 410, mais, marié, souhaite le rester, ne veut pas enseigner la résurrection de la chair ni renoncer à ce qu'enseignent les disciples de Platon – la prééminence des âmes sur leurs incarnations et l'éternité du monde. Il eut une grande correspondance avec Hypatie par laquelle on sait beaucoup du peu que l'on sait d'elle. Ce disciple de Plotin écrivit aussi un *Éloge de la calvitie*... En 414-415, elle eut également sur ses bancs Oreste, un préfet augustal chrétien. Elle enseigne les classes supérieures de la société d'Alexandrie. On peut imaginer que, dans ces temps où la chasse est ouverte aux païens, le fait qu'elle ait pu accueillir l'aristocratie alexandrine montrait qu'elle n'était pas ouvertement païenne : le néoplatonisme n'est ni paganisme ni christianisme mais permet assez à qui sait user de sophistique d'être à la fois l'un et l'autre.

L'Un-Bien que doit viser le philosophe néoplatonicien en se défaisant par l'ascèse corporelle et intellectuelle, spirituelle et philosophique, des scories matérielles d'une chair à mépriser et de passions à épuiser, d'un corps à maltraiter et d'une âme à cajoler ; la procession par paliers, *via* une dialectique ascendante, l'art de grimper les hypostases, à la contemplation de ce fameux Un-Bien ; l'extase singulière et rare, trois ou quatre fois dans une vie au dire de Plotin pour lui-même, obtenue par ce dépouillement radical de sa chair pour unir son âme à l'Un-Bien – tout cela, vocabulaire aidant, permet de ménager la chèvre païenne et, pratique aidant, le chou chrétien. L'Un-Bien n'est pas le Dieu des chrétiens, mais un bon philosophe rompu aux techniques rhétoriques et sophistiques, dialectiques et syllogistiques de son temps peut sans grande difficulté faire passer sa marchandise néoplatonicienne pour un paquet chrétien. Hypatie évoluait philosophiquement dans ces eaux-là. Elle n'écrivit aucun texte de philosophie qui la compromette.

On la connaît surtout pour ses travaux scientifiques. L'historien Socrate le Scolastique écrit dans son *Histoire ecclésiastique* : « Elle était l'héritière authentique de l'école dont Plotin autrefois avait été le chef » (7, 15). On sait que Platon eut un enseignement exotérique, destiné à tous, celui dont les dialogues témoignent encore aujourd'hui, et un enseignement ésotérique, uniquement oral, distribué à des individus choisis, qui n'a donc laissé aucune trace. On sait que les mathématiques y jouaient un rôle éthique et politique majeur : leur maîtrise assurait d'une véritable sagesse qui ouvrait la possibilité d'exercer le pouvoir. On peut imaginer que tel ou tel haut fonctionnaire de l'État ait été disciple dans cette optique.

Pour elle, comme pour les autres philosophes à cette époque, la philosophie n'est pas pure théorie, verbiage et jeux de mots, joute sophistique et théâtre rhétorique, ce qu'est devenue la patristique des femmes qui lui sont contemporaines comme Jérôme, Cyrille d'Alexandrie, Épiphane de Salamine, Théodoret de Cyr, mais invitation à mener une vie philosophique. Le cours dispensé ne vise pas le théorétique, mais le pratique, voire la pratique existentielle : changer sa vie, la vivre en regard d'idéaux élevés qui structurent une existence et lui donnent un sens.

Hypatie semble joindre le geste philosophique à la parole quand l'un de ses élèves, dit-on, lui fait connaître ses sentiments enflammés à son endroit. Comme une chrétienne rompue aux arguties de Paul aurait pu le faire, elle lui répond par un étrange geste : en exhibant une serviette périodique l'invitant à passer son désir par la moulinette de la psychagogie philosophique. Marc Aurèle avait donné le détail de cette technique : « De même que l'on peut se faire une représentation de ce que sont les mets et les autres aliments de ce genre, en se disant : ceci est le cadavre d'un poisson ; cela, le cadavre d'un oiseau ou d'un porc ; et encore, en disant du falerne, qu'il est le jus d'un grappillon ; de la robe prétexte, qu'elle est du poil de brebis trempé dans le sang d'un coquillage ; de l'accouplement, qu'il est le frottement d'un boyau et l'éjaculation, avec un certain spasme, d'un peu de morve. De la même façon que ces représentations atteignent leurs objets, les pénètrent et font voir ce qu'ils sont, de même faut-il faire durant toute ta vie ; et, toutes les fois que les choses te semblent trop dignes de confiance, mets-les à nu, rends-toi compte de leur peu de valeur et dépouille-les de cette fiction qui les rend vénérables » (VI, 13). En vertu de cette technique éplorée, excellent exercice spirituel, la femme n'est que cet être débile qui saigne avec un torchon entre les jambes : quel intérêt y aurait-il à aimer pareille engeance ?

A-t-elle fait pareille chose qui s'avère grossière, inélégante, rude, fruste ? Dans l'Antiquité, le problème n'est pas qu'elle l'ait vraiment dit ou fait : il suffit qu'elle ait pu le faire ou le dire. Dès lors, le vraisemblable suffit pour faire du vrai. Avec cette histoire, il fallait dire de façon brutale et ramassée, efficace et pédagogique, qu'elle refusait les avances des hommes afin de conserver sa pureté d'âme pour philosopher ; le quidam, et non le philosophe, devait comprendre qu'elle n'avait que mépris platonicien pour son enveloppe terrestre, mépris aussi pour les désirs, le corps, la chair, les passions, les pulsions, parce qu'elle était toute à son entreprise de purification néoplatonicienne. Du point de vue de l'édification philosophique, il vaut mieux un bon tampon hygiénique sanguinolent à un long discours citant Plotin. Efficacité ramassée, gain de temps, persuasion immédiate, vive et durable impression dans l'esprit : un réel bénéfice rhétorique. Hypatie n'est pas du genre à coucher ; la messe est dite.

Même si ce qu'elle enseigne en lisant et en commentant les textes néoplatoniciens, ou en mettant sous le nez de son disciple énamouré le tissu hormonal que l'on sait, ne pouvait aucunement gêner un chrétien – Paul aurait apprécié le happening philosophique… –, mais plutôt le conforter dans l'idée qu'il y avait peu à faire pour la convertir ou qu'un compagnonnage spirituel était possible – Synésios en fit de son côté la démonstration –, elle fait des jaloux, des envieux. Elle a du succès, elle est belle, tout le monde se presse à ses leçons, jusqu'au préfet d'Égypte, elle crée des embarras de circulation à l'heure de ses cours : elle gêne…

Elle gêne tout particulièrement le responsable chrétien d'Alexandrie et les siens : Cyrille. Le préfet d'Alexandrie, Oreste, et le patriarche de la même ville, Cyrille, se détestent : Cyrille exige en effet que tous mènent une vie chrétienne, y compris les autorités, dont Oreste. Hiérax, un chrétien fidèle de Cyrille, est pris à partie par des Juifs qui l'accusent de sédition ; Oreste prend parti pour les Juifs en espérant leur soutien dans son combat contre le patriarche au prétexte qu'il s'oppose aux autorités impériales ; Oreste conduit Hiérax dans un théâtre et le fait fouetter publiquement, à la grande satisfaction des Juifs ; Cyrille s'estime personnellement attaqué et menace les Juifs qui décident d'attaquer l'église Saint-Alexandre et y mettent le feu ; des chrétiens arrivent pour éteindre l'incendie, c'était un piège pour les attirer : les Juifs les massacrent ; Cyrille riposte et envahit le quartier juif, les expulse de la ville, leurs biens sont partagés entre chrétiens ; Oreste ne peut rien faire.

Cyrille propose une réconciliation à Oreste et lui tend un exemplaire des Évangiles ; le préfet refuse de le saisir, craignant qu'on interprète son geste comme une soumission au patriarche. C'est ici qu'entre Hypatie. Cyrille reproche à Oreste d'être très lié à Hypatie qui se trouve transformée en païenne. Apprenant cela, des moines de Nitrie quittent le désert et marchent sur Alexandrie. Ils reprochent son paganisme à Oreste qui leur explique que, chrétien, il a été baptisé à Constantinople. Le moine Ammonios blesse Oreste à la tête avec une pierre ; le sang coule. La police intervient et le sauve de ce mauvais pas. Oreste fait arrêter le moine et le fait torturer à mort. Cyrille le décrète martyr. Hypatie va mourir comme un contre-don à ce potlatch sanglant.

Nous sommes donc en mars 415. Le chrétien Socrate le Scolastique raconte alors la mise à mort : Hypatie est traînée par Pierre, un lecteur ecclésiastique, suivi par la foule, jusqu'à l'endroit où l'on célébrait le culte à l'empereur, l'église césarienne. Ses vêtements sont arrachés ; sa peau est lacérée par des tessons de poterie qui taillent comme le rasoir ; elle est déchiquetée, démembrée ; ce qui reste de son corps en lambeaux est brûlé. Quelques commissions d'enquête plus tard, quelques mutations après, quelques enquêteurs soudoyés plus loin, l'affaire fut étouffée : le patriarche chrétien Cyrille d'Alexandrie avait fait massacrer une philosophe néoplatonicienne sans qu'elle eût rien fait contre sa religion.

Les moines noirs n'ont pas été inquiétés. Oreste a disparu. Le pouvoir impérial a couvert l'affaire. Cyrille meurt dans son lit en 444 après avoir été trente-deux ans évêque. Le pape Léon XIII en fait un docteur de l'Église en 1882. Lors de son audience du 3 octobre 2007, Benoît XVI dit tout le bien qu'il pense de ce saint reconnu par les catholiques et les orthodoxes. Il salue cet homme « qui gouverna avec une grande énergie pendant trente-deux ans ». En effet, *grande énergie*…

La torture des corps, dans laquelle l'Église catholique excella, se double d'une torture des âmes. La soldatesque, le glaive, le lynchage, l'incendie, le pillage, le vandalisme, le massacre constituent l'avers d'une médaille dont le revers a pour nom la persuasion, la norme, l'orthodoxie, la règle, la conviction, la certitude. L'idéologie judéo-chrétienne a laissé loin derrière elle le Jésus conceptuel qui s'est tu, et pour cause, sur nombre de sujets abordés par l'Église : les prêtres peuvent-ils se marier ? Les femmes ont-elles le droit de recourir à la contraception ? Peut-on se rendre au théâtre ? Assister aux jeux du cirque est-il possible ? Peut-on manger de tout ? Sinon, de quoi faut-il s'abstenir ? Quels jours doit-on travailler et quels jours se reposer ? Quand doit-on fêter la naissance de Jésus ? Comment une jeune fille doit-elle s'habiller ? Un veuf peut-il se remarier ? Qu'est-ce qui distingue la luxure, le stupre et la fornication ?

En 675, le XIe concile de Tolède légifère sur… l'autorité et la forme des conciles. Le Saint-Esprit fait la loi dans cette assemblée qui se réunit avant le lever du soleil dans une église fermée, vidée de qui n'y est pas convié. On ferme les portes. Les évêques entrent, puis les prêtres, puis les diacres, puis les laïcs jugés dignes d'en être, enfin les secrétaires ;

les premiers sont assis en rond ; les seconds assis derrière ; les troisièmes debout devant les évêques. Tout commence avec de longues prières en silence, prostrés à même le sol. Le silence peut tout de même être troublé par larmes et gémissements… Un diacre lit les textes des livres de droit canon qui concernent les conciles. L'évêque métropolitain donne l'ordre du jour. Il existe des conciles généraux et des conciles de province. Tenus tous les dix ans, les premiers décident de l'orthodoxie catholique – pureté de la foi, extirpation des hérésies, réforme de l'Église, intégrité des mœurs, il tient, dit-on, sa puissance directement de Jésus-Christ, le pape lui-même y est soumis ; les seconds, d'abord tenus deux fois par an, puis, dès 1215, une fois par an, enfin tous les trois ans à partir de 1542, permettent de régler les problèmes de police intérieure des églises provinciales et éviter les schismes, les hérésies, les excès, les abus. Le concile est le bureau politique du parti chrétien.

Les conciles ont donc décidé de choses futiles et de choses moins futiles. Futiles : les conciles qui statuent sur la couleur, la forme, la longueur, la nature du vêtement sacerdotal, la coiffure et la barbe des prêtres, la tonsure, qui leur interdisent de se parfumer, de marcher en regardant de part et d'autre autour de soi, de chasser, d'acheter dans les foires, d'avoir des « femmes sous-introduites » dans leur maison en dehors d'une mère, d'une sœur, d'une tante ou d'une vieille désertée par la libido, de tester en faveur d'une concubine ou d'un bâtard (preuve que le cas se présentait souvent…), de posséder des éperviers et des faucons, de participer à des banquets ou de jouer aux dés dans des lieux publics, de quitter un spectacle avant l'arrivée des danseurs quand il y en a, d'être sobre avec l'alcool et frugal avec la nourriture.

Moins futiles : les conditions de nomination des prêtres, des diacres, des évêques, la nature des sacrements (baptême, eucharistie, confirmation, pénitence, ordination, mariage, extrême-onction). Par exemple, le IVe concile général de Latran décide en 1215 que le corps du Christ est *réellement* dans l'hostie et le sang du Christ *réellement* dans le vin et non *allégoriquement* ou *métaphoriquement*. La transsubstantiation rend possible ce miracle selon l'ordre des raisons, du moins le croient ceux qui mobilisent les attributs et les substances de la métaphysique d'Aristote puis, *via* Thomas d'Aquin et ses qualités premières, les substances, et ses qualités secondes, les sensations, pour parvenir à leurs fins doctrinales. Le concile de Trente confirmera la chose en 1545-1563 ; Luther, on le sait, en fera un *casus belli*.

Pas futiles du tout : les conciles qui fabriquent le corps mutilé de ceux qui vivent dans la civilisation judéo-chrétienne depuis plus d'un millénaire et demi, dont nous : éloge de la chasteté, de la continence, de la virginité, critique du péché de chair, dit « péché animal », donc de la fornication et de la luxure, encadrement du mariage, stricte indexation de la sexualité sur la reproduction, anathème contre l'avortement (concile d'Ancyre en 314), imprécations contre l'homosexualité (concile d'Elvire en 305, concile d'Ancyre en 314, XVIe concile de Tolède en 693), refus de l'inhumation pour les suicidés (concile de Braque en 563), pour les duellistes (IIIe concile de Valence en 855) et pour les comédiens (concile d'Arles en 314), condamnation du divorce (concile d'Elvire en 305). En matière d'adultère, la femme n'a *pas le droit* de quitter le mari qui la trompe, mais le mari a *le devoir* de quitter sa femme si c'est elle qui le trompe (concile d'Avranches en 1172).

Les conciles ont également traité de sujets qui, ni futiles ni non futiles, ont été proprement extravagants. Avec le recul, on s'étonne que des sujets aussi techniques d'un point de vue théologique que ceux qui ont constitué la querelle de l'arianisme au début du IVe siècle ou du nestorianisme au Ve siècle aient pu durer aussi longtemps, générer autant de polémiques, faire couler autant de salive épiscopale et d'encre patristique, et qu'ils aient même un temps failli coûter la vie à l'Église naissante ! L'hérésie théologique menace toujours de générer des fractures politiques dans l'Empire. Voilà pourquoi elle est désignée, puis combattue férocement.

Arien donne sa lecture de la relation que Dieu le Père entretient avec Jésus son Fils. En temps normal, le père précède le fils puisqu'il faut que l'un soit pour que l'autre advienne. Mais pour le Christ ? Pour Arien, Dieu est divin, son fils est d'abord humain, mais un humain qui dispose d'une parcelle de divin. La chose paraît logique ; mais la logique et le christianisme sont fâchés : le Père *est* le Fils, donc aucun ne précède l'autre. Les peuples germaniques se convertissent à l'arianisme. Constantin, qui veut un empire cohérent, prévient l'éclatement en convoquant le concile de Nicée en 325 pour trancher contre Arien et en faveur des Nicéens, dits aussi trinitaires pour qui le Père, le Fils et le Saint-Esprit sont d'une seule et même substance. La polémique n'en durera pas moins un demi-siècle entre *homoiousiens*, *homéens* et *anoméens* pour lesquels, respectivement, le Père et le Fils sont d'une même substance, ressemblants ou dissemblants !

On peine à croire que pareils pinaillages théologiques aient occupé tant de gens pour rien, mobilisé vainement autant d'intelligence, et ce pour d'inépuisables broutilles ! Constantin était opposé à l'arianisme pour des raisons politiques. Son âme damnée, Eusèbe de Césarée, fourbe en diable, emprisonné comme chrétien, mais probablement libéré pour avoir apostasié en prison (il échappe ainsi aux persécutions de Tyr...), Eusèbe, donc, soutient Arien quand il est en Palestine. Choisi comme évêque par l'empereur, siégeant à la droite de Constantin au concile qui traite du sujet, Eusèbe souscrit aux thèses antiarianistes du prince. Il vote avec les plus nombreux... Après le concile, en compagnie des ariens, Eusèbe poursuit des évêques trinitaires. À l'heure de mourir, et toujours pour des raisons politiques, quand Constantin se fait baptiser, il choisit Eusèbe de Nicomédie, un prêtre... arien !

Une semblable palinodie anime l'Empire avec Nestor et le nestorianisme. Nestor (vers 381-451), patriarche de Constantinople, affirme que deux personnes coexistent en Jésus-Christ : l'une est humaine, l'autre divine. La controverse contre Nestor est animée par Cyrille d'Alexandrie auquel on devait le massacre d'Hypatie en 415 ! Le concile a lieu à Éphèse en 431, sous l'empereur Théodore. Battu, Nestor perd le patriarcat et meurt exilé. L'Église affirme à cette occasion le dogme sur lequel elle vit toujours d'un Christ qui est à la fois homme et Dieu.

Pour conclure, quelques conciles sont franchement majeurs. Ainsi le concile de Trente, dernier concile général, décide en 1545-1563 de l'existence du libre-arbitre – une option philosophique majeure puisqu'elle fait de chacun le responsable de ce qu'il est, de ce qu'il a fait ou de ce qu'il n'a pas fait. Pas de circonstances atténuantes, pas de raisons adventices, pas de déterminismes sociologiques comme une origine sociale ou familiale, pas de contexte historique, pas d'immersion dans une histoire individuelle particulière (parents, voisins, proches...) ou dans une histoire générale (guerre, dictature, révolution...), l'individu flotte ontologiquement seul dans un éther éthique : ce qu'il est, il l'a voulu. Il est responsable ; il peut donc être coupable ; donc punissable. Le libre arbitre est la condition de possibilité de la punition, de la sanction, de la peine. Celui qui ne vit pas conformément aux enseignements de l'Église n'est donc pas celui qui n'aura pas pu, mais celui qui n'aura pas voulu.

Ainsi, par exemple, l'homme qui obéit aux pulsions qui le font homosexuel ne subit pas un déterminisme complexe qui le fait être ce qu'il est, disons, à son corps défendant ; non. Il veut cette sexualité qu'il est en son pouvoir de ne pas vouloir. S'il ne veut pas, ça n'est pas qu'il ne peut pas, c'est qu'il exerce son libre arbitre à vouloir être ceci plutôt que cela. Dès lors, le tribunal peut lui reprocher d'avoir voulu commettre ce « péché contre nature » selon la formule chrétienne. Ainsi, on peut mettre en prison, torturer, allumer des bûchers, dépecer un être sous prétexte qu'il a voulu être ce qu'il est.

Concluons sur une interdiction décrétée au concile général de Nicée en 325 – le même qui a abordé la question de l'arianisme. Cette docte assemblée décide en effet qu'un eunuque, sauf s'il a été mutilé pour une raison chirurgicale ou par un barbare en guise de punition de guerre, donc un eunuque volontaire, n'aura pas le droit de faire partie du clergé. Pour quelles raisons ? Raison d'actualité. Origène avait lu attentivement les Évangiles. Il s'était notamment arrêté sur un verset de Marc qui enseigne : « Si ta main est pour toi une occasion de péché, coupe-la : mieux vaut pour toi entrer manchot dans la Vie que de t'en aller avec deux mains dans la géhenne, dans le feu qui ne s'éteint pas » (9, 43). Puis il avait aussi lu Matthieu qui dit : « Il y a, en effet, des eunuques qui sont nés ainsi du sein de leur mère, il y a des eunuques qui le sont devenus par l'action des hommes, et il y a des eunuques qui se sont faits eux-mêmes eunuques pour le royaume des cieux. Qui peut comprendre, qu'il comprenne ! » (19, 12).

Pas sûr qu'Origène ait bien compris. Car, confondant l'esprit et la lettre, pas bien doué pour les significations allégoriques ou les sens métaphoriques, donc nullement fait pour le christianisme, ce Père de l'Église en avait conclu, on l'a vu, qu'il lui fallait se sectionner les génitoires. On ne sait si cette façon d'entrer manchot dans la vie lui valut l'entrée au royaume des cieux, où pareil instrument n'était de toute façon pas bien utile, mais un concile du début du IVe siècle crut bon d'éviter qu'Origène fasse des petits, preuve assez probable qu'il a donné l'idée à quelques-uns. Bon an mal an, pendant plus de mille ans, les conciles ont ainsi formaté nos corps mutilés et nos âmes matérielles.

3

Un paradis à l'ombre des épées

Premier intermède islamique

Mort de Mahomet,
Médine, 8 juin 632.

À partir de Constantin, et ce sur seulement trois siècles, la christianisation d'une grande partie du monde s'effectue à vive allure. En Orient : l'Égypte, la Palestine, la Syrie, la Mésopotamie, Chypre, l'Asie Mineure, la Thrace, la Dacie, la Macédoine, les Goths qui font partie de l'Empire passent au christianisme avant le VIe siècle ; dans l'Orient, mais hors Empire : la Perse, l'Arménie, la Géorgie, l'Albanie, l'Éthiopie, le Yémen, la Nubie font de même. En Occident, il faut aussi compter avec ce qui correspond à la Croatie et à la Bosnie actuelles, à la Hongrie, à l'Autriche et à la Slovénie, arrive le tour de l'Italie bien sûr, le royaume ostrogoth, la Lombardie. L'Afrique du Nord vandale, puis byzantine, apporte son tribut. Puis l'Espagne romaine. Et la Gaule. Ensuite plusieurs royaumes : les Burgondes, les Visigoths, les Francs. La Bretagne, à savoir une partie de la Grande-Bretagne d'aujourd'hui, l'Irlande, les pays germaniques.

La vitalité du christianisme est époustouflante. Une cartographie animée montrerait l'expansion du christianisme comme une bouteille d'encre qui se répand sur nombre de pays. Du Nord irlandais au Sud égyptien, de l'Ouest hispanique à l'Ouest mésopotamien, cette carte chrétienne formerait un vaste empire que rien ne semble pouvoir arrêter. D'Iona au nord, une petite île du nord-ouest de l'Écosse d'aujourd'hui, à Tagaste au sud, la ville natale d'Augustin en Algérie, et de Braga au Portugal à l'ouest, à Sanaa au Yémen pour la limite sud-est, les communautés chrétiennes balisent les limites d'un empire que rien ne semble pouvoir mettre en péril.

Rien, jusqu'à ce qu'une autre force, qui va elle aussi à toute allure, ne mette en péril l'édifice chrétien qui prospérait alors jusque-là sans problème. Mahomet voit le jour à La Mecque, en Arabie saoudite, vers 570. L'islam le dit visité par l'ange Gabriel qui lui dicte le Coran. Ce livre porte une parole qui génère une nouvelle religion : l'islam. L'histoire le montre chef de guerre habile et vainqueur de nombreuses batailles. À sa mort, les conquêtes se poursuivent en son nom. L'Empire chrétien perd la Syrie, l'Égypte, l'Afrique du Nord. Les Arabes arrivent dans ce que l'on n'appelle pas encore l'Europe, *via* l'Espagne, en 712. En 732, Charles Martel les arrête à Poitiers. L'islam fait vaciller le christianisme.

Qui est ce Mahomet, chef de guerre victorieux qui affirme : « Sachez que le paradis est sous l'ombre des épées » (hadith de Boukhari, 1, 35) ? Que faut-il entendre par là ? Que nous dit cette phrase sur Mahomet d'abord et sur l'islam ensuite ? Pour répondre à cette question, laissons de côté les livres sur, les livres à propos, les livres à partir de, les livres faits en compilant d'autres livres et, en plus du Coran, bien sûr, lisons un livre, un seul livre, et rien que ce livre, un livre que les musulmans reconnaissent comme l'un des leurs pour éviter de troubler la source, comme on le dit d'une eau, afin de savoir ce qui fut réellement : la Sîra qui fut rédigée au IXe siècle par Ibn Hichâm.

Mahomet réunit en sa seule personne les trois figures constitutives du christianisme comme religion incarnée : Jésus, saint Paul et Constantin. Autrement dit : le Prophète, l'Apôtre et l'Empereur, ou bien encore : l'inspiré, le combattant, le politique. Une fois admise, même comme hypothèse de travail, l'existence historique de Jésus en l'an qu'on dira 0 de son ère, il faut attendre la fin du Ier siècle pour voir Paul passer de la persécution des chrétiens, et du meurtre du premier d'entre eux, saint Étienne, à l'apologétique de cette secte noyée dans tant d'autres. On le sait désormais, c'est en 312 que Constantin transforme cette secte en religion d'État par sa conversion qui entraîne celle de tout l'Empire. Entre un hypothétique Jésus historique et le triomphe politique de son allégorie crucifiée, trois siècles s'écoulent. Mahomet concentre ces trois forces, le songe, le glaive, la pourpre, dans son unique personne. Il n'est rien avant sa première vision en 611, il a alors une quarantaine d'années ; il est le maître de toutes les villes importantes d'Arabie en 631, un an avant de mourir. Il lui a fallu vingt ans pour réaliser son empire. Trois siècles pour le christianisme, vingt ans pour l'islam.

Avant de devenir apôtre comme Paul et souverain comme Constantin, Mahomet fut donc d'abord prophète comme Jésus. Amina, la mère du Prophète, connaît une Annonciation elle aussi : lors d'un songe, un homme lui fait savoir qu'elle donnera naissance à un enfant qu'elle mettra sous la protection de Dieu et appellera Mahomet (I, 155-160). Son père, Abdallah, meurt alors que son épouse attend l'enfant qui naît « le lundi, 12 rabî'al-awwal, l'année de l'éléphant » (I, 155-160). La naissance de Jésus fut accompagnée du miracle astronomique de l'étoile des bergers ; celle de Mahomet, d'une autre allégorie lumineuse : la mère de l'enfant confesse avoir vu sortir d'elle une lumière tellement incandescente qu'elle éclairait jusqu'à la Syrie. Puis des prodiges accompagnent la naissance : en Perse, la salle du trône royal tremble, quatorze balcons s'effondrent, pour la première fois depuis mille ans, la flamme sacrée s'éteint, le Grand Prêtre voit en songe une cavalcade de chameaux et de chevaux annonciateurs d'une chose terrible en provenance des Arabes. La venue de Mahomet s'accompagne de signes positifs : une abondance de lait, une soudaine générosité de la terre, des animaux bien nourris, donc bien nourrissants.

Mahomet rapporte cette étrange aventure (I, 160-167) : alors qu'il joue avec des enfants de son âge, le futur Prophète voit arriver trois hommes portant une bassine dorée pleine de glace. Laissons-lui la parole : « L'un des hommes m'étendit avec douceur sur le sol. Il me fendit la poitrine et le ventre. Je le regardai faire sans rien sentir. Il sortit mes entrailles, les lava délicatement avec la glace et les remit à leur place. Un deuxième homme s'approcha et dit au premier : "Écarte-toi." Il enfonça sa main dans mon corps et, tandis que je le regardais, sortit mon cœur. Il le fendit et en retira un caillot noir, qu'il jeta. Puis il tendit le bras comme pour empoigner quelque chose et je vis dans sa main un anneau si brillant qu'il éblouissait les yeux. Il le pressa sur mon cœur, qui s'emplit alors de lumière. La lumière de la prophétie et de la sagesse. Il remit ensuite mon cœur à sa place. Longtemps, je continuai de ressentir la fraîcheur que cet anneau laissa dans mon cœur.

« Le troisième homme dit au deuxième : “Écarte-toi.” Il passa la main sur ma poitrine et mon ventre et, par la volonté de Dieu, la blessure cicatrisa. Il me prit par la main et me releva en douceur. Puis il dit : “Mettez-le en balance avec dix des gens de son peuple.” Ils firent cela et je pesai plus lourd que les dix. Il dit : “Mettez-le en balance avec cent.” Ils firent cela et je pesai plus lourd que les cent. Il dit : “Mettez-le en balance avec mille.” Ils firent cela et je pesai plus lourd que les mille. Alors il dit : “Laissez. Même si vous le mettiez en balance avec l'ensemble de son peuple, il continuerait de peser plus lourd.” Ils me serrèrent contre leur poitrine, déposèrent un baiser sur ma tête et entre mes yeux, puis dirent : “Ô bien-aimé, ne crains rien. Si tu savais la félicité à laquelle tu es destiné, tu serais sans inquiétude.” »

Sa mère et sa nourrice arrivent, les trois hommes confirment leur prophétie : cet enfant est l'envoyé de Dieu. Cependant, Mahomet précise qu'il était le seul à voir ces trois hommes : personne d'autre que lui ne remarquait leur présence. Un homme croit déceler dans ce comportement un mal sans le nommer, il évoque malgré tout le pouvoir d'un djinn, d'un esprit, d'autres affirment qu'il n'en est rien : le premier, *rationaliste*, inaugure la thèse de la nature épileptique des visions du Prophète, les seconds, *croyants*, celle de l'envoyé de Dieu qui comprend sa parole et s'en fait l'interprète sur terre. On le conduit chez un devin qui panique et annonce que l'enfant va révolutionner le monde en enseignant une religion nouvelle. Un seigneur yéménite, puis un ermite chrétien prédisent la gloire universelle à l'enfant. À l'âge de six ans, Mahomet perd sa mère, son oncle paternel l'élève, mais il meurt lui aussi deux ans plus tard.

Plus tard, devenu adulte, Mahomet se trouve à nouveau victime d'une visitation. Voici ce que dit le texte : « L'Envoyé de Dieu ne bougeait pas. Mais soudain il fut saisi des symptômes habituels de la révélation. On l'étendit, on jeta sur lui son manteau et on lui glissa un oreiller de cuir sous la tête » (II, 301-307). La révélation lui révèle que son épouse est innocente des calomnies proférées sur son compte. « Le Prophète se réveilla enfin et s'assit. Son front était perlé comme par un jour de pluie » (*id.*). Catalepsie, catatonie, inconscience, coma, transpiration, les symptômes sont les mêmes pour saint Paul sur le chemin de Damas.

On peut ainsi comprendre que, lors de ses transports, le Prophète puisse ressentir des « secousses » pendant son sommeil, et qu'à la troisième, alors qu'il n'avait rien vu lors des deux précédentes, il convoque l'ange Gabriel pour les expliquer. L'ange le conduit ensuite vers une chimère, à la fois mulet et âne, dotée d'ailes puissantes plantées à la racine des cuisses – il s'agit de la monture des prophètes. Elle se cabre d'abord, se calme quand l'ange lui annonce qu'elle va porter Mahomet sur son dos – ce qui déclenche chez l'animal une sudation sur son front à cause de l'humiliation.

Lors de ce voyage en une nuit entre La Mecque et Jérusalem, où il s'en va faire une prière, avant de retrouver les siens, Mahomet croise Dieu dans le ciel, mais aussi Abraham, Moïse et Jésus entourés d'une kyrielle de prophètes. On présente trois pots : l'un d'eau, l'autre de lait, le troisième de vin. Buvant de l'eau, Mahomet aurait précipité son peuple dans un raz-de-marée ; choisissant le vin, il aurait dévoyé son peuple, et lui en même temps ; optant pour le lait, il affirme se trouver dans le droit chemin. Dès lors, le vin se trouve interdit.

Mahomet raconte ensuite son voyage ; il s'est trouvé une incroyable ressemblance avec Abraham, a vu en Moïse un homme de grande taille et de silhouette légère et dit de Jésus : « Il était de taille moyenne ; il avait le teint clair, les cheveux plats et beaucoup de grains de beauté au visage. On aurait dit qu'il sortait d'un bain de vapeur : son front semblait perlé de fines gouttelettes, mais, en réalité, il ne transpirait pas » (I, 396-403). Le grain de beauté est un signe d'élection : le Prophète en porte un dans le dos, entre les deux épaules.

Des amis doutent de ce voyage effectué en une seule nuit ? Il leur apporte deux preuves : il est descendu du ciel pour boire un peu, il a avalé le contenu d'un récipient qu'il a remis en place ; le bruit d'ailes de sa monture a effrayé des chameaux, l'un d'entre eux s'est perdu, mais il a été retrouvé sur les indications d'une voix. Des hommes partent vérifier les dires du Prophète. Ils reviennent et confirment l'histoire du chameau perdu et de la jarre vidée. À un autre, il fait la description de Jérusalem alors qu'il n'y était jamais allé avant cette nuit magique : l'ami confirme la véracité de la narration.

Annonciation, enfance magique, prophétie de tiers, la comparaison entre la vie des prophètes se poursuit sur le terrain des miracles. Devenu adulte, Mahomet effectue un certain nombre de prodiges. Il souhaite convertir Rukâna, l'homme le plus fort de la tribu des Quraych. D'abord ils se battent, le Prophète ayant choisi cette première façon de convaincre son adversaire : il lui plaque deux fois les épaules au sol. L'homme fort vaincu par Mahomet s'étonne, mais ne se convertit pas pour autant. Le Prophète propose mieux. Pour parvenir à ses fins, il dit : « "Je vais faire venir auprès de moi cet arbre-là que tu vois. – Fais-le." Le Prophète appela l'arbre, qui vint se tenir à ses pieds. “Reviens à ta place”, lui ordonna l’envoyé de Dieu. Et l’arbre regagna sa place » (I, 390-391).

Une autre fois, Mahomet crache sur la plaie d’un compagnon de combat, et le crachat guérit l’homme (II, 51-58). Ou bien encore, toujours pendant un combat, alors que le Prophète excite ses hommes à l’attaque, un de ses compagnons reçoit une flèche dans l’œil : « L’œil fut arraché de son orbite et tomba sur sa joue. Le Prophète, de sa main, le lui remit en place. L’œil touché retrouve plus de beauté et plus d’acuité que l’autre » (II, 81-82). Mais il faut aussi compter avec ceci : lors du creusement d’un fossé par ses guerriers, Mahomet règle le problème d’une couche géologique qui résiste aux terrassiers en crachant dans une cruche pleine d’eau et en versant le liquide sur la surface résistante qui se transforme en sable.

Et ceci qui, bien sûr, fait penser à la multiplication des pains dans les Évangiles : une petite fille passe en tenant dans ses mains une petite poignée de dattes. Mahomet l’arrête, lui demande de poser ses fruits sur une bande de tissu déroulée sur le sable. Il convie ensuite les hommes qui creusent le fossé : « Plus ils en mangeaient, plus les dattes se multipliaient. Rassasiés, les hommes repartaient à leur travail et la nappe débordait encore de dattes » (II, 217-219). Le prodige recommença avec un agneau qui suffit à satisfaire toute l’équipe de terrassiers.

Ce Prophète-là, proche du Jésus perdant son père, promis dès son enfance à un avenir planétaire, capable de miracles, en relation avec le ciel, peut enseigner un corpus qui pourrait laisser croire que l’islam est une religion de paix, de tolérance et d’amour. Lisons en effet cette confidence faite par un cousin du Prophète au Négus, le roi d’Abyssinie : « Nous étions un peuple qui vivait dans l'ignorance ; nous adorions les idoles, nous mangions de la viande d'animaux étouffés, nous commettions des choses abominables, nous ne respections ni les liens du sang ni le droit d'asile. Le fort parmi nous mangeait le faible. Dans cette situation, Dieu nous a envoyé un Messager issu de notre peuple, dont nous connaissions la naissance, la sincérité, la fidélité et l'honnêteté. Il nous a appelés à reconnaître et à adorer le Dieu unique et à quitter les pierres et les idoles que nos pères et nous-mêmes adorions. Il nous a ordonné la sincérité dans nos discours, la fidélité à la parole donnée et la protection du voisin. Il nous a interdit les liaisons illicites, les guerres sanglantes, la luxure, la calomnie et la mainmise sur les biens des orphelins. Nous devons adorer Dieu seul, sans lui associer qui que ce soit ; nous devons accomplir la prière, l'aumône, le jeûne et bien d'autres obligations » (I, 321-341).

Nous sommes en 615, Mahomet a reçu sa première vision trois ans plus tôt. C'est donc un texte qu'on pourrait dire de jeunesse : il n'a pas encore une carrière de soldat, de guerrier, de militaire qui entre en totale contradiction avec l'interdiction des guerres sanglantes – car le reste de l'existence du Prophète sera consacré à assurer la domination de l'islam sur le territoire le plus vaste avec les armes à la main. Le premier temps existentiel de Mahomet, celui du Prophète si proche de Jésus, jusque dans cette condamnation du sang versé dans les combats, laisse place à un second moment existentiel – celui qui fait songer au ministère de Paul. S'il n'y avait eu que ce temps dans la vie du Prophète, nul doute que nous aurions pu parler d'une religion de paix, de tolérance et d'amour. À l'heure de la fuite en Abyssinie, heure de repli s'il en est, donc de modestie obligée, Mahomet enseigne le dépassement du paganisme, la vérité d'un strict monothéisme, une éthique rigoureuse, une série d'interdits constitutifs et marqueurs de l'alliance qu'il propose. L'invitation à refuser les guerres sanglantes est le propos d'un homme n'ayant pas encore les moyens de les mener, donc de les gagner – que faire sinon d'un Mahomet qui affirme : « L'art de la guerre, c'est l'art de la ruse » (II, 229-233).

Après le songe et avant la pourpre, le glaive – après le Prophète et avant l'Empereur, l'Apôtre, ou bien encore : après l'inspiré, et avant le politique, le combattant. La première période va de la naissance (570) à l'Hégire (622) – soit cinquante-deux ans ; cette seconde, de l'Hégire à la reddition de la ville d'at-Tâ'if (631), une victoire qui sacre le Prophète maître de toutes les villes qui comptent alors en Arabie – neuf ans ; la dernière, courte, va de cet empire à la mort de Mahomet en 632 – un an seulement. Il est suivi par le temps des califats, un temps qui pousse sa véhémence jusque dans notre modernité.

Le deuxième moment est sans conteste celui des *guerres sanglantes* interdites par le premier Mahomet. Dans cette carrière de guerrier sans pitié, voici ce que l'on trouve : une série d'expéditions contre les caravanes mecquoises, la bataille et la victoire de al-Nakhla en 623, celles de Badr en 624, des raids aux côtés de Bédouins ralliés. En 625, les musulmans subissent de graves revers à Uhud, aux portes de Médine, Mahomet est blessé. Un immense fossé construit en urgence leur permet d'échapper au pire. En 624 et en 625, deux tribus juives sont chassées de la ville ; en 627, une troisième tribu est massacrée. Les convertis qui ne montrent pas assez de zèle se trouvent matés.

L'accumulation des raids, des razzias, des combats, des exécutions, des guerres tribales, le tout au nom de l'islam, et pour lui, interdit qu'on souscrive plus longtemps à la fable de l'islam comme religion de paix, de tolérance et d'amour. Mahomet excelle en chef de guerre, en stratège et en tacticien, en général d'armée, en soldat qui combat aux côtés de ses camarades. Ça n'est pas faire offense au Prophète que d'enseigner ce que l'histoire montre, Sîra comprise : il fut un guerrier notoire – autrement dit, le contraire d'un homme qui ferait de la tolérance, de l'amour et de la paix ses vertus de prédilection ! S'il n'avait utilisé que ces armes-là, Mahomet n'aurait pas obtenu ce qu'il a réalisé, car une religion sans glaive, c'est une secte...

À quinze ans, déjà, à la demande de ses oncles, Mahomet se trouve sur le champ de bataille à ramasser les flèches lancées par l'ennemi (I, 179-187). Plus tard, s'adressant aux membres de la tribu des Quraych, le Prophète dit : « Écoutez-moi, hommes des Quraych, j'apporte le sabre par lequel vous mourrez égorgés, je le jure par celui qui tient ma vie dans sa main » (I, 289-291). Pas question, désormais, d'envisager la conversion par les mots, la persuasion, la rhétorique, le dialogue, le verbe, l'échange : quiconque résiste à l'entreprise d'islamisation sera considéré comme un ennemi, combattu sans pitié, châtié, détruit – l'égorgement étant récurrent dans la vie du Prophète à qui il arrive de trancher lui-même des têtes.

Mahomet ne supporte pas qu'on se moque de lui. La Sîra rapporte comment il traite ceux qui, un jour, lui ont destiné des quolibets : « Al-Aswad ibn al-Muttalib passa devant eux et Mahomet lui jeta à la figure une feuille verte : al-Aswad devint aveugle. Puis al-Aswad ibn Yaghûth passa devant eux. Mahomet fit un signe en direction de son ventre : ibn Yaghûth fut frappé d'hydropisie et il en mourut, le ventre gonflé. Puis passa Walîd ibn al-Mughîra. Mahomet désigna du doigt la cicatrice d'une blessure qu'il avait eue quelques années plus tôt : la blessure s'infecta et il en mourut. Puis passa al'âç ibn Wâ'il. Mahomet désigna son pied : ibn Wâ'il partit un jour à dos d'âne pour Tâ'if. Une épine entra dans la plante de son pied et il en mourut. Passa enfin al-Hârith ibn Tulâtila : Mahomet désigna sa tête. Son cerveau fut rempli de pus et il en mourut » (I, 410). Dans cette série de mises à mort voulues par le Prophète, on voit bien la vengeance, le ressentiment, la rancune, la rancœur, les représailles, la vendetta – mais l'amour ?

En août 623 a lieu la première expédition dite d'Abwâ'. Le combat n'eut pas vraiment lieu, mais un archer envoya tout de même un projectile. La Sîra dit : « Ce fut la première flèche tirée dans l'islam » (I, 590-601). Il y eut d'autres expéditions, toujours contre la même tribu – les Quraych. De même avec les razzias. Mahomet en lance en effet régulièrement contre une caravane chargée de richesses – il effectue ensuite lui-même la répartition du butin (I, 641-643). « Le Prophète envoya les musulmans à l'attaque de la caravane, dans l'esprit que Dieu la leur donnerait comme butin » (I, 606). Car les musulmans évoluent dans la logique ancestrale de l'ordalie : ils mènent un combat, mais c'est Dieu qui le conduit, puisqu'il donne la victoire non pas aux hommes les plus valeureux, mais à ceux qu'il aura choisis. Voilà pourquoi on peut lire dans le Coran cette terrible sourate qui justifie la mise à mort d'un homme sous prétexte qu'il s'agit de la volonté de Dieu : « Ce n'est pas vous qui les avez tués ; mais Dieu les a tués » (8, 17). Les hommes prêtent leur concours, ils sont la main de Dieu, mais ce qui advient procède toujours du plan de Dieu.

Cette très ancienne logique de l'ordalie se double de l'association de la mort pour la cause islamique à l'accession au paradis et à la vie éternelle. Quand il harangue ses soldats, après avoir demandé la victoire à Dieu, Mahomet dit : « Tout homme d'entre vous, je le jure, qui se bat aujourd'hui contre les Quraych et meurt avec courage, face à eux, entrera au paradis » (I, 626-628). De sorte que le combattant musulman, parce qu'il a Dieu avec lui, gagnera et parce qu'il gagnera, il aura Dieu avec lui. De façon tautologique, le soldat musulman combat pour Dieu ; mais c'est Dieu qui combat pour le soldat musulman. Quand un Quraychite tombe égorgé par le bras d'un guerrier de l'islam, c'est moins le geste d'un combattant qu'il faut voir que le vouloir divin.

À l'issue de la bataille de Badr, les cadavres des païens, privés de sépulture et de funérailles, sont jetés à la fosse commune sur ordre de Mahomet (II, 51-58). Alors que les chairs putréfiées exhalent leurs mauvaises odeurs, devant les cadavres de ses ennemis, Mahomet s'adresse aux morts : « Vous n'avez pas respecté le lien tribal qui vous unissait au prophète sorti de votre propre tribu. Vous m'avez traité de menteur alors que les autres m'ont cru ; vous m'avez exilé et les autres m'ont soutenu [...]. Comment trouvez-vous à présent les promesses que vos divinités vous ont faites ? Sont-elles vraies ? » (I, 638-641).

Les occasions de voir un Mahomet faisant couler le sang personnellement ou par procuration ne manquent pas dans la Sîra. Ainsi : coupable d'avoir menacé de la pointe de sa lance Zayab, la fille du Prophète, qui, par peur, avorta, en guise de représailles, le Prophète donne l'ordre à ses disciples de brûler Habbâr, avant de se raviser : « Je vous avais ordonné de brûler Habbâr. Puis j'ai pensé que le supplice du feu, Dieu seul pouvait l'ordonner. Si vous arrivez à le saisir, tranchez-lui simplement la tête » (I, 651-657). Une autre fois, pour laver l'affront commis par un bijoutier juif à l'endroit d'une femme arabe qu'il a humiliée, dévoilée et dénudée sur la place du marché, Mahomet mène un combat contre les Juifs et assiège leur ville pendant quinze jours jusqu'à leur reddition (II, 47-50).

Lisons cette longue citation de la Sîra : « Le Prophète recommanda à ses compagnons : "Tout Juif qui vous tombe sous la main, tuez-le." Ainsi, lorsque le Prophète l'emporta sur les Juifs des Banû Quraydha, il prit près de quatre cents prisonniers et donna l'ordre de leur trancher la gorge. Les Khazraj se livrèrent à cette tâche avec plaisir. La joie se lisait sur leur visage, alors que les Aws gardaient le visage fermé. C'est que les Juifs s'étaient alliés avec les Aws contre les Khazraj. Le Prophète, s'étant souvenu de ce pacte, livra les derniers Juifs aux Aws. Mais il n'en restait que douze. Il donna à tuer un Juif pour deux hommes des Aws et leur dit : "L'un frappera et l'autre achèvera." Parmi ces Juifs, il restait Ka'b ibn Yahûdra. C'était l'un des chefs des Banû Quraydha. Le Prophète le livra à Muhayyiça ibn Mas'ûd et à Abû Burda : "Que Muhayyiça le frappe et qu'Abû Burda l'achève", leur ordonna-t-il. Muhayyiça lui donna un coup de sabre qui n'eut pas grand effet et Abû Burda l'acheva » (II, 58-60).

Une autre fois, après que Mahomet a remporté la victoire de Badr et exécuté nombre de victimes jetées à la fosse commune, le poète juif Ka'b ibn al-Achraf a rédigé des vers pour déplorer cette hécatombe, les compagnons du Prophète organisent une expédition punitive avec sa bénédiction, ils frappent tous ensemble la tête du poète, les sabres se gênent, le vieil homme sorti de son lit hurle, on lui enfonce un poignard dans le ventre pour l'achever (II, 51-58).

En 625, « le mot de ralliement à la bataille d'Uhud était : *tue. tue* » (II, 65-66). À cette même bataille, alors qu'un compagnon fait un rempart de son corps et prend les projectiles sur lui, le Prophète donne les flèches à son ami et lui dit : « Tire, tire toujours » (II, 81-82). Mahomet reçoit un émissaire de la tribu ennemie des Banû Quraydha qui demande s'ils doivent se soumettre et se convertir : « Oui, leur répondit-il, et il passa la main sur sa gorge pour signifier qu'ils seraient égorgés » (II, 236-239). Ainsi, « le Prophète ordonna de tuer tous les hommes des Banû Quraydha, et même les jeunes, à partir de l'âge où ils avaient les poils de la puberté » (II, 239-240). Mahomet exige la rafle des mâles de cette tribu par petits groupes « et leur coupa la gorge sur le bord des fossés » (II, 240-241) – la Sîra précise qu'ils étaient entre 600 et 700, voire 800 et 900 et ajoute : « Le Prophète ne cessa de les égorger jusqu'à leur extermination totale » *(id.)*...

Mahomet fait beaucoup tuer, certes, mais il tue lui-même aussi : il assassine Ubayy ibn Khalaf avec une lance qu'il lui plonge dans le cou (II, 84-85) ; il tranche lui-même la gorge de Huyayy ibn Akhtab (II, 241) ; A'icha, l'épouse du Prophète, mère des Croyants, racontait : « Une seule femme juive des Banû Quraydha a été tuée. Elle était chez moi et l'on bavardait ensemble. Elle plaisantait et riait de bon cœur, pendant que, sur la place du marché, le Prophète égorgeait ses hommes », peut-on lire dans la Sîra (II, 242). Sans compter les anonymes massacrés dans les combats...

Le chef de guerre qui fait tuer et tue lui-même de sa main s'illustre également dans ce qui constitue le quotidien d'un soldat : outre le meurtre de masse consubstantiel à l'art militaire, le lecteur attentif de la Sîra trouve la tromperie, le vandalisme, la torture, l'insulte... *La tromperie* : rappelons l'aphorisme déjà cité du Prophète : « L'art de la guerre, c'est la ruse » (II, 229-233). Un homme d'une tribu païenne adversaire de Mahomet s'est converti, il vient trouver le Prophète pour lui proposer ses services. Ce dernier l'invite à retourner avec les siens afin de semer le trouble parmi eux. Nu'aym, le converti ayant dissimulé sa nouvelle foi, va donc rencontrer trois chefs de tribu et leur tient à chacun un discours faux afin de précipiter leur perte. Les trois tribus se trouvent désunies, la coalition s'effondre, le combat n'a pas lieu, Mahomet peut alors lancer le sien. Le mensonge est donc licite pour Mahomet lorsqu'il contribue à la victoire de son camp.

Le vandalisme : en août 625, Mahomet attaque la tribu des Banû Nadîr et les assiège pendant six nuits, puis il fait détruire toute leur palmeraie par le feu (II, 190-203) ; il agit de même en détruisant le vignoble de Tâ'if (II, 482-483) ; entre Tabûk et Médine, le Prophète s'arrête à Dhû-Awân et apprend qu'il existe là une mosquée dans laquelle les malades, les nécessiteux et les gens surpris par la pluie peuvent venir prier la nuit, mais il estime qu'elle n'enseigne pas exactement ce qu'il professe, il fait donc détruire l'édifice en l'incendiant (II, 527-537) ; à La Mecque, il détruit les idoles païennes, il broie de sa main une colombe en osier, il fait recouvrir des fresques qui représentent Abraham (II, 407-411) ; la tribu païenne des Thaqîf demande à Mahomet qu'il épargne son temple et ses idoles, sans succès puisque le Prophète envoie ses hommes « avec mission de détruire le temple d'al-Lât. Ils partirent donc avec la délégation et, dès leur arrivée à Tâ'if, ils se mirent à l'œuvre à coups de hache et de pioche. Les femmes de Thaqîf sortirent la tête nue, pour pleurer la perte de leur déesse. Ayant achevé leur tâche, les deux émissaires du Prophète emportèrent les biens d'al-Lât et ses bijoux d'or et de perles du Yémen » (II, 539-543).

La torture : mis en présence du détenteur du trésor de la tribu ennemie, les Banû Nadîr, Mahomet exige de savoir où se cache la manne ; refus de répondre de Kinâna ibn Rabî ; menace de mort du Prophète ; résistance du prisonnier ; Mahomet fait creuser la terre d'une maison en ruine pour avoir vu sa victime tourner autour régulièrement ; une partie du magot découverte, le Prophète exige de savoir où se trouve le reste ; silence du captif ; « le Prophète ordonna alors à Zubayr ibn al-'Awwâm de le torturer jusqu'à ce qu'il livre son secret. Zubayr lui brûlait sans cesse la poitrine avec la mèche d'un briquet, mais en vain. Voyant qu'il était à bout de souffle, le Prophète livra Kinâna à Mahomet ibn Maslama, qui lui trancha la tête » (II, 336-337).

L'insulte : l'ange Gabriel annonce à Mahomet qu'il doit combattre la tribu juive des Banû Quraydha. Arrivant au pied de leurs fortins, le Prophète leur tint ce discours : « Frères de singes, vous n'avez pas encore connu, je le vois, l'humiliation et la vengeance de Dieu. Vous allez les connaître ! » (II, 233-236). De fait, ils seront près de mille à être égorgés jusqu'au dernier (II, 240-241). Abû Bakr, le compagnon du Prophète qui se trouve alors à son côté, parle ainsi à 'Urwa, l'un des Quraychites, de la divinité féminine de son culte : « Va sucer le clitoris d'al-Lât » (II, 308-322). On a vu combien Mahomet répondait à de moindres offenses par le sang versé…

Ce deuxième temps dans la vie de Mahomet s'effectue donc sous le signe de la guerre. La Sîra le montre au combat : il porte la cuirasse (II, 47-50 et II, 63-64) et le casque de mailles (II, 77-81). Lors des combats, lui et ses soldats utilisent l'arc et les flèches, bien sûr, mais aussi la catapulte (« c'était la première fois que cette machine était utilisée dans les guerres de l'islam » [II, 482-483], les « béliers et autres tortues d'assaut » *(id.)*. Mahomet demande un jour à ses soldats qui veut acheter son sabre. L'un d'entre eux s'enquiert du prix. Réponse : « Son prix, c'est que tu abattes autant d'ennemis qu'il le faut pour que le sabre soit tordu » (II, 66-69).

Lui-même paie de sa personne : il n'est pas de ces généraux qui envoient leurs hommes au combat tout en restant à l'arrière, à l'abri, dans des tentes, pour gérer de loin le sang versé des autres. À la sortie de Médine, il se trouve à la tête de mille hommes en armes (II, 65-66). Il lui arrive d'être blessé, parfois même gravement, au point qu'allongé il ne peut pas se lever pour effectuer sa prière (II, 86-93). Une autre fois, son casque est défoncé, il perd deux dents ; le métal déchiré lui balafre le visage. En 630, quand il marche sur La Mecque, la Sîra annonce qu'il se trouve à la tête de dix mille hommes (II, 398-399). Il conquiert La Mecque. Une grande et nouvelle page d'histoire s'écrit alors.

« L'islam et l'Hégire effacent tout le passé » (II, 277-279), enseigne le Prophète. Quand le guerrier remporte sa victoire, il lui reste à remplir la coupe de la conquête de fruits dignes d'une corne d'abondance. Le songe a fait place au glaive, le glaive doit laisser sa place à la pourpre. Les rêves du Prophète arment les bras et deviennent conquêtes. L'inspiré appuyé sur le guerrier devient le prince d'un royaume à gouverner. Mais la vie du Prophète entre ses conquêtes constitutives d'un monde et la gestion de ce monde est brève : une année entre 631 et 632. Quand Mahomet meurt commence le règne universel du Coran. Or ce livre corrobore *évidemment* la totalité des thèses défendues de son vivant par Mahomet…

Le califat suppose donc la théocratie, à savoir le pouvoir de Dieu exercé sur terre par un calife qui s'en réclame. On sait que la succession de Mahomet fut problématique : la famille du Prophète souhaitait l'un des leurs, en l'occurrence son gendre Ali, les compagnons de Mahomet ont imposé Abou Bakr qui succède donc au père fondateur et poursuit la conquête de la péninsule. À sa mort en 634, son proche conseiller, Omar, lui succède. Il conquiert la Palestine, la Mésopotamie, l'Égypte, la Perse. L'expansionnisme islamique se trouve donc dans le cœur idéologique de la religion musulmane qui vise clairement l'impérialisme.

L'esprit et la lettre du Coran légitiment le projet d'empire. Le texte sacré propose une fin, l'*umma politique*, et des moyens, la *guerre sainte*, le djihad. Stratégie impérialiste et tactique guerrière s'imposent. Un verset du Coran dit : « Nous avons fait descendre ainsi un Coran arabe au cours duquel nous avons formulé des menaces » (X, 113). Contre la voie de la paix, le Coran propose *le choix de la guerre* : « Ô Prophète, encourage les croyants au combat » (VIII, 65) ; contre la parole de justice, le verbe réparateur dans la loi, le Coran *légitime le talion* : « vie pour vie, œil pour œil, nez pour nez, oreille pour oreille, dent pour dent » (V, 45 ; mais aussi II, 178, II, 179, II, 194) en vertu d'une loi très simple : « Dieu est puissant, il est le maître de la vengeance » (III, 4), lire aussi : « Tranchez les mains du voleur et de la voleuse » (V, 38) ; contre la persuasion et la rhétorique, la conversion par les idées et la discussion, le Coran *invite à tuer les adversaires de l'islam* : « Tuez-les partout où vous les rencontrerez » (II, 191) ou bien encore : « Tuez-les partout où vous les trouverez. Nous vous donnons tout pouvoir sur eux » (IV, 91), car Dieu invite à « exterminer les incrédules jusqu'au dernier » (VIII, 7) dès lors, cette invite : « Frappez sur leurs cous ; frappez-les tous aux jointures [...]. Ce n'est pas vous qui les avez tués ; mais Dieu les a tués » (VIII, 7, 17), « Tuez les polythéistes, partout où vous les trouverez, capturez-les, assiégez-les, dressez-leur des embuscades » (IX, 5), les Juifs et les chrétiens ? « Que Dieu les anéantisse » (IX, 30), après un combat, le livre saint écrit : « Nous avons noyé les autres » (XXXVII, 82) ou bien, concernant un poète qui aurait rapporté sur les musulmans des propos mensongers, « nous lui avons tranché l'aorte » (LXIX, 46) ; contre la coexistence pacifique avec ceux qui ne pensent pas comme eux, le Coran *célèbre toutes les terreurs* : « Nous jetterons l'épouvante dans les cœurs des incrédules » (III, 151), mais aussi : « Nous jetterons bientôt dans le feu ceux qui ne croient pas à nos signes » (IV, 56), à propos des incrédules : « ceux au cou desquels on mettra des carcans » (XIII, 5 même idée dans XXXIV, 33, XXXVI, 8, XL, 71, LXIX, 30 et LXXVI, 4) ; contre le respect de la dignité des adversaires ou des prisonniers, le Coran *légitime les traitements inhumains et dégradants* : « Des vêtements de feu seront taillés pour les incrédules. On mettra sur leurs têtes de l'eau bouillante qui brûlera leurs entrailles et leur peau. Des fouets de fer sont préparés à leur intention » (XXII, 19). Ou bien : « Nous mettrons des carcans à leurs cous, jusqu'à leurs mentons ; leurs têtes seront maintenues droites et immobiles. Nous placerons une barrière devant eux et une barrière derrière eux. Nous les envelopperons de toutes parts pour qu'ils ne voient rien » (XXXVI, 8) ; contre la bienveillance avec autrui, le Coran invite au *mépris du non-musulman* : « N'établissez des liens d'amitié qu'entre vous, les autres ne manqueront pas de vous nuire » (III, 118) et ceci : « Ne prenez pas pour amis les Juifs et les chrétiens, ils sont amis les uns des autres » (V, 51) ; contre l'égalité universelle entre les hommes, le Coran *proclame la supériorité du musulman* sur toute autre communauté : « Vous formez la meilleure communauté suscitée pour les hommes » (III, 110).

Cette religion virile, guerrière, conquérante, puissante, forte de ses soldats prêts à mourir pour elle, entre dans le concert des civilisations qui se proposent de régner de manière impériale, universelle, planétaire. Ni le bouddhisme, ni l'hindouisme, ni le confucianisme, ni le judaïsme, au contraire du christianisme et de l'islam, ne proposent de convertir la totalité de l'humanité. Ces deux forces qui sont deux spiritualités, deux civilisations, deux cultures, existent en s'opposant. L'Empire chrétien s'était étendu rapidement à partir de la conversion de Constantin. Il va devoir désormais compter avec ce frère ennemi pour plus de mille ans. Le Christ et Mahomet, le Christ ou Mahomet, Mahomet ou le Christ ?

L'Occident prend forme avec cette nouvelle donne. L'étoile de David, la croix du Christ, le croissant de l'Islam figurent des forces en quête de formes, chaque forme supposant qu'une force en finisse avec une autre. À cette époque, le christianisme et l'islam veulent les mêmes terres, puisqu'ils aspirent tous les deux au même empire universel : sous la bannière de saint Paul, les partisans de la Croix veulent christianiser la planète, au détriment de l'islam, sous l'étendard de Mahomet, les fidèles du Croissant aspirent à islamiser la terre entière, au préjudice de la chrétienté. Choc des civilisations assuré…

4

Une esthétique de la propagande

Politique de l'art chrétien

Constantinople,
Sainte-Sophie, mars 843.
L'impératrice Théodora met fin
à la querelle des iconoclastes.

Une civilisation n'existe qu'en répondant de façon adéquate à ce qui met sa vie en péril. Tant qu'elle riposte et pulvérise ce qui cherche sa mort, elle vit ; quand elle n'a plus les moyens de répliquer, elle meurt. Plus sa force est grande, plus elle vit longtemps, sauf si une force plus grande en a raison. Les hérésies des premiers siècles ont été d'interminables épreuves de vérité. La vie précaire du christianisme est moins mise en péril par un adversaire extérieur, comme c'est le cas avec l'islam naissant, que par les querelles internes qui divisent et fractionnent ce qui n'est pas même encore uni ! La concentration des pouvoirs spirituels chrétiens et temporels impériaux entre les mains d'un seul homme, Constantin, change la donne. Mais le césaropapisme n'en finit pas avec les arguties théologiques qui ne cessent de fractionner le corps chrétien.

La querelle des images court sur le VIIIe et sur le IXe siècle – pour être exact entre janvier 726 et mars 843. Elle met en péril l'unité des Églises d'Orient et d'Occident. Son issue iconophile a rendu possible notre Occident. À quoi ressemble cette opposition entre les iconophiles, défenseurs des figurations religieuses, des icônes donc, et des iconoclastes, ceux qui ne les supportent pas et veulent les détruire ? À un combat entre le pouvoir temporel, l'empire, et le pouvoir spirituel, la papauté, qui va épuiser 12 souverains de la dynastie isaurienne et 15 papes, avant que les femmes, Irène puis Théodora, ne mettent fin respectivement à la première et à la deuxième querelle iconoclaste.

Début de cette aventure : à Constantinople, 19 janvier 726, l'empereur chrétien Léon III fait détruire une mosaïque du Christ. Une échelle est hissée sur la façade du palais impérial ; un fonctionnaire de la cour y grimpe et mutile avec des outils la mosaïque du Christ qui surmonte le fronton de la porte monumentale. Une émeute a lieu. Une foule arrive sur place et massacre l'iconoclaste. Léon III fait réprimer cette rébellion ; il dépose le patriarche saint Germain qui réprouve cette action et nomme Anastase, un clerc à sa main. Le pape se rebelle ; l'empereur réprouve l'insurrection du pape. Le pouvoir temporel refuse les icônes ; le pouvoir spirituel les défend.

Léon III dit l'Isaurien est sans conteste un empereur chrétien. Il lutte avec ardeur contre la conquête musulmane. Fin septembre 717, le calife Soliman a le projet de frapper la chrétienté et de s'emparer de Constantinople ; Léon s'apprête à mener le combat ; la flotte du chef de guerre musulman se trouve éparpillée par la tempête ; il donne l'assaut ; Soliman est défait ; le calife Omar II le remplace et se propose d'attaquer à nouveau la capitale de l'Empire chrétien ; les troupes impériales empêchent son ravitaillement ; la météo est toujours favorable à Léon III, une tempête défait la flotte d'Omar à la sortie du Bosphore. Ce sera la dernière tentative des califes arabes pour s'emparer de Constantinople. Une trêve de sept ans est conclue.

On le sait, l'islam prohibe la figuration du Prophète. Bien qu'il n'existe aucune sourate du Coran qui justifie cette interdiction. Seuls des hadiths montrent Mahomet invitant à détruire les images qui se trouvent dans la Ka'ba : ceux-là ont généré cette interdiction étendue à la totalité de l'art musulman qui interdit de représenter une figure vivante. L'art islamique est donc un art de la calligraphie, de l'arabesque, de la mosaïque, de la céramique, du bois sculpté, des ivoires, du verre émaillé, des tissus, des tapis, des architectures, des métaux, mais dans lesquels la figure se trouve prohibée. Un art sans images.

La chose se trouve peu dite, mais l'islam doit beaucoup au judaïsme. Et l'on sait que les interdits sur ce sujet sont nombreux dans l'Ancien Testament. Ainsi : « Tu ne feras aucune sculpture ou représentation d'êtres créés » dans le Deutéronome (5, 8) ; « N'allez pas vous pervertir et faire une image sculptée représentant quoi que ce soit : figure d'homme ou de femme, figure de quelqu'une des bêtes de la terre, figure de quelqu'un des oiseaux qui volent dans le ciel, figure de quelqu'un des reptiles qui rampent sur le sol, figure de quelqu'un des poissons qui vivent dans les eaux au-dessous de la terre » (*id.*, 4, 16-18) ; « Tu ne te feras pas d'images taillées ou aucune ressemblance d'aucune chose qui est aux cieux ou qui se trouve sur la terre au-dessous ou dans l'eau » dans l'Exode (20, 4).

On trouve également dans le Nouveau Testament matière à nourrir une pensée iconoclaste. Ainsi dans les Actes des Apôtres, Paul dit à l'Aréopage d'Athènes : « Si nous sommes de la race de Dieu, nous ne devons pas penser que la divinité soit semblable à de l'or, de l'argent ou de la pierre, travaillés par l'art et le génie de l'homme » (17, 29). L'Évangile selon Jean donne le mode d'emploi de la façon d'aimer Dieu : « Dieu est esprit, et ceux qui adorent c'est en esprit et en vérité qu'ils doivent adorer » (4, 24), donc nullement avec des images, des icônes, des œuvres d'art. Des Pères de l'Église fournissent également des éléments de langage iconoclastes.

On ne sait quelles sont les autres sources de la pensée des iconoclastes : la fidélité de ces chrétiens au judaïsme ? Une concession faite à l'islam ? Le prélèvement de ce qui justifie leurs thèses dans le Nouveau Testament ? Rien de tout cela ? Un mélange ? L'iconoclaste refuse que l'image qui devait aider à la prière soit devenue ce que l'on prie. À l'origine, dans les temps où le christianisme est persécuté par le pouvoir impérial, les images sont utilisées pour rassembler et signifier l'appartenance à la secte persécutée ; avec Constantin, alors que le christianisme devient persécuteur des païens, elles servent à convertir, à enseigner, à édifier le peuple sans culture et sans lettre. Saint Grégoire affirme en effet que la peinture montre aux illettrés ce qu'ils ne sauraient lire dans les livres. Avec le temps, ce qui était un moyen devient une fin : l'aide à croire devient l'objet de croyance.

Pour les iconoclastes, le christianisme devenait idolâtrique. Les moines et les papes défendent l'icône, utile à leur propagande ; l'empereur les combat parce qu'il les estime funestes à son pouvoir. En Orient, il y a plusieurs façons de vouer un culte : la *latrie* qui est adoration, elle est réservée à Dieu ; la *dulie* qui est service ; l'*honneur* ; la *vénération* qui est adoration, ces trois façons concernent les saints et les images. Dieu a pour lui le *culte absolu*, car il est vénéré pour lui-même et sa perfection qu'il ne tient que de lui-même ; les saints ont le *culte partiellement relatif*, parce qu'ils tiennent leur perfection de Dieu ; les objets nécessitent le *culte pleinement relatif*, car leur perfection provient d'un autre et qu'ils ne la possèdent que matériellement.

L'iconoclasme exige donc que ce qui relève de la *dulie* ne soit pas objet de *latrie*. Les images sont associées peu ou prou aux saints ; elles exigent donc un *culte relatif secondaire*. Ces définitions, on s'en doute, ont exigé de longues discussions, de nombreux débats, d'interminables joutes rhétoriques chez les théologiens. Le croyant qui prie devant une icône est-il dans la latrie, la dulie ou la vénération ? Parmi les iconoclastes, des sophistes estiment qu'on peut prier des icônes si l'on est assez loin d'elles, qu'elles sont en hauteur et qu'elles n'exigent pas qu'on baisse la tête – des jésuites avant l'heure...

De la même manière que certains chrétiens se sont étripés pour savoir si le Père, le Fils et le Saint-Esprit étaient d'une seule et même substance ou de substances distinctes, ou que d'autres ont disserté sur la part plus ou moins grande d'humanité et de divinité en Dieu, ceux-là s'écharpent sur latrie et dulie devant les images – et ce pendant plus d'un siècle. En Occident, les choses paraissent plus simples. L'image est un simple intermédiaire. Son culte est relatif. Les Latins d'Occident et les Grecs d'Orient ont risqué le schisme sur ce sujet aussi.

L'empereur Léon III publie en 726 un édit interdisant le culte des images. La destruction du Christ sur le fronton du palais en 726 fut suivie d'une répression féroce des iconophiles. Léon désorganise les écoles, détruit des bibliothèques, fait passer des professeurs par le fil de l'épée. Il écrit au pape

Grégoire II et le menace de représailles s'il ne le suit pas dans sa campagne iconoclaste. Le pape s'oppose à lui. Léon III lui mène alors la vie dure ; il menace de lancer son armée pour le destituer. L'empereur exige des tortures, des décapitations, des mutilations de tous ceux qui s'opposent à sa décision. Les icônes sont détruites. Le peuple apporte les siennes en place publique où elles sont brûlées. Craignant les persécutions, des habitants de Constantinople s'exilent en masse.

À Marseille, fin du VIe siècle, l'évêque Serenus a fait détruire des images pieuses dans son église. Le pape Grégoire le Grand lui écrit : « Nous vous louons de votre zèle à défendre l'idée que rien de ce qu'ont fait les mains de l'homme ne soit admiré ; mais nous jugeons que vous n'auriez pas dû briser ces images. Adorer un tableau est une chose ; apprendre ce qu'il faut adorer, par l'intermédiaire du tableau, est autre chose » (*Lettre* 105, PL 77, 1027). Puis le pape ajoute : « On dit qu'en brisant ces images vous avez tellement scandalisé votre peuple que la plupart s'est séparé de votre communauté. Il faut les rappeler et leur montrer que par l'Écriture sainte il n'est pas permis d'adorer ce qui est fait de main d'homme. Puis ajouter, que voyant l'usage légitime des images, tourné en adoration, vous en avez été indigné et les avez fait briser. Vous ajouterez : si vous voulez avoir des images dans l'église, pour votre instruction, pour laquelle on les a faites anciennement, je vous le permets volontiers. Ainsi vous les adoucirez et les ramènerez à l'union. Si quelqu'un veut faire des images, ne l'empêchez pas : défendez seulement de les adorer. La vue des histoires doit exciter en eux la componction : mais ils ne doivent se prosterner que pour adorer la sainte Trinité. Je ne vous dis tout ceci que par l'amour que j'ai pour l'Église, non pour affaiblir votre zèle, mais pour vous encourager dans votre devoir. » Voilà ce qu'a été constamment la position officielle de l'Église catholique.

Jean Damascène, ou Jean de Damas, fut le penseur de la question des images. Prêtre en Palestine, il fut l'auteur de trois *Discours apologétiques contre ceux qui rejettent les saintes images* – 726 pour le premier, 729 et 730 pour les deux autres. Vers 730, les évêques d'Orient attaquent clairement l'empereur iconoclaste. Pour Jean, on ne peut représenter Dieu qui est pur esprit sans commettre une impiété ; on peut en revanche figurer le Christ, la Vierge, les saints, les anges, puisqu'ils ont pris forme humaine, il ne s'agit alors pas des idoles que refusent les Écritures ; il est légitime de rendre un culte à ces images, car il vise le prototype et remonte à Dieu – ce culte n'est pas adoration, mais vénération rendue à ce qui n'est pas Dieu ; le culte sera d'autant plus grand que l'objet sera proche de Dieu. Jean Damascène fait l'éloge des images qui instruisent, rappellent les bienfaits divins, excitent à la piété. Elles sont également le canal de la grâce qui agit comme un intermédiaire entre le prototype et le fidèle.

Jean Damascène écrit dans son *Premier discours sur les images* : « Autrefois, Dieu, n'ayant ni corps, ni figure, n'était représenté par aucune image. Mais, depuis que Dieu a été vu dans la chair, je représente en image ce qu'il a rendu visible. Ce n'est pas la matière que j'adore, mais l'auteur de la matière, qui s'est fait matière. Cette matière je la révère comme l'instrument de sa grâce. Vous pouvez peindre mon Sauveur, sa naissance de la Vierge, son baptême du Jourdain, sa transfiguration sur le Thabor, ses tourments, sa croix, sa résurrection, son ascension. Exprimez tout cela par des couleurs, aussi bien que par des paroles. Ne craignez rien, je connais la différence des adorations et des images » (PL 77, 1027).

La ligne de force iconophile du Damascène était en compétition avec la ligne de force iconoclaste de Léon III. La possibilité de donner corps et chair à une fiction sans corps et sans chair ouvrait l'Occident sur une perceptive aux antipodes de celle qui aurait été ouverte par un refus des images. La religion qui se dit de l'incarnation et qui ne met en avant que des allégories et des symboles, des métaphores et des paraboles, des énigmes et des mythes joue son avenir dans cette aventure. Un destin iconoclaste aurait généré une civilisation de type judaïque ou islamique, la première est celle de la loi et de l'exégèse, du texte et de l'herméneutique, la seconde celle de la prière et du rite, de la règle et du djihad – quelle qu'en soit la traduction.

Le pape Grégoire II meurt. Son successeur, moins diplomate, plus politique, Grégoire III, convoque un concile à Rome le 1er novembre 731. Il excommunie les iconoclastes. Léon III envoie ses navires vers Rome pour destituer le nouveau pape. La météo qui était à ses côtés contre Soliman joue cette fois-ci en sa défaveur : la tempête détruit ses vaisseaux. Le climat fait l'affaire du pape. Léon III se venge en augmentant d'un tiers les impôts de la Sicile et de la Calabre. Mais la mort l'emporte en juin 740. Son fils aîné, Constantin V, dit Copronyme, le remplace. Pourquoi Copronyme qui veut dire *au nom de merde* ? Parce que le jour de son baptême, Son Altesse aurait déféqué dans les fonts baptismaux et que la puanteur aurait accablé l'assistance. Le patriarche Germain Ier qui le baptisait aurait alors dit que tout ceci était prophétique : « Cet enfant remplira l'église de sa puanteur » – Germain était un iconophile forcené…

Constantin V le Copronyme eut un long règne – de 740 à 775. Cette période fut évidemment iconoclaste. Il lutte contre les Arabes qu'il repousse : il les chasse de Syrie, de Chypre, d'Arménie et repousse le califat arabe plus à l'est. Cet empereur fut particulièrement répressif et fit beaucoup de morts autour de lui : le moine stylite Pierre le Blakhernite est traîné au cirque, flagellé et mis à mort le 16 mai 761, Étienne le Jeune a le crâne fracassé par un morceau de bois, son cadavre est traîné dans les rues de la ville le 28 novembre 764, André le Crétois est torturé, flagellé, les mâchoires fracassées par des pierres, mis à mort le 20 novembre 766. À la même époque : Jean de Monagria, Paul de Crète, Paul le Jeune, d'autres encore, dont certains sont enfermés dans des sacs cousus, puis jetés à l'eau. Dans les prisons on entasse des gens mutilés : oreilles, nez ou mains coupés, yeux crevés. À un moment donné, cette prison compte jusqu'à 342 moines.

On doit à ce Constantin V dit Copronyme un livre, perdu, contre les images. On imagine que pareil personnage s'est fait aider par des philosophes à la solde pour donner une teinture philosophante à ses exactions. Voici un exemple de sa prose qui mélange néoplatonisme et christianisme extraite du prologue de son *Peusis* : « La sainte Église catholique de Dieu, l'Église de tous les chrétiens, nous a transmis cette tradition de foi : le Fils et le Verbe de Dieu, qui est de nature simple, s'est incarné de notre très sainte et immaculée maîtresse la Mère de Dieu, Marie toujours vierge, sans que la divinité ait été refoulée dans la chair ni la chair dans la divinité, les deux natures en étant venues à une union indissoluble de la divinité et de l'humanité, en sorte qu'unique il est par le canal d'une seule hypostase, c'est-à-dire double en une seule personne, alors que toute image est reconnue pour dérivant d'un prototype. À partir du moment où il possède une nature immatérielle unie à la chair et qu'il est unique avec ces deux natures, et que sa personne ou, autrement dit, son hypostase est indissociable des deux natures, nous ne pouvons comprendre comment il est possible de le circonscrire, attendu que le signifié est une nature unique et que celui qui circonscrit cette personne a évidemment voulu aussi circonscrire la nature divine, laquelle est impossible à circonscrire » – c'est long, mais c'est bon ! Tout ça pour ça. Autrement dit : d'une part, il est impossible de représenter Dieu ; d'autre part, ceci expliquant cela, il faut couper le nez, les mains, les oreilles et rendre aveugle quiconque s'aviserait de croire autre chose ou autrement. Le tout, rappelons-le, pour une religion qui prêche l'amour du prochain et le pardon des péchés.

Néoplatonicien d'une main et Néron de l'autre, l'empereur Constantin V convoque un concile iconoclaste entre le 10 février et le 8 août 754 près de Constantinople, à Hiera. Pour faciliter les choses et accélérer le mouvement, le pape n'est pas là ; ni les patriarches orientaux ; les 338 évêques présents sont acquis à la cause, ainsi que le président du concile. Sans surprise, après tout de même sept mois de discussion, on se demande pourquoi ce fut si long alors que tous étaient d'accord, le VIIe concile œcuménique décrète les iconophiles hérétiques.

Constantin le Copronyme meurt en 780. Son fils Constantin VI est un enfant. Sa mère Irène devient donc impératrice régente. Iconophile, elle restaure le culte des images. Au IIe concile de Nicée, en 787, les décrets de Léon III et de Constantin V sont abrogés. « Nous décidons de rétablir, à côté de la Croix précieuse et vivifiante, les saintes et vénérables images, à savoir l'image de Jésus-Christ Notre-Seigneur, Dieu et Sauveur et celle de notre Souveraine immaculée, la sainte Mère de Dieu, des anges honorables et de tous les pieux et saints personnages, car plus on les regarde longuement à travers les représentations de l'image, plus ceux qui les contemplent sont excités au souvenir et au désir des prototypes ; de leur rendre salut et adoration d'honneur que l'on donne à la Croix précieuse, aux saints Évangiles et aux autres objets sacrés ; d'approcher d'elles de l'encens et des lumières, comme c'était la pieuse coutume des anciens. Car l'honneur témoigné à l'image passe au prototype et celui-là qui vénère l'image vénère la personne qu'elle représente. »

Quand son fils réclame le pouvoir, elle l'en écarte en lui faisant crever les yeux... Il finit tout de même par détrôner sa mère en 802. Commence alors la deuxième période de l'iconoclasme avec un nouveau pape iconophile, Léon V dit l'Arménien, et un nouvel empereur iconoclaste, Théophile. En 815, un nouveau concile renverse alors l'ancien concile iconophile de Nicée ! Toutes les peintures sont détruites à la chaux vive dans les églises. Les persécutions reprennent et avec elles leurs lots de morts et d'exils, de tortures et de vandalismes.

L'empereur meurt. Sa femme l'impératrice Théodora devient régente le 21 janvier 842 au nom de son fils Michel III âgé de trois ans – plus tard, il sera dit Michel l'Ivrogne... À son tour, elle convoque un concile pour régler la question de l'iconoclasme. Il se tient à Constantinople dans la basilique Sainte-Sophie en février 843 : il confirme le concile de Nicée de 787 que le concile de 815 avait annulé – où l'on voit que l'Esprit saint qui anime ces réunions, selon le dogme, s'emmêle parfois les pinceaux ontologiques. Théodora rétablit le culte des icônes. En mars 843, une grande fête a lieu dans la ville pour célébrer ce retour définitif des images dans le monde chrétien. La procession passe devant le palais impérial où tout avait commencé par le vandalisme de l'image du Christ le 17 janvier 729. L'image du Christ est rétablie à sa place. L'image religieuse était sauvée. L'Occident chrétien allait pouvoir construire sa mythologie avec des images.

Il s'en est donc fallu de peu que l'art ne fût pas ce qu'il a été en Occident. La querelle des images, avec ses iconoclastes et ses iconodoules, a en effet mis le judéo-christianisme au bord d'une falaise. En 312, Constantin, à sa manière, invente l'art chrétien en passant commande d'orfèvrerie à un artisan qui lui confectionne un bijou d'or serti de pierres précieuses avec le signe chrétien, qui fut celui de la victoire et qui lui était apparu dans le ciel. Dans sa *Vie de Constantin*, Eusèbe raconte à quoi il ressemblait : « Il était fabriqué de la façon suivante. Une longue hampe faite d'or comportait une barre transversale, pour former une croix. En haut, au sommet de l'ensemble, était fixée une couronne de pierres précieuses et d'or sur laquelle figurait le symbole du vocable salutaire, deux lettres grecques indiquant le nom du Christ, signifié par les deux premiers caractères, le *rhô* (P) étant partagé en son milieu par le *chi* (X)... À la barre oblique qui traversait la lance était suspendue une étoffe, une tapisserie impériale couverte de pierres précieuses fixées ensemble, qui scintillait avec des éclats de lumière, couverte et tissée de beaucoup d'or, offrant à ceux qui le voyaient une impression de beauté indescriptible. Cette bannière, attachée à la barre, présentait une longueur et une largeur identiques. La partie supérieure de la lance, qui s'étendait assez longuement à partir de la barre, portait, au-dessous du trophée de la croix et près du bord de la tapisserie que j'ai décrite, l'image d'or du buste de l'empereur ami de Dieu et celle de ses fils. L'empereur se servait toujours de ce signe sauveur comme d'une défense contre toute force opposée et ennemie, et il ordonnait que des reproductions de celui-ci précèdent toutes les armées » (1, 31).

La croix, l'or, les pierres précieuses, le nom du Christ, une tapisserie de fils d'or, l'image de l'empereur, tout y est : la rareté des métaux et des pierreries, donc le coût élevé, le signe par lequel Dieu se manifeste et le visage de celui à qui ce signe a été donné, donc l'idéologie, la reproductibilité, donc l'effet médiatique (pour le dire selon l'étymologie), la démultiplication de l'objet pour obtenir la démultiplication de sa puissance, donc la nature magique de l'œuvre – cet objet fonctionne en date de naissance de l'art chrétien.

Avant Constantin, l'art chrétien n'existe pas. Il est étonnant que la prestigieuse collection dirigée par Malraux, « L'Univers des formes », et qui se propose de couvrir la totalité de l'art de la planète, dans tous les temps et sous toutes les latitudes, intitule *Le Premier Art chrétien* un ouvrage dont le sous-titre est *(200-395)*. Faut-il donc comprendre qu'il n'y a pas d'art chrétien entre la mort du Christ, 33, et cette date, 200, qui ouvre le IIIe siècle ? Existe-t-il deux siècles de christianisme sans art chrétien ? Que faut-il en conclure ?

Le plus simple serait de dire que le christianisme n'existe pas avant cette date. Il n'y aurait donc que des foyers épars se réclamant diversement du Christ, les uns en invitant à l'ascèse la plus absolue, comme les encratites, les autres à la débauche et à l'orgie, comme les gnostiques licencieux ; certains affirment que l'âme est corporelle, ainsi Tertullien dans *De l'âme*, tel autre qu'elle est immatérielle, comme saint Clément de Rome ; ici Marcion se fâche contre le Dieu de l'Ancien Testament pour ne vouloir que le Dieu bon et doux du Nouveau, là Justin recherche son inspiration dans les prophètes ; une fois Irénée de Lyon combat les hérésies, un autre, Montan, en crée une… Pas de corpus clair, pas de ligne franche, pas d'idéologie officielle, pas de fédérateur : le christianisme fonctionne comme de petites îles qui constituent un archipel.

Dès lors, l'art de cette époque, ce sont des stèles funéraires, des tombeaux sculptés, des fresques dans les catacombes, des visages anonymes sur des sarcophages, des maisons chrétiennes avec des dessins sur les murs, des mosaïques dans une nécropole, des peintures dans des basiliques souterraines, autant dire des œuvres de l'ombre, des œuvres dans l'ombre, des œuvres pour l'ombre. Le prosélytisme n'est pas à l'ordre du jour ; la clandestinité fait la loi. L'art est signe de reconnaissance entre pairs qui s'assemblent sur le principe de la fratrie et des affinités électives. Tout ce qui était en bois, en verre, en terre, en papier a disparu, rongé, brisé, cassé, brûlé, pourri.

À cette époque, pas de croix et de crucifixion, pas d'apôtres ou de fragments de la vie de Jésus, mais Orphée, un enfant nu jouant de la flûte de Pan, un berger portant un agneau sur l'épaule, Caïn et Abel qui apportent des offrandes, Jacob arrivant avec ses fils en Égypte, un magistère en chaire, un banquet eucharistique, le Sermon sur la montagne, un homme nu qui moissonne, des oiseaux qui nourrissent leurs petits dans un nid, une jeune femme écoutant un philosophe. Un mélange d'ancien paganisme et de christianisme naissant, un mélange de vieille mythologie grecque et de jeunes fables chrétiennes. Ainsi, au début du IIIe siècle, un Christ nimbé, saisi dans le costume d'Apollon-Hélios, conduit-il son quadrige au milieu de rinceaux de vigne, et ce dans la nécropole trouvée sous la basilique constantinienne de Saint-Pierre au Vatican ! Ce tuilage entre l'Antiquité et le christianisme n'est alors pas rare.

Le règne de Constantin est celui de la naissance de l'art chrétien. Lui et sa mère construisent un nombre impressionnant de basiliques : l'architecture, la sculpture, la mosaïque, les objets liturgiques, les fresques, l'orfèvrerie. Le premier vitrail apparaît : dès le IVe siècle, des artisans utilisent des feuilles d'albâtre serties dans des cadres en bois qui laissent passer la lumière. Tout ceci explose et rutile. De l'or, des pierres précieuses, rien n'est assez beau pour célébrer la vérité, la beauté, la grandeur de Dieu, donc de l'empereur chrétien qui est son représentant sur terre. Avec Constantin, l'art devient politique : le Beau dit le Bien dans l'État.

L'art chrétien a certes exprimé une sensibilité intellectuelle, une spiritualité, une vision du monde, mais il a élégamment été un formidable instrument de domination de masse. Des fastes de l'Empire chrétien, qu'on songe à Byzance, à la moindre église de campagne d'un village d'une poignée d'habitants, l'art a dit ce que les Évangiles racontaient, certes, mais il a également donné corps à ce Jésus qui n'a jamais existé physiquement, il a donné chair à la Vierge Marie qui n'a pas plus existé, il a raconté une Nativité ou une Crucifixion qui n'ont pas eu lieu, de même pour tous les autres épisodes connus de la mythologie chrétienne.

On ne compte plus, en effet, les scènes qui montrent ce qui n'a pas eu lieu et font exister ce qui n'existait pas avant cette geste esthétique. La cristallisation d'une scène dans une forme visible la rend vraie puisque montrée. Ainsi *L'Enfance de la Vierge*, *L'Annonciation*, *La Visitation*, *La Nativité*, *L'Adoration des bergers*, *L'Adoration des Rois mages*, *Le Massacre des Innocents*, *La Circoncision*, *La Présentation au Temple*, *La Fuite en Égypte*, *La Vierge à l'Enfant*, *La Sainte Famille*, *Jésus et les docteurs*, *La Tentation du désert*, *Le Sermon sur la montagne*, *Les Noces de Cana*, *Jésus et la Samaritaine*, *La Pêche miraculeuse*, *Jésus marchant sur les eaux*, *Marie Madeleine aux pieds du Christ*, *La Résurrection de Lazare*, *La Guérison du paralytique*, *La Femme adultère*, *La Multiplication des pains*, les différentes paraboles (le Bon Samaritain, le Mauvais Serviteur, le Retour de l'Enfant prodigue, le Mauvais Riche, les Aveugles, les Vierges sages et les Vierges folles, le Bon Grain et l'Ivraie, les Ouvriers de la onzième heure...), *L'Entrée à Jérusalem*, *Les Marchands du Temple*, *Le Denier de César*, *Le Lavement des pieds*, *La Cène*, *Le Jardin des Oliviers*, *Le Baiser de Judas*, *Le Reniement de Pierre*, *Jésus devant Pilate*, *Le Couronnement d'épines*, *La Flagellation*, *Le Portement de la Croix*, *La Crucifixion*, *Le Calvaire*, *La Descente de la Croix*, *La Déploration*, *La Résurrection*, *Marie Madeleine au Tombeau*, *L'Apparition aux disciples*, *Les Pèlerins et le repas d'Emmaüs*, *L'Incrédulité de Thomas*, *L'Ascension*, *La Pentecôte*, *La Dormition de la Vierge*, *L'Assomption*, *Le Couronnement de Marie*, *Le Martyre de saint Étienne*, *Paul sur le chemin de Damas*, *Paul à Athènes*, *à Éphèse*, *Le Jugement dernier*...

Comment ce réel ne serait-il pas vrai puisque la fiction le montre tel que l'éternité ne le changera pas ? Qui douterait que Jésus ait existé après avoir été abreuvé d'images de lui, de sculptures de lui, d'objets précieux le représentant ? Quel esprit fort pourrait résister à cette propagande venue de toute part ? De la musique, de la peinture, des icônes, des architectures, de l'orfèvrerie, des sculptures, de l'ébénisterie, de la tapisserie, de la bijouterie, de la gravure, de la poésie, tout est bon pour donner figure au Christ sans visage, pour incarner un Jésus sans chair. Le véritable corps du Christ, c'est ce corps esthétique partout présent. L'art lui permet l'ubiquité, il est nulle part, parce qu'il est partout, aussi bien en or et en marbre dans la basilique Saint-Pierre, épicentre nucléaire du christianisme, qu'en bois ou sur une peinture dans la petite église romane de mon village natal, à Chambois, dans l'Orne. Quel être aurait suffisamment de liberté intellectuelle pour ne pas succomber sous le poids de cette multiplication d'objets de propagande religieuse ?

Avec l'art, la fiction devient réalité ; et la réalité, une fiction. Prenons par exemple une crucifixion : il en existe des millions dans l'histoire de l'art occidental. Depuis l'ivoire exposé au British Museum qui semble être la première crucifixion connue, vers 420-430, jusqu'à celles que peignent nos contemporains, le magistral *La Crucifixion selon Combas* (1991) par exemple, on y dit la même chose : un homme les bras en croix fiché par des clous sur une croix latine. Tous les grands artistes ont sacrifié à cet exercice de style qui assure la véritable incarnation du Christ : Fra Angelico, Tiepolo, le Pérugin, Vélasquez, Grünewald, Goya, Gauguin, Ensor, Bruegel, Blake, Dalí, Altdorfer, Maurice Denis, Otto Dix, Rouault, Rubens, Mantegna, Masaccio, le Greco, Tintoret, Titien, Zurbarán, Véronèse, Bacon, Delacroix, Van Eyck, etc., etc., etc.

Or, que nous dit l'histoire ? Admettons l'existence historique de Jésus, même de façon minimale – il est alors un des nombreux illuminés qui, à l'époque, annoncent le royaume des cieux, ce qui ne mange pas de pain d'un point de vue historique. Convenons que ce Juif hétérodoxe a suffisamment gêné les Juifs vieille manière fâchés qu'il puisse se dire le Messie que ceux-là attendent et qu'il dit être, lui. Concédons que le pouvoir impérial a aussi jugé que cet homme présentait un quelconque danger pour l'Empire – on voit mal comment un homme tout seul aurait pu ébranler le système romain alors qu'il n'existe aucune trace de lui chez les historiens contemporains ! Reconnaissons que Ponce Pilate s'en est lavé les mains en donnant aux Juifs ce qu'ils demandaient : la mort de celui qui se disait roi des Juifs. Que faudrait-il conclure ?

Que les choses n'auraient pas du tout eu lieu comme la peinture le montre. Superposons hypothétiquement toutes ces peintures, on obtient alors un corps de Jésus très aseptisé : l'incarnation est très en deçà d'une véritable incarnation. Prenons pour justes les informations données par les évangélistes : avant sa crucifixion, Jésus subit les outrages. Il est en effet flagellé. Cette flagellation s'effectue avec des coups de fouet (Jean 19, 1) dont les lanières sont en cuir. La violence des coups déchire et tuméfie la chair ; le corps réel et concret réagit à ce genre de traitement par un gonflement et par l'apparition de tuméfactions. Ensuite, on le gifle, on lui donne des coups, on lui crache au visage (Matthieu 26, 67, Marc 14, 65, Luc, 22, 64), on le frappe à la tête (Matthieu 27, 30). Puis on lui ajuste une couronne d'épines sur la tête (Jean 19, 2). Sur la croix, on lui perce le flanc et il en jaillit du sang et de l'eau (Jean 19, 34). Dont acte…

Comment donc ce corps pourrait-il apparaître comme il se montre sur les peintures : blanc, lisse, sans toison sur le torse, sans touffes sous les aisselles, sans poils pubiens, sans aucune trace d'hémoglobine, alors que ce passage à tabac en règle aurait dû faire disparaître sa carnation sous une tunique de sang ? Seul le film *La Dernière Tentation du Christ* de Martin Scorsese (1988) montre avec un réalisme insoutenable à quoi aurait bien pu ressembler le corps tuméfié, ravagé, détruit par les tortures, après la montée au Golgotha, le texte le disant tellement épuisé qu'il a fallu le porter pantelant, agonisant : il n'aurait aucunement ressemblé au corps asexué d'un Aryen tel que la tradition artistique nous le représente. Car, rappelons-le, Jésus fut juif avec le corps qu'aurait dû avoir un Sémite de cette région – autrement dit, bronzé, très brun, les cheveux bouclés – plus Yasser Arafat que Klaus Kinski.

Outre une ou deux coulures autour des clous, le seul sang la plupart du temps montré par les peintures, c'est un sang symbolique, et non un sang réel : c'est celui qui jaillit de la plaie faite par la lance du centurion romain après que le supplicié fut mort. Mais ce liquide s'avère symbolique : l'eau et le sang qui sortent (Jean 19, 34) ne sont ni la lymphe ni le sang, comme Monsieur Homais pourrait le croire avec son analyse de laboratoire à la main, mais l'eau du baptême et le sang de l'eucharistie qui, réunis, signifient ici la source de vie éternelle qui coule de la plaie de l'Agneau sacrifié.

Jésus crucifié ? Allons-y... Mais sur quel type de croix ? La tradition esthétique a décidé qu'il s'agissait d'une croix à quatre branches, dite *crux immissa* – celle que chacun connaît, le crucifix classique. Mais rien ne permet d'étayer cette thèse. Elle a pu être une croix en *tau*, dite *crux commissa*, ou croix de Saint-Antoine, ce qui réjouissait les Pères de l'Église, toujours en quête de symbole, car sa forme rappelait celle de la première lettre de Dieu en grec – le « T » de Theos. Elle pouvait être aussi une croix à quatre branches, ce qui permettait de dire à Grégoire de Nysse qu'elle réunissait tout ce qui est. Ce pouvait également être une croix en « Y ». Ou bien un tronc d'arbre, une simple pièce de bois, tout est possible. Ce fut probablement une petite croix, guère plus haute que la taille d'un homme, donc moins de deux mètres – loin, donc, des immenses croix dont le sommet touche le ciel…

Dans le doute historique, le chrétien ne s'abstient pas. C'est donc le fameux concile de Constantinople, dit de Trullo ou Quinisexte, qui décide en 692 comment dès lors il faudra représenter la Crucifixion : « Nous ordonnons qu'à partir de maintenant, à la place de l'ancien agneau, on compose, jusque dans les images, les traits humains de l'agneau qui a fait disparaître les péchés du monde, le Christ notre dieu : ainsi nous seront remises en esprit la hauteur du Verbe de Dieu dans son humiliation et la mémoire de son comportement charnel, nous serons édifiés par ses souffrances et par sa mort salutaire ainsi que par la rédemption qui en est advenue pour le monde » (*Canon*, LXXXII, *Mansi*, XI, col. 977-980). En d'autres termes : « Il faut que le peintre nous mène, comme par la main, au souvenir de Jésus vivant en chair, souffrant, mourant pour notre salut et acquérant ainsi la rédemption du monde. »

En effet, dans le christianisme primitif, autrement dit au temps des chrétiens pourchassés, les croyants se figurent le Christ en agneau, en ancre marine ou en poisson – le bon berger qui sauve ses petits animaux, l'ancre qui signifie l'arrivée au port, serein, loin des tempêtes, l'acronyme qui joue avec les lettres grecques des mots poisson et Christ. Avec cette décision conciliaire, la Croix, symbole de souffrance, de supplice, de corps mutilé qu'il faudrait imiter pour être sauvé, le christianisme opte pour une esthétique thanatophilique là où les premiers chrétiens avaient choisi la vie.

La plupart du temps, le haut de la croix latine porte un *titulus*, ce fameux panneau de bois sur lequel se trouve peint un texte notifiant les motifs de la condamnation de Jésus sur lequel les évangélistes ne s'accordent pas ! « Le roi des Juifs » selon Marc (15, 26) ; « Celui-ci est Jésus, le roi des Juifs », dit Matthieu (27, 37) ; « Celui-ci est le roi des Juifs » précise Luc (23, 38) ; Jean dit « Jésus le Nazaréen, le roi des Juifs », (19, 19). Il faut dire qu'aucun des évangélistes n'était là ; qu'aucun chrétien n'a assisté à la crucifixion, sauf de loin ; que les apôtres étaient ailleurs ; que Marie n'y était pas ; qu'aucun historien de l'époque n'a raconté la crucifixion – rien que de très normal puisque, selon mon hypothèse, Jésus, etc., etc.

Admettons une fois encore que ce *titulus* ait existé, convenons qu'Hélène, mère de Constantin, l'a bien retrouvé, ce qui prouverait sa vérité et sa réalité : il n'aurait pas été cloué en haut d'une croix qui n'aurait pas eu de haut – car l'hypothèse du *tau* est la plus vraisemblable. Il aurait été accroché autour du cou du Christ, comme un panneau, une pancarte humiliante. Sauf preuve du contraire, il me semble qu'il n'existe aucune figuration esthétique de cette configuration qui paraît la plus historiquement probable.

Rappelons que cette crucifixion semble inventée par un scribe qui a le psaume 22 sous les yeux et qui forge l'hypothèse de la venue d'un Messie annoncé, ce fameux Messie installé dans la configuration vétérotestamentaire que voici : « Des chiens nombreux me cernent, une bande de vauriens m'entoure ; comme pour déchiqueter mes mains et mes pieds » (22, 17). Ajoutons à cela que, pour parfaire le portrait de la malédiction, on lit dans le Deutéronome :

« Maudit soit celui qui est pendu au bois » (21, 23). Le collage de fragments de l'Ancien Testament permet ainsi de construire le Nouveau.

Pour ce faire, il suffit d'inventer les clous, spécificité néotestamentaire ! Sauf que les représentations picturales s'avèrent anatomiquement fautives. Des clous dans les mains et dans les pieds ne sont pas envisageables : le poids de la chair ferait se déchirer la main et chuter le corps ; des clous fichés entre radius et cubitus permettraient à qui se débattrait comme un beau diable de se déclouer, risque impossible à prendre pour les bourreaux. De même des clous dans les pieds posés sur un genre de tablette interdisent le supplice : la crucifixion est une mort par asphyxie, la cage thoracique se trouvant bloquée par la pendaison. Il faudrait alors casser les tibias pour que le corps n'ait plus de point d'appui et s'affaisse : les deux larrons ont subi cette torture, pas le Christ qui se trouve déjà mort, après six heures sur la croix, quand les soldats romains envisagent d'en finir ainsi. Or, six heures pour quelqu'un qui fut tellement mal en point qu'il a fallu le hisser sur la croix pantelant, c'est long ! Une exceptionnelle résistance pour un Dieu fait homme…

Si crucifixion il y eut, l'archéologie nous apprend à quoi elle ressemblait : les clous étaient enfoncés latéralement dans l'os de la cheville, les deux pieds étant fixés de part et d'autre du bois de la croix. Une petite plaquette de bois était utilisée pour clouer les pieds et transpercer perpendiculairement au talon. Quand il apparaît après sa mort, pour convaincre Thomas l'incrédule qu'il s'agit bien de lui, Jésus lui montre les trous qu'il a dans les mains et sur les pieds (Luc 24, 40), puis celui que lui fit également au côté le centurion Longin.

Enfin, si Jésus avait dû être soumis à pareil supplice, il n'aurait pu *crier*, comme le disent les évangélistes, au moment de mourir ! Marc dit en effet : « Jésus clama en un grand cri : "Mon Dieu, mon Dieu, pourquoi m'as-tu abandonné ?" » (15, 34). La journée fut faite de coups, de flagellations, de violences infligées par la foule lors du trajet vers le Golgotha ; il lui fallut subir la couronne d'épines qui lui déchire le front ; il s'est vidé de son sang ; on l'a frappé avec des roseaux ; il a porté sur un long trajet la pièce de bois de sa croix ; il est hissé tant bien que mal sur son instrument de torture ; il y survit six heures malgré tous ces outrages. Et il crie ? Les spécialistes de cette torture racontent que la détresse respiratoire interdit tout ce qui ressemble à une parole – qui plus est un cri.

Jésus meurt à la neuvième heure. Que les historiens ne cherchent pas un sens historique à cette information. Ici comme ailleurs, il n'est question que d'allégories, de symboles, de métaphores. Les Évangiles ressemblent à un grand puzzle rempli d'énigmes, un labyrinthe sans fil d'Ariane unique, un vaste collage de textes de Juifs qui piochent dans l'Ancien Testament matière à construire leur Nouveau Testament. Si le Christ expire à cette heure, c'est parce que la coutume juive immole et fait mourir l'Agneau pascal entre les deux soirs. Lire l'Exode (12, 6)...

Jésus est totalement nu, mais sans sexe chez Jean de Beaumetz, sans poils chez Bellini, blanc comme un spectre chez Prud'hon, blond aux yeux clairs comme un Scandinave chez Blake, rouquin chez Rubens, diaphane chez Goya, cloué sur une croix latine chez Vélasquez qui accroche le *titulus* au sommet de la pièce de bois, sans poils pubiens chez Guido Reni qui invente le *perizonimum* (la pièce de tissu) taille basse, crucifié à plusieurs mètres du sol chez Andrea Solario, à peine taché de sang chez le Greco, infantile comme Peter Pan chez Altdorfer, adolescent chez le Pérugin, athlétique et en forme chez Raphaël, sinon franchement breton, non loin de Pont-Aven, chez Gauguin – où l'on voit que l'incarnation est projection, projection individuelle de l'artiste, projection culturelle et mythologique de l'artiste. L'esthétique chrétienne est le tour de passe-passe qui rend possible ce qui, sans lui, serait resté une impossible incarnation. Merci, Théodora…

5

Le corps du Christ dans l'estomac d'un rat

Scolastique et dialectique cassent des briques

Septembre 1054, concile de Verceil.
Autodafé du livre de Jean Scot Érigène
sur l'eucharistie.

On ne sache pas qu'il y ait jamais eu une querelle sur *le sexe des anges*, il semble que ce soit juste une façon de parler. Non pas que l'Église fût incapable de pareils débats, elle en fit l'objet du IIe concile de Nicée en 787, mais parce que cette interrogation n'avait pas lieu d'être, car l'affaire était tranchée dans les textes : les anges sont des incorporels qui vivent dans le ciel et ignorent les impondérables corporels : ils comprennent par impulsion immédiate et n'ont pas besoin de langage et de raison, ils se nourrissent de manne, ils sont faits d'une matière et n'ont donc pas de corps, certes, mais ils peuvent tout de même prendre forme corporelle pour se manifester aux humains, ils n'ont donc pas de sexe, mais, mystère chrétien, ils peuvent tout de même s'unir à des humains – ce dont témoigne l'Écriture sainte (Genèse 6, 1-4 et livre d'Hénoch 6, 7).

Il existe donc une science des anges, *l'angélologie*, qui permet à Denys l'Aréopagite, dit pseudo-Denys, d'accumuler dans *La Hiérarchie céleste* de longs commentaires sur les noms et le nombre des anges, sur la nature de ces essences célestes, sur ce qui distingue les séraphins, les chérubins, les trônes, les seigneuries, les puissances, les pouvoirs, les principautés, les anges, les archanges, ou sur les modalités de leurs apparitions – voici l'inventaire, les majuscules étant celles du philosophe : Feu, Forme humaine, Yeux, Nez, Oreilles, Bouche, Toucher, Paupières, Sourcils, Fleurs de l'âge, Dents, Épaules, Bras, Mains, Cœur, Poitrine, Dos, Pieds, Ailes, Nudités, Vêtements, Voiles brillants, Robe sacerdotale, Ceintures, Verges, Lances, Haches, chaînes d'arpentage, vents, Nuages, Airain, Ambre, Chœurs, Applaudissements, Nuances des pierres colorées, Forme du Lion, du Bœuf, de l'Aigle, Chevaux, diverses robes chevalines, Fleuves, Chars, Roues, Joie…

Le pseudo-Denys réfléchit sur ces sujets vers l'an 500. Consacrer une science juste à la question des anges montre dans quel degré d'abstraction pure se trouve alors le christianisme. La pensée antique, si soucieuse de recettes existentielles pour être, vivre, vieillir, mourir, se trouve abolie : le philosophe qui proposait des exercices spirituels à ses disciples pour apprendre à bien vivre laisse place au théologien qui se soucie de filer la métaphore des Écritures. Il existe des anges dans l'Ancien et le Nouveau Testament, notamment l'un qui annonce à Marie qu'elle va enfanter, des philosophes se penchent donc sur cette fiction et élaborent une construction intellectuelle sidérante pour rendre compte de ces fantaisies théologiques.

Saint Augustin, par exemple, cite 60 000 fois la Bible, souvent de mémoire. Il la commente en permanence ; il s'appuie sur elle ; il renvoie à tel ou tel verset ; il croit démontrer en se contentant de citer : si les Écritures disent *ceci*, alors *ceci* est vrai, il n'en faut point douter. S'il existe des contradictions entre un texte et l'autre, par exemple Jésus qui invite à la douceur (comme dans Matthieu 5, 44, où l'on peut lire : « Aimez vos ennemis, priez pour vos persécuteurs ») ou Jésus qui demande qu'on égorge celui qui refuse de croire à lui (« Quant à mes ennemis, ceux qui n'ont pas voulu que je règne sur eux, amenez-les ici, et égorgez-les tous devant moi ! », comme il est dit dans Luc 19, 27), il faut pour le philosophe montrer qu'une chose peut être dite en même temps que son contraire sans qu'il y ait contradiction : la scolastique est l'art de faire tenir dans un même discours des propos contradictoires en expliquant qu'ils ne le sont pas. L'université médiévale fut le lieu de cette sophisterie judéo-chrétienne. Elle fit de la dialectique l'instrument de prédilection de son ouvrage. La philosophie antique qui lui permit d'agir ainsi fut célébrée ; celle qui l'empêchait, écartée, sinon détruite.

Voilà pourquoi nous disposons d'une grande œuvre complète pour Platon ou Aristote, grands pourvoyeurs d'outils scolastiques, et que les 300 ouvrages d'Épicure ont disparu et qu'il ne nous reste de lui que trois lettres épargnées par le carnage... L'atomisme est en effet absolument incompatible avec le judéo-christianisme qui s'avère une grande fiction une fois passée par le crible matérialiste. De sorte que le matérialisme de type épicurien (auquel il faut associer ceux de Leucippe et de Démocrite qui le préparent au Ve siècle avant l'ère commune) a fonctionné comme une machine de guerre antichrétienne contre cette civilisation.

Qu'on songe à l'eucharistie, justifiable tant qu'on jongle avec les catégories aristotéliciennes de forme et de matière, de substance et d'accident, d'espèce et de genre, d'essence et d'attributs, de puissance et d'acte, mais qui se trouve réduite à une opération boulangère quand on l'analyse avec les catégories atomiques des simulacres épicuriens. Sans la scolastique, la transsubstantiation est tout bonnement impossible ; avec elle, elle devient un chef-d'œuvre théologique, donc philosophique puisque, pendant plus de dix siècles, la philosophie n'est plus que l'autre nom de la théologie judéo-chrétienne. Temps sombres pour la raison raisonnable et raisonnante.

Qu'est-ce que la scolastique ? L'enseignement qui se trouve donné dans la zone temporelle médiévale et dans l'espace géographique judéo-chrétien, dans les écoles des monastères, des paroisses, des capitulaires, des épiscopats, puis dans les universités, le tout sous la férule ecclésiastique. Le professeur était nommé écolâtre ou scolastique. Ces lieux d'enseignement se trouvaient alors dans un réseau européen : les professeurs et les étudiants passaient d'un lieu l'autre. L'intelligentsia médiévale porte donc la voix scolastique.

La question est : comment concilier foi et raison ? La réponse est : en mettant la raison au service de la foi. La raison n'est pas encore autonome. Pour l'heure, elle est non pas l'instrument réflexif et logique qui permet de s'opposer au mythe, mais celui qui permet le discours qui l'explique, le constitue, le défend et lui donne sa légitimité. Dieu existe, les Écritures le disent, et les Écritures disent vrai ; il s'agit donc de se demander non pas s'il existe ou non, mais comment il existe. L'idée même que Dieu puisse ne pas exister n'effleure pas encore l'esprit des hommes.

L'ordre du jour philosophique est : Dieu étant, comment est-il ? Pour que la formule *Dieu étant* cesse d'être une évidence et puisse devenir un objet de réflexion en lui-même, il faut attendre le moment où, justement, s'effectue la sortie du Moyen Âge. Car le Moyen Âge est le moment dans l'Occident où Dieu fait la loi sans partage sur tous les terrains – politique et idéologique, sur les champs de bataille ou dans les universités, au bout de l'épée ou dans le silence du scriptorium. La querelle des universaux initie cette sortie. J'y viendrai.

Pour l'heure, la raison est la domestique de la foi. On croit en Dieu (comment pourrait-on d'ailleurs avoir le choix dans un espace mental radicalement cristallisé autour de ce postulat ?) et l'on demande à la raison de nous aider à donner forme sensée à ce qui, *a priori*, triomphe dans l'insensé : un ange qui parle, une naissance miraculeuse, une vierge qui enfante, un homme qui ressuscite les morts, un fils qui est le père de son père, un mort qui ressuscite lui aussi, puis qui monte au ciel pour s'asseoir à la droite de son père... Il faut vraiment beaucoup d'arguties pour tenter de faire croire qu'il s'agit d'arguments !

Pour que cette raison qui veut prouver que *la foi a raison* puisse fonctionner, il lui faut être dite naturelle ! La *raison naturelle* est une invention chrétienne qui pose que, l'homme ayant été fait à l'image de Dieu, il existe en lui un pouvoir d'accéder aux vérités de la religion grâce à cet étrange instrument : la raison naturelle qui n'est évidemment en rien naturelle mais toute culturelle puisqu'elle suppose établi une bonne fois pour toutes ce qui n'est jamais que postulé et reste à établir. La prétendue raison naturelle est discours de foi tenu selon l'apparent ordre des raisons. La philosophie du Moyen Âge excelle dans cet art de faire passer pour de la raison philosophique ce qui n'est que discours issu de croyances religieuses : la foi y prime, le discours arrive ensuite pour la justifier. La scolastique est le nom de cet art du bonneteau philosophant. L'université est le lieu de cette prestidigitation.

À l'époque carolingienne, aux VIIIe et IXe siècles, l'école enseigne les sept arts libéraux préconisés par les Pères de l'Église, saint Augustin en tête : le *trivium* (grammaire, rhétorique, dialectique) et le *quadrivium* (arithmétique, géométrie, astronomie, musique, avec plus tard la médecine). Le tout au service de la religion. La grammaire sert à comprendre les textes saints, la lettre du texte biblique ; la rhétorique permet de posséder les règles de l'éloquence sacrée afin de convertir les auditeurs au message évangélique ; avec la dialectique on subjugue l'auditeur à convaincre ou à fortifier dans sa croyance ; l'arithmétique, la géométrie, l'astronomie servent à comprendre les mouvements du cosmos et à déduire l'existence du créateur en regard du savoir de cet ordre dans la création ; la musique, qui est cosmique, vocale ou instrumentale, permet de célébrer Dieu. La théologie couronne l'ensemble. La raison comme instrument autonome est morte. La philosophie aussi. Elle est la domestique de la théologie.

À la fin du Xe siècle, la dialectique prend le pas sur toutes les autres disciplines. On distingue alors ce qu'il est convenu d'appeler depuis la *théologie positive*, qui est exposé de la doctrine chrétienne à l'aide desdites Saintes Écritures, des commentaires patristiques et des décisions conciliaires, de la *théologie scolastique* qui s'occupe de l'élaboration philosophique du dogme. L'une se soucie du passé du christianisme pour en assurer son présent et son futur dont l'autre s'occupe.

Un exemple de théologie scolastique : l'eucharistie. Comment justifier philosophiquement que le corps réel et véritable du Christ se trouve dans l'hostie et que le sang réel et véritable du Christ se retrouve dans le vin (blanc) du calice ? Le christianisme officiel enseigne qu'en effet il ne s'agit pas d'une façon allégorique ou métaphorique de parler, que la chair et le sang du Christ ne sont pas signifiés de façon symbolique, mais qu'il s'agit bien, chaque fois que l'eucharistie se trouve célébrée sur la planète, du vrai corps du vrai Christ. Mais, en la matière, qu'est-ce que le vrai corps d'un Christ qui en est un qui ne fut, disons dans le vocabulaire d'aujourd'hui, *pas très catholique*...

Rappelons les faits. Lors de la Cène, pour son dernier repas, le Christ dit ceci : « Tandis qu'ils mangeaient, Jésus ayant pris du pain et dit la bénédiction, le rompit et, le donnant à ses disciples, il dit : "Prenez, mangez ; ceci est mon corps." Et ayant pris une coupe et rendu grâce, il la leur donna en disant : "Buvez-en tous, car ceci est mon sang, celui de l'Alliance, qui est répandu pour beaucoup en rémission des péchés. Je vous le dis, je ne boirai plus désormais de ce produit de la vigne, jusqu'à ce jour où je le boirai avec vous, nouveau, dans le Royaume de mon Père" » (Matthieu 26, 26-29).

En résumé : Jésus mange du pain, mais c'est son corps ; il boit du vin, mais c'est son sang. Pourtant : son corps n'est pas entamé et sa veine n'est pas ouverte pour qu'il ait à verser son sang. En toute bonne logique, Jésus parle donc, comme toujours, de façon allégorique, métaphorique, symbolique. Ce pain n'a pas d'autre ADN que celui de la farine de froment ; ce sang ne relève pas d'un groupe sanguin, mais d'un cépage local ou d'un assemblage de merlot, de cabernet-sauvignon et de syrah… Le boulanger et le vigneron ont fourni le matériel conceptuel qui permet une fois de plus une parabole christique.

C'est sans compter le christianisme qui, nonobstant la simplicité intellectuelle que permet la lecture symbolique, se met en tête d'expliquer qu'il n'y a là ni farine ni vin qui vaillent et que c'est le corps et le sang *réels* du Christ qui se trouvent dans l'hostie et dans le calice et qu'il ne saurait être question d'une présence *symbolique*. Voilà quel type d'os ontologique ronge la scolastique et quels prodiges elle doit accomplir pour dire que *ce qui est n'est pas* et que *ce qui n'est pas est*. L'anticorps du Christ poursuit ainsi ses aventures dans la civilisation qui se construit sur lui.

Deux philosophes carolingiens illustrent ce débat : à ma droite, Paschase Radbert, défenseur de la présence réelle ; à ma gauche, Ratramne de Corbie, partisan de la présence symbolique. Deux mots sur chacun d'eux. Paschase Radbert naît vers 790 à Soissons, il meurt vers 860 à Saint-Riquier. Abandonné par ses parents sur le parvis de l'abbatiale de Soissons, il est élevé par les sœurs de l'abbaye ; il fugue et mène une vie dissolue ; puis il revient et devient moine bénédictin à l'abbaye de Corbie près d'Amiens. Il grimpe les échelons de la hiérarchie ecclésiastique et devient prieur, puis abbé en 843 jusqu'à la fin de sa vie. Outre de nombreux textes qui sont des vies de saints ou des ouvrages d'exégèse chrétienne, il publie un *Traité sur le corps et le sang du Seigneur* qui est le premier texte véritablement consacré à l'eucharistie.

Paschase Radbert est *aussi* l'un des faussaires des décrétales qui apparaissent à la moitié du IXe siècle et qui sont un scandale considérable sur lequel se construit l'Église catholique, apostolique et romaine. Il s'agit en effet rien de moins que de fabriquer des faux sur lesquels le droit canon prend appui. De faux actes du véritable concile de Chalcédoine qui a vraiment eu lieu en 451 sont ainsi créés ; de faux textes des vrais papes des trois premiers siècles de l'ère chrétienne sont également fabriqués de toutes pièces ; de faux comptes rendus de vrais conciles grecs, africains, gaulois et wisigothiques sont aussi bricolés ; une trentaine de lettres papales sont rédigées dans le même esprit…

Ces textes visaient à assurer l'immunité absolue aux évêques qu'on ne pouvait dès lors attaquer sans mériter la damnation éternelle. Ils justifient le verrouillage de toute instruction afin qu'un évêque ne soit jamais déféré devant un tribunal, mais que, au cas où la chose aurait tout de même lieu, il dispose de tous les moyens légaux pour échapper à la loi. Les faussaires souhaitent également régler le problème des rapports entre le Père et le Fils dans la Trinité, celui de l'inviolabilité des propriétés de l'évêque, mais également des aspects de la liturgie et des sacrements, dont le baptême et l'eucharistie.

Ensuite, Ratramne de Corbie. Il naît vers l'an 800. Comme Paschase Radbert, il est lui aussi maître de l'école de Corbie où il fut l'élève du premier dès l'âge de vingt-cinq ans. À la demande de Charles II le Chauve, petit-fils de Charlemagne, roi de Francie et futur empereur d'Occident, fondateur de la féodalité, il rédige un traité théologique qui fait débat dans la chrétienté jusqu'au XIe siècle – sans parler de la suite, puisque ces pages inspirent Luther le moment venu. En 843, il publie *Traité du corps et du sang de Notre-Seigneur* qui propose une lecture métaphorique de la transsubstantiation. Il a également écrit un *Traité de l'âme* en 853, un *Traité de la prédestination*, un *Traité de l'âme* à Odon de Beauvais en 863, un *Traité contre les objections des Grecs* vers 868. Il meurt vers 870.

Quelle est la position officielle de l'Église sur le sujet de la transsubstantiation ? Elle a changé… D'abord, c'est-à-dire au IXe siècle, elle souscrit aux thèses de Ratramne : le corps et le sang du Christ se trouvent *métaphoriquement* dans l'hostie ; ensuite, autrement dit au synode de Latran en 1059, elle change d'avis et se range à l'avis de Paschase : le corps et le sang du Christ se trouvent *réellement* dans l'hostie. Changement de pied considérable, car il rend doctrinalement possible la Réforme quelque cinq siècles plus tard.

Qu'est-ce que la transsubstantiation ? L'idée que, quand le prêtre célèbre l'eucharistie, il obtient, par un performatif chrétien, que le pain de l'hostie et le vin dans le calice soient réellement, véritablement, le corps du Christ. Le pain est du pain, mais c'est aussi le corps du Christ ; le vin est du vin, mais c'est aussi le sang du Christ. Voilà qui, en philosophie rationnelle, nomme une contradiction : un atome de chair humaine ne saurait être en même temps un atome de pain ou de vin ; mais en philosophie chrétienne, c'est-à-dire en théologie, puisqu'on nie l'existence de l'atome, c'est possible.

Pour démontrer la validité de la transsubstantiation, la théologie chrétienne convoque la métaphysique d'Aristote. La *substance* est l'une des dix catégories d'Aristote – avec la quantité, la qualité, la relation, le lieu, le temps, la position, la possession, l'action, la passion. Parce qu'elle est aussi essence, la substance est inaccessible aux cinq sens. On ne saurait la voir, la goûter, la toucher, la sentir, l'entendre sous quelque forme que ce soit. C'est d'une certaine manière l'Idée de Platon. Elle existe par elle-même. La substance d'un livre, c'est le livre une fois dépouillé de tous les attributs qui font le livre – les pages, les cahiers, les fils de la reliure, la tranche, le dos, le titre, le nom de l'auteur, le texte imprimé, la gouttière, le mors, les nerfs, la tranche, les coiffes, le papier – son prix. Pour singer Lichtenberger, c'est un parent du couteau sans lame auquel on a enlevé le manche. La substance de ce qui est, c'est ce qui est, moins ce qui fait qu'il est. La substance est le grand objet invisible de la philosophie platonicienne qui domine en Occident jusqu'à aujourd'hui ; c'est le grand ennemi de la philosophie épicurienne qui lui résiste et pour laquelle la substance ne saurait être que matérielle et constituée d'atomes, donc accessible par les sens. Les *accidents* nomment le livre réinvesti de ses qualités concrètes : les pages, les cahiers, les fils de la reliure, la tranche, le dos, le titre, le nom de l'auteur, le texte imprimé, la gouttière, le mors, les nerfs, la tranche, les coiffes, le papier – son prix. C'est un couteau avec sa lame et son manche.

Dès lors, la matière est composée des qualités premières, la substance, et des qualités secondes, les accidents. La transsubstantiation ne concerne que les qualités premières et n'affecte aucunement les qualités secondes. Autrement dit, l'hostie *comme substance* est indépendante des accidents boulangers qui la constituent ; mais l'hostie *comme accident* est et reste un composé de farine, de sel et d'eau. Lors du mystère de l'eucharistie, seule la substance se trouve modifiée alors que les accidents demeurent. De sorte que l'hostie est vraiment le corps du Christ, parce que la substance a été transsubstantiée, et vraiment, en même temps, le produit boulanger, parce que les accidents ont été épargnés. Voilà pourquoi votre fille est muette.

Où l'on voit que la philosophie scolastique fait des miracles ! L'université est le lieu de cette transmutation des choses qui permet, en effet, que ce qui n'est pas soit et que ce qui est ne soit pas. Pour le christianisme, le réel n'a pas (eu) lieu ; seul advient ce qui se joue dans le monde des Idées, des Essences, des Concepts, des Substances, des Noumènes. L'université médiévale s'agenouille devant l'Idée et conjure la réalité. Ses suivantes dans l'histoire, *via* l'idéalisme allemand, la psychanalyse freudienne, la phénoménologie heideggérienne, l'objet petit « a » lacanien, la structure des structuralistes, le corps sans organes deleuzien, l'hypothèse communiste de Badiou, ne cessent de jouer la partition scolastique.

L'Église aurait pu choisir la thèse de Ratramne de Corbie qui n'offense en rien le christianisme et qui présente l'avantage de ne pas offenser non plus la raison raisonnable et raisonnante. Mais, fidèle à ses origines fondées sur l'anticorps du Christ, elle nourrit la légende de ce corps absent, sinon sous forme de Verbe et de Concept, alors qu'elle aurait pu s'en défaire au profit d'une lecture symbolique des choses. Ce moment philosophique s'avère une erreur de civilisation considérable : en tablant sur le symbole et la métaphore, l'allégorie et la parabole, le christianisme aurait rendu impossible une grande partie de l'attaque réformée qui produira un schisme considérable dans l'histoire judéo-chrétienne.

Ratramne dit en effet dans son *Traité sur le corps et le sang de Notre-Seigneur* que le corps et le sang du Christ sont « figurément » (37) : le pain est figure du corps, le vin figure du sang. Pour asseoir sa démonstration, il cite Paul qui parle de « viande spirituelle » et de « breuvage spirituel », puis il renvoie à saint Ambroise qui parle du « pain des anges » ; dès lors, l'eucharistie est aussi une opération spirituelle.

Nul besoin d'imaginer que le corps du Christ se trouve réellement dans chaque hostie, partout sur la planète où un prêtre effectue la consécration au moment même où il accomplit le geste, depuis toujours et pour toujours. Il suffit de savoir que cette célébration vaut comme mémoire de ce que fit Jésus lors de son dernier repas. C'était trop demander à l'Église que de souscrire à cette lecture philosophique ; il lui fallait assurer la domination de la théologie et refuser le travail de la raison pour obliger à la foi, à la croyance.

En 1215, le concile de Latran déclare : « Si quelqu'un nie que le Corps et le Sang de Notre-Seigneur Jésus-Christ, avec son Âme, et la Divinité, et par conséquent Jésus-Christ tout entier, sont contenus véritablement, réellement, et substantiellement au Sacrement de la Très-Sainte Eucharistie ; mais dit qu'ils y sont seulement comme dans un signe, ou bien en figure, ou en vertu : qu'il soit anathème. » Ce qui veut dire : « excommunié », sortir de la communauté des chrétiens – ce qui vaut, dans leur logique, condamnation à la damnation éternelle dans les Enfers. Elle réitère lors du concile de Trente (1545-1563) : « Par la consécration du pain et du vin s'opère le changement de toute la substance du pain en la substance du Corps du Christ Notre-Seigneur et de toute la substance du vin en la substance de son Sang ; ce changement, l'Église catholique l'a justement et exactement appelé *transsubstantiation.* » *Ite missa est.*

Moins soucieux d'arguments théologiques, plus drôle, Bérenger de Tours mène le combat aux côtés de Ratramne de Corbie contre Paschase Radbert. Lui aussi croit que l'hostie porte symboliquement le corps du Christ et s'oppose à ce qu'il est convenu d'appeler depuis dans l'Église la *présence réelle*. Bérenger est né à Tours vers l'an 1000 ; c'est un élève de Fulbert de Chartres, lui-même élève de Gerbert d'Aurillac, Fulbert étant le fondateur de l'école de Chartres. Son nom reste attaché à la question de l'eucharistie et de la transsubstantiation. Certes, il recourt à l'analyse philosophique de l'époque en ayant recours au matériel conceptuel d'alors – la substance et les attributs, la forme et les accidents, la matière et le composé, etc.

Mais il recourt en plus à une casuistique qui ne manque pas d'humour. Était-ce volontaire ? On ne sait. On peut en douter tant le sujet était sérieux et tant les conséquences pouvaient s'avérer lourdes pour quiconque transigeait avec le dogme. Bérenger de Tours pose en effet des questions qui laissent loin derrière les arguties scolastiques. Ainsi : peut-on imaginer que ce soit le vrai corps du Christ qui soit touché par le prêtre, puis rompu, fractionné, cassé ? Le vrai corps qui se trouve dans la bouche du communiant ? Le vrai corps qui soit mangé, mâché, malaxé par ses dents ? Le vrai corps qui soit souillé par la salive, digéré par les sucs de l'estomac ? Le vrai corps qui passe par les intestins ? Le vrai corps qui soit contraint de « passer au retrait » comme il est dit pour éviter le mot déféquer ? Le vrai corps qui tombe ensuite dans la fosse d'aisances où il continue sa vie au milieu des étrons ? Et si un rat dévore l'hostie entreposée dans la sacristie, quid du vrai corps du Christ ? Est-il possible d'imaginer ce vrai corps du Christ ingéré, digéré, puis transformé en petites crottes par le rongeur ? Que faudrait-il penser de ces excréments ? Quel serait leur statut ? Des reliques à vénérer ou des chiasses à mettre à la poubelle avec les ordures ? Et si l'hostie est mangée par des vers ? Mêmes questions…

Et si l'hostie est corrompue par l'humidité ? Est-ce le vrai corps du Christ qui porterait alors le moisi avant de pourrir ? Peut-on imaginer le vrai du corps du Christ, incréé, éternel, immortel, incorruptible, sensible tout de même à la corruption ?

Pour Bérenger et les siens la question continue à se poser de façon moins théologique que casuiste : on rapporte que des moines du désert, suivis par d'autres soucieux de les imiter, auraient vécu des années rien qu'en mangeant des hosties et qu'ils *passaient au retrait* tout de même. Quid de ces matières fécales ? De sérieux théologiens répondaient en la matière que l'hostie ne pouvait générer de pareilles matières et que le diable avait subtilement remplacé l'hostie par du pain – comme si, outre ce qu'on veut y mettre de sacré, l'hostie n'était pas déjà du pain…

Outre ces exemples qui auraient dû ébranler quiconque aurait disposé d'un peu de bon sens, Bérenger était évidemment capable d'étayer sa thèse dans les formes requises par l'époque. Il se sert du livre que Jean Scot Érigène a publié contre Paschase Radbert. Il explique que la transsubstantiation est impossible car elle exigerait deux choses irréalisables : soit que l'hostie monte au ciel, soit que le Christ descende sur terre pour s'incarner et qu'il le fasse avec un extraordinaire don d'ubiquité puisqu'il lui faudrait être dans chacune des innombrables consécrations quotidiennes par le monde.

Bérenger a de nombreux ennemis – dont Lanfranc de Pavie qui officie auprès de Guillaume le Conquérant avant de devenir archevêque de Cantorbéry. Guillaume le Conquérant recevra Bérenger en 1047 au château de Brionne qu'il assiège pour écouter ses thèses. Puis il décide de les interdire d'enseignement dans son duché. Vers 1048, il commence à avoir des ennuis qui ne cesseront jusqu'à sa mort en 1088, à l'âge de quatre-vingt-huit ans. En 1050, le roi Henri Ier l'emprisonne brièvement, en 1051, un synode réuni en Lombardie le condamne ; le concile non œcuménique de Latran le condamne sans l'avoir entendu en 1054 ; le concile de Verceil fait de même en septembre 1054 et décide au cours de cette séance que le livre du philosophe irlandais Jean Scot Érigène sera brûlé – le concile de Paris le condamnera à nouveau après sa mort en 1210 et le pape Honorius III interdit la lecture de ses œuvres qu'il fait détruire dans un bûcher. Bérenger de Tours est convoqué à Rome à deux reprises. En 1059, il comparaît devant le pape Léon IX qui le contraint à se soumettre ; en 1079, on l'oblige à souscrire à la définition doctrinale de Grégoire VII ; en 1087, concile à Bordeaux, nouvelles attaques. Lanfranc le fait condamner pour hérésie. Fatigué, épuisé, Bérenger se soumet et se retire pour finir sa vie loin de ce délire, en l'île de Saint-Cosme, près de Tours.

Cette querelle concernant la transsubstantiation illustre celle dite des universaux. Elle est emblématique de ce qui travaille l'histoire des idées depuis que Platon a inventé l'Idée pure contre les atomes de Démocrite. Diogène Laërce raconte dans *Vies, doctrines et sentences des philosophes illustres* que l'auteur de *La République*, jaloux, avait souhaité en son temps organiser un bûcher pour y brûler la totalité des ouvrages de Démocrite qui avait alors le tort de connaître un grand succès. Ce que Platon a désiré réellement, éradiquer le matérialisme, le christianisme l'a réalisé symboliquement !

La querelle des universaux oppose en effet ceux qui pensent que les idées ont une existence en soi, les *réalistes*, à ceux qui affirment que les mots ne sont là que comme des instruments pour dire des choses concrètes, les *nominalistes*. Le mot *réaliste* est un faux ami, car les réalistes pensent que ce qui n'a pas de réalité est seul réel. Ainsi, il existe bien des chevaux en nombre, avec des robes différentes, des allures différentes, des races différentes, des particularités différentes, des généalogies différentes, des traits de caractère différents : le nominaliste ne croit qu'à tel cheval qui est un percheron âgé de douze ans, à la robe gris pommelé et qui répond au nom de Coquette. De son côté, le réaliste ne croit qu'à la *caballéité*, qui est plus qu'un nom, car elle est, selon lui, une réalité regroupant la totalité des chevaux passés, présents et futurs dans un concept qui les rassemble tous, nonobstant leurs différences et leurs multiplicités dans les temps et dans les espaces. Tous les chevaux qui furent, sont et seront se réduisent à ce qui seul existe : la caballéité. Pour un réaliste, la caballéité est vraie, elle n'est pas un mot ; pour le nominaliste, elle n'existe pas autrement que comme un *flatus voci*, autrement dit un bruit de bouche fait par le signifiant quand on le prononce.

Cette querelle entre les réalistes tenants du concept pur et les nominalistes partisans du réel multiple occupe les philosophes du Moyen Âge entre le XIIe et le XIVe siècle – encore que ce qui oppose le réaliste Sartre avec son *en-soi* et le nominaliste Deleuze avec ses *multiplicités* soit en plein XXe siècle du même tabac ontologique... Où l'on comprend que ce qui oppose la substance et les accidents recouvre très exactement ce qui oppose la réalité des réalistes et la particularité des nominalistes. Ce combat, qui semble une querelle de chapelle, voire un débat, disons, byzantin, a des ramifications idéologiques évidentes, donc politiques certaines. On ne gouverne pas pareillement en se référant à des Idées pures ou à des particularités concrètes. Le pouvoir affectionnait tout particulièrement les réalistes ; il a clairement poursuivi les nominalistes. Guillaume d'Occam qui est nominaliste n'a pas été pourchassé par l'Église et l'Université par hasard ; pas plus qu'il n'a écrit sans raison, j'y reviendrai, un *Court traité du pouvoir tyrannique*, aux alentours de 1335-1340, pour remettre le pape à sa place et donner la primauté politique au prince.

La bataille fait rage pendant des siècles avec le vocabulaire de la scolastique : les propriétés, les relations, la quantité, la qualité, la modalité, les substances, les attributs, la matière, la forme, les accidents, les catégories, les prédicables, le genre, les espèces, l'universel, le singulier, l'incorporel, le corporel, l'idée, l'esprit, l'intelligible, la chose, l'eccéité, la quiddité, le possible, le contingent, le nécessaire, la différence, le propre, etc. On comprend que tant de batailles aient accouché de monstres philosophiques : le réalisme modéré de Boèce, le réalisme radical de Jean Scot Érigène, le réalisme des universaux de Guillaume de Champeaux, Anselme de Laon, Albéric de Reims entre autres, le réalisme conceptualiste d'Abélard, le réalisme modéré des universaux de Thomas d'Aquin, le réalisme subtil de John Duns Scot.

Ces jeux verbaux qui font suite à ceux de la patristique stérilisent l'intelligence et conduisent les philosophes dans la voie du seul formel et de l'abstraction pure. Avec la sophistique, la rhétorique, la dialectique, les philosophes ont moins le souci de la vérité que celui de l'habileté. Ils veulent moins dire le vrai et le juste que bien formuler une thèse brillante. Outre la *lectio*, qui est lecture et commentaire oral d'un auteur canonique que l'on lit, avec prises de notes des étudiants, l'université fonctionne beaucoup sur le principe des *questio* et *disputatio*. Un élève est choisi par le maître pour examiner la question qu'il propose ; il l'expose en public, celui-ci peut le questionner à son tour ; le maître peut l'aider, le reprendre, le questionner aussi ; parfois des étudiants venus d'autres universités ou d'autres pays font partie du public. Le lendemain, le maître effectue une synthèse de la discussion et expose sa position sur le sujet. Thomas d'Aquin fit deux séjours à Paris ; il organisa au moins 518 séances de ce type, soit une moyenne de deux par semaine. Il existait également une dispute de *quodlibet* qui permettait au maître, une ou deux fois par an, d'examiner une thématique devant le public réuni de tous les étudiants et de tous les professeurs qui questionnaient l'orateur. Le lendemain, le maître effectuait là aussi, là encore, une synthèse de ce qui avait été dit.

Dans les enceintes universitaires, la philosophie comme pratique existentielle est morte. Dans ces assemblées de doctes qui font assaut de roueries rhétoriques, de subtilités grammairiennes, de sophistiques vipérines, d'habiletés dialecticiennes, il n'est plus du tout question de mener une vie philosophique, fût-elle celle de Jésus. L'université n'a pas le souci de la vie philosophique : elle retranche la tête du corps pour ne plus tabler que sur un cerveau, une intelligence, un verbe, une parole, une langue ; elle économise la chair et l'existence au profit des discours ; elle surévalue les mots et apprend à détester les choses ; elle discourt sur le discours et ne regarde plus le monde ; elle glose les gloses patristiques ; elle commente les commentaires de commentaires de Platon, de Proclus, d'Aristote, d'Augustin ; elle parle le langage de ce qu'elle nomme la science, mais elle n'enseigne pas à vivre la sagesse.

La philosophie comme mode d'existence meurt dans les salles de ces universités médiévales où l'on parle, où l'on discute, où l'on confère, où l'on débat, où l'on dispute, où l'on expose, où l'on devise, où l'on cause, où l'on disserte, où l'on discourt, le tout dans un maelström de mots réservés à des spécialistes qui constituent un langage à part que ne peuvent pratiquer que les gens du sérail. Il est aboli le temps où Socrate parlait sur l'agora à des tisserands, des foulons, des potiers, des charpentiers, des marchands de poissons ; les philosophes du Moyen Âge parlent de manière incestueuse à leurs semblables : des bacheliers, des enseignants, des professeurs, des étudiants. La philosophie existentielle était ouverte sur les autres et sur le monde ; la pensée scolastique est fermée sur autrui, concentrée sur le même, et aveugle au monde, toute à son petit monde de fictions conceptuelles qu'elle estime plus vrai que le monde réel.

Épicure expliquait comment on pouvait vivre selon l'ordre d'une diététique des désirs corporels afin de connaître le plaisir identifiable à l'absence de troubles ; saint Anselme de Cantorbéry affirme que l'exercice de la raison suppose la foi. Sénèque se demandait comment on pouvait encore vivre après avoir perdu un enfant ; Abélard s'interroge pour savoir si le même universel doit être à la fois tout entier en lui-même et tout entier dans chacun des individus dont il est le genre ou l'espèce. Marc Aurèle qui souffrait d'un cancer de l'estomac expliquait comment il fallait se tenir face à la douleur ; Gilbert de la Porrée, quant à lui, montre que les formes ne sont pas par elles-mêmes des substances mais les subsistances en vertu desquelles il y a des substances. Socrate est mort, l'université chrétienne l'a tué. La patristique et la scolastique ont offert mille ans de ténèbres à la raison. L'université qui suit pendant un demi-millénaire est souvent fille de cette machine à produire de la fumée conceptuelle.

III. Puissance

La violence de la religion

1

La guerre juste : juste la guerre

L'« invention exquise » des croisades

Abbaye de Clairvaux, 1130-1136.
Saint Bernard, à propos des païens :
« La meilleure solution est de les tuer. »
À la louange de la milice nouvelle.

La guerre juste, c'est juste la guerre. On a peine à imaginer que le Jésus qui invite à pardonner les péchés d'autrui, qui célèbre la douceur et l'amour du prochain, qui invite à la compassion et à la bienveillance, qui prêche l'humilité et la patience, qui condamne ceux qui veulent lapider la femme adultère, qui invite à aimer ses ennemis, qui demande qu'on prie pour ses persécuteurs, ait généré des générations d'hommes qui, *se réclamant de lui*, ont tué, massacré, pillé, saccagé, ravagé, dévasté, détruit, violé, torturé, décimé, exterminé, assassiné, anéanti, génocidé, ethnocidé.

On le sait, je l'ai dit en amont, il y a tout et le contraire de tout dans le Nouveau Testament – je ne parle pas de la Bible dans sa totalité, car c'est pire… Il y a même matière à justifier la mise à mort. Je la rappelle, elle conclut la parabole des mines, *c'est Jésus qui parle* : « Amenez ici mes ennemis, qui n'ont pas voulu que je régnasse sur eux, et égorgez-les en ma présence » (Luc 19, 27). J'ai également signalé plus tôt qu'Adolf Hitler rendait hommage au Jésus qui chasse les marchands du Temple dans *Mon combat*. Sans parler de quelques autres citations extraites des Évangiles qui permettent aux assassins de revendiquer tout autant le Christ comme source d'inspiration que saint François d'Assise qui, lui, refusait d'écraser un moucheron, toujours au nom du Christ. Hitler a raison, ce qu'il prélève se trouve bien dans les textes, hélas ; François d'Assise aussi, car ce dont il s'inspire pour pratiquer exactement à l'inverse est également dans les mêmes textes ! Avec d'habiles prélèvements, on peut tout faire dire au Christ. Tout et le contraire de tout. Mais l'Église lui fit souvent dire une seule et même chose. Aujourd'hui encore, elle défend la guerre.

Il y eut des hommes et des femmes qui, chrétiens, ont été de vivants exemples de sainteté en construisant toute leur vie sur l'amour du prochain, le pardon des offenses, et ce qui relève du Jésus de paix et d'amour. Mais il y en eut également qui ont été de terribles chefs de guerre ayant passé au fil de l'épée des millions de gens, des hommes, des femmes, des enfants, des vieillards. D'un côté, Bernard de Clairvaux (XIe-XIIe) prêche en faveur de la croisade, la justifie quand il ne l'initie pas, écrit pour inviter aux massacres au nom de Dieu et donne sa pleine puissance à l'ordre cistercien ; de l'autre, François d'Assise (XIIe-XIIIe) parle aux oiseaux, rencontre le sultan d'Égypte Malik al-Kâmil en septembre 1219 dans le but de le convertir, il fonde les frères mineurs, l'ordre des Franciscains, il n'aime pas l'Église et son pouvoir qui le lui rend bien.

François d'Assise, chrétien, prêche la compassion pour tous les animaux sous prétexte qu'ils sont des créatures de Dieu. En Ombrie, entre Cannara et

Bevagna, il délivre un sermon aux oiseaux : « Mes frères les oiseaux, vous êtes tenus d'une grande reconnaissance envers Dieu, et toujours et partout vous avez le devoir de le louer : car il vous a donné la liberté de voler en tous lieux, et un double et triple vêtement, et un plumage aux couleurs délicates, et une nourriture que vous n'avez pas à gagner par votre travail ; le Créateur vous a appris à chanter ; la bénédiction divine vous a multipliés ; Dieu a, dans l'arche, conservé votre race, et c'est à vous qu'il a livré l'élément de l'air. Vous ne semez, ni ne moissonnez, et Dieu vous nourrit ; il vous a donné les fleuves et les sources pour vous désaltérer, les montagnes et les collines, les rochers pour vous réfugier, les arbres élevés pour faire votre nid. Et, bien que vous ne sachiez ni filer ni tisser, il vous fournit à vous et à vos petits le vêtement nécessaire. Il vous aime donc bien, le Créateur, puisqu'il vous a accordé tant de bienfaits. Aussi prenez garde, mes frères les oiseaux, de ne point vous montrer ingrats, mais appliquez-vous à toujours louer Dieu. » Éloge du moineau chez le franciscain…

L'autre, Bernard de Clairvaux, chrétien lui aussi, écrit dans *À la louange de la milice nouvelle* (1130-1136) : « Ainsi le chevalier du Christ donne la mort en pleine sécurité et la reçoit dans une sécurité plus grande encore. Ce n'est pas en vain qu'il porte l'épée ; il est le ministre de Dieu, et il l'a reçue pour exécuter ses vengeances, en punissant ceux qui font de mauvaises actions et en récompensant ceux qui en font de bonnes. Lors donc qu'il tue un malfaiteur, il n'est point homicide mais malicide, si je puis m'exprimer ainsi ; il exécute à la lettre les vengeances du Christ sur ceux qui font le mal, et s'acquiert le titre de défenseur des chrétiens. Vient-il à succomber lui-même, on ne peut dire qu'il a péri, au contraire, il s'est sauvé. La mort qu'il donne est le profit de Jésus-Christ, et celle qu'il reçoit, le sien propre. Le chrétien se fait gloire de la mort d'un païen, parce que le Christ lui-même en est glorifié » (III, 4). Éloge du soudard chez le cistercien...

Tuer, venger, punir, donner la mort puis enseigner que cette débauche de haine ouvre les portes du paradis et réjouit le Christ, voilà ce qu'est devenu le christianisme issu de Paul, l'apôtre au glaive, et de Constantin, l'empereur aux licteurs. Justifier la guerre, exalter les vertus du conquérant, célébrer le soldat, faire l'apologie du crime, défendre le meurtre, en appeler au maniement des armes, pourvu que toutes ces exactions s'effectuent au nom de Dieu, voilà une façon pas très catholique d'être chrétien ! À propos des croisades, il écrit : « [Dieu] daigne appeler à le servir, comme s'ils étaient pleins de justice, des homicides et des voleurs, des parjures et des adultères, des hommes chargés de toutes sortes de crimes. N'est-ce pas là de sa part une invention exquise, et que lui seul pouvait trouver ? » (*Lettre* 363). Le crime, une *invention exquise* ? Comment en est-on arrivé là ?

Tout commence avec le Dieu unique qui n'en supporte pas d'autres et règle le problème par l'extermination de ce qui n'est pas lui : faute de pouvoir tuer les autres dieux, voire l'autre façon de concevoir le même Dieu, on tue ceux qui croient à ces autres dieux ou qui croient autrement que comme il a été décidé qu'il faudrait croire. L'Ancien Testament regorge d'invitations aux massacres ; les citations s'accumulent qui font de Dieu le Seigneur de la guerre qui donne la victoire à ceux qui combattent en son nom. Quand les Juifs attaquèrent Jéricho, « ils vouèrent à l'interdit tout ce qui se trouvait dans la ville, aussi bien l'homme que la femme, le jeune homme que le vieillard, le taureau, le mouton, l'âne, les passant tous au tranchant de l'épée » peut-on lire dans Josué (6, 21). Contre Babylone : « qu'il n'y ait pas de rescapés », dit Jérémie (50, 3). Contre les habitants de Peqod : « Massacre-les, extermine-les jusqu'au dernier – oracle de Yahvé » (*id.*, 50, 21). Contre les Cananéens : « Hommes, femmes, enfants, nous n'avons pas laissé de survivants » (Deutéronome 2, 34). Etc., etc., etc.

Tant que le christianisme a été une secte, autrement dit tant que Constantin n'en a pas fait une religion, les chrétiens, minoritaires et persécutés, sont pacifistes, plutôt antimilitaristes. Au IIIe siècle, Tertullien explique dans *De l'idolâtrie* et dans *De la couronne du soldat* que le soldat effectue des actes illicites pour un chrétien et qu'il faut donc se refuser au métier des armes ; qu'il ne faut pas confondre ce qui revient à Dieu et ce qui revient à César et laisser au second la question de la guerre ; que celui qui doit construire la paix ne saurait se donner à la guerre ; que les actes afférents aux conflits armés, tuer, assassiner, massacrer, torturer, sont totalement prohibés ; qu'on ne saurait faire le métier des armes qui suppose la crémation sur les champs de bataille alors que les chrétiens se font enterrer ; qu'un soldat de l'armée romaine qui se convertit doit soit quitter le métier des armes, soit le pratiquer en respectant les préceptes de sa religion – il ne va pas tout de même jusqu'à préciser comment un légionnaire fraîchement baptisé pourrait aller au combat tout en refusant de tuer son prochain... Au même siècle, Origène argumente dans le même sens. Il effectue une lecture allégorique de textes du Nouveau Testament dans lesquels les métaphores de la guerre et du combat sont utilisées : il s'agit d'une lutte contre le mal et pour le bien, rien à voir avec la guerre concrète. Dans *Contre Celse*, il souhaite que les chrétiens n'aient pas à se soumettre au service militaire. Mais, déjà, il n'exclut pas qu'il faille mener des guerres justes (IV, 82) tout en laissant aux païens le soin de les mener... Dans *À Donat*, saint Cyprien de Carthage abonde dans ce sens et soulève l'incohérence qu'il y a à souscrire au commandement « Tu ne tueras point » tout en défendant la guerre. Au IVe siècle, Lactance enfin écrit dans les *Institutions divines* : « Il n'y a pas la moindre exception à faire au précepte divin : tuer un homme est toujours un acte criminel. » Ou bien, du même : « La guerre est exécrable » (VI, 20). À cette époque, la force armée est du côté des légions impériales et les chrétiens, faibles, vivent en cachette, se réunissent en catimini, communient dans les catacombes.

En vertu de la logique du renard et des raisins, il est facile au faible de faire la critique de la force. La chose paraît plus difficile pour le fort de faire l'éloge de la faiblesse, surtout quand il vient juste de cesser d'être faible et qu'il peut jouir de la force. On n'est bien sûr de la critique de la force que quand elle est effectuée par quelqu'un qui dispose des moyens d'être fort. Après que Constantin eut inversé les valeurs et donné la force aux faibles, les chrétiens ont été moins nombreux à persister dans les logiques de Tertullien et Cyprien, d'Origène et de Lactance. L'agneau qui peut devenir loup y renonce rarement. Seuls les saints en sont capables. Et les saints sont aussi rares dans le christianisme que partout ailleurs.

En affirmant qu'il doit ses victoires au Christ, l'empereur Constantin enrôle Jésus dans son armée. La christianisation de l'armée s'effectue à grande allure : inscription du monogramme du Christ sur les enseignes et les étendards, réactivation de l'ordalie qui fait du vainqueur celui que Dieu a désigné, excommunication des déserteurs au concile d'Arles, récupération de leur grade pour les anciens militaires déchus pour cause de christianisme, inscription de Dieu dans la procédure du serment militaire, interdiction de combattre pour les prêtres. En 416, l'empereur Théodose II impose le christianisme à tous les soldats de l'Empire.

Arrivent alors saint Ambroise de Milan et saint Augustin d'Hippone, son élève, qui inversent définitivement les valeurs et installent durablement le christianisme sur le terrain de la guerre. Dans son *Traité des devoirs*, Ambroise estime la guerre juste en fonction des fins qu'elle sert : elle n'est ni bonne ni mauvaise en soi, mais relativement aux fins qu'elle se propose. Faite au nom du Christ, elle est bonne ; menée contre lui, elle est mauvaise. Désormais, le fameux cinquième commandement (Matthieu 5, 21) s'écrit : *Tu ne tueras point, sauf quand il le faudra* – et l'Église dira quand ce sera le jour et l'heure...

Augustin tue le Jésus d'amour et de paix, il crucifie le Jésus de charité et de miséricorde, il perce avec sa lance le flanc du Jésus du pardon des offenses et de la compassion pour porter au pinacle le Christ guerrier et combattant, pour célébrer le Christ soldat de Dieu et moine à l'épée, pour glorifier le Christ soudard et tueur. De fait, il y avait matière à tous ces Jésus et à tous ces Christ dans les Évangiles : celui qui ne condamne pas la femme adultère n'est pas celui qui dit qu'il est venu pour mettre la discorde, c'est même le contraire, celui qui demande qu'on laisse venir à lui les petits enfants n'est pas celui qui promet l'égorgement à ceux qui ne croient pas en lui, c'est même l'inverse, celui qui demande qu'on laisse venir à lui les petits enfants n'est pas celui qui chasse les marchands du Temple avec un fouet, c'est son antipode. Augustin tue l'un et fait naître l'autre. L'Église se range derrière la bannière de l'auteur de *La Cité de Dieu*.

Vers 398, Augustin combat les manichéens pour lesquels le Nouveau Testament qui enseigne la paix a rendu caduc l'Ancien qui justifiait la guerre. Théodose vient d'interdire le paganisme, la parousie met chacun dans l'attente de la venue du Christ ressuscité pour un règne de mille ans, les païens qui résistent à cette logique doivent être sauvés malgré eux, fût-ce au prix de la violence chrétienne. Dans une lettre datée de 417 envoyée au comte Boniface, il écrit ces choses terribles : « Il y a une persécution injuste, celle que font les impies à l'Église du Christ ; et il y a une persécution juste, celle que font les Églises du Christ aux impies. » Ceci encore : « L'Église persécute par amour et les impies par cruauté. » Ceci enfin : « Quiconque refuse d'obéir aux lois des empereurs portées pour la vérité de Dieu s'expose à un grand supplice » (*Lettre* 185).

Il est loin le précepte christique qui invite à tendre l'autre joue quand on a été frappé ! Il est loin le temps où, dans l'opposition, pour utiliser un vocabulaire contemporain, les chrétiens présentaient le martyre comme la seule réponse faite à l'offense du pouvoir impérial ! Il est loin le temps où Jésus invitait à rendre à César ce qui appartenait à César et à Dieu ce qui appartenait à Dieu ! Désormais, ce qui appartient à l'un appartient aussi à l'autre, ce que l'un commande, c'est ce que l'autre veut. La théorie de saint Paul triomphe : depuis que les chrétiens sont au pouvoir, tout pouvoir vient de Dieu et quiconque s'y oppose peut être légitimement passé par le fil de l'épée.

Augustin théorise même que le crime et le meurtre ne sont pas des péchés une fois commis pour le bien de Dieu. Le passage du « Tu ne tueras point » au « Tu ne tueras point, sauf quand le pouvoir te le commandera » s'augmente d'un nouveau glissement : « Tu tueras, et quand ce sera au nom de Dieu, tu obtiendras ainsi ton salut pour l'éternité » ! Dans la lettre, le meurtre est interdit ; dans l'esprit, il est ce qui rend possible le règne de Dieu ; dans les faits, la porte se trouve ouverte aux guerres, aux massacres, aux croisades, à l'Inquisition, aux ethnocides, aux génocides. Dieu veut désormais ce qu'un certain Jésus ne voulait pas – le Père déborde le Fils…

La guerre sainte étant devenue une guerre juste, il suffira de faire de toute guerre une guerre sainte pour qu'elle devienne illico une guerre juste. Le processus s'avère extrêmement simple : il suffit de proclamer qu'on la fait pour Dieu, au nom de Dieu, appelé par Dieu, et le meurtre est béni, le crime oint, le massacre sacré, l'éviscération consacrée, le carnage sacralisé. La guerre juste est toujours celle qu'on mène contre un ennemi qu'on aura décrété tel : juste est la guerre d'un païen contre un chrétien selon les païens, juste aussi la guerre d'un chrétien contre un païen selon lui. Si Dieu est ce qui justifie la bonne guerre, il suffit de l'invoquer pour justifier, légitimer et, pire, moraliser son crime. De Constantin à George Bush, le sang se verse au nom de Dieu. L'intelligence d'Augustin est proprement… diabolique !

Augustin justifie également la guerre en affirmant qu'elle vise toujours la paix et qu'un pareil objectif sanctifie les moyens ! Paralogisme là encore. Car qu'est-ce qu'une paix sur des ruines fumantes ? Une paix après des holocaustes de femmes et d'enfants, de vieillards et d'innocents ? Une paix après la destruction des villes et des vies, de l'intelligence et de la raison, de la culture et de l'esprit ? Une paix après le règne sans partage de la mort ? Qu'est-ce qu'une paix pour une veuve, un orphelin, un mutilé ? Qu'est-ce que la paix pour un mort ? On veut le règne de Dieu, mais on lâche Satan sur la planète ; on aspire à la loi de l'amour, mais on lâche les chiens de la haine ; on dit vouloir le règne de Dieu et le royaume des cieux, mais on instaure ici-bas le règne du diable et le royaume infernal ; on prétend vouloir le bien, on réalise concrètement le mal. Quelle est cette étrange religion qui réalise le rachat de l'humanité par le meurtre des hommes, et ce au nom de l'amour du prochain, de la miséricorde et du pardon des offenses ?

Augustin ajoute que la guerre, c'est l'ordalie. Car Dieu décide de l'issue des guerres, de leur longueur, de leur nature. C'est donc Lui qui veut qu'elles soient, qu'elles durent, qu'elles traînent ou non, qu'elles s'avèrent plus ou moins meurtrières. À quoi peut bien ressembler ce Dieu dont les chrétiens disent qu'il est d'amour du prochain ? Dieu veut la punition des pécheurs et la récompense des croyants : toute l'histoire montre que Dieu n'est pour rien dans cette affaire et que la guerre n'a d'issue qu'en fonction de la polémologie et non de la théocratie. La victoire est accordée selon l'ordre de la guerre qui est art du génie mauvais des hommes. L'homme a créé la guerre à son image.

Les croisades constituent les premiers travaux pratiques de cette doctrine. Elles fournissent le modèle des guerres chrétiennes jusqu'à aujourd'hui. De Constantin qui arbore le chrisme sur ses étendards contre le païen Maxence au début du IVe siècle, aux guerriers de l'État islamique du début du XXIe siècle qui arborent le drapeau noir de Mahomet avec l'inscription en écriture coufique de la *chahada*, la profession de foi musulmane, en passant par les croix sur les bannières des croisés du XIe au XIIIe siècle, c'est l'éternel retour du même qui fait de Dieu le compagnon des criminels et des meurtriers. Les trois livres monothéistes pensent la même chose sur le même sujet, sauf que le Dieu d'Abraham, celui du Christ et celui de Mahomet se font la guerre depuis plus de mille ans. De Washington à Jérusalem en passant par Tikrit, nous en sommes toujours là.

Le penseur des croisades est donc Bernard de Clairvaux, l'homme qui fait du crime, pourvu qu'il soit chrétien, une « invention exquise » ; son inspirateur est Pierre l'Ermite (1053-1115) ; son bras armé, le pape Urbain II. Des textes médiévaux rapportent que Pierre a été empêché d'effectuer un pèlerinage à Jérusalem en 1094-1095. Une autre version dit qu'il y est parvenu et que ce qu'il a vu l'a ravagé de colère : des infidèles vivent dans les Lieux saints, les églises servent d'écuries, les pèlerins sont attaqués, frappés, rançonnés et dépouillés de leurs biens. Sur place, la dhimmitude, une règle de l'islam qui contraint le non-musulman se trouvant sur une terre d'islam à payer un impôt pour sa tranquillité, est vécue comme une humiliation en ces endroits symboliques. La nuit, Pierre l'Ermite retourne prier au Saint-Sépulcre ; fatigué, il s'endort ; Jésus lui apparaît en majesté et l'invite à « venir purifier les Lieux saints de Jérusalem et à restaurer les Saints-Offices » ; il se réveille ; puis il se met en route pour raconter au pape ce qu'il a vu, ce qu'il a entendu et ce qu'il faut faire.

On sait qu'au IVe siècle Hélène, la mère de l'empereur Constantin, a inventé les Lieux sur lesquels s'effectue le tourisme religieux : la Nativité, le

Golgotha, le Sépulcre. Les Sarrasins occupent en effet les Lieux saints depuis 638, date à laquelle vainc Omar, le deuxième successeur de Mahomet. Entre 1004 et 1014, le sultan Al-Hakim fait détruire le tombeau du Christ (1009) et des milliers d'églises chrétiennes, il persécute les Juifs et les chrétiens ; mais son successeur en autorise la reconstruction par le trésor byzantin entre 1038 et 1048. En 1071, les Turcs seldjoukides ravissent la ville aux Arabes abbassides – des musulmans sunnites. Sept ans plus tard, en 1078, les Turcs ont repris une seconde fois Jérusalem, ils interdisent alors les pèlerinages aux chrétiens alors qu'en leur temps les Fatimides d'Égypte, des musulmans chiites, l'autorisaient. Les Seldjoukides massacrent la population. Que les musulmans dont le Coran fustige les chrétiens aient mis les Lieux saints sens dessus dessous n'étonne pas.

Si, selon les historiens, cette histoire est présentée parfois comme une franche légende, quelquefois comme une vérité arrangée, ou bien comme un puzzle mélangeant le vrai et le faux, je mets de côté le contenu épistémologique de la vision nocturne ; l'appel du pape Urbain II effectué à Clermont-Ferrand le 27 novembre 1095 est quant à lui avéré. Ce qu'il a dit n'est connu que par ce que les chroniqueurs ont ensuite consigné plus tard. Fort de ce qu'on lui a rapporté, dont Pierre l'Ermite, Urbain n'accepte pas que les chrétiens ne puissent effectuer leurs voyages en Terre sainte sans en être empêchés par les musulmans. Les Sarrasins sont donc des infidèles, des mécréants, des barbares à soumettre – ce que les Sarrasins pensent exactement des chrétiens…

La chronique de Bernard le Moine rapporte ces propos du pape qui harangue la foule : « Prenez la route du Saint-Sépulcre, arrachez ce pays des mains de ce peuple abominable, et soumettez-le à votre puissance. Dieu a donné à Israël en priorité cette terre dont l'Écriture dit qu'il y coule du lait et du miel ; Jérusalem en est le centre, son territoire fertile, par-dessus tous les autres, offre pour ainsi dire les délices d'un autre paradis : le Rédempteur du genre humain l'a illustré par sa venue, honoré de sa résidence, consacré par sa Passion, racheté par sa mort, signalé par sa sépulture. »

Urbain II décide que quiconque meurt au combat contre les musulmans verra ses péchés pardonnés – ce qui équivaut à promettre le paradis aux combattants morts les armes à la main. Magnanime, il ajoute que les infortunés qui mourraient sur le trajet de retour bénéficieraient des mêmes avantages... Le pape professe donc la guerre sainte, il invite au martyre et il promet les douceurs paradisiaques aux martyrs de la religion. Le schéma est vieux comme le monde...

Ajoutons à cela qu'une promesse de vie éternelle peut toujours moins ravir le chevalier qui doute qu'une licence concernant sa vie temporelle plus apte à rapporter des suffrages : tout au long de son tour de France pour rameuter les foules et les inviter à partir en croisade, le pape exhorte, professe, incite ; il préside des conciles ; il consacre moult basiliques, cathédrales, églises ; il lance des chantiers de construction ; il rend la justice ; il accorde des privilèges ; il restaure ainsi le pouvoir de l'Église dans le royaume de France. Au cours de ce long périple, il ressasse ses arguments parmi lesquels l'un d'entre eux qui peut décider plus sûrement l'auditeur dubitatif.

Le gardien des choses spirituelles promet en effet d'intéressantes perspectives temporelles et dit dans un propos rapporté par Baudri de Bourgueil : « Les richesses de vos ennemis vous appartiendront également. Ainsi, victorieux, vous pillerez leurs trésors et retournerez chez vous ; ou bien, rougis par votre propre sang, vous obtiendrez le prix éternel de la course » (I, IV, 15). Mort, c'est le paradis assuré après le pardon automatique des péchés ; vif, c'est la fortune. Qui pourrait résister à pareille rhétorique ? À cette heure, le christianisme fait donc l'éloge du meurtre de son prochain, puis du pillage de ses biens ; à la suite de quoi il transforme le crime en voie d'accès au paradis céleste et la razzia en voie royale qui ouvre les portes d'une forme de paradis terrestre. Une fois de plus, Jésus avait de quoi se retourner dans sa tombe.

Quand il a annoncé son projet, la foule a crié : « Dieu le veut ! Dieu le veut ! » Robert le Moine rapporte que le pape aurait alors fait silence et rebondi, en orateur roué, sur cette incantation – peut-être préparée par une claque dûment dédommagée ou tout simplement habilement sollicitée par l'appât du gain : il en fait soudain un cri d'unanimité qui ne peut être qu'inspiré par l'Esprit saint ! Urbain II répondit alors à l'assemblée : « Que tel soit donc dans les combats votre cri de guerre, car cette parole a été proférée par Dieu » (I, 2). On ne sait si ce fut là un effet théocratique semblable à celui de la Pentecôte transcendante ou un effet éthologique assurant l'unanimité devant la perspective du butin immanent, mais le slogan devint devise.

Boutefeu, va-t-en-guerre, Urbain II, formé chez les bénédictins, grand prieur de Cluny, bienheureux de l'Église catholique, a instauré la grande prière de l'Angélus pour la conversion des musulmans : c'est donc le pape qui prend l'initiative de ce qu'il est convenu de nommer aujourd'hui une guerre de civilisation. Il codifie la croisade : il demande que la croix soit sur le casque et le vêtement des croisés afin de rallier à elle le plus grand nombre possible, que les vieillards n'y participent pas, les femmes non plus, sauf si elles sont accompagnées de leurs maris, de leurs frères ou de leurs tuteurs légitimes, que les riches emmènent avec eux des pauvres dont ils assureront la subsistance, que les prêtres et les clercs y aillent, mais avec l'autorisation de leurs évêques.

Via les jongleurs qui accompagnent les croisés, avec parfois l'aide de penseurs chrétiens, dont Jean Damascène, *via* aussi les auteurs de chansons de geste ou les chroniqueurs, l'idéologie chrétienne présente fautivement la religion musulmane : bien que traités de polythéistes et de païens, les croyants de l'islam vénéreraient une idole dans un temple ; cette idole serait couverte d'or ; ils s'adonneraient à la boisson, à la luxure, à l'homosexualité ; Mahomet aurait été épileptique ; il aurait enseigné le libertinage ; mort, son cadavre aurait été dévoré par les porcs ; l'islam serait un christianisme hérétique créé par un moine ; le Coran aurait été inventé et présenté porté entre les cornes d'une vache ; etc. L'art de transformer l'adversaire en ennemi répugnant est un classique de la polémologie. Pour bien tuer l'ennemi, il faut aux tueurs un ennemi qui en soit véritablement un. Or l'islam a des défauts, mais pas ceux-là.

L'époque obéit aux lois de la pensée magique : le réel est moins vrai que les signes, le concret trivial laisse la place au mystère. La croisade se trouve légitimée par autant de signes, de prodiges célestes ou météorologiques : éclipse de Lune ou de Soleil, étoiles qui tombent comme de la grêle, passages de comètes dont certaines en forme de glaive, boules de feu qui se rassemblent dans le ciel, étoiles qui effectuent des bonds dans le ciel en direction de l'orient, tremblements de terre, taches de feu qui apparaissent sur la Lune, Soleil incandescent et famines, aurores boréales, nuages de sang qui se rassemblent au centre du ciel, ou bien, phénomène plusieurs fois constaté, dont une fois dans sa ville par le chroniqueur Raoul de Caen, un signe qui apparaît au nord dans un ciel rouge et se déplace vers l'orient indiquant, évidemment, la direction à prendre… À cette époque, un événement dans le ciel physique est évidemment une information théologique, voire théocratique. Dieu est météorologue.

Ajoutons à cela des visions dans le ciel : un combat de chevaliers qui s'affrontent dans une charge terrible, une immense ville vers laquelle convergent une foule de chevaux et de marcheurs, apparition et disparition d'un immense glaive, le tout dans un fracas terrible. Ou bien encore : du sang dans un pain cuit sous la cendre, des pluies de chair, des rivières qui charrient de l'hémoglobine, une femme qui accouche d'un enfant qui parle, la naissance d'un enfant à deux têtes, des animaux nés avec leurs dents, des signes en forme de croix qui apparaissent sur la peau des humains vivants ou sur les omoplates de certains morts, Dieu utilise les grands moyens pour faire savoir que l'heure est grave et qu'il faut obéir à l'appel de Clermont. Comment, sinon, comprendre ces phénomènes rapportés par les chroniqueurs informés aux meilleures sources ?

Pierre l'Ermite utilise probablement toutes ces ficelles (auxquelles il croit peut-être, c'est dans l'esprit du temps, une religion n'est jamais qu'une hallucination collective…) pour cristalliser autour de lui le désir de partir. Il invoque par exemple des lettres tombées du ciel qu'il lui suffirait de lire en public – il dispose ainsi d'une ligne directe avec l'Éternel. Il cite un verset de l'Évangile selon Luc (21, 24) pour justifier son projet de sauver Jérusalem de sa corruption par les Gentils. *In fine*, selon son biographe Jean Flori, il se retrouve à la tête de 15 000 ou 20 000 personnes – lui et lui seul, autrement dit sans compter les autres sergents recruteurs de Dieu.

Avant le départ, des pogroms sont organisés partout en France : les Juifs ne sont-ils pas le peuple déicide ? Associés aux musulmans en tant qu'infidèles, mécréants, incroyants, païens, nombreux sont passés par le fil de l'épée dans les régions françaises chauffées à blanc par les prédicateurs, dont Pierre l'Ermite, mais, plus tard aussi, dans nombre de villes d'Europe où ils sont volés, dépouillés, torturés, massacrés, tués. « Avant de partir, dans presque toute la Gaule, ils supprimèrent par un grand carnage les Juifs, à l'exception de ceux qui voulurent être baptisés », écrit Richard le Poitevin dans sa chronique.

Guibert de Nogent rapporte dans son *Autobiographie* les propos tenus par des croisés à Rouen, une ville dans laquelle Pierre l'Ermite a tenu son discours : « Notre intention est d'aller attaquer les ennemis de Dieu en Orient, non sans avoir à traverser de vastes territoires, alors que nous avons ici même, sous nos yeux, les Juifs. Or il n'existe pas de race plus hostile à Dieu ; voilà qui n'a ni queue ni tête ! » Il ajoute : « À ces mots, ils saisissent leurs armes et, se mettant à rassembler les Juifs, ils les entassent en quelque église par violence ou par ruse – je ne saurais préciser – et les voilà qui, les faisant sortir de là, portent l'épée sur tous indistinctement, n'épargnant ni sexe ni âge. » Rassembler les Juifs, entasser les Juifs, tuer les Juifs, voilà qui permet de dater le passage de l'antisémitisme de papier des Pères de l'Église à l'antisémitisme de guerre des croisés chrétiens. Le Nouveau Testament n'aime ni la Torah ni le Coran.

Bien sûr, ces pogroms ont évidemment lieu sur le trajet qui conduit vers Jérusalem en même temps que les inévitables exactions d'une troupe de guerriers qui, théoriquement mus par un tropisme spirituel, ne dédaignent pas non plus le vin qui n'est pas de messe. Les réquisitions probablement appuyées des croisés permettent d'obtenir le gîte et le couvert, le fourrage et l'étable ; quand les autochtones n'obtempèrent pas, on les y contraint. Pierre l'Ermite n'hésite pas à assiéger des villes fortifiées, à piller ou à incendier. En terre chrétienne, entre Clermont et la Palestine, les synagogues sont brûlées, les Juifs rançonnés, leurs maisons ravagées. Les chefs croisés se comportent tous ainsi. Puisque c'est pour le bien, ça n'est donc pas un mal.

Une fois sur place, les croisés qui attaquent et les musulmans qui se font attaquer utilisent les mêmes moyens. Il serait vain d'imaginer qu'il y eut de bons croisés lâchés contre les mauvais Sarrasins ou que les bons musulmans auraient été les victimes désarmées des mauvais soldats du Christ : ce djihad chrétien reçut une réponse militaire *ad hoc*. Côté chrétien, Raoul de Caen écrit : « À Maarat les nôtres faisaient bouillir des païens adultes dans des marmites, ils fixaient les enfants sur des broches et les dévoraient grillés » ; lors du siège d'Antioche qui a duré huit mois, des têtes sont coupées et catapultées dans la ville ; côté turc, au camp de Civitot, on pille, on massacre des nourrissons, des vieillards, des moines, des religieux, on réduit à l'esclavage des jeunes filles, d'appétissantes moniales et de jeunes garçons, autour de Jérusalem ils ont empoisonné les points d'eau, sur les murailles de la ville, les musulmans singent les chrétiens, leurs habits et leurs cérémonies et décochent des flèches. Le 8 juillet 1099,

Pierre l'Ermite harangue les foules au mont des Oliviers.

La ville de Jérusalem est prise le 15 juillet. Raymond d'Aguilers a raconté le carnage : « Dans le Temple et sous le portique de Salomon, on chevauchait le sang jusqu'aux genoux, jusqu'au mors des chevaux. C'est par un juste jugement que fut versé en ce lieu le sang de ceux qui, pendant si longtemps, y avaient professé contre Dieu leurs blasphèmes. » Le Saint-Sépulcre redevient chrétien. Les jours suivants, les croisés pourchassent partout les musulmans. Le pape Urbain II meurt à Rome le 29 juillet. On perd la trace de Pierre l'Ermite. Les légendes prennent alors le pas, jusqu'à inventer une conversion à l'islam !

Les croisades se suivent pendant deux siècles. L'Église les sollicite, les soutient, les finance. Saint Bernard de Clairvaux, on l'a vu, met sa vie et sa pensée au service de cette guerre des chrétiens contre les musulmans. Son disciple et ami, le pape Eugène III, publie le 1er décembre 1145 une bulle qui appelle à une deuxième croisade. Dans ce texte, le souverain pontife propose de purger l'Orient de « l'ordure des païens » ! Le roi Louis VII s'adresse à Bernard de Clairvaux qui accepte de lancer l'opération. Le pape, le roi, le saint constituent la nouvelle sainte trinité politique théocratique. Ce triangle infernal s'avère une machine de guerre catholique efficace. La puissance du Christ est moins celle de sa parole évangélique de paix que celle du bras armé qui se réclame de son discours belliqueux. Le pouvoir spirituel sert le pouvoir temporel et *vice versa*. La vertu spirituelle accouche du vice politique.

Loin, très loin, du commandement qui interdit de tuer, saint Bernard de Clairvaux invente un concept pour justifier d'abord qu'on le puisse, ensuite qu'en agissant ainsi on commette un acte bon : le « malicide ». En 1130-1136, dans *Éloge de la nouvelle chevalerie*, il écrit en effet : « Celui qui tue un infidèle ne commet pas un homicide mais un malicide. » De la même manière qu'un parricide tue son père, un infanticide son enfant, un homicide un humain, un fratricide son frère, un matricide sa mère, un génocide et un ethnocide un peuple, un uxoricide sa femme, un tyrannicide le tyran, un suicide, lui-même, le malicide tue… le mal ! Comment s'opposer à pareille intention tout de suite garantie par la morale ? Qui pourrait ne pas vouloir supprimer le mal ? Qui en voudrait à celui qui, agissant ainsi, souhaite faire le bien ?

Pour justifier le massacre, le crime, le meurtre, l'assassinat, le chrétien n'a donc plus qu'à dire qu'il le commet au nom du bien pour que tout cela cesse d'être un mal, le mal. L'invocation de Dieu suffit. On ne s'étonne pas que pendant le massacre de l'hérésie cathare lors la croisade des albigeois, le 22 juillet 1209, Arnaud Amaury ait pu appeler à verser le sang sans modération et dire à ses soldats : « Tuez-les tous, Dieu reconnaîtra les siens »…

Aux antipodes de cette méthode qui justifie la guerre sainte dite juste, François d'Assise propose une autre méthode que le massacre des musulmans pour régler la relation entre les deux civilisations, les deux cultures, les deux religions mêmement monothéistes : le dialogue, l'échange, la diplomatie, l'exercice de la raison, la discussion, la négociation. En septembre 1219, dans la configuration de la cinquième croisade (1217-1221), l'homme qui parle aux oiseaux veut aussi parler au sultan. Pour ce faire, il se rend auprès de Malik al-Kâmil, sultan d'Égypte. François a réussi à apprivoiser le loup de Gubbio, il a trente-sept ans et se propose de faire de même avec le sultan, le neveu de Saladin.

Les deux hommes se rencontrent dans une tente au bord du Nil. Pieds nus, François est venu d'Italie, il a voyagé pendant des mois, ce qui veut dire prendre des risques ; il est entré dans une zone de guerre, les troupes des croisés ont lancé une attaque contre le camp musulman, ce qui signifie en prendre plus encore ; il s'est approché du sultan qu'il a souhaité rencontrer, ce qui pouvait suffire pour se faire trancher la tête. Le sultan avait gagné contre l'attaque croisée ; il a fait une offre de paix : il envoie un prisonnier croisé porter un message diplomatique ; il rend Jérusalem aux croisés, leur donne de l'argent pour la reconstruire et ajouter des châteaux alentour pour défendre la cité, en conséquence de quoi les croisés quittent l'Égypte. Le sultan vainqueur exerce la magnanimité ; il propose largesse et libéralité aux croisés – qui, après discussion, refusent. C'est dans cette configuration que François visite le sultan.

Aucun texte n'a rapporté cette rencontre ; on ne sait donc pas ce qu'ils se sont dit. On sait qu'al-Kâmil a reçu François avec respect et politesse. On peut imaginer qu'il aura prêché la paix ; mais on peut aussi croire qu'il a évangélisé le sultan – ce qui fait partie de la mission franciscaine, mission pour laquelle quelque six mois plus tard cinq franciscains sont torturés et invités à se convertir moyennant avantages en nature et de toute nature avant d'être décapités par le calife almohade lui-même à Marrakech. Il est vrai qu'habités par l'idée du martyre ils passaient leur temps à entrer dans les mosquées, à prêcher l'apostasie, à insulter Mahomet et revenaient prêcher après avoir été expulsés, puis bannis, puis emprisonnés. Ils obtinrent ce qu'ils souhaitaient : mourir pour leur Dieu...

Saint François rend visite au sultan pour le convertir. On peut imaginer qu'il souhaite obtenir par la raison ce que seule la foi permet – la foi ou la grâce... Car l'année suivante, en 1221, rentré sain et sauf en Italie, François promulgue la règle franciscaine dans laquelle est définie la mission aux infidèles : il invite les chrétiens à vivre en terre d'islam sans faire d'histoire ou bien, si c'est possible, de faire avancer leur cause et d'obtenir conversions et baptêmes. S'ils doivent perdre la vie dans cette aventure, ils obtiendront la vie éternelle. François cite Matthieu (10, 16) : « Voici que je vous envoie comme des brebis au milieu des loups. Soyez donc prudents comme des serpents et candides comme des colombes. » On peut en conclure qu'il fut serpent et colombe avec le sultan. Bernard de Clairvaux ignorait la prudence et la simplicité avec les Sarrasins ; François, qui aimait les animaux, fut couleuvre et agneau. Question de méthodes. Le but est toujours d'imposer sa foi : ici par le fer et l'épée, là par la persuasion et la rhétorique. Souvent, ce fut persuasion par le fer et rhétorique de l'épée. Un mélange de Bernard et de François... La croisade fournit le schéma de ce qui justifie l'expansion planétaire du christianisme. L'impérialisme est le nom moderne de cette chose ancienne.

2

Force de loi à la force

Inquisition et gouvernement par la terreur

1376,
Nicolas Eymerich, dominicain,
rédige son *Manuel des inquisiteurs*.

L'Inquisition affirme que les hommes doivent croire comme il faut croire et que, s'ils ne croient pas dans les clous, autrement dit comme les conciles disent qu'il le faut, alors ils sont hérétiques. Dès lors, il faut chercher l'hérétique, le dénoncer, le poursuivre, le traquer, l'interroger, le soumettre à la question, le torturer, obtenir de lui un aveu, puis le punir. Le *Manuel des inquisiteurs* de Bernard Gui (1323) inaugure une longue tradition dans le genre. Celui de Nicolas Eymerich suit en 1376, puis les *Instructions* de Torquemada à Séville (1484), ou bien encore l'ouvrage de Sprenger et Institoris *Le Marteau des sorcières*, qui intègre la sorcellerie dans les hérésies (1486) et rend à Ève la monnaie de sa pièce en faisant payer à toutes les femmes le péché d'être nées femmes, donc sorcières. Il existe également un volumineux *Dictionnaire des inquisiteurs* qui paraît de façon anonyme à Valence en 1494. Francisco

Peña ajoute ses commentaires au livre d'Eymerich en 1578. De nombreuses traductions, éditions et rééditions de ces livres se diffusent partout en Europe.

XIIe, XIIIe, XIVe, XVe siècles : l'Église mène une lutte violente contre ce qui se trouve nommé par elle *hérésie*. Ce dispositif juridique joue un rôle majeur dans la construction de l'Europe judéo-chrétienne. Le tribunal de l'Inquisition infuse les tribunaux qui partent tous du principe que l'accusé aurait pu ne pas être ce qu'il est du fait qu'il dispose d'un libre arbitre lui permettant de faire le bon choix. Il s'agit donc d'établir par tous les moyens qu'il a fait le mauvais choix afin de faire tomber le couperet sur sa nuque. L'hérétique *choisit* l'erreur ; il faut le punir de ce mauvais choix.

Le manuel de Nicolas Eymerich renvoie aux textes conciliaires ; il cite les Écritures saintes, l'Ancien et le Nouveau Testament ; il s'appuie sur les décrets impériaux édictés par les princes chrétiens depuis Constantin ; il renvoie aux différents écrits des papes qui se sont succédé dans l'histoire de Rome depuis mille ans ; il puise abondamment dans le stock de la littérature patristique ; il renvoie aux théologiens chrétiens et parmi eux, souvent, à saint Augustin et saint Thomas d'Aquin. Il est donc un ouvrage philosophique majeur et central pour comprendre le dispositif inquisitorial.

Là où Bernard Gui se contentait de juxtaposer des interrogatoires concernant les cathares et les vaudois, les pseudo-Apôtres et les béguins, les Juifs et les sorciers, sans trop se soucier de théorie, Eymerich propose un livre doctrinal qui se veut universel : comment traquer l'hérésie dans la totalité du monde chrétien ? Il souhaite que son œuvre soit enseignée aux théologiens et aux juristes. En 1503, Rome unifie les procédures inquisitoriales avec son livre.

Torquemada pille ce texte. Les autres n'y ajoutent rien de substantiel. Avec cette abondante littérature, la délation, la poursuite, la torture, l'aveu, le châtiment, la punition, la peine, la prison, le bûcher, la mort entrent par la grande porte du christianisme – religion de l'amour du prochain, faut-il le rappeler ?

Qu'est-ce que l'hérésie ? Quand est-on hérétique ? Eymerich sollicite les étymologies. Il retient qu'Isidore de Séville rapproche *hérétique* et *élire* et donne sa définition : « L'hérétique, se déterminant entre une doctrine vraie et une fausse, refuse la vraie doctrine et "choisit" comme vraie une fausse doctrine et perverse. Il est donc évident que l'hérétique "élit". » Cette définition suppose donc un choix ; elle suppose un refus en pleine connaissance de cause ; elle décrète une adhésion volontaire à l'erreur... L'hérétique choisit l'hérésie, il veut être hérétique.

Eymerich précise qu'il y a hérésie quand il y a opposition à un article de foi, à une vérité décrétée par l'Église ou à un contenu enseigné dans les livres canoniques. L'inquisiteur suppose donc que tout chrétien n'ignore rien de toutes les décisions conciliaires depuis qu'il y a des conciles, qu'il connaît toutes les bulles papales depuis la promulgation de la première, qu'il a lu l'Ancien et le Nouveau Testament de la première à la dernière page et qu'il en a assimilé tous les contenus. Nul chrétien n'est censé ignorer la loi chrétienne.

Or, l'inculture était à l'époque la règle, y compris dans le clergé qui était souvent illettré. En 750, saint Boniface rapporte qu'un prêtre bavarois baptisait *in nomine patriae et filiae* et non *in nomine patris et filii*, ce qui voulait dire « au nom de la patrie et de la fille » – et non « au nom du Père et du Fils »... Quel chrétien n'aurait été hérétique s'il n'avait été soumis au feu roulant des questions d'un inquisiteur lui demandant quelle relation le Père, le Fils et le Saint-Esprit entretenaient alors que la querelle de l'arianisme qui se fit sur ce sujet pendant des siècles a accouché d'une somme de textes tous plus théologiquement incompréhensibles les uns que les autres ? Sur la Trinité, l'Incarnation, la nature du Saint-Esprit, les vérités dites dans l'Ancien Testament (quel jour Dieu a-t-il créé les oiseaux ?) ou dans le Nouveau (quelles furent les paroles de Simon à Jésus ?) et sur mille autres sujets (quelles sont les sept dernières paroles du Christ ?), le chrétien devait tout savoir et, s'il ne savait pas, il était coupable d'avoir choisi et préféré le mal…

L'hérétique nomme donc : l'excommunié, le simoniaque (qui a fait commerce de choses sacrées), tout opposant à l'Église, celui qui commet des erreurs dans l'explication d'un verset de l'Écriture sainte, le créateur ou l'adhérent d'une nouvelle secte, la personne qui refuse la doctrine concernant les sacrements, quiconque s'oppose au pouvoir de Rome et « quiconque doute de la foi » ! Se trouvent également embarqués dans cette aventure : les voyants, les sorciers, les devins, les adeptes de « l'exécrable secte judaïque » (I, 17), les « Sarrasins », les blasphémateurs, les schismatiques, les apostats, les relaps, ceux qui hébergent, reçoivent, défendent, protègent les hérétiques.

D'un point de vue doctrinal, Eymerich ajoute même les infidèles. Autrement dit, quiconque n'est pas croyant relève aussi de la juridiction des chrétiens ! « Nous croyons que le pape, vicaire de Jésus-Christ, n'a pas de pouvoir seulement sur les chrétiens, mais aussi sur tous les infidèles. » Dès lors : « Le pape étend son pouvoir sur tous les hommes. » Sur les chrétiens, bien sûr, mais aussi sur les Juifs et les musulmans, mais également sur tout autre homme quelle que soit sa religion. L'universalisme chrétien justifie et légitime les pleins pouvoirs de la papauté sur le moindre humain de la planète. « Que l'on ne vienne pas nous dire que nous n'avons pas à juger de ce qui nous est étranger, ou que nous ne pouvons pas forcer les infidèles à croire, ni par le procès ni par les excommunications, car Dieu seul appelle par sa seule grâce. » Où l'on comprend que bientôt, les habitants du Nouveau Monde feront les frais de ce point de doctrine.

En passant, Eymerich donne une impressionnante liste des sectes hérétiques – où l'on voit que, pour exister comme un corpus unique, le christianisme a besoin de détruire toute forme adventice issue de son tronc : les carpocratiens qui réduisent le Christ à son humanité issue d'un homme et d'une femme ; les nicolaïtes qui échangent leurs femmes ; les nazaréens, des Juifs qui croient au Christ ; les nyctages qui condamnent les prières nocturnes ; les ophites qui vouent un culte au serpent ; les valentiniens pour qui le Christ est resté dans le corps de la Vierge comme dans un tube ; les adamiens qui sont nudistes ; les cataphrygiens qui ne reconnaissaient que l'Évangile selon Jean ; les séthiens qui vouent un culte au fils d'Adam, le seul Christ ; les artotyrites qui offrent du pain et du fromage au ciel ; les aquaires qui consacrent l'eau seulement ; les marcioniens pour qui Jésus n'est pas le Messie attendu par les Juifs ; les noétiens qui se réclament d'un homme se disant le second Moïse ; les ébionites compagnons de route de Mahomet ; les sévériens qui refusent le vin, l'Ancien Testament et la résurrection du Christ ; les tatiens végétariens ; les alogues qui nient que le Christ soit le Verbe ; les cathares qui ne croient pas que la repentance absolve du péché ; les manichéens qui refusent les leçons vétérotestamentaires ; les hermogéniens qui rejettent la Trinité ; les hiérachites, célibataires qui excluent les enfants du royaume des cieux ; les novatiens qui rebaptisent les baptisés ; les photiniens qui croient que Jésus est le fils réel de Marie et Joseph ; les antidicomarites qui affirment la même chose ; les patriciens qui certifient que le diable a créé la substance de la chair humaine ; les colluthiens qui exonèrent Dieu de la création du mal ; les floriens qui, à l'inverse, l'en rendent responsable ; les circoncellions ou scototopiques qui se donnent la mort par amour du martyre ; les priscillianistes qui mélangent gnosticisme et manichéisme ; les jovianistes pour lesquels il n'y avait aucune différence entre une femme mariée et une vierge, un noceur et un abstinent ; les tessaresdécatites qui célébraient Pâques à la quatorzième Lune ; les pélagiens, déjà rencontrés, qui estimaient le libre arbitre plus puissant que la grâce ; les acéphales qui étaient sans chef mais combattaient les résolutions du concile de Chalcédoine contre le monophysisme en vertu de quoi la nature divine du Fils a absorbé sa nature humaine.

Eymerich ajoute d'autres hérésiarques : ceux pour qui Dieu est triforme ; ceux qui croient que la nature divine du Christ a subi la Passion ; ceux qui affirment que le Christ a été engendré par le Père au début des temps ; ceux qui nient que le Christ est descendu aux Enfers pour libérer les justes ; ceux qui affirment que l'âme n'est pas à l'image de Dieu ; ceux qui pensent que les âmes se transforment en diable ou en animaux ; ceux qui affirment que le monde est immuable ; ceux qui croient à la pluralité des mondes ; ceux qui croient à son éternité ; ceux qui marchent nu-pieds ; ceux qui mangent seuls ; etc.

Les Juifs sont présentés comme des hérétiques, bien sûr. L'inquisiteur écrit : « L'Église doit intervenir pour condamner là où, justement, les rois et les princes ont le front de protéger les Juifs. » Francisco Peña qui commente le texte d'Eymerich au XIVe siècle ajoute : « C'est en 1230 que Grégoire IX, ayant appris que le Talmud était plein d'affirmations impies et blasphématoires à l'égard de la religion chrétienne, fit brûler ce livre. La sentence pontificale fut exécutée par la chancellerie de l'université de Paris. Innocent IV, qui succéda à Grégoire IX, confirma cette sentence et l'étendit à tous les livres au style et au contenu semblables à ceux du Talmud. Le livre figure par ailleurs dans l'index des livres prohibés » (XVI). Les chrétiens passés au judaïsme qui refusent d'abjurer ? « Ils seront poursuivis en tant qu'hérétiques impénitents par les évêques et par les inquisiteurs, qui les livreront au bras séculier pour être brûlés » (I, 17).

L'hérétique est donc celui dont l'Église, *via* celui qui parle en son nom, donc celui qu'elle nomme et protège, a décidé qu'il l'était. L'Inquisition fonctionne comme la police politique de l'État chrétien. Eymerich envisage les choses dans toutes leurs configurations : si le pouvoir temporel consent au pouvoir temporel du pouvoir spirituel, alors tout se passera bien. Dans la meilleure des hypothèses, le décorum accompagne ce compagnonnage dans une cérémonie. L'inquisiteur, nommé par le pape ou son légat, présente ses lettres de créance à la puissance politique. Il la sollicite pour obtenir son aide : « L'inquisiteur supplie et exhorte le prince à le considérer comme son serviteur, à lui prêter – le cas échéant – son conseil, son aide, son secours » (II, A, 1).

En réalité, cette cérémonie est une palinodie : l'inquisiteur qui fait semblant de solliciter avec humilité sait que l'impétrant n'a pas le choix et qu'en cas de refus l'Inquisition le poursuivra de sa vindicte. Eymerich précise en effet : « L'inquisiteur rappelle au prince ou au seigneur que, en vertu de certaines dispositions canoniques, il est tenu de faire de la sorte, s'il tient à être considéré comme un fidèle et à éviter les nombreuses sanctions juridiques prévues dans les textes pontificaux. » L'inquisiteur sollicite en suppliant mais refuse qu'on n'accède pas à sa demande et menace en cas de refus. Le glaive chrétien accompagne le glaive temporel, mais s'il le faut, le premier croisera le fer contre le second. Cette police politique entend faire la police à la police d'État. Et elle le fera pendant plusieurs siècles.

L'inquisiteur demande des sauf-conduits qui lui permettent d'agir sous couvert d'une réquisition conjointe de l'État et de l'Église. Dans son *Manuel des inquisiteurs,* Eymerich fournit ce que l'on nommerait aujourd'hui des éléments de langage consignés dans des lettres types. Il suffit aux inquisiteurs de les recopier et de les envoyer aux princes. L'inquisiteur sait donc qu'il n'a de comptes à rendre à personne d'autre qu'au pape. Mais il va tout de même, pour la forme, visiter l'évêque du lieu dans lequel il prévoit de mener une enquête inquisitoriale. Une lettre est envoyée à celui qu'on suspecte d'hérésie afin qu'il se rende au couvent des dominicains le plus proche. C'est également un formulaire recopié.

Si les autorités, fictivement suppliées, refusent de collaborer, elles sont alors persécutées elles aussi. En cas d'acceptation, les choses sont simples. La mise en scène montre théâtralement la soumission du pouvoir temporel du temporel au pouvoir temporel du spirituel. Les officiels jurent publiquement dans une église, ou un autre lieu, leur soumission à la police de l'Inquisition : « Ils proclameront leur serment à genoux, devant le livre des Quatre Évangiles qu'ils toucheront de leur main. » Ils liront une autre formule type écrite pour eux en regard de laquelle ils s'engagent à accuser, dénoncer, poursuivre, arrêter, faire arrêter et ne jamais avoir aucun type de commerce avec lesdits hérétiques. Le roi, le prince, l'empereur, le souverain, le monarque se mettent donc à genoux devant l'inquisiteur.

Ceux qui demandent un délai de réflexion filent un mauvais coton. On les requiert vivement – « Nous vous ordonnons de vous présenter » ; on les menace de peines – excommunications et peines plus graves encore ; on les absout s'ils consentent à se soumettre. Dans le cas contraire, on redouble d'insistance et de menaces : on proclame les excommunications dans les églises ; on jette sur leur sol des chandelles allumées en signe de deuil ; on fait sonner les cloches plusieurs fois par jour. En cas de refus de ralliement : on étend l'excommunication aux proches, la famille et les amis. Si le refus persiste : on punit collectivement plus largement encore et l'on accable la population d'une ville ou d'une région en la privant de sacrements – plus de baptêmes, plus de mariages, plus d'enterrements. Si malgré tout cet arsenal répressif les tenants du pouvoir temporel ne s'agenouillent pas, ils sont alors traités comme des hérétiques eux-mêmes. Francisco Peña ajoute dans son commentaire qu'on punira aussi les récalcitrants en leur interdisant : la médecine et les professions juridiques, à eux ainsi qu'à leurs enfants et petits-enfants ; les vêtements précieux et de prix ; les bijoux, le port de l'or et de l'argent, celui de la soie, mais aussi celui de souliers incisés ou peints !

On les expulsera de la cité ; on les confinera en exil dans une autre ville.

L'inquisiteur s'entoure d'un « commissaire inquisitorial » qui doit avoir passé quarante ans. « Ce sera un homme prévoyant, sage, exemplaire dans son savoir et dans ses mœurs, plein de zèle pour la sainte foi. » La prévoyance, la sagesse, l'exemplarité, le savoir, les mœurs seront moins exigés que le zèle qui, lui, ne fera jamais défaut ; il s'avérera d'ailleurs la qualité nécessaire et suffisante à l'exercice de cette nouvelle profession destinée à asseoir l'universalité de l'amour du prochain par la foi.

Le type se trouve ainsi créé ; il est appelé à régulièrement réapparaître dans l'histoire. Cet homme reçoit en effet les « délations, informations et accusations de qui que ce soit, contre qui que ce soit ». Ensuite, il cite à comparaître, il convoque les témoins et les « délinquants », il arrête les prévenus, il reçoit les témoignages et les aveux, il les examine, il appelle à témoigner. L'inquisiteur lui ouvre également un nouveau champ des possibles : « Torturer – avec Monsieur l'évêque *[sic]* – pour obtenir des aveux. » Il incarcère. On se demande ce que Jésus aurait pensé de tout ce déploiement de zèle évangélique en sa faveur.

L'inquisiteur convoque le clergé et les croyants à un grand sermon donné dans l'église. Une fois encore, Eymerich fournit la lettre type… Quarante jours d'indulgence sont accordés à ceux qui viennent écouter l'inquisiteur. Rappelons que l'indulgence accélère le salut que permettent en temps normal des actes de foi et des pratiques adéquates. Le pécheur a été pardonné grâce à la confession, mais sa faute demeure ; elle exige donc un rachat : l'indulgence abolit partiellement ou totalement la nécessité de ce rachat. On le sait, le commerce des indulgences jouera un rôle majeur dans l'avènement de la religion réformée. Se rendre au sermon de l'inquisiteur, c'était donc effacer quarante jours de pénitence.

À la fin de son sermon, l'inquisiteur invite à la délation de tous par tous et demande à son notaire de lire l'autre lettre type qui invite à la chose : « Si quelqu'un sait qu'un tel a dit ou fait quelque chose contre la foi, qu'un tel fait sienne telle ou telle erreur, il est tenu de le révéler à l'inquisiteur. » En guise de nouveau cadeau, ce dernier annonce qu'il décrète trois années d'indulgence pour qui collabore à son entreprise par la dénonciation des hérétiques. Pour preuve il précise : « C'est ainsi que le notaire qui vient de vous lire les sommations vient de gagner trois ans d'indulgence. Tous ceux qui me dénonceront un hérétique ou un suspect en gagneront autant. »

Puisque nous sommes dans la série des cadeaux, l'inquisiteur accorde également un mois de grâce spéciale à ceux qui se dénonceront eux-mêmes comme hérétiques. Une plus grande miséricorde leur sera accordée s'ils viennent de leur propre fait avouer leurs fautes, les regretter et demander pardon. Le dispositif inquisitorial est donc simple : dénoncer ou se dénoncer, avouer, regretter, demander pardon, être jugé par l'inquisiteur qui décide de la suite à donner à l'affaire par une peine appropriée.

L'Inquisition qui veut faire triompher la foi met en scène nombre de passions tristes : la dénonciation ne va pas sans jalousie, sans méchanceté, sans malveillance, sans haine… Nous sommes loin de l'amour du prochain, du pardon des péchés, de la bienveillance fraternelle, de la communauté des hommes de bonne volonté réunis dans la foi en la parole des Évangiles ! Le procès a besoin d'accusation ou de dénonciation. On donne même à la rumeur un rôle majeur, déterminant, parfois décisif : « Le bruit court dans telle ville ou dans telle région qu'un tel a dit ou fait telle chose contre la foi ou en faveur des hérétiques » – voilà qui suffit à mettre en branle la lourde machine de l'Inquisition. Et ce bruit peut conduire un homme au bûcher parce qu'il croit que, peut-être, le Père, le Fils et le Saint-Esprit ne sont pas trois instances en une même personne, même s'il est bon, doux, amical, tendre et généreux avec son prochain. Aux yeux de l'inquisiteur, mieux vaut un méchant homme qui croit aux dogmes qu'un homme bon ignorant leur détail. Le catholicisme a cessé d'être une morale contre la politique romaine ; il est devenu une politique immorale à visée impériale.

L'inquisiteur dit clairement : « Dans les affaires de foi, la procédure doit être sommaire, simple, sans complications et sans tumultes ni parades d'avocats et juges. On n'y est pas tenu de montrer d'acte d'accusation à l'accusé, ni d'y introduire débat. On n'y admet pas d'appel dilatoire ni d'autres choses de ce genre. » Autrement dit : voici un droit qui ne s'embarrasse pas beaucoup de droit et qui veut expédier très vite les affaires sans que les avocats de la défense aient leur mot à dire. Pas besoin de motif d'accusation, inutilité des avocats, aucun intérêt à conduire des débats, vanité des procédures... Jamais le droit n'est allé aussi loin dans la codification de la suppression du droit doublée d'une codification des modalités de cette suppression. Jésus, reviens.

Nicolas Eymerich donne en effet les détails de l'interrogatoire des témoins. L'interrogatoire exige la présence de cinq personnes : le juge inquisitorial, le témoin ou l'accusé, le notaire et deux témoins inquisitoriaux qui sont des clercs. Eymerich accumule les questions et l'apprenti inquisiteur n'aurait qu'à suivre chaque ligne du manuel pour effectuer sa tâche : il doit prêter serment et dire s'il connaît l'accusé, depuis quand, dans quels termes, s'il est parent, si oui, à quel degré, ce qu'il sait de l'accusé, ce qu'on en dit, ce qu'est sa réputation, s'il a vu ou entendu l'accusé dire ou faire ceci ou cela, comment il se comporte, avec modération ou ironie, de façon péremptoire ou détournée. Quant à lui, il dira s'il n'est animé ni par la haine, ni par la vengeance, ni par le ressentiment. Il s'engage à tenir secret l'ensemble de ce qu'il aura vu. Le notaire consigne – et gagne ainsi ses indulgences.

Dans son commentaire, Francisco Peña commente un propos de Nicolas Eymerich qui s'inquiète de savoir si l'accusé faisait de l'humour ou parlait sérieusement à propos d'une saillie qui pouvait apparaître hérétique. Il précise que « des propos légers sur Dieu, sur les saints, ne sauraient rester impunis ». Faire rire, « amuser la galerie » avec les choses de la religion relève de la faute à punir. Le juriste épargne ceux qui auraient professé des hérésies en rêvant et on ne tiendra pas compte des hérésies qu'aurait pu proférer un enfant, ou un vieillard retombé en enfance. Le dormeur, l'enfant et le vieillard peuvent dormir, jouer et délirer en paix.

L'accusé prête serment sur le livre des Quatre Évangiles sur lequel il pose la main et énonce qu'il va dire toute la vérité. L'inquisiteur lui pose des questions : lieu de naissance, lieu d'origine, identité des parents, identité des éducateurs, domiciles, voyages, déplacements. Il s'agit de conduire l'accusé à l'aveu : « Selon les réponses, l'inquisiteur orientera ses propres questions pour avoir l'air d'en venir tout naturellement à *la* question. On lui demande si dans tel ou tel lieu il n'a pas entendu parler de telle question (celle dont, *sans qu'il le sache*, il est accusé). » Les italiques du *sans qu'il le sache* sont dans le texte, c'est dire que l'accusé ne sait même pas pour quelle raison il comparaît, tout juste dénoncé par une connaissance dont il ignore le nom.

Enfermé, l'accusé est interrogé à nouveau, précisément sur ce qu'il nie : « L'inquisiteur insistera jusqu'à ce que l'accusé en vienne à sortir quelque chose d'autre : dans ce cas, les renseignements obtenus seront recueillis par le notaire et les témoins inquisitoriaux, et ils rejoindront, dans l'acte, les dénégations ou les aveux précédents. » La torture fait partie de l'arsenal justifiable pour obtenir l'aveu. Une seule condition est exigée : la présence de l'évêque sans lequel on ne peut soumettre un homme à la question. Mais l'évêque peut déléguer…

Nicolas Eymerich affirme que : « La ruse est la meilleure arme de l'inquisiteur » (164). On s'étonne, enfin pas trop, que la ruse devienne un argument en faveur de la foi catholique alors que les Évangiles ne lui laissent pas la bonne place. C'est en effet « par ruse » (Matthieu 26, 4 ; Marc 14, 1) que les Grands Prêtres et les anciens se concertent en vue d'obtenir l'arrestation de Jésus, arrestation qui le conduit à la mort. La ruse renvoie à la séduction qui reste attachée au serpent, l'autre nom de Satan, du diable… Rappelons-le pour les têtes de linotte : « Le serpent était le plus rusé de toutes les bêtes des champs que Yahvé Dieu avait faites » (Genèse 3, 1). Ruse, séduction, égarement, tromperie, leurre, fourberie, mensonge, hypocrisie, imposture – avec l'onction catholique, les vices païens deviennent des vertus chrétiennes.

Les hérétiques (disons plutôt : les suspects d'hérésie…) recourent donc à la ruse. L'inquisiteur classifie et analyse « dix astuces des hérétiques pour répondre sans avouer ». L'abondance d'exemples en illustration des thèses montre que le manuel procède de l'expérience, qu'il est une théorie empirique constituée par l'observation de nombreux procès. L'équivoque, la réponse à côté, la réponse par addition d'une condition, la surprise feinte, le pinaillage sur les mots, le détournement de leur sens, l'autojustification, le malaise feint (« les femmes disent qu'elles ont leurs règles »), la folie ou la stupidité simulées, la dissimulation sous des airs de sainteté, tout est bon pour éviter l'aveu que veut absolument l'Inquisition.

Francisco Peña commente le passage où il est question de la folie simulée. Comment savoir si elle l'est ou non ? Simple : « Pour en avoir le cœur net, on torturera le fou, vrai ou faux. S'il n'est pas fou, il continuera difficilement sa comédie sous la douleur. S'il y a des doutes et que l'on ne puisse croire qu'il s'agit bien d'un vrai fou, qu'on le torture quand même, car il n'y a pas lieu de craindre que l'accusé meure sous la torture *(cum nullum hic mortis periculum timeatur)* » – en français : *alors qu'aucun danger de mort n'est craint ici*. Le bon tortionnaire épargnant la vie que le bourreau prendra.

Dans le cas où l'on conduit l'hérétique supposé à la mort et qu'il continue de blasphémer, que faut-il faire ? Puisqu'il blasphème, il est en état de péché, entrant dans la mort il ira donc directement en enfer : doit-on prendre ce risque ? Ne faut-il pas plutôt l'épargner et tâcher de le ramener à la raison ? Francisco Peña règle le problème simplement, sans trop de charité chrétienne ni de compassion, loin de l'amour du prochain et du pardon des péchés. Il écrit en effet : « Il faut rappeler que la finalité première du procès et de la condamnation à mort n'est pas de sauver l'âme de l'accusé, mais de procurer le bien public et de terroriser *[sic]* le peuple. Or le bien public doit être placé bien plus haut que toute considération charitable pour le bien d'un individu » *(id.)*. La raison d'État catholique trouve ici sa définition. La raison d'État mais aussi la mécanique terroriste au service de l'État. Le Tribunal révolutionnaire et le gouvernement révolutionnaire de 1793 disposeront d'une forme politique mise au point dès cette époque.

Et si le fou est vraiment fou ? « On le gardera en prison en attendant qu'il retrouve la raison : on ne peut pas livrer à la mort un fou, mais on ne peut pas davantage laisser le fou impuni. Quant aux biens du fou, ils seront donnés à un procureur ou aux héritiers. » Après l'usage de la délation comme venin social puis l'invention de la raison d'État et du gouvernement par la terreur, l'Inquisition conçoit également le traitement politique de la folie. Croire que l'incarcération du fou suffit à guérir de cette pathologie c'est, entre les médecines de la folie si souvent extravagantes à cette époque et la compassion de quelques saintes personnes animées par un christianisme véritable, vouloir faire du fou un hérétique qui ne saurait pas qu'il l'est lui-même, mais qui serait tout de même coupable de l'être. Variation sur le thème de la transmission du péché originel !

Les hérétiques recourent à la ruse pour ne pas répondre, de même avec l'inquisiteur qui souhaite l'aveu à tout prix. Nicolas Eymerich établit donc une nouvelle liste, celle des astuces qu'il doit utiliser pour contrecarrer celles des accusés. Il lui faut : démonter les équivoques dans les discours ; parler avec calme et douceur ; laisser croire qu'il sait déjà tout ; promettre qu'il va accorder le retour de l'inculpé chez lui ; lire les dépositions des témoins sans citer leurs noms ; feuilleter le dossier et laisser croire qu'il sait déjà tout ; rétorquer à un propos qu'il est faux en tenant un papier entre ses mains « et il lira dans son papier, en changeant ce que bon lui semblera » ; éviter d'en dire trop pour montrer qu'il sait peu ou pas ; feindre d'avoir à partir longtemps et souhaiter expédier le dossier pour ne pas laisser le pauvre homme longtemps dans le cul-de-basse-fosse ; multiplier les interrogatoires, varier les questions ; « le soumettre à la question et lui arracher ainsi les aveux par la torture » ; le mettre en présence de délateurs dans sa cellule ; promettre la grâce en sachant que « tout ce qui est fait pour la conversion des hérétiques est grâce » et que, donc, la torture entre dans la catégorie des grâces de ce type ; faire entrer dans sa cellule un faux converti qui extorquera ses confidences pendant que, dans les ténèbres, le notaire guettera le moment des aveux pour les noter... Eymerich précise que toutes ces ruses sont mises en œuvre « en tenant toujours pour coupable l'accusé ». Autrement dit : le prévenu est d'abord décrété coupable sans qu'on ait besoin d'en faire la preuve. La présomption d'innocence n'est pas très catholique. Toutes les techniques de l'interrogatoire sont là, non pas pour obtenir la vérité, mais pour arracher un aveu. Le péché originel ne fait-il pas *déjà* un coupable de tout homme qui n'a rien fait ?

Dans son commentaire, Francisco Peña justifie le mensonge pour la bonne cause : « Le mensonge que l'on fait judiciairement et au bénéfice du droit, du bien commun et de la raison, celui-là est parfaitement louable. À plus forte raison, celui que l'on fait pour détecter les hérésies, déraciner les vices et convertir les pécheurs. » Délation, accusation, imputation, suspicion, soupçon, mensonge, ruse, tromperie, séduction, dissimulation, hypocrisie, rouerie, fourberie, fausseté, duplicité : le catholicisme a transformé les vices jadis dénoncés par le Christ en vertus désormais pratiquées par la papauté et son clergé armé. Torturer, c'est aimer ; maltraiter, c'est sauver ; blesser, c'est guérir ; emprisonner, c'est libérer ; salir, c'est lustrer ; humilier, c'est élever ; mentir, c'est dire vrai – dans cette période de l'histoire, le droit chrétien permet d'étranges transsubstantiations.

Le procès doit être rapide : l'idéal serait qu'une dénonciation conduise tout de suite à une punition… La délation d'un voisin le matin, le bûcher le lendemain. Le climat de terreur explicitement voulu par Eymerich est à ce prix. On gouverne mieux chrétiennement en semant autour de soi la peur, la crainte, la frayeur, l'inquiétude, l'appréhension. Chacun est l'ennemi potentiel de chacun. Tous vivent sous le regard d'autrui. Un silence ici peut se trouver transformé là en procès éclair conduit par la main du diable qu'est l'inquisiteur. La procédure vise à faire tomber la sentence comme la foudre – vite.

On ne peut interdire l'avocat, les ficelles paraîtraient trop grosses ; mais l'inquisiteur le choisira « très croyant » – non pas *croyant*, mais *très croyant*… On voit mal comment ce *très croyant* pourrait aller contre les réquisitions de l'inquisiteur qui agit mandaté par le pape, secondé par l'évêque entouré d'ecclésiastiques ! Prendre le risque de défendre un supposé hérétique que sa comparution transforme en hérétique réel (qui peut ne pas le savoir mais qui doit tout de même l'avouer…), voilà qui montrerait un héroïsme hors norme ! Dans son commentaire, Francisco Peña ajoute qu'il faut que cet avocat « soit d'un bon lignage, de très vieille souche chrétienne ». Disons : juge et partie…

Le même Peña va plus loin et avoue « l'inutilité absolue d'une défense ». Il ajoute que « le rôle de l'avocat est de presser l'accusé d'avouer et de se repentir, et de solliciter une pénitence pour le crime qu'il a commis ». Un avocat à charge, c'est un procureur ! Le juriste ajoute que l'accusé pourra communiquer avec cet avocat, bien sûr, mais toujours en présence de l'inquisiteur. Dans le cas d'un mineur conduit au tribunal inquisitorial, un curateur sera nommé et parlera pour lui – ainsi, les choses ne manqueront pas d'aller vite...

Les témoins seront à charge, bien sûr. Et l'on n'en refusera aucun, même si un trop grand nombre est à craindre pour cause d'allongement de la procédure. Tous peuvent être témoins, « même les infâmes, les criminels de droit commun et leurs complices, les parjures, les excommuniés, tous les coupables de n'importe quel délit ». Bonne fille, l'Église n'est pas regardante quand il s'agit d'envoyer *ad patres* quelqu'un qui aura regardé l'hostie avec distraction au moment de l'élévation. Dans cet ordre d'idée, évidemment, la récusation des témoins est interdite.

Nicolas Eymerich théorise ensuite les fourberies qui lui permettront d'obtenir les aveux. Sans complexe, il écrit : « On établira pour l'accusé une copie de l'acte d'accusation complètement manipulée *[sic]*, de sorte qu'elle attribue au premier délateur les délations du sixième, à l'avant-dernier celles du troisième, etc. Ainsi l'accusé ne saura pas qui dépose comme ceci, qui l'accuse de cela. » L'accusation sera donc anonyme. « Dans la copie soumise à l'accusé, on mélangera aux noms des vrais délateurs des noms, choisis au hasard, de personnes qui n'ont jamais témoigné contre lui. » L'acte d'accusation sera donc falsifié.

Les sentences prononcées par le tribunal sont codifiées : elles vont de l'absolution à la condamnation en passant par des subtilités juridiques – « seulement diffamé », « soumis aux questions et aux tortures », « faiblement suspect », « fortement suspect », « gravement suspect », etc. Dans le cas de l'absolution, l'inquisiteur veillera à ne pas laisser croire à l'accusé qu'il a gagné : « L'inquisiteur prendra garde de ne pas déclarer dans sa sentence absolutoire que le dénoncé est innocent ou exempt, mais bien de préciser que rien n'a été légitimement prouvé contre lui. » Autrement dit : dénoncé un jour, coupable toujours, mais l'absence de preuve ne prouve pas l'absence de faute. Seul l'aveu de la faute fait la faute ; mais l'absence d'aveu n'induit pas pour autant l'absence de la faute. Le péché originel n'est pas soluble dans le procès.

Absous à cause d'un défaut d'aveu, le suspect d'hérésie s'en sort parce qu'on n'a rien pu prouver contre lui : mais l'absence de preuve ne fait pas l'innocent – il n'y a pas d'innocence dans le judéo-christianisme. Celui qui échappe aux griffes de l'Inquisition emporte avec lui une lettre type dans laquelle il est écrit : « Considérant qu'il résulte du procès que nous t'avons fait, à toi, un tel, [...] qui nous a été dénoncé d'hérésie, et particulièrement [...], que nous n'avons pas obtenu tes aveux, et que nous n'avons pu te convaincre du délit dont tu es accusé, ni d'autres, mais qu'il apparaît que véritablement tu es "diffamé" d'hérésie auprès des bons comme des méchants en telle ville, de tel diocèse », etc.

La formule « nous n'avons pu te convaincre du délit dont tu es accusé » est un chef-d'œuvre de sophisterie ! L'innocent aurait dû convenir qu'il était coupable puisqu'un délateur anonyme l'a dit ;

le procès était fait pour convaincre l'innocent qu'il n'y avait pas d'innocence et qu'il était coupable. Les preuves manquent-elles ? Ça ne vaut pas certificat d'innocence mais témoigne en faveur de la rouerie du coupable habile à masquer – ce qui constitue une culpabilité avérée. Pile : coupable par aveu. Face : coupable par manque d'aveu. Dans tous les cas, le tribunal gagne. La terreur peut ainsi faire la loi. Le bouche-à-oreille suffit pour imposer l'épouvante.

Le christianisme n'invente pas la torture, bien sûr. Mais il ne l'abolit pas. Au contraire : il en fait une technique de propagande au service de l'amour du prochain. Elle sert en cas d'absence d'aveu. Son usage est codifié : elle doit être pratiquée sur le corps d'un supplicié nu en présence de l'évêque – à défaut, c'est un cas de récusation de l'inquisiteur et d'appel au pape. Aucun inquisiteur ne prendra le risque d'agir sans l'évêque – qui peut se faire représenter… Ne pas avouer sous la torture, c'est être innocent ; mais avouer n'est pas forcément signe qu'on est coupable. Il faut réitérer l'aveu hors torture pour qu'il soit valide. Si l'accusé confirme, il y a aveu d'hérésie ; s'il se rétracte et infirme, on reprend la torture.

Argutie scolastique, Eymerich distingue « recommencer » la torture et « continuer » la torture : recommencer est interdit, mais continuer est autorisé… Recommencer suppose l'existence de nouveaux indices ; continuer n'est jamais que la suite du même procès. Et continuer jusqu'à trois reprises, le texte l'autorise, n'est pas recommencer trois fois à torturer – c'est torturer une seule fois. L'inquisiteur finasse et distingue « torturer modérément et sans effusion de sang », « torturer décemment » (ce qui définit quinze jours de torture…), « torturer de manière traditionnelle, sans chercher de nouveaux supplices ni en inventer de plus raffinés : plus faibles ou plus forts selon la gravité du crime », « faiblement et mollement torturer ».

Francisco Peña en rajoute, comme souvent. Nicolas Eymerich n'a pas abordé le cas des enfants, des vieillards et des femmes enceintes : les deux premiers, « on peut les torturer, avec, toutefois, une certaine modération ; ils seront frappés à coups de bâton, ou fouettés » ; pour la femme, on attend qu'elle ait accouché, on la torture ensuite. Les enfants pourront subir les supplices dès dix ans et demi pour les garçons et, un an plus tôt (!) pour les filles, neuf ans et demi. L'inquisiteur prendra soin de ne pas trop abîmer l'accusé et de ne pas le tuer ; il faut éviter de causer des dommages irréversibles et des infirmités. Sans rire, Peña écrit : « Mais que tout cela soit fait sans cruauté ! Nous ne sommes pas des bourreaux. » L'Inquisition invente donc la torture sans cruauté – formidable oxymore, nouvelle transsubstantiation juridique. Pouvoirs magiques du droit chrétien !

L'État chrétien, *totalitaire* (selon le mot même de l'historien chrétien, Henri-Irénée Marrou) est également *terroriste*. Francisco Peña loue le spectacle de l'effigie brûlée en public pour son effet pédagogique : « Pratique très louable, dont l'effet terrifique sur le peuple est évident. » L'Inquisition ne souhaite que cela : la spectacularisation des procès afin d'obtenir la terreur des citoyens, et ce dans le but que le pouvoir chrétien puisse agir selon son bon vouloir, sans rébellion aucune, sans opposition.

Il s'agit donc d'obtenir le fameux *effet terrifique* sur une population qui ne sait ni lire ni écrire, ni penser donc, mais qu'on envoie tout de même au tribunal comme si, sous les questions du docteur en théologie qu'est toujours l'inquisiteur, elle devait pouvoir effectuer le bon choix entre les *homoousiens* pour qui le Père et le Fils sont d'une même nature, les *homoiousiens* pour qui leurs substances seules sont semblables, les *homéens* pour qui le Fils ressemble au Père et les *anoméens* pour qui Père et Fils sont dissemblables. Qui savait à l'époque, et qui sait encore aujourd'hui, que la doctrine officielle de l'Église a opté pour la première formule – après quatre siècles d'interminables débats ?

Pour obtenir l'*effet terrifique*, l'Inquisition spectacularise son théâtre : les abjurations s'effectuent au beau milieu de l'église, avec un accusé placé en haut d'un échafaud construit au milieu de l'édifice ; les condamnés portent un « sac béni », autrement dit un vêtement avec croix devant et derrière, porté plus ou moins longtemps, exhibé à l'entrée de l'église ; les humiliations sont publiques, les malheureux sont livrés à la vindicte de la populace sachant que sa haine lui ouvre la voie des indulgences ; les condamnés marchent pieds nus dans la rue, torse nu, et se font fouetter de verges, les ecclésiastiques ne ménagent pas leurs coups ; les uns sont emmurés vivants et passent leur vie entière dans une cellule privée de lumière ; les autres croupissent dans les mêmes lieux, une « prison terrible », écrit Peña, mais chargés de chaînes ; l'inquisiteur fait venir les enfants du condamné, « surtout s'ils sont petits », pour éprouver le prisonnier ; le contumax est brûlé en effigie ; la torture est infligée : bâton qui tuméfie, cordes qui entravent, chevalet qui immobilise le corps sous les coups, estrapade qui disloque les membres, charbons ardents qui brûlent au dernier degré, supplice de l'eau qui étouffe et suffoque, brodequins qui broient le pied, cage de fer, cercueils garnis de pointes, masques de bêtes ; l'hérétique est conduit au bûcher, son supplice est donné comme un spectacle sur la place publique avec un grand renfort de décorum.

Eymerich et Peña prennent soin de distinguer les victimes. Certes, tous sont redevables de la justice inquisitoriale, mais les ecclésiastiques et les puissants moins que d'autres. On hésite avec les princes et les rois et l'on confie le dossier au souverain pontife ; on torture mollement les curés, les prêtres, les moines, et l'on évite le pape et les légats, les évêques et les cardinaux, les inquisiteurs, bien sûr, qui, pour leurs bonnes actions en faveur de la foi, acquièrent l'indulgence plénière. Peña liste ceux avec lesquels il faut être prudent : « Les princes, les ducs, les marquis, etc., mais aussi les membres du conseil royal, les sénateurs, les riches barons, les magistrats des villes, les gouverneurs, les consuls, les *podestà*, etc. Que l'inquisiteur soit prudent avant d'engager des poursuites contre les personnalités de cette sorte, surtout si elles sont puissantes (car elles entraveront alors le travail du Saint-Office) et l'inquisiteur pauvre, et faible. »

En revanche, justice de classe oblige, on s'en donnera à cœur joie avec les pauvres, les petits, les sans-grade, les misérables, les paysans, les artisans, les tâcherons, les journaliers, les petits commerçants, les ouvriers agricoles. Tout habité par l'amour du prochain, Francisco Peña écrit en effet : « On utilisera avec circonspection les témoignages des serfs, car ils sont généralement d'une extrême malveillance envers leurs maîtres. » On se demande bien pourquoi…

La théâtralisation atteindra son effet maximal avec les procès de morts suspectés d'hérésie ! L'Inquisition ignore la paix des tombeaux, elle méconnaît l'extinction de la haine à l'entrée des cimetières. Celui qui aura enterré l'hérétique exhumera son cadavre ;

on brûlera ses ossements en évitant d'y associer des bouts de squelettes de bons chrétiens ; on « procède », comme il est dit, contre la charogne ; on jette l'anathème contre elle ; on dépouille ses héritiers de ses biens ; on donne l'argent au fisc ecclésiastique ou civil ; on punit les enfants du défunt ; on rase sa maison, on nivelle le sol, on jette du sel sur la terre ; on interdit toute reconstruction ; les pierres sont propriété du fisc ecclésiastique.

À ce jour, l'Inquisition n'a pas été abolie ; elle a juste changé de nom. Elle se nomme désormais la congrégation pour la Doctrine de la foi.

3

Fulminer des monitoires contre les cochons

Un tribunal pour extirper la bête en l'homme

Noël 1386, Falaise (Calvados).
Jugement et pendaison d'une truie pour homicide.

Au paradis, tout étant possible, un serpent parle. Dieu parle, normal, il a inventé le langage, il a bien le droit de s'en servir ; Adam et Ève parlent, normal, Dieu les a créés, il a bien le droit de doter ses créatures de la parole, d'autant que c'est plus facile pour se faire entendre par elles ; le serpent parle aussi, normal, ce qui vaut pour l'homme et la femme peut bien valoir également pour le serpent, d'autant que ce serpent est le diable et que le diable c'est un ange déchu. En tant qu'ange, il n'eut pas besoin de langage, puisqu'il est admis par jurisprudence patristique que ces créatures communiquent par impulsion d'intuition, mais en tant que diable, pour séduire, il lui faut bien utiliser cette arme magnifique qu'est le langage.

Ève parle avec le serpent, normal, si l'on est doué de cette faculté, nulle raison de se l'interdire avec quiconque en est également doué. On peut en effet lire dans la Genèse : « La femme répondit au serpent » (3, 2), puis « Le serpent répliqua à la femme » (3,4), ou bien « L'homme dit à Dieu » (3, 12), sinon « Yahvé Dieu dit à la femme » (3, 13), voire « Yahvé Dieu dit au serpent » (3, 14). On connaît l'histoire : Dieu interdit de goûter du fruit de l'arbre de la connaissance – donc il défend à l'homme de chercher à savoir ; Adam ne verrait aucun inconvénient à obéir, c'est un homme, mais Ève ne l'entend pas de cette oreille, c'est une femme ; avisée par le serpent qui lui dit que goûter ce fruit de l'arbre de la connaissance, c'est connaître le bien et le mal, donc se faire ainsi semblable à Dieu, elle décide de savoir ; Dieu les punit, elle et son homme, qui n'a pourtant rien fait, en les chassant du paradis. Les ennuis commencent alors.

Les procès d'animaux témoignent que la pensée magique a longuement entravé l'intelligence des hommes. Le premier date de 1120, il concerne des mulots et des chenilles à Laon, en France ; le dernier est rendu en 1846 à Pleternica, en Slavonie, contre un cochon. Une quantité d'animaux ont été appelés au tribunal, on a instruit leur procès, on les a défendus, puis jugés, ils ont été condamnés, qui à l'excommunication, à la pendaison, à la relaxe, qui à la relégation, à la réhabilitation, à l'acquittement. Certains cochons ont été exécutés à l'arbalète, pendus, assommés, découpés et jetés aux chiens, d'autres enterrés vivants, torturés parfois même, le grouinement valant aveu. Le tout sans que le pouvoir religieux y trouve à redire, et pour cause, puisqu'il était partie prenante de cette justice des hommes contre les forfaits des animaux.

Ces huit siècles de procès rendus contre les animaux concernent nombre de pays de l'Europe chrétienne : des anguilles à Genève (Suisse) en 1221 ;

des sauterelles et des vers dans le Tyrol (Autriche) en 1338 ; à nouveau des sauterelles en Lombardie (Italie) en 1541 ; un cochon à Francfort (Allemagne) en 1572 ; un chien en Écosse en 1500, un cheval au Portugal en 1550, des rats en Espagne à la même époque ; une jument à Wünschelburg (Silésie) en 1676 ; un bouc en Sibérie (Russie) au XVIIe ; de la vermine au Danemark en 1711 ; un chien à Chichester (Angleterre) en 1771 ; un cochon à Pleternica (Slavonie) en 1846… Hors Europe, mais en terre chrétienne, il y eut aussi des procès contre une vache, deux génisses, trois moutons et deux truies en 1662 à New Haven (Connecticut), contre des tourterelles au Canada fin XVIIe, le voyageur ethnologue La Hontan nous en a rapporté le détail, contre des termites au Brésil en 1713 et au Pérou fin du XVIIIe…

Pendant la Révolution française, en avril 1794, preuve que l'épistémè judéo-chrétienne fonctionnait encore à plein, un perroquet a lui aussi été condamné au tribunal d'Arras, la ville de Robespierre, parce qu'il criait « Vive le roi ! ». Le propriétaire du volatile, un vieux monsieur de soixante-quinze ans, aristocrate, que le conseil municipal avait pourtant innocenté de tout militantisme royaliste, la fille et la servante ont été guillotinés. « La Fraternité ou la mort »… Après jugement, l'oiseau a été innocenté, parce que victime de la manipulation des aristocrates. Le tribunal l'a mis en rééducation politique chez la femme du commissaire de la République.

On remarque dans cette liste que les animaux sauvages côtoient les animaux domestiqués : la sangsue des marais et la jument de la ferme, les anguilles de la vase des rivières et les vaches qui fournissent le lait de la famille, les charançons dévorant les bourgeons de la vigne et les chiens qui gardent la maisonnée. Tous les animaux sont donc susceptibles d'être convoqués au tribunal. Sauf – sauf : le serpent. On ne peut imaginer que, pendant plus de cinq siècles, cet animal au venin mortel n'ait pas mordu un innocent catholique qui marchait dans un chemin – voire un curé emportant l'extrême-onction à travers champs… L'animal emblématique du mal échappe à la condamnation, comme un tabou justifiant mon hypothèse que le tribunal pour les animaux est un tribunal pour les hommes qui prend le prétexte des animaux.

Car les procès sont spectacularisés et publics. La théâtralisation s'adresse aux animaux, certes, car on leur prête la faculté humaine d'entendre et de comprendre, mais aussi aux hommes à qui l'on donne ainsi une leçon de théologie théiste : Dieu a créé le monde et tout ce qui advient procède de son bon vouloir. Il a créé le jour et la nuit, le bien et le mal, la santé et la maladie, la vie et la mort, la paix et la guerre, la prospérité et la famine, l'abondance et la rareté, la richesse et la pauvreté. Les voies du Seigneur sont impénétrables, mais elles ne sauraient être mauvaises, puisque tout ce qui advient est voulu par Dieu.

Les preuves s'en trouvent données dans l'Ancien Testament. Ainsi, Dieu dit à Moïse : « Si vous suivez mes ordonnances, si vous observez mes commandements et si vous les pratiquez, je donnerai vos pluies en leur temps ; la terre donnera sa récolte, l'arbre des champs donnera son fruit ; le battage se prolongera pour vous jusqu'à la vendange et la vendange se prolongera jusqu'aux semailles » (Lévitique 26, 3-6). Puis ceci : « Mais si vous ne m'écoutez pas et si vous ne pratiquez pas tous mes commandements, si vous dédaignez mes ordonnances et si votre âme prend mes règles en dégoût, en sorte que vous rompiez mon alliance, voici ce qu'à mon tour je vous ferai : je préposerai sur vous l'épouvante, la consomption et la fièvre, qui consument les yeux et épuisent l'âme. Vous sèmerez pour rien votre semence : ce sont vos ennemis qui la mangeront » (26, 14-16). Mais également cela : « Si vous marchez contre moi et ne voulez pas m'écouter je continuerai de vous frapper au septuple de vos péchés. J'enverrai parmi vous la bête des champs, qui privera vos enfants, supprimera votre bétail et vous réduira à un si petit nombre que vos chemins seront déserts » (26, 21-22). De même lit-on dans le Deutéronome : « Si tu n'écoutes pas la voix de Yahvé, ton Dieu, en ne veillant pas à pratiquer tous ses commandements et ses ordonnances que je te prescris aujourd'hui, toutes les malédictions que voici arriveront sur toi et t'atteindront » (28, 15) – suit une incroyable liste de malédictions parmi lesquelles les récoltes ravagées par les insectes (28, 38), les vignes détruites par les vers (28, 39), les arbres et les fruits mangés par les hannetons (28, 42).

Dès lors, tous les animaux qui dévastent les cultures relèvent du projet de Dieu : le Créateur veut la prolifération des bêtes qui anéantissent les récoltes pour imposer la famine à des hommes qui l'ont méritée parce qu'ils n'ont pas été assez pieux. S'ils sont plus chrétiens encore, alors Dieu n'aura pas besoin d'envoyer des calamités pour ramener les hommes dans le droit chemin. Il faut donc mettre en scène ce procès du Mal afin que le Bien advienne. Des processions, des prières, des jeûnes, des cérémonies expiatoires, des messes, des dons, des aumônes, l'exercice de la foi et de la charité, voilà qui apaisera la colère de Dieu dont la cause est le manque de foi des hommes. Le tribunal est un sermon élargi.

Le premier procès est antérieur au dispositif de l'Inquisition. Il pourrait bien en fait en être la matrice. En 1221, le dominicain Raymond de Peñafort rédige une *Somme des cas de pénitence* ; en 1234, il compile les *Décrétales* de Grégoire IX et fonde ainsi le droit canon qui reste en vigueur jusqu'à la réforme introduite par Benoît XV – en 1917... Ce qui rend possible l'Inquisition décrétée en 1231 par le pape Grégoire IX se trouve ainsi mis en place. Mais le premier procès impliquant des animaux a lieu exactement un siècle avant, à Laon, où le tribunal épiscopal juge des anguilles du lac Léman. L'avocat ayant correctement effectué son travail, les anguilles obtiennent une partie du lac à leur usage exclusif.

L'Église pourchasse le mal, or le mal, c'est le diable, Satan. L'art le montre toujours comme une figure monstrueuse faite de collage de ce qui dans l'animal est une menace pour les hommes : les cornes du bouc qui peuvent éventrer, la langue bifide du serpent qui sort d'une bouche pleine d'un venin qui tue, les écailles du reptile parent du serpent, la queue fourchue d'un animal primitif qui détruit tout sur son passage, les ailes de peau de la chauve-souris, animal de nuit qui, dit-on, boit le sang des humains comme les vampires, les sabots fourchus comme le porc animal impur, les griffes du lion qui lacèrent et tuent, les pattes du loup qui déchiquettent leurs proies, les oreilles pointues du chien, lui aussi animal impur, les longs poils noirs des mammifères tel le singe, les pattes filiformes comme celles d'un crapaud, la couleur brune de la kératine des insectes...

D'une certaine manière, le mal, c'est la bête qui reste en l'homme, proclame l'Église. Le péché, c'est la sauvagerie de l'animal qui refuse d'obéir, qui rechigne à se soumettre à l'interdit édicté par Dieu. Il n'y a pas loin de la compagne d'Adam à la bête tentatrice, de la femme insoumise à l'animal séducteur, d'Ève au serpent. Dans le procès intenté aux animaux, on découvre les prémices des procès bientôt intentés aux sorcières, puis aux hérétiques. Ce qui, en l'homme, veut la vie entre dans le registre de l'animalité. Il faudra désormais ne pas vouloir la vie et lui préférer l'obéissance à Dieu – du moins, à ceux qui s'en réclament.

Noël 1385 : ce siècle qui voit en Europe un tiers de sa population mourir de la Grande Peste est celui des fresques de Giotto, du palais des Papes à Avignon, de la guerre de Cent Ans, des œuvres de Guillaume de Machaut, de la canonisation de Thomas d'Aquin, du palais des Doges à Venise, de l'Apocalypse d'Angers, de *La Divine Comédie* de Dante, de l'art gothique, du *Décaméron* de Boccace et du *Canzoniere* de Pétrarque, des poèmes de Christine de Pisan et Charles d'Orléans, des philosophies de Guillaume d'Occam et de Jean Buridan – célèbre pour son âne…

Mais c'est aussi celui de la pensée magique : on croit, comme saint Augustin, que le diable existe et qu'il peut prendre une forme corporelle ; on croit aussi, comme saint Thomas d'Aquin, à l'existence d'incubes qui abusent des femmes pendant leur sommeil et de succubes, les démons femelles qui viennent s'unir aux hommes pendant la nuit ; on croit également, tel le théologien Alain de Lille, que les cathares procèdent étymologiquement du chat, un animal diabolique, et qu'il faut donc, de ce fait, les exterminer ; on croit, comme l'évêque Césaire d'Arles, que les démons n'ont pas de postérieur, même si l'iconographie montre de vieilles fesses flasques à forme de visage avec la bouche en forme d'anus ; on croit, comme l'évêque de Lisieux Nicolas

Oresme, que l'enfer est au centre de la terre ; on croit, comme le dominicain Jean Gobi, qu'en enfer on découpe des pécheurs, qu'on les brûle dans le plomb en ébullition, qu'on les soumet aux pires tortures ou bien encore, qu'en ouvrant le cercueil d'un débauché « on trouva deux crapauds d'une taille extraordinaire dévorant son visage et un grouillement de vers et de serpents affreux dévorant avidement les yeux, la bouche et tout le cadavre » ; on affirme, comme le moine cistercien né à La Hague Guillaume de Diguleville, que les diables de l'enfer sont aidés par des loups, des crapauds, de la vermine, des serpents qui dévorent et déchiquettent, couvrent de bave et d'immondices, mordent et inoculent leur venin.

Le philosophe n'est guère plus rationnel que le poète qui ne l'est pas plus que le théologien. Le mort n'est pas vraiment tout à fait mort, car il vit son supplice comme un vivant : on le fait souffrir, on le martyrise, on lui inflige les plus terribles tortures, il est mort, certes, mais il grimace, il geint, il crie, il gémit, il hurle, il supplie. Les animaux peuvent vivre dans la fournaise et continuer à accomplir leurs tâches : le loup dévore, le crapaud bave, le serpent mord et tout ce zoo infernal s'active sans fin, en permanence et pour l'éternité. Si les philosophes croient à pareilles balivernes et convoquent le *Parménide* de Platon, les *Ennéades* de Plotin, la *Métaphysique* d'Aristote pour valider les errances de la pensée magique, quid des hommes et des femmes qui habitent dans les campagnes des provinces les plus reculées où le judéo-christianisme s'impose à coups d'épées et de gibets, de terreur et de procès, de tribunaux et de culs-de-basse-fosse ?

Donc Noël 1385, à Falaise, village de la campagne normande, dans les environs du château médiéval où

Robert le Magnifique, duc de Normandie, et Arlette de Falaise, fille d'un embaumeur, conçurent le futur Guillaume le Conquérant. La vie de paysan est rude. L'hiver est glacial. Non loin du solstice d'hiver, à la Noël, dans l'après-midi, un maçon sans travail à cause du froid (le premier arrêt pour intempérie connu...) a versé sur la paille son épouse légitime. Trois mois plus tôt, ils ont eu un enfant, Jonnet le Maux. Ils l'ont emmailloté et placé dans la bergerie attenante à la maison pour qu'il profite de la chaleur des bêtes. Deux brebis pleines dégagent l'énergie qui bénéficie au nourrisson pendant que ses parents ont opté pour un autre mode de chauffage.

Une truie de trois ans passe par là. À l'époque, le cochon domestique n'est pas encore très loin du cochon sauvage, il tient plus du sanglier aux soies drues et noires qu'au porc bien rose d'aujourd'hui. Pareil animal va et vient, il circule librement. Certes il appartient à quelqu'un, mais il se promène partout et trouve sa nourriture où il le peut : les ordures ne sont pas ramassées, elles sont jetées à même la rue quand il y a ville ou village et autour de la maison en campagne. Les porcs mangent donc alors des déchets qui, à cette époque, sont tous biodégradables. Cette truie de Falaise va vers l'enfant dans la bergerie. Il ne dépasse que le visage de ce petit paquet de langes. Elle avise ce morceau de chair et le dévore. Elle mange également une partie de la cuisse du nourrisson. Les cris alertent les parents qui assistent à la mort de leur enfant. L'enterrement a lieu le lendemain de Noël.

Les pouvoirs publics récupèrent la truie divagante et la placent en prison. Elle y reste deux semaines, le temps que le procès soit instruit et que le procureur fasse son enquête. Pendant ce temps, le propriétaire qui n'est pas personnellement inquiété assure les frais de l'emprisonnement de son animal : le gîte et le couvert. Il faut la nourrir, curer la paille souillée, refaire sa litière, donc payer le porcher qui effectue ces travaux. Début 1386, le procureur descend dans la cellule visiter la prévenue. Il la questionne... Ce qu'on nommerait aujourd'hui un avocat d'office ébauche une défense de la bête. On l'imagine sensible à la démarche...

Qu'y a-t-il dans la tête du procureur pour qu'il s'adresse à la truie en la questionnant, tout en sachant qu'elle ne risque pas de répondre ? Et dans celle de l'avocat qui plaide en faveur de la cochonne, alors qu'il n'ignore pas qu'elle ne l'interrompra pas dans sa péroraison ? Les hommes de loi savent que la bête ne parle pas, ne comprend pas, et que donc elle ne répondra pas et ne dira rien pour sa défense. Mais ils font *comme si* elle parlait, *comme si* elle comprenait, *comme si* elle allait répondre. Comment qualifier un tribunal dans lequel on sait que l'accusé n'a aucun moyen de faire valoir son point de vue, sinon comme le dispositif disciplinaire d'une parodie de justice ?

Les juges descendent à leur tour dans la cellule. Remplis de leur fonction, ils lisent la sentence à l'animal qui n'en peut mais. Des hommes en armes accompagnent les gens de robe. La femelle du cochon se prélasse dans son purin et dans son fumier. Un gardien la pique pour qu'elle se mette sur ses quatre pattes. Elle doit être debout pour entendre la lecture intégrale des minutes du procès. Faut-il s'en étonner ? La truie garde le silence. Doit-on feindre la surprise ? Elle est condamnée à mort par pendaison. Jamais annonce d'une peine capitale n'a dû faire aussi peu d'effet sur un condamné !

Les hommes de loi décident d'humaniser la bête, ce qui rend la bête humaine et justifie d'autant la mise en scène qui, au regard de Dieu, abolit la distance entre le paysan et son cochon. Pour ce faire, le bourreau coupe le groin du cochon et l'affuble d'un masque à figure humaine. Ce qui ne suffit pourtant pas. L'animal est alors habillé avec une veste et une culotte, des hauts-de-chausses aux jambes arrière et des gants blancs à celles de devant. Un cheval la traîne de la place du château jusqu'au faubourg de Guibray, le lieu de son supplice, dans lequel la justice a convoqué les paysans des alentours avec leurs animaux : chevaux et juments, taureaux et vaches, porcs et truies, boucs et chèvres, hommes, femmes et enfants. Il s'agit de donner par l'exemple une leçon de théologie aux animaux humains en prenant en otage les animaux non humains – comme on dit aujourd'hui.

Nicolas Morier, le bourreau, a mis ses gants pour éviter le contact avec la bête impure. Après son office, il les brûle et les facture à la justice. Il attache la truie par les pattes arrière, la hisse sur les fourches Caudines qui servent de gibet et la pend, tête en bas. Il entaille la cuisse de l'animal comme l'animal avait endommagé celle de l'enfant. La truie meurt. On simule l'étranglement sur son corps mort, on attelle sa dépouille sur une claie qu'un cheval traîne à nouveau en ville : il s'agit d'édifier le passant et lui faire savoir ce qui l'attend s'il contrevient à la justice chrétienne de son pays. Le corps est ensuite dépecé, démembré, jeté au feu d'un bûcher. Les cendres sont dispersées.

La coche est morte ; le paysan est puni : il ne pourra ni saler sa viande pour nourrir sa famille, ni la vendre au marché pour se payer un peu, ni lui faire faire des petits qui auraient assuré la vie de sa famille. Si les porcelets existent, ils mourront aussi, faute de lait maternel. Après avoir perdu un enfant, le couple voit la misère s'abattre sur son foyer. Avec ce procès, il s'agit aussi de punir le pauvre homme et sa femme de n'avoir pas fait attention à leur progéniture et de les responsabiliser – selon le mot du jour.

Pour donner de l'écho à ce procès bien après sa tenue, le vicomte Regnaud Rigault (vicomte est alors un titre de justice et non de noblesse en Normandie : il s'agit d'un juge royal) a passé commande d'une fresque à un peintre pour l'église de la Sainte-Trinité. Les affres du temps ont abîmé l'œuvre naïve qui disparaît en même temps qu'une partie de l'édifice en 1417. Elle a été refaite. Puis détruite à nouveau lors de travaux effectués en 1820. Pierre-Gilles Langevin, un prêtre qui l'a vue, a raconté ce qu'elle représentait : « L'enfant dévoré et son frère sont représentés sur ce mur, proche de l'escalier du clocher, couchés côte à côte dans un berceau. Puis, vers le milieu de ce mur, sont peints la potence, la truie habillée sous la forme humaine que le bourreau pend en présence du vicomte à cheval, un plumet sur son chapeau, le poing sur le côté, regardant cette expédition. » Où l'on voit que le vicomte à plumet, le bourreau ganté et le curé tonsuré contribuent chacun à leur manière au dispositif édifiant destiné à terroriser le petit peuple.

Les archives de ce procès de la truie de Falaise n'ont pas conservé trace des plaidoiries. Mais d'autres procès d'animaux montrent qu'elles constituent d'authentiques leçons de théologie qui rivalisent de sophistique chrétienne avec les cours en Sorbonne. Ainsi, en 1451, dans les environs de Berne, l'eau des étangs, des lacs et des rivières se trouve infestée par de petites sangsues. Elles sont ingérées par les enfants qui jouent dans l'eau, par les vaches qui la boivent, par les poissons qui les avalent. La calamité de ces bestioles qui contaminent tout fait songer aux dix plaies d'Égypte : les eaux chargées de sang, les grenouilles qui tombent du ciel, la poussière qui se change en moustiques, les mouches qui envahissent l'atmosphère, les troupeaux qui meurent, les humains couverts de plaies, d'abondantes chutes de grêle, une quantité de sauterelles telle que c'est la nuit en plein jour, les premiers-nés qui meurent…

Pour qui croit à la vérité des textes de la Bible, ce que raconte l'Exode semble se jouer à nouveau. Dès lors, les sangsues qui pullulent ne sont pas autre chose qu'un message de Dieu – nullement une production naturelle générée par des conditions optimales de température, d'hygrométrie, le tout susceptible d'être appréhendé et compris par la raison raisonnable et raisonnante. Dès lors, il suffit aux hommes de se rendre agréables à Dieu et de cesser de le fâcher par des actes qui diront leur foi : des prières, des rogations, des invocations, des bénédictions, des communions, des contritions, des fumigations d'encens, des offrandes sonnantes et trébuchantes destinées au clergé qui ne s'interdit pas de les accepter. La sangsue s'avère rentable.

Février 1452. Les bestioles qui se nourrissent de sang occasionnent la mort de troupeaux par hémorragies internes. Aux yeux des croyants, le trépas désigne vraiment la main de Dieu. Les bourgeois inquiets pour le commerce, les conseillers du canton soucieux de l'ordre public, le grand vicaire jamais en retard d'une occasion de reprendre ses ouailles en main, se réunissent en compagnie du prévôt, l'ancêtre du gendarme. Le vicaire donne sa version, sans surprise, c'est celle de la pensée magique : les sangsues sont envoyées par Dieu qu'il faut calmer. Certes, la mobilisation de la population a eu lieu, mais elle n'a pas été soutenue avec assez de ferveur.

On sollicite alors l'autorité de l'Église en la personne de l'évêque de Lausanne. Ce que ne peut pas le curé, l'évêque le pourra, Dieu ne sera pas insensible au fait qu'on mobilise l'une de ses autorités un cran au-dessus. Les curés rapportent l'information en chaire à leurs ouailles.

Le jour venu, l'évêque préside le tribunal et exerce le pouvoir judiciaire en compagnie d'une suite de juges, de copistes, d'huissiers, d'exorcistes. La procédure est payante ; il y a des limites à la charité des gens d'Église. L'évêque de Lausanne reçoit dans sa ville le curé de Berne. Il fait état de sa demande. Le monseigneur décide d'envoyer deux enquêteurs, des jeunes de la ville qui prennent de haut les campagnards pendant les quatre jours où ils inspectent les lieux infestés. Ils mènent leur enquête en latin et donnent leur conclusion : il y a bien prolifération anormale de sangsues. Comme il fallait s'y attendre, le tribunal conclut qu'il s'agit d'une malédiction divine et décide… d'excommunier les sangsues ! Pour ce faire, il faut tenir tribunal.

La foule n'est pas convoquée, le tribunal statue à huis clos. Le procureur établit la liste des griefs. Il fait également entendre les prévenues. Une audience contradictoire est décidée cinq jours plus tard. Trois huissiers flanqués d'assistants se rendent au bord des eaux infestées pour lire en latin une citation à comparaître. Au cas où des sangsues auraient fait la sourde oreille, des hommes frappent la surface de l'eau pour les faire remonter afin qu'elles entendent ce que les hommes leur reprochent.

Le jour venu, on ne sait pour quelles raisons, les sangsues ne viennent pas. Le tribunal attend en vain. Le président prend alors la décision d'une sommation à comparaître avec contrainte par corps : si les annélides se refusent à venir au tribunal, alors le tribunal ira à eux. Le gendarme a pour mission d'en rapporter à la barre. Mises dans des bocaux, impassibles, et pour cause, les sangsues font face aux greffiers, aux juges, au procureur, à l'avocat, au prévôt, à l'évêque. Le juge *fulmine alors son monitoire* – autrement dit, il les exhorte.

Le monitoire est en effet un avertissement solennel que le droit canon impose avant toute excommunication. Il est écrit, puis lu lors du prône pendant trois dimanches consécutifs ; on affiche le texte aux portes des églises et sur la place publique – même si la presque totalité des habitants est illettrée. On confirme ensuite l'excommunication par une cérémonie spectaculaire : les douze prêtres qui assistent l'évêque foulent au pied douze cierges, le tout accompagné d'abjurations. Le pape Alexandre III (1159-1181) est le premier pape qui introduit l'usage des monitoires. Les monitoires se fulminent…

Le texte du monitoire concernant les sangsues mérite d'être cité : « J'ordonne aux bêtes présentes, et aux absentes comme si elles étaient présentes, que dans un délai de trois jours elles se retirent des eaux de Berne, qu'elles laissent en paix les autres animaux qu'elles attaquent, et qu'elles se rendent dans un lieu où elles ne pourront nuire à personne. Je dis que si elles ne le font pas, elles comparaîtront de nouveau pour présenter les raisons de leur désobéissance. À défaut de quoi, on procédera contre elles, par contumace, à des malédictions. » On remet les prévenues à l'eau ; on guette ce qui advient ; rien n'advient.

Ce bref texte renseigne sur ce qu'est l'intelligence de l'époque, sur le fonctionnement de la pensée magique, sur les attendus ontologiques, les présupposés théologiques contenus dans la fulmination du monitoire, sur la logique des ecclésiastiques, celle des gens de loi, des juges et magistrats. L'évêque parle aux sangsues et croit qu'elles le comprennent ; lui et les siens imaginent qu'elles entendent le latin sans se demander où, quand et comment elles auraient pu l'apprendre ; il estime qu'elles peuvent obéir ou désobéir, donc qu'elles sont douées d'un libre arbitre ; il croit qu'elles peuvent vouloir faire le bien et que, si elles ne le font pas, elles choisissent de faire le mal ; il imagine que la menace de malédictions pourrait influencer leur comportement. Qu'y a-t-il dans la tête de tout ce beau monde qui parle latin et a fait des études à l'université ou au séminaire pour qu'un pareil simulacre puisse avoir lieu sérieusement ?

Comme les sangsues n'obtempèrent pas, le tribunal procède à une nouvelle contrainte par corps. Les bocaux sont à nouveau placés au centre du dispositif théologico-juridique. Le procureur que le peuple s'est choisi, un lettré qui maîtrise la langue de Virgile, reprend sa plaidoirie : il établit les dommages, raconte le déroulé de l'histoire, insiste sur le délai accordé aux accusées et poursuit : « Et parce que Dieu est plus enclin à pardonner qu'à punir, il conviendra de conclure la cause en faveur du peuple. Qu'au nom de Dieu tout-puissant, et de la sainte Église, que les sangsues de Berne soient maudites, que la justice prononce contre elles des imprécations leur souhaitant tous les maux possibles. » Le tribunal suit le procureur et décide de la malédiction.

Le curé part avec ses fidèles annoncer la sentence aux sangsues avec force processions dans les lieux infestés. Il déclame cette formule au-dessus des eaux : « Je vous exorcise, sangsues pestiférées, par le Père tout-puissant, par le Christ son fils, et par l'Esprit-Saint qui procède des deux, afin qu'à l'instant même vous vous retiriez de ces eaux et que vous vous transportiez là où vous ne pourrez plus nuire à personne, de la part de Dieu tout-puissant, de la curie céleste, et de l'Église de Dieu vous maudissant ; et que vous soyez maudites, vous affaiblissant et mourant de jour en jour jusqu'à ce qu'on ne trouve plus rien de vous en aucun lieu. Par le Christ Notre-Seigneur. Amen. » On ne sait comment les choses se sont terminées. Mais dans les années qui ont suivi, les habitants de Berne ont remis le couvert contre des rats, puis contre des hannetons, enfin contre des vers blancs.

Les plaidoiries en faveur des animaux s'effectuent en regard des Écritures. Vermine ou sangsues, rats ou amblevins, mouches ou sauterelles, il s'agit de créatures de Dieu qui les a voulues comme telles pour faire et parfaire sa Création. S'attaquer à elles, c'est s'attaquer à Lui. Par ailleurs, la Genèse le prouve, toutes les bêtes ont été créées avant l'homme ; elles occupent donc le sol depuis bien plus longtemps que lui. Le droit du premier occupant justifie que la sangsue de Berne puisse jouir du lieu dans lequel elle se trouve. Si les animalcules précèdent les hommes, c'est selon la volonté divine ; vouloir qu'il en soit autrement, c'est tout bonnement s'opposer à Dieu. Le même texte justifie que les animaux trouvent librement leur nourriture dans la nature.

L'avocat des plaignants répond lui aussi en sollicitant les Écritures. La Genèse dit également que Dieu a donné aux hommes le pouvoir sur les animaux et que les détruire s'ils sont nuisibles n'est pas en contradiction avec l'enseignement de Dieu. Par ailleurs, si Dieu avait créé d'abord Adam et Ève dans un monde sans rien et qu'il eût fallu créer ensuite le restant, dont les animaux, les humains n'auraient pu survivre, ce qui est la seule explication du fait que les animaux ont précédé l'homme : pour servir l'homme, il fallait qu'ils fussent là avant. Le droit du premier occupant n'en est donc pas un.

Dans la meilleure des hypothèses, le tribunal invitait les animaux à occuper un territoire sans gêner les hommes. La nature qui les avait fait apparaître en masse les faisait disparaître selon l'ordre de ses raisons – climatologiques, hydrologiques, géologiques. Là où la nature avait produit l'épidémie, les gens d'Église voyaient un geste de Dieu ; quand la nature régulait les choses, et la faisait disparaître, ils y voyaient encore et toujours un geste de Dieu ; quand, entre deux, il n'y avait rien de mieux ni rien de pire et que les choses stagnaient, ils voyaient également un geste de Dieu.

La lecture de la Bible justifiait ces procès, ces jugements, ces situations ubuesques dans lesquelles un juge et son tribunal décident d'habiller une truie homicide avec des habits humains avant de la faire pendre ou bien interrogent une sangsue en latin et attendent qu'elle réponde à l'assemblée. N'est-il pas en effet écrit dans l'Ancien Testament : « Le bœuf qui a tué un homme ou une femme devra être lapidé et ses chairs ne seront pas mangées ; son propriétaire, en revanche, sera quitte » (Exode 21, 28) ?

Dans le procès de la truie de Falaise, cette prescription biblique est strictement respectée : l'animal a tué un humain, il a été tué, on a brûlé le corps et dispersé ses cendres, le propriétaire n'a pas été inquiété. Le strict respect du texte fait la loi catholique, la raison dût-elle en faire les frais. Habillée avec une veste et un pantalon, des hauts-de-chausses et des gants aux pattes, portant un masque à figure humaine, la femelle du cochon ainsi grimée disait aussi aux paysans sous le gibet qu'il fallait tuer la bête qui restait en l'homme. Le christianisme était là pour leur enseigner cette ascèse. La fresque dans l'église de la Sainte-Trinité à Falaise le rappelait à ceux qui ne savaient ni lire ni écrire et qui n'avaient pas été contemporains de l'événement. On disait qu'à la Pierre Tourneuse, non loin du bourg de Falaise, treize fantômes de la truie et de ses douze gorets apparaissaient à qui s'aventurait dans les lieux. Sa *Somme théologique* sous le bras, saint Thomas d'Aquin n'aurait rien trouvé à redire à cette façon pour le Mal de se manifester aux yeux des pauvres gens.

4

Phénoménologie du balai de sorcière

Critique de la raison misogyne

Paris, 19 août 1391,
Jeanne de Brigue.
L'Église brûle sa première sorcière.

Les procès d'animaux sont ceux que les chrétiens font au serpent de la Genèse ; les tribunaux qui condamnent les sorcières au bûcher, quant à eux, découlent en droite ligne du procès qu'ils veulent intenter à Ève qui a commis la faute des fautes en souscrivant à la volonté du serpent. L'animal et la sorcière sont l'avers et le revers d'une même pièce ontologique : celle qui figure la scène primitive du péché originel. La civilisation judéo-chrétienne s'impose avec violence : les enquêtes et les procès, les tribunaux et les incarcérations, la torture et les bûchers de l'Inquisition ; puis le même dispositif, torture comprise, à l'endroit de tous les animaux de la création, des sangsues aux cochons, des charançons aux chevaux ; enfin, et toujours avec l'aide d'une même juridiction disciplinaire, les crémations de sorcières sur des bûchers qui illuminent toutes les contrées de l'Europe chrétienne.

La première femme qui a été condamnée et brûlée vive comme sorcière s'appelait Jeanne de Brigue, elle était dite la Cordelière. Le 29 octobre 1390, un procès a lieu à Paris, au Châtelet. C'est une paysanne pauvre vivant en Brie à qui l'on reproche des dons – retrouver des objets perdus, désigner les voleurs aux volés, guérir des malades, magie blanche, ou rendre malade, magie noire. Une fois, elle désigne une chambrière comme voleuse au patron d'une auberge qui croyait que sa femme avait volé une tasse en argent pour l'offrir à l'un de ses amants – elle indique le lieu où a été caché l'objet ; une autre, elle renvoie un curé vers un notaire qui avait reçu de l'argent pour couvrir l'auteur des larcins afin de retrouver l'argent qu'on lui a volé, ainsi qu'un crucifix dérobé dans son église – la croix revient comme par miracle à son lieu d'origine. L'Église voit d'un mauvais œil les succès de cette femme. L'évêque de Meaux la fait arrêter et la retient pendant une année dans sa prison. Le dignitaire épiscopal la fait venir devant lui pour l'entendre et la libère après lui avoir interdit de continuer sa pratique divinatoire.

De son côté, Macette épouse Hennequin de Rully à l'église Saint-Pierre-aux-Bœufs à Paris. La femme est infidèle ; le mari la frappe. Quatre ou cinq ans après leur mariage, il tombe malade. La mère du mari frappeur va chercher Jeanne de Brigue pour lui demander, magie blanche, de rendre la santé à son fils. La première ayant raconté ses misères à la seconde, Macette et Jeanne sympathisent. L'épouse battue demande à Jeanne qu'elle dise que sa maladie procède de l'envoûtement d'une femme avec laquelle Hennequin avait déjà eu deux enfants, Gilette La Verrière.

Macette raconte à Jeanne, magie noire, comment elle a rendu son mari malade : en cuisant de la cire vierge et de la poix dans une poêle ronde, en appelant le secours du diable et en prenant soin de mettre Dieu de son côté en récitant trois fois des extraits de l'Évangile selon Jean, trois *Pater* et trois *Ave*. Pour obtenir la douleur du mari, il suffit de mélanger le tout sur le feu – il arrive alors immanquablement dans le corps un mal pareil à un déchaînement d'aiguilles. Ensuite, fabriquer avec cette pâte un visage humain, puis tracer à sa surface trois croix avec un couteau, et, en même temps, réciter des prières – le mal se porte sur la tête.

La recette, dit-on, n'a pas marché et Hennequin a battu Macette comme plâtre malgré sa cuisine. Elle a donc mis en place un second dispositif ontologique. Elle a disposé un pot de terre au pied de son lit. Deux crapauds y ont été enfermés après qu'elle les eut prélevés avec un gant dans le jardin. Une brique empêche qu'ils prennent la poudre d'escampette. Elle les nourrit avec du lait de femme, du lait de vache et de la mie de pain. Infliger des douleurs aux bestioles, c'est *de facto* les infliger à son mari qui les ressent immédiatement.

Subjuguée par la science de sa nouvelle amie, Jeanne la sollicite pour obtenir que l'homme qui lui a fait plusieurs enfants cesse de refuser de l'épouser. Macette conseille la fameuse cire et prescrit d'enduire le dos du célibataire militant pendant son sommeil afin d'obtenir le mariage. Opération à répéter quotidiennement pendant neuf jours. Si la prescription s'avère inefficace et que le rustaud refuse toujours les épousailles, Macette propose le venin de crapaud ajouté à la cuisine déjà connue. Deux jours après le début du traitement, Hennequin, le mari de Macette, va mieux.

On impute cette amélioration aux sortilèges de Jeanne qui est arrêtée. Elle subit un premier interrogatoire le 29 octobre 1390. Elle avoue agir avec un diable qu'elle nomme Haussibut et qui, dit-elle, se met à son service. Elle est torturée. Sous la douleur, elle avoue le nom de Macette qui est arrêtée, interrogée, emprisonnée. Elle nie d'abord avant, elle aussi, de succomber à la torture – elle avoue tout. Jeanne est condamnée à mort le 9 février 1391, Macette, le 5 août. Le 19 août 1391, elles sont toutes deux conduites sur la place publique. Elles portent une mitre sur la tête et sont exposées au pilori sur la place qui accueille le marché aux pourceaux. Elles sont alors brûlées sur un bûcher.

Ce premier procès inaugure des centaines de milliers d'autres. Retenons que celui-ci met en scène des femmes, qu'il y est question de sexe, qu'on y trouve des manifestations de savoir populaire et que rien de tout cela ne s'effectue contre le christianisme. On parle moins volontiers de sorciers que de sorcières ; or la magie, la sorcellerie, la superstition concernent les humains depuis qu'il y a des hommes. Les Grecs, les Romains, les Celtes, les Germains, les Francs, les Scandinaves, les Slaves les connaissent et vivent avec. L'Ancien Testament, le Nouveau, mais aussi la Torah ou le Coran, sans oublier les Pères de l'Église, valident l'existence de personnes à même de convoquer les forces du cosmos pour lui demander une aide à des fins de bonnes ou de mauvaises actions. Qu'est-ce donc d'autre que fait le prêtre quand, magie blanche, il prie pour la guérison d'un malade ou que, magie noire, il invoque Dieu pour que, dans un combat, sa divinité massacre les ennemis qu'il aura désignés ?

Mais les femmes sont en ligne de mire dans ce combat du judéo-christianisme qui s'appuie sur ce verset de l'Exode : « Tu ne laisseras pas vivre la sorcière » (22, 17), pour justifier que, pendant plusieurs siècles, des centaines de milliers de sorcières soient condamnées à mourir dans les flammes du bûcher. Pour quelles raisons ? Parce que, redisons-le, la première d'entre elles a voulu savoir quand Dieu lui demandait d'obéir. Ce que le christianisme persécute dans la sorcière, c'est *la femme qui sait* et qui procède d'Ève, celle qui a voulu savoir et, de ce fait, a précipité la sortie du paradis originel.

Sans cette femme, les hommes, dit la Genèse, n'auraient connu ni la mort, ni la souffrance, ni le travail, ni la pudeur. Dès lors, les femmes connaîtront la guerre des sexes, l'enfantement dans la douleur, la domination des hommes sur elles. Dieu a chassé Adam et Ève du jardin des délices pour éviter qu'après avoir goûté du fruit de l'arbre de la connaissance, qui les rend pareils à Dieu pour le savoir, ils n'aient envie de goûter celui de vie, qui les rendrait semblables à Dieu pour la vie éternelle. Ève se trouve donc nommée telle par Adam ; étymologiquement, son nom procède de l'hébreu qui signifie *vivre*. C'est la vie que condamne l'Église quand elle attaque une sorcière, la vie et ce qui, dans la vie, veut la vie.

Que la Bible soit misogyne et phallocrate, pour employer des mots contemporains, cela ne fait aucun doute. De l'Ancien Testament, qui fait d'Ève la cause de la négativité par son choix qui génère le mal, au Nouveau Testament, qui célèbre une femme, Marie, mais pourvu qu'elle soit vierge et mère en même temps (une prouesse anatomique tant qu'ontologique...), sans oublier les textes pauliniens qui accablent les femmes et ne les sauvent que si elles sont mariées, mères de famille, abstinentes sexuellement et soumises à leurs maris, les citations ne manquent pas.

Jésus n'a rien dit contre aucune d'entre elles, et quand il a parlé, c'était plutôt en leur faveur, de la femme adultère à celle qui lui oint les pieds avec un parfum au prix dispendieux, en passant par le fait qu'il demande à boire à une Samaritaine de mauvaise vie. Mais le judéo-christianisme paulinien s'est construit en haine et mépris des femmes. La sorcière pourchassée par l'Église, c'est la femme parce qu'elle est femme et qu'en tant que femme, elle est le péché. La patristique, comme un seul homme, accable les femmes pendant des siècles – d'Augustin d'Hippone à Thomas d'Aquin, la femme est réduite à son sexe qui est le *sexe faible*, parce que pécheur.

Ce sexe est aussi *le* sexe. Autrement dit l'incarnation d'une inextinguible libido. La physiologie des hommes est ainsi faite que le plaisir leur est simple et facile ; il s'avère donc d'autant plus fruste et rudimentaire, sommaire et primitif, brutal et grossier. La contraception est réservée aux femmes qui disposent d'une pharmacopée ; les pauvres bougresses des campagnes enchaînent les maternités, souvent mortelles, et les assauts d'hommes pour lesquels l'acte sexuel est plus parent du viol que de l'art érotique que les Orientaux enseignent. L'absence d'érotique chrétienne doublée d'un mépris des femmes fait un mystère de la sexualité des femmes.

Il leur faut en effet moins de corps et de chair que les hommes et plus d'âme qu'eux. Dès lors, elles ont besoin d'un temps que le mâle ne donne pas, tout à son plaisir égotiste. Le plaisir simple et simpliste des hommes fait face au plaisir complexe et élaboré des femmes. La jouissance leur est moins mécaniquement facile parce qu'elle s'avère plus spirituelle, plus cérébrale. Un acte sexuel satisfait sans grands frais tout mammifère masculin alors qu'il exige des hommes plus que la plupart ne peuvent ou ne savent donner. Dès lors, elles semblent un puits sans fond, un tonneau des Danaïdes, un monstre assoiffé de l'énergie des hommes qui ne suffit jamais. La sorcière porte cette libido.

Jeanne de Brigue et Macette deviennent amies et complices en sorcellerie parce que, comme la plupart des femmes, elles subissent la testostérone de leurs partenaires. Engrossées, frappées, maltraitées, négligées, méprisées, utilisées comme des objets sexuels, les deux alliées ont recours à des remèdes de bonne femme – cire vierge et poix mêlées et chauffées, venin de crapauds nourris au lait de femme, onguents administrés de nuit… Elles veulent sortir de leur condition et ne veulent pas le mal gratuitement mais le mal contre ceux qui leur en infligent.

Ces femmes manifestent un savoir. Certes, on peut sourire de ces médecines populaires, mais il faudrait les comparer à ce qui passe à l'époque pour de la médecine savante ! Les médecins qui paraissent les plus au point effectuent des saignées pour soigner des gens qui arrivent avec une plaie déjà sanguinolente, on soigne les maux de gorge en faisant ingurgiter les excréments d'un jeune homme en bonne santé avec du miel et l'on délaie l'urine d'un homme roux dans de l'eau pour cicatriser les plaies et les ulcères, on grille des poux que l'on mélange à du jaune d'œuf et que l'on avale pour arrêter la toux, on cuit des vers de terre dans de l'eau pour appliquer sur les lésions, etc. Que l'hôpital lecteur d'Hippocrate et de Galien avec ses poux et ses vers de terre, son urine de roux et ses excréments de jeune garçon, se moque de la charité qui se transmet des recettes avec de la cire, de la poix et des crapauds de génération en génération ne manque pas de piquant. Mais l'Église se veut du côté des modernes (chrétiens) des villes contre les anciens (païens) des champs.

Or, l'opposition n'est pas si nette entre urbains qui savent et ruraux qui ignorent. Jeanne de Brigue et Macette, on l'a vu, citent des versets de l'Évangile selon Jean, elles font leurs prières, elles disent à plusieurs reprises le Notre Père et le Je vous salue Marie. Bien sûr, elles convoquent le diable, mais l'Église y croit. Très sérieusement, Tertullien, Tatien, Jérôme, Irénée de Lyon, Cyprien, Jean Chrysostome, Grégoire de Nysse, Ambroise de Milan, Basile de Césarée, Justin, Origène, Augustin, Thomas d'Aquin et tant d'autres dissertent sur sa nature, ses fonctions, sa puissance, son être, les modalités de son action. Haussibut de Jeanne de Brigue n'est pas moins déraisonnable que Belzébuth, Satan ou Lucifer adoubés par les théologiens.

Femme, rurale vivant dans la campagne briarde, rebelle à la domination masculine, activant la pharmacopée populaire, poétique, mythique, mais parfois, aussi, pour des raisons empiriques, une pharmacopée efficace, du moins, pas moins efficace que la pharmacopée dite universitaire, Jeanne de Brigue et sa copine Macette ont beau citer saint Jean et invoquer leur Père qui est aux cieux ou Marie pleine de grâce, cela ne suffit pas pour que l'Église tolère ce que nous appellerions aujourd'hui une pareille sororité féministe. Le bûcher vous dis-je…

La philosophie médiévale constitue la sorcellerie. Elle n'est pas une arme de guerre contre la déraison, mais une arme de destruction massive des sorcières : *Le Marteau des sorcières* de Henry Institoris et de Jacques Sprenger date de 1486. Il paraît avec l'approbation de l'université de Cologne. C'est un gros ouvrage qui puise abondamment dans la philosophie scolastique : Thomas d'Aquin, massivement, mais aussi chez les Pères de l'Église, saint

Augustin, Isidore de Séville, Grégoire le Grand, saint Jérôme, Denys l'Aréopagite ou bien encore chez les philosophes du moment Duns Scot, Nicolas de Lyre, Paul de Burgos, Antonin de Florence. La philosophie et la raison contribuent au bûcher ; l'une et l'autre envoient au tribunal, en prison, au feu purificateur.

Pourquoi *Le Marteau des sorcières* ? Le titre latin est *Malleus maleficarum*, ce qui peut se traduire indistinctement par : *Maillet des maléfiques*, *Maillet des sorcières* ou *Marteau des maléfiques*, *Marteau des sorcières*. Le marteau est l'instrument de prédilection de Nietzsche pour philosopher – c'est avec lui qu'on brise et broie, pulvérise et aplatit, éparpille et dissémine. Dans ce cas, il est l'outil avec lequel se trouve brisée l'orthodoxie catholique. Celui qui tient ce marteau (en fer) ou ce maillet (en bois) et en use est donc un hérétique.

Jacques Sprenger est un dominicain formé à la faculté de théologie de Cologne ; il y obtient un doctorat ; il devient professeur titulaire de la faculté de théologie ; il y est élu doyen par ses pairs ; il est également nommé prieur par les siens ; disciple d'Alain de la Roche, un dominicain breton qui fonde les confréries du Rosaire et développe la dévotion du chapelet, il est un dévot de la piété mariale – on dit même que la Vierge lui fit l'honneur d'une apparition dans le cloître de son couvent où il a rapporté les reliques d'un doigt de sainte Anne. En février 1479, cet intellectuel formé à la théologie haut de gamme est initié à la pratique inquisitoriale. Il meurt âgé de soixante ans en visite chez des sœurs dominicaines à Strasbourg.

Son compagnon d'écriture, Henry Institoris, est lui aussi dominicain, lecteur, puis docteur en théologie, enfin prieur. Impérieux, ombrageux, coléreux, il collecte des fonds pour la croisade contre les Turcs ;

il fait brûler des livres ; il assiste à de nombreux procès suivis de mises à mort sur les bûchers ; il écrit contre les hérésies et organise des disputes contre les hérétiques ; il défend mordicus le droit du pape à diriger les affaires temporelles. Rappelons que l'année où paraît le *Marteau*, 1486, le pape Innocent VIII remercie Laurent le Magnifique en mariant son fils (le propre fils du pape, donc...) avec la fille du mécène ; il ajoute à cela un cadeau au fils du Magnifique, prénommé Laurent lui aussi, qu'il élève à la dignité de cardinal – le petit garçon, qui a alors treize ans, sera pape et connu sous le nom de Léon X... C'est au même Innocent VIII qu'on doit la bulle *Désireux d'ardeur suprême* qui, le 5 décembre 1484, permet à l'Inquisition d'agir en matière de sorcellerie. Institoris meurt à soixante-quinze ans, vers 1505.

Sprenger et Institoris sont à la théologie de l'Inquisition ce que Deleuze et Guattari furent à la philosophie des *seventies* – un must. Le livre est écrit par Institoris, certes, avec Sprenger, son compagnon d'Inquisition en Europe, toutefois le premier est à l'origine de presque tout l'ouvrage. Mais, pour des raisons éditoriales, Sprenger se mouvait de son vivant et post mortem dans une odeur de sainteté très efficace pour faire du livre un best-seller. Ce qu'il fut, puisqu'il y eut 34 éditions dans toute l'Europe entre 1486 et 1669 – Italie, France, Suisse, Empire germanique, Pays-Bas, Espagne... Environ 30 000 exemplaires de ce livre qui servit de manuel des inquisiteurs contre les sorcières furent alors écoulés dans tous ces pays.

En fait, ce qui oppose l'inquisiteur à la sorcière est simple : le premier est du côté de l'institution, il a l'université avec lui, il se réclame des lectures autorisées et des auteurs canoniques, il est soutenu par l'Église catholique et le pouvoir du Vatican ; il prétend disposer du fil d'Ariane pour se déplacer dans les labyrinthes contradictoires de la Bible et il manie à la perfection les circonlocutions de la *Somme théologique* de Thomas d'Aquin, il jongle avec la raison patristique et joue avec la rhétorique scolastique. C'est une figure d'autorité et d'ordre qui est la loi, qui fait la loi, qui dit la loi. Le Livre est avec l'inquisiteur, mais il ne sait pas lire la nature. Il est un homme, comme saint Paul.

La seconde, en revanche, se trouve du côté de la liberté et de la nature : la sorcière connaît les champs et les forêts, les ruisseaux et les mares, les étangs et les rivières ; elle maîtrise les herbes et les plantes avec lesquelles elle confectionne des potions et des onguents qui soignent et guérissent ou bien qui empoisonnent et intoxiquent ; elle n'ignore rien des mouvements de la Lune montante et descendante, croissante et décroissante, elle sait son effet sur tout ce qui est vivant ; elle vit avec les crapauds des marais et les chauves-souris des grottes, les serpents des fourrés et les anguilles des rivières ; elle dispose d'un savoir empirique transmis de manière orale depuis la nuit des temps. La sorcière ne sait pas lire, mais la nature est avec elle. Elle est une femme, comme Ève.

Les deux dominicains l'avouent. Parlant de la façon d'enlever les maléfices, ils disent : « Ce genre de superstition ne s'apprend pas dans les livres et n'est pas pratiqué par des gens instruits. Il est l'œuvre de gens qui sont totalement des *non-experts*. Aussi à qui n'a que cette base sans expérience et démonstration pratique, il est impossible de s'adonner aux maléfices comme un sorcier. » Pas de savoir livresque, donc, mais une connaissance empirique, dite et racontée, donnée et transmise de bouche à oreille. Il faut de *l'expérience* et de *la démonstration pratique* : autrement dit, une sapience populaire venue… d'Ève !

Le Marteau des sorcières entame son réquisitoire contre les femmes en allant chercher toute la littérature misogyne susceptible d'être mobilisée en pareil cas. Il n'est pas bien difficile de citer les textes de la Bible, les philosophes païens, les penseurs chrétiens, les Pères de l'Église, les grands noms de la scolastique. Il suffit de se baisser pour ramasser les lieux communs les plus éculés : incapables de penser, gouvernées par leur ventre, inaptes à la philosophie, dépourvues d'intelligence, jalouses, colériques, envieuses, ressentimenteuses, méchantes, elles manquent de mémoire, elles sont infidèles, adultères, libidinales, menteuses et séductrices, elles aiment le luxe, elles sont ambitieuses, fornicatrices, etc.

Les citations sont accumulées ; les démonstrations aussi. Ainsi celle qui s'appuie sur l'étymologie. Puisant dans les *Origines* d'Isidore de Séville, cette preuve : « *Femina* vient de *Fe* et *Minus*, car toujours elle a et elle garde moins de foi. Ceci par nature quant à la fidélité ; mais par nature et par grâce dans la bienheureuse Vierge Marie la foi jamais ne défaille, alors que pourtant chez tous les hommes elle faiblit au temps de la passion du Christ. Donc une mauvaise femme, qui par nature doute plus vite dans la foi, plus vite aussi abjure la foi, ce qui est fondamental chez les sorcières » (XI, 2). Pour information : Littré précise que le mot procède du « radical *foe*, qui se trouve dans *fœtus*, *fecundus*, et de *mina*, suffixe participial, de sorte que *foemina*, participe du moyen, signifie celle qui nourrit, allaite »… On remarque qu'il y a d'un côté les hommes, dont la foi faiblit ; de l'autre les femmes, dont la foi faiblit encore plus et plus fort et plus vite ; et ailleurs, la Vierge Marie dont la foi ne faiblit et ne faut jamais. La femme n'a donc de salut possible qu'en se faisant semblable à la Vierge.

Ou bien encore, cette preuve de l'infériorité des femmes qui s'appuie sur l'anatomie : « On pourrait noter d'ailleurs qu'il y a comme un défaut dans la formation de la première femme, puisqu'elle a été faite d'une côte courbe, c'est-à-dire d'une côte de la poitrine, tordue et comme opposée à l'homme. Il découle *[sic]* aussi de ce défaut que comme un vivant imparfait, elle déçoit toujours. » Où l'on voit que le texte sacré, la Genèse, est interprété avec toute la symbolique nécessaire. La provenance de la côte d'Adam est une vérité révélée dans un verset de la Bible ; or, la côte est anatomiquement courbe, chacun peut s'en apercevoir ; donc, la femme créée dans une côte ne pourra être que courbe. Syllogistiquement imparable, donc théologiquement vrai.

Ou bien cette autre preuve par la zoologie accouplée à la théologie catholique : Sprenger et Institoris citent cette fois-ci deux saints martyrs en Afrique du IIIe siècle, Valère qui écrit à Rufin dans *Lettre d'un certain Valère à un certain Rufin « pour qu'il ne prenne pas femme »* : « Tu ne sais pas que la femme est une chimère, mais tu dois le savoir. Ce monstre prend une triple forme : il se pare de la noble face d'un lion rayonnant ; il se souille d'un ventre de chèvre ; il est armé de la queue venimeuse d'un scorpion. Ce qui veut dire : son aspect est beau ; son contact fétide ; sa compagnie mortelle. » Le performatif catholique est d'une redoutable efficacité : point n'est besoin de démontrer ce qu'il suffit d'affirmer. Et quand la chose a été dite par des saints, à qui viendrait l'idée d'en douter ?

Cette accumulation de citations misogynes procède d'une seule et même raison : la haine de la femme célibataire qui dispose de toute sa liberté pour être et faire ce qu'elle veut. « C'est un défaut naturel chez elles de ne pas vouloir être gouvernées mais de suivre leurs mouvements sans aucune retenue. » La femme sans mari, la femme sans homme, la femme sans époux, la femme sans compagnon, la femme qui ne prend pas ses ordres chez un mâle : voilà l'ennemie ! Car elle est animée par une libido sans objet fixe, donc elle incarne, au sens étymologique, la plus dangereuse des calamités pour un homme. Le désir sans fin d'une femme met l'homme devant son incapacité à satisfaire cet appétit vorace comme une bouche diabolique.

Voilà pourquoi, libidinales à souhait, elles disposent de « sept méthodes pour infecter magiquement l'acte vénérien et le fœtus conçus » : entraîner les hommes dans un amour désordonné ; bloquer leur puissance génésique ; faire disparaître leur pénis ; transformer les hommes en bêtes ; ruiner la fécondité des femmes ; provoquer des fausses couches ; offrir des enfants aux démons. Dans le vocabulaire contemporain : l'amour passion, l'impuissance, la castration, la métamorphose, la stérilité, l'avortement, l'infanticide. À coups de citations de Thomas et d'Augustin, d'Ancien et de Nouveau Testament, de décrétales et de Code justinien, Sprenger et Institoris expliquent avec force dialectique scolastique que toutes ces choses-là ont bien lieu. La vraie cause de cette furie chez la femme ? « Parce qu'elle est plus charnelle que l'homme. » C'est donc la féminité de la femme que traque l'inquisiteur dans la sorcière.

Frottés de théologie et de patristique, de rhétorique et de sophistique, de philosophie et de droit canonique, nos deux dominicains précisent ceci au milieu d'un fort volume de plus de 500 pages : « Puisque nous travaillons ici en matière de morale, il n'est pas nécessaire d'entasser des arguments et des explications multiples : ce qui viendra dans les chapitres suivants a déjà été suffisamment discuté dans les précédentes questions. D'où devant Dieu nous prions le lecteur de ne pas chercher partout une démonstration quand suffit une juste probabilité, concluant à la vérité de ce qui ressort soit de l'expérience personnelle par vision et audition, soit des relations de témoins dignes de foi. » Autrement dit : nonobstant la quantité d'arguments et de démonstrations, de citations et de gloses, de raisonnements et de déductions, choses qui, toutefois, ne nous sont pas épargnées par les deux compères, ils concluent que, foin de la théorie, on se contentera de ce qu'on a vu ou entendu ou de ce qu'on nous aura dit. Où l'on retrouve la logique du *Manuel des inquisiteurs* de Nicolas Eymerich : nul besoin de débats et de discours, de preuves et de conclusions, une « juste probabilité », autrement dit *juste une probabilité*, suffit !

Certes, les théologiens démontrent, mais pas besoin de démonstrations ; certes ils dissertent, mais pas besoin de dissertations ; certes ils argumentent, mais pas besoin d'argumentations : un voisin qui dénonce un comportement suspect, un mot de travers surpris dans une conversation, et voilà qui suffit pour conclure à l'existence d'une sorcière. Tout le monde n'a pas la chance d'avoir franchement un aveu. Ainsi, celui de l'une d'entre elles qui, au cours de la messe, alors que le prêtre salue les fidèles avec un habituel « Le Seigneur est avec vous » s'entend répondre en douce « Retourne-moi la langue dans le cul » – on peut alors, en effet, croire ce qu'on a entendu sans avoir besoin de convoquer la *Somme théologique* de saint Thomas d'Aquin…

Que font-elles ? Que leur doit-on ? Tout ce qui constitue une variation sur le thème du mal : les épidémies, les tempêtes, le tonnerre, la foudre, les éclairs, la grêle, les inondations, la folie, l'impuissance sexuelle, la stérilité, la mort des enfants en couches, le trépas des petits et des gros animaux, leurs maladies, la pourriture des récoltes, des fruits et des légumes, les ravages dans les vergers et les pâturages, les tourments internes et externes, autrement dit la corruption des corps et celle des âmes, la métamorphose des humains en bêtes, l'invisibilité de tout ce qu'elles veulent rendre invisible, le pénis en priorité, les infirmités, les nombreux enfants que la consanguinité fait naître monstrueux, les maladies, toutes les maladies, la disparition des enfants (souvent volés au Moyen Âge) – et tout ce à quoi on n'aurait pas pensé. Le Mal, c'est la Sorcière ; la Sorcière, c'est la Femme ; la Femme, c'est le Mal. Dieu l'a dit, saint Paul aussi, les Pères de l'Église également, les philosophes et les théologiens aussi. Ainsi soit-il.

Comment peuvent-elles agir ? Grâce à des onguents fabriqués après avoir passé un pacte avec le diable : aviser des enfants, non baptisés de préférence ; les étouffer pendant leur sommeil et celui des parents qui enterrent alors leur progéniture croyant à une mort naturelle pendant leur sommeil ; se rendre au cimetière et creuser la tombe pour s'emparer du petit cadavre. Puis… Laissons parler l'une d'entre elles qui aurait dit ceci à un inquisiteur : « Nous les mettons à cuire dans un chaudron jusqu'à ce que toute la chair se détache des os et devienne bien liquide. De l'élément le plus solide nous faisons un onguent qui nous sert pour nos artifices, nos plaisirs et nos transports. Avec l'élément le plus liquide, nous remplissons un récipient comme une outre : celui qui en boira en s'accompagnant de quelques cérémonies acquiert immédiatement toute connaissance et devient maître de notre secte. » La maîtrise de la pensée thomiste ne rend pas intelligent ; la preuve est faite. Car Sprenger et Institoris souscrivent à ces propos délirants dont on n'est pas même certain qu'ils aient été tenus – à moins que les dispositifs de l'Inquisition utilisés pour le procès, dont la torture, justifient un pareil procès-verbal.

Donc, l'onguent fait avec la charcuterie infantile sert aux transports des sorcières… Les deux dominicains consacrent un plein chapitre à cette question : « Comment les sorcières se transportent d'un endroit à un autre ». On dit qu'elles chevauchent des bêtes dans la nuit avec une déesse païenne ; ridicule, disent les deux compères. En revanche, ils ne trouvent pas sot ou niais de souscrire à ce propos : « Les sorcières, sur l'instruction du diable, font un onguent avec le corps des enfants, surtout de ceux tués par elles avant le baptême ; elles enduisent de cet onguent une chaise ou un morceau de bois. Aussitôt elles s'élèvent dans les airs, soit de jour soit de nuit ; soit visiblement soit (à volonté) invisiblement. » L'iconographie n'a pas retenu de sorcières à califourchon sur une chaise ; en revanche, elle a éternisé sa figure chevauchant un balai – le *morceau de bois* du *marteau*…

Depuis le Moyen Âge en effet, dans le ciel de la nuit de pleine lune, les sorcières chevauchent un balai pour rejoindre le sabbat au cours duquel, réunies, elles fomentent leurs maléfices. Pourquoi un balai ? Le freudisme qui a peu fait pour la science mais beaucoup pour l'humour y voit, bien sûr, un symbole phallique. Poussant le ridicule de l'analyse, les psychanalystes expliquent même que le bois du balai correspond au pénis et son faisceau de brindilles à la toison pubienne… Nous ne sommes guère plus avancés dans l'intelligence qu'avec Artémidore d'Éphèse qui, au IIe siècle de l'ère commune, racontait dans *La Clé des songes* qu'un athlète qui devait participer à une course ayant rêvé qu'il balayait un conduit d'eau plein d'ordures et de boue pour le nettoyer « se fit donner un lavement et, après avoir fait évacuer de son ventre les excréments, devenu pied agile et léger, il remporta la course »… D'aucuns font encore fortune à Paris, et ailleurs, avec ce genre de pensée magique.

Mais, pourquoi diable recourir à un symbole quand la tradition antique planétaire ne voit aucun inconvénient à figurer des humains à califourchon sur de grands et gros phallus ailés ? Si la sorcière devait chevaucher un phallus, pourquoi devrait-elle se contenter d'un balai aux performances aléatoires en la matière ? Pour Freud, le réel n'a jamais lieu, car il y substitue toujours du symbolique ; or son symbolique est systématiquement sexuel, et toujours phallocentrique.

Il n'est pas question de nier le rôle de la pensée symbolique avant l'avènement de la pensée rationnelle – ou, chez d'autres, de la pensée symbolique en même temps que la pensée rationnelle… Dès lors, les traditions historiques renseignent plus sur le sujet que le pansexualisme freudien. Le balai peut être autre chose qu'un balai, certes, mais il n'a pas forcément vocation à devenir phallique parce que Freud assimilait tout objet pointu au phallus et tout objet creux au vagin ! Une clé dans une serrure n'est pas tenue de symboliser toujours un rapport sexuel fantasmatique…

Le balai est un instrument utilisé depuis la plus haute antiquité dans les rites religieux. Il sert à nettoyer l'espace sacré des temples et des sanctuaires pour éviter que le culte ne se déroule dans un lieu sale, malpropre, pollué, maculé. On balaie un sol comme on se lave les mains ou les pieds dans certaines religions. Platon qui a longuement disserté dans le *Théétète* sur le statut ontologique des ongles, des cheveux et de la crasse sait qu'il en va de ces substances comme d'une dégradation de la matière qui est déjà elle-même dégradation de l'idée. Le balai sert donc à évacuer la dégradation de ce qui est dégradé pour permettre la pureté de l'office. Il est l'instrument d'une ablution sèche.

Dès lors, si la sorcière chevauche le balai quand elle sort des cheminées, où elle se salit, pour rejoindre le sabbat, où elle projette de salir, c'est parce qu'elle agit à l'inverse de ceux qui balaient pour le bien : pour le mal, elle inverse les valeurs et montre qu'elle chevauche l'objet comme pour montrer qu'elle le domine, le possède, le guide, le conduit, le contraint à sa volonté, à sa loi. L'officiant écarte l'impureté ; la sorcière revendique cette même impureté comme son moteur, son carburant, sa loi, ce qui la meut. Ce que le balai vainc, elle le vainc elle-même : parce que femme, elle est la créature humide qui abolit l'ablution sèche en glissant le balai dans son entrejambe. Nul phallus dans cette aventure ; juste une figure de la transvaluation des valeurs. Vaginale, s'il fallait recourir aux mots d'une tribu freudienne.

Le Marteau des sorcières est également un manuel de l'inquisiteur pour les sorcières. Il ne dit pas autre chose que les manuels qui traversent l'histoire de l'Inquisition. Des pages entières de Nicolas Eymerich se retrouvent copiées telles quelles. D'interminables chapitres précisent la validité de la dénonciation, la façon de procéder à l'arrestation, la mise en incarcération, les modalités du procès, le nombre et la qualité des témoins, l'action du juge, le déroulé de l'interrogatoire, la nature du flagrant délit, les limites à l'information de l'accusé, les conditions de la récusation du juge. On y trouve également des chapitres concernant l'usage de la torture, du fer rouge. Ou bien de l'aveu, de la repentance, de l'abjuration, de l'abjuration de l'abjuration qui définit le relaps, de la condamnation par contumace, du cas d'appel à Rome. Or ce dispositif est lui aussi démoniaque.

Sprenger et Institoris montrent qu'au Moyen Âge ceux qui croient en Dieu et ceux qui croient au diable sont les mêmes. La confusion entre le réel et l'imaginaire rendue possible par le récit mythologique judéo-chrétien qui regorge d'allégories, de fables, de légendes, de paraboles, de fictions, de mythes, fait que la pensée rationnelle est tout autant magique que la pensée magique est rationnelle. L'Ancien et le Nouveau Testament, saint Augustin et saint Thomas d'Aquin, les pères de la patristique et les théologiens de la scolastique croient aux démons, à Satan, à Lucifer, au diable – comme les sorcières… Le réel est, pour les uns et pour les autres, l'évêque et la sorcière, rempli d'esprits, les vivants peuvent être morts, tout autant que les morts vivants, les squelettes s'étourdissent dans des danses macabres, les cadavres en putréfaction sortent du tombeau pour emporter avec eux tel vivant qui aura mal vécu, un homme frappe trois chats jusqu'au sang avant que le lendemain on lui prouve qu'il avait molesté trois femmes, un autre montre à un tiers qu'une sorcière lui a volé son sexe et ils sont deux à ne pas croire ce qu'ils voient mais à voir ce qu'ils croient, une femme jalouse d'avoir été écartée au profit d'une autre rend impuissant son ancien amant avec une marmite remplie d'amulettes au fond d'un puits – la sorcière croit à son maléfice mais le prêtre aussi, puisqu'il le lui reproche.

Dans *Le Marteau des sorcières*, les dominicains thomistes avouent partager la même pensée magique que leurs ennemies jurées. Ainsi, lors du procès d'une sorcière, ils invitent le juge et les assesseurs à faire attention et observer une précaution : « C'est de ne jamais permettre que les sorcières les touchent directement, surtout pas à la jointure de la main et du bras ; et que toujours ils portent sur eux du sel exorcisé au jour des Rameaux et des herbes bénites. Ces choses-là en effet, roulées dans la cire bénite et portées autour du cou [...], ont une efficacité merveilleuse de préservation. Et ceci on le sait non seulement par le témoignage des sorcières, mais par l'usage et la coutume de l'Église, qui à cette fin les exorcise et les bénit. » Les sorcières croient à la bave de crapaud, les curés au sel bénit, les unes, païennes, aux figures de cire, les autres, chrétiens, aux rouleaux de cire.

La philosophie médiévale n'est pas un remède à la pensée magique, mais son auxiliaire, voire son accélérateur. Elle n'est pas le moment dans lequel la Raison donne à Dieu de bonnes raisons d'être et d'exister, mais le temps dans lequel elle fournit au mythe chrétien toute l'eau bénite qui permet d'arroser son arbre scolastique. Elle n'est pas l'instant dialectique qui prépare la raison renaissante ou la raison moderne, mais le moteur rhétorique qui augmente le caractère fabuleux du monde judéo-chrétien. Elle n'est pas l'antidote rationnel à la déraison sorcière, mais la version masculine d'une déraison pure et livresque qui demande au latin de prouver encore et encore que les femmes sont démoniaques. L'inquisiteur piétine les femmes, il croit que sa boucherie lui ouvrira les portes du ciel – elle ne fait que réaliser l'enfer chrétien sur terre.

5

Heurs et malheurs des Sarrasins

Deuxième intermède musulman

Hiver 1391, Ankara (Turquie).
L'empereur Manuel II Paléologue
dialogue avec un musulman.

Quid des musulmans pendant ce long Moyen Âge ? Par plus d'un point, ils contribuent à forger l'identité de l'Europe judéo-chrétienne. Non pas tant, en vertu d'une injonction du politiquement correct, parce que l'Occident leur devrait tout grâce à leurs traductions des textes grecs concernant la philosophie et la médecine, la théologie et la métaphysique, la science et le droit, la poésie et la musique, mais parce qu'ils sont une entité qui, depuis les croisades, structure le judéo-christianisme comme son frère ennemi monothéiste. La Bible ne nous apparaît telle qu'en regard du Coran ; et *vice versa*. L'adversaire joue toujours un rôle architectonique dans la construction d'une identité.

Or, l'Europe judéo-chrétienne ne se construit pas en relation, même conflictuelle, avec le shintoïsme japonais, le confucianisme chinois, l'hindouisme indien ou le bouddhisme népalais, ni même avec l'animisme africain ou le chamanisme sibérien, mais avec l'islam d'abord oriental. De la conquête de l'Espagne, le 11 juillet 711, à l'échec du siège de Vienne par les Turcs en 1683, en passant par les aventures de Charles Martel à Poitiers, le 25 octobre 732, ou la bataille de Lépante, le 7 octobre 1571, ce sont presque mille ans, neuf cent soixante-douze ans pour être précis, de batailles entre Sarrasins et chrétiens qui déterminent, de part et d'autre, le judéo-christianisme et l'islam comme des civilisations abrahamiques autonomes, bien qu'en perpétuelles relations.

Que *Charles Martel arrête les Arabes à Poitiers* est devenu une scie musicale historique rabâchée dans les manuels scolaires d'antan sans qu'on sache véritablement qui était Charles Martel, quel était le nom du chef de guerre lui faisant face, ce que fut vraiment cette bataille près de Poitiers, combien de guerriers étaient impliqués, quels en étaient les enjeux, quelle était exactement la date, voire le siècle, de ce fameux événement hissé au rang de grand moment dans l'histoire de France, mais aussi dans l'histoire de l'Europe et des relations de l'Occident chrétien avec l'Orient arabe musulman.

Du temps même de Mahomet, l'islam est conquérant et, au sens premier du mot, *impérialiste* : il s'agit pour lui de réaliser un Empire islamique. De fait : au VIIe siècle, outre l'Arabie de La Mecque et de Médine, l'Afrique du Nord (Maghreb), la Syrie, la Palestine, la Mésopotamie (Irak), l'Arménie, l'Égypte, la Perse (Iran), l'Afghanistan, l'Asie du Sud s'islamisent ; au VIIIe, c'est au tour de l'Ouzbékistan et du Kirghizstan, puis du sud de l'Espagne, avec Cordoue comme nom emblématique ; au IXe, ce sont la Sicile et Malte qui vivent sous le régime coranique ; au Xe, ce sont enfin les Baléares. Aux XIe et XIIe siècles, les Almoravides descendent jusqu'au fleuve Sénégal et sont à Tombouctou, les Fatimides jusqu'au Soudan et en Érythrée, à l'est, les Turcs seldjoukides sont à Kaboul, au nord, ils montent jusqu'à la mer d'Aral. Au XIIIe et au XIVe, ils élargissent leur frontière vers l'est et sont aux contreforts de l'Himalaya.

Boiteux et handicapé d'un bras, Tamerlan (1336-1405), un Turco-Mongol musulman, a laissé le souvenir d'un dictateur hors pair ! Il fonde la dynastie des Timourides et tue, dit-on, plus d'un million de personnes – soit quatre fois la population de Paris à cette époque… Il laisse un souvenir impérissable avec ses « minarets de crânes » – une expression de son biographe Jean-Paul Roux. Ses troupes constituent d'immenses pyramides faites avec des têtes de guerriers masculins mais aussi, parfois, de civils, dont des femmes. Tamerlan érige « des minarets de crânes » humains à proximité des métropoles. Ispahan, Tus, Delhi, Alep, Bagdad, etc., mais aussi à l'entrée des villages, aux abords des châteaux forts et sur les terrains de parcours des tribus nomades. Si certains étaient petits, d'autres atteignaient une taille monumentale : plusieurs mètres de diamètre et une hauteur « supérieure à celle des plus hautes architectures ». À Ispahan, selon l'estimation de Hafiz-i Abru, témoin oculaire, il y en avait 45, entre 1 000 et 2 000 têtes. À Bagdad, on en aurait dénombré davantage, 120, mais de moindre dimension, n'enchâssant « que » 750 têtes, ce qui représente tout de même le total effarant de 90 000 crânes ».

Tamerlan se réclame du djihad qui peut s'appuyer sur nombre de sourates du Coran, dont celle-ci : « Nous envoyâmes contre eux un vent de désolation qui ne laissa rien sans l'avoir réduit en cendres » ; il se réclame de la guerre sainte, même contre les Djaghataïdes, des musulmans eux aussi, certes, mais accusés de tiédeur dans l'exercice de la foi ; il ravage l'Asie centrale ; il détruit les trois quarts de

Samarkand ; il laisse 1,3 million de morts à Merv, un million à Nichapour et Herot, au total 90 % de la population de la région du Khorasan. Les imams prophétisent ses succès. Son royaume timouride se dit islamique.

En l'an 1000, la conquête de l'Afghanistan par les musulmans a été terrible. De même avec l'Inde. Toute la population de la région de l'Hindou Kuch a été rayée de la carte. Le sultan Bahmani qui gouvernait l'Inde centrale s'était fixé un quota d'hindous à détruire : 100 000 par an. En 1399, quand il prend Delhi, Tamerlan en détruit autant, 100 000, en une seule journée. Entre l'an 1000 et 1525, la somme des hommes et des femmes, des enfants et des vieillards hindous massacrés par refus de se convertir à l'islam s'élève à *80 millions de personnes*.

Nul ne disconviendra qu'il est dans la nature théorique et pratique, théologique et politique de l'islam d'être concrètement conquérant. Dans le *Sahîh Al-Boukhârî* – en français : *Les Traditions islamiques* –, l'imam El-Bokhâri (810-870) consacre de longs chapitres à ce sujet. Ainsi « De la guerre sainte » (II, LVI) et « Des expéditions militaires » (III, LXIV). Ce monumental ouvrage fort de 7 563 hadiths validés par les sunnites comporte nombre de paroles estampillées du Prophète qui montrent que la guerre sainte s'avère la voie royale qui conduit au paradis : « Celui qui combat pour que la parole de Dieu soit au-dessus de tout, celui-là est dans la voie de Dieu » (LVI, XV), dit ainsi Mahomet. À quoi le Coran ajoute : « Ne pensez pas que ceux qui ont succombé dans la voie de Dieu soient morts ; ils sont vivants près de leur Dieu, recevant leur nourriture » (III, 169). Tuer au nom de Dieu, c'est obtenir la vie éternelle près de lui.

La partie concernant les expéditions militaires prouve, si besoin en était encore, que, certes, le djihad peut être une guerre entre soi et soi pour sa propre édification spirituelle, mais qu'il est aussi une guerre concrète contre un autrui très concret dont on coupe la tête, tanche les membres et verse le sang. Mahomet n'étant pas le dernier des combattants sur ce terrain. Djihad contre soi, certes, mais djihad contre autrui aussi...

Après avoir conquis le Moyen-Orient et le Maghreb, ainsi qu'une partie des îles méditerranéennes, les guerriers musulmans avisent l'Espagne judéo-chrétienne – le sud de l'Europe. Il s'agit d'étendre les conquêtes en augmentant ce qui relève du *dar al-Islam*, le domaine islamique. Ce qui passe par une augmentation du *dar al-Harb*, le domaine de la guerre. Les succès s'enchaînent : au départ de Gibraltar (en l'an 711) et en direction du nord, Guadalate (711), Cordoue, Séville, Tolède (714), puis, après avoir franchi les Pyrénées, Narbonne (719), Nîmes, Carcassonne (725). La lecture d'une carte n'exige pas de grandes compétences géostratégiques : l'objectif est d'aller toujours plus au nord. À partir de la Narbonnaise, et ce pendant quarante années, les musulmans poussent vers le nord de la Gaule, ils remontent la vallée du Rhône. Ils sont en Aquitaine et en Bourgogne. Lors de la bataille de Bordeaux (732), le califat omeyyade s'empare de la ville du duché d'Aquitaine. Dès lors, quoi qu'on en pense, Charles Martel contribue en effet à arrêter le mouvement.

En 732, la bataille de Poitiers met en scène plusieurs milliers d'hommes du côté sarrasin commandés par Abd al-Rahmân al-Ghâfiqî. Églises brûlées, populations exterminées, pillages des villages sur le chemin qui conduit de Bordeaux aux environs de Poitiers là où a lieu la bataille – probablement entre Poitiers et Tours, plus près de cette dernière ville que de la première. Les dates fluctuent ; les historiens retiennent le 25 octobre 732. Le combat a lieu pendant sept jours : d'abord des escarmouches, les Sarrasins arrosent de flèches les Francs et mènent possiblement une charge de cavalerie, en vain ; dans la mêlée, l'émir andalou est tué, ses soldats prennent la fuite ; la nuit tombe, Charles Martel ordonne d'en rester là. Il attend le lendemain pour mener l'assaut. La nuit passée, il attaque le camp – qui est vide. Les Sarrasins sont partis. On ne trouve aucune trace d'eux : ils se sont volatilisés dans la nature.

La seule source historiographique de cette bataille est due à un auteur anonyme mozarabe – autrement dit, à un chrétien arabisé vivant en al-Andalus. Sa *Chronique mozarabe* dit qu'elle a opposé les « Européens » aux « Arabes ». Charles Martel informe le pape de la mort du gouverneur d'al-Andalus. Cette chronique qui date de 754 utilise donc le mot *européen* pour l'opposer aux Arabes musulmans, des *ismaéliens*. Les musulmans n'iront jamais plus au nord. Ils sont en Provence et occupent Avignon et Arles en 734. Charles Martel assiège la ville d'Avignon, incendie la cité, capture les Sarrasins, les massacre et restaure le pouvoir chrétien. Ses armées descendent plus au sud et rétablissent le catholicisme en Provence. Le pape nomme Charles Martel vice-roi en 739. D'aucuns pensent aujourd'hui que cette bataille n'eut rien de religieux – pas d'amalgame…

Entre le VIIe et le XIIe siècle, des chrétiens syriaques fuient les conquêtes musulmanes. De même les Perses et les Levantins. Des Syriens, des Arméniens, des Slaves, chassés eux aussi par les musulmans iconoclastes, nourrissent également ces mouvements migratoires. Chassés par les musulmans, des Maghrébins passent en Espagne ; puis, pourchassés à leur tour, les Espagnols se rendent en Gaule. Chaque fois, il s'agit des élites : le clergé, bien sûr, moines et évêques, mais aussi les lettrés, les philosophes, les médecins, les mathématiciens arrivent par vagues. Ils emportent avec eux les traités de leurs disciplines. Pour les philosophes : des commentaires philosophiques de l'école d'Alexandrie ; pour les médecins : les livres d'Hippocrate et de Galien ; pour les mathématiciens : ceux d'Archimède et d'Euclide.

Dès le début du IVe siècle, les chrétiens syriaques traduisent en arabe les auteurs anciens – al-Fârâbî, Avicenne et Averroès ignorent le grec. Hunayn ibn Ishaq (803-873), un *Arabe chrétien*, nestorien en l'occurrence, est un médecin, traducteur, philosophe et théologien qui parle le grec, le syriaque et l'arabe. On lui doit le passage du plus grand nombre de textes de la médecine grecque aux Arabes – il a traduit 104 ouvrages de Galien. Son école de traducteurs, composée de *chrétiens nestoriens*, a traduit aussi bien le *Serment* d'Hippocrate que les *Éléments* d'Euclide. En philosophie, on lui doit la traduction de presque tout Aristote, ainsi que des dialogues majeurs de Platon – *Les Lois*, le *Timée* et *La République*. Le Sabéen, *judéo-chrétien* donc, Théodore Abu Qurra (836-901), philosophe, mathématicien, traduit Archimède et nombre d'autres mathématiciens. Jean Mésué (776/780-855 ?), *chrétien nestorien*, médecin, philosophe, logicien, produit une littérature médicale abondante.

Jacques de Venise, au Mont-Saint-Michel, en plein XIIe siècle, est l'homme par lequel s'effectue le passage du grec au latin de la philosophie d'Aristote. Plus personne ne parle grec et tout le monde parle latin à l'heure où il rend possible la lecture du philosophe Thomas d'Aquin, donc la philosophie scolastique médiévale. À cette époque, à Tolède, on n'a pas encore commencé les traductions des philosophes à partir de l'arabe. C'est donc quarante ans avant les dates habituellement données, après 1165, et le nom consensuellement fourni, Gérard de Crémone, que Jacques de Venise, un clerc vénitien de Constantinople installé en Normandie, traduit Aristote, et ce avant 1127, jusqu'à sa mort au Mont vers 1145-1150.

Jacques de Venise a donc donné les premières traductions du grec au latin, en économisant les versions arabes, des *Seconds analytiques* (1128), des courts traités *De l'âme* et *De la mémoire*, d'une grande partie des *Petits traités d'histoire naturelle*, de la *Réfutation des sophistes*, de la *Physique* (vers 1140 – alors que Gérard de Crémone donne la sienne en 1187...), des *Topiques*, une partie de la *Logique*, la totalité de la *Métaphysique*, *De la longueur et de la brièveté de la vie*, *De la génération et de la corruption* et deux livres de l'*Éthique à Nicomaque*. Ces traductions, abondamment copiées, très diffusées, infusent l'Europe occidentale. Jean de Salisbury, Thomas d'Aquin, Robert de Grossetête, Albert le Grand travaillent à partir d'elles. Nombre de chrétiens syriaques ont donc été actifs sur plusieurs siècles, de la fin du VIIIe au XIIe, ce qui témoigne en faveur d'un pontage chrétien du savoir grec au monde européen, bien avant le pontage arabo-musulman et ce, indépendamment de lui. Par cette voie, le judéo-christianisme a pu se nourrir des humanités de l'Antiquité que le régime chrétien antique avait massacrées en son temps.

Al-Andalus a fonctionné et fonctionne encore souvent comme un mythe susceptible de montrer qu'il y eut un grand moment dans l'histoire où le territoire espagnol administré par les musulmans était un lieu de tolérance pour les Juifs et les chrétiens. De multiples raisons expliquent cette carte postale – une lecture arabo-musulmane nationaliste qui souhaite défendre sa religion contre le judéo-christianisme ; une lecture marxiste qui présente l'islam comme la religion de paix et d'amour des peuples opprimés par le capitalisme international désireux d'en finir avec le règne du Capital ; une lecture antisioniste qui aspire à montrer que, jusqu'à la création de l'État d'Israël, les communautés juives et musulmanes s'entendaient bien. Une version n'excluant pas les autres.

Cette fiction passe sous silence la *dhimmitude* qui régissait le régime des non-musulmans habitant en terre d'islam et qui, pour exister, étaient tenus de payer un impôt, la *gizya*, qui trouve sa légitimation dans le Coran : « Combattez ceux qui ne croient pas en Dieu et au Jour dernier ; ceux qui ne déclarent pas illicite ce que Dieu et son Prophète ont déclaré illicite ; ceux qui, parmi les gens du Livre, ne pratiquent pas la vraie religion. Combattez-les jusqu'à ce qu'ils paient directement le tribut après s'être humiliés » (IX, 29). Il s'agit donc de soumettre à l'impôt les Juifs et les chrétiens quand ils vivent sur un terrain où l'islam fait la loi. La tolérance n'est pas le produit d'un contrat dans lequel le paiement d'un tribut permet qu'on soit toléré.

Cet impôt est pensé par les jurisconsultes un siècle après la mort de Mahomet. Il suppose que les musulmans étant seuls dans la vraie foi, ils sont les seuls à pouvoir légitimement bénéficier des biens créés et offerts par Dieu. Une fois signé, le pacte est impossible à rompre. Le talion qui fait la loi dans le Coran ne le fait plus entre Juifs, chrétiens et musulmans : un musulman qui tue un Juif ou un chrétien n'est pas tué ; un Juif ou un chrétien qui tuent un musulman, si. Les *dhimmis* n'ont pas le droit : d'avoir des livres religieux musulmans ; de s'en entretenir avec des musulmans ; d'avoir des serviteurs musulmans ; d'entretenir une relation dans laquelle le musulman serait en situation d'infériorité sociale ; d'avoir une relation sexuelle avec des musulmans, ce qui est alors puni de mort ; qui plus est, donc de se marier avec eux ; de se convertir à l'islam ; de porter les vêtements de leur choix – ils sont contraints de s'affubler d'étoffes grossières, de porter des ceintures spéciales, de se mettre des bonnets sur la tête ; de monter des chevaux, la monture noble, et de se déplacer à dos d'âne ; d'habiter des maisons trop hautes ; de se comporter sans manifester de façon visible humilité, soumission, modestie…

Les faits montrent que les relations ne furent pas aussi idylliques qu'il est dit dans al-Andalus, sous les Omeyyades d'Espagne : en 796 et en 817, massacre de chrétiens à Cordoue ; en 828, assassinats massifs de chrétiens à Tolède ; en 850, décapitation du prêtre Perfectus qui a relevé des erreurs dans le Coran ; en 851, emprisonnement de tous les chefs chrétiens de Cordoue ; en 852, épuration de l'administration purgée de ses chrétiens et destruction de leurs églises ; la même année, en présence d'un chrétien assis nu à l'envers sur un âne et fouetté dans la rue, insulté par un crieur public, les chrétiens Aurèle et sa femme Nathalie, qui feignaient la conversion à l'islam pour sauver leur peau, affirment publiquement leur foi chrétienne – ils sont décapités avec trois autres de leurs compagnons ; en 976, purge de la bibliothèque califale riche de 600 000 manuscrits et autodafés publics ; raids contre les infidèles et pillage à Barcelone (985), Zamora (987), Saint-Jacques-de-Compostelle (997) ; en 1010, massacre des Juifs de Cordoue ; 1016, même traitement pour ceux de

Grenade : vers 1090, les Almoravides exterminent des chrétiens à Valence ; en 1124, ils déportent les survivants au Maroc et en font des esclaves ; en 1125, ils passent au fil de l'épée les chrétiens de Grenade ; puis ils expulsent les chrétiens de Séville ; le philosophe Averroès est exilé à Lucena, à une centaine de kilomètres au sud-ouest de Cordoue ; d'autres philosophes (musulmans !) subissent le même sort – ainsi al-Mahrî qui avoue lui aussi lire des philosophes antéislamiques ou bien Abû-l-Rabî al-Kafîf, Abû-l-Abbâs al-Quarrâbi, Abû Ja far al-Dhahabî ; à treize ans, Maïmonide est contraint à l'exil quand les Almohades entrent dans Cordoue, il part à Almeria avec sa famille, les persécutions ne cessant pas, il quitte l'Espagne pour Fès (Maroc) où il est obligé, pour ne pas être tué, de se convertir à l'islam – ce qu'il feint de faire. Au XIIIe siècle, la Reconquista change la donne ; au XVe, après huit siècles d'existence (de 711 à 1492), après de nombreuses villes, Grenade est reconquise. Fin d'al-Andalus.

Isabelle et Ferdinand mettent le point final à la Reconquête. Le pape Sixte IV leur envoie une croix d'argent en 1482 pour soutenir et bénir l'événement. Façon de signifier que ce moment de l'histoire de l'Europe est assimilable à une croisade – gagnée. Le 2 janvier 1492, l'Alhambra passe aux mains catholiques. Rome fête l'événement avec une débauche d'offices d'actions de grâce avec décorum, d'immenses processions sans fin, des feux d'artifice qui occasionnent des dépenses somptuaires. Al-Andalus n'est plus. Cette fois-ci, la poussée musulmane en Europe en restera là.

Les relations du christianisme avec l'islam font l'économie d'une lecture du Coran jusqu'au XIIe siècle – du moins pour ceux qui ne lisent pas l'arabe. Car le texte n'est traduit en latin qu'à cette époque, en Espagne, par Robert Ketton, Hermann de Carinthie, Pierre de Tolède et Pierre de Poitiers. Pierre le Vénérable écrit : « Je suis donc allé trouver des spécialistes de la langue arabe qui a permis à ce poison mortel d'infester plus de la moitié du globe. Je les ai persuadés à force de prières et d'argent de traduire d'arabe en latin l'histoire et la doctrine de ce malheureux et sa loi même qu'on appelle Coran. Et pour que la fidélité de la traduction soit entière et qu'aucune erreur ne vienne fausser la plénitude de notre compréhension, aux traducteurs chrétiens j'en ai adjoint un Sarrasin. Voici les noms des chrétiens : Robert de Chester, Hermann le Dalmate, Pierre de Tolède ; le Sarrasin s'appelait Mahomet. Cette équipe après avoir fouillé à fond les bibliothèques de ce peuple barbare en a tiré un gros livre qu'ils ont publié pour les lecteurs latins. Ce travail a été fait l'année où je suis allé en Espagne et où j'ai eu une entrevue avec le seigneur Alphonse, empereur victorieux des Espagne, c'est-à-dire en l'année du Seigneur 1141. » Où l'on voit que le manque d'empathie peut cohabiter avec l'envie de publier une traduction fidèle.

Le dialogue a été entamé par François d'Assise qui, en 1219, en pleine croisade, la cinquième, rend visite au sultan Malik al-Kâmil (en français : le *roi parfait*...). En 1213, le pape Innocent III a publié une bulle dans laquelle il fustige l'islam : « Un fils de perdition, le pseudo-Prophète Mahomet, s'est levé. Par des incitations terrestres et des plaisirs charnels, il a détourné maintes gens de la vérité. Sa perfidie a prospéré jusqu'à ce jour. » D'où la nécessité d'une nouvelle croisade contre les Sarrasins. À sa mort, le nouveau pape, Honorius III, reprend le projet à son compte.

François arrive à Damiette pendant l'été 1219. Il y reste plusieurs mois, entre juillet-août et novembre, devant la ville assiégée depuis plus d'un an. Le *poverello* d'Assise brave tous les interdits et, en septembre 1219, accompagné de Frère Illuminé *[sic]*, il franchit les lignes ennemies en direction du sultan. Des soldats musulmans l'interpellent et le conduisent à leur maître. Giotto peindra la chose en 1300 dans la basilique d'Assise. Jacques de Vitry qui assiste à la scène écrit une lettre au pape et raconte : « Brûlant de zèle pour la foi chrétienne, il n'a pas craint de traverser l'armée des ennemis et, après avoir prêché quelques jours la parole de Dieu aux Sarrasins, il obtint peu de résultats » (*Lettre* 6). Entouré des docteurs de la loi musulmane, le sultan a écouté avec calme et respect ; ensuite, il a demandé qu'on reconduise cette tête brûlée dans son camp, celui des croisés, avant de lui demander de prier son Dieu afin qu'Il le convertisse… à l'islam ! Le sultan ne se convertit point au christianisme ; pas plus le franciscain à l'islam. Le 5 novembre 1219, les croisés mènent une nouvelle attaque et prennent Damiette avec de nombreux massacres et force violence. François reprend la route vers la Syrie, puis revient en Italie. Dialogue de sourds…

Un siècle plus tard, à Ankara (Turquie), dans une fourchette qui va de 1390-1391 à 1391-1392, l'empereur byzantin Manuel II Paléologue (1350-1425), lettré et sage, théologien et protecteur des lettres, tournant le dos à l'aristotélisme thomiste au profit du platonisme grec, rencontre un musulman et débat avec lui. Certes, il existait des pseudo-rencontres entre des partisans du Christ et des tenants de Mahomet, mais c'étaient des exercices rhétoriques effectués sur le papier, en regard des philosophes et uniquement élaborés à partir des textes. L'empereur croit que la rhétorique et l'argumentation peuvent convertir un musulman au christianisme.

Comme l'empereur Marc Aurèle écrit ses *Pensées pour moi-même* sous la tente dans un campement militaire aux frontières de l'Empire romain et des pays barbares, l'empereur catholique byzantin Manuel II Paléologue se trouve lui aussi dans un campement militaire d'Anatolie, en hiver, dans un pays où règne un sultan. Il a pris pension chez un musulman lettré désireux d'échanger sur la religion chrétienne. Le musulman parle en compagnie de ses deux fils dont l'un est peut-être juge, d'habitants du village et d'étrangers de passage. Manuel parle grec ; les autres, turc ou persan. Un interprète traduit jusqu'à tôt le matin tant l'intérêt est grand de part et d'autre. Dans les ultimes années du XIVe siècle, ces 26 conversations donnent un livre ayant pour titre *Entretiens avec un musulman*.

Les 26 entretiens concernent : le Paradis, l'âme des animaux, l'ordalie, les caractères respectifs de Moïse et de Mahomet, le Paraclet, le doute et la foi, la christologie, la Trinité, l'Incarnation, l'Eucharistie, la virginité de Marie, l'origine humaine de Jésus, la vie de Jean-Baptiste, la justification des images, la rédemption, la mission des apôtres, les anges. Le musulman donne pour preuve de sa bonne foi le fait qu'il brave l'interdit coranique de discuter avec des chrétiens sous prétexte qu'ils sont mieux armés pour la controverse théologique.

Lors de la septième controverse, Manuel II Paléologue affirme que ce qui fait la vérité de l'islam est déjà dans le judaïsme : concéder que la loi de Moïse est descendue de Dieu, refuser de vouer un culte aux idoles, abolir le polythéisme, croire en un seul Dieu créateur de la terre et faire de la circoncision un signe d'appartenance à la communauté. Où l'on retrouve cette idée que l'islam ne serait qu'une hérésie juive, voire, pour d'autres, une hérésie chrétienne. Concernant l'islam, Manuel II Paléologue demande à son interlocuteur : « Montre-moi que Mahomet ait rien institué de neuf : tu ne trouveras rien que de mauvais et d'inhumain, tel ce qu'il statue en déclarant faire progresser par l'épée la croyance qu'il prêchait » (2.c). Nombre de sourates du Coran donnent en effet raison à l'empereur byzantin.

Le Byzantin poursuit. « De trois choses, l'une devait nécessairement arriver aux hommes sur la terre : ou se ranger sous la loi, ou payer des tributs et ne plus être réduits en esclavage, ou, à défaut de l'un et de l'autre, être taillés par le fer sans ménagement » (3.a). Est-ce vrai ? Est-ce faux ? C'est vrai. Non pas selon le Coran pas plus selon les hadiths où l'on ne retrouve pas ces distinctions, mais chez les théologiens musulmans. Le *fiqh*, le droit islamique, distingue en effet, on l'a déjà vu, le « domaine de l'islam » (*dar al-Islam*) et le « domaine de l'infidélité » (*dar al-kufr*), tout devant être fait pour augmenter le premier et réduire le second.

Manuel II Paléologue critique ces trois exigences de l'islam à l'endroit de tout ce qui n'est pas lui. Un : se soumettre par la conversion. Deux : payer un impôt pour vivre en esclave. Trois : mourir. Démonstration de l'empereur à l'endroit du musulman : « Cela est fort absurde. Pourquoi ? Parce que Dieu ne saurait se plaire dans le sang, et que ne pas agir raisonnablement est étranger à Dieu. Ce que tu dis a donc franchi, ou presque, les bornes de la déraison. D'abord en effet, comment n'est-il pas très absurde de payer de l'argent et d'acheter ainsi la faculté de mener une vie impie et contraire à la Loi ? Ensuite, la foi est un fruit de l'âme, et non du corps. Celui donc qui entend amener quelqu'un à la foi a besoin d'une langue habile et d'une pensée juste, non de violence, ni de menace, ni de quelque instrument blessant ou effrayant. Car de même que, quand il est besoin de forcer une nature non raisonnable, on n'aurait pas recours à la persuasion, de même pour persuader une âme raisonnable, on ne saurait recourir à la force du bras, ni au fouet, ni à aucune autre menace de mort. Nul ne saurait jamais prétendre que, s'il use de violence, c'est malgré soi, car c'est un ordre de Dieu. Car s'il était bon d'attaquer avec l'épée ceux qui sont totalement incroyants et que ce fût là une loi de Dieu descendue du ciel – comme Mahomet le soutient – il faudrait sans doute tuer tous ceux qui n'embrasseraient pas cette loi et cette prédication. Il est en effet bien impie d'acheter la piété à prix d'argent. En opines-tu autrement ? Je ne le pense pas. Comment le ferais-tu ? Or si cela n'est pas bon, tuer est encore bien pire. » Long silence de l'assemblée après cette péroraison du chrétien. Le traducteur, chrétien lui aussi, jubile intérieurement. Il évite de montrer sa trop grande joie d'avoir entendu une argumentation aussi efficace. Il s'adresse à l'assemblée en la provoquant ; il lui faut répondre pour éviter l'humiliation d'un pareil camouflet…

Le musulman se lève, digne, et répond. Il convient de l'excellence de la Loi des Juifs et des chrétiens, mais il affirme la supériorité de la sienne. Il estime très haute la loi chrétienne, très haute, mais, de ce fait, très impraticable, excessive, dure, donc imparfaite. Mahomet invite à des choses moins exigeantes, certes, mais praticables, humaines. La hauteur de vue spirituelle, quand elle est impossible à réaliser, est mauvaise ; mais bonne la voie moyenne et modérée qui propose une théorie susceptible d'être mise en pratique. Parodiant Péguy, on pourrait dire du christianisme qu'il a les mains pures et propres, mais qu'il n'a pas de mains...

La vertu, c'est le juste milieu ; ce qui n'est pas juste milieu est vice. Et le penseur perse d'égrener les invites chrétiennes impossibles à pratiquer : aimer ses ennemis et prier pour eux, les nourrir quand ils ont faim ; haïr ses parents et ses propres frères ; laisser au voleur ce qu'il a pris et, mieux, lui donner ce qu'il aura laissé ; donner à tous ceux qui demandent, quels qu'ils soient ; tendre l'autre joue à celui qui nous frappe ; ne jamais résister ni répondre à la violence ; renoncer aux biens de ce monde, y compris les plus élémentaires : un bâton, une besace, une tunique, quelques pièces ; n'avoir aucun souci du lendemain. Quel homme digne de ce nom peut pratiquer ces exhortations ? Ne pas aimer ses amis mais aimer ses ennemis ? Laisser les voleurs voler ? Ne pas répondre à celui qui nous insulte, nous humilie ou nous frappe ? N'avoir aucun souci de l'ici-bas, du jour présent et du lendemain ? Voilà qui se trouve au-delà des forces de tout humain normalement constitué.

Et le Perse de poursuivre. Quant à la virginité, le christianisme y invite, mais comment est-ce possible ? « Vivre dans un corps et vouloir imiter la nature des incorporels et, comme si l'on vivait en pur esprit, ne pas approcher de la femme, est contraire à la raison : c'est un lourd fardeau et une grande violence. » De même avec les conséquences de la virginité : ne pas faire d'enfants, c'est vouer le monde aux gémonies et œuvrer à sa destruction. « Or il est entièrement absurde et indigne de Dieu de faire l'être humain mâle et femelle au commencement, de lui prescrire de multiplier, et ensuite, la prescription ayant atteint sa fin et la terre s'étant remplie d'hommes, de donner aux hommes une loi qui doit faire disparaître les hommes. »

La Loi est qu'un homme rencontre une femme et qu'il se marie avec celle qui devient ensuite la mère de ses enfants. Si tout le monde obéissait à la Loi qui impose la virginité, le monde disparaîtrait. Est-ce cela que veut le christianisme ? Plein de bon sens, le Perse dit : « Ainsi donc, ces préceptes, à savoir se multiplier et garder la virginité, ne s'accordent point. Et puisqu'il faut de toute nécessité que, étant donné leur opposition, l'un soit bon et l'autre pas, est mauvais, à mon sens, celui qui engage les hommes à avoir sur Dieu une opinion indécente. Or c'est bien le cas de ce qui aurait fait disparaître le genre humain, la virginité ainsi que je l'ai dit. » Dans le classement, la loi musulmane arrive avant la loi chrétienne qui arrive avant la loi juive. Dès lors, le musulman refusera la conversion du Juif à moins qu'il n'ait entre deux adopté la loi chrétienne. Le salut du Juif qui supposerait son devenir musulman n'est envisageable qu'après un passage dans un sas de décontamination chrétien. Car Mahomet est « porteur de la loi parfaite ». En refusant la conversion à l'islam, les Juifs « par leur folie travaillent à leur perte ». Le vieil homme hausse les sourcils, se tait et s'assied. Ses enfants applaudissent.

L'empereur reprend la parole. La logique continue à faire la loi. Le débat aussi. Le Byzantin relève une contradiction chez le Perse : comment peut-il dire d'une part que la loi de Moïse est bonne et, d'autre part, dire qu'elle est mauvaise quand elle est celle du Christ, c'est-à-dire loi mosaïque elle aussi ? Comment attaquer la loi sur la virginité puisqu'elle est loi de Moïse elle aussi ? Là où le Perse voit une contradiction, le chrétien voit « choses extraordinaires et surnaturelles » susceptibles d'être clairement perçues par ceux qui le veulent – autrement dit, dans une formule qui dissipe les fumées sophistiques : ce qui paraît incompatible avec la raison, il suffit de le croire... Il suffit de se dire que ce que l'on ne comprend pas relève en nous de la faiblesse d'Adam et que ce que l'on peut comprendre on le doit à la sagesse de Dieu. Vouloir croire ouvre le Royaume de Dieu ; or, qui pourrait ne pas vouloir du Royaume de Dieu ? Dès lors, puisqu'on doit vouloir le Royaume de Dieu, il faut croire – même ce qui paraît déraisonnable. CQFD !

Le Christ a donné des principes qui, si on les suit, effacent l'effet du péché originel. Certaines exhortations, certains conseils s'adressent aux plus parfaits ; d'autres concernent des serviteurs moins zélés. Ici, ceux qui ont choisi de consacrer leur vie à Dieu ; là, ceux qui le souhaitent aussi, mais avec moins d'exigence. D'un côté, les ministres de Dieu ; de l'autre, ses fidèles. Dieu a accordé le libre arbitre aux hommes. Chacun peut, ou non, en faire un bon usage : vouloir la plus grande perfection ou vouloir une perfection, sans qu'elle soit la plus grande, voilà qui détermine des « hommes supérieurs » et des « hommes inférieurs » mais aussi, ceux qui ne relèvent ni de l'un ni de l'autre, à savoir « le troupeau des pourceaux qui n'ont rien de bon ». Chacun sera récompensé en fonction de ses efforts.

Dieu ne s'adresse pas de la même manière à chacun ; il leur parle selon sa possibilité, sa volonté qui ne sont pas toutes égales. Mais il sait que chacun ne donnera que ce qu'il donnera. Il sera dès lors jugé sur ce qu'il aura donné. Dieu procédera « par ordre de mérite » (20.a). Autrement dit, les hommes ont le choix, puisqu'ils sont doués de libre arbitre ; ils en feront l'usage qu'ils en voudront et opteront pour plus ou moins d'exigence dans l'obéissance aux commandements du Christ ; de ce fait, Dieu accordera sa grâce en regard de ce que les hommes auront fait – ou pas. Doctrine chrétienne officielle…

Manuel II Paléologue distingue trois groupes parmi ceux qui rendent un culte à Dieu : d'abord, ceux qui croient par peur des châtiments – et qui ne feront pas partie des mieux lotis, car le bien fait par peur des représailles si l'on fait le mal n'est pas le bien ; ensuite, ceux qui espèrent un profit – mais, en vertu des mêmes principes, parce qu'ils ne font pas le bien pour la raison que c'est le bien, ils ne seront pas mieux considérés par Dieu ; enfin, le groupe des meilleurs, celui qui rassemble ceux qui ne font pas le bien par peur des punitions ni par espoir d'un bénéfice, mais parce que c'est le bien. Chez ceux-là, « les passions sont mortes », ils n'ont aucun souci de ce qui fait le quotidien des autres – argent, honneurs, puissance, richesse, avoir. Ils n'aiment que Dieu et n'ont de souci que lui. Ils veulent imiter la vie du Christ, ils seront récompensés par l'éternelle jouissance de béatitudes indicibles.

Manuel envisage ensuite de démontrer, avec force syllogismes, que Mahomet ne fait que reprendre la loi de Moïse, ce qui est une régression par rapport à la loi du Christ qui était un progrès sur l'ancienne loi mosaïque. Ainsi : circoncire les enfants ; s'abstenir de manger du porc ; épouser plusieurs femmes ; se marier avec la femme de son frère s'il est mort sans laisser d'enfants ; répudier une épouse ; pratiquer le talion – autant de prescriptions communes aux Juifs et aux musulmans. De sorte que « la loi la plus récente est identique pour ainsi dire à la plus ancienne » et que Mahomet devrait alors reconnaître l'excellence de la loi qui le précède et dit la même chose que lui.

Le Christ est venu pour abroger la loi de Moïse en la réalisant ; or, Mahomet prétend abroger la loi du Christ ; mais, en même temps, il restaure la loi de Moïse ; dès lors, ça n'est pas la dernière loi venue qui est la meilleure, mais la première, puisque la dernière se contente de la reprendre. Par ailleurs, nonobstant cette étrange relation, Mahomet passe son temps à outrager Moïse en se préférant à lui. Manuel II Paléologue conclut donc fort sévèrement concernant Mahomet : « Est-il encore besoin de te fournir plus de preuves encore pour t'apprendre que c'est un imposteur ? »

Le Perse répond en dialecticien : la loi islamique a conservé la facilité de la loi mosaïque et la difficulté de la loi christique. Mais comme Platon qui est juge et partie dans ses dialogues et qui se fait un adversaire à sa main pour en triompher plus facilement, Manuel II Paléologue ne le laisse pas développer. Les musulmans avaient demandé un délai pour répondre le lendemain point par point aux arguments du chrétien ; le Byzantin a exigé une réponse sur-le-champ ; il l'obtient, mais il l'interrompt par une nouvelle péroraison. Quand il redonne la parole à son interlocuteur, c'est pour lui faire demander des précisions que le chrétien s'empresse de donner, reprenant ainsi une parole à laquelle il avait renoncé le temps d'une relance quasi théâtrale.

L'assemblée de musulmans parle en perse ; Manuel II Paléologue ne comprend pas. Il est tard. La rencontre s'arrête là. Le Perse n'a pas, lui, recours à la violence verbale de son interlocuteur qui utilise des mots forts – *imposteur* par exemple pour parler de Mahomet. Il recours à l'ironie – mais n'oublions pas que c'est le chrétien qui le fait parler. Le vieil homme qui souscrit au Coran lui fait remarquer qu'il est bien tard et qu'il faut se reposer. L'empereur est chasseur, il va chasser le lendemain, il lui faudrait ne pas se fatiguer, ni prendre froid à continuer à parler plus avant dans la nuit glacée de ce coin perdu d'Anatolie. « Chasser avec mesure est bon ; autrement, c'est le contraire. Fâcheux en tout est l'excès. » Leçon claire et simple : le musulman estime qu'il est dans la bonne voie, celle du juste milieu. On imagine une connaissance de la pensée éthique d'Aristote. De façon ironique, il inscrit son interlocuteur dans le registre de l'excessif. C'est une façon de dire qu'entre un homme qui opte pour la modération et un autre qui choisit l'excès, aucune entente ne paraît possible.

L'empereur répondit alors : « Il recommandait donc de cesser alors l'entretien et de nous réunir comme à l'accoutumée au lever du soleil. Moi, pour éviter d'être impoli et d'étaler au grand jour leur dérobade, j'affirmai que la mesure est la meilleure des choses, et je me levai. Nous nous séparâmes tous pour aller nous coucher. » Les *Entretiens avec un musulman* montrent à l'envi qu'entre tenants de Jésus-Christ et partisans de Mahomet, bien que l'un et l'autre procèdent d'une même loi mosaïque, les premiers pour la dépasser, les seconds pour y retourner, ce fut un dialogue de sourds.

Deuxième partie

LES TEMPS DE L'ÉPUISEMENT

I. Dégénérescence

La déconstruction rationnelle

1

Papes, antipapes et contre-papes

Le poisson chrétien pourrit par la tête

6 juillet 1415, Constance,
Jan Hus monte au bûcher.

Le pouvoir corrompt quiconque en dispose ; personne n'échappe à cette loi. Il paraît donc normal que mille ans de pouvoir chrétien aient généré cette corruption au sommet du dispositif politique : le Vatican. La corruption existe dès le départ. Nombre d'évêques des premiers temps du christianisme vivent dans le luxe, l'opulence et la débauche. Ils mènent grand train, disposent d'une domesticité abondante, occupent d'immenses palais dans lesquels vont et viennent des esclaves et des secrétaires. Ils portent des tissus raffinés, des bijoux finement ciselés et des pierres précieuses. Ils touchent des salaires plus importants qu'un gouverneur de province ; ils empochent également de l'argent lors des ordinations ou pour dire des messes. Lors de conciles, ils peuvent en arriver aux mains, voire aux coups de poing – l'amour du prochain n'est pas toujours au rendez-vous. De très fortes sommes d'argent circulent entre l'Église et l'empereur afin que le pouvoir spirituel obtienne des faveurs immanentes du pouvoir temporel.

La galerie des papes depuis l'origine est chargée en histoire de mœurs ! Le IIe concile de Latran (1139) décide du célibat des prêtres, donc des évêques et des papes, mais avant cette date, il y a pléthore de papes mariés, ayant eu une sexualité avant l'ordination, mais aussi après avoir obtenu les clés de Saint-Pierre. Le premier d'entre eux, Pierre, saint Pierre, celui sur lequel le Christ a décidé de bâtir son église, avait pris femme. Au VIe siècle, Hormisdas devint prêtre quand il perdit son épouse ; son fils Silvère entra lui aussi dans les ordres, et le fils du pape devint lui aussi pape – pour une année. Entre 867 et 872, Adrien II vit avec sa femme et sa fille au Saint-Siège. Pour qualifier les années qui vont de 904 à 963, le cardinal Baronius parle d'une « pornocratie pontificale » – papes incompétents, de peu de foi, sinon sans foi, incapables de lire le latin, s'adonnant au luxe, à la débauche, aux meurtres et aux sacrilèges. Pendant cette époque, le pape Jean X (914-928) couche avec une femme, mais aussi avec sa fille ; le pape Jean XII (955-963) transforme le Vatican en bordel avec orgies tous les jours dans toutes les pièces ! Jean XVII (1003), marié, voit ses trois enfants devenir prêtres. Benoît IX, pape entre 1033 et 1045, démissionne de ses fonctions pour épouser sa maîtresse, avant de reprendre sa place sur le trône du Saint-Siège. Ajoutons à cela le concubinage d'un pape et d'un cardinal, la pédophilie d'un autre avec son jeune neveu, la nomination de gitons à des postes de cardinaux, des postes parfois offerts à des enfants de treize ans…

Le Pogge n'a pas fait que retrouver des manuscrits antiques, ce pour quoi il est surtout connu, il a également écrit *Les Ruines de Rome. De l'inconstance de la fortune* mais aussi un texte qui rapporte la décomposition de la Curie et qui a eu un succès phénoménal : les *Facéties*. Lui qui a connu la Curie de près, sous plusieurs cardinaux et plusieurs papes, sait ce qu'il en est du peu de foi et du défaut de catholicité des évêques, des cardinaux, des papes. Le dogme chrétien s'impose depuis des siècles à coups de bûchers et d'autodafés, de tortures et de prisons, de menaces d'enfer et de croisades sanglantes. L'épée de saint Paul se trouve théoriquement mise au service des vertus chrétiennes : la charité, la pauvreté, l'humilité, l'abstinence, la tempérance, la magnanimité, le pardon, l'altruisme, le désintéressement, l'amour du prochain.

Pendant ce temps, le Vatican abrite des gens dits de Dieu qui pratiquent exactement l'inverse : le luxe, la richesse, les dépenses, la débauche, la luxure, l'intempérance, la vengeance, l'égoïsme, l'intérêt, le mépris du prochain. Le peuple meurt de faim, travaille jusqu'à l'épuisement, subit l'arbitraire politique, vit sous la férule chrétienne, pendant que la papauté mange dans de la vaisselle d'or, se goinfre de nourritures fines et de vins précieux, se prélasse dans l'oisiveté, impose sa loi aux politiques – eux-mêmes chrétiens et vivant selon les mêmes principes…

Les *Facéties* rapportent les détails des conversations sexuelles des secrétaires de la cour papale, elles racontent les turpitudes révélées en confession, elles disent comment les hommes de Dieu se servent de la religion pour administrer aux femmes autre chose que les sacrements, elles multiplient les anecdotes scabreuses et sexuelles – il y a des culs et des cons, des doigts et des vagins, des fesses et des braquemarts, des maris cocus et des moines lubriques, des femmes sexuellement voraces et des cardinaux bien membrés, des religieuses qui montent au septième ciel et des papes qui sodomisent des petits garçons. La vie, quoi !

Le Pogge est le secrétaire apostolique du Napolitain Baldassare Cossa, pape sous le nom de Jean XXIII. Ce souverain pontife appartient à une famille dont l'activité principale est la piraterie. Juriste en droit civil et en droit canon, un bagage utile vu les activités familiales, il se rasait le matin en pensant au jour où il serait pape. Après s'en être donné les moyens, il le fut – simonie, vente des indulgences, commission sur les attributions de postes ecclésiastiques, tout fut bon quand il n'était encore que chambrier du pape Boniface IX pour occuper son trône... Il y parvint le 4 mai 1410, après la mort d'Alexandre V qui eut la mauvaise idée de défuncter juste après un repas avec lui. De là à penser que...

Nouvel arrivant au Vatican, il raccourcit les délais des jubilés : jadis, il y en avait un par siècle ; sous son règne nouveau, dix années suffisent. Le nombre considérable de pèlerins venus à Rome remplir les caisses de l'Église en payant pour obtenir le pardon de leurs péchés est une bénédiction immanente. Pour éviter de moisir au purgatoire, le catholique peut effectuer des pèlerinages à Rome ; pour ceux qui trouvent la ville trop lointaine, il est possible de se rendre dans des églises proches de leur domicile – moyennant paiement de ce qu'aurait coûté le voyage. Le trésor pontifical grossit considérablement.

Quand il accède au pouvoir, un schisme oppose deux papes depuis trente ans, l'Espagnol Benoît XIII et le Vénitien Grégoire XII. Dans l'esprit de l'huître et des plaideurs, Jean XXIII estime pouvoir rendre ces deux-là à la raison en devenant le seul et unique titulaire du poste. L'Église catholique universelle est alors explosée, chaque pays d'Europe prenant le parti de l'un des trois et ne reculant devant aucun moyen pour faire triompher son camp. Les uns voulaient la démission de tous et l'élection d'un tiers ; les autres, une confrontation suivie d'un débat permettant de distinguer celui qui s'imposerait ; d'autres encore souhaitaient convoquer un concile pour trancher. Jean XXIII conclut qu'il était urgent d'attendre.

Le roi de Naples envahit Rome afin de s'approprier les États pontificaux. Jean XXIII s'enfuit à Florence. Le rapport de force le contraint à consentir au concile. Entre la Suisse et l'Allemagne, la ville de Constance l'accueille. Le pape s'y rend avec une escorte de 600 hommes. Le Pogge est là, avec une noria d'humanistes. Il arrive sur les bords du lac en octobre 1414, après un voyage épique, son carrosse a versé dans la neige des Alpes. Toute la chrétienté est là : des cardinaux, des patriarches, des évêques, une centaine de curés, 50 prévôts, 300 docteurs en théologie, 5 000 moines, 18 000 prêtres ; le gratin politique également, flanqué de ses aristocrates les plus titrés.

Au centre d'un important commerce, il faut que tout ce monde vive pendant un certain temps. Constance se remplit de marchands, d'artisans, de cuisiniers, de bouchers, de médecins, d'épiciers, de chanteurs, de marchands de vêtements, de forgerons, de lavandières, de palefreniers, de coupeurs de bourses, donc de bourreaux pour les décapiter, de scribes, mais aussi, la chair a ses besoins, de prostituées – 700 officielles dit un chroniqueur, sans parler des femmes faciles, des femmes légères, des femmes d'un jour et d'autres femmes dans le besoin. À peu près 100 000 personnes en plus de la population normale. Le concile se tient de novembre 1414 à avril 1418. Jan Hus en verra le début ; pas la fin.

Tout de blanc vêtu, Jean XXIII entre dans Constance le 28 octobre 1414 sur un cheval immaculé. Il avance sous un dais doré porté par des bourgeois de la ville. L'immense cortège est une parade fastueuse avec une débauche de figurants habillés comme pour une représentation théâtrale. Une châsse contient le saint sacrement, le corps et le sang du Christ. Il faut impressionner et montrer que l'Église de Jésus né dans une crèche, c'est l'or et le pouvoir, la pourpre et la grandeur, la force et la magnificence, l'autorité et l'ordre, la détermination et la résolution. Il faut régler le problème du schisme ? Le problème du schisme sera réglé. Qui en douterait devant pareille débauche de puissance ?

Le schisme mais aussi l'hérésie. À quoi l'ordre du jour ajoutait : la réforme de l'Église. Il faut en effet compter avec un certain Jan Hus (1370-1415) qui pose problème à l'Église catholique, apostolique et romaine depuis vingt ans : cet homme s'est en effet mis en tête de nettoyer les écuries d'Augias chrétiennes avec un retour au message évangélique. Il connaît le petit peuple de Bohême, son pays, et n'ignore rien de ce que sont devenus les prélats, les vicaires du Christ, les papes, mais aussi les moines des campagnes ou les curés de bourgades : un immense foutoir antichrétien, un bouge où se vautre la hiérarchie ecclésiastique, une fange de pourceaux que Jésus aurait chassés du Temple. Plus d'un siècle avant les *Thèses* de Martin Luther et les *Colloques* d'Érasme, au nom du Jésus des Évangiles, Jan Hus défend le petit peuple contre ceux des gens d'Église qui ont trahi le Christ.

À l'époque, le petit peuple européen est saigné à blanc : la peste a mis sous terre un tiers de la population ; les terres sont ravagées, les épidémies tuent en masse ; des mendiants et des vagabonds, des mercenaires et des brigands égorgent pour un quignon de pain ; des Juifs se font massacrer parce que Juifs ; des flagellants parcourent la nature encore sauvage en hordes déguenillées, ils attendent la parousie qui ne saurait manquer d'advenir. Pendant ce temps, à Rome, au Vatican, le vin coule à flots, les cuisines rôtissent sans discontinuer, les cardinaux couchent avec de jeunes garçons, les papes avec tout ce qu'ils trouvent, l'or et la pourpre décorent les hautes pièces du palais papal, la Curie porte soie et brocart, les cardinaux font baiser leurs bagues serties d'émeraude ou de rubis. La moitié des terres de Bohême appartiennent au clergé.

Qui est Jan Hus ? Un homme qui, si l'Église l'avait écouté et entendu au lieu de le brûler, aurait ralenti la décomposition du christianisme au lieu de la précipiter. Pour lui, l'Église n'est pas le pape, la Curie, les évêques, les prêtres, etc., mais le peuple chrétien, celui des gens modestes qui ont accompagné Jésus en son temps, tisserands et foulons, potiers et charpentiers, gens de peu et gens simples. Jan Hus fut un étudiant pauvre qui devint prêtre, puis docteur en théologie, enfin doyen de la faculté. En philosophie, il est réaliste – c'est-à-dire qu'il croit à la réalité des Idées. Il est cependant moins soucieux de doctrine et de théologie que de mener une vie chrétienne.

Jan Hus prêche dans les campagnes de façon véhémente ; il remplit les églises et touche des milliers de personnes ; il parle dans la langue des gens, le tchèque, et non en latin ; il prend ses auditeurs à témoin ; il crée de petits groupes de réflexion. Son discours est clair : critique de la mode et des vêtements luxueux du haut clergé, critique des reliques et de leur commerce, critique des miracles, critique de la simonie, critique de la luxure chez les curés, critique des seigneurs et des bourgeois, critique des bordels, critique de la sexualité ; il affirme que le chef de l'Église, c'est Jésus, pas le pape – qui est « Satan réincarné au Vatican »... Jan Hus donne des noms. Il accumule les ennemis : le clergé, la noblesse, les bourgeois, les universitaires. On lui interdit la prédication dans son église ; il s'en moque et prêche encore. Hus prend le peuple à témoin ; le peuple le soutient.

On lui reproche de soutenir les thèses de l'Anglais John Wyclif (1331-1384) ; il est vrai que, sur tel ou tel point, les idées de l'Anglais sont celles du Bohémien, mais tant s'en faut qu'il souscrive à toutes. Pour Wyclif, l'Église a dévoyé l'idéal évangélique de Jésus, un idéal auquel il faut revenir ; il s'oppose au culte des images, la dulie, à celui des reliques, au trafic des indulgences ; il affirme que par la grâce et non par les œuvres Dieu fait le salut des hommes ; il ne croit pas à la transsubstantiation et ne croit pas à la présence réelle du Christ dans l'hostie lors de l'eucharistie ; il condamne la vie monastique ; il souhaite que le pape soit tiré au sort ; il nie la validité des sacrements délivrés par un prêtre en état de péché mortel ; il fait de la pauvreté volontaire l'idéal chrétien, dès lors, il veut que les biens de l'Église soient redistribués ; il définit l'Église comme la communauté des catholiques réunis par la grâce ; il dénie à l'Église tout pouvoir temporel ; il ne croit qu'à l'autorité des Écritures et rejette toute autre forme de référence ; il condamne l'esclavage et la guerre. Il meurt en 1384. Plus de trente ans plus tard, le 4 mai 1415, le concile de Constance déclare hérétique la doctrine de Wyclif. Cette même assemblée de chrétiens, avec le pape Jean XXIII à sa tête, décide que son corps sera exhumé et brûlé. Ce fut chose faite en 1428.

L'Église accuse Jan Hus d'hérésie. Le pape Grégoire XII l'excommunie le 21 février 1411. Une excommunication est une cérémonie extrêmement violente : les cloches sonnent à la volée, des cierges sont allumés puis jetés à terre afin de symboliser l'extinction symbolique de l'accusé, on jette des pierres dans la direction de sa maison. On interdit à tout le monde d'avoir quelque rapport avec lui, il se trouve dès lors condamné à la mort sociale : on ne peut lui vendre de quoi boire et manger, on a interdiction de lui louer un logis, défense de le loger gratuitement, lui adresser la parole n'est même plus possible. Dès qu'il se trouve dans un lieu, le service religieux se trouve suspendu : on prive donc les habitants du village de sacrements. Cette malédiction infligée aussi aux villageois demeure trois jours après son départ du lieu. Quand il meurt, on ne lui accorde aucune sépulture ; et lui en offrirait-on une qu'on sortirait son corps pour le laisser pourrir à l'air libre et manger par les bêtes sauvages.

Jan Hus veut bien être condamné, mais par Dieu seulement ; il sait que lui seul le peut ; à défaut, il ne reconnaît pas cette excommunication. Il continue ses prédications. Une bulle du pape Jean XXIII, élu depuis 1411, ordonne qu'on se saisisse de lui et qu'on rase son église. Le roi Venceslas, habituellement protecteur de Hus, craint pour le dépérissement de sa ville et lui demande de quitter Prague. Il s'exécute. Nous sommes fin 1412 ; il a quarante-cinq ans ; il a tout perdu ; il va mourir trois ans plus tard pour avoir souhaité, par fidélité au Christ, que l'esprit des Évangiles souffle assez fort sur l'Église pour la laver de ses péchés.

En exil, il travaille et écrit. Il revient plusieurs fois prêcher à Prague discrètement et repart aussi secrètement qu'il était venu. Il noircit des pages contre le trafic des indulgences, contre la simonie qui permet au pape d'acheter son élection, aux évêques d'obtenir un évêché, aux curés, aux moines et aux abbés de se trouver nommés à la tête d'une cure, d'un monastère ou d'une abbaye. Le pape se ruine pour obtenir son poste, il se rembourse en taxant tous ses gens nommés par lui qui refont leurs finances en multipliant les messes payantes et en volant les croyants qui paient pour tout.

Jan Hus demande à être entendu au concile. Avant de se rendre à Constance, pour obtenir l'assurance qu'il ne lui arriverait rien, ses amis sollicitent Jean XXIII pour lui demander si la sécurité de leur compagnon sera assurée. Le pape répond : « Même s'il avait tué mon propre frère, on ne toucherait pas à un cheveu de sa tête tant qu'il resterait en ville. » Or, il fit bien moins que tuer le propre frère du pape, puisqu'il voulut juste qu'on remît Jésus au centre du christianisme, mais il finit sur un bûcher après des mois de mauvais traitements infligés dans d'infâmes prisons. Hus avait raison : le pape était bel et bien ce qu'il disait – un moins que rien.

Jean XXIII envoie ses gens dans la maison de la veuve où loge Jan Hus. Un docteur en théologie se présentant comme un mendiant feint la naïveté : il lui pose des questions d'ordre théologique tellement précises (par exemple sur les modalités de l'union de la divinité et de l'humanité dans la personne du Christ…) que Jan Hus comprend bien qu'il a affaire à un homme qui cherche à le confondre. Au mépris de la promesse du pape, le prédicateur tchèque est arrêté sur ses ordres, puis mis au cachot dans un couvent de dominicains.

La commission papale lui soumet les 45 articles de Wyclif afin de savoir s'il y souscrit. Hus répond sur presque tous qu'il n'y souscrit pas. Comme un seul homme, les universitaires, les théologiens, les papistes, les bourgeois, les évêques, les cardinaux, les prêtres, qui n'aiment pas Jan Hus, voire qui le méprisent, refusent l'évidence : puisqu'ils ont décidé qu'il défendait les thèses de Wyclif, même si cet homme droit dit toujours la vérité et affirme haut et clair qu'il n'y souscrit pas, il faut bien qu'il y souscrive, puisque le jugement est déjà rendu dans leurs têtes : Hus doit être coupable, il défend donc Wyclif, même quand il s'y oppose. Si Jan Hus avait souscrit aux thèses de Wyclif, il ne serait pas du genre à ne pas le dire, à mentir, à se rétracter pour recouvrer la liberté ou obtenir la vie sauve. Ce qui le motive n'a rien à voir avec la logique mondaine de l'ici-bas, il ne reconnaît comme seul juge que Dieu : quel intérêt dans ce cas aurait-il eu à mentir devant le Dieu auquel il croyait ?

Jan Hus est moins radical que John Wyclif : il dit, et il croit, que l'Anglais se trompe sur l'eucharistie, la pénitence, les ministres et les sacrements, la vie monastique ; il dit n'avoir jamais nié les indulgences, ni condamné l'usage du serment ; il ne souscrit pas à l'idée que Dieu doit obéir au diable. Ainsi, sur la question de l'eucharistie qui est à l'origine de tant de controverses théologiques, puis d'un schisme lors du concile de Chalcédoine en 451, Hus souscrit à la ligne catholique romaine.

Jan Hus avait été excommunié plusieurs années en amont, il n'avait pas répondu à la convocation, pas plus aux appels interjetés, il n'avait pas comparu au prononcé de la sentence, il avait tenu le verdict pour nul et non avenu, il avait même, au mépris des autorités du Vatican, continué à prêcher dans les églises, il avait désobéi à l'archevêque ; il s'était donc montré hérétique et relaps selon les codes du tribunal de l'Inquisition. Tout ceci suffisait pour obtenir une condamnation à mort.

Mais il fallait également attaquer sur le terrain du dogme pour éviter la contagion des idées hétérodoxes. Comme on ne pouvait pas trop mettre en cause sa critique de ce qui était flagrant en matière de corruption de l'Église, du curé de base au pape sur le trône de Saint-Pierre, il fut décidé de le coincer sur le terrain théologique, doctrinal. Les théologiens le soumettent alors au feu de leurs questions malveillantes. Ils jonglent avec les billevesées scolastiques : les universaux, la substance, les accidents, le réalisme, le nominalisme, la consécration, l'impanation, la rémanence, la transsubstantiation, la consubstantiation, afin de savoir ce qu'il pense de la nature de la relation entre l'hostie et le corps du Christ. Les réponses doivent être mauvaises à un moment donné pour que la clique chrétienne puisse décider apparemment ensuite de ce qui a déjà été décidé avant : la mort.

Pendant ce temps, la question des trois papes n'est pas tranchée. Sur cet autre front, Jean XXIII ne veut pas démissionner, il veut en finir avec les deux autres qu'il estime des usurpateurs. Le pape napolitain, petit et grassouillet, débauché notoire et simoniaque en diable, est mis en cause au même titre que les deux autres. Ceux qui tenaient pour l'option conciliaire remportent la bataille : de sorte que ce sont les trois papes qui cessent de l'être, dont Jean XXIII ! Bien conscient que la victoire des conciliaires déboucherait sur sa destitution, il s'était déguisé en palefrenier et enfui ; mais il fut rattrapé et emprisonné – dans la cellule voisine de Jan Hus... Le pape est devenu antipape. Le nom de Jean XXIII redevient disponible pour un futur pape – il faudra attendre le XXe siècle pour qu'Angelo Giuseppe

Roncalli l'endosse en 1958... Le nom de l'antipape redevint nom de pape, puis de bienheureux sous Jean-Paul II en 2000 et de saint sous François en 2014. L'Église n'est pas bégueule.

En janvier 1415, le prédicateur tchèque tombe malade dans sa cellule pouilleuse. Il souffre de la maladie de la pierre. Ses crises sont violentes, accompagnées de grosses fièvres et de vomissements. Pendant plusieurs semaines, les interrogatoires s'arrêtent. On le change de cellule ; il est transféré au château de l'évêché de Constance où on l'attache au mur pendant six mois. Le 15 juin de la même année, le procès a lieu, mais sans lui. Il n'y a pas de défense. On le convoque pour lui lire la sentence : la mort.

L'exécution a lieu l'après-midi du 6 juillet 1415. Le pape étant en prison, il ne peut présider ce genre de cérémonie funeste ; le roi Sigismond le remplace avec tous les attributs du pouvoir – vêtements de pourpre et d'or, couronne, sceptre, épée, globe. Cardinaux, évêques, théologiens, docteurs, prélats, nobles, universitaires, professeurs, laïcs, assistent au spectacle qui commence par une messe, bien sûr. Jan Hus attend sur le parvis, sous bonne garde : il est désormais indigne d'assister à l'office... Il entre seulement au moment du sermon pour entendre la leçon que, sans vergogne, les corrompus font aux purs. L'évêque lit un extrait de l'Épître aux Romains : « Que soit détruit le corps qui appartient au péché » (6, 6). Peu importe que, dans le contexte, Paul parle du passage de la mort à une nouvelle vie, la manipulation par l'extrait sorti de son contexte afin de lui faire dire autre chose était déjà la méthode privilégiée des pourvoyeurs de bûchers.

Au milieu de l'église, les autorités ont installé une estrade sur laquelle reposent les vêtements sacerdotaux de Jan Hus vêtu de noir. Il s'agenouille et prie. On lit les motifs d'accusation. Bien qu'il ait précisé ce qui le distinguait de Wyclif et fait savoir qu'il ne souscrivait pas à nombre de ses thèses, il est condamné pour une adhésion prétendue à ces thèses condamnées comme hérétiques. Hus veut parler ; on le lui interdit. Il reprend la parole ; on la lui ôte. Il proteste de sa foi et prie à nouveau. On prétend qu'il se serait proclamé quatrième personne divine ! Hus demande : qui ? Pas de réponse, évidemment. On réitère la condamnation de Wyclif ; on redit que Hus est wyclifiste ; on affirme donc qu'il est de ce fait coupable. Hus dit qu'il ne l'est pas.

Sophistique à souhait, l'Église qui pilote tous les procès d'hérésie, mais ne veut pas en être tenue pour responsable ou coupable, remet toujours celui qu'elle a condamné comme hérétique aux mains du pouvoir temporel qui se fait une joie d'accéder aux désirs du pouvoir spirituel, puisque depuis mille ans, l'un et l'autre se passent la rhubarbe et le séné. Hus a beau dire qu'il ne voit pas comment des gens qui ne lisent pas le tchèque pourraient condamner ses livres puisqu'ils ne lisent pas cette langue, rien n'y fait. On le ramène violemment sur sa chaise. Il prie pour ses ennemis ; la foule le hue. On lui demande de se rétracter. Se rétracter, ce serait dire que ce qu'il a dit est faux ; or il sait qu'il dit vrai et ne saurait se rétracter de propos qu'on lui prête et qui ne sont pas les siens. S'il se rétractait, ce serait donc de ses propos, les vrais, les siens, c'est alors qu'il serait hérétique. Il refuse donc la rétractation. On en fait la preuve qu'il est hérétique. CQFD !

On lui donne les attributs de son ministère pour les lui ôter aussitôt. Ainsi, on lui enlève brutalement le calice des mains, en lui disant : « Judas maudit, pourquoi as-tu abandonné le parti de la paix et forgé des projets avec les Juifs ? Nous t'enlevons le calice de la rédemption. » Où l'on voit que le parti de la paix est celui de ceux qui mentent, arrêtent, mettent en prison, attachent au fer, infligent des mauvais traitements, font assaut de mauvaise foi, c'est le cas de le dire, instruisent à charge, interdisent la défense, condamnent sans entendre, conduisent au bûcher et décrètent la malédiction sur le cadavre même. Où l'on constate également que quiconque n'est pas avec l'Église, du côté de ses mensonges et de sa simonie, de sa corruption et de sa dépravation, est aux côtés des Juifs.

Puisque l'autorité chrétienne a décidé de lui supprimer tous les signes de son magistère, il faut également s'attaquer à sa tonsure. Mais comment ? Discussion entre les évêques... Ciseaux ou rasoir ? S'adressant au roi, Jan Hus dit : « Voyez, les évêques ne savent même pas comment se mettre d'accord dans leur profanation. » Probablement inspirés par l'Esprit saint sur ce coup-là aussi, les ciseaux sont choisis. La tonsure est tailladée à ses quatre points cardinaux. On lui pose alors sur la tête une mitre en papier sur laquelle on peut voir des diables et l'inscription : « Celui-ci est un hérésiarque. » Héritière de Ponce Pilate, l'Église remet sa victime entre les mains du pouvoir temporel. Elle a construit le bûcher ; il y allumera le feu.

Les membres du clergé, haut et bas, n'assistent pas à l'exécution ; ils laissent la chose au petit peuple. Ils montrent ainsi qu'ils ont fait leur travail de docteurs et de théologiens, de juristes et de casuistes, de gens de Dieu et d'hommes de foi, mais que ce qui advient ne relève plus d'eux. Ils s'en lavent les mains ; et l'on voit dès lors dans ce geste où se trouve le Christ du jour et où sont les bourreaux de toujours. L'Église a monté le spectacle de toutes pièces, mais elle se donne l'élégance de ne pas y assister.

Il y eut foule à ce théâtre misérable. On se pressait sur le lieu du crime. Le chroniqueur auquel on doit la narration de cet épisode rapporte que les ponts menaçaient même de s'effondrer tant la foule arrivait en masse. Mille hommes firent le service d'ordre ; c'est dire l'afflux de l'engeance animée par les passions tristes. Il y avait là, dans cette immense concentration de gens, un certain évêque Cauchon, Pierre Cauchon, qui s'illustrera plus tard à Rouen, en 1431, lors du procès de Jeanne d'Arc. Jan Hus fut accueilli par un premier brasier dans lequel se consumaient ses livres et d'autres jugés hérétiques. Ceux de Wyclif avaient déjà été consumés par le feu à Augsbourg, nul doute que l'autodafé en a aussi détruit.

Depuis saint Paul qui laisse faire le premier bûcher de livres, à moins qu'il ne l'ait lui-même initié, le judéo-christianisme a toujours estimé qu'il n'y avait qu'un livre, le seul, l'unique, le bon, la Bible dont l'étymologie précise qu'elle est *le* livre. Tout autre livre qui ne serait pas celui-ci et qui n'en dirait pas du bien sur le mode du pléonasme est un danger. L'autodafé des livres précède toujours celui des hommes qui les ont écrits, puis de ceux qui les ont imprimés, puis de ceux qui les ont diffusés, puis de ceux qui les ont lus, puis de ceux qui en auraient entendu parler, avant de concerner également ceux qui auraient pu les lire, pu les imprimer, pu les diffuser, etc.

Jan Hus marche avec calme ; il chante des hymnes en latin ; sur son trajet, il parle en allemand aux habitants ; il en profite pour clamer son innocence et prêcher encore et toujours. Il arrive sur le terrain vague où a été planté le poteau auquel on l'attache avec des cordes mouillées ; on lui passe des chaînes au cou ; il se tourne vers le soleil levant, on le contraint à regarder vers le couchant. On empile paille et bois autour de lui jusqu'à ce que son corps disparaisse ; seule la tête dépasse. Habituellement, on partage les vêtements ; cette fois-ci, pour éviter les reliques, on les lui laisse. Un soldat arrive au galop et demande une dernière fois la rétractation de Jan Hus. Il refuse ; se rétracter quand on a dit la vérité, c'est opter pour l'erreur.

Le feu est porté au bois. Il prie : « Christ, Fils du Dieu vivant, aie pitié de moi. » Il commence une autre phrase qu'il ne peut terminer : le vent a versé sur son visage une grande flamme qui emporte son dernier souffle. Son corps est consumé. Quand il n'est plus qu'un tas de cendres et d'os, le bourreau écrase les morceaux d'ossements afin de les réduire en poudre. Il jette une nouvelle brassée de paille et de bois pour brûler ce qui était déjà brûlé. Les cendres sont chargées sur un tombereau que le bourreau verse dans l'eau du Rhin.

On prétendit plus tard, la vilenie chrétienne n'eut pas de limites, que le corps dégagea une immense puanteur au moment de se consumer. Les mêmes firent savoir que le cardinal Pancrace avait quelque temps auparavant brûlé sa mule morte d'un seul coup sous lui. Les conseillers en communication sont une vieille invention : pareil bruit rendait impossible que, les cendres disparues dans le fleuve, on puisse prélever un peu de terre du lieu de ce supplice ou qu'on vienne s'y recueillir comme en un lieu de pèlerinage. Qui aurait pris le risque ontologique de vénérer la terre dans laquelle se trouvaient des particules de mule ou s'agenouiller sur un sol souillé par cet équarrissage par le feu ? Il n'y eut plus de traces de ce qui devint une force.

Jérôme de Prague, disciple de Jan Hus, était lui aussi en prison ; lui aussi le concile le condamne ; lui aussi, comme pour Jan Hus, il fut poussé au bûcher le 23 mai 1416 par Jean Gerson, mauvais philosophe, médiocre théologien qui essaie sans y parvenir de concilier nominalisme, terminisme et scotisme, une soupe scolastique, professeur d'université à l'avenant, vingt ans chancelier de la Sorbonne, c'est dire, pousse-au-crime qui associe la chaire au sabre et au goupillon en donnant les pleins pouvoirs au concile – ce qui, entre autres conséquences, rend possible le bûcher pour Hus et Jérôme.

La nouvelle de la mort de Hus enflamme les populations de Bohême. Ses disciples pillent et ravagent la maison de l'archevêque ; ils font de même avec celles des gens d'Église ; au passage, ils massacrent quelques personnes. Au-delà des disciples, plus de 500 seigneurs bohémiens et moraves écrivent au concile pour se plaindre qu'on ait tué un homme dont la culpabilité n'est démontrée à aucun moment. À l'époque, l'inquisiteur de Bohême avait certifié que Jan Hus était un bon catholique ; or on n'obtient pas le poste d'inquisiteur quand on est un doux et un tendre. L'Église et le concile ne firent aucun cas de ce témoignage, preuve qu'on demande moins à un inquisiteur de dire le vrai que d'envoyer en prison quiconque déplaît au pouvoir ecclésiastique.

Le concile convoque les seigneurs de Bohême et de Moravie à se présenter à lui afin de rendre compte de l'accusation d'hérésie. Aucun n'est venu. L'université de Prague salue le martyre de Hus et de Jérôme. Le concile donne l'ordre de fermer l'université : les enseignants ont continué à donner leurs cours et les étudiants à s'y rendre. Le peuple de Bohême s'agrège autour de ces héros de leur nation naissante. Des statues fleurissent sur les places ; des églises leur sont consacrées.

L'Église hussite propose la communion sous les deux espèces : le pain de l'hostie pour le corps du Christ et le vin pour son sang, alors que l'Église catholique traditionnelle sépare les deux espèces : l'hostie pour le peuple, le vin pour le clergé. On les appelle les utraquistes, ils représentent l'aile modérée. Le calice devient le symbole de cette Église nouvelle. Les philosophes scolastiques aux côtés du pouvoir papal rivalisent de rhétorique et de sophistique pour prouver que le corps du Christ étant dans l'hostie, son sang s'y trouve aussi... Le concile interdit l'usage du calice pour le peuple. L'université de Prague le préconise avec plus de force encore.

Un moine hussite enfui de son couvent de Prémontrés, Jan Zelivsky, prêche dans les églises où se rendent les fidèles de Jan Hus. Il dit : « À bas l'autorité sous toutes ses formes ! Pas de compromis avec la cour et les échevins ! Finis les scrupules et les réserves des professeurs qui se perdent dans les finasseries scolastiques sans jamais pouvoir donner carrément leur avis. » Les hussites chassent les patriciens hostiles à leur martyr. Une aile radicale se réunit sous le signe du mont Tabor où Jésus a annoncé son retour avant de partir – ce sont les taborites. La Bohême est à feu et à sang.

Les taborites laissent à chacun le soin d'interpréter les Écritures comme il l'entend – on est loin de la lecture officielle si souvent délirante... Ils tiennent le purgatoire, nouvellement créé, le mot date de 1113, pour une bêtise ; ils ne croient pas à l'efficacité des prières pour les morts ; ils refusent le culte des saints ; ils ne souscrivent pas à la confession auriculaire ; ils tiennent pour nulle et non avenue la cérémonie de confirmation ; ils s'opposent également à celui des reliques ; ils refusent de prêter serment ; et puis, chose rare, ils s'affirment clairement des opposants à la peine de mort et à la prostitution. Ils prêchent la pauvreté volontaire du clergé et, pour ce faire, invitent à la confiscation de ses biens et à leur répartition ; ils veulent aussi abolir le vêtement religieux ; ils croient à l'avènement millénariste d'une société égalitaire. Politiquement, ils attaquent la monarchie et la féodalité. À leurs yeux, le pape, le roi et le paysan sont à égalité. Certains vont même jusqu'à prôner un communisme intégral et le pratiquent dans leurs communautés.

Ce hussisme de gauche dure trente années. Jusqu'à ce que les hussites qu'on dira de droite, modérés, alliés aux catholiques romains, les utraquistes, les vainquent à la bataille de Lipany le 30 mai 1434. Quinze mille hommes meurent lors de cet affrontement. Les utraquistes, hussites rangés aux côtés des catholiques romains, rassemblent des aristocrates et des nobles tchèques, soutenus par l'élite des villes ; les taborites réunissent des hussites radicaux, des paysans, des proto-communistes. Le Vatican choisit toujours son camp : chrétien contre les païens, chrétien contre les musulmans, chrétien contre les infidèles, mais aussi chrétien avec les riches contre les pauvres, chrétien avec les puissants contre les miséreux, chrétien avec l'élite contre le peuple. Le souffle taborite quitte la Bohême pour circuler un peu partout en Europe. Luther, qui connaissait la pensée de Jan Hus, bien sûr, n'aura bientôt plus qu'à se baisser pour ramasser ce qui deviendra la Réforme. L'Église catholique qui se fissurait perd un grand pan de mur.

2

Architectonique des ruines antiques

Les livres contre le livre

Janvier 1417.
Dans un monastère de Fulda,
Le Pogge redécouvre Lucrèce.

Épicure enseigne dans sa *Lettre à Hérodote* un certain nombre de thèses radicalement antinomiques avec le christianisme : l'ensemble de ce qui est se réduit à un composé d'atomes qui tombent dans le vide – *exit* le corps glorieux de la résurrection ; tout ce qui naît a une cause matérielle et ne provient pas du néant – *exit* le chaos avant la création du monde par Dieu ; les mondes sont en nombre infini – *exit* le monde en exemplaire unique ; l'âme est matérielle – *exit* sa version immatérielle ; la sérénité s'obtient par le savoir de la physique atomiste – *exit* le gouvernement des hommes par la peur de Dieu. Dans sa *Lettre à Pythoclès*, il rend compte matériellement et rationnellement des phénomènes de la nature – *exit* les fables. Dans sa *Lettre à Ménécée* enfin, il dit : les dieux ne sont pas à craindre, ils sont multiples et composés de matière subtile, ils vivent entre les mondes – *exit* le Dieu unique ; l'impie est celui qui imagine que les dieux se soucient des hommes alors qu'ils n'en ont cure – *exit* le Dieu juge et punisseur ; la mort n'est pas à craindre, si elle est là, je n'y suis plus, si je suis là, elle n'y est pas – *exit* la croyance obtenue en jouant sur la peur et l'angoisse des hommes ; le plaisir est le souverain bien, il réside dans la satisfaction des désirs naturels et nécessaires – *exeunt* l'ascèse et la mortification, le péché originel et la transmission de la faute.

Pendant des siècles, le christianisme a pris soin de passer sous silence cette philosophie matérialiste et hédoniste, sensualiste et utilitariste. Les 300 livres écrits par Épicure ont été détruits, dont *La Nature*, un ouvrage en une dizaine de volumes – d'abord par les stoïciens et les néoplatoniciens, ensuite par les moines copistes. Seules ont subsisté trois lettres écrites à ses disciples. Mais ce fut assez pour que subsiste la quintessence de cette pensée. La destruction des œuvres n'a pas suffi. Il a fallu salir la mémoire de cet homme qui fut présenté comme ivrogne, intempérant, jouisseur, bâfreur, grossier, cupide, obscène, il aurait prostitué l'un de ses frères, couché avec des prostituées, vomi afin de pouvoir manger à nouveau, flatté les puissants, etc. Saint Jérôme fit de même avec Lucrèce dont on ignore tout de la vie en créant la légende d'un Lucrèce fou et mort suicidé – quel intérêt en effet accorder à un dérangé mental qui se donne la mort par incapacité à vivre une vie selon ses principes ? Il faudra attendre 1647 et la *Vie d'Épicure* de Gassendi, chanoine de Digne, pour rendre justice à Épicure dont l'ascèse surpassait celle des moines du désert.

Les trois lettres d'Épicure ont échappé à la sagacité des censeurs parce qu'elles se trouvaient dans *Vies, doctrines et sentences des philosophes illustres* de l'historien de la philosophie Diogène Laërce du IIIe siècle qui a traversé les âges sans encombre. L'exposé le plus développé de l'épicurisme se trouve dans *De la nature des choses* de Lucrèce. Cet immense poème de 7 415 vers doit quant à lui son salut à Cicéron, le philosophe pourtant stoïcien, l'école ennemie, mais non pas pour le fond de la pensée mais pour la forme poétique exceptionnelle de l'ouvrage. Lucrèce, qui souhaitait que le breuvage amer de l'épicurisme soit plus facile à boire versé dans une coupe au bord enduit de miel, doit son existence au miel poétique et non au remède de cheval philosophique matérialiste. En matière d'épicurisme, ce qui fut perdu par la destruction de l'œuvre d'Épicure le Grec fut en grande part sauvé par Lucrèce le Romain au prix d'une version moins radicalement ascétique que celle du penseur de Samos. Épicure qui n'aimait pas la poésie fut sauvé par un immense poème à sa gloire.

De la nature des choses fut découvert par Le Pogge en janvier 1417 dans le monastère allemand de Saint-Gall. Ce manuscrit contemporain de Charlemagne qui a servi à établir des copies a été lui aussi perdu. Jusqu'au Vᵉ siècle, il servait aux grammairiens pour des leçons dans leur discipline, pas pour la pensée. À cette époque de pleins pouvoirs du christianisme, il entre dans l'oubli. Du VIᵉ au VIIIᵉ, on ne recopie plus aucun texte antique païen dans les scriptoriums d'Occident. Les supports sont effacés, grattés, nettoyés, pour servir à des copies de textes chrétiens – Cicéron, Sénèque, Lucrèce disparaissent ainsi sous des *Testaments* ou des commentaires de textes sacrés de saint Augustin. Hécatombe chez les tragédiens Eschyle, Euripide, Sophocle dont des dizaines d'œuvres ont été détruites. Semblables destructions chez Ovide, Horace, Virgile. Début du IXᵉ, on s'y intéresse à nouveau, mais toujours pour des raisons de forme littéraire. Au commencement du XIe siècle, nouvelle période d'oubli. Oubli total ensuite jusqu'à la découverte du Pogge. Lucrèce a donc été sauvé de l'oubli total par un seul manuscrit découvert. Le Pogge transmet une copie de ce trésor à un correspondant italien. La première édition paraît à Brescia en 1473.

C'est le début d'une longue carrière de lecteurs et de lectures célèbres : au XVIe, Érasme, Montaigne, Machiavel, Thomas More, Giordano Bruno ; au XVIIe, Descartes, Gassendi, Saint-Évremond, Leibniz, Spinoza, Pascal, mais aussi Galilée, Newton, ou bien encore Molière ; au XVIIIe, les auteurs matérialistes, bien sûr, l'abbé Meslier, le premier des athées, Diderot, La Mettrie, Helvétius, D'Holbach, Condillac. La révolution intellectuelle était en marche ; rien n'allait l'arrêter : le christianisme va régulièrement reculer pendant des siècles sous les coups de boutoir de cette pensée de combat, de cette philosophie de guerre.

Dans *De la colère de Dieu*, Lactance, qui fut précepteur du fils de l'empereur Constantin, écrit : « Épicure renverse entièrement la religion par cette doctrine, et en la renversant remplit le monde de confusion et de désordre. » Le rhéteur chrétien du IIIe siècle ne pouvait imaginer en son temps combien il avait raison. Il était loin de se douter que la courbe de l'histoire de l'émancipation à l'endroit du judéo-christianisme, sa religion, épouserait celle de la diffusion de l'épicurisme en Europe.

Pétrarque avait inauguré la recherche des manuscrits antiques dès les années 1330. On lui doit la mise au point de la première et de la quatrième décade de l'*Histoire de Rome* de Tite-Live, l'établissement de certains textes de Virgile. Lors de ses voyages en Europe, il cherche, fouille et trouve des ouvrages qu'il sort de l'oubli : à Liège, il exhume le

Pour Archias de Cicéron, à Vérone, il sort de la poussière, du même auteur, les lettres à Atticus, d'autres missives qui furent envoyées à son frère Quintus et d'autres encore destinées à Brutus, à Paris, il met la main sur des poèmes élégiaques de Properce. Il a sollicité tous ses correspondants européens, et parfois même au-delà, en Orient par exemple, pour qu'ils fassent de même et écument les bibliothèques publiques des villes, celles, privées, des abbayes, pour y dénicher des textes grecs et latins anciens et les lui rapporter afin de procéder à une *renaissance* de l'Antiquité. Pétrarque a ainsi constitué une formidable bibliothèque à Venise. Mais, à sa mort, en 1374, certains volumes ont été dispersés, vendus, perdus. Ce qui avait échappé à ce sort gisait, entreposé dans un palais où l'humidité eut raison de ce formidable travail de recollection. Tout fut à refaire. Mais l'impulsion avait été donnée. Tout fut refait.

Ainsi Poggio Bracciolini, dit Le Pogge (1380-1459), dont la vie prouve qu'à cette époque l'Europe existe et que l'humanisme la constitue tout autant, et peut-être plus sûrement, que le christianisme. Juriste de formation, notaire de profession, puis secrétaire d'éminences chrétiennes, évêques puis papes, il se trouve près du pouvoir vaticanesque et en dresse un terrible portrait dans les *Facéties* – libertinage et débauche, concussion et trafic d'indulgences, irréligion et athéisme, cynisme et machiavélisme, simonie et corruption… Lui-même fait douze enfants à sa maîtresse, épouse une jeune et jolie fille, richement dotée, à qui il donne six enfants. Non sans humour, il écrit un texte ironique intitulé : *Un vieux doit-il se marier ?* en 1436… Il a cinquante-six ans, elle a l'âge d'être sa petite-fille…

En 1438, il achète une villa, La Valdarnia, dans laquelle il installe sa collection d'œuvres d'art antique et ses manuscrits. Il a voyagé dans toute l'Europe, comme Pétrarque, et a sollicité nombre de correspondants pour réunir les œuvres de l'Antiquité grecque et romaine. En France, à Cluny, en 1415, il découvre des discours de Cicéron : *Pour Roscius*, *Pour Murena* et de quoi établir de nouvelles éditions plus conformes de *Pour Cluentius*, *Pour Milon* et *Pour Caelius* ; l'année suivante, en Allemagne, au monastère de Saint-Gall, en 1416, il met la main sur une édition complète des *Institutions oratoires* de Quintilien, il le recopie de sa main avec une écriture de son invention, la *lettera antica*, qui perfectionne la minuscule caroline, il travaille sans répit pendant cinquante-quatre jours ; dans le même endroit, il sort de la poussière des *Commentaires* d'Asconius sur cinq discours de Cicéron, puis les quatre livres du poème les *Argonautiques* de Valerius Flaccus, un consul romain ; quelques mois plus tard, en 1417, toujours à Saint-Gall où il est revenu, il trouve de longs fragments des *Histoires* d'Ammien Marcellin ; c'est aussi à cette date, en ce lieu, qu'il exhume Lucrèce, mais aussi *Les Astrologiques ou la science sacrée du ciel* de Marcus Manilius, un poème, *Guerre punique*, de Silius Italicus, des discours de Cicéron (*Pour Roscius le Comédien*, *Pour Caecina*, *Des lois agraires*, *Contre Pison*, *Pour Rabirius Postumus*), les *Impromptus* de Stace ; en Angleterre, il met la main sur des textes de l'agronome Columelle, de l'historien Tacite, il redonne vie à douze comédies de Plaute ; en Allemagne à nouveau, en 1423, à Cologne, il trouve un Pétrone ; en Italie, au mont Cassin, il sort de l'oubli *Des aqueducs* de Frontin…

France, Allemagne, Angleterre, Italie, tout comme Pétrarque avant lui qui circulait entre Carpentras, Bologne, Rome, Venise, Avignon, Naples, Vérone, Padoue, Vaucluse, Prague, Paris, Liège,

Aix-la-Chapelle, et Niccolò Niccoli pendant et après lui, Le Pogge construit l'Europe intellectuelle qui prend forme avec l'humanisme, autrement dit, la vision du monde qui met *l'homme* en son centre, très exactement là où, depuis mille ans, le christianisme avait installé *le Christ*. La rhétorique, l'histoire, la poésie, la philosophie, les lettres, l'agronomie, l'architecture, toutes ces disciplines qui avaient brillé avant le Christ et qui avaient nourri les autodafés chrétiens, celui de saint Paul le premier, sortent de la nuit où le christianisme paulinien les avait enfermées.

Parmi les humanistes qui créent l'Europe sans le christianisme, il faut également compter avec Niccolò Niccoli (1364-1437), un riche commerçant ami du Pogge. Cet homme met toute sa fortune au service de ce projet. Collectionneur d'antiques, l'un des premiers, célibataire, secondé par une domesticité, il est tout à son travail d'érudition. Il achète les textes anciens qu'il recopie soigneusement, avec une écriture qui fait songer aux futurs caractères d'imprimerie. Quand il meurt en 1437, âgé de soixante-treize ans, il a réuni 800 manuscrits, la plus belle collection de Florence, l'une des plus belles d'Italie.

Pour éviter la mésaventure de Pétrarque, Niccoli laisse un testament qui statue sur l'avenir de sa bibliothèque. Il veut le maintien de l'unité de la collection comme s'il s'agissait d'une œuvre en tant que telle ; il interdit la dispersion par la vente ; il alloue une somme à la construction d'un bâtiment pour entreposer les livres ; il nomme un comité pour piloter cette aventure ; il souhaite que les livres soient prêtés aux religieux, certes, mais aussi aux laïcs : Niccolò Niccoli invente la bibliothèque publique de prêt moderne. En même temps, il ouvre la porte au monde antique qui va effectuer le voyage inverse de celui que lui a imposé le christianisme : Constantin et ses suivants ont fait sortir la pensée antique par la porte, Pétrarque, Niccoli et Le Pogge la font rentrer par les fenêtres.

Cet humanisme initié par Pétrarque, suivi par Niccoli et Le Pogge, rend possibles la mort de l'homme chrétien et la naissance de l'homme profane – un homme nouveau. Rabelais lui donnera bientôt sa chair grasse et ses viscères fumants, ses pets sonores et ses rots tout autant, ses repas plantureux et ses amusements populaires, ses chansons grivoises et son humour hénaurme, son hédonisme massif et sa liberté sans limites, son rire qui fissure les cathédrales et ses jets de pisse qui font un fleuve. Montaigne lui offrira dans peu de temps des compagnons brésiliens venus du Nouveau Monde jusqu'à Rouen avec leurs plumes d'aras colorées.

À quoi ressemble cet homme nouveau, ontologiquement en passe de se trouver débarrassé des oripeaux chrétiens ? Après un millénaire d'une civilisation qui se présente comme la seule, l'unique, la plus grande, la plus forte, la plus belle, des hommes découvrent qu'il y eut une autre civilisation, et qu'elle eut aussi sa grandeur, ses grandes figures, ses grands penseurs, ses grandes littératures, ses grands dramaturges, ses grands architectes, ses grands agronomes, ses grands historiens, etc.

L'époque gréco-romaine a donné de grandes pensées, et pas seulement celles que le christianisme était parvenu à recycler en signalant leur compatibilité avec ses fables : Platon et son idéalisme, son ciel des Idées, son mépris du corps et de la chair, des désirs et des passions, des émotions et de la vie, sa dilection pour la mort, son âme immatérielle qui survit à la mort, la topologie de son monde infernal ;

Aristote et sa métaphysique biscornue, son langage abscons, son ontologie fumeuse ; Plotin et les néoplatoniciens avec leur Un-Bien, leurs hypostases, leur haine du monde sensible et leur ascétisme tourné vers la contemplation du seul monde intelligible ; les stoïciens et leur célébration de la douleur et de la souffrance comme occasions de parvenir à la vérité de soi-même.

Soudain, avec l'*Art oratoire* de Quintilien, les hommes de cette époque découvrent une rhétorique qui n'est pas la sophistique dont la scolastique fait un usage immodéré : le but n'y est pas d'embobiner, d'emberlificoter, de couper des cheveux en quatre, de pinailler afin de démontrer l'indémontrable, de prouver l'impossible à établir, d'argumenter pour donner aux fictions de la foi un statut de vérité, mais d'exposer clairement un discours, d'argumenter, de procéder avec ordre, de donner à la raison et à l'intelligence l'occasion de manifester toute leur puissance.

Soudain, avec les historiens, Tacite, Tite-Live ou Ammien Marcellin, ces hommes s'aperçoivent, même s'ils le savaient vaguement, mais cette fois-ci ils peuvent le mesurer véritablement, qu'il y eut un temps avant le christianisme, et que ce temps ne fut pas de barbarie et d'obscurantisme, de ténèbres et de déraison. L'histoire de la Grèce ou celle de Rome témoignent en faveur de grandeurs passées avec des vertus alternatives à celles du judéo-christianisme : l'idéal héroïque, le sens de l'honneur, la tension vers la grandeur, le souffle épique, entre autres valeurs.

Soudain, avec Columelle et Frontin, les hommes de la prime Renaissance voient qu'il y eut un génie pratique, pragmatique, chez les agronomes ou les architectes, que les Romains ont excellé dans l'agriculture et l'art des jardins, la sylviculture et l'arboriculture, l'élevage et la viticulture, l'art vétérinaire et l'apiculture, tout autant que dans l'art hydrologique. Qu'on se souvienne qu'à sa fondation Rome se trouve sur un marécage et que, nonobstant la version mythologique du sacrifice de Curtius qui s'y jette pour rendre Rome possible, le drainage des eaux avec les égouts et leur répartition par l'adduction a permis par son assainissement et son hygiène, sa salubrité et son hydrologie la ville qui fut la capitale en tout que l'on sait.

Soudain, avec les comédies de Plaute ou les textes de Pétrone, la vie réelle et concrète surgit à la figure de ces hommes fabriqués par la religion chrétienne. Il ne s'agit plus de vie des saints ou des moines, d'apologétique chrétienne ou de rabâchage de catéchisme, mais de péripéties comiques qui mettent en scène des figures types de l'humanité – le parasite, le méchant, le bon, le gentil, le cruel, le cocu, le roué, sous la figure d'une nourrice ou d'un voyageur, d'un cuisinier ou d'un paysan, d'un jeune homme ou d'une vieille femme, d'une épouse ou d'une courtisane. Quant à Pétrone, le corps, la chair, les désirs et les plaisirs occupent chez lui le devant de la scène. La vie, la vraie vie, la seule vie que la religion écarte d'un revers de la main.

Soudain, avec Lucrèce, le voile chrétien se déchire. Toute la philosophie épicurienne se trouve là, comme si les siècles de déchaînement chrétien contre la pensée d'Épicure n'avaient servi à rien. Et, tel un phénix renaissant de ses cendres, le corpus doctrinal épicurien apparaît en plein jour, dans la grande clarté d'une pensée neuve. Car l'épicurisme grec d'Épicure était un épicurisme assez proche, quoi qu'ils en aient pensé, de la sensibilité des premiers chrétiens : la vie simple et frugale, la pratique de la communauté dans laquelle l'amitié des pairs joue un rôle majeur, le refus des biens de ce monde, la polarisation existentielle sur une spiritualité exigeante, l'objectif d'une vie sereine, le mépris de ce qui fait l'admiration du plus grand nombre (les honneurs, le pouvoir, l'argent, les richesses, la puissance), tout ceci coïncide avec la règle de saint Benoît. La communauté monastique épicurienne ressemble en plus d'un point à la communauté épicurienne antique.

Le malentendu est venu du *plaisir*. Car Épicure en fait le souverain bien, ce vers quoi il faut absolument tendre. Or, si l'on se contente d'une définition triviale et vulgaire du mot, le plaisir est jouissance sans conscience, abandon sans frein à toutes les voluptés sensuelles du monde, dès lors le christianisme ne peut y trouver son compte. À se contenter de la surface des choses, Épicure semble incompatible avec le christianisme. D'autant que le philosophe grec fait du *ventre* le lieu même de la sagesse, ce qui semblait corroborer l'idée que l'épicurisme était une philosophie de pourceaux.

Or, le *plaisir* chez Épicure dispose d'une définition philosophique très opposée à l'acception courante. Aux antipodes même. Le plaisir se définit négativement comme l'absence de trouble – l'ataraxie. Et le trouble recouvre finalement très peu de chose : la soif et la faim, rien d'autre. Le plaisir est donc la suppression de ces douleurs, de ces troubles, que sont la faim et la soif. Comment ? Par ce qui se trouvera le plus frugal : un peu de pain pour manger, un peu d'eau pour boire. Voilà qui suffit pour supprimer le trouble. Nul besoin des mets et des boissons qu'on trouve dans le festin de Pétrone : des tétines et des vulves de truie farcies, des grands crus du vin de Falerne, des girafes farcies aux sangliers eux-mêmes farcis aux lièvres fourrés de petits oiseaux. Du pain et de l'eau. On sait qu'un jour Épicure fit bombance d'un petit pot de fromage qui lui fut offert par un ami et qui ajoutait du superflu au nécessaire du seul pain.

Le plaisir apparaît donc quand on a supprimé les deux seules souffrances dignes de ce nom. Épicure élabore une diététique des désirs et des plaisirs qui aurait pu convenir aux premiers chrétiens. Selon lui, il existe des désirs naturels et nécessaires, puis des désirs naturels et non nécessaires, enfin des désirs non naturels et non nécessaires. Naturels et nécessaires ? Justement : boire quand on a soif, manger quand on a faim. Naturels et non nécessaires ? La sexualité : elle est commune aux animaux et aux hommes, mais on peut très bien vivre sans… Non naturels et non nécessaires : tous les autres désirs, à savoir les honneurs, l'argent, le pouvoir, les décorations, la réputation, etc. Le plaisir consiste donc à ne satisfaire que les désirs naturels et nécessaires et aucun autre. Qu'aurait eu à redire saint Benoît de cette philosophie, disons… préchrétienne ?

Épicure était une petite santé ; il souffrait de la maladie de la pierre. De complexion fragile, il avait, Nietzsche a fait la théorie de ce qui est une règle générale, la philosophie de sa propre personne. L'idiosyncrasie du philosophe de Samos le conduisait à faire peu de cas de ce qui, déjà, dans son propre corps, devait compter pour peu. En dehors d'une configuration masochiste dont le christianisme fit grand cas, renoncer à la sexualité quand on dispose d'une petite libido paraît logique. De même quand, naturellement, les colifichets sociaux n'intéressent pas.

Mais ce que découvre Le Pogge change la donne : l'épicurisme romain de Lucrèce s'oppose sur plus d'un point à l'épicurisme grec d'Épicure. L'auteur de la *Lettre à Ménécée*, on l'a vu, est grandement compatible avec le christianisme sur les usages du corps : un même idéal ascétique, une pareille volonté d'éteindre les désirs, une semblable condamnation de la nature désirante de l'homme, une identique sagesse de l'effacement du corps, sinon de sa mortification.

De la nature des choses ne touche à rien de ce qui fait la physique et la cosmogonie épicuriennes. Mais dès le départ, Lucrèce place son œuvre sous le signe de Vénus... Outre qu'Épicure n'aurait jamais écrit en vers parce qu'il estimait que la poésie était trompeuse, il n'aurait pas non plus invoqué Vénus, la déesse de l'amour, du désir, de la volonté de jouissance, de la pulsion de vie devant laquelle tout plie ! L'ouvrage ne sera pas un éloge de l'idéal ascétique, la chose se trouve clairement dite dès les premiers vers ! Où l'on sent, déjà, que l'idiosyncrasie du Romain n'est pas celle du Grec : le premier confesse une grande santé de type nietzschéen – pas le second...

Ensuite, Lucrèce manifeste moins d'aménité à l'endroit de la religion : Épicure critique l'impiété qui est erreur sur la définition et le pouvoir des dieux, sur leur mauvais usage, mais Lucrèce va plus loin, il tape plus fort et critique « la vie misérable, écrasée sous le poids de la religion » (I, 63). Suit un éloge d'Épicure qui fut le premier, selon Lucrèce, à s'être élevé contre la lecture religieuse des choses, mais, Philodème nous l'apprend, il n'en était pas moins initié à un culte, il croyait dans l'existence des dieux, modèles matériels d'ataraxie, il pratiquait et observait pieusement les fêtes religieuses. On ne sait rien de la vie de Lucrèce, sinon qu'il était probablement un chevalier romain, mais il avait pour la religion moins de tendresse que son maître grec.

Lucrèce affirme également : « La religion a engendré des actions criminelles » (I, 83). Pour preuve : le sacrifice d'Iphigénie qu'il détaille afin de montrer qu'il s'agit véritablement d'une cérémonie barbare et cruelle au cours de laquelle un père, Agamemnon, sacrifie sa fille dont les yeux sont couverts par un bandeau, car elle croit qu'on va la marier alors que, mensonge suprême, son géniteur la conduit vers la mort. Pour ça, et pour tant d'autres choses, la religion empêche qu'on puisse être heureux. Elle combat toute possibilité pour l'homme de construire sa sérénité ici-bas avec les armes humaines de la sagesse rationnelle.

Seule une lecture scientifique de la nature fait reculer le recours à la mythologie et aux récits fabuleux. Quand on a compris que tout était matériel, on a saisi que ni le mystère ni le déraisonnable n'ont droit de cité pour un homme digne de ce nom. La clé du monde n'est pas dans le livre qui dirait le monde mais dans le monde lui-même : le sage examine la nature et regarde comment elle fonctionne afin d'en extraire des lois qui lui permettent de se construire une sérénité dans le cosmos. La science, et non la théologie, est la discipline qui permet de diminuer la religion d'autant qu'elle permet d'augmenter la philosophie.

« Rien n'est jamais créé de rien par l'action d'une puissance divine » (I, 149), écrit-il un siècle avant celui du Christ. La croyance procède de la méconnaissance des causes naturelles. Lucrèce propose une généalogie de la religion : elle naît toujours de l'ignorance. Moins on sait, plus on croit. Les dieux, qui existent, n'interviennent jamais dans la vie des hommes. Tout est composition, décomposition et recomposition des atomes. La matière est éternelle, mais les êtres humains ne le sont pas. Nous sommes immortels par nos atomes, mais mortels dans la composition et l'agencement de ces atomes. Les dieux n'y sont pour rien. Rien ne va jamais au néant : tout se transforme, tout change de forme, mais rien ne meurt de ce qui fait l'essentiel du réel.

On imagine ce qu'au temps du Pogge pareille lecture peut produire comme effets ! Placer sa pensée sous le signe de Vénus ; affirmer que la vie s'avère misérable quand elle est gouvernée par la religion ; dire que la religion génère des crimes et des barbaries, qu'elle fait couler le sang ; expliquer son origine par la méconnaissance de ce qu'est la véritable nature du monde, une nature atomique et matérielle ; écarter toute responsabilité divine dans la naissance du monde et renvoyer à une causalité purement mécaniste redevable d'une lecture scientifique ; inviter à la réflexion rationnelle et philosophique pour faire reculer les croyances irrationnelles et théologiques – voilà au Quattrocento autant de bâtons de dynamite calmement et soigneusement déposés à la base même des colonnes de l'édifice judéo-chrétien.

D'autres charges sont également placées à des endroits stratégiques de la cathédrale spirituelle chrétienne. On s'en souvient, Lucrèce invoque Vénus dès l'ouverture de son immense poème. Il célèbre en elle l'énergie, le désir, la libido, la puissance génésique, le souffle vital, la force sans nom qu'il nomme « l'âme de l'âme » (III, 280), matérielle bien entendu, « l'élan vital » (III, 396) (traduit Charles Guittard qui a lu Bergson...) qui conduit le cours des choses. Cette vigueur atomique se retrouve bien évidemment dans l'amour physique, elle explique l'attraction d'un homme pour une femme. Lucrèce en fait autre chose qu'Épicure qui la refusait.

Le poète romain veut ce désir qui le veut. Il ne souhaite pas le refouler. Il aspire à le maîtriser. Il donne une leçon pour que chacun ne soit plus voulu par le désir, mais qu'il le conduise là où il souhaite le mener : au plaisir qui le libère en l'anéantissant. *De la nature des choses* comporte des pages révolutionnaires, même aujourd'hui, surtout aujourd'hui, sur le désir et les passions, le plaisir et la sexualité, la chair et l'accouplement. Pour Lucrèce, la semence, les atomes spermatiques donc, bouillonnent dans le corps du jeune homme à l'idée ou à la vue d'une jeune fille ; ce bouillonnement déborde parfois, la nuit, quand le désir travaille la chair dans son sommeil ; ce désir furieux génère la turgescence qui, elle, appelle le réceptacle pour accueillir ce débordement qui menace.

Commence alors la douleur de l'amour : car, soit l'amant retrouve son aimée, et il peut ainsi transformer son désir en plaisir, mais très vite le désir revient ; soit il se voit refuser ses avances et son désir impérieux se retrouve sans objet, d'où une tyrannie douloureuse des sens. Mais si la personne convoitée consent, l'amant n'est pas au bout de ses peines : il souffre en la présence de l'aimée, car il sait qu'il va falloir se séparer ; il souffre de l'absence, parce qu'elle lui fait sentir cruellement le manque ; il souffre des retrouvailles parce que leur prélude est une torture.

Lucrèce donne un remède radical à ces tourments : « Il vaut mieux lancer sa liqueur ainsi accumulée en soi dans n'importe quel corps plutôt que de la garder en se laissant attirer une fois pour toutes par une passion exclusive et plutôt que de se réserver une peine et une douleur assurées » (IV, 1065 *sq.*). En d'autres termes, Lucrèce invite à aller au bordel purger ces atomes qui nous rendent intranquilles afin de retrouver la sagesse. La sérénité d'esprit ainsi recouvrée nous permettra d'échapper aux tourments. Nous sommes loin de la solution d'Épicure qui était de refuser le désir, naturel et non nécessaire, pour l'éteindre ; Lucrèce accepte le désir, naturel et nécessaire, pour en épuiser les simulacres en les défaisant.

Mi-ironique, mi-lucide, Lucrèce affirme : « On ne se prive pas des joies de Vénus en fuyant l'amour, mais plutôt on en recueille les avantages sans en payer le prix. Car, assurément, les sages goûtent un plaisir plus pur que les malheureux éperdus d'amour » (IV, 1071). Plus on donne à l'amour, moins il faiblit et plus il grossit ; moins on lui donne, plus il s'amenuise. Dans l'acte sexuel, Lucrèce voit se creuser l'abîme qui existe déjà entre deux êtres : on se croit au plus proche de l'autre, dans le partage le plus absolu, on s'imagine dans la fusion, on pense ne plus faire qu'un seul ? On est en effet un seul, mais seul, soi seul. Jamais deux en un. L'acte sexuel met au grand jour la faille qui sépare toujours deux corps. D'où l'intérêt de cesser de croire qu'on peut un jour remplir ce tonneau des Danaïdes.

De plus, l'amour est épuisant. On y perd du temps, de l'argent, de l'énergie. On néglige ses devoirs ; on sacrifie sa réputation ; on fait fondre son patrimoine dans des chiffons et des colifichets, des repas somptueux et des décorations hors de prix. On devient ridicule car l'on prête à sa compagne toutes les vertus qu'elle n'a pas, toutes les beautés qui lui font défaut, toutes les qualités qui lui manquent car, on le sait, l'amour rend aveugle. Molière fera son miel des vers que le poète consacre à cette pathologie... Ensuite, on connaît le remords, d'avoir ainsi tant sacrifié, de ne plus travailler, de se perdre en débauche. Le moindre mot de travers prononcé par l'aimée quand elle part ravage le cœur et l'âme pendant des heures ; le plus petit regard lancé dans la direction d'un rival rend terriblement jaloux. Et ce dans le cas d'un amour comblé… On imagine dans la configuration d'un amour qui ne l'est pas !

Lucrèce ne se contente pas d'inviter aux joies de « la Vénus vagabonde » (IV, 1072) pour répandre ses atomes spermatiques dans un réceptacle mercenaire afin de régler son cas au désir impérieux ; il convie son lecteur à un autre remède : prendre compagne ou épouse « sans le secours des dieux, sans les flèches de Vénus, il arrive parfois qu'une beauté médiocre éveille l'amour. En effet, la femme par sa conduite, par un caractère aimable, par le soin de sa personne, parvient parfois à elle seule à inspirer à un homme le goût de partager son existence. Du reste, l'habitude fait naître l'amour ; car ce qui est soumis à un choc répété, si léger soit-il, finit à la longue par être vaincu et par céder » (IV, 1278-1287).

Disons-le différemment : si le bordel permet de régler le problème du désir d'une façon simple et directe, la cohabitation l'autorise également – autrement dit : le concubinage ou le mariage… La courtisane ou l'épouse, la putain ou la maman. Pas jolie, gentille, propre sur elle, bien mise, elle rend les mêmes services que l'hétaïre la plus experte. On imagine que Lucrèce parle d'expérience et qu'il a connu les deux genres de pharmacopée ; qu'il a dû aussi connaître les ravages de l'amour passion et les plaisirs simples de la compagne douce.

Quand Le Pogge sort de l'oubli où il se trouvait le grand poème de Lucrèce, il fait sortir du chaudron de stupéfiantes créatures philosophiques ! Après mille ans de judéo-christianisme triomphant qui, dans la suite de saint Paul, ont célébré la haine du corps, le mépris du désir, la détestation des plaisirs, la condamnation de la chair, le châtiment des passions, la répression des pulsions, pareil discours est une révolution ! Après avoir sexualisé le péché originel, l'Église a codifié la chair, elle a réduit le sexe à la procréation, elle a puni les contrevenants, elle a promis l'enfer pour le péché de chair. Elle a également invité les hommes à imiter le corps angélique de Jésus et la chair suppliciée du Christ ; elle a exigé des femmes qu'elles imitent elles aussi, mais Marie vierge et mère ; elle a ainsi névrosé les relations sexuelles.

Et voilà que sort d'une bibliothèque monacale allemande un ouvrage proprement diabolique qui propose des choses élémentaires : un désir simple et sobre, purement matériel, réductible à des jeux d'atomes et à des mouvements de particules ; un plaisir tout aussi simple qui consiste à libérer le désir qui menace de débordement dans une relation elle aussi simple où la culpabilité n'a aucune part ; une aspiration légitime à ne pas laisser la chair nous troubler plus que de raison, sans pour autant résoudre le problème par une mutilation ontologique des corps – Jésus, Marie, Joseph n'y retrouveraient pas leurs petits. D'ailleurs, ils ne les retrouveront pas. Le vers épicurien est dans le fruit judéo-chrétien. Poggio Bracciolini ignorait probablement qu'en faisant remonter ce grand poème philosophique à la surface il sapait les fondations du judéo-christianisme. Ce froid jour de janvier 1417 dans le monastère de Saint-Gall, le vieux temple se fissure.

3

Manger son prochain comme soi-même

Faire son miel des cannibales

Bordeaux, 9 avril 1565.
Montaigne parle avec des Indiens cannibales.

En 1492, Christophe Colomb n'a pas découvert l'Amérique. D'abord parce que les premiers à poser le pied sur le continent américain sont des Islandais fixés au Groenland. Nous sommes aux alentours de l'an 1000. La *Saga du Vinland* qui regroupe la *Saga d'Erik le Rouge* et la *Saga des Groenlandais* rapporte la chose, mais le genre littéraire épique oblige à prendre des précautions. Des découvertes archéologiques et l'étude d'autres documents prouvent la découverte et la présence viking sur les terres d'Amérique vers l'an 1000.

Bjarni Herólfsson quitte le Groenland vers l'ouest et découvre des écueils. En 986, il organise l'expédition de Leifr Eiríksson, le fils d'Eríkrr le Rouge, peu de temps avant le début du nouveau millénaire. Quelque temps plus tard, un autre fils d'Eríkrr le Rouge, Thorvaldr, et son beau-frère, Thorfinnr Karlsefni, en mettent sur pied une seconde. Ils découvrent des terres appelées : Helluland, le pays de la pierre plate, Markland, le pays de la forêt, et Vinland, le pays de la vigne ou des prairies – soit, pour utiliser la terminologie contemporaine : la terre de Baffin, le Labrador et une petite partie de la vallée du Saint-Laurent au Canada. Ils y rencontrent des populations autochtones : des Inuits, des Algonquins ou des membres de l'ethnie Beothuk.

Les bateaux vikings descendent le fleuve Saint-Laurent. On trouve leurs traces à Cheboygan (Michigan). Ils continuent leur voyage très au sud puisque l'un d'entre eux, un *knarr*, un navire de guerre de 16 mètres de long, a été découvert à Memphis (Missouri) près du confluent des rivières Wolf et du Mississippi. La datation au carbone 14 donne une fourchette entre 990 et 1050. L'Amérique a été découverte par les Vikings fin du Xe, début du XIe siècle, autrement dit : cinq siècles avant Christophe Colomb.

Ensuite, le même Christophe Colomb n'a pas découvert l'Amérique parce qu'il s'est contenté de piller une découverte effectuée par les Portugais dix ans plus tôt, vers 1481. Les chroniqueurs du XVIe siècle rapportent que Colomb n'a pas découvert l'Amérique. Le Génois a recueilli les confidences d'un marin portugais qui fut l'unique rescapé de l'expédition ; ce dernier lui aurait révélé les secrets de navigation ; il aurait eu ensuite le bon goût de passer *ad patres* et de laisser Colomb seul dépositaire de ce secret valant de l'or. Un chroniqueur péruvien a retenu le nom de cet homme : Alonso Sanchez de Huelva. Exploitant ces informations, Christophe Colomb se contentera plus tard d'obtenir les documents juridiques lui permettant de s'en dire le découvreur. Les marins portugais ont probablement utilisé les courants les ayant portés vers le Brésil et découvert celui qui les remontait vers l'Afrique. À l'époque, ils ont débarqué sur la pointe du Brésil et vraisemblablement aux Antilles.

Quand il part, Colomb sait donc vers quoi il va et se retrouve en Haïti ; quand il rentre, il sait également quelle route prendre pour récupérer le Gulf Stream alors que la complexité des vents, pour qui ne sait pas, rend le voyage problématique. Il connaît la carte, la route, les vents parce que d'autres que lui ont obtenu ces informations. Il aura beau, par la suite, écrire son histoire et laisser à son fils le soin de peaufiner la légende, il maquille, trompe, cache, dissimule : il cite des auteurs qu'il n'a pas lus, il embobine sur les distances afin de tromper son monde, il fait de même en entretenant d'un prétendu raccourci vers les Indes.

La reine Isabelle d'Espagne, dite Isabelle la Catholique, tombe sous le charme de Colomb. Elle finance le projet. Moins d'un mois après avoir expulsé les Juifs d'Espagne, deux semaines pour être précis, cette reine antisémite confie au Juif Christophe Colomb les clés de cette expédition. Dans le contrat signé le 17 avril 1492, il est fait mention d'une découverte déjà faite – lapsus... Il a probablement confié son secret à la reine. Colomb est anobli, nommé amiral des mers Océanes, gouverneur général de toutes les terres fermes et de toutes les îles susceptibles d'être découvertes, puis vice-roi, un titre qui n'existe pas avant lui. Il obtient également que sa descendance hérite de ses charges. De même, en cas de litige commercial, il ne reconnaît que le roi comme juge. Ensuite, il se fait octroyer la propriété de tout ce qu'il découvrira – il prend l'engagement de verser 90 % de ses bénéfices aux rois catholiques.

Le 3 août 1492, il part avec trois bateaux. Trente-six jours plus tard, il arrive aux Bahamas, puis à Cuba, enfin en Haïti. Il demande au notaire d'enregistrer ses conquêtes, ramasse quelques autochtones et les ramène pour prouver sa découverte. Il repart le 16 janvier 1493 avec deux navires, le troisième ayant percuté les massifs coralliens. Il laisse 39 hommes sur place dans un fortin construit en bois. Tous seront massacrés par les Taïnos, la population autochtone. Il arrive avec ses Indiens nus qu'il montre à la cour. La reine le reçoit le 20 avril 1493 au son d'un *Te Deum*. Isabelle la Catholique place Christophe Colomb le Juif à côté d'elle. Il paraît effectivement le vice-roi. Le 3 mai 1493, le pape Alexandre VI, un Borgia, signe la bulle qui donne l'Amérique aux rois de Castille et d'Aragon, Isabelle et Ferdinand. Il demande en échange la christianisation des populations autochtones.

La christianisation aura lieu : elle se paiera du génocide de populations autochtones et d'ethnocides considérables. Les Taïnos d'Hispaniola disparaissent ; les Arawaks des Grandes Antilles disparaissent ; les Karibs des Petites Antilles disparaissent ; les Nahuas aztèques disparaissent ; les Pipiles du Guatemala et du Honduras disparaissent ; les Tarasques du Mexique disparaissent ; et d'autres ethnies. Dans sa *Très Brève Relation de la destruction des Indes*, l'évêque Bartolomé de Las Casas écrit au roi d'Espagne : « Le désir téméraire et irrationnel de ceux qui tiennent pour négligeable de verser injustement le sang humain, de dépeupler ces vastes terres de leurs habitants et propriétaires naturels en tuant un milliard de personnes et de voler des trésors incomparables croît de jour en jour. » Nous sommes en 1552.

La controverse de Valladolid montre bien la fracture qui travaille le christianisme entre les disciples de Jésus, qui prêchent l'amour du prochain et la paix, la bonté et la douceur, le pardon des offenses et la charité, et les disciples de l'Église qui se réclament de Jésus, mais pour mieux trahir son message et fomenter les autodafés et les persécutions, les croisades et les guerres dites saintes, l'Inquisition et les bûchers. D'un côté, Jésus et François d'Assise, Jan Hus et Jérôme de Prague, plus tard Érasme et Montaigne ; de l'autre, Paul de Tarse et Constantin, Bernard de Clairvaux et Pierre l'Ermite, Bernard Gui et Nicolas Eymerich, ou bien Savonarole ou Torquemada. D'une part, le dominicain Las Casas, défenseur des Indiens, d'autre part, le théologien Sepúlveda, théoricien de la guerre que je dirai coloniale et impérialiste.

Charles Quint convoque au collège Saint-Grégoire de Valladolid juristes et lettrés, théologiens et fonctionnaires de son empire le 7 juillet 1550. Le débat oppose les thèses évangéliques de Bartolomé de Las Casas, un dominicain sans formation universitaire, probablement juif, de petite extraction, aux thèses chrétiennes du théologien Juan Ginés de Sepúlveda, un noble espagnol, un universitaire lié au pouvoir temporel qui travaille pour l'Inquisition. Son père a participé au deuxième voyage de Christophe Colomb. Il faudra deux séances de chacune un mois : 1550 et 1551.

L'ordre du jour est simple : comment la foi peut-elle être prêchée dans le Nouveau Monde récemment découvert ? Question théologique. Et, question politique : comment soumettre les habitants de ces contrées au pouvoir de Charles Quint ? Sepúlveda défend une thèse simple : il faut assujettir les infidèles par la force, recourir à la guerre et les convertir ensuite avec les grands moyens. Las Casas veut le contraire : aborder pacifiquement des femmes et des hommes qui pourront ensuite venir au catholicisme en toute confiance. Sepúlveda veut assujettir par le glaive de saint Paul ; Las Casas veut évangéliser avec les mots de Jésus.

Dans les faits, la population blanche, catholique, européenne, gouverne les indigènes avec une main de fer. Las Casas en rapporte les détails dans sa *Très Brève Relation de la destruction des Indes*, un livre écrit à partir de 1539 à Mexico et publié en 1552. En 1578, le texte est traduit en français à Anvers. Las Casas décrit des Indiens simples et doux, bons et généreux, pacifiques et obéissants, humbles et patients, soumis à ceux qui les commandent et ignorant ce qui qualifie les Occidentaux : la duplicité et la méchanceté, la querelle et la rancœur, la haine et la violence, la vengeance, l'orgueil et l'ambition, la cupidité et le désir de posséder. Physiquement, ils sont délicats, fluets et fragiles, de sorte que le travail et les épidémies ont facilement raison de leur vie. Ils pratiquent la sobriété et la frugalité. Ils vivent nus ou juste couverts d'un pagne. Ils dorment sur de simples nattes ou dans des hamacs. Il ajoute : « Ils ont l'entendement clair, sain et vif. » Ils sont curieux de la foi chrétienne et vont naturellement vers elle avec zèle.

Les chrétiens espagnols se comportent avec eux comme des loups, des tigres et des lions avec des agneaux : « Depuis quarante ans, et aujourd'hui encore, ils ne font que les mettre en pièces, les tuer, les inquiéter, les affliger, les tourmenter et les détruire par des cruautés étranges, nouvelles, variées, jamais vues, ni lues, ni entendues. » De trois millions d'individus que comptait cette communauté, il n'y en a plus que 200, écrit le dominicain. Cuba ? Ravagé. L'île San Juan et la Jamaïque ? Ravagées. Les 60 îles Lucayes ? Ravagées : 500 000 personnes ont été rayées de la carte. Las Casas donne des chiffres terribles : « Au cours de ces quarante ans, plus de douze millions d'âmes, hommes, femmes et enfants, sont mortes injustement à cause de la tyrannie et des œuvres infernales des chrétiens. C'est un chiffre sûr et véridique et en réalité je crois, et je ne pense pas me tromper, qu'il y en a plus de quinze millions. » Pour quelles raisons les chrétiens ont-ils exterminé ce peuple qui ne les a jamais offensés, jamais critiqués, jamais attaqués ? Pour l'or, l'argent et les richesses, pour le pouvoir, les honneurs et l'ambition, pour les titres et la puissance.

Un milliard de morts, 12 millions, puis 15, Las Casas ne craint pas les grands écarts. Au XVIe siècle, on estime la population mondiale à 500 millions – on voit mal comment, même cruels et déchaînés, assoiffés de sang, les colons espagnols auraient pu exterminer un milliard d'individus comme il est écrit avant qu'il ne soit précisé par Las Casas lui-même quelques pages plus loin : plutôt 12, sinon, après réflexion, 15 millions, sans que soit précisé ce qui permet d'avancer ce chiffre.

De même, le tableau idyllique de ces Indiens qui ignoreraient les passions tristes des Occidentaux résiste mal à l'observation des faits : il ne saurait y avoir, dans l'humanité, des hommes qui échappent à l'humaine condition, fussent-ils indiens, et qui seraient naturellement bons avant que la société ne les corrompe : les Indiens n'ignorent pas les armes, sagaies et sarbacanes, arcs et flèches, et ils ne s'en servent pas que pour la chasse aux animaux. Nous verrons comment les Tupinambas et les Tabajaras, deux ethnies brésiliennes, se sont constamment fait la guerre. N'oublions pas non plus que, lorsque Colomb laisse un équipage dans un fort, sur place, quand il rentre en Espagne, d'abord il construit un fort, on ne voit pas pour quelles raisons, sinon parce qu'il existe une menace, ensuite ses hommes se font massacrer par les populations locales.

Dès lors, quand le dominicain écrit : « Toutes leurs guerres sont à peine plus que des jeux de bâton d'ici, ou même des jeux d'enfants », on peut, sinon sourire de la naïveté du propos, du moins estimer que *le bon sauvage,* dont le mythe naît sous sa plume, mérite moins de passion militante que de raison analytique. Si les Indiens avaient disposé des armes des Espagnols, nul doute qu'ils en auraient fait un usage adéquat contre les ethnies ennemies… Stigmatiser un peuple pour ses prétendus défauts (la vénalité des Juifs) vaut l'idolâtrer pour ses hypothétiques qualités (le sens du rythme des nègres) : les Indiens furent des hommes, à égalité de qualités et de défauts avec leurs semblables d'une autre couleur de peau.

C'est entendu, Las Casas force le trait, mais le trait est le bon. Il est l'avocat des Indiens et comme tout plaideur, il use et abuse des effets de rhétorique. Il n'en demeure pas moins que, si le *milliard* est une clause de style dommageable, parce qu'elle fait le jeu des défenseurs de l'impérialisme colonial, il y eut un ethnocide dans lequel la guerre et la torture, la déportation et le travail forcé ont volontairement effectué un travail que les épidémies infligées par les Blancs aux autochtones ont subsidiairement achevé. Il n'empêche : Las Casas fut ainsi du côté des hommes au nom de Dieu quand d'autres, au nom du même Dieu, expédiaient ces mêmes hommes dans le néant pour nourrir la religion de l'or et du pouvoir.

Sa *Très Brève Relation de la destruction des Indes* rapporte ce que sont, hélas, les crimes de toute soldatesque depuis que le monde est monde : ravager les villages ; voler les nourritures des habitants ; détruire leurs réserves ; incendier leurs récoltes ; violer les femmes ; torturer tout le monde ;

bastonner quiconque passe à la portée de l'envahisseur ; éventrer ses victimes et les éviscérer ; dépecer les cadavres encore fumants ; ouvrir le ventre des femmes enceintes ; embrocher sur une lame la mère et l'enfant ; parier qu'on fendra le corps d'un homme en deux d'un seul coup ; faire sauter une tête avec une pique en chevauchant un animal caparaçonné ; jeter les enfants la tête la première contre les rochers ; noyer les nourrissons ; couper des mains ; envelopper de paille et brûler la victime ; cuire les humains à feu doux sur des bûchers ; dresser des lévriers pour tuer et dévorer ; pendre les reines et les rois ; mettre en scène des mises à mort – 13 pendus, comme le Christ et ses apôtres, brûlés vifs comme offrande au Dieu chrétien ; détruire des villages et incendier le temple dans lequel les villageois se sont réfugiés ; user de représailles – pour un chrétien tué, 100 Indiens supprimés ; etc. Rien de neuf sous le soleil noir des guerres que se font les hommes depuis le début de ce que l'on nomme pourtant l'humanité.

Pour ceux qui échappent aux massacres, les femmes et les jeunes filles, quelques jeunes hommes, le destin est aussi de mourir, mais plus lentement : les hommes valides descendent dans les mines pour extraire l'or ; les femmes travaillent dans les champs pour produire la nourriture des envahisseurs ; et les uns et les autres périssent de malnutrition et d'épuisement. Les chrétiens se déplacent sur de longues distances à dos d'Indiens, portés dans des hamacs ou des chaises à porteurs. Quiconque marque un moment de faiblesse est abattu, puis laissé sur place, son cadavre abandonné aux animaux de la forêt.

À Cholula, au Mexique, les Espagnols perpètrent un massacre. Cette ville, la seconde de l'Empire aztèque, compte plus de 100 000 habitants. Entre 5 000 et 6 000 Indiens sont enfermés par les chrétiens dans une cour et sont passés par le fil de l'épée pendant deux ou trois jours. Plus de 100 vénérables Aztèques sont brûlés sur un pieu fiché dans le sol ; une trentaine de personnes se réfugient dans le temple de leurs divinités ; l'édifice religieux est brûlé. Tous périssent. À Terre-Ferme, en Colombie d'aujourd'hui, Las Casas parle de l'extermination de 40 000 personnes : tortures des habitants pour savoir où est l'or, villages brûlés et rasés, pillage des ruines, massacres de masse, par dizaines de milliers selon frère Bartolomé. La *Très Brève Relation de la destruction des Indes* s'avère un document accablant pour les colons chrétiens venus d'Espagne. Cessons là...

Dans la controverse de Valladolid, au cours de laquelle, contrairement à une version propagée par un téléfilm diffusé sur le service public français en 1992, il ne fut jamais question de savoir si les Indiens avaient une âme (que les conquistadors chrétiens aient voulu convertir les Indiens supposait *de facto* qu'ils en avaient une et qu'il fallait la sauver, de gré ou de force...), je retiens la question du cannibalisme. Sepúlveda justifiait la guerre coloniale comme une guerre juste parce que menée pour le triomphe du christianisme. La même logique animait les penseurs de la croisade et les théoriciens de l'Inquisition. Le « Tu ne tueras point » souffrait un nombre infini d'exceptions chrétiennes.

L'habituel cortège de références légitimantes permettait de dire qu'au nom de la paix il fallait mener la guerre, qu'au nom du refus du crime il fallait tuer, qu'au nom de l'amour du prochain il fallait tuer, violer, piller et massacrer, qu'au nom de Dieu il fallait se comporter de façon à réjouir le diable, qu'au nom du pardon des offenses il fallait offenser, qu'au nom de la pauvreté volontaire préconisée par les Évangiles il fallait vivre dans le luxe et l'opulence vénérée par l'Église.

Le théologien universitaire Sepúlveda cite dans un latin impeccable, on ne s'en étonnera pas, saint Paul avec son épée et Constantin le premier empereur chrétien, l'antisémite brutal saint Jean Chrysostome et l'énergique évêque d'Hippone, saint Augustin, associé à l'universitaire scolastique Thomas d'Aquin, tous deux défenseurs de la guerre dite juste, l'autorité des conciles et des papes, bien sûr. Las Casas parle du droit de nature et du droit des gens. Il écrit : « Nul ne peut être appelé rebelle s'il n'est d'abord sujet », et qu'est-ce qui légitimerait qu'ils soient sujets de façon qu'on puisse en faire des rebelles à punir ? Sepúlveda s'appuie sur l'autorité de l'Église ; Las Casas sur celle du droit. Le premier porte encore le Vieux Monde ; le second annonce le nouveau.

Contrairement à ce qu'affirme Las Casas, les Indiens ne sont pas des bons sauvages qui vivent en paix avant l'arrivée des méchants colons : il y a chez les uns et chez les autres de bonnes et de mauvaises personnes. Quand Cortés arrive au Mexique ou Pizarro au Pérou, ils ne peuvent progresser qu'avec l'aide d'Indiens soumis par d'autres Indiens qui trouvent ainsi l'occasion d'une revanche. Parmi les autochtones, des ethnies dominantes en soumettent d'autres et les tiennent en esclavage. Ils prélèvent d'ailleurs dans ce peuple assujetti les individus qui construisent les immenses pyramides et qui, ensuite, sont sacrifiés. Les travaux du grand temple de Mexico-Tenochtitlán terminés, un immense holocauste est offert aux dieux : d'aucuns parlent de 80 400 victimes immolées en quatre jours. Même si le chiffre est exagéré et pourrait correspondre à celui du total des victimes dans ce seul lieu sur toute sa durée, il y eut certainement des dizaines de milliers de meurtres rituels.

Le rite des sacrifices humains était terrible : un vacarme de musique avec tambours et timbales, conques et sifflets entendus des kilomètres à la ronde ; des condamnés enchaînés porteurs de coiffes de plumes multicolores ; une ascension des marches de la pyramide pendant 60 mètres ; une danse en l'honneur des dieux sur le plateau en haut de l'édifice ; un allongement sur la pierre du sacrifice ; une ouverture du thorax avec un grand couteau en silex ; une extraction du cœur encore battant tendu vers le ciel en offrande ; des coups de pied des sacrifiants pour faire chuter les corps au pied de l'édifice ; un dépeçage en règle sur le sol afin de séparer les membres et la tête du tronc ; un arrachage des peaux du visage avec leur barbe afin de les tanner pour les ressortir lors des cérémonies suivantes ; un repas cannibale de chair humaine avec sauce au piment ; une distribution de ce qui n'a pas été mangé, pieds et entrailles, aux jaguars et aux pumas enfermés dans des cages.

Ces cannibales sont-ils des monstres, des barbares, des créatures inhumaines ? Oui, répond Sepúlveda qui convoque les Écritures en général et, sans honte, le « Tu ne tueras point » du Deutéronome en particulier ! On croit rêver... Non, rétorque quant à lui Las Casas pour qui, selon maître Domingo de Soto qui le cite : « Malgré quelques coutumes de gens pas si policés, ils ne sont pas barbares à ce point. Ce sont au contraire des gens qui vivent en groupe et de manière civile, qui ont de grandes villes, des maisons, des lois, des arts, des seigneurs et un gouvernement, et qui punissent non seulement les péchés contre nature, mais même les naturels avec la peine de mort. Ils sont suffisamment policés pour qu'on ne puisse leur faire la guerre pour cause de barbarie. » J'imagine que les *coutumes pas si policées* sont une litote pour qualifier les sacrifices humains suivis de repas cannibales. Quant aux péchés contre nature, ils concernent la sodomie, certes, mais également l'anthropophagie. Las Casas ne les juge ni ne les condamne, il les comprend. Pour Sepúlveda, un barbare est, *in fine*, quelqu'un qui n'est pas chrétien ; d'une certaine manière, pour Las Casas, le barbare ce pourrait être celui qui tue au nom de Dieu…

Faut-il voir un hasard dans le fait que Montaigne commence la rédaction du chapitre des *Essais* intitulé « Des cannibales » en 1579, l'année même où paraît à Anvers l'édition française de l'*Histoire admirable des horribles insolences, cruautés et tyrannies exercées par les Espagnols dans les Indes occidentales* de Las Casas traduit par Jacques de Miggrode ? Rien ne prouve que Montaigne ait lu Las Casas, il ne le cite jamais, il n'y renvoie pas, il n'en a jamais parlé avec personne dans une discussion rapportée par un tiers. Mais nombre de thèses du dominicain se retrouvent sous la plume du Bordelais.

En revanche, dans le chapitre intitulé « Des coches », sa condamnation de ce que l'on n'appelle pas encore le colonialisme emprunte les mêmes arguments. Montaigne affirme que les hommes de cette soldatesque sans foi ni loi sont arrivés armés, casqués, haut perchés sur des chevaux caparaçonnés, protégés de pauvres flèches indiennes par leurs armures, ont facilement vaincu un peuple tout entier, femmes et enfants compris. « Tant de villes rasées, tant de nations exterminées, tant de millions de peuples passés au fil de l'épée, et la plus riche et belle partie du monde bouleversée pour la négociation des perles et du poivre ! viles victoires. Jamais l'ambition, jamais les inimitiés publiques ne poussèrent les hommes les uns contre les autres à si horribles hostilités et calamités si misérables » (III, 6). L'exemple de la paix, de la civilisation tolérante et industrieuse, de la coopération avec les peuples autochtones aurait plus sûrement convaincu de leur excellence que le fil de l'épée et les tortures sur la place publique, les expéditions punitives furieuses et les brasiers dans lesquels ont été précipités les souverains indiens, les massacres de masse et la « boucherie comme sur des bêtes sauvages ».

Si Montaigne n'a pas lu Las Casas, il peut s'appuyer sur les récits de son domestique sur lequel nous ne savons rien, un Normand ayant effectué le voyage au Brésil et y ayant séjourné une dizaine d'années. Assez pour avoir pu apprendre la langue et effectuer des traductions entre des Indiens venus du Brésil et des Français, une fois à Rouen au début d'octobre 1550, une autre en 1562, où Montaigne nous dit s'être trouvé, ce qui n'est pas certain, alors que son serviteur aurait pu, lui, s'y trouver, une autre fois à Bordeaux, en 1565, où Montaigne se trouvait avec certitude et peut-être aussi son mystérieux Normand.

Car le dossier Montaigne et les cannibales est rien de moins qu'énigmatique ! Les universitaires ont fonctionné comme de fins limiers pour montrer que ce qu'écrit Montaigne est faux. Il a menti sur cette question. Les Brésiliens viennent pour la première fois à Rouen en 1550, invités par de riches armateurs rouennais. Montaigne n'y est pas. En revanche, Henri II et Catherine de Médicis qui s'y trouvaient, eux, assistent à ce qu'aujourd'hui on pourrait nommer un genre de pavillon indien dans une Exposition universelle : 50 sauvages et 200 matelots grimés en sauvages, sans qu'on sache qui est qui, participent à une immense reconstitution. Un village a été créé sur le bord de la Seine dans une nature qui paraît sauvage et luxuriante à force d'arbustes, d'arbres et de buissons plantés par les jardiniers. Les habitations sont en roseaux et feuilles ; des oiseaux exotiques jacassent et volent librement ; des animaux importés, comme des singes, traversent le paysage. Nus, le visage et le corps peints, les faux Indiens mélangés aux vrais simulent des scènes de chasse à la sarbacane ou à l'arc, mais aussi des combats entre tribus : l'une paraît pacifique et se fait agresser par l'autre. Les bons, les Tupinambas, triomphent des méchants, les Tabajaras. Certains se prélassent dans des hamacs.

Plus tard, fin octobre 1562, toujours à Rouen, Montaigne dit avoir rencontré trois Indiens et leur avoir parlé avec l'aide d'un interprète qui, mauvais, n'a pu permettre un échange de qualité. Or, il n'y était pas. Il se trouvait assez probablement à Paris. Montaigne dit que le jeune roi Charles IX y était avec sa mère. Il raconte pourtant comment cette langue lui semble musicalement proche du grec ; il rapporte un certain nombre de détails sur les échanges qu'il aurait eus. Or, aucun autre témoignage que celui de Montaigne ne corrobore cette version. Le siège de la ville rend la présence du roi improbable. On imagine mal comment, après la reprise de la ville par les catholiques aux protestants, il y aurait eu place dans la cité mise à sac pour une réception de Brésiliens. S'il avait été là, les chroniqueurs n'auraient pas manqué de le signaler et de donner les détails de cette cérémonie. Or, à ces dates, Montaigne était à Bordeaux...

Montaigne a bien rencontré des cannibales, mais à Bordeaux, le 9 avril 1565, en présence de Charles IX qui effectuait un tour de France pour asseoir son pouvoir. Les Indiens Tupinambas et Tabajaras défilent devant le roi, mais en signe de soumission à son pouvoir, ils manifestent leur allégeance. Montaigne participe aux festivités. Mais le protocole interdit qu'il ait pu leur parler de manière privée. Le philosophe qui est aussi magistrat donne un discours favorable au roi de quinze ans et défavorable au parlement coupable de revendiquer la tutelle du monarque et de ne pas lui manifester une fidélité sans faille. La cérémonie a duré quatre heures et le jeune roi l'a quitté fâché du défaut de soutien du parlement.

Là se trouve la clé de cette histoire rocambolesque. Montaigne dit avoir rencontré les Brésiliens à Rouen, en Normandie, en 1562, où il ne les a pas vus, et non à Bordeaux, en Aquitaine, en 1565, où il les a vus, parce qu'il ne souhaite pas que, dans les *Essais*, le roi puisse mal prendre la référence à un épisode au cours duquel, par la faute du parlement, il s'était fâché. Il efface donc Bordeaux et invente Rouen lors de la reconquête de la cité arrachée aux protestants par les catholiques afin de montrer des gages de catholicité au roi de France. Il se peut que, finalement, l'essentiel des informations de Montaigne sur les cannibales, il les doive à son serviteur normand plus qu'à des rencontres ou à des lectures de voyageurs dont certains n'étaient jamais allés sur place, d'autres y étaient restés très peu de temps, d'autres encore avaient inventé ou enjolivé leurs récits. Le truchement du philosophe aux cannibales fut son domestique venu de Normandie.

L'essentiel réside dans la leçon donnée par ces cannibales au philosophe. Elle se trouve dans cette phrase des *Essais* : « Notre monde vient d'en trouver un autre » (« Des coches », III, 6, 908). *En effet*. Et ce Nouveau Monde amérindien récemment découvert contribue puissamment à fissurer l'édifice du Vieux Monde judéo-chrétien. L'homme nu, à la peau cuivrée, paré de plumes rouges, bleues, jaunes, le visage et le corps peints, vivant simplement dans une nature qui ignore les hommes, cet homme qui mange son semblable et ne fait pas de son corps un ennemi, fait vieillir d'un seul coup l'homme crucifié au nom duquel mille ans d'histoire viennent de s'écouler. Celui qu'on ne nomme pas encore *le bon sauvage* fait entrer l'histoire du judéo-christianisme dans le commencement de sa fin.

Certes, « Des cannibales » s'avère un chapitre majeur des *Essais*, mais c'est également une poignée de pages qui infléchit le cours de l'Occident. Dans la bibliothèque de philosophie européenne qui va de Pythagore à Derrida, peu de textes produisent autant d'effets sur le cours des choses. Le penseur bordelais rend caduc un monde qui se croyait le seul : le judéo-christianisme doit composer avec un autre univers qui interroge le sien et le met en demeure de justifier sa prééminence affichée. Que faire, quand on se réclame de l'universel paulinien, d'un monde qui échappe à cet universel et qui, *de facto*, montre que cet universel n'en était pas un ? Pour devenir véritablement universel, ce Vieux Monde doit composer avec cette autre partie de l'humanité. Quid de cet autre monde ?

Montaigne interroge la notion de barbarie. Qui est barbare ? Il ne s'appuie pas sur des livres et des documents, mais sur le témoignage de son serviteur ayant rencontré les Brésiliens lors du voyage de Villegagnon et sur ceux de marins ayant voyagé avec lui qu'il lui a présentés. Nulle envie de gloser les glosateurs et de disserter sur les récits de voyage dont on sait aujourd'hui qu'ils étaient approximatifs et parfois inventés, parfois recopiés de gens qui avaient déjà recopié : Montaigne pense le monde en direct et non *via* les livres qui prétendent le raconter.

Disons-le dans le vocabulaire d'aujourd'hui, le philosophe collectionne des objets des arts premiers : on trouve dans son château des hamacs, des cordons de coton, des épées-massues dont l'extrémité ressemblait à une rame, des bracelets de bois utilisés lors des combats, des bâtons de rythme en bambou. Des objets obtenus auprès du serviteur ? Des objets du domestique lui-même ? Des objets acquis, achetés, offerts lors de la rencontre avec des Indiens à Bordeaux ? On ne sait. Il boit à la source de ceux qui sont allés eux-mêmes sur place et préfère de loin le témoignage de son serviteur, un « homme simple et grossier », à celui des « fines gens » – des *intellectuels*, dirait-on de nos jours…

Après les sauts et gambades d'écriture dont nous savons qu'il est coutumier, Montaigne écrit cette phrase définitive : « Il n'y a rien de barbare et de sauvage en cette nation, à ce qu'on m'en a rapporté, sinon que chacun appelle barbarie ce qui n'est pas de son usage ; comme de vrai, il semble que nous n'avons autre mire de la vérité et de la raison que l'exemple et l'idée des opinions et usances du pays où nous sommes. Là est toujours la parfaite religion, la parfaite police, parfait et accompli usage de toutes choses. » La messe postchrétienne est dite ! Et l'on imagine quelle tête fit le pape en découvrant cette thèse que ses chargés de communication d'alors lui ont probablement rapportée.

Chez les prétendus *barbares* et les supposés *sauvages* persiste la nature nullement altérée par la mauvaiseté des hommes et leur goût corrompu ou par ce qui se trouvera plus tard nommé la technique et l'industrie ; on y découvre également les lois naturelles à l'œuvre parce que les lois civiles ne les ont pas non plus détruites ; on n'y trouve pas l'usage des chiffres et des lettres, des magistrats et des hommes politiques, des riches et des pauvres, des notaires et des robins, des agriculteurs ou des forgerons, des paysans ou des viticulteurs, mais des gens occupés à produire ce qui leur permet de se nourrir, sans plus ; on n'y rencontre ni mensonge ni vol, ni trahison ni avarice, ni dissimulation ni envie, ni médisance ni pardon, ni malade ni contrefait, mais des gens simples, assis au bord de la mer, mangeant leurs poissons grillés lors de l'unique repas quotidien effectué au réveil puis passant la journée à danser pendant que les jeunes vont chasser ; on n'y débusque aucun moraliste ou théologien, mais un vieux qui enseigne tout simplement la vaillance au combat et l'amitié avec les femmes ou des hommes qui annoncent ce qui va advenir, mais qu'on hache menu quand ils se sont trompés ; on n'y coupe pas le cheveu de Dieu en quatre et on ne disserte pas à l'infini sur le sexe des anges, mais on croit aux âmes immortelles qui connaissent le ciel où le soleil se lève ou l'occident pour les maudits ; on n'y raffine pas les supplices et les tortures pendant les guerres qu'ils connaissent eux aussi mais qu'ils mènent jusqu'à la mort, leur sens de l'honneur ne s'accompagnant d'aucune possibilité de déroute.

Ils tuent leurs ennemis et les décapitent, ils accrochent leurs têtes à l'entrée de leur maison mais quand ils font des prisonniers, voici leur méthode : ils l'attachent devant toute l'assemblée puis « l'assomment à coups d'épée. Cela fait, ils le rôtissent et en mangent en commun et en envoient des lopins à ceux de leurs amis qui sont absents ». Barbarie ? Mais que dire des Portugais qui s'emparent de prisonniers qu'ils enterrent jusqu'à mi-ceinture avant de les torturer puis de les pendre ? Si c'est barbarie que de manger son prochain après l'avoir tué, ça l'est moins que de le pendre après l'avoir supplicié ! À ceux qui assimilent les Indiens cannibales à des barbares, Montaigne affirme que sont plus barbares encore les colons qui les martyrisent : « Nous les pouvons donc bien appeler barbares, eu égard aux règles de la raison, mais pas eu égard à nous, qui les surpassons en toute sorte de barbarie. »

Les Indiens, eux, ignorent les guerres de conquête. Quand ils combattent des ennemis, ils visent la victoire pour en obtenir la gloire et rien d'autre. Sûrement pas les bénéfices de la servitude et les avantages de l'esclavage, les plaisirs pervers du pillage de leurs ressources naturelles et ceux de la spoliation de leurs biens. Vainqueurs, ils laissent leurs adversaires s'enfuir et retourner dans leurs tribus ; conquérants, les Occidentaux n'ont de cesse d'avilir et de salir, d'assujettir et de martyriser, de torturer et d'humilier. Mieux vaut manger un ennemi vaincu dans les règles de l'art vertueux que de finir par le tuer après l'avoir démembré comme le font les chiens dressés à tuer.

Par ailleurs, et si l'on quitte Thanatos pour Éros, ces prétendus barbares ont avec les femmes un commerce supérieur à celui des Occidentaux : les Brésiliens acceptent qu'un homme ait plusieurs femmes et celles-ci se font un plaisir d'obtenir pour leur époux le maximum d'épouses possible, alors que sous le régime chrétien monogame, et Montaigne sait de quoi il parle, l'épouse ne supporte pas même l'amitié, ne parlons pas même d'amour, que le mari pourrait avoir avec d'autres femmes. Qui est le barbare ? Le polygame aimé par ses épouses qui l'aiment ou le chrétien monogame cloué au pilori par la jalousie de sa marâtre ?

Pour confirmer qu'il y a une autre civilisation, égale, voire supérieure, à celle du judéo-christianisme, Montaigne met en relation l'anthropophagie, la guerre chevaleresque et les amours polygames avec les grands hommes de l'Antiquité qui justifient telle ou telle de ces pratiques – Pyrrhus, Philippe, Virgile, Sénèque, Chrysippe, Zénon, Ischolas. Il trouve même que leurs chansons ressemblent à la poésie anacréontique – plus brevet de civilisation que cela, tu meurs... Ironique, il convoque même au-delà des sources gréco-romaines l'autorité de la Bible en citant Léa, Rachel, Sara et les femmes de Jacob qui fournissaient des femmes à leurs époux !

Enfin, Montaigne rapporte les échanges qu'eut le jeune roi Charles IX à Rouen avec ces supposés sauvages qui firent trois remarques consignées dans les *Essais*. La première : comment se faisait-il que tous ces adultes armés jusqu'aux dents fassent allégeance à un enfant, fût-il leur roi ? La deuxième : comment fallait-il comprendre que ces hommes riches, luxueusement vêtus, qui accompagnaient le roi, puissent vivre dans cette pompe alors que des pauvres affamés croupissaient dans la rue, laissaient faire les choses sans attaquer les riches pour leur voler leurs biens ou incendier leurs maisons ? La troisième ? Montaigne dit ne pas s'en souvenir... On peut le croire sans lui faire dire ce qu'il n'a pas dit, il a souvent signalé que sa mémoire était mauvaise.

Ces deux questions sont dans l'esprit de son ami La Boétie pour qui le pouvoir n'existe que parce que ceux sur lesquels il s'exerce y consentent. Il leur suffirait de ne plus le vouloir, il s'effondrerait de lui-même. Dans le *Discours de la servitude volontaire*, La Boétie écrit en effet : « Soyez résolus de ne servir plus, et vous voilà libres. » Que disent les Brésiliens, du moins ce que Montaigne leur fait dire, sinon ce que pensait La Boétie ? On fait de Montaigne un catholique fidéiste et monarchiste légitimiste. Si l'on veut. Mais c'est aussi un philosophe qui, en matière de foi comme de politique, et sur tout autre sujet, n'aime rien tant que la liberté. Montaigne voit bien que mille ans de catholicité et à peine un demi-siècle de protestantisme ont généré beaucoup de *barbarie* et que le Nouveau Monde donne des leçons sur ce que pourrait être un monde moins barbare.

La Saint-Barthélemy a eu lieu 24 août 1572, soit sept ans avant qu'il n'entame la rédaction de son texte « Des cannibales ». Cette guerre civile, un sport national français, a fait 30 000 morts. De quel côté se trouvaient les barbares ? Côté catholique ou côté protestant ? Ou les deux ? Montaigne notait dans son *Éphéméride* tous les événements qui lui paraissaient importants ; la page de ce 24 août funeste a été arrachée. Par qui ? Que disait-elle ? On ne saura jamais. Manger son prochain dans une logique d'honneur, à l'antique, à la romaine presque, paraît à Montaigne moins barbare que le saigner, l'égorger, le massacrer au nom, par exemple, de la présence réelle du Christ dans une hostie.

4

La ruse de la raison huguenote

La désacralisation du souverain

1600.
Apparition du mot « monarchomaque »
chez l'Anglais William Barclay.

Quels effets politiques induit la redécouverte du grand poème épicurien de Lucrèce ? Car, on le dit peu, il existe une politique épicurienne et l'on ne s'en soucie pas assez. Dans la liste des ouvrages perdus d'Épicure fournis par Diogène Laërce, on découvre, que outre des réflexions sur la justice, il existe un texte intitulé *La Royauté* dans lequel le philosophe grec expose sa politique. On en ignore évidemment le contenu, mais l'on sait qu'Épicure définissait l'absence de souffrance comme le souverain bien et qu'en regard de cet idéal il invitait à ne pas se mêler de politique si l'on voulait éviter les ennuis. Conseil de sage prudence.

Certes, il vaut mieux ne pas s'occuper de politique, mais quand on s'en occupe, il vaut mieux qu'elle soit épicurienne, autrement dit qu'elle se propose d'assurer au plus grand nombre les conditions de possibilité d'une vie philosophique. Celui qui dirige les affaires de la cité peut donc le faire en épicurien en évitant les vices selon Épicure et en pratiquant selon ses vertus. De sorte que, dans cette logique, le souverain gouverne pour l'intérêt général et le bien des citoyens ; il gère sans faste et sans dépenses extravagantes ; il ne distribue pas les honneurs n'importe comment ; il évite les impôts qui créent la pauvreté de ses sujets ; il n'engage des guerres qu'en cas d'absolue nécessité ; il exclut tout conflit pour conquérir ; il pratique la frugalité dans son palais ; il recherche la sagesse pour lui-même et pour autrui. Ce que veut Épicure dans l'absolu ? Faire reculer la peur et obtenir la paix. Le souverain doit incarner cet idéal dans le relatif de son mandat.

On le sait désormais, il reste peu de l'abondante œuvre complète d'Épicure. Toutefois, il subsiste une poignée de pensées politiques dispersées dans les 40 *Maximes capitales*. On y apprend que le philosophe fait confiance à la royauté pour assurer le programme épicurien – il s'avère en effet plus facile pour un seul d'être philosophe que pour plusieurs ; que la justice, d'un point de vue naturel, consiste à ne pas causer de tort, ni à soi ni à autrui ; que cet horizon éthique définit *l'utilité* et qu'elle relève du *droit naturel* (XXXI) ; que le juste et l'injuste ne sauraient exister sans l'existence d'un *contrat* passé en amont entre les parties (XXXII) ; que cette idée pertinente entre les individus vaut également pour les peuples – ce qui pose les bases d'un *droit naturel international* ; qu'une loi qui ne visera pas ou plus l'utilité commune n'est pas juste. La politique épicurienne s'avère donc un jusnaturalisme utilitariste et contractualiste. Elle vise la vie commune dans laquelle chacun n'a rien à craindre d'autrui.

Les *Maximes capitales* traversent les siècles : Démétrios Lacon, Philodème de Gadara, Cicéron, Sénèque, Plutarque, Diogène d'Oenanda les connaissent puisqu'ils en parlent. Lucrèce, bien sûr, ne les ignore pas. On trouve une politique dans *De la nature des choses* : elle procède de ces cinq ou six maximes. Les auteurs de la Renaissance disposent donc d'une politique épicurienne alternative à la politique chrétienne qui sévit sous forme de césaropapisme depuis Constantin. Lucrèce reprend les grandes lignes de son maître : le bien commun n'est possible entre les hommes qu'après un contrat passé entre eux pour poser les bases de lois qui les protègent les uns des autres (V, 958) ; le contrat se propose d'éviter les dommages que les uns peuvent causer et les autres subir (V, 1014) ; une fois conclus, les pactes doivent être respectés (V, 1025) ; l'obéissance à la loi génère la sécurité, car elle empêche la violence (V, 1155) ; cette sécurité crée la liberté qui permet la civilisation.

Certes, dans l'Athènes d'Épicure et la Rome de Lucrèce, nous sommes dans une civilisation qui ignore le monothéisme. Cependant, bien qu'en régimes polythéistes, la politique épicurienne fait totalement l'économie des dieux, du divin, de la divinité, du sacré, du religieux, des prêtres et de la religion. La politique est affaire d'immanence et jamais de transcendance – puisque les épicuriens ignorent la chose et le mot. Ce contrat, qu'on peut déjà dire social, concerne les humains qui vivent entre eux et ne regarde en rien les dieux qui, d'ailleurs, ne se soucient jamais de ce que font les hommes. Chacun chez soi et la société sera bien gardée.

Mille ans de judéo-christianisme ont fait d'Épicure, de l'épicurisme et des épicuriens des synonymes d'antéchrist, d'athéisme et d'hérésiarques. Luther et Calvin n'échappent pas à la règle et l'un et l'autre fustigent ceux qu'ils nomment les *libertins*. Mais la politique de Luther et Calvin finit bien malgré eux, on s'en doute, par converger vers l'idéal épicurien qui installe la politique, fût-elle chrétienne, sur le terrain de l'immanence. De la même manière qu'en matière de religion le fidéisme ouvre la voie à l'athéisme, *via* le déisme, sur le terrain politique, l'épicurisme politique taille la route en direction de la démocratie et de la république, *via* les monarchomaques protestants.

Luther, on le sait, attaque le pape et son pouvoir. Le souverain pontife ne tire son autorité d'aucune institution divine : un chrétien qui affirme une pareille chose abolit la dimension politique catholique. L'ogre d'Augsbourg le sait. Appuyé sur cette idée paulinienne que tout pouvoir vient de Dieu, le césaropapisme vole en éclats ! Pour autant, Luther n'en appelle pas à la raison pour fonder la politique. Dans *Contre les prophètes célestes*, il écrit en effet : « La raison, c'est la plus grande putain du diable... qu'on devrait fouler aux pieds et détruire, elle et sa sagesse. Jette-lui de l'ordure au visage pour la rendre laide. Elle est et doit être noyée dans le baptême. Elle mériterait, l'abominable, qu'on la relègue dans le plus dégoûtant lieu de la maison, aux cabinets » – le lieu, où, dit-on, l'homme de la Réforme eut sa révélation !

Pas de politique rationnelle pour Martin Luther, mais une politique civile totalement indépendante du Vatican et du clergé, des monastères et des églises. Cette façon d'écarter le pape et la hiérarchie ecclésiastique, d'en finir avec les moines, dont il fut, et les prêtres, dont il fut aussi, de jeter à la poubelle cardinaux et évêques, reste dans l'orbe chrétien, certes, mais on voit bien comment elle prépare la sortie du catholicisme du jeu politique qui va pouvoir prendre son autonomie. Ruse de la raison, Luther veut en finir avec la théologie pontificale, il obtient la mort du pontifical, mais, bientôt, il faudra composer avec celle de la théologie. Le protestantisme est un auxiliaire de sortie de la théocratie et de l'entrée dans le règne de la politique immanente.

La mécanique politique à laquelle aspire Luther, c'est « l'État autoritaire » dans lequel les sujets sont moins des partenaires que des assujettis à la puissance. Luther reste un disciple de Paul pour qui « tout pouvoir vient de Dieu ». Or, Dieu ne se manifeste pas dans le pape et les siens, mais dans les puissants qui constituent le gouvernement. La Providence s'incarne dans les ministres de l'ordre temporel. Les sujets chrétiens doivent s'y plier comme on se soumet à Dieu. Luther pulvérise le césaropapisme mais au nom d'un césarisme chrétien – un *césarochristianisme*, si je puis dire, une formule qui plaisait tant à un certain Adolf Hitler. L'heure n'a pas encore sonné pour le peuple qui reste mineur, sinon pour la démocratie ou la république dont ça n'est pas l'actualité. Dieu veut l'autorité qui doit en retour Le servir.

Pour Luther, le tyran est légitime : il est là parce que les hommes sont pécheurs et que Dieu le leur envoie ; la guerre est également justifiable car elle est divine, voulue par Dieu qui se venge collectivement des offenses collectives qui lui sont faites ; le prince doit gouverner en muselant la méchanceté des hommes corrompus par le péché originel ; il peut donc être impitoyable et féroce avec les libertins, les Juifs, les sorcières, les magiciens, les Turcs, les Bohémiens, les hérétiques, les criminels, mais aussi, les réfractaires, les rebelles… Luther sait l'homme corrompu, il n'ignore pas que le prince est un homme, il conclut donc que le prince sera lui aussi corrompu. Mais les sujets devront lui obéir. Le maître de la Réforme nettoie l'écurie d'Augias qu'est devenu le

Vatican pour y installer une machine étatique immanente. De Luther à Hitler *via* Hegel, on sait combien, en Allemagne, l'État a pris la place de Dieu. Mais, sans le savoir, en congédiant la théocratie papiste Luther précipite la chute de toute théocratie étatique.

Son disciple Jean Calvin précise ses positions politiques dans l'*Institution de la religion chrétienne* (1536) ; il y donne la version française de la religion réformée. Calvin souscrit lui aussi à l'idée paulinienne que l'autorité vient de Dieu et qu'il faut y obéir car elle est un vouloir de la Providence. Mais, et tout est dans le *mais* qui fait basculer les choses, cette autorité n'est véritablement légitime que si, et seulement si, elle conduit vers Dieu et n'en détourne pas. Le pessimisme radical de Luther se trouve aboli par cette clause calviniste qui ouvre un formidable champ des possibles. Toutefois, Calvin n'autorise pas pour autant qu'on se réclame de l'iniquité pour se rebeller. Mais qu'une politique puisse être inique, bien que voulue par la Providence, est une faille par laquelle les monarchomaques peuvent s'immiscer.

Pour Calvin, les magistrats tiennent leur autorité d'une volonté divine ; le glaive fait partie de leurs attributions pour punir le mal ou lutter contre lui, y compris par la guerre. Les lois expriment la volonté de Dieu formulée par Moïse ; la loi calviniste coïncide avec la loi mosaïque. Le disciple de Calvin est loyaliste avec les magistrats, loyaliste aussi avec les lois de son pays. Le peuple, contrairement à Luther, n'est pas contraint de se soumettre au prince, mais invité à contribuer à l'excellence de la vie de la communauté sans se rebeller, même s'il s'agit d'un tyran. Se rebeller contre lui, c'est se rebeller contre Dieu. La Providence mène le bal. Elle fera cesser la tyrannie quand bon lui semblera.

Luther et Calvin ne diffèrent pas des catholiques sur la question politique : l'un et l'autre restent pauliniens et souscrivent à l'idée que tout pouvoir vient de Dieu et que, dès lors, s'y opposer, c'est s'opposer à Dieu. Mais ils s'en distinguent en laïcisant le pouvoir. Dieu existe, c'est entendu, mais la politique est affaire de laïcs et non de clercs. La théocratie ne suppose plus les gens d'Église, mais les magistrats, les rois, les princes, les empereurs qui n'ont aucun compte à rendre au pape, au Vatican, à l'Église. Le travail réformé abolit la transcendance au profit de la pure immanence. En débarrassant la politique de la papauté, le protestantisme lui laisse le champ libre : elle devient une affaire autonome qui concerne les hommes et leurs règles du jeu terrestres.

Les monarchomaques s'appuient sur Luther et Calvin pour aller plus loin qu'eux en revendiquant l'action politique contre la monarchie qui est pouvoir d'un seul. L'étymologie témoigne, le *monarchomaque*, pour l'Anglais William Barclay (1546-1608) auquel on doit le mot qui apparaît en 1600 dans *Six livres du royaume et de la puissance royale, contre Buchanan, Brutus et Boucher et les autres monarchomaques*, c'est celui qui *combat le roi*, voire celui qui *tue le roi*. Or, les monarchomaques n'ont pas attaqué le principe monarchique, mais l'abus de ce principe dévoyé dans la tyrannie qui nomme les excès dans la monarchie absolue.

Le concept voit le jour après la Saint-Barthélemy. On sait que le roi Charles IX et Catherine de Médicis donnent l'ordre de massacrer les protestants dans la nuit du 23 au 24 août 1572. Des ruisseaux de sang coulent dans Paris. Le massacre dépasse l'entendement. On estime à 30 000 les victimes huguenotes. Quelques jours plus tard, et jusqu'à la fin de l'année, d'autres tueries ravagent des villes de province – Orléans, Angers, Saumur, Lyon, Bourges, Bordeaux, Troyes, Rouen, Toulouse, etc. Cette boucherie décidée par la monarchie absolue fit douter non pas de la monarchie mais de son caractère absolu. Vouloir une monarchie moindre, c'était dialectiquement s'engager sur la voie qui conduit un jour à l'abolition de la monarchie.

La notion de monarchomaque se trouve développée par des penseurs protestants – même si, plus tard, des auteurs catholiques y souscrivent, ainsi Jean Boucher qui justifie l'assassinat du roi Henri III dans *Vie et faits notables de Henry de Valois*, mais également, dans une certaine mesure, Étienne de La Boétie. Parmi les penseurs protestants : en France, Philippe Duplessis-Mornay, connu pour ses *Revendications contre les tyrans*, François Hotman, auteur de *La Gaule française*, Théodore de Bèze ; en Angleterre : George Buchanan, John Knox, Christopher Goodman, John Ponet. Cette galaxie philosophique contribue à fissurer la monarchie en attaquant d'abord sa formule absolue.

Ainsi Théodore de Bèze (1519-1605) publie *Du droit des magistrats sur leurs sujets* en 1574, deux ans après la Saint-Barthélemy. Dans ce court texte, le penseur calviniste justifie la rébellion du peuple, y compris par les armes, à l'endroit du souverain dès lors que le contrat n'est pas honoré par lui : cette situation définit un despotisme ou une tyrannie. Nous sommes loin de la doctrine protestante, luthérienne ou calviniste, qui fait de la tyrannie sinon une punition de Dieu, pour Luther, du moins un mal à supporter que la Providence nous envoie selon Calvin.

Dans ce texte, Théodore de Bèze écrit : « Les peuples ne sont pas créés pour les magistrats ;

mais au contraire les magistrats pour les peuples : comme le tuteur est pour le pupille, et non le pupille pour le tuteur, et le berger pour le troupeau et non le troupeau pour le berger » (10). Dans ses *Propos de table* (1566), Luther utilise l'argument du tuteur et de son pupille et écrit : « L'autorité est au service des parents et la volonté des parents est la volonté de Dieu. Celui-ci dit et ordonne de tuer les enfants qui n'obéissent pas, et c'est là un ordre explicite de Dieu, de tuer le fils désobéissant, quand même le père s'y opposerait » (XXXIV).

Dans sa logique, Luther aurait fait de la Saint-Barthélemy une punition de Dieu, un effet de sa Providence, un produit du mal des hommes à cause du péché originel, il l'aurait mis en rapport avec un Dieu vengeur et punisseur ; selon l'ordre des raisons du monarchomaque calviniste, et après la tragédie du 24 août 1572, il n'est plus possible de penser en luthérien orthodoxe : Théodore de Bèze estime qu'on peut rester chrétien et, justement parce que chrétien, vouloir la mort de Charles IX et de Catherine de Médicis qui initient ce carnage politique antichrétien.

Le théologien parle en effet de « l'inutile et irréligieuse sujétion, par laquelle les rois et peuples se sont par serment obligés à l'antéchrist romain ». Rappelons en effet que le pape Grégoire XIII a invité les Parisiens à rendre grâce à Dieu pour cette victoire du roi Charles IX sur les hérétiques... Pour quelles extravagantes raisons théologiques le peuple protestant devrait-il accepter que les catholiques le massacrent ? Agrippa d'Aubigné a magnifiquement raconté la misère que les catholiques infligent aux protestants dans *Les Tragiques* : l'imitation de la Passion du Christ, comme y invite Calvin, doit-elle faire toujours la loi ? Faudra-t-il jusqu'à la fin des temps supporter le mal parce que le Christ l'a fait sur la croix ?

Pour Théodore de Bèze, successeur de Calvin à la tête de l'Église de Genève, « la repentance et les prières » ne sauraient suffire. Certes, il faut obéir aux magistrats, mais dans la mesure où ce à quoi ils obligent ne se trouve pas en contradiction avec l'enseignement de la religion réformée. Obéir au prince, oui, mais tant qu'il ne désobéit pas à Dieu ; quand il désobéit à Dieu, il devient légitime pour les sujets de ne plus obéir au prince. Quand le prince cesse d'être chrétien, il cesse d'être prince. Un protestant ne saurait se soumettre à un prince, à un roi, à un empereur qui exigerait de ses sujets un comportement en contradiction avec les principes chrétiens.

Pour autant, n'oublions pas que Théodore de Bèze n'est pas un démocrate. Rappelons que dans son *Traité des hérétiques et de leur juste punition par la loi civile* (1554), il justifie le procès et la condamnation à mort de Michel Servet, un théologien catholique espagnol qui participe à des cercles de travail protestants, mais qui est aussi un brillant médecin qui découvre la circulation sanguine. Coupable d'avoir refusé le dogme de la Trinité, il est pour ce faire doublement condamné à mort : par l'Inquisition catholique et par le conseil des Deux-Cents, son équivalent calviniste. Servet a été brûlé vif le 27 octobre 1553 à Genève. Il agonise près d'une heure sur le bûcher. Calvin avait demandé la décapitation.

Théodore de Bèze ne légitime pas la résistance individuelle qui générerait le désordre social, inacceptable pour lui. Mais il invite à la résistance les magistrats et les états généraux, autrement dit les assemblées élues. Il s'agit d'obéir à l'invitation divine de venir au secours de ses frères persécutés. De Bèze pose la question de la nature de la résistance.

Quid de sa forme armée ? Elle est légitime. Les magistrats « sont tenus (même par les armes si faire se peut) *[sic]* de pourvoir, contre une tyrannie toute manifeste, à la salutation de ceux qu'ils ont en leur charge, jusqu'à ce que par commune délibération des États, ou de ceux qui portent les lois du royaume ou empire, dont il s'agit, il puisse être pourvu au public plus avant, et ainsi qu'il appartient. Et cela ne s'appelle point être séditieux ou déloyal à son souverain, ainsi plutôt être lequel, et tenir son serment à ceux qu'on a reçus en son gouvernement, à l'encontre de l'infracteur de son serment et de l'oppresseur du royaume dont il devait être le protecteur ». Le théologien calviniste en appelle aux textes de l'Antiquité païenne (Brutus contre Tarquin) et des Écritures (David contre Saül) pour justifier l'opposition, même armée, au tyran, pourvu qu'il soit avéré qu'il s'agisse bien d'un tyran. Or, il est avéré qu'un tyran l'est quand il a rompu ce que l'on peut nommer le contrat social : « l'obligation qui a été contractée par consentement commun et public ».

Les protestants rompent moins avec les catholiques sur la question de l'eucharistie, car les uns et les autres croient à la présence réelle du Christ dans l'hostie, mais ils s'écharpent et s'étripent sur les modalités de cette présence par théologiens interposés, ou sur la Trinité et autres points de doctrine dogmatique, que sur la question des intermédiaires entre Dieu et les hommes : pour les catholiques, tout pouvoir vient de Dieu et s'opposer au pouvoir, c'est s'opposer à Dieu dont la parole se trouve délivrée par ses ministres, du curé de campagne au pape ; pour les protestants, tout pouvoir vient également de Dieu, mais, si ce pouvoir se montre en contradiction avec Lui, alors il est possible de s'y opposer sans déplaire à Dieu, mais, au contraire, et de ce fait, en L'honorant plus et, mieux, davantage.

Cette façon de penser dynamite le césaropapisme et laïcise le pouvoir. Paradoxalement, la Réforme fait effectuer un immense pas à la laïcité ! De Luther et Calvin, tout à leur justification du Mal par l'imitation de la Passion et à l'invitation à prendre son mal politique en patience avec prière et repentance, aux monarchomaques qui invitent à aller au-delà et légitiment que les magistrats s'opposent aux décisions d'un tyran que définirait son gouvernement opposé à la doctrine chrétienne, il existe un même mouvement que celui qui, sur le terrain de la foi, conduit du fidéisme à l'athéisme *via* le déisme.

Un autre monarchomaque ajoute sa pierre à l'édifice. Il s'agit de François Hotman. Qui est-il ? Un juriste et théologien français né à Paris en 1524, un théoricien du pouvoir laïc et un philosophe de la politique immanente, mais aussi un diplomate européen et un intrigant politique, un professeur à Genève et un polémiste forcené écrivant sous pseudonymes après sa conversion à la religion de Calvin en 1547. Son père était catholique. Il publie, d'abord en latin en 1573, puis, traduit par ses soins, en français l'année suivante, un *Franco-Gallia*, autrement dit *La Gaule française*, qui, presque deux siècles avant Rousseau, pose les bases du contrat social et désacralise la souveraineté. Ce texte réagit conceptuellement au massacre de la Saint-Barthélemy et rencontre un vif succès. En s'appuyant sur l'autorité antique des Gaulois, des Romains, des Germains et des Francs, donc des non-chrétiens, des païens, François Hotman cherche dans le passé matière à dépasser le présent belliqueux au profit d'un futur pacifié.

François Hotman affirme que la souveraineté ne réside pas dans le roi selon le principe théocratique, mais dans le peuple qui élit le roi et qui, malgré cet acte, ne se dessaisit pas de sa souveraineté : le souverain, c'est lui, le roi n'est que le dépositaire. Le peuple a le droit de déposer le roi qu'il a créé : la souveraineté n'est donc pas transcendante, issue de Dieu, relevant de la théologie, mais immanente, issue des hommes, relevant de la philosophie politique. Un roi est investi par le peuple qui peut le désinvestir. Le roi doit régulièrement consulter ses états généraux pour prendre avis auprès d'eux et s'informer de ce qu'il doit faire. S'il ne procède pas de la sorte, alors il ne gouverne plus selon l'intérêt général, il n'a plus le souci du bien commun, il rompt le contrat social qu'il a avec le peuple. Dès lors, la révolte populaire s'avère légitime. Impeccable raisonnement démocratique.

En 1575, Odet de La Noue publie *La Résolution claire et facile sur la question tant de fois faite de la prise des armes par les inférieurs* ; quatre ans plus tard, Philippe Duplessis-Mornay, un calviniste qui refuse de s'agenouiller devant le saint sacrement au collège, quand il a douze ans, et Hubert Languet, un protestant lui aussi, signent *Vindiciae contra Tyrannos*, autrement dit *Revendications contre les tyrans*. Ces deux ouvrages justifient l'insurrection contre le monarque, non par refus de la monarchie, mais par opposition à un gouvernement qui ne serait pas chrétien et qui ne laisserait pas toute sa place à la liberté revendiquée par les huguenots. Il faut sauver la monarchie, fût-ce contre le roi quand il ne l'honore pas comme il le devrait.

Les monarchomaques ne sont pas opposés à la monarchie et au principe même de la royauté, car ils combattent au nom de la liberté contre la tyrannie et le despotisme qui sont moins consubstantiels à la monarchie qu'effets de l'imperfection de l'homme qui s'en trouve chargé. D'une certaine manière, et si l'on se réfère à l'étymologie de république, *res publica*, « chose publique », ils souhaitent que la monarchie soit républicaine, autrement dit, que le monarque garantisse la chose publique par un contrat social entre lui et le peuple porteur de la souveraineté.

Deux figures du XVIe siècle laïcisent radicalement la politique : le Florentin Nicolas Machiavel et le Sarladais Étienne de La Boétie. L'un et l'autre, le premier avec son fameux *Prince* (1532), le second avec son non moins fameux *Discours de la servitude volontaire* (1549), partent d'une anthropologie entièrement laïque et construisent le politique avec l'homme tel qu'il est, et non tel que le judéo-christianisme le rêve. Ces deux figures ne sont pas protestantes, mais catholiques, même si leur religion est mise à l'écart comme Dieu chez les déistes. Nulle profession de foi franchement athée chez l'un et l'autre ; nulle déclaration fidéiste non plus : Dieu, la religion, le catholicisme, le judéo-christianisme sont franchement économisés dans leurs visions du monde.

L'un et l'autre posent la question du pouvoir : Machiavel se demande comment il faut faire pour le prendre et, quand on l'a, comment s'y prendre pour le garder ; le second interroge sa nature et se demande pourquoi certains hommes disposent de pouvoir sur leurs semblables. L'un et l'autre offrent des réponses immanentes à ce qui, depuis plus de mille ans, n'avait de réponse que transcendante. Cette façon de procéder suppose qu'avec *Le Prince* on ne renvoie plus à la Providence pour expliquer l'accès et le maintien au pouvoir, mais qu'on renvoie à la *force et à la ruse des hommes* ; elle suppose également qu'avec le *Discours* on cesse de croire que le pouvoir vient de Dieu, donc du ciel, parce qu'il procède du *consentement et du soutien des hommes* sur lesquels il s'exerce à l'endroit de celui qui l'exerce. Dieu est devenu inutile en politique. Bientôt d'aucuns s'en débarrasseront spectaculairement.

On traduit habituellement *Il Principe* de Machiavel par *Le Prince*. Pour sa part, Claude Lefort propose *Du principe*. Le titre latin est *De principatibus*, ma directrice de thèse, Mme Goyard-Fabre, traduisait par *Des principautés*. Où l'on voit que l'original latin ne dit pas exactement ce que le titre courant signifie, d'autant que ce dernier a subi l'histoire de ce livre et que le *machiavélisme* ne recouvre pas exactement ce que fut la pensée de Machiavel. Car le machiavélisme ne retient qu'une partie du propos du penseur florentin : celle qui fait la part belle à son invitation à pratiquer la ruse du renard et la force du lion, celle qui invite à tuer et à mentir, à soudoyer et à circonscrire, mais ces prélèvements s'effectuent toujours au détriment de l'objectif de l'auteur : pour quoi faire ?

Le machiavélisme est la fausse doctrine qui, s'inspirant de Machiavel, oublie la fin qu'il proposait à ces moyens pour ne se concentrer que sur la méthode. Certes, Machiavel pose deux questions majeures : *comment accéder au pouvoir* et *comment s'y maintenir une fois qu'on y est parvenu*, puis il répond de la même manière à ces deux interrogations : *tous les moyens sont bons*. Mais, il y a un mais, et il est de taille : pour quoi faire ? Non pas jouir du pouvoir pour le pouvoir, vivre en satrape et en jouisseur, s'enivrer des délices de Capoue, mais réaliser un projet : la république – en l'occurrence, la république en Italie. C'est entendu, Machiavel vante la manière forte, mais pour obtenir le bien public et l'intérêt général. Il se montre tout bonnement un disciple des Romains qui indexaient la dictature sur le dessein républicain : elle est le moyen indissociable de sa fin. La dictature contemporaine a oublié la fin pour se contenter des moyens : on lit *Le Prince* comme un traité du cynisme pour parvenir et durer en politique, mais on ne lit jamais le *Discours sur la première décade de Tite-Live* dans lequel le Florentin soumet sa mécanique à l'édifice républicain.

Machiavel connaît les hommes. Il dit d'eux qu'« ils sont ingrats, changeants, dissimulés, ennemis du danger, avides de gagner ». Puis ceci, qui est terrible, mais tellement vrai : « Les hommes oublient plutôt la mort de leur père que la perte de leur patrimoine. » Il connaît aussi le mouvement du monde qui obéit à une fatalité cosmique, à un certain déterminisme de l'univers. Il y a une immutabilité du monde dans sa force et l'histoire n'est jamais que celle des formes prises par ces forces.

Cette pensée s'avère donc moins pessimiste, comme on le dit si souvent, que tragique. Machiavel regarde le réel tel qu'il est ; il fixe les choses avec effronterie en dehors de toute *moraline* pour utiliser un mot de Nietzsche. Il n'y a rien à attendre ni des hommes ni du monde, sinon qu'ils se combattent sans cesse – d'où le *Discours sur l'art de la guerre* publié en 1521. Il n'y a là ni cynisme, ni immoralité, ni machiavélisme donc, mais juste un réalisme qui aborde la question politique sans Dieu, uniquement avec les outils philosophiques de l'anthropologie tragique et de la cosmologie fataliste. La politique est affaire de forme à donner à des forces. La république est le nom de la forme idéale. Le prince nomme celui qui, entre *Virtù* et *Fortuna*, est l'homme de ce pliage par la force et la ruse. Il est « souvent contraint d'agir contre la parole, contre la charité, contre l'humanité, contre la religion » – on aura bien lu :

il lui faudra agir *contre la religion*. Avec Machiavel, le christianisme meurt sous le glaive du prince. La politique devient pure puissance, pure immanence.

Dans le *Discours sur la première décade de Tite-Live*, Machiavel compare la religion païenne et la religion chrétienne : les Anciens aimaient et chérissaient la gloire sur cette terre, pas les chrétiens qui méprisent le monde ici-bas et ne vénèrent que l'au-delà ; les Romains sacrifiaient des bêtes et faisaient couler le sang dans leurs cirques et dans leurs cérémonies religieuses, les chrétiens se complaisent dans des pompes sans grandeur ; les païens célébraient des capitaines d'armée, des chefs de république, des colosses rutilants de gloire terrestre, « notre religion glorifie plutôt les humbles voués à la vie contemplative que les hommes d'action. Notre religion place le bonheur suprême dans l'humilité, l'abjection, le mépris des choses humaines ; et l'autre, au contraire, le faisait consister dans la grandeur d'âme, la force du corps et dans toutes les qualités qui rendent les hommes redoutables. Il me paraît donc que ces principes, en rendant les peuples plus débiles, les ont disposés à être plus facilement la proie des méchants ». Qui peut croire après cela que Machiavel opte pour la religion du crucifié ? Certes, Machiavel n'a rien dit ou rien écrit qui puisse faire de lui un homme qui nie franchement l'existence de Dieu, mais il en a toutes les apparences !

Si Machiavel offre un manuel en faveur du pouvoir fort donné au prince en vue d'établir fermement la république où le peuple se trouve bien conduit, La Boétie, lui, fait au peuple le cadeau d'un petit livre qui contient une charge politique terrible pour pulvériser le pouvoir du prince. Le Florentin donne les moyens de construire l'homme fort ; le Français, ceux de le déconstruire. L'auteur du *Prince* fournit le *vade-mecum* du pouvoir autoritaire, prétendument pour le bien (romain) du peuple ; celui du *Discours*, le manuel du pouvoir contre le pouvoir autoritaire, autrement dit : du contre-pouvoir. Avec l'un, on fait les rois et les hommes forts ; avec l'autre, on les défait. En possession de ces deux textes, la science politique moderne dispose de ses deux logiques. Dans l'un et l'autre cas, Dieu a disparu, la religion compte pour rien, il n'y a plus que des hommes parmi les hommes.

Le *Discours de la servitude volontaire* s'inscrit dans le lignage monarchomaque. Lors de ses études à Orléans, La Boétie fréquente les monarchomaques protestants qui l'ont rendu familier de leurs thèses. On ne sait presque rien de l'ami de Montaigne, sinon par ce que l'auteur des *Essais* en dit et qui ne fut pas toujours au service de la mémoire de son ami disparu. On brode en effet beaucoup sur La Boétie à partir du monument de marbre édifié par le maire de Bordeaux qui prétend s'être mis à écrire son livre majeur pour remplacer la conversation perdue de son ami mort trop tôt à l'âge de trente-trois ans en 1563 – mais il se mit à la tâche sept ans plus tard tout de même… On connaît le coup de foudre de leur rencontre lors d'une fête bruyante, Montaigne dit que le *Discours*, dont le contenu tient en « une seule syllabe, qui est Non » (I, 26), n'y est pas pour rien (I, 28) !

Montaigne affirme qu'il souhaitait faire des *Essais* l'écrin dans lequel il aurait placé, comme un bijou, le *Discours de la servitude volontaire*. À la place, on y trouve *Vingt et neuf sonnets d'Étienne de La Boétie* (I, XXIX). Pour quelle raison ? À la bombe politique qu'est le court texte de La Boétie se substituent des vers sans toxicité politique parce que entre la mort de l'ami et l'écriture des *Essais*, le *Discours de la servitude volontaire* est devenu une arme de guerre des protestants contre le pouvoir royal catholique au point que l'ouvrage a changé de titre pour devenir *Contr'un*, autrement dit : contre le pouvoir du monarque. Or, même s'il est fidéiste, ou parce qu'il l'est, Montaigne le catholique n'a pas ménagé ses efforts en faveur de son camp. Dès lors, donner des gages au parti réformé s'avère impensable : publier ce texte politique serait souscrire à son usage par les huguenots.

Étienne de La Boétie rédige son *Discours de la servitude volontaire* à Orléans en 1549. Ce natif de Sarlat fait ses études dans la cité qui, dix ans plus tard, lors de la première guerre de Religion, devient la capitale de l'insurrection protestante sous le commandement du prince de Condé. Calvin y a étudié le droit en 1525 ou 1526. Théodore de Bèze a obtenu sa licence dans ce même endroit en 1539. Dans cette seconde université de France après Paris, La Boétie a pour condisciples François Hotman, catholique converti au calvinisme, Hugues Doneau, également calviniste, François Pithou, calviniste lui aussi. Avec Michel de L'Hospital, La Boétie participe à rapprocher pasteurs protestants et évêques catholiques.

L'historiographie n'a pas tranché entre ceux qui pensent que le *Mémoire touchant à l'édit de janvier 1562* est de La Boétie et ceux qui ne le croient pas. Que dit ce texte ? L'édit en question est promulgué par la régente Catherine de Médicis afin que les huguenots échappent à la répression catholique. Dans son *Mémoire*, La Boétie charge moins les protestants d'avoir prospéré sur la corruption de l'Église catholique que l'Église catholique d'avoir fourni les occasions de cette prospérité. Le peuple, qui ne dispose pas des moyens de juger, a estimé que les protestants ayant raison de stigmatiser les vices de l'Église dissolue avaient raison sur tout, y compris sur leur nouvelle doctrine. La Boétie convient que les indulgences étaient inadmissibles et que l'Église a eu tort de s'acharner sur Luther quand il aurait suffi de renoncer à la possibilité d'acheter des pénitences. Au lieu de s'amender, en attaquant les partisans de Luther, l'Église a jeté de l'huile sur le feu. Que faire ? Ni renoncer au catholicisme, ni renoncer au protestantisme, mais tenir l'équilibre qui permet l'existence du protestantisme dans une France qui doit rester catholique.

La Boétie rêve d'une solution impossible : une réforme catholique de l'Église catholique qui couperait l'herbe sous le pied de la réforme protestante de l'Église catholique et ramènerait dans le giron catholique les luthériens et les calvinistes. Cette option pragmatique s'inscrit dans le courant de l'humanisme renaissant qu'on a appelé *l'érasmisme* et qui a influencé aussi bien Montaigne, que Rabelais, Cervantès, Guillaume Budé, Thomas More. Pour Érasme le catholique, une purification des scories chrétiennes semblait nécessaire et suffisante pour obtenir une réconciliation des catholiques et des protestants, de la papauté et de la Réforme. Après la Saint-Barthélemy, cette belle idée devient une utopie pour toujours.

Ceux qui tiennent pour un texte qui n'est pas de La Boétie en appellent à ce qui contredit le *Discours* dans le *Mémoire* : dans son texte écrit à l'âge de dix-sept ans, l'ami de Montaigne fut libertaire ; mais, il deviendrait sécuritaire dans le *Mémoire*. Or il n'y a pas autre chose sous sa plume qu'un désir de juger, châtier et punir ceux qui, dans un camp comme dans l'autre, ont commis « les plus grands excès ». Comment le magistrat du parlement qu'il était aurait-il pu penser autrement ?

La Boétie souhaite que catholiques et protestants se rencontrent, se parlent, échangent et débattent ; mais il refuse les voies de fait, les actes délictueux, les morts d'hommes. Il semble, comme Montaigne, un fidéiste qui croit en Dieu ; qui comprend que, comme les protestants, mais aussi comme Jan Hus, on puisse en appeler au christianisme véritable contre la corruption de l'Église et en faveur d'une religion assainie ; qui souhaite également que la religion de son pays reste majoritaire dans une configuration où les protestants pourraient aussi pratiquer la leur.

Cette compatibilité avec le protestantisme a probablement retenu Montaigne de donner toute la publicité qu'il aurait pu offrir aussi bien au *Discours* qu'au *Mémoire*. Le philosophe était probablement plus contre les protestants que ne l'était son ami. Mais il faut dire à sa décharge que les choses s'étaient aggravées depuis la mort de son ami. Ce sont deux textes qui, *sans se contredire*, partent de points de vue différents : à l'âge de Rimbaud, le jeune étudiant donne un texte majeur de philosophie politique théorique ; à l'âge du Christ, ou presque, le magistrat au parlement de Bordeaux signe un texte de philosophie politique pratique. Le même homme y déteste tout autant la tyrannie et aspire à la paix des hommes et du pays. Comme les protestants.

Voilà pourquoi une première édition anonyme d'un long extrait du *Discours* se trouve intégrée en latin dans les *Dialogi ab Eusebio Philadelpho cosmopoliti*, un ouvrage qui paraît en 1574. La même année, une traduction française sort sous le titre : *Réveille-Matin des Français et de leurs voisins, composé par Eusèbe Philadelphe cosmopolite, en forme de dialogues*. L'auteur en est… François Hotman, le calviniste condisciple de La Boétie à l'université d'Orléans. Il est la figure de proue des monarchomaques. En 1576, édité à Genève dans les *Mémoires de l'État de France sous Charles Neuvième* du calviniste Simon Goulart, le *Discours* devient le *Contr'un*. C'est la première édition intégrale du texte de La Boétie dont le titre est alors *Vive Description de la tyrannie et des tyrans avec les moyens de se garantir de leur joug* et qui se cache sous le nom d'Odet de La Noue. Les rééditions se suivent. Le parlement de Bordeaux condamne ces textes au bûcher. Montaigne doit pester…

Que dit ce texte ? Montaigne le dit, c'est un ouvrage « à l'honneur de la liberté contre les tyrans ». Question simple : La Boétie se demande pourquoi et comment s'obtiennent le pouvoir en général et la tyrannie en particulier. Réponse simple : le pouvoir, d'un roi ou d'un tyran, n'existe que parce que ceux sur lesquels il s'exerce y consentent. Il suffit de ne plus le soutenir pour qu'il s'effondre de lui-même et disparaisse. Le roi est donc moins responsable de la tyrannie que le peuple qui laisse le roi la lui infliger.

Le peuple se trouve donc pour la première fois mandaté d'une puissance politique concrète. Nul besoin d'attaquer ou de combattre positivement le pouvoir, il suffit, négativement, de ne plus le vouloir, de ne plus le soutenir – alors il tombera de lui-même. Parlant des peuples, La Boétie écrit : « en cessant de servir ils en seraient quittes ». Il ne s'agit donc pas d'éteindre le feu avec de l'eau, mais de ne plus l'alimenter en bois. D'où le sens de cette célèbre formule : « Soyez résolus de ne plus servir, et vous voilà libres. »

Mais pourquoi donc les peuples veulent-ils leur servitude ? Par habitude, par obéissance à la coutume : le pouvoir les a soumis et les entretient dans la servitude. Comment ? Hier comme aujourd'hui, tout comme demain, les méthodes sont les mêmes : il empêche toute culture qui libère et promeut celles qui asservissent ; il sectionne à la racine toute velléité de liberté ; il abêtit les sujets avec des jeux, des spectacles, du théâtre, des festins, des réjouissances, des fêtes, ce que l'on nommerait aujourd'hui une société de divertissement ; il flatte les bas instincts du peuple et nourrit son hédonisme vulgaire – un genre de société de consommation ; il distribue des récompenses et des médailles ; il sacralise la souveraineté et associe le pouvoir temporel au pouvoir spirituel en faisant de quiconque s'opposerait au prince une personne coupable de se rebeller contre Dieu – La Boétie moque les « fleurs de lys, l'ampoule et l'oriflamme » ; il sacralise donc la fonction, mais aussi la personne à laquelle on prête des pouvoirs surnaturels – songeons à la guérison des écrouelles.

Analysant le mécanisme du pouvoir, La Boétie n'accable pas la force armée, mais il dénude les rouages. L'ordre est rationnellement organisé sur le mode pyramidal : au sommet, le roi et six conseillers ; en dessous, 600 délégués qui gouvernent les provinces ; un étage en dessous encore, 6 000 soumis et écrasés par la base de cette hiérarchie. Le tyran nourrit sa cour avec les jouissances consubstantielles à l'exercice du pouvoir : grand train et luxe, impunité et libertinage, richesses et passe-droits, immoralité et cynisme, honneurs et prébendes.

Le mal est là, pour la première fois dénudé, définitivement exposé ; le peuple, nouvellement promu force politique active et concrète, a désormais les moyens de l'abolir ; il lui suffit de ne plus vouloir être exploité et soumis. Montaigne le conservateur ne pouvait admettre que les heurs et malheurs du texte de son ami en fassent le porte-parole de révolutionnaires. « Jamais à bon vouloir ne défaut la fortune », écrit pourtant La Boétie : ce qui est clairement donner l'autorisation aux peuples de renverser les puissants. En 1789, les mots de La Boétie résonneront puissamment dans les provinces françaises, à Paris, puis dans les capitales européennes. Le monde entier en entendra la clameur. Sans le vouloir, ruse de la raison, les monarchomaques huguenots ouvraient la voie.

5

Sismologie lisboète de Dieu

Philosophie du tremblement de terre

Lisbonne, 1er novembre 1755.
Un tremblement de terre engloutit la ville.

Le 1er novembre 1755, à Lisbonne, à 9 h 40 du matin, le petit-fils du tragédien Jean Racine meurt en même temps que 50 000 victimes emportées par un tremblement de terre générant un tsunami avec des vagues d'une dizaine de mètres. Son retrait fut suivi par un gigantesque incendie. Ce jour de la Toussaint, fête de tous les saints, Dieu, pour ceux qui y croient, déchaîne un séisme estimé à neuf sur la future échelle de Richter. Trois secousses de dix minutes, c'est long, produisent des fissures de cinq mètres qui avalent des innocents. La mer se retire violemment et met à nu les fonds sous-marins : des bateaux s'y écrasent avec leurs équipages et leurs cargaisons. Dix minutes plus tard, une immense vague revient et emporte avec elle les malheureux réfugiés sur le port en s'y croyant en sécurité. Le port et la ville basse sont submergés. Deux autres vagues suivent.

Les maisons s'effondrent. Par leurs éparpillements, les feux de cheminée et les brasiers domestiques propagent un incendie à ce qui reste de la ville. Cinq jours et cinq nuits la ville crépite et flambe. Trente-cinq églises paroissiales disparaissent sur les 40 que comptait la ville ; la bibliothèque royale est détruite et avec elle ses 70 000 livres ; des peintures périssent, dont des œuvres de Titien, Rubens, Corrège ; des archives également, ainsi celles du voyage de Vasco de Gama. Les principaux ports du pays disparaissent de la carte.

Des vagues d'une vingtaine de mètres de hauteur traversent la Méditerranée et atteignent les côtes de l'Afrique du Nord : elles tuent 10 000 personnes ; toute l'Europe ressent la secousse jusqu'en Finlande ; Kant signale que la Suède a perçu la secousse ; le tsunami franchit l'Atlantique et arrive à la Martinique et à la Barbade avec des vagues de deux mètres ; en Cornouailles, elles dépassent trois mètres ; à Venise, Casanova espère que le tremblement de terre fera s'effondrer le palais des Doges où il est emprisonné – il n'en sera rien.

Dieu ne fit pas les choses à moitié. Du moins pour ceux qui y croyaient encore. La vieille théorie théiste impose sa loi depuis plus de mille ans : pour le judéo-christianisme, tout ce qui advient est voulu par Dieu. Ce tremblement de terre n'échappe donc pas à la règle : ce séisme est un signe de Dieu. Qui plus est un jour de Toussaint ! Mais dans la capitale d'un pays pieux comme le Portugal, comment faut-il comprendre ce terrible événement ? Punition ? Châtiment ? Mais pour expier quelle faute ? Quel péché ? Parmi toutes ces victimes, il se trouve bien nombre d'innocents… Que peut bien vouloir Dieu en décidant une pareille chose ?

La philosophie des Lumières s'empare de cet événement pour abolir le théisme judéo-chrétien et adouber le déisme qui fait un pas vers l'athéisme. La Providence catholique suppose une foi d'acier :

Dieu existe, on en est sûr et certain ; il veut tout ce qui advient, on en est persuadé. Mais s'il veut tout, il veut aussi les guerres que le christianisme perd contre l'islam, les croisades sans succès, les extravagances des hérétiques, les sabbats des sorcières, la vermine qui ravage les récoltes. À moins que ce ne soit le diable ! Mais le diable aurait-il été voulu lui aussi par Dieu ? Alors pour quoi faire ? Selon quelles logiques obscures ? Et si Dieu n'a pas voulu le diable, il existe un pouvoir hors de Dieu, donc Dieu ne peut pas tout, et un Dieu qui ne peut pas tout n'est plus du tout Dieu.

Le déisme va bientôt régler le problème : Dieu a créé les hommes libres et ce qui advient est un effet de leur liberté et non du vouloir de Dieu. Dieu cesse donc d'être responsable et les hommes le deviennent à sa place. Mais s'il n'est plus responsable, il n'est plus non plus aussi puissant. Le tremblement de terre de Lisbonne n'a pas épargné le socle sur lequel Dieu repose. C'est probablement la première victime de cette tectonique des plaques. Le séisme géologique s'avère tout autant un séisme ontologique, métaphysique, donc théologique. Le fissurage de Dieu annonce son effondrement. À Lisbonne, Dieu contracte la maladie qui va bientôt l'emporter.

Pour Épicure et Lucrèce, un tremblement de terre n'est jamais que l'effet matériel de causes matérielles. Ainsi, dans sa *Lettre à Pythoclès*, Épicure écrit : « Les tremblements de terre peuvent être produits par l'emprisonnement du vent dans la terre et son contact avec elle disloquée en petites masses auxquelles il imprime un mouvement continuel, ce qui provoque l'ébranlement de la terre ; et ce vent provient ou du dehors ou, dans les cavernes souterraines, de l'écroulement des assises du sol chassant en forme de vent l'air comprimé. Les tremblements de terre peuvent encore être produits par la propagation du mouvement dû à la chute de nombreux sols et à leur rebond, quand ils viennent à heurter des parties plus compactes et plus solides de la terre. Il y a d'ailleurs beaucoup d'autres manières dont ces mouvements de la terre peuvent être produits. Il peut arriver que les vents se forment quand, avec le temps, quelque chose d'étranger s'introduit petit à petit et d'une façon continue dans l'air ; et aussi par suite du rassemblement d'une grande masse d'eau. Le reste des vents se forme par la chute dans les nombreuses cavités d'un petit nombre de masses et la propagation de leur mouvement. » Lucrèce n'ajoute rien à la théorie mécanique d'Épicure, mais il la double d'une description poétique et lyrique.

Du vent dans la terre, des écroulements géologiques, des mouvements de poches liquides, le terrible déplacement de fleuves souterrains, voilà des explications scientifiquement fausses, mais épistémologiquement justes. Vingt-quatre siècles avant l'heure, on ne saurait reprocher à Épicure de ne pas découvrir le mécanisme de la tectonique des plaques qui ne le sera qu'au milieu du XXe siècle ! Mais l'explication causaliste et dialectique, rationnelle et rationaliste, scientifique et positiviste, triomphe déjà dans ces quelques lignes explicatives. Dès lors, nulle crainte de Dieu ou des dieux, nulle punition divine dans un tremblement de terre, mais tout simplement une affaire de géologie, sûrement pas de théologie.

On imagine que la redécouverte du grand poème de Lucrèce ouvre d'immenses perspectives matérialistes aux scientifiques qui peuvent désormais économiser le Dieu des chrétiens dans leurs recherches, sans pour autant le nier. Sur l'âge de la Terre, la place de notre planète et du Soleil dans le cosmos, la création du premier homme et son évolution, l'étiologie des maladies, le fonctionnement du corps concret, la théologie laisse place à la géologie, à l'astronomie, à l'histoire, à la médecine – Buffon et Linné, Copernic et Galilée, Halley et Newton, Vico et Herder, Harvey et Jussieu peuvent désormais penser et travailler en dehors des fictions et des fables de la Bible. Darwin se profile.

Il faut bien que la raison ait reculé pendant deux mille ans pour qu'au XVIIIe siècle l'étiologie du tremblement de terre cesse d'être géologique pour devenir théologique ! Devant la catastrophe naturelle, les théologiens monothéistes parlent d'une seule et même voix : le tremblement de terre est un signe envoyé par Dieu. Pour le janséniste Laurent Étienne Rondet, auteur de *Réflexions sur le désastre de Lisbonne* (1756) : « C'est Dieu qui fait trembler la terre. [...] Ces ébranlements sont des signes de sa colère. » Pour les protestants, calvinistes et puritains, Dieu a choisi Lisbonne parce que le catholicisme s'y montre particulièrement clinquant : les cérémonies religieuses et les messes relèvent plus du théâtre que de la prière ; le culte des images, la dulie, y est notable ; celui des reliques également ; l'Inquisition y fait des ravages et cette institution ne saurait être bonne aux yeux de Dieu. Un pasteur allemand, Johann Samuel Preu, écrit même un *Essai de sismothéologie [sic]* (1772) pour donner corps à ces fictions religieuses. Pour les Juifs, il en va de même : Dieu punit les chrétiens d'adorer le mauvais Dieu. Pour les catholiques : Dieu se venge du manque de foi de ses fidèles et de leur incapacité à racheter le péché originel par une vie pieuse. Dans tous les cas de figure, Dieu déchaîne sa colère par mécontentement de ce que font les hommes. Dans les temples, les synagogues et les églises d'Europe, la lecture théologique fait la loi. Les pasteurs, les rabbins et les prêtres voient dans l'événement matière à mobiliser leurs croyants : le manque de foi se répare par le sursaut et la ferveur. L'invitation aux prières, aux actions de grâce, aux jeûnes, aux processions, aux dons, aux pénitences redouble.

Les philosophes, eux, ne peuvent se contenter de l'argumentation des théologiens. Chacun son métier. La question du mal est vieille comme le monde car sa réalité lui est consubstantielle. Le problème se pose ainsi : si Dieu a créé le monde et que le mal est dans le monde, comment Dieu peut-il vouloir le mal et désirer le mal dans le monde ? Quel est son dessein puisque son omnipotence lui permettrait de vouloir et de créer un monde dans lequel le mal ne soit pas ? Que penser d'un Dieu qui raye Lisbonne de la carte et efface de la planète la vie de dizaines de milliers de gens, dont certains n'étaient probablement pas en état de péché ?

Leibniz avait déjà résolu la question, du moins le croyait-il, dans son *Essai de théodicée sur la bonté de Dieu, la liberté de l'homme et l'origine du mal* (1710). Le philosophe allemand recourt à des arguties philosophantes pas si éloignées que ça des sophisteries scolastiques ! Qu'on en juge : Dieu avait le choix entre une infinité de mondes possibles ; il a choisi celui que nous connaissons et pas un autre ; il a donc voulu qu'advienne ce qui advient. Sa perfection n'aurait pu se satisfaire d'un monde dans lequel une chose aurait fait défaut, puisqu'il est dans sa nature de ne vouloir que le meilleur ; ainsi, un monde sans le mal n'aurait pas été le meilleur des mondes possibles ; il fallut donc, pour sa perfection, qu'il comportât aussi le mal. Le mal est donc la preuve que

Dieu a bien fait, qu'il a donc fait le bien qu'il ne pourrait pas ne pas faire sans cesser d'être ce qu'il est. Dès lors, Dieu ne veut pas le mal, mais il le permet ! Notre monde s'avère donc bien le meilleur des mondes possibles. Le mal joue donc un rôle majeur dans l'épiphanie du bien. Hegel s'en souvient quand il développe sa théorie de la dialectique avec la négativité comme moment nécessaire de l'avènement de la positivité.

Leibniz est de ces philosophes qui sont capables de marcher tout en dissertant brillamment sur l'impossibilité du mouvement ; Voltaire est de ces penseurs qui, comme Diogène, le prouve en marchant. L'*Essai de théodicée* peut bien montrer que le mal est un bien dans le projet de Dieu qui nous reste celé pour cause de finitude de notre esprit, le *Poème sur le désastre de Lisbonne* démonte en alexandrins la fiction théologique du philosophe allemand. Voltaire voit mal comment, sans cruauté, on pourrait dire du tremblement de terre qu'il est bon parce qu'il permet aux héritiers des morts de se faire rapidement une fortune ; parce qu'il enrichira les maçons et les entrepreneurs attelés à reconstruire la ville ; parce que les bêtes trouveront facilement à manger en dévorant les cadavres ! Dans une lettre à Élie Bertrand, Voltaire parle du séisme et affirme : « Voilà un terrible argument contre l'optimisme. » Dans le combat qui les oppose, Leibniz se montre le dernier philosophe du Vieux Monde alors que Voltaire paraît le premier du nouveau. La casuistique catholique ne pèse pas très lourd contre l'ironie philosophique.

Ce Nouveau Monde a une philosophie : les Lumières ; et cette philosophie dispose d'une figure emblématique : Emmanuel Kant. On lui doit un *Qu'est-ce que les Lumières ?* (1784) qui fonctionne comme le manifeste de cette nouvelle façon de penser et de philosopher. Mais avant cette date, le philosophe allemand a publié une analyse du tremblement de terre de Lisbonne dans un texte paru l'année suivant l'événement, en 1756 : *Sur les causes des tremblements de terre, à l'occasion du sinistre qui a atteint les régions occidentales de l'Europe vers la fin de l'année dernière*. Bien avant de proposer la théorie des Lumières, il en donne la pratique avec cette analyse rationnelle totalement indépendante de la religion et de la théologie.

Kant dit qu'il aurait pu, bien sûr, décrire le phénomène et montrer sa violence, émouvoir les cœurs par le récit détaillé de la catastrophe, décrire la frayeur et la stupeur des hommes, opter pour le pathétique, mais qu'il a préféré « décrire le travail de la nature ». Kant invite de façon très peu transcendantale et tout à fait empirique, anti-kantien si l'on veut, à mélanger de la limaille de fer, du soufre et de l'eau, à enterrer cette pâte sous vingt centimètres de terre, à bien tasser le tout, puis à attendre quelques heures : on verra alors sortir une vapeur épaisse pendant que la terre se trouve secouée au point que des flammes sortent même du sol. Il n'y a là pas d'autre causalité que mécanique et matérielle. Dieu n'est pour rien dans cette affaire qui relève de la géologie et de rien d'autre.

Il publie cette brochure à laquelle il ajoute un autre texte : *De l'avantage des tremblements de terre*. Il y montre qu'il y eut d'autres tremblements de terre avant et après celui de Lisbonne dans de nombreuses villes d'Europe, mais aussi d'Afrique. C'est à l'occasion de l'une de ces secousses, à la fin du VIIIe siècle, que la source thermale de Teplice a jailli, apportant par là les bienfaits médicinaux de ses eaux. Goethe et Beethoven vinrent prendre les eaux dans cette ville aujourd'hui en République tchèque, là où jadis eurent lieu les révoltes hussites. Où l'on voit que Kant n'est pas contre Leibniz : le séisme n'est ni bon ni mauvais en soi, il peut être bon pour les habitants de Teplice un jour, mauvais pour ceux de Lisbonne un autre jour !

Ce Kant si anti-kantien des années 1750 désavoue ces textes un peu plus tard. Il demande même qu'on n'en tienne aucun compte et qu'on fasse comme s'il ne les avait jamais écrits. Il fallait en effet sauver Dieu que le tremblement de terre mettait à mal ! La *Critique de la raison pure* le sauve en 1781 avec l'artifice des « postulats de la raison pure pratique » : ce que la raison avait puissamment déconstruit, Kant le rafistole par le postulat. Mais postuler Dieu, c'est avouer qu'on ne peut plus le prouver et qu'il ne reste plus qu'à le supposer. Or, supposer permet tout autant de conjecturer le contraire : postuler l'inexistence de Dieu est tout aussi épistémologiquement valable que son existence, puisque postuler c'est poser *a priori* sans rien démontrer. Le mal était fait. Dieu s'effaçait doucement ; le postuler montrait qu'il n'en avait plus que pour quelques années.

Le déisme agit comme le ver dans le fruit. Mais, d'abord, il y eut le fidéisme de Montaigne qui fut aussi un autre genre d'asticot dans la pomme. Le penseur bordelais fut incontestablement catholique, sa vie témoigne : il effectue un pèlerinage à Notre-Dame-de-Lorette où il dépose une plaque votive et allume force cierges ; il soutient les catholiques contre les protestants pendant les guerres de Religion ; il fait profession de foi catholique, sans qu'on l'y oblige, au parlement de Paris ; il se signe et dit son Notre Père régulièrement (I, LVI) ; il estime que l'encens nous rend plus propres à la contemplation en éveillant nos sens (I, LV) ; il va à la messe où qu'il soit, même lors de son voyage de dix-sept mois en Italie ; il assiste aux offices de la semaine sainte à Rome ; il fait aménager une chapelle privée sous sa bibliothèque dans sa tour ; il pousse même le zèle, dit-on, à mourir dans son lit au moment de l'élévation ; il lègue enfin par testament le droit de porter ses armes au chanoine très catholique Pierre Charron.

Dans les *Essais*, il parle de « l'Église catholique, apostolique et romaine en laquelle je meurs et en laquelle je suis né » (I, LVI) ; il dit des prières qu'elles ne doivent pas être mises au service d'intérêts triviaux ou servir comme des amulettes ; il récuse l'idée protestante qu'en traduisant la Bible en français on permettrait au peuple d'accéder au christianisme alors qu'on l'en éloigne ; il précise que son ouvrage philosophique est laïc et non clérical, mais toujours très religieux ; il estime que seuls les professionnels devraient pouvoir écrire sur la religion ; il s'oppose à l'usage du nom de Dieu accompagné d'interjections.

Donc et la vie et l'œuvre de Montaigne s'inscrivent dans l'esprit de la catholicité. Pour autant, les *Essais* ont de quoi déplaire au Vatican : Montaigne ne croit pas aux miracles et sait qu'on nomme ainsi ce qui échappe encore à la raison ; il refuse l'anthropomorphisation de Dieu ; en épicurien qui aime le vin et la vie, les femmes et la nourriture, il refuse l'idéal ascétique chrétien, il sait qu'à exiger l'ange le christianisme obtient la bête – Pascal s'en souviendra ; il ne veut pas qu'on contraigne les femmes dans la virginité et souhaite leur faciliter le divorce ; en lecteur des stoïciens, il justifie le suicide, car il trouve normal de quitter une pièce enfumée ; il ne souscrit aucunement au dolorisme chrétien et ne fait pas de la Passion un modèle à suivre ; il dénonce le théisme et pense que Dieu ne veut pas le détail de ce qui advient – un tremblement de terre par exemple ; il n'entretient jamais d'une âme immatérielle séparée du corps et tient au contraire pour une unité atomique de la chair ; il se rit du paradis des musulmans et l'on voit bien qu'il parle ainsi pour toute religion qui défend une pareille fiction ; il brosse un portrait élogieux de l'empereur Julien qui tenta de restaurer le paganisme en plein Empire chrétien ; il critique Constantin, l'empereur qui convertit l'Empire au christianisme et écrit qu'il fut coupable d'autodafés, de crimes, de meurtres, d'exactions, de destruction du savoir antique ; il fait l'éloge de Copernic dont l'héliocentrisme contredit le géocentrisme chrétien ; enfin, il affirme qu'être chrétien, c'est, ni plus ni moins, être « juste, charitable et bon » (II, 12, 442). Service minimum.

Montaigne rompt en douceur avec la scolastique médiévale, il tourne sans en avoir l'air une page de mille ans de pensée asservie à la religion judéo-chrétienne, il procède par petites touches, mais dynamite l'ensemble de l'édifice dont les fondations datent de Constantin. Il demande audience au pape Grégoire XIII afin de lui soumettre les *Essais* – preuve de soumission ; le pape lève la mule que baise le philosophe afin de lui éviter de trop se pencher – signe de considération ; les censeurs rendent la copie corrigée : un peu moins de *Fortune* serait bienvenu, *Dieu* serait mieux vu, on lui reproche de citer des auteurs protestants ou de faire l'éloge de Julien – messages prophylactiques ; Montaigne n'en fait rien – aveu d'indépendance. Il montre qu'on peut être chrétien et épicurien. Bientôt, en son nom, on sera un peu plus épicurien et un peu moins chrétien, avant, un jour, de n'être plus chrétien du tout et d'être complètement épicurien.

Par ailleurs, le philosophe écrit : « Nous sommes chrétiens au même titre que nous sommes ou périgourdins ou allemands » (II, 12, 445). Même si le mot n'apparaît qu'au XIXe siècle, on peut dire de Montaigne qu'il est *fidéiste*, autrement dit qu'il conclut que la raison ne saurait démontrer l'existence de Dieu, ni même qu'il s'est exprimé dans les Écritures, bien qu'il existe tout de même, mais dans une forme prise dans un temps donné et dans un lieu donné : Montaigne est catholique parce qu'il vit dans un pays catholique. Il vivrait dans une contrée islamique, il serait musulman, dans un territoire bouddhiste, il compterait parmi les disciples de Bouddha. Il croit en Dieu dans un pays catholique, il croit donc au Dieu des catholiques.

Avec une ferme autorité, en usant d'un gant philosophique de velours, Montaigne contribue à donner son congé à Dieu : non pas en le niant, mais en l'installant dans une extraterritorialité ontologique ; Dieu est, c'est entendu, mais qu'on le laisse là où il se trouve. Cette impulsion fidéiste débouche bien vite sur le déisme qui, lui, s'avère plus toxique pour la divinité. Car l'économie épistémologique de Dieu va finir par produire son économie tout court. Si l'on n'en a pas besoin pour penser, alors pourquoi en aurait-on besoin pour le reste ?

Le mot *déisme* date de 1564, on le trouve sous la plume du réformateur vaudois Pierre Viret dans un ouvrage intitulé *Instruction chrétienne*. Le pasteur estime que c'est une pensée d'*athéiste* comme il dit ; il a raison et tort en même temps. Raison, parce que en regard du judéo-christianisme qui est théiste et pour qui Dieu veut tout ce qui advient, tremblement de terre compris, un déiste croit que Dieu existe, mais n'est responsable de rien de ce qui est, dès lors, il nie toute Providence ; tort parce que l'athée, comme on dit aujourd'hui, définit non pas celui qui ne croit pas au dieu orthodoxe, mais celui qui ne croit pas en Dieu – du moins, précisons : qui affirme que Dieu existe, mais comme existe une fiction. Les philosophes libertins du XVIIe sont déistes pour la plupart ; les penseurs des Lumières le sont également au siècle suivant. Hormis l'exception de l'abbé Meslier et de son *Testament* posthume paru en 1729, il faut attendre le XIXe siècle pour trouver des pensées athées dignes de ce nom – Feuerbach, Nietzsche et Marx par exemple.

Lorsque Frans Hals peint son célèbre portrait de Descartes en 1649, il portraiture beaucoup plus qu'un visage : il expose sur une petite toile les grands effets de la métaphysique nouvelle. Le Moyen Âge montre le philosophe entouré de ses livres, devisant avec ses disciples ou professant en chaire, portant l'habit de son ordre pour le dominicain Thomas d'Aquin ou arborant la mitre de l'évêque pour Augustin d'Hippone, écrivant comme Ambroise, majestueux dans son vêtement pastoral, ou la tête reposant dans la paume de sa main, méditant devant un lutrin, tel Boèce de Dacie. Le philosophe est un lecteur, d'Aristote ou de la Bible, de Platon ou des Écritures, de Porphyre ou des Évangiles, mais c'est un lecteur qui s'inscrit dans la tradition livresque. Penser, c'est alors ce que Montaigne nomme *s'entregloser*, autrement dit : commenter les commentaires.

Le peintre flamand rompt avec ces façons de faire comme Descartes a lui aussi coupé les ponts avec la scolastique. Que dit cette œuvre ? Le maître de Haarlem peint un philosophe presque entièrement en noir et blanc : noir uniforme le fond du tableau, noirs les cheveux longs qui tombent sur ses épaules, noires sa moustache et la mouche sous la lèvre inférieure, noirs ses sourcils, noire la cape fondue dans l'arrière-plan noir lui aussi, noir son chapeau tenu à la main ; blanc le col à rabat qui tranche dans cette obscurité et porte le visage du penseur comme le ferait un plateau. Ce visage couleur chair, ainsi que sa main, se détachent sur la noirceur de tout le reste. Il n'y a rien d'autre ici que le philosophe, car cet homme, justement, et c'est là toute sa révolution, tire toute sa philosophie de lui-même et de rien d'autre que de lui. Nulle place pour Dieu dans ce dispositif pictural. Descartes regarde le regardeur ; d'aucuns croient déceler un soupçon d'ironie dans le dessin de la bouche : or, on ne trouve rien d'autre dans ce visage que le regard appuyé et assuré de qui sait avoir tourné la page d'un monde et ouvert un autre chapitre de l'histoire de la pensée, donc de l'histoire, donc de l'humanité.

Car Descartes invente le sujet moderne qui ne doit plus rien à Dieu, mais tout à lui-même : quand il est parti à la recherche de sa première vérité, la pierre sur laquelle il allait bâtir son église déiste, Descartes a revendiqué l'usage d'un doute méthodique. Précaution utile, car Giordano Bruno a fini sur le bûcher de l'Église catholique à Rome trente-sept années plus tôt et, trois ans en amont, Galilée a eu des ennuis avec ses *Dialogues sur les deux grands systèmes du monde.* Il s'agissait de ne pas revendiquer un doute systématique qui aurait emporté avec lui la monarchie et le catholicisme, mais d'épargner la politique et la religion en doutant de tout, sauf de ça. Prudent l'ami Descartes ! Il dit en effet « J'entends garder la religion de mon roi et de ma nourrice », ce qui lui permet d'éviter la geôle des politiques et le cul-de-basse-fosse des catholiques. Quand il doute, il propose en effet une « morale provisoire » pour éviter d'errer. Elle est forte de quelques maximes.

Il écrit dans le *Discours de la méthode* : « La première était d'obéir aux lois et aux coutumes de mon pays, retenant constamment la religion en laquelle Dieu m'a fait la grâce d'être instruit dès ma naissance. » Le fidéisme de Montaigne n'est pas bien loin ; le déisme en procède ici.

Descartes ayant balayé d'un revers de la main les autorités passées, les textes saints, la patristique, les docteurs de la scolastique, la dialectique thomiste, il fait le noir ontologique autour de lui. Puis il effectue un travail d'introspection : la vérité n'est pas dans les livres qui disent le monde, mais en soi où il s'agit d'aller la chercher. Douter, c'est douter de tout, hormis ce que l'on sait désormais, mais est-ce douter aussi de soi quand on doute ? Douter de qui doute pour qui doute est impensable car on a au moins la certitude de penser. Cet évident travail de la pensée permet d'en déduire une première vérité : « Je pense, donc je suis. »

« Je suis celui qui suis » pourrait donc dire Descartes en parodiant la parole de Dieu à Moïse. Le philosophe interroge celui qui sait qu'il est et trouve en lui l'idée de Dieu. D'où vient cette idée ? Descartes pourrait conclure que des tiers la lui ont mise dans la tête : ses parents, ses éducateurs, ses maîtres au collège de La Flèche et que, sans cette éducation, il ne l'aurait jamais eue – mais il aurait ainsi avoué la nature culturelle de l'idée de Dieu. L'heure n'est pas encore venue de cette vérité majeure. Car lui qui croit, il n'économise pas sa croyance et veut prouver Dieu comme on prouve la validité d'un théorème. Dès lors, il affirme que si l'idée de Dieu est en lui, c'est que Dieu l'y a mise car l'idée de l'infini indissociable de Dieu ne peut provenir du fini qu'est l'homme qui pense, fût-il Descartes. Ce qui, *de facto*, prouve l'existence de Dieu.

Frans Hals a donc bien représenté Descartes et sa méthode. Il peint l'épistémologie cartésienne : le philosophe n'est pas montré avec un livre saint ou un ouvrage de philosophe, il n'est pas sur le devant d'une scène dont l'arrière serait une bibliothèque ou le décor un bureau, on ne le met pas en présence d'un objet qui ramasserait sa pensée, il se détache, dans sa chair radieuse, tout en visage d'une tête qui pense et d'une main qui écrit des livres nouveaux, sur le fond noir dans lequel est entré d'un seul coup, par sa geste, le vieux monde devenu obscur.

La philosophie des Lumières se nourrit de cette lumière précise : celle d'un visage dont le regard est l'instance par laquelle s'effectue la liaison entre la substance étendue du corps de Descartes et la substance pensante du même homme. Si le penseur isole la glande pinéale, l'épiphyse d'aujourd'hui, comme lieu de la liaison entre le corps et l'âme, le peintre donne sa version : à défaut d'un encéphale ouvert et autopsié, c'est le regard qui offre l'interface entre le cerveau du philosophe et son corps réel. Frans Hals peint la naissance du déisme et du sujet moderne, deux sujets qui ont pour objet le buste de Descartes dont le clair visage se détache du noir d'un monde mort.

Dans la pensée déiste de Descartes, il n'y a pas de place pour la Providence ou la lecture du tremblement de terre comme une punition divine. Ce contemporain de Bossuet publie les *Principes de la philosophie* (1644) dans lequel il traite des principes de la connaissance, certes, et c'est souvent la seule partie qu'on retienne de ce grand livre, mais aussi du principe des choses matérielles, du monde visible, et, dans la quatrième et dernière partie, de la terre. Il consacre un développement à ce sujet : « Quelle est la cause des tremblements de terre » et ne place à aucun moment le problème sur le terrain de la théologie et de la religion.

Descartes pense en déiste ; Dieu existe, c'est entendu, mais il n'est d'aucune utilité pour penser le tremblement de terre qui, lui, s'explique avec des raisons rationnelles qui renvoient à la géologie. Le philosophe intègre donc dans le registre de la philosophie la question de la généalogie du tremblement de terre. Il interroge la nature de la chaleur du ventre de la terre, l'origine des métaux dans les mines ou encore l'apparition des pierres non pas en convoquant des substances et des attributs, des essences et des accidents, comme le faisait avant lui la philosophie scolastique, mais du nitre et du soufre, du naphte et du bitume, de l'argile et du feu, des matières huileuses et des exhalaisons : nous sommes dans le registre matérialiste des atomistes et des épicuriens de la philosophie antique. *Exit* l'explication théologique.

Pour Descartes, le tremblement de terre et ses répliques s'expliquent par des cavités remplies de matières échauffées qui secouent la terre sur un temps étalé. La démarche épistémologique est juste ; c'est celle de la science à laquelle Descartes demande ses méthodes, sa rigueur, son objectivité pour expliquer le monde. Dieu n'est pas convoqué ; il n'est pas non plus critiqué ; il est tout simplement évincé de ce champ qui prend son autonomie : la pensée, désormais, est devenue autonome, indépendante, souveraine, libre, affranchie. La philosophie n'est plus au service de la théologie et, bientôt, la philosophie se retournera contre la théologie pour la mettre à mort, elle et son objet : Dieu.

La mort de Dieu a un auteur, elle est annoncée dans un livre et le tout dispose d'une date de naissance. L'auteur ? Le curé Meslier. Le livre ? Son *Testament*. La date ? 1729, l'année où meurt ce curé athée et où, à cette occasion, surgissent trois copies d'un volumineux manuscrit qui inocule le venin philosophique dans le corps théologico-politique du judéo-christianisme. Le fidéisme de Montaigne glisse vers le déisme de Descartes qui génère l'athéisme de Meslier. Nul doute qu'avec ces trois noms la France joue un rôle majeur dans la destruction de la religion chrétienne en Europe.

Certes, Montaigne le catholique aurait été horrifié d'une pareille filiation et Descartes le chrétien fidèle aussi. Car l'un et l'autre luttaient en leur temps contre les athées. Mais la Renaissance a fait entrer le loup philosophique dans la bergerie chrétienne. Le manuscrit de Lucrèce circule et l'épicurisme s'avère une formidable machine de guerre contre les fictions du judéo-christianisme. L'abbé Meslier, curé d'Étrépigny, un tout petit village des Ardennes, n'est pas un curé mondain qui fréquente les salons parisiens, mais un homme d'Église vivant au contact de ses ouailles simples et modestes et qui dispose d'une bibliothèque dans laquelle se trouvent les œuvres de Montaigne, l'auteur le plus cité dans son œuvre.

Meslier est un philosophe oublié. La tradition philosophante préfère se souvenir de Lumières beaucoup moins crues, sinon de Lumières tamisées : Voltaire qui ne remet pas en cause la monarchie, Montesquieu non plus, pas plus que Diderot, Rousseau qui ne congédie pas Dieu, Kant qui lui redonne un lustre laïc. Tous ces philosophes déistes restent compatibles avec le pouvoir judéo-chrétien tout autant qu'avec la monarchie dans une version constitutionnelle pour certains ou républicaine pour d'autres, ainsi pour l'auteur de *Du contrat social*.

En revanche le matérialisme intégral de La Mettrie, l'athéisme radical de D'Holbach, le communisme absolu de Dom Deschamps, le rationalisme foncier de Sébastien Maréchal, voilà qui ne saurait compagnonner avec la royauté et le Vatican. On doit au moine athée Dom Deschamps l'intéressant concept de « demi-Lumières » pour caractériser ceux des philosophes qui ne poussent pas jusqu'au bout les conséquences de leurs analyses. L'ironie voltairienne, l'humour des *Lettres persanes*, l'hédonisme de Diderot, la remise en cause rousseauiste de la civilisation, l'usage de la raison critique kantienne ne suffisent pas, car tout ceci épargne encore la religion du roi et de la nourrice de Descartes.

La philosophie radicale s'abreuve à la source du *Testament* de Meslier dont le titre exact délivre tout un programme : *Mémoire des pensées et sentiments de Jean Meslier, prêtre-curé d'Étrépigny et de Balaives*. Sur une partie des erreurs et des abus de la conduite et du gouvernement des hommes où l'on voit des démonstrations claires et évidentes de la vanité et de la fausseté de toutes les divinités et de toutes les religions du monde pour être adressé à ses paroissiens après sa mort et pour leur servir de témoignage de vérité à eux, et à tous leurs semblables. Sous Louis XIV, le curé Jean Meslier prêtre, curé d'Étrépigny et de Balaives, y pousse un cri de guerre athée, révolutionnaire et communiste.

Meslier, qui possède La Boétie dans sa bibliothèque, fustige en chaire le seigneur de son village ; il célèbre des mariages gratuitement ; il distribue les bénéfices d'un petit lopin de terre familial aux pauvres ; il se fait réprimander à deux reprises par l'évêché parce qu'il vit avec de fausses nièces, vraies jeunes filles. Meslier attaque Dieu, le Christ, les prêtres, les moines, les évêques, l'Église, les Écritures, les princes, les rois, les empereurs, les tyrans, les nobles, les gens de robe, les notaires, les « gens d'injustice », les procureurs, les avocats, les greffiers, les contrôleurs, les juges, les intendants de police, les percepteurs, les « maltôtiers rats de cave », les fermiers généraux, les riches propriétaires. Qui sauve-t-il ? Les pauvres, les paysans, les travailleurs, les exploités, les miséreux, les femmes, les enfants, les animaux. Contre la religion catholique, il promeut la philosophie et l'athéisme ; contre les gens de pouvoir, il fait l'éloge d'un communalisme libertaire, d'un communisme rural ; contre les parasites divers, il annonce la justice et l'équité, la liberté et l'égalité, la solidarité et la fraternité.

Le Testament établit sur 1 000 pages et en huit preuves la vanité et la fausseté des religions qui se contredisent ; la foi, qui est « créance aveugle », contredit « les lumières naturelles de la raison » ; les visions des prophètes sont affaire de fous ; les prophéties ne se réalisent jamais ; la morale chrétienne contredit les enseignements de la nature ; la religion chrétienne se fait complice des tyrannies politiques ; l'athéisme est une idée vieille comme le monde ; l'âme est mortelle. De 1719 à 1729, entre l'âge de cinquante-quatre et de soixante-cinq ans, Meslier écrit clairement, et c'est à mes yeux la date de naissance de la mort de Dieu et de l'athéisme en Occident : « Il n'y a point de Dieu » (II, 150).

Les qualités de Dieu s'avèrent contradictoires : il est bon, mais il envoie en enfer pour des peccadilles ; il peut tout, mais il laisse faire le mal ; il aime les hommes, mais il en destine certains à la misère et à la pauvreté, au malheur et à la maladie et d'autres aux richesses et à la profusion, à la santé et à la vitalité ; il a pouvoir sur tout, mais il n'a pas empêché le péché originel ; il veut le bonheur de l'humanité, mais il tolère la complicité de l'Église avec les pouvoirs qui exploitent les humains ; il est douceur et magnanimité, mais il envoie au purgatoire et condamne les enfants morts sans baptême à errer dans les limbes ; il est le maître du bien, mais il rend possibles les prospérités du vice et les malheurs de la vertu ; il est inaccessible, mais on pourrait y accéder par les prières ; il veut être aimé, mais il ne dit pas ce qu'il veut clairement ; il pourrait apparaître pour convaincre, mais il préfère se faire craindre.

Meslier inaugure une révolution épistémologique : il lit en effet les textes sacrés comme des écrits païens, il aborde la Bible comme les *Annales* de Tacite. Cette façon de procéder porte le feu aux charges posées par d'autres dans l'édifice judéo-chrétien. Si l'Ancien et le Nouveau Testament sont inspirés par l'Esprit-Saint, alors comment expliquer qu'on y trouve autant d'erreurs, d'approximations, de contradictions, de contresens, d'inepties, d'affabulations ? Ces textes révèlent bien plutôt des imperfections humaines. Ce sont en effet des créations littéraires semblables « aux histoires de fées et (à) nos vieux romans ».

Le philosophe démonte la vie de Jésus et la réduit à sa condition humaine : celle d'un « archifanatique, fou, insensé, malheureux pendard, homme de néant, vil et méprisable », plus extravagant que Don Quichotte ; il décortique ses faits et gestes. Il célèbre l'entendement sain et les lumières de la raison pour aborder le sujet du christianisme. Il prouve que les sources ne sont pas fiables et ont été falsifiées et bricolées pour des raisons politiques. Il établit que le corpus des textes chrétiens qui distingue évangiles synoptiques et apocryphes procède non pas d'une démarche scientifique, mais du pur arbitraire.

Il questionne le fonctionnement de l'Église : qui décide ? Selon quels critères et quelles modalités ? Il montre le rôle joué dans la construction de cette fable par les conciles et les empereurs, les philosophes de la patristique et les théologiens. Il établit une critique qu'on dirait aujourd'hui textuelle et part en guerre contre « la supercherie anagogique et tropologique » appuyée sur l'allégorie plus que sur la raison. Il pointe les inventions de saint Paul pour masquer ses approximations. Il examine chacun des miracles et assure qu'ils sont contradictoires avec les lois de la nature qui seules sont vraies. Il déconstruit l'eucharistie et fait de l'hostie une « idole de pâte et de farine ». Il assure que Jésus n'a jamais demandé ce genre d'adoration. Il attaque la morale chrétienne : pour quelles étranges raisons Dieu aurait-il donné le désir aux hommes en empêchant sa réalisation ? Il note que le respect de la chasteté entraînerait *de facto* la mort de l'humanité. Il refuse le dolorisme chrétien et sa célébration de l'idéal ascétique. Il célèbre l'hédonisme et ce qu'il suppose : le contrat amoureux, l'union libre, la volupté simple, le souci des femmes, le droit au divorce, l'autorisation de la sexualité pour les gens d'Église. Il trouve inhumain de demander l'amour du prochain quand ce dernier a commis le mal, car pareille thèse justifie toutes les injustices. Il défend les humbles : les femmes mal mariées, les mauvais traitements infligés aux enfants qui fabriquent des asociaux, les cruautés à l'endroit des animaux dont il célèbre l'intelligence et la sensibilité. Il pense le monde de façon radicalement immanente tel un agencement de matière coïncidant avec un flux vitaliste.

Jean Meslier propose également une politique. Le mal ne relève pas du péché originel, mais d'un état de fait qu'on dirait aujourd'hui éthologique : trop d'hommes se meuvent sur un trop petit territoire ; la rareté des produits de subsistance génère des violences pour vivre et survivre. Il faut procéder à une autre répartition des richesses pour éradiquer le mal de la planète. Quand chacun aura de quoi vivre, plus personne n'attaquera son prochain. Meslier détaille les souffrances paysannes dans le régime féodal. Il brosse un portrait à charge de Louis XIV, voleur, criminel, tueur, exploiteur coupable de ravages, de carnages, de guerres, d'usurpations, de « voleries », d'injustices, de famines, et tout ceci pendant les soixante-deux longues années de son règne.

Le curé athée élabore avant l'heure une théorie de la lutte des classes. Il oppose les démunis de tout qui n'ont rien et mériteraient tout à ceux qui ont tout et qui mériteraient de ne rien avoir, donc, d'être dépossédés. Les uns crèvent la faim et meurent sur des nattes de paille à même le sol en travaillant tout le temps ; les autres vivent des rentes et des taxes, ont tout, femmes et jouissances, argent et héritage, et voudraient avoir plus encore. Cette inégalité d'institution contredit l'égalité naturelle. Car, selon le droit naturel des jusnaturalistes, les hommes disposent naturellement d'un certain nombre de droits : vivre, travailler, manger, se vêtir, se loger, éduquer leurs enfants, jouir de leur liberté.

Meslier en appelle à « l'utilité publique » et au « bien commun » ; il veut que la loi et le droit rendent l'homme bon ; il souhaite que l'état de civilisation réalise la justice ; il propose des objectifs hédonistes et eudémonistes à la cité : « le bien public » et « vivre heureux » (II, 75). Pour ce faire, il souhaite en finir avec le principe paulinien de la théocratie : le pouvoir ne vient pas de Dieu, mais des hommes. Il dénonce la collusion du sabre et du goupillon, du catholicisme et de la monarchie qui

« s'entendent comme deux coupeurs de bourses » : les hommes politiques ne sont nullement envoyés par Dieu, ils tiennent le pouvoir d'une violence imposée par le clergé et l'Église complices des puissants et de leurs armées.

Le curé communiste donne sa méthode ; elle procède du *Discours de la servitude volontaire* de La Boétie : il faut résister, ne rien donner aux riches, les exclure de toute société, pratiquer la désobéissance civile, ne plus payer d'impôts, refuser la taille et la gabelle, dire non aux corvées. Puis il faut s'unir pour briser le trône. Meslier souhaitait « que tous les grands de la terre et que tous les nobles fussent pendus et étranglés avec des boyaux de prêtres ». Mai 68 se souviendra de la formule. Il incitait au tyrannicide : il faut, écrit-il, « exciter partout les peuples à secouer le joug insupportable des tyrans » et, au-delà, « assommer ou poignarder ces détestables monstres et ennemis du genre humain » (III, 133).

Quel est l'idéal de Meslier ? Abolir la propriété privée ; réaliser la communauté des biens, des produits de la prospérité et du talent ; instaurer le « jouir en commun » ; faire de la famille et du village la communauté de base et les fédérer ; passer des contrats pour réaliser la paix ; viser l'extension de ce programme par capillarité – « je parlerai volontiers à tous les peuples de la terre » (III, 154). Meslier aspire à des changements concrets : un travail plus humain, de la saine nourriture pour tous, une maison chauffée qui abrite des intempéries, une hygiène pour chacun, des vêtements qui protègent de la pluie et des rigueurs du froid, une école gratuite pour les enfants, une médecine elle aussi gratuite pour tous. Qui pourrait ne pas souscrire à pareil programme ?

Jean Meslier meurt seul et inconnu dans sa campagne ardennaise fin juin 1729. Il laisse dans plusieurs endroits séparés quatre copies de son volumineux manuscrit afin qu'un seul, le travail de toute une vie, ne soit pas brûlé par une main chrétienne. Il est enterré en catimini dans le jardin du presbytère. Sans tombe et sans trace. Cet homme est sans visage et sans sépulture. Cinq ans après sa mort, plus de 150 copies circulent sous le manteau : elles se vendent très cher.

Voltaire en veut absolument une ; il l'obtient ; en février 1762, il publie un *Extrait des sentiments de Jean Meslier* dans lequel il défigure la pensée athée et communiste du curé. Déiste et ami des rois qu'il flatte pour en obtenir des pensions, Voltaire n'est pas aussi anticlérical que la légende le prétend. Cet homme envoie en effet une supplique au pape pour obtenir des reliques qu'il souhaite placer dans sa chapelle privée de Ferney construite à sa demande et où il prévoit d'être inhumé. Il fait venir un aumônier dans sa chapelle de Cirey où il suit les offices et fait ses pâques. Il défend Dieu et la religion, un instrument utile pour museler et conduire « le peuple qui sera toujours sot et barbare, ce sont des bœufs auxquels il faut un joug, un aiguillon et du foin » (*lettre à Tabareau* datée du 3 février 1769).

À partir du *Testament*, l'auteur de *Candide* crée un faux : il supprime tout athéisme, tout matérialisme, puis ajoute quelques pages de sa main pour en faire un livre déiste ! De même, sur le terrain politique, Voltaire estime que Meslier était « rigide partisan de la justice, et poussait quelques fois ce zèle un peu trop loin ». Au mépris de toute vérité, cette demi-Lumière de Voltaire transforme Meslier en « adepte de la religion naturelle », une hérésie pour qui l'a lu, et, obscénité intellectuelle suprême, il fait du *Testament* « le témoignage d'un prêtre mourant qui demande pardon à Dieu » ! Voltaire qui écrivait « Si

Dieu n'existait pas, il faudrait l'inventer » pensait en effet qu'« il faut une religion pour la canaille ». L'athéisme et le communisme de Meslier ne pouvaient que le hérisser.

Les Lumières radicales qui l'ont évidemment lu, et bien lu, le pillent mais ne le citent pas, une règle dans la corporation philosophante. Mais le texte circule partout. Les manuscrits clandestins échappent à la censure ; ils infusent les débats ; ils pénètrent les consciences, y compris dans les endroits les plus reculés de la province. Ainsi, en 1835, Pierre Rivière, un jeune Normand né à Courvaudon dans le Calvados, massacre à la serpe sa mère enceinte de sept mois, sa sœur et son frère, et ce, dit-il, pour venger son père humilié par les victimes. Il rédige dans sa prison de Vire un mémoire pour expliquer son geste ; il est ouvrier agricole, mais il a appris à lire et à écrire ; à penser aussi. Il cite les livres qui ont compté pour lui. Parmi eux, *Le Bon Sens du curé Meslier*, un texte de D'Holbach faussement attribué au curé, mais qui procède de sa lecture.

Le tremblement de terre de Lisbonne a secoué toute l'Europe judéo-chrétienne. Ses répliques ont été nombreuses. Un siècle et demi avant la célèbre annonce faite par Nietzsche dans *Le Gai Savoir*, Dieu est mort, doucement congédié par les philosophes fidéistes et déistes, puis franchement mis à la porte par les penseurs athées. Dans l'*Encyclopédie*, Diderot écrit à l'article « Philosophie des Sarrasins ou Arabes » que, dans une commune catholique, on consommait 50 000 hosties en 1700. Il ajoute qu'en 1759, dans cette même bourgade, les fidèles n'en ont consommé que 10 000. Et Diderot d'écrire : « Donc la foi s'est affaiblie, dans l'intervalle de cinquante-neuf ans, de quatre cinquièmes, et ainsi de tout ce qui tient à l'affaiblissement de la foi. »

Quand l'immense vague du raz-de-marée consécutif au tremblement de terre de Lisbonne a reflué, elle a laissé un paysage désolé dans lequel les églises lisboètes avaient disparu. Avec cette épiphanie géologique, la foi qui avait rendu possible l'édification de ces dizaines d'églises s'était trouvée très abîmée. La raison occidentale européenne a poursuivi le travail du tsunami. La mort de Dieu annoncée pour la première fois en France par un curé ardennais dès le début du XVIIIe siècle a entraîné la mort de la religion et de tout ce qui l'accompagne : en morale, l'idéal ascétique judéo-chrétien, en politique, le césaropapisme théocratique.

Dans la période où diminue considérablement la consommation d'hosties, en 1734, Montesquieu publie ses *Considérations sur les causes de la grandeur des Romains et de leur décadence*, un texte écrit avec l'encre subtile ayant servi à la rédaction des *Lettres persanes*. Mais, pour qui sait lire entre les lignes du baron de La Brède, la décadence dont il est question derrière le décorum romain, c'est celle de l'Europe judéo-chrétienne. Le dolorisme judéo-chrétien et la théocratie catholique qui sévissent depuis mille ans vont bientôt laisser place à une double revendication eudémoniste : d'une part, sur le terrain moral, le bonheur, « une idée neuve en Europe », comme le dira Saint-Just le 3 mars 1794, d'autre part, en matière politique, la démocratie, une idée tout aussi neuve. Dieu n'est plus nécessaire, les hommes veulent désormais occuper toute la place.

II. Sénescence

Le principe de ressentiment

1

La machine ressentimenteuse

La révolution dévore ses enfants

Paris, 21 janvier 1793.
Décapitation de Louis XVI.

Souvent néomarxiste, l'historiographie dominante de la Révolution française laisse peu de place, voire pas, aux facteurs psychologiques dans la production des événements, comme si l'histoire n'était pas faite par des hommes, mais par des idées ou par des concepts, comme si les faits étaient produits par des ectoplasmes aux contours livresques ou par de pures mécaniques intellectuelles sans chair et sans passion, sans comptes à régler et sans ambitions, sans esprit de vengeance et sans désir de prendre une place convoitée. Cet effacement de la chair dans l'histoire relève du reliquat chrétien du corps sans organes…

À part Hippolyte Taine, qui grave ses *Origines de la France contemporaine* avec le burin de Goya, la plupart proposent une histoire mécaniciste, factuelle, idéologique, doctrinale. Taine montre combien les passions tristes jouent un rôle majeur dans la Révolution française, la haine et l'envie, la jalousie et le ressentiment, la convoitise et la rancœur, la malveillance et l'inimitié, la rancune et l'antipathie, en un mot : la méchanceté. Dans les livres d'histoire, la noirceur du cœur des hommes se trouve souvent recouverte avec la peinture des grands mots : le bleu de la Liberté, le blanc de l'Égalité, le rouge de la Fraternité. Le mythe enveloppe le noyau sombre pour produire une littérature qui étouffe l'histoire véritable. Lors de la Révolution, le vrai drapeau fut copieusement couvert de sang et de larmes, ce fut souvent un chiffon sale.

Or la psychologie importe, elle fait même la loi, comment pourrait-il d'ailleurs en être autrement ? Ainsi avec Louis XVI : lecteur des philosophes, de tempérament placide, d'une nature flegmatique, amateur de chasse plus que d'intrigues politiques, aimant sa tranquillité pour lire Hume, Montesquieu ou Rousseau sans être dérangé, passionné par la cartographie et la géographie, épris des marins découvreurs de continents, exigeant que ses capitaines de frégates ne fassent pas couler le sang sur ces terres nouvelles, affligé d'un phimosis qui accompagne une libido en berne, guetté et moqué pour ses tristes performances au lit, trompé par sa femme Marie-Antoinette, fidèle tout de même à son épouse disant de lui qu'il était gras et ventripotent, copieusement insulté par les journalistes, traîné dans la boue par les publicistes, Louis XVI qui répugnait à la violence n'a jamais fait tirer sur la foule pendant la Révolution française ce qui, pourtant, relevait de ses prérogatives. L'eût-il fait que le cours de l'histoire de la France, donc de l'Europe, en eût été changé. À sa place, Louis XIV aurait envoyé la troupe et fait couler des fleuves de sang ; les choses auraient été plus compliquées pour les grands mots et les belles idées. Mais l'uchronie n'est jamais la meilleure façon de faire de l'histoire.

Une grande part des révolutionnaires a associé Louis XVI à la monarchie, la royauté au féodalisme, la féodalité à l'esclavage, la servitude à l'enfer, l'enfer au mal radical en politique : pour en finir avec le mal, il fallait donc raccourcir Louis XVI. Pour raccourcir le roi, il restait à le charger de toutes les fautes. La presse et le pouvoir du journalisme naissent à cette époque : sur le mode de la juridiction d'exception, le journal permet de diffuser de manière virale le mensonge, la calomnie, la haine, l'insulte, l'accusation, la diffamation, la souillure, la flétrissure. La presse diabolise celui qu'il sera facile ensuite de décapiter sous prétexte qu'il est le diable et qu'il faut s'en débarrasser. Le tribunal de l'Inquisition fonctionne sur ce principe de la diabolisation de celui dont on veut la perte.

L'époque est également à la naissance de la caricature, de ce que l'on nomme depuis le dessin de presse : Louis XVI en fait copieusement les frais.

Un lieu commun de l'époque représente Louis XVI en porc couvert de cornes : pour nombre de journalistes, le roi est un gros et gras cochon, cocu qui plus est. La presse qu'on dit patriote regorge de haine à son endroit et ressasse *ad nauseam* cette assimilation du monarque au pourceau : *Les Révolutions de France et de Brabant*, *Le Courrier français*, *Le Père Duchesne*, *Le Babillard* parmi tant d'autres titres, s'en donnent à cœur joie. *Le Courrier français* du 4 août 1792 se réjouit de rapporter qu'un pamphlet intitulé *Le Royal Veto* circule au Palais-Royal, qu'il s'en répand en grand nombre et que tout le monde s'en goberge. Dans ce libelle, on peut lire ceci concernant Louis XVI : « Cet animal a environ cinq pieds et cinq pouces de long. Il marche sur les pieds de derrière comme les hommes. La couleur de son poil est fauve. Il a les yeux bêtes ; il a la gueule assez bien fendue, le mufle rouge ; les oreilles grandes ; fort peu de crins ; son cri ressemble assez au grognement du porc. Il n'a point de QUEUE. Il est vorace par nature. Il mange, ou plutôt il dévore avec malpropreté tout ce qu'on lui jette. Il est ivrogne et ne cesse de boire depuis son lever jusqu'à son coucher [...]. Il est âgé de trente-quatre à trente-six ans, il est né à Versailles et on lui a donné le sobriquet de Louis XVI. »

Animaliser un homme, on le sait depuis l'ouverture des camps nazis et les écrits de Robert Antelme, Primo Levi et David Rousset, est une technique efficace pour rendre facile et simple son égorgement comme le boucher procède avec la bête. Si Louis XVI est un animal, s'il feint de marcher debout sur les pattes arrière pour ressembler à un humain, s'il n'a pas une peau mais un poil foncé, si ses yeux sont ceux d'une bête, s'il n'a pas une bouche mais une gueule, s'il n'a pas un nez mais un mufle, s'il n'a pas une oreille humaine mais de grands appendices, s'il n'a pas une voix mais un cri, un grouinement qui plus est, s'il ne mange pas mais dévore avec voracité tout ce qu'on lui jette, s'il passe ses journées à s'enivrer, s'il a des crins, et en petite quantité, signe de défaut de testostérone, s'il n'a pas de queue, le mot apparaît en majuscules dans le texte, autrement dit pas de virilité sexuelle, alors la conclusion s'impose : *Louis XVI n'est pas un homme*, d'autant plus qu'il n'a pas de nom, juste un sobriquet – comme d'autres auront plus tard un numéro. Un animal sans nom, voilà ce qui permet d'envisager qu'on le saigne après l'avoir hissé sur une échelle – ou sur un échafaud. Ce genre de texte fait de Samson non pas un bourreau qui tue le roi, mais un charcutier qui ouvre la gorge du cochon.

Quand le roi est décapité, le citoyen Romeau propose une nouvelle fête prétendument républicaine : « Le 21 janvier serait surtout caractérisé par la tête ou l'oreille du cochon que chaque père de famille ne manquerait pas de mettre sur la table, en mémoire du jour heureux où celle du parjure Louis XVI tomba et nous délivra de sa triste présence [...]. Que chacun de nous se munisse donc du morceau que sa fortune lui permettra de manger et qu'il imite les patriotes anglais qui, le jour de la décollation de leur roi Charles II *[sic]* ne manqueront jamais de manger une tête de veau » (Romeau, *La Tête ou l'oreille du cochon*, imprimerie du Pellier, sans date).

Si le roi est un cochon, un porc, la reine est une hyène ou une « poule d'autruche ». Une hyène pour la lubricité présupposée et l'homophonie avec la haine, pour le caractère charognard et l'activité nocturne (avec son amant Fersen qui logeait dans un appartement secret au-dessus de sa chambre), pour le rire sarcastique et la brutalité cruelle ; l'autruche, pour l'homophonie avec son pays d'origine, l'Autriche. Mais elle est aussi associée aux porcs, notamment dans une gravure, anonyme bien sûr, de 1791 qui assimile la totalité de la famille royale aux pourceaux : *La Famille de cochons ramenée à l'étable*.

Marie-Antoinette est donc une truie lubrique. Le nombre de pamphlets qui circulent et en font une débauchée sexuelle assimilée aux porcs est considérable. Mais elle est aussi, outre la poule d'autruche, une tigresse, une harpie, une panthère. Voici quelques titres des textes dans lesquels elle est salie : *Le Godemiché royal*, *Les Amours de Charlot et Toinette*, *L'Orgie royale*, ou bien encore *Bordel royal*. Tout ce qui peut s'imaginer en guise de perversions sexuelles se trouve convoqué. Louis Sébastien Mercier rapporte que, sur les maisons où l'on écrivait

MACL pour signifier « Maison assurée contre l'incendie », on écrit désormais : « Marie-Antoinette cocufie Louis. » Des chansons avilissantes sont chantées dans les rues.

Malgré l'abondance de supports à cette haine relayée dans toute l'Europe, Louis XVI n'exige aucune peine de mort contre les auteurs ou les responsables. Il en avait bien sûr les moyens ; mais il s'en refusait le recours. On ne sache pas qu'un seul pamphlétaire, un seul auteur de libelle, un seul chansonnier, un seul libraire, un seul imprimeur, un seul colporteur ait eu la tête tranchée pour avoir rendu possible ce flot d'immondices. Louis XVI charge sa police de trouver les ballots de libelles imprimés à l'étranger, souvent en Angleterre, afin de les acheter pour les détruire. *Acheter* et non confisquer après envoi de l'imprimeur sous la hache du bourreau… Est-ce là le comportement d'un tyran assoiffé de sang ? D'un dictateur sans foi ni loi ? D'un despote absolutiste ?

Certes Marie-Antoinette se montre légère et futile, dépensière et joueuse, intrigante et mondaine, capricieuse et frivole, volage et superficielle, gamine et gaspilleuse, l'aventure du collier dont le prix équivaut au coût des sacres de Louis XV et Louis XVI fut le symbole terrible mais vrai de cette royauté gangrenée. Elle fut « tête à vent » dit d'elle son frère Joseph II et c'est cette tête à collier qui va bientôt sauter. Elle est mariée à l'âge de quinze ans à un roi que les choses du sexe n'intéressent guère si l'on en croit le même Joseph II qui, après une visite à Versailles, écrit ceci du roi au printemps 1777 : « Dans son lit conjugal, il a des érections fort bien conditionnées, il introduit le membre, reste là sans se remuer, deux minutes peut-être, se retire jamais sans décharger, toujours bandant, et souhaite le bonsoir. Cela ne se comprend pas, car avec cela, il a parfois des pollutions nocturnes mais en place ni en faisant l'œuvre jamais, et il est content disant tout bonnement qu'il ne faisait cela que par devoir et qu'il n'y avait aucun goût. Ah ! Si j'aurais *[sic]* pu être présent une fois, je l'aurais bien arrangé. Il faudrait le fouetter, pour le faire décharger de foutre comme les ânes. Ma sœur avec cela a peu de tempérament et ils sont deux francs maladroits ensemble. » Avec un tel partenaire, Marie-Antoinette fut autant que faire se peut libre dans sa vie, y compris dans son lit. Louis XVI eut le vice de sa vertu : il n'aimait pas faire couler le sang, réellement et symboliquement. Il ne le fit pas avec le peuple, ni avec son épouse. Que certains pamphlets fassent du roi l'organisateur des partouzes de sa femme fut, on s'en doute, bien loin de la vérité historique.

Journalistes et pamphlétaires préparent la montée à l'échafaud du couple royal. Dès 1789, dans *La Vie de Louis-Philippe Joseph, duc d'Orléans*, on peut lire ceci, paru à Londres sous une plume anonyme, concernant la reine : « Tu mérites d'expier tes cruautés, tes artifices dans les tortures. La mort ne suffira pas pour te punir et nous venger. » Punir et venger, déjà... Puis, dans *Description de la ménagerie royale d'animaux vivants* : « Gare à Louise ! Ce petit outil qui coupe si bien les têtes. » Enfin, en 1792, dans *La Tentation d'Antoinette et de son cochon dans la Tour du Temple* : « Elle est au Temple ; elle serait mieux trois minutes au carrousel » – là où l'on guillotinait... Elle ira bientôt, on le sait.

Le coup de grâce journalistique fut donné par Hébert avec son fameux *Père Duchesne*, l'ancêtre de la presse satirique. Avant 1789, les journaux existent, certes, mais en très petit nombre. Après la convocation des États généraux, la Constituante décrète la liberté totale de la presse. Dès lors, les journaux prolifèrent : du 5 mai 1789 à la fin de l'année, 250 titres sont créés ; l'année suivante, 350 titres s'y ajoutent. N'importe qui s'improvise journaliste. Pour ne nommer que les acteurs les plus connus de la Révolution française : Mirabeau écrit au *Courrier de Provence,* Marat dans *L'Ami du peuple,* Brissot dans *Le Patriote français,* Desmoulins dans *Le Vieux Cordelier,* Momoro dans le *Journal du club des Cordeliers,* Robespierre dans *Le Défenseur de la Constitution,* Condorcet dans la *Chronique du mois,* Fabre d'Églantine dans *Les Révolutions de Paris.* Entre le 10 août et le 9 thermidor, les Montagnards lancent le peuple à l'assaut des journaux qui leur sont hostiles ; ils molestent les folliculaires et ravagent les imprimeries. La liberté de la presse revient après la mort de Robespierre, leur gourou. Entre 1789 et 1800, plus de 1 350 titres ont vu le jour.

Qui était Jacques René Hébert ? Comme nombre des grands noms attachés à l'histoire de la Révolution française, ce natif d'Alençon, dans l'Orne, fut un personnage dont la vie a été une longue suite d'échecs, de ratages, de déboires, de désillusions, de malversations, d'intrigues, de revers, de déconvenues qui nourrissent le ressentiment avec lequel on fabrique un jour un coupeur de têtes. Que furent ces figures majeures de la Révolution avant que 1789 ne leur donne l'occasion d'une catharsis politique à leur ressentiment ?

Marat ment, vole, soudoie ; il cambriole un musée à Oxford et, pour ce faire, il connaît la prison d'où il s'évade ; il couche utile et obtient de sa maîtresse un poste avec domestiques et livrées ; il cherche à obtenir un titre de noblesse, mais se fait refouler pour moralité douteuse ; il utilise tout de même un blason sur sa correspondance ; il écrit un livre, mais ne trouve pas d'éditeur ; plus tard, il trouve un éditeur, mais il n'a pas de lecteurs ; il postule à l'Académie des sciences de Paris, puis à celle d'Espagne, en vain ; il demande à écrire pour l'*Encyclopédie*, on l'éconduit ; il se fait éreinter par Voltaire et Diderot pour un *Traité sur les principes de l'homme* ; il essaie la franc-maçonnerie pour parvenir ; il finit par accepter l'argent de Philippe d'Orléans. En 1789, il a quarante-six ans.

Saint-Just écrit en plagiant un auteur qu'il ne cite jamais, tout en se contentant de supprimer la première et la dernière phrase du livre intégralement recopié ; il dévalise sa famille, puis, dans la foulée, chargé d'argenterie, il monte à Paris ; il grenouille dans les théâtres, car lui aussi s'imagine une carrière d'homme de lettres ; il contrefait des écritures à plusieurs reprises ; il goûte du cachot parce que sa mère qu'il essaie d'escroquer par lettre le dénonce ; il se fabrique un faux diplôme de droit et se présente comme avocat ; il se fait passer pour médecin, ce qu'il n'est pas ; il écrit des poèmes et des pièces dépourvus d'intérêt au dire même de ses hagiographes ; il publie *Organt*, un long poème pornographique de 7 800 vers qui ne remporte aucun succès. En 1789, il a vingt et un ans.

L'emblématique Girondin, Jacques Pierre Brissot de Warville, est un polygraphe qui publie à compte d'auteur, lui aussi sans succès ; il sollicite l'appui de Voltaire et de d'Alembert, sans succès ; il ponctionne de l'argent à ses amis afin de créer un « centre mondial pour les philosophes, comprenant une revue, un système de correspondance et un club » qui ne voit jamais le jour ; il gruge éditeurs et imprimeurs ; il ne paie ni son percepteur ni le propriétaire de son appartement ; il se fait emprisonner pour dettes ; il devient indicateur rémunéré par la police qu'il renseigne sur les libelles que le roi recherche pour les faire détruire ; il part aux États-Unis pour mettre sur pied une escroquerie financière quand la Révolution se déclenche ; il rentre alors à Paris. En 1789, il a trente-cinq ans.

Abandonné par son père, orphelin de mère, Robespierre étudie grâce à la protection des curés ; très content de lui, il se compare à Ulysse ou à Énée dans ses poèmes ; il s'imagine le Rousseau de son temps, mais n'obtient pas même un succès local avec ses vers de mirliton dans lesquels, par exemple, il célèbre *L'Art de cracher et de se moucher* ; lui aussi, il publie à compte d'auteur et attend un succès, européen bien sûr, qui ne vient pas ; il s'aime plus que tout ; il participe à des concours et n'y obtient aucun premier prix ; en 1785, il publie des éloges de la monarchie, de Louis XVI, des jésuites ; il accède au poste de juge au tribunal de l'évêché grâce à l'appui des chanoines ; il devient le directeur de l'Académie royale d'Arras où il se montre brutal, impitoyable, cassant dans son jugement sur les travaux d'autrui ; il se voudrait Cicéron, il végète en petit avocat plaidant des causes médiocres – des litiges dans la comptabilité d'une paroisse, le prix contesté d'une vache, une facture de loyer trop élevée, un contrat signé en état d'ivresse ; il vit avec sa sœur et une servante, célibataire et probablement vierge ; il ajuste sa perruque poudrée à la féodale chaque matin que l'Être suprême fait ; insupportable de fatuité, ses collègues trousseurs de petits vers le chassent de leur assemblée locale. En 1789, il a trente ans.

Desmoulins a lui aussi une haute idée de lui-même ; il méprise les petites gens ; il est avocat et… bègue, son cabinet périclite, il devient l'assistant d'un confrère ; petit, chétif, malingre, contrefait, il songe à s'élever dans la société par le mariage ;

il entreprend une jeune fille laide, petite, boiteuse, mais riche, qui refuse ses avances ; il courtise une femme mûre, se fait admettre dans sa famille et en profite pour courtiser la fille de la maison ; il ment sur sa fortune et sur sa dot, il vit subventionné par l'argent familial ; il écrit pour autrui, fréquente les bordels, les soirées mondaines, les cafés, collectionne les filles, fréquente les salons ; il est tellement arrogant et prétentieux qu'il se fait congédier de partout et retourne en province ; il finit par obtenir la main de la fille de la femme qu'il avait entreprise au jardin du Luxembourg – la demoiselle s'appelle Lucile. En 1789, il a vingt-neuf ans.

Mirabeau voudrait lui aussi faire carrière dans les lettres ; il joue beaucoup et perd autant ; il déserte son régiment et se cache à Paris ; il est priapique, prend et jette ses partenaires, puis les frappe sans ménagement ; il couche avec sa sœur ; il copule utile pour ses affaires ; il insulte copieusement sa famille dans des textes qu'il publie dans la presse ; il écrit sur tous les sujets ce que l'on voudra, pourvu qu'on le paie bien ; il rédige des textes pornographiques ; il compile, plagie, recourt à des nègres et pille les travaux d'autrui ; il frappe souvent ceux qui se mettent en travers de sa route ; il est condamné à mort par contumace pour enlèvement et adultère ; procédurier, il envoie sa femme, son père et son domestique au tribunal ; il exige des pensions alimentaires de son géniteur qu'il insulte en public ; il ne paie pas son secrétaire qu'il accuse de lui avoir volé un manuscrit jamais écrit ; il s'empare de la montre de son perruquier et le bastonne parce qu'il a l'insolence de lui demander de la lui restituer ; il vole un peu partout et tout le monde ; il escroque un éditeur, un libraire, un colporteur et des auteurs en ramassant pour lui seul l'argent de la souscription d'un livre collectif ; il séduit la femme du cantinier de la prison d'If, lui donne la vérole et paie des mariniers pour noyer le mari afin de récupérer son épouse ; une fois la Révolution déclenchée, il entretient une correspondance avec Louis XVI – la monarchie paie ses dettes et lui permet de mener grand train. En 1789, il a quarante ans.

Hébert quant à lui est stagiaire chez un notaire de campagne dans l'Orne ; il est l'amant d'une veuve d'apothicaire collectionneuse d'hommes ; il découvre qu'il n'est pas le seul ; dès lors, il dénonce sa vieille maîtresse avec des placards anonymes affichés dans les rues d'Alençon ; la veuve joyeuse reconnaît son écriture, il est condamné et quitte la ville pour éviter la prison ; il vient à Paris et se fait expulser du galetas dont il ne paie pas le loyer ; il séduit deux charcutières qui le fournissent en boudins et jambons ; il emprunte de l'argent, vit à crédit, ne rembourse personne ; il simule la maladie pour apitoyer sur son sort ; comme Robespierre, comme Marat, comme Saint-Just, comme Mirabeau, il écrit et voudrait être un auteur célèbre, le Voltaire de son temps ; il se prend pour un poète, puis pour un dramaturge, il écrit des pièces que personne ne monte : il sollicite des théâtres et se fait éconduire partout ; il devient placier dans l'un d'entre eux ; Desmoulins, qui l'a bien connu, écrit dans son *Vieux Cordelier* « qu'il ouvrait des loges aux ci-devant avec des salutations jusqu'à la terre » ; deux ans plus tard, en novembre 1788, il vole la caisse et s'enfuit ; il erre dans Paris et devient rédacteur pour un médecin qui le loge – quelques semaines plus tard, Hébert s'enfuit en dévalisant son hôte ; il crée un titre et fait faillite. En 1789, il a trente-deux ans.

L'année suivante, en 1790, la Révolution lui permet de trouver une activité à sa mesure : il devient journaliste. Alors qu'il n'a jamais vraiment travaillé, il lance *Le Père Duchesne* : il y joue la carte de la scatologie, de la grossièreté, de l'insulte, de la vulgarité, de la trivialité, de l'obscénité, du mépris sous prétexte de parler le langage du peuple et d'affecter d'en pratiquer les vices. Hébert a jusqu'ici accumulé beaucoup de haine ; désormais, il la déverse à jet continu dans son journal. Les libelles, les pamphlets, les chansons qui conchient et compissent le roi et la reine, voilà sa nourriture.

L'homme qui croit qu'écrire *foutre* à toutes les lignes et beugler *bougre* toutes les minutes, que traiter Louis XVI de *gros cocu* et Mme Roland de *salope édentée*, M. Roland de *vieux cornard* et de *cafards* les prêtres, de *maquereaux* les ministres et de *gribouilleurs d'ergo* les théologiens, d'*ânes rouges* les cardinaux et d'*anguilles de Melun* les Girondins, qui invite à *faire caca* sur le trône des rois et à *branler le cul* des déserteurs, cet homme croit donc qu'en écrivant sous lui il contribue à la cause du peuple pour lequel il prétend parler.

Dans *Le Père Duchesne*, Hébert s'en donne à cœur joie avec Marie-Antoinette : l'abominable femme, la garce autrichienne, l'infâme Antoinette, la louve autrichienne ou la guenon du Temple, la tigresse autrichienne ou l'architigresse d'Autriche. Avant sa mort, Louis XVI était gros Colas, l'ivrogne du Temple, le dernier tyran, l'ogre royal ; après sa décapitation, il devient Louis le raccourci. Quant à Louis XVII, huit ans à l'époque, tué à petit feu dans sa cellule, il fut le petit avorton du Temple, le petit louveteau du Temple. Loup et guenon, tigresse et architigresse, ivrogne et louveteau, infâme et abominable, ogre et tyran : qui voudrait sauver pareille engeance ? Les journalistes tuent : en préparant le travail des bourreaux.

Le fils de Louis XVI et de Marie-Antoinette, Louis XVII, a donc été séparé de ses parents emprisonnés au Temple. Il a été placé à l'étage au-dessus de sa mère, chez Antoine Simon, un cordonnier totalement illettré : il s'agit, dans le pur style rousseauiste, de laver le cerveau de l'héritier du trône, suspecté d'être rempli de monstruosités royalistes, afin d'y mettre la bonne rudesse citoyenne et le prétendu bon sens populaire prodigués par le ci-devant citoyen fabricant de chaussures. L'enfant est reclus dans une pièce sans lumière et insalubre ; il y vit sans soins et contracte la tuberculose qui l'emporte le 8 juin 1795 à l'âge de dix ans. Pour l'heure, nous sommes le 30 septembre 1793 ; le roi a été décapité le 21 janvier 1793 ; son fils Louis XVII est donc roi depuis que sa mère a su que le couperet de la guillotine a tranché la nuque de Louis Capet : elle s'est alors agenouillée devant l'enfant devenu roi en le reconnaissant comme succédant à son père défunt.

Samson contacte Hébert le journaliste. Le cordonnier lui donne d'incroyables informations : Marie-Antoinette aurait eu des relations sexuelles incestueuses avec son enfant ! Dans le lot de haines et d'insultes répandues dans la presse depuis des années, ce qui pouvait passer pour une outrance, un effet de rhétorique, devient certitude effective par la grâce performative du journaliste Hébert. Ce qui était pamphlétaire et polémique devient vérité et histoire. Marie-Antoinette est donc bien réellement une truie, une hyène, une guenon, une tigresse, une louve, un animal sauvage ; il va falloir songer à l'égorger.

Quels sont les faits ? L'enfant s'était blessé au testicule en jouant et en se fichant un bâton dans cette partie de son corps ; un chirurgien dépêché sur place lui a posé un bandage herniaire. Est-ce le début d'un fantasme ? À cette époque, la mère a peut-être appliqué un baume, une pommade, un onguent pour adoucir la blessure de son enfant et cicatriser sa plaie. Le petit garçon de huit ans, dit le cordonnier, a été surpris en train de se masturber. Impossible, disent les royalistes et les puritains de toujours ; possible pour qui connaît un peu la nature humaine et la complexion sexuée de tout être vivant.

On ignore tout de ce qui a débouché sur une déposition signée par l'enfant dans laquelle il confie avoir été initié à la masturbation par sa mère, mais aussi, à une sexualité partagée avec sa tante. Mais que peut peser la signature d'un enfant de huit ans au bas d'un document qui semble extrait de l'un de ces nombreux pamphlets consacrés à salir sa mère ? Depuis des années on fait de cette femme une goulue sexuelle, une lesbienne forcenée, une femme qui se fait prendre dans des fourrés par des palefreniers, une partouzeuse jamais repue, une hystérique ignorant la satiété, une obsédée sexuelle couchant nuit et jour avec qui passe par là, une femme qui n'a fait construire le Trianon que pour y épuiser sexuellement domestiques et aristocrates, archevêques et femmes du monde.

Hébert s'en ouvre à Fouquier-Tinville, l'accusateur public du Tribunal révolutionnaire qui diligente trois interrogatoires : l'enfant, sa sœur, sa tante. L'enfant raconte « qu'une fois sa mère le fit approcher d'elle, qu'il en résulta une copulation et qu'il en résulta un gonflement à un des testicules pour lequel il porte un bandage », il a dit aussi que la chose s'était répétée. Voilà donc une mère incestueuse et tellement furieuse dans sa sexualité qu'elle en blesse son fils de huit ans au testicule ! Cette information se trouve en effet sur le procès-verbal signé par l'enfant et les témoins, dont Hébert, mais elle se trouve *dans la marge, ajoutée après coup*… Au second interrogatoire, on fait comparaître sa sœur de quinze ans ; elle nie que ces choses ont eu lieu ; on la confronte au petit roi, qui réitère. Madame Élisabeth, la tante, dépose au troisième ; indignée à la lecture du procès-verbal, elle refuse de dire quoi que ce soit ; on la confronte à l'enfant qui redit ce qu'il ne cesse de dire depuis le début. Pour Hébert, tout cela vaut preuve : la reine a couché avec son fils, quelle autre peine pourrait-il y avoir pour un pareil forfait, sinon la mort ?

Quand Louis XVII avait quatre ans, sa mère écrivait pourtant à la gouvernante : « Il est très indiscret ; il répète aisément ce qu'il a entendu dire ; et souvent, sans vouloir mentir, il y ajoute ce que son imagination lui fait voir. C'est son plus grand défaut sur lequel il faut bien le corriger. » Convenons qu'il n'aura pas été assez bien corrigé de ce défaut et qu'il aura persisté à répéter ce qu'il a entendu dire par ses geôliers dans sa cellule ! À quoi il faut ajouter que, dans sa déposition, Madame Élisabeth affirme qu'en effet le petit garçon avait l'habitude de se masturber et que sa mère et elle le réprimandaient pour cela.

Comment un enfant de huit ans, séparé de son père décapité, tenu à l'écart de sa mère depuis des mois, *rééduqué* en cellule par le cordonnier Antoine Simon, un officier municipal illettré de la Commune de Paris, masturbateur avéré et jadis culpabilisé à la fois par sa mère et par sa tante, aurait-il pu, vu son très jeune âge, vu les circonstances carcérales, vu la culpabilité associée à un geste interdit, réprimandé, donc répréhensible, comment aurait-il pu, donc, disposer d'un jugement digne de ce nom ? Louis XVII dit ce qui lui permet d'échapper à la responsabilité individuelle de ce qu'il sait être une faute selon ses parents, il échappe donc ainsi à la punition. Ce faisant, il précipite sa mère sous le couteau de la guillotine.

Marie-Antoinette meurt le 16 octobre 1793. Elle avait trente-sept ans. Fouquier-Tinville jubile, Hébert aussi. Bientôt viendra leur tour. Le lundi 24 mars 1794, le marionnettiste du *Père Duchesne* qui a contribué à l'envoi de tant de personnes sous le couteau du rasoir national et qui s'en est tant réjoui passe sa dernière nuit à vociférer en prison, à pleurer toutes les larmes de son corps, à demander grâce. Il s'abandonne sans retenue à sa peur. Il crie, hurle, gémit et on l'entend dans toute la prison.

Dans la rue, il y a plus de gens pour assister à son exécution que pour celles du roi et de la reine. Dans son *Journal d'un bourgeois de Paris sous la Révolution*, Raymond Aubert parle de 300 000 personnes. La foule est partout : sur le faîtage des maisons, sur des échafaudages construits à cet effet et loués à prix d'or, sur les toits des voitures hippomobiles. Certains attendent depuis la veille. Sa tête tombe ; le bourreau la montre au peuple ; une immense clameur envahit la place. Il avait trente-cinq ans. La Révolution tue ; puis elle tue les tueurs ; puis elle va tuer les tueurs des tueurs. Elle dévore ses enfants.

La décapitation de Louis XVI, le 21 janvier 1793, à l'âge de trente-neuf ans, n'a pas été que la décapitation d'un pauvre homme qui n'en pouvait mais. Ce fut aussi la mort de la théocratie. Si le protestantisme contribue à l'avènement de la laïcité déjà pensée par des philosophes catholiques, je songe à Marsile de Padoue avec son *Défenseur de la paix* (1324) ou à Guillaume d'Occam dans son *Court traité du pouvoir tyrannique* (1335-1340), le catholicisme reste césaropapiste. Pour les défenseurs de la papauté, l'adage de saint Paul « tout pouvoir de Dieu » ne souffre aucune exception. Dieu a voulu tout ce qui advient, le bien qu'il veut, le mal que les hommes veulent parce qu'il a créé les hommes libres de le faire ; l'histoire n'est jamais que le développement de sa Providence. Bossuet conclut son *Discours sur l'histoire universelle* (1681) à destination du dauphin, le fils de Louis XIV, en écrivant : « Souvenez-vous, Monseigneur, que ce long enchaînement des causes particulières, qui font et défont les empires, dépend des ordres secrets de la divine Providence. Dieu tient du plus haut des cieux les rênes de tous les royaumes ; il a tous les cœurs en sa main : tantôt il retient les passions, tantôt il leur lâche la bride ; et par là il remue tout le genre humain. » Il veut donc tout ce qui advient.

Louis XVI était un grand lecteur. Le temps qu'il passe au Temple est pour lui l'occasion de lire plus de 250 livres, dit Thiers. Le roi connaissait évidemment les thèses de Bossuet. Ajoutées à son tempérament placide et à son caractère nonchalant, les idées de l'évêque de Meaux le confortent dans sa confiance en l'histoire : ce qui advient, des États généraux à sa condamnation à mort, en passant par toutes les péripéties de la Révolution française, tout cela, pour lui, obéit aux lois de la Providence catholique. Ce qui advient, Dieu le veut. *Tout ce qui advient,* Dieu le veut. La piété du roi est immense, il croit que ce qui se passe, Dieu le veut et qu'il faut se soumettre à Sa volonté. Louis XVI est mort d'avoir cru qu'il obéissait à la Volonté de Dieu en se soumettant aux furies de l'Histoire.

Les théoriciens catholiques de la politique ont fait de la monarchie le pouvoir par excellence car, sur terre, le roi dispose seul du pouvoir comme Dieu dans le ciel. Il n'y a qu'un seul Dieu, donc un seul doit commander. Dieu le père fournit également la formule du roi père de ses sujets : le premier est avec son peuple comme le second, autrement dit : bienfaiteur et protecteur. Louis XVI est l'équivalent du père de famille à l'endroit de sa communauté. La république n'a aucune existence ontologique possible dans la configuration catholique. Une monarchie constitutionnelle, passe encore, mais pas une démocratie, au sens étymologique. Le pouvoir du peuple ne saurait exister que médiatisé par le corps du roi qui l'incarne.

Dieu est au monde ce que l'âme est au corps, de même pour le roi qui est l'esprit de la nation, son âme. Dans une logique néoplatonicienne, Dieu est l'Un-Bien dont tout procède ; dès lors, sur terre, le roi apparaît lui aussi comme l'Un-Bien dont tout procède. Dans *Du règne*, Thomas d'Aquin théorise évidemment l'idée que l'Un est préférable au Multiple, donc : que le pouvoir de l'Un, Dieu ou roi, s'avère supérieur au pouvoir du Multiple, la masse, la foule, le peuple, les hommes. Le roi est donc homme et Dieu, autrement dit, comme Jésus, il participe des deux mondes, le sensible et l'intelligible, l'ici-bas et l'au-delà, le temporel et le spirituel.

Dans *De la monarchie*, Dante théorise la généalogie du droit : il vient de Dieu et, avant toute chose, se trouve déjà dans son intelligence : « La volonté divine, c'est le droit », ou bien : « Le droit est ce qui est conforme à la volonté divine. » Dès lors, la parole du roi est parole de Dieu. Le roi est, au sens étymologique, *hors la loi*, puisque c'est lui qui la fait. On ne saurait en effet être dans ce que l'on crée, il faut un rapport d'extériorité : le même que celui qui lie Dieu et le monde, le créateur et sa créature. Quand Louis XIV dit, ou qu'on lui fait dire : « L'État, c'est moi », il a théologiquement raison d'un point de vue catholique ; il a ontologiquement raison du point de vue monarchique.

Bossuet explique que, puisque Dieu est le Père et que ses sujets sont ses enfants, toute rébellion, tout refus de sujétion est inacceptable. Seule la soumission est bonne et légitime. L'auteur du *De la monarchie héréditaire* souscrit au pacte social, mais il ne met pas en relation le peuple et son souverain laïc, mais le peuple et le roi en tant qu'il est le représentant de Dieu sur terre. Au contraire d'Épicure, de Hobbes ou de Rousseau, le pacte est catholique et il suppose Dieu. À quoi il faut ajouter ceci : puisque Dieu a un Fils, le Christ, il est bon que, reprenant le canevas théologique, le pouvoir monarchique soit héréditaire et ne concerne que le fils aîné du roi. Les femmes sont donc exclues du processus de transmission du pouvoir car… Dieu n'a pas eu de fille – « le sexe qui est né pour obéir », écrit Bossuet, n'a plus que ses yeux pour pleurer.

Enfin, les hommes sont mauvais, le péché originel explique pourquoi. Dès lors, la politique n'est pas affaire d'idéal mais de *moins pire*. Dans son *Examen de conscience sur les devoirs de la royauté* à destination du petit-fils de Louis XIV, Fénelon précise tout cela. Certes, la monarchie n'est pas parfaite, mais c'est parce qu'elle concerne les hommes et le monde ici-bas. Toutefois, elle est le moins mauvais régime possible selon les théologiens catholiques. Dès lors, il ne sert à rien de s'opposer au roi, comme y invitent non pas Luther et Calvin, mais leurs successeurs luthériens et calvinistes. Les sujets doivent obéir.

Avec la décapitation de Louis XVI, les hommes tranchent le cou à un certain nombre d'idées : l'histoire n'est plus le fait de Dieu ni le développement de sa Providence ; le roi n'est plus le représentant de

Dieu sur terre ; le roi n'est plus ici-bas, sur terre, ce que Dieu est au-delà, dans le ciel ; le roi n'est plus avec ses sujets comme un père avec ses enfants ; le roi ne doit plus être obéi par son peuple comme tout enfant en a le devoir avec le père de famille ; le roi n'est plus l'Un préférable au Multiple ; le roi ne dit plus le droit parce que Dieu le porterait en lui et qu'il en serait la manifestation ; le roi n'est plus hors la loi, mais dans la loi, il est concerné par elle et doit s'y soumettre ; le roi n'est plus légitime en soi, avec obligation pour les sujets de se soumettre à sa volonté ; le roi n'a plus à transmettre son pouvoir à son seul fils aîné.

Le roi n'est plus rien. Et, après ce 21 janvier 1793, si l'on annonce : « Le roi est mort ! », on n'ajoute plus : « Vive le roi ! », mais « Vive la nation ! ». Louis XVI, roi de France, n'est plus que Louis Capet, pauvre homme jugé non pas pour ses forfaits, mais pour avoir été ce qu'il était. Rien d'autre. Louis XVI était coupable d'être Louis XVI. Ce crime fut commis sur un homme innocent parce qu'on avait chargé la fonction royale de toutes les fautes de ses prédécesseurs depuis les rois mérovingiens. Le 3 décembre 1792, Robespierre dit à la tribune de l'Assemblée : « La punition de Louis n'est bonne désormais qu'autant qu'elle portera le caractère solennel d'une vengeance publique. » Avec la guillotine, la vengeance devient justice. Quand Saint-Just affirme : « Nul ne gouverne impunément », il ne parle évidemment pas pour les révolutionnaires, comme on le croit si souvent et faussement, mais contre le roi : il affirme que la faute est dans la fonction, pas dans l'homme, et qu'il faut tuer l'homme pour abolir la fonction. Idée courte…

L'abolition révolutionnaire de la fonction pouvait économiser la mort d'un homme – et quel homme !

En évitant la peine de mort au roi de France, comme le souhaitaient la plupart des Girondins partisans de la mort avec sursis, la Révolution aurait illustré la vraie Liberté qui est droit de ne pas penser comme elle, la véritable Égalité du roi qui aurait été de ne pas tuer un homme sous prétexte qu'il était un symbole, donc au-dessus des autres, la véritable Fraternité qui se serait exercée à l'endroit d'un homme qui a pleuré le jour où on l'obligea à être roi. Samson a coupé la tête du roi qui représentait Dieu sur terre et, qu'a dit Dieu ? Rien. Absolument rien. Dès lors, eu égard à ce silence, la déchristianisation pouvait se lâcher.

2

Le principe d'extermination

L'invention du totalitarisme

Clisson (Vendée), 5 avril 1794.
Les soldats du général Crouzat
fabriquent des barils de graisse avec 150 Vendéennes.

La décapitation de Louis XVI, la mort du césaropapisme, la dilution de l'ancienne transcendance dans la moderne immanence du contrat social, le silence de la divinité après le calvaire du roi, tout cela ouvre la voie à une politique qui économise le principe de Dieu, donc à une politique sans Dieu. Le judéo-christianisme recule sous les coups de boutoir d'un certain Jean-Jacques Rousseau dont le XVIIIe fut le siècle et la Révolution française le bras armé. L'atrabilaire Rousseau fut en effet plus que le malicieux Voltaire, hélas, le grand homme des protagonistes qui transforment la Révolution en grand œuvre au noir du ressentiment.

La névrose du citoyen de Genève contamine tout un siècle et fait s'effondrer plus de mille ans de civilisation judéo-chrétienne. À quoi ressemble cette névrose ? C'est typiquement celle d'un homme du ressentiment. Rousseau s'aime et n'aime pas le monde, il s'estime et déteste les autres, il se place au-dessus de tout et de tous, puis il met en dessous de lui tout ce qui n'est pas lui. Il a bien sûr des ennemis, mais il met beaucoup d'ardeur à s'en créer parmi ses amis – Diderot, Voltaire, Hume, Grimm, Saint-Lambert, Mme d'Épinay, Walpole savent qu'il mord la main de qui le caresse. Il est loin d'être moralement au-dessus de tout soupçon, mais il attaque tout le monde sur la morale. Il abandonne cinq enfants à l'assistance publique, mais il rédige les 600 pages de l'*Émile* pour expliquer aux autres comment ils doivent éduquer les leurs. Il fustige l'opéra, mais il invente un nouveau système de notation et compose des œuvres lyriques. Il conspue le théâtre, mais il écrit des pièces en vers. Il dénonce les méfaits de l'imprimerie, mais il en use avec gourmandise. Il fustige les puissants, mais il ne cesse de courir après leurs faveurs et vit de leur hospitalité, de leur table, de leur générosité. Il demande à Mme de Warens, qu'il appelle Maman, car elle a douze ans de plus que lui et l'entretient moyennant service sexuel, des recommandations pour le Paris aristocratique, mondain et marchand où il se rend afin de devenir célèbre – cet aveu se trouve dans les *Confessions*. Il fait l'éloge de la campagne, mais vit à la capitale, haut lieu de toutes les rastignaqueries. Il célèbre les vertus simples du paysan, mais il fréquente les salons des beaux quartiers car il sait qu'il ne peut devenir célèbre sans eux. Il porte au pinacle le laboureur et le menuisier, mais il partage le pain avec des marquis et des ducs, boit le vin servi à la table des rois et des princes, dort dans les châteaux des marquis et des gentilshommes. Il vante les mérites du travail manuel, mais il n'a jamais planté un clou de sa vie. Il louange l'ignorance, mais il publie livre sur livre. Il n'aime pas la philosophie, mais il est philosophe. Il n'aime pas les philosophes, mais il invite les rois à s'en entourer. Il lutte contre l'inégalité, mais il estime que le salut vient par les génies. Il écrit dans son *Discours sur les sciences et les arts* : « On ne gagne jamais rien à parler de soi », mais il publie plus de 1000 pages d'autobiographie. Il annonce un livre qui n'eut jamais son semblable dans la sincérité, mais il s'invente un personnage toujours à plaindre n'ayant pas grand-chose à voir avec la vérité, la réalité et l'histoire. Etc.

Toute sa vie se trouve placée sous le signe de la contradiction : cet homme pense une chose, il en vit une autre, souvent le contraire. Ce Janus bifrons parvient dans sa schizophrénie à faire se pâmer à la fois Robespierre, qui fait le voyage à Ermenonville en 1778 pour le rencontrer alors que le vieil acariâtre malade ne dédaigne pas même lui adresser la parole, et Marie-Antoinette qui se recueille sur sa tombe dans l'île des Peupliers en 1780. L'une aimait le larmoyant auteur des *Rêveries du promeneur solitaire*, l'autre le penseur de *Du contrat social* qui dilue la subjectivité dans la communauté. Car le Jean-Jacques qui pleurniche et herborise se trouve être également le Rousseau qui légitime la peine de mort et veut forcer à être libres ceux qui résistent à sa logique.

Laissons Jean-Jacques Rousseau qui paraît moins le problème que le rousseauisme, un régime intellectuel sur lequel nombre de personnes vivent encore et qui, les deux derniers siècles, a produit des morts par millions. Alors que le christianisme s'efface, une idéologie se constitue qui prend le relais pour fomenter à son tour de nouvelles catastrophes : des procès et des bûchers, des inquisitions et des guerres, des massacres et des gibets, le tout pour créer un homme nouveau, postchrétien en diable. Il est question de *régénérer le genre humain*. Rousseau fournit les ingrédients les plus toxiques à cet essai de nouvelle civilisation. Quels sont-ils ?

Notons d'abord la formule de cette sidérante méthode : « Commençons donc par écarter tous les faits » ; elle se trouve dans les premières lignes du *Discours sur l'origine et les fondements de l'inégalité parmi les hommes*. Voilà une invitation qui signe l'entrée de la philosophie moderne dans le pur domaine de la spéculation et de l'idéologie : si les faits sont à écarter, alors sur quoi travailler ? Sinon sur des hypothèses, des suppositions, des axiomes, des postulats... Ces présuppositions deviennent vite des vérités par la grâce performative du philosophe. Peu importe ce qui est, seul compte ce qui doit être selon Rousseau. Ce qui est, c'est ce que Rousseau veut voir être.

Un exemple : le fameux *bon sauvage* du *Discours sur l'origine et les fondements de l'inégalité parmi les hommes*. Après avoir *écarté les faits*, première ineptie du philosophe, Rousseau embraye sur une seconde sottise et souhaite privilégier « des raisonnements hypothétiques et conditionnels » (III, 133). La pensée rousseauiste se moque du réel, elle construit sur le sable des hypothèses, mais Rousseau prétend tout de même parler pour l'humanité tout entière.

Quelle est cette hypothèse devenue vérité universelle ? *Dans l'état de nature, l'homme est bon*. Il boit l'eau du ruisseau, dort au pied d'un arbre, un chêne en l'occurrence, et vit de ses fruits. Mais si les hommes naissent naturellement bons, comment deviennent-ils mauvais ? Probablement ils ne doivent pas être aussi bons que cela... Supputant les problèmes, Rousseau précise que les hommes ne se sont « jamais trouvés dans un état de pure nature » ! Le philosophe oublie déjà qu'il disserte sur une fiction et l'amende au nom d'une autre invention...

Il trouve alors un subterfuge rhétorique : l'homme est naturellement bon, mais la culture le rend mauvais – comme si la culture n'était pas l'une des modalités dialectiques de la nature !

Dans ce prétendu état de nature, l'inégalité n'existe pas, affirme péremptoirement Rousseau : les hommes naissent donc libres et égaux *en fait* (III, 123). Dans cet état de nature qui n'a jamais existé mais qui existe tout de même, il n'y a donc ni forts ni faibles, ni robustes ni malingres, ni grands ni petits, ni malins ni bêtas, ni rusés ni balourds, ni intelligents ni crétins. L'inégalité arrive ensuite, après, avec la propriété : « Le premier, qui ayant enclos un terrain, s'avisa de dire, *ceci est à moi*, et trouva des gens assez simples pour le croire, fut le vrai fondateur de la société civile » (III, 165). Belle image pour une idée fausse.

Car Rousseau l'écrit dans cette même phrase : il y a celui qui décide qu'une chose lui appartient et ceux qui sont « assez simples pour le croire ». Donc : un fort et des simplets ! Voilà qui suffit à prouver l'existence d'une inégalité avant même la propriété, et à montrer que cette inégalité naturelle se trouve au cœur même du projet éthologique de devenir le maître, donc de générer des esclaves. Si la propriété, donc le fait d'avoir enclos un terrain, est le point de départ de la négativité, il a fallu la penser avant de passer à l'acte, preuve que l'inégalité est manifeste en amont de la pseudo-généalogie rousseauiste, car elle oppose l'un qui envisage la propriété pour lui-même aux autres qui vont en faire les frais.

Rousseau ne craint pas d'expliquer que, *toujours dans l'état de nature*, « les plus forts *[sic]* furent vraisemblablement les premiers à se faire des logements qu'ils se sentaient capables de défendre » alors que « les faibles *[sic]* trouvèrent plus court et plus sûr de les imiter que de tenter de les déloger ». Comment, dans l'état de nature, donc avant la propriété qui marque le passage de la nature à la culture, le philosophe peut-il dire que les hommes sont égaux alors qu'il existe des forts qui construisent leurs maisons et des faibles qui les imitent sans oser les défier ?

De plus, comment peut-il affirmer que, dans l'état de nature, il existe des maisons associées à leurs bâtisseurs sans que celles-ci constituent déjà des propriétés dès la fondation ? Nul besoin de compter à partir du terrain enclos, la construction d'une maison est une propriété avant même ce que Rousseau dit être son origine et son fondement et le désir de construction une inégalité parmi les hommes. Cessons là. Rousseau rêve et nage en plein délire : son hypothèse présentée comme une réalité après qu'il eut écarté les faits ne résiste pas même à cinq minutes de lecture de son propre texte.

Rousseau fictionne l'histoire en disant qu'il aurait fallu que des hommes, *les faibles*, s'opposent au geste de celui qui a planté ses piquets, *le fort*, et disent à ceux qui, plus *faibles encore*, regardaient la chose se faire : « Vous êtes perdus, si vous oubliez que les fruits sont à tous, et que la terre n'est à personne » (III, 164). En voulant prouver l'égalité naturelle, Rousseau ne cesse de montrer l'inégalité partout présente dans la nature avant la culture : au sommet, le fort qui crée, décide, veut et fait la loi – *le guerrier* ; à la base, les faibles qui se laissent faire et ne disent rien – *le peuple* ; entre deux, parmi les faibles, contre les forts, celui qui devrait monter les premiers contre les seconds – *le philosophe*. Le philosophe, selon les vœux de Rousseau, est donc celui qui invite les nombreux, faibles et dépossédés, à guerroyer contre les rares, forts et propriétaires.

Comment mieux dire que le ressentiment doit fonctionner en moteur de l'histoire ?

D'abord, et après avoir écarté les faits, Rousseau constate dans les deux *Discours* ce qui, selon lui, a eu lieu : un état de nature dans lequel les hommes étaient bons, libres, égaux et heureux ; *ensuite*, il décrit l'avènement d'un état de culture dans lequel ils sont devenus méchants, serfs, inégaux et malheureux à cause de la propriété ; *enfin*, il propose de retrouver par la culture ce qu'elle a elle-même détruit : le bonheur et l'égalité. L'artifice de cette restauration de l'âge d'or par la politique se nomme le *contrat social*.

Avec *Du contrat social*, Rousseau produit la matrice de ce qui deviendra le totalitarisme. Le contrat social permet, par la loi, de retrouver la liberté qui fut celle de l'état de nature. La volonté générale n'est pas l'ajout simple des volontés particulières, ce qui serait volonté de tous, mais leur expression pourvu qu'elles visent et veuillent l'intérêt général dont la loi est l'expression qui, elle-même, définit le souverain. La liberté n'est pas le pouvoir de faire ce que l'on veut, quand on veut, comme on veut, ce qui serait licence, mais l'obligation de faire ce à quoi obligent les lois décidées par la majorité, car « la voix du plus grand nombre oblige toujours tous les autres » (III, 440).

Quiconque voudrait autrement que ce que veut la majorité se place illico dans une zone d'exclusion de la communauté. Rousseau écrit : « Tous ont également besoin de guides *[sic]* : il faut obliger *[sic]* les uns à conformer leur volonté à leur raison ; il faut apprendre à l'autre à connaître ce qu'il veut » (III, 380). Car vouloir librement, c'est ne pas savoir ce que l'on veut. Un éducateur, voire un rééducateur, apprendra à celui qui a mal voulu comment il faut bien vouloir. Le citoyen de Genève, francophone, utilise le mot *guide* ; au XXe siècle, en allemand, on dira *Führer*, en italien *Duce*, en espagnol *Caudillo*, en roumain *Conducator*. Mais *avoir besoin de guide, se faire éduquer*, voire *rééduquer, apprendre de l'autre ce que l'on doit vouloir* parce qu'on n'a pas voulu comme il l'aurait fallu, tout cela montre qu'avec le contrat social la liberté passe par pertes et profits.

Le contrat suppose « l'aliénation totale de chaque associé avec tous ses droits à toute la communauté » (III, 360), il réalise ainsi la république, au sens étymologique : la chose publique. Rousseau ajoute que « quiconque refusera d'obéir à la volonté générale y sera contraint *[sic]* par tout le corps : ce qui ne signifie autre chose sinon qu'on le forcera *[sic]* à être libre » (III, 364). *Contraindre* à être libre, *forcer* à être libre ? Rousseau précise les choses : quiconque rechigne à ces contraintes met l'État en péril ; dès lors, l'un des deux doit disparaître : soit le rebelle, soit l'État. Puisque l'État ne saurait périr sans un effroyable dommage, le rebelle doit mourir. Quiconque refuse la liberté qui est « obéissance à la loi qu'on s'est prescrite » (III) se condamne à mort. À défaut de quitter le pays, seule façon d'échapper au contrat, la peine de mort sera infligée aux infidèles de la religion civile. Les Jacobins s'en souviendront.

Le rousseauisme est donc une étrange idéologie : elle écarte les faits pour leur préférer les hypothèses ; elle affirme que les hommes sont égaux dans l'état de nature, bien qu'on y trouve des forts qui soumettent des faibles ; elle estime que les hommes sont naturellement bons, même si certains en assujettissent d'autres ; elle assure que la société rend l'homme méchant et qu'il suffit de la changer pour le rendre bon ; elle fait du contrat social le dispositif créateur de souveraineté ; elle dit qu'il faut cesser de vouloir librement pour être libre ; elle prétend qu'il faut vouloir ce que veut la communauté pour être soi ; elle confond la volonté générale avec l'expression de la majorité ; elle oblige la minorité à se soumettre au plus grand nombre ; elle destine à la mort quiconque ne consent pas à la loi qui nomme le vouloir des plus nombreux.

Or le réel dit le contraire : il n'y a que des faits, les hypothèses s'avèrent juste bonnes à tricoter des fictions ; les hommes ne sont pas égaux et bons dans un état de nature qui ne se distingue pas de l'état de culture par l'instauration de la propriété ; la méchanceté n'est pas, hors de l'homme, une affaire de société mais, en l'homme, un tropisme anthropologique, éthologique ; le contrat social est une fiction de philosophie politique, les hommes n'étant pas capables de vouloir ce qui est bien pour la société quand c'est mauvais pour eux ; la liberté n'est pas obéissance à la majorité, mais disposition de son autonomie ; la contrainte ou la mort pour les minoritaires ne saurait constituer un programme de liberté.

Le terrible paralogisme de Rousseau consiste à croire que l'homme peut vouloir contre ses intérêts, ce qui est négation de ce que l'anthropologie, et avec elle la tradition des moralistes français, nous apprend depuis toujours. L'incapacité des hommes à la volonté générale ruine le dispositif rousseauiste : ils sont juste capables d'une volonté de tous, autrement dit, d'une somme d'intérêts particuliers, ce qui ne saurait définir une volonté générale. Dans ses moments de lucidité, Rousseau écrit dans le *Discours sur les sciences et les arts* : « Les hommes sont pervers » (III, 15) – ce qui, avouons-le, est le contraire absolu de : l'homme est naturellement bon, la société l'a rendu méchant, le contrat social le rendra bon à nouveau. S'il cessait de jouer avec les mots et les idées, Rousseau expliciterait cette phrase qui donne tort au projet politique funeste développé dans *Du contrat social* : « Il n'a jamais existé de véritable démocratie, et il n'en existera jamais » (III, 404). Quoi donc, alors, si ce n'est la tyrannie des plus nombreux ?

L'idéologie de l'homme qu'on pourrait à nouveau rendre bon suppose la création d'un *homme nouveau* qui procède d'une figure de l'Antiquité : le Spartiate. Dans le *Discours sur les sciences et les arts*, bréviaire des totalitarismes plus encore que *Du contrat social*, le philosophe en établit le portrait. Positivement : il chérit la discipline militaire ; il vit pauvrement ; il se montre désintéressé ; il a l'esprit conquérant ; il fait preuve d'un vrai courage ; il vit tout entier pour la cité ; il se sacrifie pour la patrie ; il est simple et rustique ; il travaille de ses mains ; il est innocent ; il manifeste du bon sens. Négativement : il déteste l'argent et le commerce ; il raille tout ce qui lui paraît efféminé ; il vomit le luxe ; il moque la culture et les travaux intellectuels ; il part en guerre contre la corruption des mœurs ; il écarte d'un revers de la main la métaphysique et la philosophie ; il méprise l'écrivain oisif et le lettré obscur.

Cet homme nouveau déteste Athènes la dépravée et l'hédoniste Épicure ; il aime la rudesse de Sparte et l'austérité de Caton. Rousseau écrit : « Oublierais-je que ce fut dans le sein même de la Grèce qu'on vit s'élever cette cité aussi célèbre par son heureuse ignorance que par la sagesse de ses Lois, cette République de demi-dieux plutôt que d'hommes ? tant leurs vertus semblaient supérieures à l'humanité. Ô Sparte ! opprobre éternel d'une vaine doctrine ! Tandis que les vices conduits par les beaux-arts s'introduisaient ensemble dans Athènes, tandis qu'un Tyran y rassemblait avec tant de soin les ouvrages du Prince des Poètes, tu chassais de tes murs les Arts et les Artistes, les Sciences et les Savants » (III, 12). Instruit de ce que furent les deux derniers siècles, qui ne voit ici se profiler la matrice des totalitarismes européens ?

Cet homme, la société le fabriquera, *via* l'éducateur qui dit : « Je mets des vérités dans sa tête » (III, 435). L'*Émile* raconte ce que doit être cet homme nouveau : il faut l'élever à la dure jusqu'à l'âge de vingt-cinq ans ; le précepteur ne le quittera pas, il le conduira en tout, pour tout. Le disciple n'obéira qu'à son maître qui lui apprendra : à souffrir, à supporter les choses répugnantes, à obéir sans raisonner, à se résigner, à vouloir ce qu'on veut qu'il veuille, à dormir peu, à réprimer l'activité de ses sens, à tenir la sexualité pour honteuse, à ne pas voir qu'on utilise avec lui la force et la ruse, la feinte et le mensonge, à être docile, à ne pas lire, à ne pas apprendre de langues étrangères, à ne jamais se soucier d'histoire, à ne jamais être seul, y compris dans sa chambre où dort aussi son maître, à haïr l'oisiveté, à mépriser la sédentarité, à ne pas vouloir devenir écrivain, à exercer un métier manuel, à épuiser son énergie, y compris sexuelle, dans la dépense physique, à choisir la femme que son précepteur voudra pour lui, à avoir un tuteur après l'âge où son maître le quitte, et ce jusqu'à la fin de sa vie. Car, les enfants sont faits pour l'État qui se désintéressera des malformés, des « vies inutiles » (IV, 268) – comme à Sparte.

Il en va de même pour Sophie, sa femme : elle n'est pas jolie, mais elle a du charme ; elle est simple et sait coudre, faire le ménage et la cuisine ; elle est propre et méticuleuse ; elle est gaie, modeste et réservée ; elle a de la religion et de la vertu ; elle est chaste et honnête ; elle plaît et a du talent. Rousseau tient la femme pour inférieure aux hommes : elle est un grand enfant, futile ; l'homme est actif, la femme passive ; quand il est infidèle, c'est moins grave que quand c'est elle ; elle n'a d'autre alternative que de faire des enfants ou d'être courtisane ; elle n'a pas besoin d'apprendre grand-chose en dehors de ce qui est nécessaire à l'état d'épouse et de mère ; elle doit être éduquée pour plaire aux hommes et leur être agréable ; elle est dépendante et a peur de la liberté ; elle doit apprendre à supporter l'injustice ; elle est incapable de créer, de penser et de philosopher ; elle prendra la religion de son mari. Cette femme que Rousseau veut sans éducation pour produire des enfants sains, tenir avec gaieté la maison de son époux, assurer par devoir le repos du guerrier incarne l'idéal féminin pour les régimes totalitaires des siècles à venir. Les fameux trois K du régime nazi : *Kinder, Küche, Kirche,* enfants, cuisine, église.

L'éducation s'effectue elle aussi sous le signe de Sparte. L'*Émile* renvoie régulièrement à la cité viriloïde et toujours de façon positive : par patriotisme, une mère de famille se réjouit d'apprendre la mort de ses cinq fils au combat (IV, 249) ; plutôt que de leur apprendre à lire, les éducateurs spartiates invitent les petits Lacédémoniens à voler leur dîner (IV, 362) ; un enfant de Sparte préfère se laisser dévorer le foie par un renard caché sous sa toge plutôt que d'avouer l'avoir volé dans la cuisine (IV, 410) ; les filles de Sparte font du sport pour disposer de la santé utile à la communauté (IV, 704) ; dans la cité spartiate, les femmes sont honorées comme il le faut, en épouses et en mères (IV, 742), etc. Sparte n'a cessé d'être un modèle pour les dictatures du XXe siècle. Dans son *Zweites Buch,* un livre inédit rédigé en 1928, Hitler célèbre l'État spartiate. Le IIIe Reich en fait un prototype.

Une partie de la Révolution française, *celle qui a forcé les citoyens à être libres*, a voulu réaliser ce programme spartiate. Fouché avec ses canonnades, Robespierre avec son Comité de salut public, Saint-Just avec la guillotine, Fouquier-Tinville avec son Tribunal révolutionnaire, Carrier avec ses noyades de Nantes, Turreau avec ses colonnes infernales en Vendée, tous associent leurs noms à ce premier essai de créer un homme nouveau. Tous veulent un citoyen obéissant, soumis, peureux, craintif, cruel, baptisé au sang du roi et de la reine, ondoyé au meurtre de leur enfant de dix ans, lesté des dizaines de milliers de têtes d'aristocrates et de prêtres, de réfractaires et de Vendéens.

L'heure est à l'homme *régénéré* – ce qui suppose qu'il existe des hommes *dégénérés*. C'est l'abbé Grégoire qui, le premier, un an avant 1789, théorise sur ce sujet dans un mémoire intitulé *Essai sur la régénération physique, morale et politique des Juifs*. La légende qui a fait de cet évêque constitutionnel l'émancipateur des Juifs oublie l'antisémitisme de ce texte : les Juifs y sont présentés comme *dégénérés* et leur *régénération* passe par leur conversion au catholicisme. Les Juifs ont de ridicules croyances talmudiques ; leur physique est dégénéré à cause de la consanguinité qui abâtardit la race et de leurs interdits alimentaires qui les privent de sang ; ils ont le nez crochu, le visage blafard, le menton proéminent ; ils sont usuriers, un danger pour l'État ; ils ont ruiné nombre de gens ; ils « infestent le pays » ; il y a un « danger à tolérer les Juifs » ; il faut les contraindre à entendre des lectures chrétiennes et à se convertir au christianisme régénéré par la Révolution.

Commissaire de la Convention, l'abbé Grégoire veut aussi régénérer les paysans, qui parlent patois et devraient s'humaniser par la fréquentation et l'imitation des gens de la ville, mais aussi par l'abandon de leurs coutumes et de leurs traditions ; il veut également régénérer les gens de couleur, mais pas leurs esclaves, pourvu qu'ils se convertissent au catholicisme et à la république ; il veut enfin régénérer la nation et éliminer ceux qui la refusent – il utilise le vocabulaire *ad hoc* : « anéantir » et « purger », « effacer » et « épurer ». Mais il existe une catégorie de gens impossibles à régénérer parce que trop dégénérés : les aristocrates. L'abbé écrit en effet dans son *Adresse aux habitants du Valais* (1793) : « L'aristocratie est une maladie incurable. »

Dans les faits, la régénération commence avec Fouché. Et il n'est pas étonnant que le programme de l'homme nouveau soit celui d'un homme de sac et de corde devenu pour toujours le parangon de la police. Fouché, ce sera l'homme de toutes les trahisons : le tonsuré oratorien d'avant 1789 devient le pilleur d'églises de 1792, le communiste qui hait les riches de 1793 devient le millionnaire de 1798, le haïsseur des aristocrates pendant la Révolution française devient le duc d'Otrante sous l'Empire. Il sert la République, puis le Directoire, puis le Consulat, puis l'Empire, puis la Monarchie, mais se sert surtout et trahit tous ces régimes au nom d'une seule fidélité : lui. Fouché, c'est l'emblématique personnage toujours du côté du pouvoir là où il se montre le plus sale, le plus abject, le plus pourri, le plus corrompu. C'est l'homme des latrines politiques.

Cet homme qui avoue « une délicatesse de complexion », autrement dit une chétivité corporelle qui lui interdit d'être marin comme ses ancêtres, se venge de ne pouvoir être qu'une créature de bureau dans lequel il décide de punir autrui d'exister sans ses tares. Ce curé devient révolutionnaire, ce révolutionnaire devient exterminateur, cet exterminateur devient ministre, ce ministre s'enrichit, ce riche s'ennoblit, ce noble se bonapartise, ce bonapartiste se monarchise, ce monarchiste fut fait par des indicateurs et des prostituées, des dénonciateurs et des malfrats, des sycophantes et des truands. Cet homme chétif et malingre, fluet et anémique, pâle et laid, invente la police moderne, robuste et forte, et le communisme en même temps, brutal et barbare. Police et communisme sont dès leur naissance moderne l'avers et le revers de la même médaille.

Ce parangon d'homme du ressentiment crée le communisme moins par envie que les pauvres cessent de l'être que par désir que les riches ne le soient plus. L'homme que Rousseau charge de tous les péchés du monde, le propriétaire, Fouché le désigne comme coupable : « les riches ». Robespierre, Marat, Hébert et les sans-culottes souscrivent. À Nevers, en 1793, il invite la soldatesque républicaine à confisquer les bijoux, l'argenterie, l'or, la vaisselle, les lingots, les vêtements, les draps, les souliers, les serviettes, les chemises, à réquisitionner les terres, à exposer sur un échafaud en place publique quiconque résiste, à humilier ledit suspect en accrochant autour de son cou un panneau signalant son forfait, à incarcérer les récalcitrants, à séquestrer les biens des suspects, à créer une garde révolutionnaire pour activer le projet révolutionnaire, à militariser la société en obligeant les citoyens à participer à des manœuvres de guerre, à mobiliser l'administration pour contraindre les entrepreneurs à construire des usines afin de produire le nécessaire à ces citoyens-soldats, à diligenter des comités de surveillance pour effectuer des descentes dans les usines afin de vérifier qu'elles se plient bien aux ordres, à ponctionner les riches pour payer les soldes, à munir les pauvres de billets qui leur permettent de se rendre chez les riches afin d'exiger d'eux qu'ils les nourrissent, les logent et les habillent.

Joseph Fouché conclut son discours du Conseil général du 2 octobre 1793 en proposant « l'anéantissement *[sic]* de nos ennemis » ; il écrit également dans son *Instruction* de Lyon : « La République ne veut plus dans son sein que des hommes libres : elle est déterminée à exterminer *[sic]* tous les autres et à ne reconnaître pour ses enfants que ceux qui ne sauront vivre, combattre et mourir que pour elle » ; ou bien encore, cette formule célèbre : « la liberté ou la mort *[sic]* » ; mais aussi, à la tribune de la Société populaire de Nantes : « Surveillez avec la plus sévère exactitude les riches, les prêtres, les négociants, les accapareurs, les égoïstes, les aristocrates, [...] que les armes des républicains, la baïonnette, leur passent au travers du corps » – anéantir, exterminer, donner la mort, transpercer à l'arme blanche, voilà autant de variations sur le thème rousseauiste du : *on les forcera à être libres*... À Nantes, on exécute sommairement et l'on expose les cadavres crucifiés sur les portes. Pour le bien du peuple, bien sûr. En est-il pour autant moins pauvre ? Bien sûr que non...

Fouché règle le problème de l'opposition par la répression sans pitié. À Lyon, il ordonne des exécutions massives : on creuse des fosses devant lesquelles les condamnés sont liés et exécutés au canon, ils tombent dans le trou, on les recouvre de terre, on recommence ailleurs ; ceux qui n'ont été que blessés, on les incite à se relever, on leur annonce que la République les gracie, puis on les achève à la baïonnette ou au sabre ; d'autres sont enterrés vivants ; les nobles ont le droit à la guillotine ; les cadavres sont jetés par paquets dans le fleuve.

Des artisans, des boutiquiers, des hommes et des femmes, des employés, des domestiques perdent la vie : 1 604 morts à Lyon.

Quand Fouché ne s'occupe pas des riches ou des opposants, il cible les chrétiens : ce tonsuré qui fit deux années de séminaire et enseigna chez les oratoriens déchristianise : le 22 septembre, il déclare que les ministres du culte devront se marier ou adopter un enfant ; que les signes religieux seront détruits dans l'espace public ; que les prêtres ne doivent plus porter la soutane en dehors de leur église ; que, désormais, « la mort est un sommeil éternel ». À Lyon, il organise une cérémonie au cours de laquelle un sans-culotte avec mitre et crosse précède un âne habillé en évêque avec un calice au cou et une bible et un missel attachés à la queue. Les deux livres sont jetés au feu pendant qu'on donne à boire à l'âne dans le calice. Un autre sans-culotte traîne un drapeau à fleur de lys dans la boue.

La déchristianisation, c'est d'abord la destruction, le vandalisme, comme dira l'abbé Grégoire qui invente le mot en janvier 1794 après avoir invité à la chose en son temps : confisquer et vendre les biens du clergé et des émigrés à ceux qui ont les moyens de les acheter, pas les pauvres, pas le peuple, dégrader les monuments, détruire des œuvres d'art, ou bien les voler pour en faire un commerce lucratif, fondre les objets du culte, profaner des tombeaux, détruire les tombes royales, mutiler des cathédrales, pratiquer des autodafés, abolir les noms de commune, de ville, de village, de pays qui renvoient au christianisme, dans le même esprit, modifier les patronymes et les prénoms, changer les noms des jours de la semaine ou des mois, remplacer le dimanche par le décadi, raser des châteaux, labourer les parcs, ravager les jardins, brûler les orangers, mutiler les sculptures, vider les monastères et les transformer en écuries, etc.

La déchristianisation, c'est aussi l'architecte Louis François Petit-Radel qui met au point un système de destruction des églises par le feu en dix minutes. C'est aussi le même homme qui, mandaté par le Comité de salut public, vandalise les urnes dans lesquelles reposent les cœurs embaumés des rois de France pour les disperser dans la nature mais qui les échange contre des tableaux ou du matériel pour peintre. C'est enfin le même qui vend le liquide obtenu par les restes mortuaires mélangés à de la matière organique et des aromates afin de les recycler dans ses peintures pour obtenir des glacis qu'on estime sans pareils.

Mais quand la Beauce devient la Montagne et Marly-le-Roi, Marly-la-Machine, sinon Bourg-le-Roi, Bourg-la-Loi, que Jacquot se fait appeler Brutus ou Roseau, et Marie, Loutre ou Céleri, que la rue Plâtrière, où il a vécu, devient la rue Jean-Jacques Rousseau, que la semaine qui renvoyait à septaine est nommée décade, et que, de ce fait, le dimanche est devenu le décadi tous les dix jours, ce qui rabote du temps de repos aux travailleurs, quand la fille de Fouché née à Nevers (et non, fort heureusement pour elle, à Montcuq...) est baptisée... Nevers, que lundi s'appelle primidi, et le 25 décembre, jour de Noël, quintidi de Nivôse, jour du chien (!), quand on cesse de fêter Pâques pour célébrer l'électricité, quand on décroche les cloches pour les fondre et en faire des canons, quand dans le jeu de cartes, les Valets disparaissent au profit des Sages et que Rousseau, toujours lui, y apparaît, quand le cœur de Louis XIV a servi à peindre *La Maîtresse d'école* de Petit-Radel, qu'y a-t-il de changé pour les paysans, les ouvriers, les petits artisans, les chômeurs, les malheureux, ce fameux peuple au nom duquel, prétendument, cette révolution se faisait ? *Rien*. Rien du tout. Ce qui appartenait au clergé et à la noblesse passe aux mains des bourgeois et des commerçants qui disposent des capitaux pour acheter. Le patrimoine détruit l'a été sans aucun gain pour l'édification ou le bonheur des pauvres. Outre le ressentiment, le seul bénéficiaire fut la bourgeoisie qui prend alors le pouvoir. Les musées sont nés à cette époque. Ils témoignent que ce qui fut vivant était mort et qu'on pouvait désormais en exposer les reliques.

La Terreur de 1793 fut aussi un grand moment dans l'histoire du ressentiment. Elle entre également dans la logique rousseauiste qui consiste à *forcer à être libre* – à défaut : *à donner la mort*. L'historiographie dominante, néomarxiste, légitime la Terreur au prétexte qu'il fallait une réponse à la double menace – extérieure des rois coalisés et intérieure du fédéralisme girondin des provinces. Je vois mal comment couper sans discontinuer des têtes révolutionnaires sous prétexte qu'elles étaient contre-révolutionnaires (Brissot et les Girondins, Danton et les dantonistes, Hébert et les hébertistes...) pouvait dissuader les rois d'Europe d'attaquer et les fédérés de se mobiliser ! Cette faiblesse intérieure était plutôt une force pour les ennemis de la Révolution.

En novembre 1792, Marat veut faire tomber 270 000 têtes. Le Tribunal révolutionnaire est créé le 9 mars 1793. Fouquier-Tinville y est l'accusateur public. Pendant seize mois, d'avril 1793 à juillet 1794, il nourrit la guillotine tous les jours en chair humaine. Outre la multitude d'anonymes, de domestiques et de coiffeurs, de marchands et d'artisans, de gens simples et modestes, on lui doit la mort de Marie-Antoinette, des Girondins, de Charlotte Corday, de Barnave, des hébertistes, de Danton et des siens, puis, après thermidor, de Robespierre, de Saint-Just, de Couthon.

En mai 1794, estimant que ce tribunal ne va pas assez vite, Robespierre en modifie le mécanisme : désormais, il fonctionne avec moins de jurés, bien qu'ils soient tous acquis à sa cause, sans instruction écrite, sans interrogatoire, sans avocat, sans défenseur, sans audition de témoins, sans cassation. Il concentre les trois pouvoirs : le législatif, le judiciaire et l'exécutif. Mais c'est bien sûr Louis XVI le tyran, le despote, l'ogre assoiffé de sang, lui qui a supprimé la torture...

La Terreur suppose la loi sur les suspects du 17 septembre 1793. Qui est suspect ? Les nobles et leurs parents, les ecclésiastiques et leurs familles, les émigrés et leur parentèle, les domestiques des nobles, des ecclésiastiques et des émigrés, ceux de leurs parents, ceux qu'un citoyen estampillé aura décidé qu'ils l'étaient, ceux dont on a dit qu'ils étaient des partisans du roi, de la contre-révolution, du fédéralisme, ceux qui sont décrétés ennemis de la liberté par les assoiffés de vengeance qui vivent désormais sous le règne absolu des passions tristes : suspecter, soupçonner, incriminer, dénoncer, accuser, trahir, tromper.

Ce qui suppose : se venger, jouir du pouvoir de nuire, jubiler de pouvoir manifester impunément son sadisme, sous couvert de grandes idées et protégé par de beaux mots. On n'égorge pas en avouant qu'on règle son compte à quelqu'un qui nous déplaît : on sauve la République en la débarrassant d'un ennemi qui complotait contre elle ! On ne met pas en prison, on ne torture pas, on n'envoie pas à l'échafaud un voisin qui nous déplaît parce que trop riche, trop prospère, trop heureux, trop beau, trop talentueux : on réalise la liberté citoyenne, on fabrique la République de la Liberté, de l'Égalité et, bien sûr, de la Fraternité ! Bilan global de ces exercices de fraternité ? Entre 200 000 et 300 000 morts, soit 1 % de la population totale du pays.

Parmi ceux qui ont *forcé les citoyens à être libres*, on trouve également Jean-Baptiste Carrier et ses noyades à Nantes. La Terreur y a duré cent jours. Carrier fait ses études chez les jésuites et se destine à la prêtrise avant de devenir l'un des terroristes les plus forcenés de la Révolution française. Il ne veut pas d'ordres écrits, pas de traces ; il n'a pas besoin de preuves de culpabilité, le soupçon lui suffit ; il réquisitionne les gabares de la Loire pour noyer massivement ceux qu'il estime être les ennemis de la Révolution ; il dénude et humilie ses victimes ; il effectue, comme il dit, des « mariages républicains » en liant dos à dos des victimes nues qu'il envoie massivement par le fond du fleuve à partir de bateaux dont il a fait trafiquer la cale pour qu'ils s'ouvrent – Carrier parle de « baignoire nationale » ; dans des carrières, il fait fusiller des femmes, dont certaines sont enceintes, et des enfants, des « vipères à étouffer » selon lui – Michelet estime qu'il en a fait tuer 300 ; de mai 1793 à fin janvier 1794, Carrier a massacré 50 000 personnes. Robespierre était bien sûr au courant et il a dit : « Carrier est un patriote, il fallait cela dans Nantes » (*Journal des débats et des décrets*, nº 801, frimaire an III, p. 1055).

Tous ceux qui avaient été décrétés victimes à exterminer, Carrier les nommait des « brigands ». C'est exactement le terme utilisé par les Jacobins pour justifier les guerres de Vendée qui fournissent plus explicitement la matrice aux totalitarismes du XXe siècle. L'historiographie dominante a fait de la Vendée un haut lieu réactionnaire, monarchiste, catholique, contre-révolutionnaire – c'est la version jacobine des faits. C'est celle qu'on enseignait jadis dans les manuels scolaires et l'école de la République. Là aussi, les hagiographes du jacobinisme ont mis en pratique l'axiome de Rousseau, *écarter les faits*, ils ont agi selon sa méthode.

Car la Vendée fut d'abord l'emblématique résistance au pouvoir jacobin centralisé de Paris, au pouvoir des bourgeois et des robespierristes qui ignoraient tout des paysans et de la paysannerie, des problèmes de la province et des provinciaux. D'abord, les Vendéens prennent au mot la Révolution française : elle se gargarise de grands mots, dont celui de Liberté, mais elle refuse la liberté de culte, la liberté d'aller à la messe, la liberté de conscience, la liberté spirituelle, la liberté de préférer un curé insermenté. À Paris, la Révolution a déclaré des guerres et veut massivement transformer les paysans en soldats. Pour ce faire, elle déclare la conscription et contraint les hommes à lâcher leurs outils pour le fusil et les cartouches.

La Convention déclare la levée de 300 000 hommes, les Vendéens ne veulent pas servir de chair à canon pour défendre un régime qui n'est pas le leur. Les Vendéens n'ont pas bougé lors de l'exécution du roi, preuve qu'ils n'étaient pas viscéralement monarchistes ; mais ils voient bien, eux, que la Révolution fait le jeu des bourgeois qui disposent d'assez d'argent pour acheter les biens du clergé confisqués. La rébellion vendéenne est authentiquement populaire et antibourgeoise : elle ne veut pas qu'on la *régénère* selon les principes de l'abbé Grégoire.

Le clergé et les monarchistes récupéreront ensuite le combat vendéen.

Pour l'heure, la Convention a décidé de détruire la Vendée. Turreau commande douze colonnes infernales afin d'« exterminer *[sic]* sans réserve tous les individus de tout âge et de tout sexe convaincu d'avoir participé à la guerre ». Dans son *Histoire et dictionnaire de la Révolution française. 1789-1799*, Jean Tulard et les siens, peu suspects de collusion avec l'extrême droite ou les catholiques traditionalistes, parlent du « génocide de la population vendéenne ».

En effet, le 1er août 1793, une loi décide de l'anéantissement de la Vendée, de la déportation des femmes, des enfants et des vieillards ; elle prévoit d'acheminer du matériel combustible pour incendier les bois, les taillis, les genêts ; elle décide de l'abattage des forêts, de la destruction des habitats, de la confiscation des récoltes, de la saisie des bestiaux, du rassemblement des femmes, des enfants, des vieillards et de la saisie des biens des ennemis de la République. Le 1er octobre 1793, le Comité de salut public décide d'exterminer les femmes, les enfants et les vieillards : « Il faut que les brigands de la Vendée soient exterminés *[sic]*. » Le 23 février 1794, Carrier dit : « Qu'on ne vienne donc pas nous parler d'humanité envers ces féroces Vendéens ; ils seront tous exterminés *[sic]*. »

La Convention décide des moyens – des techniques éprouvées : guillotine et massacres de masse au sabre, à coups de crosse, à la baïonnette, à la pique, par noyade ; mais aussi de nouvelles armes sur lesquelles travaillent des chercheurs mandatés : des mines, l'empoisonnement à grande échelle, la mise au point d'un gaz d'extermination. Le général en chef Turreau est chargé de la mission. On lui donne les ordres, il demande confirmation par courrier, il obtient une lettre du Comité de salut public le 8 février qui confirme : « Exterminer *[sic]* les brigands jusqu'au dernier, voilà ton devoir », lui écrit Lazare Hoche. Exterminer une population, n'est-ce pas la définition même du mot génocide ?

Les modalités mêmes de ce génocide montrent que la guerre contre la Vendée rebelle aux Jacobins a été la matrice des totalitarismes du XXᵉ siècle. Que penser en effet de ceci : la Convention sollicite des scientifiques pour travailler à des moyens d'extermination de masse ; un pharmacien d'Angers, Proust, met au point un gaz, il s'avère inefficace ; Carrier songe à l'arsenic dans les puits ; Westermann au même arsenic versé dans une voiture d'eau-de-vie abandonnée aux Vendéens ; Santerre réclame des mines et des gaz empoisonnés ; le général Rossignol opte aussi pour le gaz ; l'officier de police Gannet écrit : « Amey fait allumer les fours et lorsqu'ils sont bien chauffés, il y jette les femmes et les enfants » (Secher, 163) ; des villages sont entièrement détruits et rasés ; leurs habitants passés au fil de l'épée ou fusillés ; des femmes sont violées ; le capitaine Dupuy écrit à sa sœur en janvier 1794 qu'il a vu des femmes se faire violer puis tuer juste après : « On en a vu d'autres porter des enfants à la mamelle au bout de la baïonnette ou de la pique qui avait percé du même coup la mère et l'enfant » (Secher, 164) ; des charniers constellent la Vendée : ici par dizaines, là par centaines, pour un total de 118 massacres répertoriés ; des femmes nues ont été violées, tuées, accrochées aux branches ; des femmes enceintes ont été écrasées sous des pressoirs ; des corps sont démembrés, coupés en deux dans le sens de la hauteur, puis accrochés un peu partout ; à Angers, on tanne 32 peaux humaines, à Nantes 12, afin d'en faire des culottes de cheval pour les officiers (Secher, 174) ; Saint-Just relevait déjà ces pratiques dans un *Rapport du 14 août 1793* : « On tanne à Meudon la peau humaine. La peau qui provient d'hommes est d'une consistance et d'une bonté supérieures à celle du chamois. Celle des sujets féminins est plus souple, mais elle présente moins de solidité » (Secher, 175) – le texte est étonnamment absent des *Œuvres complètes [sic]* publiées chez Gallimard ; à Clisson, le 5 avril 1794, des soldats du général Crouzat tuent 150 femmes et les mettent au feu pour en extraire dix barils envoyés à Nantes : « C'était comme de la graisse de momie : elle servait pour les hôpitaux » (Secher, 175). Arrêtons là. Arrêtons…

Le gaz, l'arsenic, les chimistes, les mines, les rafles, les déportations, les exécutions, les massacres, les tortures, les viols, les meurtres de femmes, le sabrage des enfants, la tuerie des vieillards, les villages rasés, les incendies, les ruisseaux de sang dans les villages, les fusillades en nombre, les charniers, les noyades, les pillages, les peaux humaines tannées, la graisse de femmes en baril, l'extermination programmée, les corps démembrés et exposés à tout vent, les fours dans lesquels on jette des enfants et des femmes : ce fut en Vendée, dans les années 1790, au nom de la Liberté, de l'Égalité et de la Fraternité, sous prétexte de réaliser la République et le bonheur des citoyens – au moins 200 000 Vendéens en sont morts. « On les forcera à être libres », écrivait le philosophe…

3

Le socialisme transcendantal

La parousie marxiste-léniniste

Îles Solovki, URSS,
printemps 1918.
Création du premier camp
de concentration soviétique.

Rousseau ouvre la voie à la plupart des penseurs de la philosophie contemporaine quand il invite à penser en écartant les faits. Le marxisme a été une magnifique machine à les évincer au profit de l'idéologie. Le rêve platonicien qui fait de l'Idée une réalité plus réelle que le réel, une vérité plus vraie que la vérité, une certitude plus sûre que la certitude trouve son bras armé dans l'université allemande qui fut à la fin du XVIIIe et au début du XIXe un immense laboratoire à congédier et conjurer la réalité au profit des Idées, des Concepts, des Notions – des mots.

Avec l'idéalisme allemand, la Révolution française devient une idée pour disserter : Kant dans la *Doctrine du droit* et *Le Conflit des facultés*, Hegel dans sa *Phénoménologie de l'esprit* et ses *Principes de la philosophie du droit*, Fichte dans ses *Considérations sur la Révolution française* puis dans son *Discours à la nation allemande*. Mais il est surtout question dans ces textes de grands mots et de grandes idées

– Liberté et Démocratie, Égalité et Progrès, Sens de l'Histoire et Humanité, Droit et Loi, État et Citoyen, Peuple et Nation. La Révolution française y apparaît comme un grand laboratoire idéologique.

Aucun philosophe ne fait le bilan de la Révolution française *pour le peuple* au nom duquel elle a été faite : s'en porte-t-il mieux ? Est-il plus heureux ? Ses conditions de vie ont-elles changé ? Le régime du capitalisme bourgeois instauré par cette révolution lui est-il plus doux que le régime féodal aboli la nuit du 4 août ? Certes, la Déclaration des droits de l'homme et du citoyen fut une formidable proclamation, un grand feu d'artifice verbal, une performance rhétorique inouïe. Mais, même pendant la Révolution, a-t-elle jamais été respectée ? Y a-t-il eu vraiment, pour tout le monde, égalité et liberté devant la loi ? À moins que certains citoyens n'aient été plus libres ou plus égaux que d'autres ? Un noble ou un prêtre étaient-ils égaux en droits avec un sans-culotte et un évêque assermenté ? Les distinctions ont-elles vraiment été fondées sur l'utilité commune ? Ou bien l'idéologie n'aurait-elle pas fait la loi plus souvent qu'à son tour ? La liberté, la propriété, la sûreté, la résistance à l'oppression ont-ils vraiment été des droits naturels et imprescriptibles ? Avait-on la liberté de n'être pas jacobin en 1793 ? Pouvait-on posséder ses terres si l'on était noble ? Était-on sûr de ne pas être mort le soir même si l'on avait déplu à un citoyen qui faisait passer son ressentiment pour une vertu républicaine ? Les Vendéens n'ont-ils pas fait autre chose que résister à l'oppression ? Rappelons à cet effet que même l'article 34 de la Déclaration de 1793 affirme : « Il y a oppression contre le corps social lorsqu'un seul *[sic]* de ses membres est opprimé. » La liberté était-elle le pouvoir de faire tout ce qui ne nuit pas à autrui ? En quoi vouloir une messe célébrée par un prêtre insermenté nuisait-il à autrui ? La loi n'a-t-elle interdit que ce qui était nuisible à la société ? Était-il nuisible à la société qu'un accusé au Tribunal révolutionnaire dispose des services d'un avocat pour sa défense ? L'arrestation et la condamnation ont-elles toujours obéi à la loi ? Jamais au caprice ou à l'arbitraire ? Les dignités, les places, les emplois publics n'ont-ils été attribués qu'en fonction des capacités, des vertus ou des talents ? Ou de l'appartenance au bon club politique ? Personne n'aurait été inquiété pour ses opinions, même religieuses, y compris quand elles ne troublaient pas l'ordre public ? L'aristocrate troublait-il l'ordre public quand il voulait communier de la main de son curé réfractaire dans la chapelle de son château ? Pouvait-on communiquer librement ses pensées et ses opinions, parler, écrire et imprimer ce que l'on voulait ? Que penser alors de la Commune qui arrête les journalistes, saisit les presses des journaux de droite et les attribue aux journaux de gauche en 1792 ? Ou de la loi des suspects de septembre 1793 qui permet d'arrêter ceux qui « par leurs écrits se sont montrés partisans de la tyrannie, du fédéralisme et ennemis de la liberté », crimes passibles de la peine de mort ? La force publique n'a-t-elle été utilisée que pour défendre l'ordre public ? Ou l'ordre voulu par quelques-uns seulement ? Les citoyens ont-ils pu décider du bien-fondé des dépenses publiques ? Ont-ils eu le droit de demander des comptes ? La propriété a-t-elle été toujours respectée ? Cessons là. Chacun voit bien que, pour le peuple, la Révolution fut plus grande sur le terrain de la rhétorique et des idées que sur celui de la réalité concrète.

La Déclaration des droits de l'homme et du citoyen ne fut qu'une déclaration de principes, un bel élan romantique, une gravure de mode politique. La vie des petits, des humbles, des sans-grade n'a pas bougé. Le peuple a juste changé de maîtres. Certes, la Révolution a aboli la féodalité aristocratique, mais elle l'a remplacée par la féodalité bourgeoise. Pour les pauvres, devoir leur état à la monarchie ou à la république ne changeait rien à l'affaire : ils demeuraient démunis, miséreux, indigents, nécessiteux et, surtout, exploités par un nouveau maître : le capital. En matière de salut du genre humain, tout restait à faire...

L'Allemagne prend la main. Hegel pense l'histoire et réalise ce que souvent les idéalistes font de ce côté du Rhin : ils formulent dans le langage conceptuel et abscons de l'université les vieilles idées de Luther. Ainsi, dans *La Religion dans les limites de la simple raison*, Kant repeint-il la foi luthérienne de sa mère, qu'il avait épargnée dans la *Critique de la raison pure* (1781), en fresque austère de la morale laïque. La franc-maçonnerie qui voit le jour à la fin du XVIIIe siècle trouve dans le kantisme matière à constituer sa vision du monde : un christianisme moral avec un Dieu rafraîchi par l'université. Pour Kant, la religion, c'est Luther traduit dans le langage des amphithéâtres.

Hegel fonctionne sur le même principe. En plein XIXe siècle, il donne des cours sur la philosophie de l'histoire qui s'apparentent sur le fond à ceux que Bossuet, évêque catholique, donne au dauphin au XVIIe siècle : ce qui advient n'est jamais que la manifestation de la Providence divine – « les individus n'empêchent pas qu'arrive ce qui doit arriver », professe-t-il dans *La Raison dans l'Histoire*. Mais comme Luther est passé par là et qu'il faut s'exprimer dans la langue obscure des facultés, Hegel parle de Raison, d'Idée, de Concept, d'Esprit, de *Logos*, de Vérité qui s'incarnent dans l'Histoire.

Or, quand on a compris que toutes ces idoles sont l'autre nom de Dieu, alors tout s'éclaircit. Quand le philosophe écrit : « L'Idée est en vérité ce qui mène les peuples et le monde, et c'est l'Esprit, sa volonté raisonnable et nécessaire, qui a guidé et continue de guider les événements du monde », il faut lire ce que dirait le pasteur : « Dieu est en vérité ce qui mène les peuples et le monde, et c'est Dieu, sa volonté raisonnable et nécessaire, qui a guidé et continue de guider les événements du monde. » En dénudant le philosophe allemand, on trouve presque toujours la soutane sous la toge du professeur.

La philosophie hégélienne de l'histoire propose donc, on ne s'en étonnera pas, une variation sur le thème de la parousie chrétienne : il existe un sens de l'Histoire, elle se dirige vers un absolu qui suppose un progrès. Sous forme d'Idée ou de Dieu ou de Raison ou de Concept ou de *Logos* ou de Vérité, Dieu est et reste le moteur de l'Histoire. L'histoire est donc rationnelle, ce qui permet à Hegel d'écrire que « le rationnel est réel et le réel rationnel ». Cette formule célèbre s'avère en fait une tautologie puisque réel, rationnel et conforme au plan divin signifient une seule et même chose. Il finit par écrire franchement : « L'histoire est le déploiement de la nature de Dieu dans un élément déterminé particulier. »

Le même Hegel ne propose rien de moins qu'une théodicée, une justification du mal dans l'existence. Il développe pour ce faire une théorie de la négativité appelée à jouer un rôle terrible chez Marx et ceux qui s'en réclament. Lénine n'écrira pas par hasard des *Cahiers sur la Science de la logique de Hegel*. Hegel écrit : « La raison ne peut pas s'éterniser auprès des blessures infligées aux individus car les buts particuliers se perdent dans le but universel », autrement dit, concrètement rapporté à l'histoire empirique : Dieu ne se soucie aucunement de la mort de tel ou tel pendant la Révolution française puisque celle-ci procède du mouvement progressiste vers la réalisation de la Providence. La mécanique hégélienne fonctionne pour 1793, elle fonctionnera pour 1917 et bien d'autres fois dans l'histoire du marxisme-léninisme mondial.

Le négatif, ou la négativité, joue un rôle dialectique positif, puisqu'il rend possible le moment suivant qui est positif et positivité. Le second temps de la dialectique, l'*Aufhebung*, suppose dans un même temps *la conservation et le dépassement*. Ce qui importe n'est pas le moment dans la dialectique, ce qui serait nier le déroulement, le développement, le déploiement de l'histoire, mais le mouvement dans lequel elle s'inscrit. Dès lors, la Terreur comme moment s'avère justifiable dans le mouvement en tant qu'elle entre dans le processus progressiste de la réalisation de la Raison. En ce sens, et poussons Hegel dans ses derniers retranchements, la guillotine est réelle et… rationnelle, parce que conforme à l'Idée !

Les peuples contribuent à l'histoire universelle qui, elle-même, obéit à la loi du progrès : ce que veut *La Raison dans l'Histoire*, c'est la réalisation de la Liberté qui n'est pas, ce serait trop simple et pas assez philosophique, liberté au sens que donne tout un chacun à ce mot ! Pour Hegel, la Liberté est « substance de l'Esprit ». Or, qu'est-ce que l'Esprit ? « L'Esprit – ce que nous appelons Dieu », écrit Hegel. Donc *La Raison dans l'Histoire* veut la réalisation de l'Esprit qui est l'autre nom de Dieu. La marche de l'Histoire ne saurait donc être autre chose que progrès vers l'Idée – qui est Dieu. La parousie des premiers chrétiens trouve ici sa formule post-Révolution française, malgré la mort de Dieu. Retour du refoulé...

Marx fait partie des hégéliens de gauche. Non qu'il soit un disciple de Hegel en tout et sur tout, mais il conserve un certain nombre de ses idées qui nourrissent sa vision du monde. Ainsi la parousie ou le millénarisme. L'idée que l'histoire s'écrit sur une ligne ascendante et qu'elle va vers la réalisation de son projet soutient tout le projet marxien. Il existe un sens de l'histoire et elle ne saurait régresser ; il n'y a que progrès. Dès lors, Marx réactive la théorie hégélienne de la fin de l'histoire. Pour les premiers chrétiens, Jésus devait revenir sur terre afin d'assurer son règne éternel. En langage hégélien, cette idée se formule ainsi : la Raison va s'écrire dans l'Histoire et réaliser ainsi le projet de l'Idée. Dans le vocabulaire de Marx, le prolétariat se trouve investi de la mission de réaliser l'histoire. Ce qui donne dès lors cette formulation : le prolétariat écrira l'Histoire qui se trouvera réalisée par son action révolutionnaire, d'abord sous le signe du socialisme, ensuite sous celui du communisme.

Qu'est-ce qu'un prolétaire pour Marx ? Une idée plus qu'une réalité, un concept et une essence plus qu'une vérité concrète. Marx lit beaucoup, passe un temps fou dans les bibliothèques et avale la littérature du moment. Le prolétaire définit celui qui ne possède pas les moyens de production ; le bourgeois, celui qui les possède. Mais à cette aune manichéenne, le petit paysan propriétaire de trois hectares sur lesquels il survit est un bourgeois, tout autant que le boulanger ayant acheté son échoppe à crédit, ou le marin qui a hérité de la barcasse de son père, alors que le contremaître agissant pour les intérêts du maître de forge est un prolétaire.

Dans le détail, Marx n'a d'yeux que pour « les travailleurs modernes, les *prolétaires* » (*Manifeste communiste* [1848], Pléiade, I, 168). Il écarte les faits lui aussi et exclut de ce prolétariat idéalisé ce qu'il nomme le « lumpenprolétariat », ailleurs aussi nommé « la pègre prolétarienne » (I, 172), les bas-fonds composés de repris de justice, de chômeurs, de vagabonds, de chemineaux. Il écarte également « la classe moyenne, le petit industriel, le petit commerçant, l'artisan, le cultivateur » (I, 171) qui sont des conservateurs, des réactionnaires, des contre-révolutionnaires accrochés à leurs petites propriétés. Le prolétaire est donc une idée, un sublimé, comme on dit en chimie, du travailleur tel que Marx le fantasme.

Marx déteste le paysan, l'agriculteur, le cultivateur, l'ouvrier agricole, le maraîcher, le marin pêcheur. Son prolétaire est un homme des villes, des manufactures, des usines, des ateliers, pas un homme des champs, des bocages, des plaines, des montagnes. La sociologie du XIXe siècle industriel est majoritairement rurale. Marx pense sa vision du monde exclusivement pour l'ouvrier des villes, et encore : dans la mesure où il dispose d'une conscience de lui-même. Ce qui, formulé en langage normal, définit l'ouvrier marxiste. Autrement dit : une minorité conceptuelle dans le prolétariat réel.

En hégélien converti à la pensée finaliste du professeur d'université luthérien, Marx croit à la nécessité du mouvement de l'histoire : ce qui doit advenir adviendra et ce qui adviendra, c'est la révolution communiste, le triomphe du prolétariat. Il suffit de laisser faire l'histoire. D'où cette idée célèbre du *Manifeste du parti communiste* (1848) : « La bourgeoisie a joué dans l'histoire un rôle éminemment révolutionnaire » (I, 163). Puisqu'il y a parousie communiste et que le prolétariat est le Messie de ce projet, il suffit de laisser faire les choses : la bourgeoisie ne cesse de travailler à sa perte.

Or Marx estime probablement que l'Histoire ne va pas assez vite. Son ersatz de classe ouvrière réduit au seul prolétariat converti à sa théorie est en fait ce qu'il nomme le prolétariat : « l'avant-garde éclairée du prolétariat », diront bientôt ses thuriféraires, autrement dit une minorité, comme les Jacobins pendant la Révolution française. Voilà pourquoi il peut se permettre de proposer une *dictature du prolétariat*. Mais contre qui s'effectuera cette dictature ? Sur tout ce qui n'est pas elle. Les bourgeois, bien sûr, mais aussi la classe moyenne et les catégories citées par Marx lui-même : l'artisan, le paysan, l'agriculteur, etc.

Donc : l'histoire évolue dialectiquement et naturellement vers la victoire du prolétariat, mais il faut l'aider culturellement, matériellement, concrètement. Avec le temps, le réel donne tort à Marx : la révolution ne vient pas, elle échoue tout le temps. Face à l'insuccès de ses thèses, il entend changer moins ses idées que le réel. Par conséquent, il cherche à abolir par l'action volontaire ce que sa doctrine présentait comme devant naturellement disparaître. La dialectique fonctionne à plein régime sur le papier, mais pas du tout dans la réalité la plus immanente.

D'où l'éloge de la violence comme accoucheuse de l'histoire. L'arsenal conceptuel de Hegel ne sera pas inutile : la violence fonctionne comme la négativité dans le processus dialectique de réalisation de l'histoire. De la même manière que la Terreur peut être formellement critiquée par Hegel dans *La Phénoménologie de l'esprit* mais dialectiquement légitimée par les *Leçons sur la philosophie de l'histoire*, le projet marxiste annoncé comme parousie de la Raison dans l'Histoire devient projet volontariste sanguinaire. Le sang versé générera la vitalité, la guerre donnera la paix, la mort produira la vie, le désordre accouchera de l'ordre.

Dès 1848, l'année du *Manifeste du parti communiste* donc, dans un article intitulé « Victoire de la contre-révolution à Vienne » publié dans la *Nouvelle Gazette rhénane*, Marx écrit ceci : « Les massacres sans résultat depuis les journées de juin et d'octobre, la fastidieuse fête expiatoire depuis février et mars, le cannibalisme de la contre-révolution elle-même convaincront les peuples que, pour abréger, pour simplifier, pour concentrer l'agonie meurtrière de la vieille société et les souffrances sanglantes de l'enfantement de la nouvelle, il existe un seul moyen : le terrorisme révolutionnaire. » Quiconque estime que Lénine et Staline ne sont pas *déjà* chez Marx auront du mal à nier l'évidence.

Comme Rousseau, Marx décalque le schéma judéo-chrétien de la faute et de la rédemption. La faute ? La propriété pour Rousseau, donc les « riches » pour Robespierre, Marat et Fouché, autrement dit le capitalisme pour Marx, puis les bourgeois pour Lénine. Le salut ? L'égalité par la loi dans le contrat social pour Rousseau, donc les canonnades de Fouché, la guillotine de Marat, le Tribunal révolutionnaire pour Robespierre, la rédemption par la révolution pour Marx, ce qui deviendra dans les faits le marxisme-léninisme avec les barbelés de ses camps de concentration. Le péché originel ? Enclore son champ, posséder quelque chose, s'opposer à ceux qui veulent appauvrir les riches en croyant que cela suffit pour enrichir les pauvres. Le rachat ? Le triomphe du prolétaire comme fiction épurée des scories du peuple dans un empyrée qui s'appelle le communisme, l'autre nom de la fin de l'histoire. Les fins de l'eschatologie ? La résurrection de la chair, les corps glorieux et le paradis pour les disciples du Christ ; le triomphe du prolétaire, l'abolition des contradictions, la disparition des classes, la fin de l'État, l'évaporation de l'aliénation, la réalisation de l'homme nouveau qui ignore la séparation entre le travail intellectuel et le travail manuel, la mort de l'exploitation de l'homme par l'homme, la fin de l'histoire.

Le prolétariat tient dans le marxisme le rôle du Christ dans le christianisme. Or ni l'un ni l'autre n'ont d'existence réelle : ils triomphent en réalités transcendantales, en concepts, en idées. Jésus, on l'a vu, est le nom qui cristallise la fiction d'un Messie à venir pour les Juifs, mais venu pour les chrétiens ; le prolétaire, on vient également de le voir, c'est également une vue de l'esprit, au sens premier du terme, qui économise la réalité concrète du travailleur incarné et des sacrifiés de la mécanique sociale. Le prolétaire de Marx irradie comme le Messie des chrétiens. Or ce sont deux illusions d'optique philosophique.

De la même manière que la fiction nommée Jésus rend possible le judéo-christianisme sur la planète entière, la fiction nommée prolétaire génère le marxisme-léninisme sur la totalité du globe. Le schéma de cette actualisation du transcendantal dans l'empirique est le même : Constantin impose par la force et la violence cette religion qui, de secte, devient croyance d'État, puis d'empire. Le Constantin du communisme se nomme Lénine. Il fonde l'Église marxiste-léniniste, il rayonne comme l'homme qui veut incarner le socialisme transcendantal dans les faits et ne parvient qu'à réaliser la prophétie annoncée par Marx en 1848 dans son article de la *Nouvelle Gazette rhénane* : « le terrorisme révolutionnaire ». En fait de dictature du prolétariat sur la bourgeoisie pour assurer le salut de l'humanité, il n'y eut que dictature du parti sur tout le monde, bourgeois et prolétaires compris, au détriment de l'humanité.

La révolution russe ne fut pas la conséquence naturelle et dialectique du mouvement de l'histoire, ce qui aurait donné raison au Marx hégélien, mais l'effet d'un vulgaire coup d'État, ce qui valide les thèses du Marx terroriste. C'est par antiphrase et manie transcendantale que les bolcheviques se nomment tels, car l'étymologie russe qualifie *les plus nombreux* qui, en fait, étaient les moins nombreux, alors que les mencheviks, *les moins nombreux*, étaient, eux, dans les faits, les plus nombreux. Le dictionnaire avalise toujours cette fiction du bolchevisme : « Doctrine des majoritaires conduits par Lénine » (*Dictionnaire culturel en langue française* d'Alain Rey).

Ainsi commence l'histoire de ce qui se voulait une civilisation alternative au judéo-christianisme : un premier mensonge à partir d'une première fiction. Car en fait de majorité, les bolcheviques étaient ultraminoritaires. La fameuse révolution d'Octobre qui aurait été massive, immense, gigantesque, populaire, pleine de drapeaux et de combattants héroïques, se résume en fait à un petit coup d'État du genre république bananière : un coup de force mené par une poignée de révolutionnaires professionnels. La décision de ce coup d'État bolchevique a été prise par le Comité central du parti le 10 octobre 1917. Ce Comité comportait vingt membres ; le jour de la réunion, dans un appartement de Petrograd, il n'y en avait que douze ; au cours du vote, deux se sont opposés au plan de Lénine ; ce sont donc dix personnes dans un parti minoritaire qui décident du coup de main.

L'insurrection a lieu le 24 octobre selon la technique éprouvée du coup d'État : des commandos armés prennent la direction des lieux stratégiques et s'y imposent avec les armes – central télégraphique, ponts, centrales électriques, usines à gaz, gares. Des blindés sillonnent les rues, des mitrailleuses sont installées dans des appartements aux carrefours. Dans sa *Technique du coup d'État*, Malaparte parle d'« une série d'attentats » pour dire de cette révolution ce qu'elle fut réellement.

Le lendemain, 25 octobre, Léon Trotski, chef militaire, donne l'ordre d'attaquer le palais d'Hiver où se trouve retranché le gouvernement de Kerenski, le chef socialiste du gouvernement provisoire chargé de la transition entre la fin du tsarisme et l'avènement de la démocratie des soviets. Le croiseur *Aurore* ancré dans la Neva tire à blanc sur le palais d'Hiver gardé par des adolescents et des femmes. Deux ou trois coups de canon tirés de la forteresse Pierre-et-Paul atteignent le palais. Lénine porte une perruque, il a rasé sa barbe et s'est habillé en ouvrier. Robespierre, au moins, gardait sa perruque d'aristocrate…

La révolution, comme il est dit, a lieu : la Russie devient soviétique. Le pays dispose des pleins pouvoirs pour réaliser son homme nouveau. Premier acte de cette geste dite révolutionnaire : la cave du palais d'Hiver est pillée par les putschistes qui s'enivrent ou vendent les flacons les plus coûteux. La totalité du régiment qui a crevé les barriques gît, ivre mort, dans les caves. La chose se trouve racontée par Boris Kritchevski, journaliste correspondant de *L'Humanité* jusqu'à ce qu'il se fasse licencier par le journal qui estimait probablement qu'il n'écartait pas assez les faits…

Le même journaliste raconte en effet comment une persécution de toute la gauche des soviets fait suite au coup d'État bolchevique. Trotski et Lénine estiment qu'ils n'ont rien à faire de ces assemblées pourtant réellement démocratiques. Quarante-huit heures après la prise du pouvoir, Lénine publie un décret pour interdire la presse d'opposition et fermer les principales maisons d'édition non bolcheviques. La censure s'étend à la presse, à la photo, au cinéma, aux plans, aux illustrations, à la correspondance. Bientôt, une Direction centrale de la littérature et de l'art met au pas le monde de la culture.

En novembre 1917, les élections donnent les socio-révolutionnaires à 40,4 % et les bolcheviques à 24 %. Peu importe, les bolcheviques interdisent les rassemblements dans la rue et y font circuler la troupe armée. La foule veut venir à l'assemblée constituante du 5 janvier 1918 pour sauver le pouvoir des soviets : les bolcheviques embusqués sur les toits lui tirent dessus à la mitraillette. Lénine estime que le soviet est une « déviation petite-bourgeoise ». Il ajoute : « Chaque ouvrier saurait-il administrer l'État ? Les gens pratiques savent que c'est une fable. » Lénine était un homme pratique ; les communistes aussi. La révolution est mort-née. Le nouveau régime est une dictature. Pas besoin d'attendre Staline pour parler de totalitarisme.

Qui est Lénine ? Non pas ce que l'hagiographie communiste raconte, un enfant aux origines modestes, mais le fils d'un professeur de mathématiques devenu inspecteur d'académie, puis conseiller d'État, enfin anobli par le tsar, et d'une mère polyglotte, pianiste, héritière d'une fortune juive devenue protestante par conversion, qui a fait des études supérieures et dont le père a lui aussi été anobli par le tsar. En avril 1891, Lénine veille à ce que sa mère soit inscrite sur le registre de la noblesse de Simbirsk. Vladimir Ilitch Oulianov, qui n'est pas encore Lénine, fait alors suivre sa signature de cette mention : « Vladimir Oulianov, noble héréditaire. » Il l'est effectivement depuis l'âge de six ans.

Frère d'un terroriste qui prévoyait un attentat contre le tsar et qui finit pendu après avoir refusé la grâce proposée par celui qu'il voulait assassiner, Lénine se fait arrêter pour menées subversives alors qu'il est étudiant en droit à l'université et qu'il se trouve dans la manifestation par simple curiosité. Il est exclu de l'université et prépare ses examens en candidat libre. Sa mère, veuve, achète une ferme et l'exploite avec lui. C'est un échec. Ils renoncent à exploiter eux-mêmes et confient la propriété à des fermiers. Devenu avocat, Lénine plaide très peu, il se contente de vivre avec l'argent de cette location. Quand l'administration lui demande sa profession, comme Hitler, il répond : écrivain...

Noble, vivant de la rente des terres familiales, soucieux de se faire un nom dans le monde intellectuel, Lénine entreprend de devenir révolutionnaire professionnel et voyage en Europe où il rencontre les théoriciens du socialisme : Plekhanov à Genève, Paul Lafargue, le gendre de Marx, et Jules Guesde à Paris, Karl Liebknecht à Berlin. De retour en Russie, il soutient des manifestations ouvrières. La police l'arrête et le met en prison. Il peut y lire, écrire des pamphlets contre le pouvoir, les faire éditer, il rédige des instructions qui invitent à l'insurrection. Le pouvoir l'exile.

Il vit trois ans en Sibérie vers laquelle il part librement, en train, après que sa mère eut obtenu des autorités qu'il puisse voyager confortablement.

Il travaille, lit, écrit, publie, circule. Il épouse *religieusement* Kroupskaïa avant d'entretenir une relation adultère avec Inès Armand. Il chasse, pêche, marche lors de grandes randonnées. Il milite contre le régime. Sans problème, il rencontre des révolutionnaires. Il fonde un journal et l'écrit presque totalement. Il attaque le régime. La façon qu'auront les bolcheviques de traiter leurs opposants est aux antipodes de ce régime.

On connaît la suite qui permet à Lénine de devenir l'inventeur du totalitarisme moderne. Aristocrate fier de sa noblesse, vivant de ses rentes de propriétaire terrien, incapable de gérer une ferme, marié à l'église et trompant sa femme comme un petit-bourgeois, aspirant écrivain, révolutionnaire professionnel, Lénine ne sait rien de la classe ouvrière en dehors de ce qu'il a lu à son propos. Son socialisme est transcendantal. Alors que les populistes russes du XIXe siècle disent leur confiance dans le peuple, Lénine ne cesse de le vilipender : il l'estime immature, incapable de gouverner. Le soviet, ce ne sera donc jamais pour lui la solution.

Car la solution, c'est le Parti. Et le Parti, c'est le bras armé de la dictature. Le Parti n'est pas le peuple, il n'en est pas non plus l'émanation, encore moins la quintessence, il en est la négation. Le Parti se constitue avec l'avant-garde éclairée du prolétariat, autrement dit, il s'agit de la concrétion de révolutionnaires professionnels qui *parlent pour* le prolétariat et le suppriment de manière sanglante quand celui-ci rétorque qu'on ne parle pas pour lui. La dictature du prolétariat est en fait la dictature du Parti sur le prolétariat en son nom. La révolution d'Octobre, qui est un coup d'État, indique la direction : le gouvernement révolutionnaire sera un coup d'État permanent. Le Parti est la tête de la dictature ;

l'État, son corps. Or le Parti, c'est Lénine. La théocratie trouve ainsi sa formule post-judéo-chrétienne – athée.

La révolution bolchevique qui devait apporter la liberté, la fin de l'esclavage et de la servitude, la prospérité, le bonheur de l'humanité, le règne de la justice, l'homme nouveau, une société débarrassée de ses contradictions, la fraternité universelle, a apporté exactement le contraire : la tyrannie, la servitude généralisée, la famine, la guerre civile, les camps de concentration, le Goulag, la déportation, les pleins pouvoirs du caprice et de l'arbitraire révolutionnaire, le triomphe de ce qu'il y a de plus primitif en l'homme, une société policière, la haine généralisée.

L'hagiographie marxiste a fini par admettre que Staline fut un bourreau, un tyran, un dictateur, mais souvent pour lui opposer Lénine et Trotski qui, eux, auraient été d'authentiques démocrates. Or, ces trois hommes sont faits du même bois marxiste. Lénine vaut Trotski qui vaut Staline. Que ces trois figures-là se soient détestées ne fait rien à l'affaire, la haine était le carburant de leur semblable vision du monde. La terreur rouge de Lénine, l'abattage par Trotski des marins de Kronstadt qui réclamaient les soviets, et non le rétablissement du tsarisme, le devenir métastatique des goulags sous Staline ne sont que des variations sur un même thème.

Avant même la prise du pouvoir, en 1905, Lénine élabore le concept de « terreur de masse » mis à l'ordre du jour après octobre 1917 : il s'agit de libérer toutes les violences, pourvu que le Parti la décrète révolutionnaire, afin d'en finir avec le vaste concept d'« ennemis du peuple » – décret du Conseil des commissaires du peuple daté du 28 novembre 1917. L'ennemi de Lénine, c'est le même que celui de Fouché : le bourgeois, le riche, le propriétaire, le prêtre. On le voit, l'esprit de 1793 souffle sur la révolution russe et Trotski peut bien parler de « Maximilien Lénine » !

Dans *Comment organiser l'émulation ?*, en décembre 1917, Lénine réactive la phraséologie zoomorphe de la Révolution française. Les ennemis du peuple sont des « insectes nuisibles », des « poux », de la « vermine », des « microbes », des « punaises », des « parasites » et il faut, écrit Lénine, « épurer », « nettoyer », « purger » la Russie de cette vermine. Qui ne songe déjà à la rhétorique qu'utilisera Adolf Hitler dans *Mon combat* ?

Le 10 décembre 1917, Lénine crée la Tcheka, sa police politique. La Tcheka, c'est la Commission extraordinaire de lutte contre la contre-révolution, le sabotage et la spéculation, elle fonctionne en instrument de la création de l'homme nouveau et de la Russie régénérée. La terreur de masse est mise à l'ordre du jour : du 31 août au 4 septembre 1918, en guise de riposte à l'attentat perpétré contre Lénine par Fanny Kaplan le 30 août, 1300 personnes sont extraites des prisons et exécutées par la Tcheka ; le 5 septembre 1918, le Conseil des commissaires du peuple signe le décret *Sur la terreur rouge* qui invite à « isoler les ennemis de classe de la République soviétique dans des camps de concentration *[sic]* et de fusiller sur-le-champ tout individu impliqué dans des organisations de Gardes blancs, des insurrections ou des émeutes » ; en septembre-octobre 1918, dans les grandes villes de Russie, entre 10 000 et 15 000 personnes sont exécutées, dont des socialistes révolutionnaires, des anarchistes, des militants ouvriers, des grévistes, des manifestants – en un an la police politique bolchevique tue autant que le régime tsariste en moins d'un siècle ; les 12 et

14 mars 1919, en probable mémoire du Jacobin Carrier, des ouvriers grévistes et des soldats ayant refusé de tirer sur les ouvriers sont noyés dans la Volga à partir de péniches après que les communistes leur ont attaché des pierres au cou et entravé les bras : entre 2 000 et 4 000 personnes périssent de cette façon ; quelques jours plus tard, une réplique anéantit plusieurs centaines de bourgeois d'Astrakhan. Mikhaïl Kedrov est le Carrier des bolcheviques. Les 17 et 18 mars 1919, environ 200 ouvriers grévistes coupables d'avoir revendiqué la liberté d'élection aux soviets sont passés par les armes à la forteresse de Schlüsselburg ; répliques le lendemain contre autant de personnes.

Lénine entend supprimer les Cosaques du Don et du Kouban à coups de déportations et de massacres. Les dirigeants soviétiques parlent eux-mêmes de « Vendée soviétique »... La décosaquisation procède d'une résolution secrète du Comité central du parti bolchevique qui déclenche « une terreur massive contre les riches cosaques, qui devront être exterminés *[sic]* et physiquement liquidés *[sic]* jusqu'au dernier » : 8 000 Cosaques sont tués. En juin 1920, Karl Lander est nommé plénipotentiaire dans la région. Comme Fouquier-Tinville et son Tribunal révolutionnaire, il met en place des tribunaux qui déciment la communauté cosaque. Des familles sont ainsi massacrées ou déportées dans des camps de concentration spécialement affectés – ainsi celui de Maïkop. Fin octobre, début novembre 1920, cinq villes cosaques sont vidées de leurs 17 000 habitants déportés et condamnés aux travaux forcés dans les mines.

En Ukraine, les bolcheviques réquisitionnent les femmes de bourgeois pour les affecter à des tâches humiliantes : nettoyer les latrines publiques ou faire le ménage dans les bâtiments militaires. Bien sûr, les viols font partie des punitions, sans parler des exécutions sommaires : 1 000 à Kharkov, 2 000 à Odessa, 3 000 à Kiev. Toujours en Ukraine, les pogroms saignent la communauté juive à blanc : 125 000 en Ukraine, mais aussi 25 000 en Biélorussie. Les armées blanches s'y mettent tout autant que les paysans insurgés. Les Juifs sont une fois de plus les boucs émissaires de tous. La guerre civile se généralise. En guise de riposte, l'armée blanche rivalise dans la terreur.

Entre mi-novembre et fin décembre 1920, environ 50 000 personnes sont fusillées ou pendues en Crimée au prétexte de faire partie, bien sûr, des ennemis du peuple. Le pouvoir bolchevique fiche massivement et dirige ceux qu'il a interpellés dans trois catégories : à fusiller, à déporter, à épargner. Une insurrection paysanne occasionne des exécutions massives d'otages, des déportations en nombre dans des camps de concentration, des répressions sanglantes. Le Politburo nomme le général Toukhatchevski *commandant en chef des opérations de liquidation [sic] des bandits [sic] dans la province de Tambov*. Bandit était déjà le mot utilisé contre les Vendéens par les généraux jacobins.

Le 12 juin 1921, ordre est en effet donné par le général Toukhatchevski d'utiliser des gaz : « Les forêts où se cachent les bandits doivent être nettoyées au moyen de gaz asphyxiants *[sic]*. Tout doit être calculé pour que la nappe de gaz pénètre dans la forêt et extermine *[sic]* tout ce qui s'y cache. L'inspecteur de l'artillerie doit fournir immédiatement les quantités requises de gaz asphyxiants ainsi que des spécialistes compétents pour ce genre d'opération. » Des dirigeants bolcheviques estiment que c'est peut-être aller un peu loin. L'ordre est annulé. Ce que la Vendée projeta mais ne fit pas faute d'avoir pu mettre le dispositif au point, l'URSS ne le fit pas encore mais le projeta aussi.

Dans les camps où sont regroupées ces populations, les prisonniers à demi nus meurent du typhus, de faim, des mauvais traitements. Le premier camp de concentration date de mai 1918. Il est construit sur les îles Solovki. À l'entrée des camps ou à l'intérieur, on trouve ce genre de slogan : « Le travail est le chemin vers la maison », sinon « Vive le travail libre et joyeux » ou bien encore : « Le travail fortifie l'âme et le corps ». Bientôt, sur d'autres camps, nazis cette fois-ci, on lira : « Le travail rend libre ». La Direction générale des camps se dit en russe : *Glavnoe Oupravlenie Laguereï* ce qui donne l'acronyme Goulag.

La déchristianisation accompagne tout le processus bolchevique : l'homme nouveau doit faire la peau à l'homme judéo-chrétien. Ainsi, lorsque les commissaires du peuple arrivent au monastère des îles Solovki, la technique de déchristianisation inaugurée par la Révolution française reprend du service : destruction des objets liturgiques, fonte des métaux précieux, cloches brisées, croix sciées, étoile rouge posée au sommet du clocher d'où le crucifix a été arraché, intérieurs saccagés, destruction de l'iconostase médiévale, profanation des reliques des saints puis exposition au musée de l'athéisme à Leningrad, arrestation et liquidation des moines, transformation des églises en prisons où sont entassés les prisonniers sans chauffage, l'hiver, la température descend à – 20, destruction de l'autel sur le lieu duquel les bolcheviques construisent des latrines, dynamitage des édifices religieux. Toute l'Union soviétique vit à l'heure de Fouché.

Le recours à la torture est généralisé : viols ; exposition de corps nus aux piqûres de moustiques sous la fournaise de l'été ou aspersion d'eau et exposition dévêtu dehors après enfouissement dans des trous gelés ; exposition aux vents dans le clocher ; prostitution forcenée ; travail forcé dix heures par jour ; tâches inutiles – compter à haute voix les oiseaux qui passent dans le ciel, transporter des seaux d'eau d'un trou à un autre, des tas de terre d'un lieu l'autre, des pierres d'un endroit à un autre – et se faire tuer pour un rien ; enfermement à l'air libre dans des cages garnies de pointes ; constructions de chantiers pharaoniques impossibles à achever. La mort emporte la plupart des prisonniers dès le premier hiver. Le gel mutile entre sept et huit personnes sur dix. Le seul 16 octobre 1937, les bolcheviques exécutent 1 116 personnes. L'écrivain Maxime Gorki fait de Solovki une grande réalisation socialiste.

À la mort de Lénine, le 21 janvier 1924, il existe 700 goulags de ce type sur la totalité du territoire de l'Union soviétique. Une carte de ces endroits de malheur installés en Europe de l'Est montre que le camp de concentration se développe à la même vitesse que les monastères catholiques au XIIe siècle dans l'Europe de l'Ouest. La déchristianisation va de pair avec l'abandon de toute morale. Le bon est le bien, le mal est le mauvais ; ce qui est bon, c'est ce qui rend possible la révolution telle que Lénine la voit et la veut ; ce qui est mal, ce qui l'entrave. Tuer est donc bon et bien ; la pitié est le mal, elle est donc mauvaise. La dictature, le terrorisme de masse, la tyrannie, les camps de concentration, les gazages, les tortures, les fusillades, les pogroms, les exterminations, les liquidations, les famines organisées, le vandalisme, le pillage, les viols, les massacres – tout cela est bon puisque c'est décidé par le Parti pour le bonheur du prolétariat et le salut de l'humanité. Trotski a théorisé et légitimé la chose dans

Leur morale et la nôtre en 1938. Parousie, quand tu nous tiens !

Staline ne fera que creuser le sillon de Lénine et de Trotski. Lénine fut stalinien bien avant Staline... Même remarque pour Trotski, nonobstant le piolet de Ramon Mercader. Le Goulag a occasionné la mort de 20 millions de personnes. Il n'y eut pour cette barbarie aucun procès de Nuremberg, donc aucune culpabilité ni repentance, donc aucune réparation ni regret. Les bourreaux et les gardiens de camp ont fait carrière dans le régime jusqu'à la fin. Et nul ne songe aujourd'hui à intenter un procès aux nombreux survivants. Leurs enfants se sont enrichis avec l'achat pour une bouchée de pain des biens d'État soviétiques après la chute du mur de Berlin. Ce sont eux qui constituent la mafia que l'on sait. En 2016, la Russie est gouvernée par un homme issu de ce régime meurtrier. En Occident, Lénine est édité en livre de poche pendant que Staline joue le rôle du mauvais. Au XXe siècle, sur toute la planète, le communisme a occasionné la mort de 100 millions de personnes. En mars 1921, le cuirassé de la marine tsariste *Petropavlovsk* a été débaptisé par le régime marxiste-léniniste qui lui a redonné un nom : *Marat*.

4

La révolution contre-révolutionnaire

Le fascisme comme réaction chrétienne

11 février 1929.
Le Vatican est créé par les accords du Latran
signés entre Mussolini et Pie XI.

Bien qu'elle soit une, la Révolution française fut également multiple et contradictoire : il y eut le fédéralisme des Girondins et l'étatisme centralisateur des Jacobins, l'humanisme de Condorcet et le terrorisme de Marat, les idées abolitionnistes de Beccaria et la défense de la peine de mort chez Rousseau, les droits de l'homme et du citoyen de Jérôme Champion de Cicé et le Tribunal révolutionnaire de Fouquier-Tinville, l'abolition des privilèges dans la nuit du 4 août 1789 et la loi des suspects du 17 septembre 1793, les États généraux et la guillotine, la religion de l'Être suprême robespierriste et la furie déchristianisatrice des hébertistes, la Déclaration des droits de la femme d'Olympe de Gouges et le génocide vendéen, les fêtes de la Fédération et la vertu par la Terreur de Robespierre, le 9 thermidor et la Terreur blanche – entre autres balancements dialectiques.

Le droit d'inventaire s'impose. Or, le prélèvement permet tout et le contraire de tout – une chose et son contraire. Ainsi, le bolchevisme marxiste-léniniste s'inscrit clairement dans l'un des lignages de la Révolution française : le centralisme étatique jacobin, la généralisation de la terreur, la politique du Tribunal révolutionnaire, le terrorisme d'État, l'extermination planifiée de catégories sociales clairement identifiées et nommées, la déchristianisation et la religion de l'athéisme, l'usage de la violence comme révélation de l'histoire, la politisation de la vie privée, la parousie visant la construction d'un homme nouveau.

Paradoxalement, le fascisme qui prétend se créer contre l'esprit de la Révolution française souscrit au même programme que celui des marxistes-léninistes. Reprenons : le centralisme étatique jacobin, la généralisation de la terreur, la politique du Tribunal révolutionnaire, le terrorisme d'État, l'extermination planifiée de catégories sociales clairement identifiées et nommées, l'usage de la violence comme révélation de l'histoire, la politisation de la vie privée, la parousie visant la construction d'un homme nouveau. Mais il en soustrait une composante, et cette soustraction fait la différence : la déchristianisation et la religion de l'athéisme. Car, dans sa forme pure, le fascisme, c'est le bolchevisme, moins la déchristianisation, plus la re-christianisation.

Nul n'en disconviendra, le fascisme a le culte de l'État, il a celui de l'ordre et de l'autorité, de la police politique et de l'armée, il aime la guerre et la présente comme une hygiène spirituelle, il recourt à des méthodes violentes à l'endroit de tout ce qui résiste à sa volonté, il réactive le principe théocratique et croit que le grand homme concentre la loi en lui, il ne distingue pas la vie intime de la vie publique, il réduit les femmes à leur rôle d'épouse et de mère, il a le culte de la virilité, il célèbre la nation féconde et promeut une politique nataliste, il noie l'individu dans l'État, il n'aime pas les Juifs qui, dit-il, empêchent l'unité de la nation, il veut étendre son domaine vital au-delà de son pays et, pour ce faire, il vise l'empire, il construit sa vision du monde inégalitaire et hiérarchisée autour de l'homme blanc, il se moque bien de la Déclaration des droits de l'homme et du citoyen, car il ne croit qu'au devoir de sujétion qu'a l'individu à l'endroit de l'État total.

Qui ne verra là un portrait de ce qu'a été l'Église depuis Constantin jusqu'à la Révolution française ? Les logiques qui conduisent de l'État à l'empire, celles qui rendent possibles les autodafés, les croisades, l'Inquisition, l'Index des livres prohibés, les procès d'animaux et les bûchers de sorcières, celles qui légitiment la destruction des peuples amérindiens et des civilisations en dehors de l'Europe, celles qui glorifient le moine-soldat dont le glaive forgé par saint Paul sert à imposer la Bonne Nouvelle partout sur la planète, celles qui ne reconnaissent les femmes que quand elles sont mariées et qu'elles fondent une famille nombreuse, celles qui affirment que l'ordre céleste avec un seul Dieu fournit le modèle à l'ordre terrestre avec un seul César, celles qui font du peuple juif le peuple déicide éternellement marqué par ce péché originel, voilà non pas ce qui fait du christianisme un fascisme mais du fascisme une modalité réactionnaire et militaire du christianisme.

Mussolini crée le fascisme avec le Parti national fasciste en 1921. Le 28 octobre 1922, il marche sur Rome avec ses Chemises noires. Il obtient le pouvoir et constitue le gouvernement le 30 octobre 1922. En septembre 1923, un rapport classé dans les archives du Vatican envisage un *Programme de collaboration des catholiques avec le gouvernement de Mussolini*.

On y lit ceci : « Les catholiques, grâce à plusieurs dispositions adoptées par le gouvernement conformément à leurs principes [...], ont dû convenir qu'aucun gouvernement en Italie, et peut-être dans le monde entier, n'aurait pu, en une seule année, faire autant en faveur de la religion catholique. Les catholiques ne peuvent que penser avec horreur à ce qui pourrait se passer en Italie si le gouvernement de Mussolini devait céder face à une éventuelle insurrection des forces subversives ; ils ont par conséquent tout intérêt à le soutenir. »

Entre 1925 et 1926, Mussolini promulgue les *lois fascistissimes* qui constituent le régime fasciste avec parti unique et chef absolu répondant au nom de Duce : contrôle de la presse, interdiction des journaux d'opposition, tribunaux aux ordres, suppression du droit de grève, parti unique, interdiction du syndicalisme de gauche remplacé par le corporatisme fasciste, soumission de toutes les associations à la police, suppression d'élus auxquels sont substitués des individus désignés par le Parti, assignation à résidence ou relégation des antifascistes, création de tribunaux spéciaux, recours à la peine de mort pour les délits contre l'État, création d'une police secrète.

Dans son *Discours à la Chambre des députés* du 14 mai 1929, concernant les accords du Latran, Mussolini dit : « L'État fasciste revendique pleinement son caractère éthique : il est catholique, mais avant tout, il est fasciste, exclusivement, essentiellement fasciste. Le catholicisme en fait partie intégrante et nous le déclarons ouvertement, mais que personne ne pense brouiller les cartes par des subtilités philosophiques ou métaphysiques. » Autrement dit : pas de patristique, pas de scolastique, pas de sophistique, pas de rhétorique, mais un catholicisme de combat, celui qui revendique le glaive de saint Paul, fût-ce au détriment des vertus évangéliques de Jésus. Il s'agit de rien de moins que du catholicisme élaboré par Constantin qui s'appuie sur le Christ en colère chassant les marchands du Temple – juifs. Le moment préféré de Hitler dans les Évangiles comme il le signale dans *Mon combat*.

Dans *La Doctrine du fascisme,* Mussolini écrit : « L'État fasciste ne reste indifférent ni en face du fait religieux, en général, ni en face de cette religion positive particulière qu'est le catholicisme italien. L'État n'a pas une théologie, mais il a une morale. Dans l'État fasciste, la religion est considérée comme une des manifestations les plus profondes de l'esprit et, en conséquence, elle est non seulement respectée mais défendue *[sic]* et protégée *[sic]*. L'État fasciste ne se crée pas un "Dieu" particulier comme Robespierre a voulu le faire, un jour, dans l'extrême délire de la Convention ; il ne cherche pas non plus vainement à l'effacer des âmes, ainsi que le bolchevisme. Le fascisme respecte le Dieu des ascètes, des saints, des héros en même temps que le Dieu que voit et prie le cœur ingénu et primitif du peuple » (§ 12).

Au contraire du bolchevisme, le fascisme n'est pas un athéisme ; il serait bien plutôt un bolchevisme chrétien, de même que le bolchevisme s'apparente à un fascisme athée. Pas question de déisme et d'Être suprême robespierriste, ni d'athéisme marxiste-léniniste et de déchristianisation communiste, le Duce veut dans son État fasciste la religion catholique de ceux qui l'ont faite dans l'histoire, les moines du désert, les grandes figures sanctifiées par l'Église, les noms notables de ceux qui l'ont historiquement incarnée. Ce catholicisme est celui des gens simples et intellectuellement modestes.

Lorsque Mussolini définit le fascisme, il en fait clairement un spiritualisme opposé au matérialisme et au positivisme : « La vie, par conséquent, telle que la conçoit le fasciste, est grave, austère, religieuse : elle est vécue tout entière dans un monde que soutiennent les forces morales et responsables de l'esprit. Le fasciste méprise la vie commode » (§ 4). Le Duce oppose donc deux mondes : d'une part, le matérialisme, le positivisme, le communisme, le bolchevisme, l'athéisme, le marxisme-léninisme qu'il exècre ; d'autre part, le spiritualisme, l'idéalisme, le mysticisme, le catholicisme, le fascisme qu'il célèbre. Toujours dans *La Doctrine du fascisme* : « Le fascisme est une conception religieuse, qui considère l'homme dans son rapport sublime avec une loi supérieure, avec une Volonté objective qui dépasse l'individu comme tel et l'élève à la dignité de membre conscient d'une société spirituelle. Ceux qui, dans la politique religieuse du régime fasciste, n'ont vu qu'une question de pire opportunité n'ont pas compris que le fascisme est non seulement un système de gouvernement, mais encore, et avant tout, un système de pensée » (§ 5).

Cette relation entre fascisme et catholicisme n'est pas sans heurts car Mussolini entend plus fasciser le christianisme que christianiser son fascisme. Dans la même logique, Hitler voudra lui aussi nazifier le christianisme plutôt que christianiser son nazisme. Le fascisme mussolinien est un spiritualisme chrétien, mais nullement saint-sulpicien. Cette doctrine procède d'un patchwork intellectuel dans lequel on trouve la philosophie du droit et de la religion hégélienne, le surhomme nietzschéen, le vitalisme bergsonien, le pragmatisme jamesien, l'éloge de la violence sorélien, autrement dit, un certain nombre de thèses que l'Église catholique officielle récuse.

Mussolini reconnaît la puissance du catholicisme, mais refuse que cette puissance soit plus efficiente que celle de l'État fasciste. Le souverain pontife, quant à lui, effectue son travail de pape en souhaitant que l'Église conserve le monopole de l'éducation des jeunes, une activité que le Duce se réserve car il sait que l'endoctrinement assure l'être et la pérennité du fascisme dans le temps. Mussolini veut rendre à César ce qui est à César et à César ce qui est à Dieu ; Pie XI quant à lui aspire à rendre à Dieu tout ce qui est à César. Il n'en reste pas moins que le patron du pouvoir temporel, Mussolini, et le chef du pouvoir spirituel, Pie XI, trouvent un accord au Latran.

Les accords du Latran sont signés le 11 février 1929 entre le royaume d'Italie et le Saint-Siège, autrement dit entre Mussolini et Francesco Pacelli, frère du futur Pie XII. Il est décidé que le pouvoir temporel du pape se réduit à la cité du Vatican qui devient un État avec tous ses attributs et que la religion catholique, apostolique et romaine est la religion de l'État italien fasciste. Le Vatican devient un État avec sa police, sa presse, ses médias, ses timbres, sa monnaie. Le pape devient un chef d'État temporel comme les autres chefs d'État de la planète avec pouvoir législatif, exécutif et judiciaire. Mussolini fait verser une somme considérable en prix de l'abandon du règne papal sur les États pontificaux. Le Concordat stipule que le catholicisme est la religion officielle de l'État italien. L'enseignement religieux devient obligatoire dans toutes les écoles.

Cette intime liaison, voire fusion, réalisée par le fascisme entre la religion et la politique, entre la transcendance divine et l'immanence civique afin de réaliser une transcendance civique et une divinité de l'immanence, s'initie dans la Révolution française. Sur le sujet de la religion, elle fut également une et multiple. Certes, il y eut la déchristianisation et le vandalisme révolutionnaire avec, par exemple, la sainte ampoule brisée à Reims ou les multiples destructions d'objets ou d'édifices chrétiens, mais il y eut aussi des variations sur le thème du Jésus révolutionnaire, du Christ sans-culotte ou du Dieu égalitaire. Il y eut également « la célébration idyllique du contrat social », comme l'écrit Taine, lors de fêtes de la Fédération qui inaugurent les grandes manifestations à la gloire du régime.

Pendant la Révolution française, la religion catholique est sommée de se couler dans le moule de la religion civique. C'est le sens de la Constitution civile du clergé qui, outre le fait qu'elle permet la confiscation des biens des congrégations religieuses et du clergé, invite l'homme de Dieu à se soumettre au contrat social, à la loi, à l'État, donc au gouvernement. Les archevêques, évêques et curés sont désormais élus par les citoyens. Quiconque consacre sa vie à Dieu commence par jurer fidélité à la nation, à la Constitution et, nous sommes en juillet-août 1790, au roi qui a donné son accord pour ces nouvelles dispositions. Le pape refuse cette logique ; la majorité du clergé également. Mussolini met ses pas dans ce sillon creusé par la Révolution française : à défaut de soumettre Dieu à César, on somme ses ministres de s'y plier. Le catholicisme romain rechigne mais, finalement, il n'a jamais condamné le fascisme mussolinien.

L'homme nouveau voulu par le fascisme était en effet le contraire de l'homme voulu par le christianisme de l'idéal ascétique, mais il s'inscrivait tout à fait dans la logique de l'homme souhaité par saint Bernard de Clairvaux. Or la papauté, c'est aussi bien l'idéal ascétique du renoncement au monde que l'idéal chevaleresque du combat chrétien dans le monde. L'homme nouveau n'était pas viscéralement incompatible avec l'homme chrétien armé du glaive de saint Paul pour faire triompher le christianisme par la force, par les armes, par les croisades, par les bûchers, etc.

L'Église pouvait donc voir d'un bon œil le fascisme en tant qu'il partage les mêmes ennemis : les communistes, les bolcheviques, les matérialistes, les athées, les Juifs, les philosophes rationalistes, d'autant qu'elle n'a plus la main même chez les chrétiens qui s'affranchissent des dogmes et du sacré. L'époque n'est plus où César et Dieu étaient une seule et même figure. Dans le fascisme, César passe avant Dieu et il n'y a de Dieu que selon la définition fasciste – une force incarnée dans une histoire, en l'occurrence le catholicisme romain.

La montée en puissance du monde moderne, athée et matérialiste, consumériste et postchrétien, hédoniste et immoral, met la papauté en face de ses responsabilités : certes le fascisme n'est pas, dans l'absolu chrétien, son premier choix, mais c'est un second choix qui, dans le relatif historique, fait très bien l'affaire, car le marxisme-léninisme gronde, la bolchevisation menace, l'internationalisation du communisme est d'actualité, une seconde guerre mondiale menace et le fascisme représente le meilleur rempart pour le christianisme. Le pape invite à multiplier les prières et les veillées sur toute la planète, mais un peu moins d'angélisme ne fait pas de mal : le fascisme garantit concrètement le christianisme contre la menace bolchevique. Le christianisme officiel se fera donc le compagnon de route de tous les fascismes, le premier, celui de Mussolini donc, mais les suivants, celui de Franco en Espagne, celui de Hitler en Allemagne, celui de Pétain en

France, plus tard même celui des colonels en Grèce ou celui des dictatures d'Amérique du Sud dans les années 1970.

Après Mussolini, mais avant Pétain, Francisco Franco lui aussi joue la carte catholique contre la montée du péril bolchevique en Europe. Catholique, fils d'un père ayant quitté le domicile conjugal et d'une mère pieuse, taciturne et maigrelet, surnommé « l'Allumette » et parlant avec une voix de fausset, Franco est un élève neutre. Il entre à l'école militaire où il aime l'histoire, la topographie et l'équitation. Il connaît le feu au Maroc lors des batailles du Rif et s'y fait gravement blesser. Il décroche les médailles et devient commandant à vingt-cinq ans. Il est détesté, froid, méprisant. Arrogant sous le feu, il donne ou fait donner la mort sans état d'âme. Il est austère jusqu'à l'ascèse – pas d'alcool, pas de filles. À trente-quatre ans, en 1926, il est le plus jeune général d'Europe. En 1935, il est chef d'état-major de l'armée. En février 1936, le Front populaire remporte les élections législatives. Un coup d'État se prépare. La guerre civile est déclarée le 18 juillet 1936, elle va durer presque trois ans. Franco devient généralissime le 1er octobre 1936.

La guerre d'Espagne oppose les phalangistes de la droite catholique aux républicains qui contiennent tant bien que mal communistes staliniens, trotskistes, anarcho-syndicalistes et anarchistes – les premiers qui prennent leurs ordres à Moscou feront autant de ravages parmi les républicains que les franquistes. Orwell a raconté cette boucherie de la gauche moscoutaire contre la gauche qui ne l'est pas dans *Hommage à la Catalogne* et Simone Weil a rapporté comment l'on tue des humains pour le bien de l'humanité dans sa *Lettre à Georges Bernanos*.

Franco fait couler le sang de gauche au nom du Christ : 8 000 charniers contenant des milliers de cadavres ont été répertoriés à ce jour. Les franquistes veulent empêcher une révolution de type marxiste et pour ce faire revendiquent une répression sans limites. Hauts dirigeants, cadres supérieurs de l'armée, syndicalistes, membres du gouvernement républicain, officiers, intellectuels, suspects, sympathisants de gauche, francs-maçons supposés ou avérés, anarchistes, communistes, laïcs, libéraux, indépendantistes basques, libéraux, catholiques de gauche, le sang coule à flots : à la baïonnette, au couteau, une balle dans la nuque, attaché à un poteau, torturé, la mort fait la loi. Les franquistes massacrent 10 % de la population de Cordoue. Parfois, plusieurs centaines d'exécutions ont lieu en une seule journée. Le massacre de Badajoz qui a lieu dans la nuit du 14 au 15 août 1936 occasionne entre 2 000 et 4 000 victimes – soit 10 % de la population.

Près de 200 camps de concentration rassemblent des prisonniers politiques, mais aussi des homosexuels ou des « droit commun ». Tous sont condamnés à des travaux forcés – construction de canaux, de lignes de chemin de fer, barrages, assèchement de marécages. Près de 200 000 personnes y trouvent la mort. Là aussi, là encore, des centaines d'exécutions peuvent avoir lieu en une seule et même journée. Certains prisonniers sont envoyés dans les camps de la mort nazis *via* des transits dans les camps français du maréchal Pétain.

Face au projet de déchristianisation clairement avoué dès le départ du gouvernement républicain, l'Église catholique prend ouvertement parti pour Franco. En septembre 1936, l'archevêque de Salamanque se prononce « en faveur de la défense de la civilisation chrétienne et de ses fondements ».

En 1937, le secrétaire général du Parti communiste espagnol José Diaz dit : « Dans les provinces que nous contrôlons, nous avons dépassé amplement l'œuvre des soviets, car l'Église en Espagne est aujourd'hui anéantie. »

Le bilan total de cette terreur blanche est impossible à établir. Les estimations oscillent entre 80 000 et 400 000 personnes. Bernanos, qui fut un temps sympathisant de Franco au nom de l'espoir chrétien que le général portait au moment du coup d'État, se ravise au vu de la tournure des événements et raconte cette boucherie catholique dans *Les Grands Cimetières sous la lune* (1938). Ses tableaux sont terribles. Il rapporte qu'un prêtre de Palma de Majorque bénit les tueurs phalangistes les pieds dans le sang de leurs victimes républicaines. Il renvoie les franquistes dans le camp de Fouquier-Tinville et de Marat. Franco met sa tête à prix. Simone Weil et Albert Camus saluent la liberté et la grandeur de Bernanos. La droite renie l'homme de droite ; la gauche l'acclame, alors qu'elle n'est pas son camp.

Cette terreur blanche des franquistes vers les républicains fonctionne en contrepoint d'une terreur rouge des républicains vers les franquistes – où l'on retrouve les pratiques de la déchristianisation de 1793 : profanation des lieux saints, vandalisme dans les monastères, pillage des églises, meurtres de près de 10 000 membres du clergé, castration et éviscération de prêtres, exécutions de laïcs, viols de religieuses, assassinats de propriétaires, d'industriels, de commerçants, d'hommes politiques, incendie de bibliothèques religieuses, destruction des plans de la Sagrada Familia de Gaudí.

Des tribunaux révolutionnaires expédient au peloton d'exécution après des parodies de procès. Les commissions d'enquête se nomment *Checas* – en hommage à la Tcheka. Des centaines de personnes sont abattues après dénonciations calomnieuses, pour des règlements de comptes, ou en vertu d'une simple suspicion. Les milices qui se disent antifascistes sortent des prisonniers politiques des prisons pour les massacrer sommairement. La police politique de l'armée populaire abat également ceux de gauche qu'elle estime déviants et qui, bien sûr, sont traités de *fascistes*... Les communistes soutenus par Staline déciment les rangs de la CNT anarchiste et du POUM trotskiste. En plus des 10 000 religieux morts il faut ajouter 75 000 autres victimes dites nationalistes.

Le 28 mars 1939, Madrid tombe ; le 1er avril 1939, la guerre civile est terminée. Ce même jour, Pie XII télégraphie ce message à Franco : « Nous Nous réjouissons avec Votre Excellence de la victoire tant désirée de l'Espagne catholique. » Quinze jours plus tard, s'adressant au peuple espagnol à la radio, le pape précise les choses : « Les desseins de la Providence, très chers fils, se sont manifestés une fois encore sur l'héroïque Espagne. La nation choisie par Dieu comme principal instrument d'évangélisation du Nouveau Monde et comme rempart inexpugnable de la foi catholique vient de donner aux prosélytes de l'athéisme matérialiste de notre siècle la preuve la plus élevée qu'au-dessus de tout se placent les valeurs éternelles de la religion et de l'esprit. »

En 1941, des négociations commencent entre l'Espagne franquiste et le Saint-Siège afin de parvenir à un accord. Treize ans plus tard, le Concordat est signé. L'Église est très bien servie : les religieux ne peuvent être convoqués au tribunal civil sans l'autorisation du Vatican ; s'ils doivent être détenus, c'est dans un local ecclésiastique ; l'Église échappe à l'impôt ; l'enseignement de la religion catholique est obligatoire dans les écoles ; le christianisme est traité correctement dans les médias, tous supports confondus – papier, radio, télé ; le personnel soignant, éducatif et pénitentiaire reçoit une formation religieuse ; les membres du clergé sont dispensés de service militaire ; en cas de guerre, en tant qu'aumôniers, ils échappent au feu ; les fêtes religieuses deviennent fériées ; l'État assure les dépenses des diocèses ; églises et couvents sont inviolables ; le mariage religieux a la même force que sa formule civile ; le catholicisme devient religion officielle de l'État espagnol. En contrepartie de ces cadeaux faits par Franco à l'Église, l'Église le nomme chanoine honoraire ; les prêtres espagnols prient chaque jour pour lui et le pays. Franco meurt dans son lit le 20 novembre 1975 après une longue agonie. Son corps repose jusqu'à aujourd'hui dans la basilique Sainte-Croix del Valle de los Caidos, un édifice qui a été commandité par Franco pour honorer les « héros et martyrs de la croisade » *[sic]* – autrement dit : les phalangistes.

Quand l'Allemagne nazie entre en France en 1940, Pie XII a remplacé Pie XI mort le 10 février 1939 – le cardinal Pacelli est devenu Pie XII le 2 mars 1939. Il sera le souverain pontife du compagnonnage avec les fascismes européens. Le nouveau pape dit à l'ambassadeur de France que ce qui advient aux Français est le pur produit de la déchristianisation. Dans sa lettre *Quamvis immanis* datée du 25 novembre 1943, Pie XII écrit en effet : « Le genre humain est très puni à cause de l'abandon funeste, par beaucoup, de Dieu et de ses commandements. »

Le maréchal Pétain, qui signe l'armistice, est complètement sur ces positions puisqu'il affirme dans son appel du 25 juin 1940, le jour où celui-ci prend effet : « Notre défaite est venue de nos relâchements. L'esprit de jouissance détruit ce que l'esprit de sacrifice a édifié. C'est à un redressement intellectuel et moral que, d'abord, je vous convie. » À quoi il ajoute cette phrase devenue célèbre : « Ce n'est pas moi qui vous bernerai par des paroles trompeuses. Je hais les mensonges qui vous ont fait tant de mal. » Qui a berné qui ? La gauche, le socialisme, le communisme, les radicaux-socialistes, le Front populaire, ont selon lui berné le peuple. Quels sont les mensonges qui ont fait tant de mal ? Les discours de cette gauche : travailler moins longtemps dans la journée et dans une vie, disposer d'un temps de repos pour prendre des vacances ou des congés, accéder plus rapidement à la retraite, augmenter les salaires, attribuer des allocations de chômage, élargir le droit syndical, nationaliser un pan de l'économie française, porter la scolarité obligatoire jusqu'à l'âge de quatorze ans, promouvoir l'éducation populaire, démocratiser les musées, supprimer l'incapacité civile des femmes, nommer trois femmes dans le gouvernement, possibilité pour elles de servir dans l'armée française.

Dans ce même appel du 25 juin 1940, Pétain annonce « un redressement intellectuel et moral ». La République abolie laisse place à l'État français ; la devise ancienne, *Liberté, Égalité, Fraternité*, laisse place à la devise nouvelle : *Travail, Famille, Patrie* – c'est très exactement le programme catholique. Il s'agira de travailler plus, de célébrer le travail comme une valeur, une vertu, c'est en effet celle de la punition de la faute originaire pour un chrétien ; il faudra pour les femmes trouver désormais leur destin dans le mariage et la maternité ; enfin, quand l'État le demandera, le sujet français ira défendre son pays à la guerre.

Le Front populaire, c'est également Léon Blum à la tête de l'État, autrement dit, un Juif qui gouverne le pays. Pour le catholique vieille école qu'est Pétain, les Juifs sont et demeurent le peuple déicide ; ils sont également assimilés à l'argent, au journalisme, aux affaires, à la presse, à la banque et au communisme – le fameux judéo-bolchevisme ; ils sont enfin associés aux francs-maçons, nombreux chez les radicaux-socialistes, qui sont laïcs, antichrétiens, fomenteurs, dit Vichy, de la Révolution française, d'un État dans l'État qui empêche l'État, des idéaux républicains. Vichy est un fascisme français catholique antisémite comme le Vatican y invite.

La Révolution nationale a donc un programme : d'abord la restauration de l'ordre moral. Le Saint-Just des *Fragments d'institution républicaine* n'aurait pas trouvé à redire contre. Vichy se propose même de lutter contre les « forces de l'Ancien Régime » *[sic]* assimilé aux francs-maçons, aux républicains, aux Juifs, aux communistes. En 1907, Léon Blum a écrit *Du mariage*, un livre dans lequel il invite les jeunes filles à pratiquer la sexualité librement avant le mariage, à changer de partenaire aussi souvent qu'elles le souhaitent, à multiplier les aventures avant de se décider un jour pour le mariage une fois affranchies des choses de la vie.

La Révolution nationale fait de la femme une épouse fidèle et une mère de famille nombreuse. L'adultère de la femme est puni de deux ans de prison pour une femme ; d'une amende pour l'homme. Le régime estime que la société est trahie quand le mari est trompé. Les maris prisonniers en Allemagne le sont en effet souvent par leurs femmes. En 1923, Raymond Radiguet fait scandale avec *Le Diable au corps* qui raconte avec une complaisance gidienne l'adultère d'une femme dont le mari se bat au front.

L'avortement est criminalisé et peut conduire celui qui en fait commerce à la peine de mort : le 30 juillet 1943, Marie-Louise Giraud, une faiseuse d'anges blanchisseuse à Cherbourg, a été guillotinée à l'aube après que Pétain eut refusé son recours en grâce. La même année, le 22 octobre, un homme de quarante-six ans, Désiré P..., a, lui aussi, été conduit à la guillotine pour avoir provoqué des avortements. Il en faisait le commerce de façon itinérante. Lui aussi a vu son recours en grâce rejeté par le maréchal Pétain. Quand la mort n'était pas au rendez-vous, la peine était la plupart du temps les travaux forcés à perpétuité. On leur reprochait en effet de contribuer à la dénatalité du pays et à la justification du libertinage sexuel.

Vichy pénalise également l'abandon de famille qui concernait aussi bien ceux qui refusaient de payer une pension alimentaire que ceux qui quittaient le foyer, mais également ceux qui refusaient de partager le lit conjugal ou les femmes qui ne se soumettaient pas à la loi de leurs maris. L'abandon des enfants, les mauvais traitements qui leur sont infligés sont également concernés. Il s'agit de poursuivre tout ce qui ne constitue pas la famille catholique traditionnelle : un homme et une femme qui partagent le même toit, donc le même lit, qui subviennent aux besoins matériels et spirituels de leurs enfants.

Dans ce même ordre d'idées, l'homosexualité est l'abomination de la désolation : elle suppose en effet une sexualité pratiquée pour elle-même, inféconde et stérile, donc utile aux bénéficiaires, mais inutile pour la société. Les rapports homosexuels avec des mineurs entre dix-huit et vingt et un ans sont donc poursuivis en justice. Il s'agit de bannir la sexualité dans les Chantiers de jeunesse instaurés par le régime de Vichy, de lutter contre la prostitution dans les ports ou contre la sexualité entre majeurs et mineurs même consentants. C'est au nom de cette loi du 6 août 1942 que Simone de Beauvoir est exclue de l'Éducation nationale en juin 1943 : pour avoir couché avec une de ses élèves, Nathalie Sorokine – ce qui deviendra un fait de résistance dans l'hagiographie germanopratine.

La prostitution fait l'objet de poursuites vichystes pour les mêmes raisons : la déconnexion du sexe et de la procréation, la séparation de la libido et de la construction d'une famille, la coupure de la sexualité et de la fidélité monogamique. Au bordel, le plaisir du client fait la loi, sans aucun souci d'augmenter la famille avec le risque d'ajouter une bouche supplémentaire à nourrir au foyer conjugal. Ne pouvant purement et simplement interdire les maisons de tolérance, le régime pénalise le racolage sur la voie publique et le proxénétisme.

Le Front populaire avait offert un peu de temps libre aux ouvriers qui se retrouvaient volontiers dans les cafés, les bistrots, les guinguettes où l'alcool coulait à flots. Vichy lutte contre l'alcoolisme. Il s'agit également, dans une logique prophylactique et hygiéniste, raciale, de produire une race forte, saine, vigoureuse qui préfère le sport et les exercices physiques en plein air aux joies du bistrot et des conversations de zinc. Pétain estime en effet que l'alcoolisme est « en train de détruire notre race » (13 août 1940). Le second gouvernement Blum ayant adopté un décret autorisant la fabrication et la vente du pastis en dérogation aux lois concernant l'absinthe, Vichy rendait Blum responsable de l'alcoolisation de la race française.

Dans la même logique raciale, l'invitation à restaurer un ordre moral se double d'antisémitisme.

Si la France a été envahie aussi facilement par les nazis, c'est parce qu'elle était hédoniste et jouisseuse, paresseuse et alcoolisée, débauchée et ramollie, vicieuse et dépravée, noceuse et gauchisée. En vertu de l'antique pensée magique, Vichy désigne les fautifs à clouer au pilori : la bolchevisation bien sûr, le pouvoir occulte de la maçonnerie évidemment, les puissances cachées de la juiverie internationale bien entendu. Le complot judéo-bolchevique et maçonnique constituait une excellente synthèse pour exprimer la généalogie du mal français. Comment l'Église catholique, apostolique et romaine qui n'aimait pas les Juifs, coupables de la mort du Christ, les bolcheviques, responsables de la déchristianisation massive et de l'instauration d'un athéisme militant et hédoniste, les francs-maçons, fautifs d'avoir généré l'idéologie républicaine, n'aurait-elle pas trouvé son compte à ce programme politique ?

L'antisémitisme était une aubaine pour l'Église qui n'a renoncé à faire des Juifs le peuple déicide que vingt ans après la libération des camps nazis, en 1965 avec Vatican II – et encore, avec de multiples prudences stylistiques… Vichy fut un régime antisémite. On le sait. Les lois contre les Juifs sont sidérantes : dénaturalisation de milliers de Juifs ; autorisation de la propagande antisémite dans la presse ; abolition du décret Crémieux qui donnait la nationalité française aux Juifs d'Algérie ; dissolution de toutes les organisations juives, hors consistoires ; recensement des Juifs et création d'un fichier ; ouverture de camps français dans lesquels sont concentrés des Juifs ; interdiction pour les Juifs d'être médecins, militaires, universitaires, fonctionnaires, enseignants, journalistes, directeurs de certaines entreprises, artistes ; limitation du nombre d'étudiants juifs ; renvoi de leurs écoles des enfants juifs d'Algérie – Jacques Derrida fut touché par cette mesure, Albert Camus enseignait clandestinement à ces jeunes privés d'éducation ; promulgation d'une loi qui définit la race juive ; recensement des entreprises juives ; obligation de signaler la judéité de l'entreprise sur les vitrines commerciales ; convocation des Juifs à la police pour remise de papiers d'identité signalant leur statut ; création d'un Commissariat général aux questions juives qui aryanise l'économie, autrement dit qui confisque les biens juifs et les administre ; déchéance de leurs mandats des députés et sénateurs juifs ; obligation de porter l'étoile jaune ; internement des étrangers et apatrides. Les rafles commencent en avril 1941. Les déportations massives des Juifs de France concernent plusieurs milliers d'entre eux. Vichy a fourni les camps de concentration nazis en enfants juifs, en femmes juives, en vieillards juifs, en anciens combattants juifs, en hommes juifs. Les six millions de Juifs morts dans les camps l'ont été avec le concours actif du régime de Vichy et explicitement du maréchal Pétain. La destruction des Juifs français procédait de l'ordre moral – cet ordre était catholique.

Qu'a dit l'Église catholique ? Rien contre, car elle souscrit. Elle sait que, depuis la Révolution française, la déchristianisation est en marche à plus ou moins vive allure : l'immense boucherie de la Première Guerre mondiale avec ses presque dix millions de morts et ses huit millions d'invalides de part et d'autre du Rhin a accéléré le mouvement nihiliste. Dieu a laissé faire cette guerre qui a engendré 6 000 morts chaque jour. Il paraît bien difficile pour les hommes revenus du front l'âme noircie par la sauvagerie belliciste de souscrire encore aux fables chrétiennes d'un Dieu bon et miséricordieux, d'une religion de paix et d'amour, d'autant que l'Église n'a pas porté bien haut le message évangélique pour lui préférer celui de la guerre et des nationalismes…

L'Église catholique n'aime ni la république ni la gauche, elle exècre le bolchevisme et le communisme, elle conspue le radical-socialisme et la franc-maçonnerie, elle n'aime pas les Juifs, elle a donc tout intérêt à soutenir le régime de Vichy qui promeut ses idéaux. En 1937, l'encyclique *Divini redemptoris* condamne le communisme athée ; on chercherait en vain une autre encyclique condamnant le national-socialisme, il n'y en aura pas car l'antibolchevisme nazi permet sur ce sujet majeur le compagnonnage avec les chrétiens. Dans son fameux discours du 25 juin 1940, Pétain dit : « Convaincu que l'Église peut aider au redressement moral qu'il envisage, le chef de l'État est bien disposé à accueillir toutes les demandes qu'elle lui présentera. »

L'Église ne manque pas de demander ; le régime se fait fort de lui donner. Ainsi, l'école confessionnelle catholique est subventionnée par l'État ; les instituteurs enseignent les devoirs envers Dieu ; les communes peuvent accorder des crédits aux écoles privées ; l'enseignement religieux entre à l'école de façon optionnelle ; les élèves du privé peuvent bénéficier des bourses d'État ; les facultés catholiques et protestantes reçoivent des subventions étatiques ; un service d'aumônerie est créé dans les collèges.

Pétain aime l'Église ; l'Église aime Pétain : au congrès de la Ligue ouvrière chrétienne, le cardinal Gerlier déclare : « Travail, Famille, Patrie, ces trois mots sont les nôtres. » Les évêques ne tarissent pas d'éloges sur le régime. Ils sont sur toutes les photos et dans tous les films de propagande. Le gouvernement réunit les multiples déclarations favorables du clergé à l'endroit de Vichy dans une brochure amplement diffusée. Pétain qui s'était marié civilement régularise son mariage à l'église.

L'Église bénit également l'antisémitisme d'État. Elle avait déjà choisi l'antidreyfusisme à la fin du XIXe siècle ; elle creuse le même sillon. Quand Pétain prépare le statut des Juifs, il informe l'Église de son projet de loi. Celle-ci ne voit rien à redire, elle estime qu'internationalistes les Juifs sont inassimilables et contraignent l'État français « à prendre des mesures de précaution au nom même du bien commun » – la chose se trouve dite par Mgr Gerlier lors de l'Assemblée des cardinaux et archevêques. Quelques voix se font entendre contre la politique antisémite de Vichy au moment des camps et des rafles, quelques catholiques s'honorent en protégeant des Juifs ; mais quelques autres chrétiens, par antibolchevisme, optent pour une franche collaboration avec le régime national-socialiste.

Le cardinal Baudrillart, recteur de l'Institut catholique, affirme pour sa part dans un journal ayant pour titre *Toute la vie* : « Prêtre et Français, dans un moment aussi décisif, pourquoi refuserais-je d'approuver la noble entreprise commune, dirigée par l'Allemagne, susceptible de délivrer la France, l'Europe, le monde, des chimères les plus dangereuses [...]. Voici les temps d'une nouvelle croisade. » Quant à Mgr Beaussart, représentant à Paris du cardinal Suhard qui assurait la liaison entre l'Assemblée des cardinaux et des évêques de l'Église et les nazis, il déclare en novembre 1941 : « La collaboration est la seule voie raisonnable pour la France et l'Église. » La chose se trouve clairement dite. La Milice, la police politique de Vichy, est majoritairement catholique ; de même la Légion des volontaires français.

Aucun prélat ne rejoint le général de Gaulle à Londres. L'épiscopat français est légitimiste : le régime de Vichy est légal, pas question de lui désobéir en rejoignant de Gaulle présenté comme faisant le jeu des Juifs, des communistes, des radicaux-socialistes, des francs-maçons, des laïcards et des Anglais. L'Assemblée des cardinaux attaque la Résistance en condamnant « ces appels à la violence et ces actes de terrorisme qui déchirent aujourd'hui le pays ». Pour l'Église de France, l'ennemi n'est donc pas le pétainiste qui déporte les Juifs dans les camps de la mort, en invitant à ne pas oublier les enfants, ou le milicien qui torture les partisans au nom de sa lutte catholique contre le bolchevisme, en énucléant à la petite cuillère les résistants pour loger dans le globe sanguinolent des hannetons avant de recoudre les paupières, mais le résistant qui combat ceux qui envoient les Juifs dans les fours crématoires. Le 24 août 1944, les cloches très catholiques de Notre-Dame de Paris célèbrent l'entrée de la division Leclerc dans Paris. De pétainiste qu'elle était la veille, l'Église devient gaulliste du jour au lendemain. Quelques semaines plus tard, le 28 septembre, le premier camp de concentration est libéré. On découvre alors les monceaux de cadavres.

Par antibolchevisme, l'Église n'a strictement rien fait pour empêcher cette barbarie qui signe le début de sa fin. On ne saurait lutter contre une barbarie par une autre barbarie. Les fascismes européens se proposaient de lutter contre la déchristianisation. Ils voulaient rechristianiser leurs pays pour répondre à la menace communiste internationale. Dans les faits, ils ont produit l'effet inverse : la victoire alliée de 1945 renvoie en effet le christianisme dans le camp des vaincus pendant que les Soviétiques qui libèrent Berlin entrent dans le camp des vainqueurs. Après guerre, l'une des deux barbaries le reste pendant que l'autre devient l'alternative civilisationnelle.

En mai 1968, les CRS sont des SS et de Gaulle un fasciste pendant que Marx, Lénine, Trotski et Mao sont des héros. En 1972, entre Marilyn Monroe et Yves Saint Laurent, Andy Warhol peint Lénine ou Mao – pas Hitler ou Franco.

5

Théorie de la chambre à gaz

Les ruines de l'Occident

28 septembre 1944,
Lublin-Maïdanek (Pologne).
Première libération d'un camp
d'extermination par l'Armée rouge.

Adolf Hitler était un grand lecteur. Insomniaque, il lisait un livre chaque nuit. Le dictateur antisémite possédait une bibliothèque de 16 000 livres dont un grand nombre d'éditions bibliophiliques. Le national-socialisme est un pur produit intellectuel du ressentiment. Il est peut-être même *le* produit emblématique du ressentiment en Occident. Car cet homme qui se prend pour un artiste, alors que son père fonctionnaire des douanes veut que, comme lui, il entre au service de l'Administration, s'est toujours pris pour tel et ne le fut jamais. Quand il s'engage pour combattre à l'automne 1914, à la rubrique profession, alors qu'il est manœuvre sur des chantiers, il écrit : *artiste*. Après les quatre années de guerre, au début des années 1920, donc sans jamais avoir publié quoi que ce soit, à la même rubrique, il note : *écrivain*.

Dans sa prime jeunesse, impressionné par le faste des offices catholiques, enivré par la pompe,

Hitler envisage de devenir prêtre. Il grimpe sur des chaises et fait des sermons ; il catéchise ses camarades d'école. Puis il abandonne l'idée, mais conserve la foi : toute sa vie, il oscille entre déisme philosophique et catholicisme paulinien. Au contraire de quelques-uns des dignitaires du IIIe Reich, il ne sera jamais ni athée, ni païen, ni antichrétien. Dans les premières pages de *Mon combat*, Hitler signale que sa formation catholique et son éducation religieuse ont joué un rôle majeur dans la constitution de sa personnalité. Rien ne l'oblige à avouer ce qu'il ne penserait pas. Si gênante que soit l'idée, Hitler fut chrétien – comme l'antisémite saint Jean Chrysostome ou le partisan du glaive croisé saint Bernard de Clairvaux. J'y reviendrai.

Un temps, après avoir entendu *ad nauseam* des opéras de Wagner, jusqu'à quarante fois *Tristan*, il songe à devenir compositeur. Puis il renonce. Ensuite, se croyant doué pour le dessin, il veut être dessinateur. Mais, à treize ans, il perd son père d'une apoplexie et, six ans plus tard, sa mère d'un cancer. Arrivé à Vienne pour présenter son dossier à l'Académie des beaux-arts, il se fait refuser deux fois : « J'étais si persuadé du succès que l'annonce de mon échec me frappa comme un coup de foudre dans un ciel clair. » Dépité, il souhaite alors devenir architecte. « J'étais fermement convaincu de me faire un nom dans l'architecture », écrit-il. Mais il faut en amont du cursus une formation qu'il n'a pas. Curé renonçant, compositeur refoulé, artiste refusé, architecte empêché, Hitler fut peintre, mais en bâtiment, comme manœuvre mal aimé par ses compagnons de chantier, végétarien buvant du lait à l'écart du prolétariat qui carbure à l'alcool. Il mange à la soupe populaire, il dort dans des asiles de nuit ou à la belle étoile, il déblaie la neige, il porte des valises à la gare, il vit de petits boulots.

Pendant quatre années, Hitler connaît la misère et la faim, il voit autour de lui la précarité sociale et les ravages de la paupérisation, la difficulté de trouver un travail et celle de le garder, les salaires qui permettent juste de survivre et le refuge dans la boisson, l'abandon du foyer conjugal et la violence familiale, le syndicalisme qui se sert politiquement des ouvriers plus qu'il ne les sert, les logements insalubres et l'alimentation déplorable. Il effectue une description de la condition ouvrière que ne renierait pas un Dickens ou… un Marx. Il est alors, selon son expression, « un petit peintre » – en bâtiment… Il effectue quelques aquarelles vendues dans la rue. La haute idée qu'il a de lui-même s'accommode mal de sa vacuité sociale et de ses échecs répétés.

La Première Guerre mondiale commence en août 1914. Le 28 octobre, il connaît le feu. Son bataillon est ravagé. L'homme du ressentiment trouve dans la vie de soldat matière à se construire une subjectivité : l'artiste raté devient un guerrier révélé par le spectacle du combat. Comme Ernst Jünger, il fait de la guerre une hygiène existentielle : l'un et l'autre pensent que la proximité perpétuelle avec la mort sur le champ de bataille donne un sens à la vie. Risquer sa peau, c'est s'acheter une âme. Pour des millions qui ne reviendront pas, morts, déchiquetés, pulvérisés, éparpillés, répandus, broyés, hachés, écrasés, perforés, décapités, troués, transformés en bouillie sanguinolente mélangée à la boue des tranchées, des millions reviendront, mais l'âme morte, déchiquetée, pulvérisée, etc. Hitler fait partie de ceux-là, mort vivant qui, toute sa vie, transforme en mort tout ce qu'il touche. Thanatos l'a contaminé, il contaminera avec Thanatos.

L'antisémitisme devient la réponse à toutes les questions, la solution à tous les problèmes : ce qui définit l'idéologie comme pathologie – ou la pathologie comme idéologie. Hitler ne naît pas antisémite, ni son père ni sa mère ne l'étaient ; il le devient. Quand sa mère meurt d'un cancer, il offre une de ses œuvres à son médecin juif ; quand il connaît la misère à Vienne, il vit trois années dans un foyer financé par des familles juives ; quand il peine à réunir quelque argent pour ses menus besoins, il accepte l'aumône régulière d'un ami juif ; quand il doit vendre ses aquarelles, il les confie à un marchand juif ; quand il les vend, elles sont achetées par des Juifs – et comme tout être de ressentiment, Hitler fait payer plus tard le bien qu'on lui fait.

Entre deux, il y a l'humiliation personnelle d'une vie ratée couplée à l'humiliation collective d'une guerre perdue. Il apprend en effet avec rage et larmes la fin de la Première Guerre mondiale alors qu'il est sur un lit d'hôpital, à Pasewalk, en Poméranie, *après avoir été gazé* à l'ypérite sur le champ de bataille, près d'Ypres. Il présente cet épisode suivi d'un aveuglement, au sens premier du terme, comme déclencheur de son désir de faire de la politique. Toutes les questions complexes qui se posent désormais à lui se trouvent résolues par le simplisme de la réponse antisémite.

Dès lors, au fascisme de Mussolini qui lutte contre le bolchevisme, Hitler ajoute la dimension raciale antisémite. Le national-socialisme est un fascisme racialiste : le Juif devient le bouc émissaire de toute la négativité du monde. La misère généralisée ? Les Juifs. La pauvreté partout ? Les Juifs. La prostitution dans les rues ? Les Juifs. L'impéritie de la démocratie ? Les Juifs. L'économie au service de la paupérisation ? Les Juifs. Le pacifisme qui amollit et fait perdre les guerres ? Les Juifs. Le capitalisme qui broie les peuples ? Les Juifs. La presse qui endoctrine et ment ? Les Juifs. Le bolchevisme qui menace partout en Europe ? Les Juifs. Le communisme qui ravale les hommes au rang de bêtes ? Les Juifs. La guerre pour les marchands d'armes ? Les Juifs. Le syndicalisme transformé en sinécure ? Les Juifs. Le matérialisme devenu aspiration de la civilisation ? Les Juifs. L'art qu'il estime dégénéré ? Les Juifs. Son insuccès, ses échecs, ses ratages ? Les Juifs... Cette pensée simpliste ravit les simples. Elle écrase la complexité du réel, la diversité du monde, la subtilité des choses, la multiplicité des causes sous l'unicité d'un seul et même rouleau compresseur : les Juifs sont coupables de toute la négativité du monde depuis qu'ils existent.

Les Juifs sont également redevables de la mort du Christ, c'est la version officielle de l'Église catholique, apostolique et romaine depuis deux mille ans. Or, Hitler n'a jamais rien dit ou écrit contre Jésus. Dans *Mon combat*, il désigne même son moment préféré dans la vie du Fils de Dieu : le geste colérique de celui qui chasse les marchands du Temple, juifs qui plus est, avec une corde transformée en fouet. Certes, c'est le seul moment où Jésus utilise la violence physique dans les Évangiles, mais, hélas, une seule fois suffit ! Comment ne pas songer que ce Christ-là annonce Hitler qui se donne pour tâche lui aussi de chasser les marchands du Temple, juifs, afin de réaliser la parousie d'un Reich millénaire ?

Les Juifs annoncent qu'ils sont le peuple élu ? Hitler inverse la proposition : l'Allemagne est le peuple élu et le Führer est son messie. Le Jésus des catholiques n'est plus le Sémite du judéo-christianisme, mais l'aryen blond aux yeux bleus qui fonctionne en antipode racial des Juifs. Le salut viendra de la régénération du peuple allemand corrompu par les Juifs grâce au plan élaboré par le dictateur national-socialiste. Comme Mussolini, Hitler entend faire de l'Église catholique un partenaire pour ce projet antisémite. Elle ne dira pas non. Pie XII dira même plutôt oui...

Hitler croit en Dieu, cela ne fait aucun doute. Il est déiste. Mais il croit également dans la religion catholique. Il est fidéiste. Il ne cesse de renvoyer à la Providence qui veille sur lui et décide de ce qu'il doit devenir. Il croit en son destin, il souscrit à son étoile, il ne cesse d'écrire son histoire sous le signe de ce qui doit arriver. Il se croit choisi, élu, nommé, désigné par la Providence – les théories hégéliennes du grand homme et de l'écriture de la Raison dans l'Histoire trouvent ici une nouvelle illustration. Il croit que l'Histoire le fait en même temps qu'il fait l'Histoire. Il pense également que l'Histoire ne peut être autre que ce qu'il veut puisqu'il est voulu par plus fort que lui.

Quand il écrit sa vie dans *Mon combat*, à propos du moment où il se trouve orphelin de père et de mère, à Vienne, seul, sans argent, sans travail, sans emploi, sans horizon, il affirme : « Dans ce qui me parut alors une dureté du destin, je vois aujourd'hui la sagesse de la Providence. La déesse de la nécessité me prit le bras et menaça souvent de me briser : ma volonté grandit ainsi avec l'obstacle de m'avoir rendu dur et capable. » La *sagesse de la Providence*, c'est le moteur de l'Histoire dans la philosophie de Hegel. L'Idée, la Raison, le Concept, la Vérité sont, pour lui, l'autre nom du Führer – celui qui guide, parce qu'il est guidé.

Ce déisme se double d'un fidéisme : rappelons que le fidéisme nomme l'adhésion aux vérités religieuses du pays dans lequel on se trouve sans désir de les justifier par la raison, le raisonnement, la réflexion, l'argumentation. La tradition porte la vérité. La foi fait la loi. Vouloir prouver l'existence de Dieu est voué à l'échec : on est habité par lui et il prend la forme que l'histoire lui donne. Pour Adolf Hitler, il s'agit du Dieu chrétien, catholique en l'occurrence. Le christianisme n'est jamais persécuté en tant que tel par Hitler. On le sait, il y avait dans les camps tous ceux qui s'opposaient à sa doctrine, mais aussi ceux dont il pensait qu'intrinsèquement il était dans leur nature de s'y opposer : les Juifs, les Tziganes, les communistes, les francs-maçons, les homosexuels, les « droit commun », chacun disposant d'une marque infamante, de l'étoile jaune pour les Juifs aux triangles de différentes couleurs pour les autres catégories – rose, vert, marron, noir, etc. Il existe une catégorie d'opposants religieux identifiés comme tels et ce sont les Témoins de Jéhovah distingués par un triangle violet. *Pas les chrétiens*.

Ce que reproche Hitler au christianisme, ça n'est pas le christianisme en tant que tel, mais sa version pacifiste. Quand il pense le national-socialisme comme une civilisation, il ne le pense pas comme un athéisme ou un agnosticisme, encore moins comme un paganisme, mais comme un christianisme de choc – celui qui reprend le glaive des mains de saint Paul pour continuer sa mission dite civilisatrice et impérialiste. Cette épée catholique a déjà servi lors des croisades contre les infidèles, lors du massacre des hérétiques en Europe, lors des ethnocides des peuples amérindiens dans le Nouveau Monde, lors des tueries de protestants pendant les guerres de Religion, lors des guerres coloniales du XIXe siècle, lors de la guerre de Sécession aux États-Unis, lors de la Première Guerre mondiale.

Hitler peut en effet enrôler sous sa bannière : Constantin, l'empereur qui convertit l'Empire chrétien par les armes et la violence ; saint Jean Chrysostome, docteur de l'Église, patriarche de Constantinople, antisémite virulent, auteur de sermons d'une incroyable violence contre les Juifs ; saint Augustin, père de l'Église, qui théorise, légitime et justifie la mise à mort de son prochain dans une guerre dite juste, pourvu qu'elle soit menée au nom de Dieu ; saint Bernard de Clairvaux, qui invite au combat furieux sous l'étendard croisé ; Pierre le Vénérable, abbé de Cluny, qui justifie les croisades ; saint Thomas d'Aquin, docteur de l'Église, penseur de la guerre juste ; l'archevêque de Gênes, Jacques de Voragine, qui, dans *La Légende dorée*, un best-seller médiéval, met en scène un nombre incroyable de saints qui guerroient pour Dieu ; le dominicain Francisco de Vitoria ou le théologien jésuite Francisco Suarez qui théorisent la guerre préventive, etc.

Cessons là, car la liste est longue parmi les penseurs et les théoriciens, les philosophes et les théologiens, des chrétiens qui n'ont pas vu de contradiction entre leur religion et la destruction physique massive de leurs adversaires. Depuis son origine, l'Église a été bien plus vétilleuse sur l'interdiction de la sexualité libre que sur la prohibition de la guerre, bien que dans le Décalogue il existe un commandement qui interdise de tuer mais aucun qui défende de jouir librement de son corps. Mais le christianisme est moins soucieux d'imiter le Jésus de paix qui pardonne et aime ses ennemis que le Paul de guerre qui allume des bûchers et associe son nom à une arme.

Hitler n'entre pas dans ce genre de détail intellectuel, mais *Mon combat* précise qu'il souscrit à ce lignage d'un christianisme de fer. Il faut ignorer le doute, affirme-t-il. Puis il ajoute : « Il nous faut prendre des leçons de l'Église catholique » qui ne transige jamais sur le dogme qui seul rend possible la foi. Ainsi, quand il envisage la création de son Reich, Hitler prend encore exemple sur le christianisme qui, lui « non plus, n'a pas pu se contenter d'élever ses propres autels, il lui fallait procéder à la destruction des autels païens. Seule, cette intolérance fanatique devait créer la foi apodictique ; elle en était une condition première absolue ».

Qu'est-ce qu'une foi apodictique ? Une croyance nécessairement vraie, en vertu d'une évidence immédiate ou d'une démonstration déductive. Autrement dit, sous ce mot qui relève du registre spécifiquement philosophique, notamment kantien, Hitler, qui avait lu Kant dont les œuvres lui ont survécu dans les ruines du Berghof, signale paradoxalement que cette évidence se trouve fondée par la force – l'histoire du christianisme lui donne raison ! Le fidéisme trouve ici sa généalogie immanente.

Hitler défend l'Église et refuse qu'au nom de tel ou tel forfait commis par l'un ou l'autre de ses membres on jette l'opprobre entier sur la totalité de l'institution : « En comparant la grandeur des organisations religieuses qu'on a devant les yeux avec l'imperfection ordinaire de l'homme en général, on doit reconnaître que la proportion entre les bons et les mauvais est à l'avantage des milieux religieux. On trouve naturellement aussi dans le clergé des gens qui se servent de leur mission sacrée dans l'intérêt de leurs ambitions politiques, des gens qui, dans la lutte politique, oublient d'une façon regrettable qu'ils devraient être les dépositaires d'une vérité supérieure et non les protagonistes du mensonge et de la calomnie ; mais pour un seul de ces indignes, on trouve mille et plus honnêtes ecclésiastiques, entièrement fidèles à leur mission, qui émergent comme des îlots au-dessus du marécage de notre époque mensongère et corrompue. » Hitler croit donc à « une vérité supérieure » au service de laquelle le clergé se trouve majoritairement engagé.

Il poursuit : « Aussi peu que je condamne et que j'aie le droit de condamner l'Église elle-même, quand un individu corrompu, revêtu de la robe de prêtre, commet un crime crapuleux contre les mœurs, aussi peu j'en ai le droit quand un autre, dans le nombre, souille et trahit sa nationalité, surtout dans une époque où on le voit tous les jours. Et de nos jours surtout, il ne faut pas non plus oublier que, pour un seul de ces Éphialtès, on trouvera des milliers de prêtres dont le cœur saigne des malheurs de leur nation, et qui souhaitent aussi ardemment que les meilleurs de leurs compatriotes l'arrivée du jour où le ciel nous sourira enfin de nouveau. » Une fois de plus, y a-t-il là propos antichrétien ? Déclaration athée ? Critique anticléricale ? Diatribe païenne ?

En Allemagne, dit Hitler, la religion doit d'abord défendre la nation, le pays, le peuple. Dans ce cas, elle est dans son rôle et il faut travailler avec elle ; dans le cas contraire, elle s'expose à une mise au pas. Hitler veut que le catholicisme et le protestantisme soient allemands et, pour ce faire, prennent le parti du peuple allemand, comme ce fut le cas dans les tranchées lors de la Première Guerre mondiale. « Les idées et les institutions religieuses de son peuple doivent rester toujours inviolables pour le chef politique ; sinon, qu'il cesse d'être un homme politique et qu'il devienne un réformateur, s'il en a l'étoffe. » La religion chrétienne est donc compatible avec le national-socialisme au contraire du judaïsme dont Hitler estime qu'il est d'abord une religion identitaire séparatiste dans la nation. Un catholique et un protestant peuvent être d'abord allemands ; un

Juif, non, car il sera toujours d'abord juif ; dès lors, inassimilable, incompatible avec le projet d'un nationalisme intégral, il fait obstacle à l'unité organique du peuple germanique.

Parlant du Juif, comme il dit, Hitler écrit : « Sa vie n'est que de ce monde et son esprit est aussi profondément étranger au vrai *[sic]* christianisme *[sic]* que son caractère l'était, il y a deux mille ans, au grand fondateur de la nouvelle doctrine. Il faut reconnaître que celui-ci n'a jamais fait mystère de l'opinion qu'il avait du peuple juif, qu'il a usé, lorsqu'il le fallut, même du fouet pour chasser du temple du Seigneur cet adversaire de toute l'humanité, qui, alors comme il le fit toujours, ne voyait dans la religion qu'un moyen de faire des affaires. Mais aussi le Christ fut pour cela mis en croix. »

Ce texte parle tout seul : il existe un « vrai christianisme », c'est celui de Jésus qui chasse les marchands juifs du Temple parce qu'ils ne songent qu'à faire de l'argent et se servent de leur religion uniquement à cet effet. Dans l'Évangile selon Jean, ne lit-on pas que Jésus a lui-même dit que les Juifs ont « le diable pour père » (8, 44) ? De même, les autres Évangiles regorgent de références antisémites – une quarantaine chez Marc, 80 chez Matthieu, 130 chez Jean, 140 dans les Actes des Apôtres. Ce Christ qui n'aime pas les Juifs est donc un « grand fondateur de nouvelle doctrine » et cette nouvelle doctrine, en tant qu'elle est antisémite, et vigoureusement antisémite, est vraie. Ce sera donc celle du national-socialisme théorique en même temps que du nazisme dans la pratique. Le fouet du Christ deviendra chambre à gaz.

Ce que nous enseigne l'histoire, ce que montrent les faits, corrobore la théorie de Hitler : le « véritable christianisme », en tant qu'il est antisémite et reprend des mains de Jésus le fouet qui sert à punir les marchands du Temple, s'avère clairement un allié du national-socialisme. Le Vatican qui souscrit au même antisémitisme contre le peuple déicide estimera finalement que, tout compte fait, ce régime est un allié. Voilà pourquoi l'ouvrage d'Adolf Hitler ne se trouve pas dans l'Index des livres interdits de lecture et de consultation par l'Église catholique, apostolique et romaine.

Quels penseurs trouve-t-on dans cette liste des ouvrages prohibés par les papes au cours des siècles ? D'Alembert l'encyclopédiste, Descartes le rationaliste, Bayle le tolérant, Beccaria l'abolitionniste, Bentham l'utilitariste, Berkeley l'idéaliste, Charron le sceptique, Comte le positiviste, Condillac le sensualiste, Cousin l'éclectique, Diderot l'hédoniste, Érasme l'humaniste, Fénelon le quiétiste, Fontenelle le libertiniste, Fourier le socialiste, Hobbes le matérialiste, Hume l'empiriste, Kant le criticiste, Locke le libéral, Stuart Mill l'utilitariste, Montaigne le fidéiste, Montesquieu le persifleur, Pascal le janséniste, Rousseau le déiste, Spinoza le Juif, Voltaire l'anticlérical – mais Hitler le national-socialiste ? Non... Bergson, Sartre et Beauvoir iront, mais pas Hitler. Les *Essais*, oui, le *Discours de la méthode*, oui, la *Critique de la raison pure*, oui, les *Pensées*, oui, *De l'esprit des lois*, oui, l'*Émile*, oui, l'*Éthique*, oui, mais *Mon combat*, non. L'Église catholique n'a donc pas trouvé dans ce livre trace d'antichristianisme, signe de paganisme, marque d'athéisme.

Ou peut comprendre que Meslier figure dans l'Index, avec son *Testament* il avait le premier annoncé la mort de Dieu et démontré combien la religion était la complice des puissants pour asservir les petits ; on voit bien pourquoi Luther et Calvin en font partie, nul besoin d'épiloguer, on leur doit le schisme majeur du protestantisme ; on imagine bien que Copernic y figure, avec son *Des révolutions des sphères célestes* il met la Terre en périphérie de l'univers alors que Dieu l'avait placée en son centre ; on saisit bien pourquoi Darwin s'y trouve puisque avec *De l'origine des espèces* il met à bas la fable créationniste en montrant que l'homme procède de l'animal son semblable – mais pourquoi donc n'y a-t-il aucune place pour *Mon combat* ? Parce que l'Église ne voit rien à reprocher à ce livre.

Pour éviter d'avoir à penser la collusion du nazisme et du christianisme, puis du christianisme et du nazisme, sauf rares exceptions, l'Occident a construit un paravent idéologique utile : Hitler aurait été athée, païen, antichrétien. Ainsi, il tombait *de facto* dans le camp du mal. Il devenait une figure de l'antéchrist. La morale moralisatrice dispensait alors tout un chacun de réfléchir, elle interdisait qu'on lise et qu'on fasse de l'histoire, l'affaire était réglée, il suffisait de déplorer sans avoir besoin de comprendre. Hitler devenait le parangon du mal et le mal se traite par l'incantation cathartique contre-satanique.

Interrogeons cette inscription qu'on trouve sur la boucle de ceinture des soldats du IIIe Reich : *Gott mit uns*, « Dieu avec nous »... Que signifie-t-elle ? Certes, cette formule est une devise militaire allemande depuis longtemps – dès 1701, c'est en effet déjà celle de la maison royale de Prusse, puis c'est aussi celle du Kaiser. Mais Hitler pouvait en finir avec cette formule et fabriquer autant de ceinturons qu'il aurait voulu avec une devise athée ou païenne. S'il a maintenu cette phrase, c'est qu'il y souscrivait. Les SS, eux, avaient une autre devise : *Meine Ehre heißt Treue*, ce qui signifie « Mon honneur s'appelle fidélité » – une profession de foi qui ne contredit pas *Dieu avec nous*, qui n'est pas non plus athée ou païenne, mais qui explicite clairement que cette section militaire se trouvait sous l'ordre direct de Hitler. Le Führer souscrit à la logique chrétienne de la guerre sainte, de la guerre juste, de la guerre préventive ; il ne dit rien contre le Christ, rien contre l'Église, rien contre le christianisme, il écrit même plutôt en leur faveur ; il veut juste qu'avec l'aide de Dieu, qui est Providence, le peuple allemand devienne le peuple élu et conduise l'humanité à une civilisation nouvelle. La guerre est l'une des modalités du fouet.

Hitler arrive légalement au pouvoir le 30 janvier 1933. À cette époque, 90 % des protestants allemands lui sont favorables, pasteurs et théologiens compris. D'aucuns, parmi les intellectuels ou les penseurs, les philosophes ou les historiens, accusent le peuple et doutent de la démocratie en voyant dans l'avènement du dictateur par les urnes la preuve que le peuple ne pense pas. C'est faire peu de cas du fait qu'il pense souvent ce que les faiseurs d'opinion l'obligent à penser à force de propagande, de journalisme, d'idéologie, et ce à longueur de conférences, de publications, de sermons, de cours, de livres, de messages radiodiffusés. Le monde intellectuel dans sa totalité rend possibles la formation du national-socialisme, son accès et son maintien au pouvoir. Juste après guerre, en 1945, Max Weinreich écrit un *Hitler et les professeurs* pour finement détailler les mécanismes de construction et d'entretien de ce ressentiment national. De sorte qu'au ressentiment personnel de Hitler, artiste raté aspirant à la célébrité, il faut ajouter le ressentiment de tout un peuple humilié par la victoire française de 1918 suivie par la signature du traité de Versailles le 28 juin 1919.

La galerie des Glaces est le lieu même où l'Empire allemand a été proclamé en 1871 : la France inscrit donc son geste dans une logique de vengeance. Aucun pays vaincu n'est présent ou représenté. L'Allemagne vaincue doit mordre la poussière française : réduction de ses frontières ; interdiction d'annexer l'Autriche ; démantèlement et dépeçage de l'Empire austro-hongrois en faveur des vainqueurs ; réduction d'une partie de sa population et de son territoire par transmission de l'Alsace, de la Meurthe et de la Moselle à la France ; administration internationale du bassin de la Sarre ; attribution de parties de son territoire à la Pologne ; confiscation de Dantzig qui devient une ville libre et offre un accès à la mer aux Polonais ; destruction de tout son arsenal militaire ; interdiction de le reconstituer ; suppression du service militaire ; démilitarisation d'immenses territoires ; dommages de guerre aberrants ; sanctions commerciales, dont confiscation de certains brevets rentables ; dispense de droits de douane de certaines marchandises en provenance de France ; destruction de l'Empire colonial allemand et répartition des pays concernés entre les pays vainqueurs ; cession des comptoirs commerciaux. L'Allemagne vaincue est à genoux. En même temps qu'on la condamne à d'immenses dommages de guerre, on lui interdit les moyens commerciaux, industriels et coloniaux qui lui permettraient d'honorer cette dette incommensurable. L'humiliation ne génère rien d'autre que des désirs de vengeance.

Condamner le vaincu à une peine impossible à effectuer, c'est interdire la paix et préparer une nouvelle guerre. Hitler est l'homme qui propose la vengeance ; le Führer devient le sauveur qui veut laver l'affront dans le sang de la guerre. Le national-socialisme est coïncidence du ressentiment d'un homme avec celui d'un peuple, d'un pays, d'une nation. Le pouvoir de la parole de Hitler n'est rien d'autre que la puissance d'un verbe qui promet la vengeance. À ce jeu-là, la bête la plus brutale est assurée de gagner. Son verbe est sans mystère : la haine d'un peuple prend voix dans la névrose d'un homme, avant de prendre chair dans le corps extatique du petit caporal devenu maître du Reich.

L'Église accorde son aide à ce projet funeste. Elle commence par souscrire au projet de réarmement de l'Allemagne ; elle signe un concordat avec Hitler le 20 juillet 1933 ; elle se tait quand les nazis boycottent les commerces juifs ; elle reste également silencieuse lors de la proclamation des lois raciales de Nuremberg en 1935 ; elle ne commente pas plus la Nuit de cristal en 1938 ; en 1939, elle ne condamne pas l'invasion de la Pologne par les troupes du IIIe Reich, alors qu'elle condamne celle de la Finlande par les Soviétiques ; elle fournit ses fichiers d'archives généalogiques au pouvoir nazi qui peut alors savoir qui est juif et qui ne l'est pas – elle couvre toutefois les Juifs convertis ou mariés à des chrétiens au nom du « secret pastoral » qui ne protège que les fidèles du Christ ; elle prend parti pour le régime oustachi pronazi d'Ante Pavelić en Croatie ; en 1942, elle ne condamne ni publiquement ni en privé la solution finale engagée après la conférence de Wannsee ; elle n'excommunie et n'excommuniera jamais aucun nazi, alors qu'en 1949 elle exclut de l'Église tout communiste quel qu'il soit en arguant de la collusion du bolchevisme et… du judaïsme. Cinq ans après la libération du premier camp d'extermination national-socialiste, le Vatican n'a rien perdu de sa hargne, de sa vindicte, sinon de sa haine des Juifs.

Revenons à 1934. Hitler, catholique, doit composer avec des nazis qui, eux, sont franchement athées ou païens – ainsi Heinrich Himmler et la SS, Alfred Rosenberg et son *Mythe du XXe siècle*, Richard Walther Darré auteur de *La Race*, sous-titré *Nouvelle noblesse du sang et du sol*. Tous souscrivent au mysticisme, à l'occultisme, à l'ésotérisme, à l'orientalisme, à la théurgie. C'est, hélas, trois fois hélas, parmi cette frange d'illuminés que la référence à Nietzsche fait des ravages : la figure ontologique du surhomme transformé en figure politique du SS tuant par-delà le bien et le mal ; l'éternel retour du même dans lequel il n'y a de place que pour l'assentiment de ce qui est, le fameux *Amor fati*, défiguré dans une théorie de l'histoire cyclique dans laquelle on peut vouloir qu'advienne autre chose que ce qui doit advenir ; la critique de la morale comme impossibilité dans une configuration fataliste de répétition du même devenant pratique jubilatoire de l'immoralité ; la philosophie de l'histoire tragique dans laquelle le déterminisme fait la loi transformée en philosophie de l'histoire optimiste dans laquelle on peut inverser le cours du fleuve historique ; l'antijudaïsme dirigé contre saint Paul devenant antisémitisme génocidaire ; la notion ontologique de volonté de puissance dépravée dans l'éloge politique de l'asservissement ; la lecture des concepts philosophiques de force et de faiblesse une fois de plus effectuée sous le signe politique – la liste est longue du dévoiement de la pensée de Nietzsche dans l'idéologie de ces défenseurs du culte d'Odin, des rois de Thulé et autres billevesées occultistes.

Hitler n'était en aucune manière nietzschéen. À Leni Riefenstahl qui l'interroge sur ses lectures et lui demande s'il lit Nietzsche, il répond : « Non. Je ne peux pas tirer grand-chose de Nietzsche. C'est un artiste plus qu'un philosophe, il n'a pas la compréhension limpide de Schopenhauer. Naturellement, j'apprécie le génie de Nietzsche. Il écrit sans doute le plus beau langage que la littérature allemande puisse offrir aujourd'hui, mais ce n'est pas mon guide. » Sa visite aux archives Nietzsche à Weimar, sa rencontre avec la sœur du philosophe qui, elle, était une antisémite forcenée et une nazie convaincue ayant offert une canne à pommeau de son frère au Führer, n'y font rien : « Ce n'est pas mon guide », dit Hitler qui revendique en revanche Schopenhauer dont le buste trône dans son bureau alors que *Le Monde comme volonté et comme représentation* était dans sa musette au front en 1914-1918.

Schopenhauer, c'est le philosophe du Vouloir aveugle conduisant le monde, le penseur de l'art et de la musique, le théoricien de l'architecture comme « musique congelée », le misogyne célibataire, le pourfendeur de la démocratie, l'antisémite avéré qui parle de « la puanteur juive », l'ennemi des professeurs d'université, le bouddhiste végétarien qui invite à renoncer à la sexualité et à la procréation, et qui, dans le même ordre d'idées, défend la compassion envers les animaux – et l'on sait que Hitler était très attaché à son fox dans les tranchées, Foxl, et à Blondi, sa chienne berger allemand qu'il *suicide* avant lui dans son bunker. Et puis c'est également dans « Métaphysique de la mort », un chapitre de son livre majeur, le théoricien de l'individu qui n'est rien, ou plutôt qui n'est que le jouet de l'espèce qui, elle seule, est tout. Au dire même de Hitler, au regard de ce qu'il fit et fut, il n'a jamais été nietzschéen, en revanche il a bel et bien été schopenhauerien.

Schopenhauerien et fichtéen. Leni Riefenstahl lui a en effet offert les œuvres complètes de ce philosophe qui, en 1808, alors que Berlin est occupé par les Français, invite son peuple à se soulever contre l'armée napoléonienne – au contraire de Hegel qui, lui, collabore... Son *Discours à la nation allemande* est l'antipode, voire le contrepoison, de l'éloge de Napoléon effectué par l'auteur de la *Phénoménologie de l'esprit*. Hegel écrit en effet à Niethammer le 13 octobre 1806 : « J'ai vu l'Empereur – cette âme du monde – sortir de la ville pour aller en reconnaissance ; c'est effectivement une sensation merveilleuse de voir un pareil individu qui, concentré ici sur un point, assis sur un cheval, s'étend sur le monde et le domine. » Fichte était également antisémite belliqueux, penseur de l'exception allemande, nationaliste, thuriféraire de la pureté et de l'efficience philosophique spécifique de la langue de son pays, plus soucieux de s'adresser au peuple qu'à ses élites. Hitler ne souscrivait ni à l'occultisme ni au paganisme ni à l'athéisme. Ajoutons : ni au nietzschéisme... Tout juste peut-il être dit schopenhauerien et fichtéen.

Le livre qui permet de savoir quelle relation Hitler entretenait avec le christianisme est celui de l'évêque Alois Hudal : *Fondements du national-socialisme*, un texte de 1936. Le prélat autrichien, antisémite, souhaite une collaboration entre catholicisme et national-socialisme pour constituer une armée chrétienne susceptible de mener la guerre contre la Russie soviétique afin de débarrasser l'Europe de la menace dite judéo-bolchevique. Hitler ne souscrit pas aux thèses exposées par Rosenberg dans *Le Mythe du XXe siècle*, bien que ce dernier soit le chef idéologique du parti nazi. L'ouvrage de Rosenberg est mis à l'Index, lui. Le livre aux tirages modestes devient d'un seul coup un best-seller et arrive en deuxième position dans le IIIe Reich après… *Mon combat*.

Alois Hudal pousse Hitler à la clarté : oui ou non soutient-il les thèses païennes de Rosenberg ? En cas de séparation d'avec ce camp païen, Hudal envisage une collaboration avec un national-socialisme chrétien sur la base de quelques communautés de vue architectoniques : la doctrine paulinienne selon laquelle tout pouvoir vient de Dieu ; la théocratie contre la démocratie ; l'antisémitisme rabique ; la haine du bolchevisme ; la crainte manifestée par les dirigeants soviétiques de voir émerger un front commun unissant fascisme et catholicisme romain comme le redoutait Molotov. Hitler qui estime que *Le Mythe du XXe siècle* de l'occultiste païen Rosenberg est confus et sans pertinence souscrit aux *Fondements du national-socialisme* de l'évêque catholique Alois Hudal. De la même manière que Mussolini veut fasciser l'Église, Hitler veut nazifier le christianisme. Pas question pour eux de christianiser leurs dictatures. L'Église officielle aurait pu refuser et entrer en résistance, elle ne le fera pas.

Précisons toutefois que Pie XI, qui était pape depuis février 1922, publie en mars 1937 une encyclique rédigée en allemand, et non comme habituellement en latin, intitulée *Mit brennender Sorge*, autrement dit *Avec un souci brûlant*. Il y fustige clairement les thèses nazies : le néopaganisme et ses valeurs du sang et de la race, la critique du judaïsme de l'Ancien Testament, le racialisme antisémite, la fusion du nationalisme et du catholicisme, la religion de l'État et le culte de son chef, les multiples violations du droit, la répression contre l'Église qui refuse de se mettre au pas, le non-respect des engagements du Concordat signé par ses soins. En représailles, Hitler déclenche des répressions contre les chrétiens.

Le 3 mai 1938, alors que le Führer rend visite à Mussolini à Rome, Pie XI ferme le musée du Vatican pour lui en interdire l'accès. Ostensiblement, avec sa gendarmerie, son personnel et sa garde suisse, le pape sort de Rome pour se rendre à sa résidence de Castel Gandolfo. Toujours de façon explicite, Pie XI revient au Vatican une fois le dictateur rentré en Allemagne. Quelques mois plus tard, le 6 septembre, il affirme : « L'antisémitisme est inadmissible. Nous sommes spirituellement des Sémites. »

Cinq jours après avoir publié son encyclique contre le totalitarisme national-socialiste, le 19 mars 1937, Pie XI publie une autre encyclique, cette fois-ci contre le bolchevisme : *Divini redemptoris*, en français *Le Divin Rédempteur*. Il y fustige sans ambages « le communisme bolchevique et athée, qui prétend renverser l'ordre social et saper jusque dans ses fondements la civilisation chrétienne ». Le souverain pontife convient que l'ordre du monde est injuste, qu'il génère de la misère qui nourrit ce mouvement des foules communistes, mais il estime le bolchevisme fallacieux d'un point de vue spirituel.

Incontestablement, Pie XI fut un grand pape quand il renvoie dos à dos deux dictatures sanguinaires, deux totalitarismes ravageurs, deux visions du monde qui fonctionnent à la haine et au ressentiment. Pour autant, il ne le fait pas au nom de la démocratie. Il crut même un temps que le fascisme permettrait de restaurer l'ordre chrétien abîmé par la philosophie des Lumières et la Révolution française. Ce qui ne l'a pas empêché de mettre Maurras à l'Index en 1926 et de condamner l'Action française. Mort, il laisse en plan une autre encyclique, *Humani generis unitas*, *L'Unité du genre humain*, qui creusait le sillon antitotalitaire.

Faut-il mettre son trépas, qui survient brutalement le 10 février 1939 d'un arrêt cardiaque, dit le communiqué officiel, en relation avec ce courage politique ? Certes, il avait quatre-vingt-deux ans. Mais, le lendemain du jour de sa mort, il devait prononcer en présence de Mussolini un discours contre le système d'écoutes du régime totalitaire du Duce et sa politique belliciste. Pie XI avait également sollicité les universités catholiques pour qu'elles mettent sur pied un enseignement contre le racisme et l'antisémitisme. Cette mort tombe à pic pour Mussolini et Hitler. Pie XII qui lui succède le 2 mars 1939 sera, lui, le pape de la collaboration avec les régimes fascistes.

Avec Pie XII, les choses deviennent simples. Pie XI avait envisagé un temps de mettre les *Fondements du national-socialisme* d'Alois Hudal à l'Index ; Pie XII quant à lui couvre les exactions du régime national-socialiste. Lors de la conférence de Wannsee, le 20 janvier 1942, Hitler décrète la solution finale : la destruction physique de la totalité des Juifs d'Europe. Cette dévastation avait déjà commencé, mais elle devient priorité absolue. Gerhardt Riegner, représentant du Congrès juif mondial à Genève, intervient auprès des autorités américaines et signale la destruction des Juifs à grande échelle : « On parle d'acide prussique », écrit-il le 8 août 1942. Les États-Unis informent le Vatican – qui ne réagit pas.

À Belzec, le colonel SS Kurt Gerstein assiste à des exécutions en août 1942. Il les détaille dans un rapport : l'arrivée en train, les morts pendant le voyage, les fenêtres grillagées, le visage hagard des enfants, le triage des victimes, les femmes, les vieillards, les enfants, les hommes, les coups de cravache, les haut-parleurs, la nudité, les tas de vêtements, les monceaux de lunettes, la pyramide de 25 mètres de chaussures, les dentiers ôtés, la confiscation des objets de valeur, la tonte, les cheveux bourrés dans des sacs de pommes de terre, la douche présentée comme hygiénique, suivie du mensonge sur leur vie après cette prétendue formalité prophylactique, l'entrée dans la pièce de mort, l'expression même de *chambre à gaz*, la saturation des corps dans la pièce, la fermeture, « les gaz d'échappement du diesel », les pleurs, les sanglots, la demi-heure de gazage – et la mort. L'inévitable mort, la mort massive, la mort industrielle, la mort totale du corps, du cœur, de l'âme, d'un peuple, de l'humain.

Six millions de Juifs meurent ainsi dans les chambres à gaz. Quand Kurt Gerstein veut informer le nonce apostolique à Berlin, on ne le reçoit pas. Il informe alors l'archevêque de Berlin en lui demandant de transmettre au Saint-Siège. Il envoie ce rapport au Vatican qui ne peut pas ne pas en avoir pris connaissance en même temps que ces mêmes informations lui arrivaient par d'autres canaux. Que fit Pie XII ? Rien. Que dit Pie XII ? Rien. Confia-t-il, un seul mot même, à un seul témoin, qui aurait montré de la pitié chrétienne, de l'amour du prochain chrétien, de la bonté chrétienne, de la compassion chrétienne, une simple humanité chrétienne ? Non.

On connaît l'histoire. Les troupes soviétiques libèrent Berlin. Hitler se suicide dans son bunker le 30 avril 1945. Que fait le Vatican ? Il continue à soutenir le régime effondré. L'Église n'a aucun mot de condamnation des exactions national-socialistes après la mort du Führer. Mieux : alors qu'elle fut incapable d'aider un seul Juif à échapper à la mort programmée par les nazis, elle organise une filière qui, *via* les monastères et les passeports du Vatican, un État à part entière depuis Mussolini, permet aux dignitaires nazis de quitter l'Europe pour échapper aux tribunaux. Un homme joue un rôle majeur dans l'exfiltration des criminels de guerre, un certain Alois Hudal, auteur des *Fondements du national-socialisme*…

Cette guerre a occasionné la mort de 61 millions de personnes chez les Alliés et 12 millions chez les puissances de l'Axe, soit 73 millions d'humains. Sur les neuf millions de Juifs avant-guerre, il en est mort deux tiers. Le Vatican de Pie XII a donné sa bénédiction à ce carnage planétaire, il a couvert ce massacre furieux, il a laissé faire ce nihilisme devenu fou ; il n'a rien trouvé à redire depuis. La preuve, à cette heure, sous le pontificat du pape François, dans une procédure de droit canonique entamée avec le cardinal Ratzinger devenu Benoît XVI, c'est le pape Pie XII qu'il est prévu de canoniser. Pas Pie XI. Pie XII pourrait donc devenir saint de l'Église catholique au XXIe siècle…

À l'annonce de la mort de Hitler, le cardinal Bertram ordonne aux prêtres de son diocèse que soit donnée une messe de requiem. Ce fut un requiem pour l'Occident. Qui pouvait encore croire, sinon à un Dieu compatible avec une pareille hécatombe, du moins à une Église qui n'a rien trouvé à y redire ? Dans son *Discours au VIe congrès international de droit pénal*, en 1953, Pie XII dit : « Celui qui n'est pas impliqué dans le différend ressent un malaise, lorsque, après la fin des hostilités, il voit le vainqueur juger le vaincu pour des crimes de guerre, alors que ce vainqueur s'est rendu coupable envers le vaincu de faits analogues. » J'ignorais qu'aux États-Unis, au Canada, en Angleterre et dans les autres pays alliés il y eut *aussi* des chambres à gaz. Le judéo-christianisme est mort d'avoir voulu se sauver en suivant la voie fasciste.

III. Déliquescence

Le nihilisme européen

1

La passion de la destruction

Une esthétique nihiliste

Milan, mai 1961.
Piero Manzoni confectionne
90 boîtes de merde d'artiste.

En mai 1961, à Milan, Piero Manzoni, fils d'un fabricant de viandes en conserve nommées Manzotini, défèque dans une bassine et remplit 90 boîtes de conserve chacune de trente grammes de ses excréments. Il écrit sur chacune d'entre elles : *Merde d'artiste. Contenu net gr. 30. Conservée au naturel. Produite et mise en boîte au mois de mai 1961*. Le tout est dûment numéroté, étiqueté, signé. Le prix de l'œuvre est indexé par l'artiste sur celui de l'or : sa matière fécale se vend donc au prix de l'or. Le cours du jour faisant la loi.

Des années plus tard, la matière fécale de Manzoni n'est pas vendue au prix de l'or, mais à celui de la mine d'or. L'une de ces boîtes s'est vendue en effet aux alentours de 130 000 euros. L'ensemble de l'œuvre, autrement dit les 90 boîtes, passe le million d'euros. Que s'est-il passé pour qu'en un demi-siècle cette œuvre atteigne ces sommets sur le marché de l'art et, pour ses ennemis autant que pour ses thuriféraires, qu'elle soit devenue emblématique de l'art dit contemporain ? La déjection d'un artiste coûte bien plus cher que l'or – était-ce la leçon que souhaitait donner Manzoni ? À moins qu'il ne faille souscrire à la lecture de l'événement en regard du simple ressentiment, son ami Ettore Sordini affirmant sans ambages lors d'un entretien avec Martina Cardelli le 27 décembre 2000 : « La vente des "merdes d'artiste" au prix de l'or était bien évidemment *[sic]* un acte polémique contre le marché de l'art qui ne lui achetait rien » (Piero Manzoni, *Contre rien*).

Piero Manzoni est une comète dans le ciel de l'art européen : il naît en 1933 et meurt à vingt-neuf ans d'une cirrhose du foie et du froid de son atelier, dit Danielle Orhan, d'une attaque cardiaque, disent d'autres... Pendant ce bref temps, on lui doit un certain nombre de performances, dont celles-ci, toutes réalisées en 1960 : signer et tamponner de couleurs des corps d'impétrants et les nommer *Sculptures vivantes* après avoir certifié la transfiguration par un certificat ; remplir d'air des ballons nommés *Souffles d'artiste* et les présenter comme une production de *Corps d'air* ; marquer 70 œufs durs avec ses empreintes digitales encrées, les distribuer au public qui les mange, puis baptiser cette performance *Consommation d'art dynamique par le public dévorateur d'art*. Outre le corps humain dans sa totalité, et ses propres déjections en particulier, Manzoni a travaillé des matériaux comme le poil de lapin, les billes de polystyrène, le pain, le coton. On lui doit aussi des *Achromes* en 1957.

Si Manzoni est possible en 1960, c'est parce que Duchamp a eu lieu en 1913, soit *presque un demi-siècle en amont*... Duchamp et son premier *ready-made, Roue de bicyclette*. Encore que cette œuvre nécessite une intervention manuelle, en l'occurrence la fixation de la roue de bicyclette sur le socle du tabouret et que, de ce fait, cet artefact reste lié à une démarche artisanale qui, en plus de l'intention du geste, suppose le faire et la main. Ce qui n'est pas le cas avec le *Porte-Bouteilles* de 1914 ou *Fontaine* de 1917 qui, tous deux, relèvent absolument du *ready-made*, du « tout fait » si l'on veut une traduction. Il s'agit en effet de deux objets manufacturés sur lesquels l'intervention de l'artiste n'est à aucun moment manuelle, sinon la signature sur l'urinoir, et qui doivent leur statut d'œuvre d'art au seul vouloir conceptuel de l'artiste. La *Roue de bicyclette* nécessite un geste manuel ; *Porte-Bouteilles* et *Fontaine*, un pur geste conceptuel, une intention esthétique.

Constatons que cette mort de l'art classique coïncide avec la Première Guerre mondiale. Avant guerre, Duchamp lui-même peint des toiles de facture classique : en témoignent des œuvres de jeunesse, telle *L'Église de Blainville* (1902) parmi d'autres toiles du village, le *Portrait de Marcel Lefrançois* (1904), le *Portrait d'Yvonne Duchamp* (1909), la *Femme nue aux bas noirs* (1910), le *Portrait du père de l'artiste* (1910), le *Portrait du docteur Dumouchel* (1910), *La Partie d'échecs* (1910), *Le Printemps*, *Portrait ou Dulcinée* (1911) et une dizaine d'autres œuvres attestant que celui qui, dans cinq ou six ans, va ravager l'art classique ne trouve alors pas indigne de peindre le clocher de son village natal, ses amis, ses parents, sa sœur et son père, ses frères et ses belles-sœurs, ses proches.

Marcel Duchamp, fils de notaire normand, peint alors en notaire de province des figures et des corps, des scènes et des situations, des allures et des vues dans l'esprit des impressionnistes, puis de Cézanne, puis des fauves, puis des cubistes. Quand il découvre le futurisme, dont le *Manifeste* paraît dans *Le Figaro* en 1909, il peint dans l'esprit cinétique et bergsonien de cette sensibilité nouvelle et signe un *Nu descendant un escalier* (1912). On y devine le corps fondu dans son mouvement, un dans sa totalité malgré sa multiplicité dans son déplacement, mais le réel s'y trouve encore. Un peu plus tard, il peint dans l'esprit cubiste.

On dit peu qu'à cette époque Duchamp hésite entre une carrière de peintre et une autre, celle... d'humoriste ! Ce qu'il est devenu dans l'histoire de l'art occidental montre qu'il a réussi sans trancher... En 1905, à Montmartre, il découvre l'esprit fumiste qui imprègne une bande ayant exposé au Salon des Incohérents. Émile Goudeau crée un club des Hydropathes en 1878 – avec un tel patronyme, il ne pouvait que fonder pareille communautéallergique à l'eau ! Avec ses amis, il organise chahuts et bazars, pétards et brouhahas, feux d'artifice et lectures de jeunes auteurs alors méconnus – Paul Bourget, Maupassant ou Charles Cros... Leur journal, *L'Hydropathe*, rapporte les événements. Jusqu'à 300 personnes assistent à ces chahuts parisiens. En 1881, les Hydropathes cessent leurs activités. Mais ils sont bien vite remplacés par d'autres extravagants : zutistes, hirsutes, je-m'en-foutistes.

Cette bohème insolite comporte un petit groupe qui gravite autour de Jules Lévy : les Incohérents. Ce courtier qui travaille chez Flammarion organise un salon dont le principe se trouve clairement énoncé : « une exposition de dessins par des gens qui ne savent pas dessiner ». Pendant dix ans, entre 1882 et 1893, l'esprit potache, la franche rigolade, la plaisanterie déchaînée, l'ironie radicale remplissent les expositions sur tous types de supports : sculptures, journaux, affiches, assemblages, dessins, cartons d'invitation, bals costumés, bas-reliefs, revues, catalogues, rébus, jeux de mots, almanachs.

Le 2 août 1882, Jules Lévy inaugure son exposition dans les décombres d'un immeuble ravagé par une explosion de gaz. Les bénéfices d'une tombola sont affectés aux victimes de ce sinistre. Quand Lévy préface le catalogue de 1884, il écrit : « Le sérieux, voilà l'ennemi de l'Incohérence. » On trouve dans la bande de Lévy absolument tout ce qui se retrouve chez Duchamp et les siens des années plus tard : jeux de mots, *ready-made*, monochromes, concerts de silence, peinture sur le cadre, révolution des supports et des subjectiles. Dans cette faune déchaînée, on trouve un autre Normand, Alphonse Allais, qui décline ainsi son identité : « Né à Honfleur de parents français mais honnêtes ; élève de l'École anormale inférieure. » En 1883, il expose une toile intitulée *Première communion de jeunes filles chlorotiques par un temps de neige* – on s'en doute, un monochrome blanc. L'année suivante : *Récolte de la tomate par des cardinaux apoplectiques au bord de la mer Rouge* – faut-il le préciser, un monochrome rouge. Le procédé se trouve déjà chez Paul Bilhaud qui, en 1882, expose un *Combat de nègres dans une cave pendant la nuit* dont la planche est publiée par le même Alphonse Allais dans son *Album primo-avrilesque* en 1887.

En 1884, Alphonse Allais forge une extravagante formule qui, de manière sidérante, devient vraie : en plein XIXe, il se dit en effet l'« élève des maîtres du XXe siècle » ! Comment ne pas lui donner tort ? Car, bien avant les moments emblématiques de l'art du XXe siècle, les Incohérents inventent déjà tout : Yves Klein en 1949 ? Le *Monochrome* de Bilhaud date de 1882. John Cage et son concert de *4'33* de silence en 1952 ? Le *Concert de silence* est déjà une œuvre d'Alphonse Allais datant de 1897 : *Marche funèbre composée pour les funérailles d'un grand homme sourd* et qui se présente comme une partition vierge de notes parce que « les grandes douleurs sont muettes ». L.H.O.O.Q. (lire, bien sûr : *Elle a chaud au cul*...) et autres plaisanteries de Marcel Duchamp en 1917 ? Les *jeux de mots* de *La Grammaire incohérente* de Béni-Etcoetera sont déjà convoqués en 1886, dont L'M.A.K.B. ou L'A.E.OU.U... Le *Porte-Bouteilles,* ce fameux premier *ready-made* du même Duchamp en 1914 ? Il est déjà annoncé par l'exposition de bretelles de la marque tour Eiffel telles qu'elles sont présentées dans leur boîte de mercerie à l'exposition de 1882. La *révolution des supports* initiée par Duchamp avec la faïence de sa *Fontaine* (1917), la sculpture d'une étoile filante dans son cuir chevelu et ses élevages de poussières ? On la trouve déjà dans des peintures sur pot de chambre, sur cervelas à l'ail, sur papier de verre, sur un cheval vivant, sinon dans les sculptures sur fromage ou avec des légumes exposées en 1889. Bien avant la *Merde d'artiste* (1961) de Manzoni, les Incohérents utilisent des sécrétions corporelles en réalisant des aquarelles avec leur salive.

Les Incohérents dynamitent également le système de l'art avec ses salons et ses jurys, ses coulisses minables et ses prescriptions lucratives. Ils créent ainsi des jurys avec des membres tirés au sort. Sur le même principe, de façon aléatoire, ils distribuent des médailles en chocolat. Ils parodient les vernissages, foire aux vanités depuis toujours, à coups de grosses bouffonneries, de rires hénaurmes, de caricatures outrancières et d'ironie sauvage. Pour moquer les artistes désireux d'être subversifs tout en souhaitant que l'État distingue leur subversion, ils inventent une rosette multicolore de l'ordre des Incohérents, mais elle a pour caractéristique de ne devoir jamais être portée. Ils organisent enfin des dîners gargantuesques et des fêtes bachiques dans lesquelles les journées inaugurales disparaissent dans les vapeurs d'alcool.

En 1905, Duchamp découvre cette partie de l'histoire de l'art, voire de contre-histoire de l'art, en prenant connaissance des catalogues, sinon en rencontrant tel ou tel des protagonistes de cette époque dans les cafés de la bohème ou chez des amis. Deux ans plus tard, en 1907, il expose au premier Salon des artistes humoristes au palais des Glaces. Il y présente deux œuvres : *Femme-cocher – Tarif horo-kilométrique* et *Le Lapin, Flirt* (« Elle : Voulez-vous que je joue *Sur les flots bleus* ; vous verrez comme ce piano rend bien l'impression qui se dégage du titre ? Lui [*spirituel*] : Ça n'a rien d'étonnant, mademoiselle, c'est un piano… aqueux »), puis *Inquiétude du cocu*, ainsi que *Les Toiles de X* (« Elles ne sont même pas bonnes à f… aux cabinets »). En 1911, selon ses confidences, il fait entrer l'humour dans ses tableaux en peignant ses deux sœurs dans *Yvonne et Magdeleine déchiquetées* : leurs profils se trouvent comme déchirés et disposés au hasard sur la toile, de sorte qu'ils semblent flotter. En octobre de la même année, il portraitise la même Magdeleine assise en train de lire et titre : *À propos de jeune sœur* pendant qu'au dos de la toile on peut lire : *Une étude de femme / Merde*. Où l'on voit que les *cabinets* et la *merde* entrent dans la danse esthétique.

Marcel Duchamp ne dit rien des Incohérents et de Jules Lévy, rien d'Alphonse Allais et de ce que l'on pourrait nommer les *performances* que sont les extravagances et les folies des zutistes, les monômes et les chahuts des Hydropathes, les cocasseries et les bouffonneries des Fumistes et, justement, les farces et les délires des Incohérents, rien des monochromes de Paul Bilhaud et des jeux de mots prélacaniens de Béni-Etcoetera. En art, comme dans toute autre activité intellectuelle, on cite rarement ceux que l'on pille parce qu'ils éveillent. Mais on ne peut imaginer que, *connaissant ce mouvement*, il ne s'en soit pas inspiré.

Parmi de nombreux autres artistes, Duchamp fréquente Apollinaire et Picabia, Léger et Boccioni, Gleizes et André Mare. Puis, en 1912, sur les conseils de lecture de Picabia, à Munich, il tombe sous le charme de *L'Unique et sa propriété* de Stirner et d'*Ainsi parlait Zarathoustra* de Nietzsche. Il est plus facile de placer son magistère sous le signe de ces deux figures emblématiques de la radicalité individualiste et de la destruction des valeurs occidentales que de Jules Lévy. En 1844, Stirner, hégélien de gauche, publie ce livre de feu qui se résume en une seule phrase : il n'y a que moi, Je, et j'ai tous les droits. De sorte que ce qui n'est pas moi, je peux le détruire, le casser, le briser, l'écarter, le combattre, l'éviter, lui nuire – tout est possible, pourvu que je puisse exacerber ce Je qui est Tout.

Stirner est le premier penseur du nihilisme post-chrétien, bien avant Nietzsche qui naît l'année où paraît son livre. Il paraît probable que l'auteur de *Par-delà le bien et le mal* ait lu *L'Unique et sa propriété*, ce sont deux philosophes qui mettent le feu au judéo-christianisme. Stirner jette dans son immense brasier ontologique tout ce qui passe à sa portée. Sur le terrain politique : l'empereur, la patrie, l'État, le roi, la loi, l'ordre, la légalité, la loyauté, le droit, la liberté, l'égalité, la censure, le cachot, le libéralisme, la bourgeoisie, la police, le communisme, le travail, l'esclavage, le peuple, la justice, les constitutions, la propriété, les partis, la libre concurrence, la hiérarchie, les droits de l'homme. Sur le terrain religieux : Dieu, le Saint-Esprit, le christianisme, les catholiques, les protestants, les athées, les dogmes, les religions, le sacré, la chrétienté, l'Église, le péché, la foi, le Christ. Sur le terrain social : l'humanité, les parents, la famille, la chose publique, l'argent, les impôts, l'éducation, le système, l'autorité, l'espèce, le maître, l'héritage, les idées, l'idéologie, la communauté, la société. Sur le terrain de la morale bourgeoise : la prohibition de l'inceste, la monogamie, la piété, l'amour, la vérité, la véracité, la justice, l'amitié, le mariage, le renoncement, l'abnégation, les moralisateurs, les bourgeois, le respect, l'honneur, le devoir, la vie d'autrui, l'amour du prochain. Sur le terrain de l'éthique : le bien, le beau, le mal, les valeurs, les vertus, la vérité, la raison. Quelles sont ses valeurs ? Tout ce qui permet l'expansion et l'expression de son propre Moi : le mensonge, la rouerie, la ruse, le meurtre, le crime, l'inceste, la trahison, la révolte, la rébellion, la force, la violence. Stirner écrit : « Je le veux, donc c'est juste. » Je dois faire ce que je veux, rien ne doit entraver la puissance de mon unicité. Dès lors, on peut violer, tuer, coucher avec sa sœur ou sa mère, mentir et trahir – *L'Unique et sa propriété* s'avère être un bréviaire nihiliste qu'une erreur confirmée par la paresse intellectuelle présente habituellement comme un texte anarchiste. Outre qu'il fustige tout autant l'anarchisme en général, et Proudhon en particulier, Stirner est le philosophe emblématique du nihilisme : Rien est pour lui Tout.

On comprend que le fils de notaire normand boive cet alcool fort avec délectation : Stirner annonce la mort du Beau et de la beauté en même temps que du Bien et de Dieu. Duchamp qui fut impressionniste, puis cézannien, puis fauve, puis cubiste, puis futuriste estime à cette heure que l'art est mort. En 1912, il réalise un lavis sur papier intitulé *Aéroplane*. La même année, alors qu'il visite le Salon de la locomotion aérienne au Grand Palais avec Fernand Léger, Apollinaire et Brancusi, Duchamp dit au sculpteur roumain : « La peinture est morte. Qui pourra faire mieux que cette hélice ? Dis-moi, tu en serais capable, toi ? » S'il est impossible de faire mieux que cette hélice en art, alors cette hélice, ce sera de l'art : il suffira de le vouloir et de le dire. Nul besoin de la fabriquer, il suffit de la prendre comme elle est, telle qu'elle est, *ready-made*, sortie de l'atelier où un autre l'a faite, puis d'effectuer ce qui devient alors le seul geste esthétique possible : dire qu'il s'agit d'art. Stirner justifie qu'on puisse penser et agir ainsi. Il invite même à faire ainsi. N'écrit-il pas : « je le veux, donc c'est juste » ?

Nietzsche est l'autre lecture qui le nourrit. On sait combien l'auteur de *L'Antéchrist* combat le judéo-christianisme et ses valeurs : le triomphe de l'idéal ascétique, la victoire de la force des faibles, la soumission des forts à la rancune des faibles, la production d'un homme du ressentiment, la dévalorisation de l'ici-bas au profit des arrière-mondes, la perversion de la sexualité, la soumission de Dionysos à Apollon, le goût pour la mort et le renoncement à la vie, la haine de tout plaisir, le mépris de la chair, la malédiction lancée sur les femmes.

Le philosophe allemand annonce la mort de Dieu. En même temps, il annonce celle du Beau, car les deux notions sont liées. Pour qu'il y ait une idée de beauté à l'aune de laquelle on puisse mesurer les choses concrètes pour savoir si, en fonction de leur plus ou moins grande proximité avec l'Idée, elles sont belles ou non, il faut qu'il existe un monde des Idées qui est rien de moins que le milieu dans lequel Dieu évolue. Dieu mort, le Beau meurt aussi. Dès lors, la Vérité qui va avec, tout autant que le Bien, le Juste, et toutes les autres idoles à majuscules tombent en poussière. Le Beau est mort en même temps que Dieu qu'il servait. Restent la perspective, l'angle d'attaque, le biais par lequel on aborde les choses, le réel, le monde. Est donc dit *beau* ce qui est décrété tel par celui qui l'ose – le fort. La peinture peut donc bien être décrétée morte au Salon de l'aviation en même temps que belle l'hélice d'un Bréguet, d'un Daimler ou d'un Levassor.

Duchamp révolutionne l'art occidental en proposant une double révolution : celle des supports et celle du regard. Le support : pendant des siècles, il a été honorable, respectable, estimable, vénéré, prestigieux, noble ; la toile de lin portait les pigments précieux, l'or pour dire la sainteté, les auréoles et les irradiations célestes, les icônes et les habits de saints, le bleu outremer, parce qu'on allait le chercher au-delà des mers et que de ce fait il coûtait horriblement cher, pour colorer le long manteau de la Vierge ; les objets d'art religieux, reliquaires et ostensoirs, patènes et calices, encensoirs et tabernacles, étaient confectionnés en or, en argent, en vermeil et les sculptures en marbre, en ivoire, en nacre, en bois précieux. Rien n'était trop beau pour dire le Beau. Ce qui était précieux devait être dit, montré, raconté, peint avec des objets précieux.

Or, en bon stirnérien qui n'a basé sa cause sur rien, sinon sur lui, son Je, son Moi, son caprice personnel, Duchamp élit toutes les matières : le fer galvanisé du porte-bouteilles, la porcelaine de son urinoir, la tôle de sa pelle, la toile cirée d'un ruban, le plastique d'une housse de machine à écrire, la laine d'un gilet, le bois d'un tabouret, l'acier d'un peigne, celui d'une roue de vélo, mais aussi le fil de plomb, le verre, la ficelle, des épingles de sûreté, un écrou et un goupillon, du caoutchouc, le verre d'une ampoule, un os de seiche, du velours, du plexiglas, du cuivre, du carton, du cuir, du papier d'aluminium, de la gaze, un clou, de l'iode, du plâtre, le matériau à empreinte des dentistes, du talc, du chocolat, des mouches, des insectes, du massepain, de la fourrure, une fermeture Éclair, de l'isorel, de la brique, de l'émail, des brindilles, un linoléum, du coton, des lumières électriques, un bec de gaz, et même de la « poussière de quatre mois, six mois qu'on enferme ensuite » entre deux verres, le tout photographié par Man Ray en 1920…

Dans cet inventaire à la Prévert, on ne trouve aucune matière corporelle – sang, lymphe, sueur, cheveux, poils, larmes, sperme, urine, excréments, cérumen, salive, smegma, menstrues. Bientôt, elles ne manqueront pas de garantir la subversion de qui y recourra… Toutefois, en 1920, à New York, Man Ray photographie le crâne rasé de Marcel Duchamp : une étoile filante à cinq branches s'épanouit sur l'occiput pendant que le chemin des cheveux… de la comète traverse la tête du front jusqu'à l'arrière de son crâne. Cette œuvre confirme l'adoubement du corps comme support dans le projet esthétique duchampien.

Par ailleurs, Duchamp souhaite s'inventer un personnage. Il écrit : « J'ai voulu changer d'identité et la première idée qui m'est venue c'est de prendre un nom juif. J'étais catholique et c'était déjà un changement que de passer d'une religion à une autre ! Je n'ai pas trouvé de nom juif qui me plaise ou qui me tente, et tout d'un coup j'ai eu une idée : pourquoi ne pas changer de sexe ! Alors de là est venu le nom de Rrose Sélavy » – dans lequel il faut entendre *Éros c'est la vie*. Man Ray photographie Duchamp habillé avec des vêtements féminins. Le corps peut donc être aussi un support, comme la ficelle et la poussière, la mouche et le chocolat.

La seconde révolution opérée par Duchamp est celle du regard. Dans *Duchamp du signe*, elle se trouve résumée dans une phrase célèbre : « Ce sont les REGARDEURS qui font les tableaux. » Dans des entretiens avec Pierre Cabanne publiés sous le titre *Ingénieur du temps perdu* il précise. Concernant l'œuvre d'art, il dit en effet : « Je donne à celui qui la regarde autant d'importance qu'à celui qui la fait » – ce qui rend le propos plus subtil. Car le regardeur ne fait pas l'œuvre *tout seul*, comme dans la première acception, mais il y contribue *autant que* l'artiste qui l'a voulue. Autrement dit : n'importe qui ne peut pas faire l'œuvre d'art, il faut pour ce faire que l'artiste l'ait aussi voulue. La référence à Nietzsche ne va pas sans un certain aristocratisme.

On sait depuis Léonard de Vinci que la peinture est « chose mentale » ; mais, dans l'esprit du génie italien, elle l'est pour celui qui peint. Duchamp ajoute qu'elle l'est aussi pour celui qui l'appréhende avec ses sens, certes, mais aussi et surtout avec son intelligence, sa culture, son savoir, ses références – ou son ignorance, ses préjugés, ses préventions… Avec Duchamp, l'œuvre d'art devient clairement et pleinement une affaire conceptuelle, une opération intellectuelle ; elle suppose un partenaire capable de la même démarche conceptuelle et intellectuelle. Autrement dit, l'art duchampien exige un regardeur artiste.

L'incroyable aventure de la *Fontaine* marque une rupture radicale dans l'Occident judéo-chrétien : elle permet en effet de passer du christianisme théologiquement iconophile et iconographiquement christique illustré par le Marcel Duchamp impressionniste, fauve, cubiste, futuriste, au judaïsme intellectuellement iconoclaste et philosophiquement conceptuel du transsexuel ontologique qu'est devenu(e) Rrose Sélavy. La piste d'un devenir juif et postchrétien de l'art contemporain par l'option conceptuelle abolissant l'option figurative n'est pas négligeable. Que Marcel Duchamp ait souhaité un pseudonyme juif fait sens chez lui pour qui tout fait sens.

Dans la perspective d'exposer au Salon des Indépendants de New York, en 1917, Marcel Duchamp achète un urinoir en porcelaine dans une boutique de plomberie et sanitaire. L'objet est signé « *R. Mutt* », puis envoyé de manière anonyme au comité de sélection accompagné de l'argent qui ouvre le droit à exposer. Stupeur du comité dans lequel certains crient au scandale pendant que d'autres invoquent la liberté d'expression. Les opposants triomphent, l'objet n'est pas exposé. Duchamp fait partie du comité ; il en démissionne.

Stieglitz photographie l'objet et utilise l'ombre pour susciter un voile sur la pissotière. La pissotière est baptisée : *La Madone de la salle de bain*. Ce nom de baptême signifie que la référence au judéo-christianisme persiste, même dans la dérision. Des revues d'artistes comparent l'œuvre à un Bouddha, à une épiphanie du concept, on cite Montaigne et Nietzsche, Remy de Gourmont et Bergson pour la légitimer intellectuellement. Elle est exposée un temps dans une galerie, puis achetée par Walter Arensberg, un collectionneur mécène, puis perdue. L'œuvre disparaît de la circulation et réapparaît trente ans plus tard.

En 1950, toujours à New York, la pissotière est exposée, vendue, achetée. Elle devient l'icône que l'on sait grâce au petit milieu new-yorkais fait d'acheteurs riches et de galeristes puissants, d'esthètes mondains et de journalistes influents, de mécènes oisifs et d'intellectuels français ayant fui l'Occupation, la guerre, le combat et la Résistance. De Juifs historiquement doués pour le concept également – galeristes, journalistes, marchands, collectionneurs, mécènes.

En adoubant tous les supports, y compris le corps, Duchamp fait entrer l'art dans un autre monde. Pendant des siècles, l'activité artistique était au service du christianisme, comme un instrument de propagande. Il donnait corps et chair à la fiction judéo-chrétienne en conférant à ses personnages des formes transfigurées en vraisemblances, donc en vérité. Plus tard, le cinéma et la télévision contribueront à cette opération de transfiguration du virtuel en réel au point de faire de la vérité une fiction et de la fiction une vérité.

Tant que le christianisme fut fort, l'art le raconta. L'Église, le pape, les princes chrétiens passent commande d'œuvres religieuses. L'émergence de la bourgeoisie dans l'histoire correspond à son apparition dans la peinture : lorsque Carpaccio peint sa *Légende de sainte Ursule* (1494-1495), il fait figurer dans les scènes d'histoire sainte des personnages contemporains auxquels il doit sa commande, les Lorédan. On trouve donc les armoiries de cette famille et des banderoles qui signalent sa libéralité dans une histoire dont la fiction la précède de plusieurs siècles. Eugénie, l'épouse du commanditaire, décédée au moment de la passation de la commande, se trouve intégrée au tableau et assiste aux funérailles de la sainte. Près du pape de l'époque de la légende, on reconnaît des actuels vivants : l'évêque de Venise, son ambassadeur et son cardinal. Carpaccio ne peut mieux dire à la fois sa soumission au pouvoir spirituel de la sainte et sa sujétion au pouvoir temporel de la Sérénissime.

Plus le christianisme recule, plus la bourgeoisie avance, moins le christianisme tient le devant de la scène artistique picturale et plus il se retrouve en arrière-plan. À un moment donné, il n'est plus là, il est sorti du tableau. Ainsi, en 1434, quand Van Eyck peint *Arnolfini et sa femme*, il congédie la religion et le religieux : un homme chapeauté, une femme couverte de broderies, des tissus précieux pour elle et pour lui, de la fourrure et du velours, un intérieur cossu, un large chandelier et un miroir ouvragé, un lit à baldaquin pourpre, un petit chien au premier plan, des socques de bois abandonnées dans un coin, un tapis brodé, un pompon de décoration, des meubles, des bijoux, un plafond haut, la lumière qui entre par une vaste fenêtre, des oranges, un fruit alors coûteux, tout dit l'opulence, la richesse, l'aisance. L'homme tient la main de la femme, il s'agit d'afficher, sinon le mariage, du moins les fiançailles, à moins que le ventre de la femme, caché par le geste qui remonte le lourd tissu vert de la robe, témoigne en faveur d'un heureux événement que la peinture annoncerait discrètement, auquel cas l'œuvre serait une annonciation bourgeoise. La peinture passe alors au service des nouveaux puissants – les marchands, les commerçants, les riches bourgeois.

La photographie arrache ce marché-là aux peintres qui, depuis des siècles, figurent les rois ou les cours royales. Ce que Hyacinthe Rigaud fait avec Louis XIV, roi de France, Gainsborough avec les princes et les rois, les ducs et les duchesses d'Angleterre, Rubens pour une grande famille italienne, Titien pour Charles Quint, Goya avec la famille espagnole de Charles IV, Ingres pour la bourgeoisie de son temps, et tant d'autres peintres en Europe, tout cela sera mieux fait par le photographe. En janvier 1839, Joseph Nicéphore Niepce réalise une image avec une chambre obscure. Déjà, en 1824, le même avait obtenu une image avec une pierre lithographique enduite de produits chimiques adéquats. D'aucuns remontent même jusqu'à 1822 pour une épreuve plus ancienne encore, et il se fait que c'est une photo… du pape Pie VII avec une plaque de verre enduite de bitume de Judée (!). La photographie, en tant qu'étymologiquement elle est un procédé d'écriture par la lumière, se trouve donc inventée en 1822.

La photographie produisant mieux ce que le meilleur peintre obtient alors, reproduire fidèlement la réalité, le peintre doit envisager de peindre autre chose. La photographie qui est écriture avec la lumière tue la peinture et, en même temps, elle assure sa survie : les impressionnistes estompent le sujet, effacent le réel et mettent en avant la lumière et ses effets sur les choses – une meule de foin, la façade d'une cathédrale à différents moments de la journée, l'embouchure de la Seine, etc. Monet peint *Impression, soleil levant* en 1872 ; la toile donne son nom à l'impressionnisme. Ce que Monet fait, aucun photographe ne pourrait le faire.

Que faire après l'impressionnisme qui, comme tout moment dans l'histoire, ne saurait devenir une peinture indépassable ? L'abolition du sujet a donné naissance à la peinture de la lumière ; l'abolition de la lumière va donner naissance à la peinture abstraite. En 1896, lors d'une exposition sur l'impressionnisme à Moscou, Kandinsky est bouleversé par une toile de Monet. Devant l'une de ses meules dont il ne reconnaît pas le sujet, il a l'intuition que la peinture peut exister sans le motif. Une peinture sans motif, c'est l'exacte définition de la peinture abstraite. Kandinsky fait paraître *Du spirituel dans l'art* en 1910, la même année que son premier travail abstrait. Pour qui voudra éviter une fois encore la cristallisation de la peinture abstraite, que faudra-t-il abolir désormais ? Abolir l'abstraction n'aurait pas de sens, car il faudrait revenir au motif. Il s'agira donc d'abolir la peinture. C'est ici qu'apparaît Duchamp qui révolutionne les supports et fait exploser le monde de l'art victime d'un mouvement centrifuge. Avec sa *Fontaine*, son coup d'État esthétique s'avère un mouvement centripète qui ouvre la porte à tous les possibles.

Or, ces possibles sont ceux d'une société dans laquelle le judéo-christianisme ne fait plus la loi. Désormais, Marx et le marxisme donnent la formule du nihilisme : « Du passé faisons table rase », écrivait Eugène Pottier dès 1871 dans *L'Internationale*, cette phrase devient le programme révolutionnaire ; Freud et le freudisme contribuent au même abîme en faisant de la civilisation, judéo-chrétienne, le produit d'une névrose sexuelle. Le *Manifeste du parti communiste* de 1848 et l'*Introduction à la psychanalyse* de 1900, puis *Malaise dans la civilisation* en 1930 fonctionnent en nouveaux bréviaires – ceux du nihilisme.

Détruire devient le mot d'ordre. Casser, en finir avec le passé, renverser la table, abolir ce qui a dominé pendant plus de mille ans – le pouvoir du capitalisme et de l'argent, de la bourgeoisie et de l'exploitation par le travail, tout autant que la sexualité judéo-chrétienne et le patriarcat castrateur, l'idéal ascétique libidinal et la morale bourgeoise.

Marx aurait souscrit aux marxistes ; probablement pas Freud aux freudiens quand ceux-ci sont devenus freudo-marxistes, car le docteur viennois fut conservateur au point de déclarer son soutien à Mussolini et de souhaiter une collaboration avec le IIIe Reich pour que la psychanalyse ne disparaisse pas dans les bûchers nazis.

Au XXe siècle, l'histoire de l'art épouse celle du judéo-christianisme : une dégringolade vers toujours plus de nihilisme. Le 20 février 1909, Marinetti fait paraître un *Manifeste du futurisme* dans *Le Figaro* : il y fait l'éloge du danger, de l'héroïsme, de l'énergie, de l'agressivité, de la vitesse, de la violence, de la lutte, de la guerre, « seule hygiène du monde », de la révolution, de la force, de la haine, de la jeunesse, des machines, des foules fanatisées, du militarisme, du patriotisme, du « geste destructeur des anarchistes », des « belles idées qui tuent », du « mépris de la femme », de la « violence culbutante et incendiaire ». Il écrit : « Nous voulons démolir les musées, les bibliothèques, combattre le moralisme » et, pour réaliser ce vandalisme futuriste, il invite à mettre le feu aux livres, à détourner les fleuves pour inonder les musées, à démolir les villes d'art à la pioche et au marteau, à transformer Venise en parking. Marinetti le dit clairement : « L'art ne peut être que violence, cruauté et injustice. » Le futurisme a concerné tous les domaines : littérature, poésie, musique, théâtre, cinéma, arts plastiques, architecture, science, cuisine. L'Italie fasciste de Mussolini a aimé, la jeune Russie soviétique de Lénine aussi.

Dada publie sept manifestes entre 1916 et 1920. Dans le *Manifeste dada 1918*, Tristan Tzara écrit : « Que chaque homme crie : il y a un grand travail destructif, négatif, à accomplir. » Dans une syntaxe violentée, à coups d'associations foutraques de mots et d'idées, entre logorrhée poétique et onomatopées, à l'aide d'une écriture automatique qui envoie valdinguer la ponctuation, Dada énonce quelques thèses : la haine des principes, le refus de la morale, le mépris de la raison, la détestation de la mémoire, le refus de la logique, la haine du bourgeois, la caducité de la peinture, la mort de l'art. On y trouve aussi quelques éloges : la méthode psychanalytique, la vérité de la force, la sagesse de la folie. Bien sûr, on y trouve aussi du pissat et de la diarrhée, du bassin urinaire et de l'intestin, du crachat et des pets, de la défécation et de la vidange, de l'urine et de la merde... Dans *Monsieur Aa l'antiphilosophe nous envoie ce manifeste*, on peut lire cette ligne énigmatique : « Extermination. Oui, naturellement. »

On dit peu, en France, combien le Français André Breton ajoute à peine à dada et au dadaïsme. Car les deux *Manifestes du surréalisme*, celui de 1924 et celui de 1929, reprennent les mêmes critiques et souscrivent aux mêmes éloges. Breton définit le surréalisme comme un « automatisme psychique par lequel on se propose d'exprimer, soit verbalement, soit par écrit, soit par toute autre manière, le fonctionnement réel de la pensée ». Breton a lu Freud et souscrit à son analyse : la répression de l'inconscient est la source de toute pathologie ; or la civilisation procède de cette répression ; donc la civilisation est une pathologie. Dès lors, pour soigner la civilisation, Breton propose sa destruction par la libération de l'inconscient. Le surréalisme invite à libérer l'inconscient, d'abord comme un jeu intellectuel, ensuite comme une politique qui déborde le cerveau de l'artiste pour devenir effet dans l'histoire. Voilà pourquoi dans le *Second manifeste surréaliste*, Breton qui n'a jamais caché sa dilection pour Trotski et le trotskisme peut écrire sans sourciller : « L'acte surréaliste le plus simple consiste, revolvers aux poings, à descendre dans la rue et à tirer au hasard, tant qu'on peut, dans la foule. »

Concrètement ? Concrètement, ce fut le triomphe de l'esthétique de la disparition : en 1910, avec Kandinsky, la peinture devient abstraite et abolit le sujet ; en 1916, avec le *ready-made*, Duchamp en termine avec l'art classique ; en 1922, avec l'*Ulysse* de Joyce, le roman rompt avec la narration et adoube le discours autiste ; en 1923, Schönberg congédie l'harmonie et la tonalité en musique pour promouvoir l'atonalité et le dodécaphonisme ; en 1945, avec Isidore Isou et le lettrisme, la poésie économise les mots, les images, le sens et promeut le pur assemblage de lettres ; en 1952, John Cage crée *4'33*, un concert de silence dans lequel la musique est faite par les bruits du public dans la salle ; en 1952, Guy Debord projette *Hurlements en faveur de Sade*, un film sans images qui sature l'écran du même noir que celui de la salle obscure ; en 1961, Manzoni vend ses matières fécales haussées au rang d'œuvre d'art. Que peut-il y avoir *après la merde* ? Sinon la logorrhée sur la merde pour expliquer qu'elle n'en est pas une parce qu'elle est critique du capital – alors qu'elle en est la quintessence ?

2

La déchristianisation chrétienne

Le Paraclet immanent de Vatican II

8 décembre 1965.
Clôture par Paul VI du concile Vatican II.

Le concile Vatican II (1962-1965) suit d'une vingtaine d'années la chute du Berlin nazi. Une vingtaine d'années pour l'Église catholique, apostolique et romaine, c'est une virgule dans un long texte de deux mille ans qui prend date sur l'éternité. Car l'Église, elle, a le sens des longues durées. Quiconque n'a pas saisi qu'elle inscrivait son existence en regard de la fin des temps ne comprend pas son fonctionnement. Certes, le concile n'est pas une réponse explicite à cette histoire, à l'implication de l'Église officielle dans le soutien aux régimes anticommunistes européens de Mussolini, Hitler, Pétain et Franco, mais tout de même !

Le 25 janvier 1959, moins de trois mois après son arrivée à la tête du Saint-Siège en remplacement de Pie XII qui fut complaisant à l'endroit des fascismes européens, le pape Jean XXIII annonce la tenue d'un concile. Quand il était délégué du Vatican dans la Turquie kémaliste, obligé de s'habiller en vêtements civils donc, le futur Jean XXIII, alors cardinal Roncalli, fournissait des visas à des milliers de Juifs pour qu'ils rejoignent la Palestine *via* la Bulgarie. À l'ouverture de ce concile, un visiteur lui demande ce qu'il attend de cette lourde machine qui permet de décider des affaires de l'Église. L'histoire lui prête cette réponse jamais démentie : « Nous avons autre chose à faire que de jeter des pierres au communisme. » Vatican II, c'est le Mai 68 chrétien.

En écho au silence de Pie XII qui, par anticommunisme, a soutenu les régimes fascistes, tous antisémites, le concile décrète que Juifs et chrétiens sont frères : le Christ était juif, les apôtres aussi. Si, de fait, certains Juifs sont responsables de la mort du Christ, tous les Juifs de l'époque ne le sont pas, encore moins les Juifs ayant vécu les siècles suivants, encore moins, bien sûr, les Juifs contemporains de Vatican II. Le texte conciliaire l'exprime clairement : « L'Église, qui réprouve toutes les persécutions contre tous les hommes, quels qu'ils soient, ne pouvant oublier le patrimoine qu'elle a en commun avec les Juifs, et poussée, non pas par des motifs politiques, mais par la charité religieuse de l'Évangile, déplore les haines, les persécutions et les manifestations d'antisémitisme, qui, quels que soient leur époque et leurs auteurs, ont été dirigées contre les Juifs. » Le pontificat de Pie XII, complice de dictatures de droite et de l'exfiltration des criminels de guerre en dehors de l'Europe après 1945 avec l'aide du Vatican, se trouve franchement désavoué.

L'Église associe sa condamnation de l'antisémitisme à celle du racisme. Avec ce concile, le catholicisme n'est plus une affaire de catholiques mais une aventure d'humains. Tous les hommes peuvent aimer cette nouvelle option ; certains catholiques détesteront. Il ne faut plus refuser un seul homme au nom de sa race, de sa couleur de peau ou de sa religion – voire de son absence de religion. C'est le sens de l'œcuménisme qui constitue l'épine dorsale de ce concile. L'époque s'estompe au cours de laquelle l'Église déteste les Juifs, brûle les hérétiques, excommunie les hérésiarques, condamne les sorcières à mort, massacre les gens de couleur dans les pays qu'elle colonise, envoie les athées au bûcher : elle souhaite désormais convertir, amener ou ramener à elle ceux qui se seraient égarés. « L'Église réprouve donc, en tant que contraire à l'esprit du Christ, toute discrimination ou vexation dont sont victimes des hommes en raison de leur race, de leur couleur, de leur condition ou de leur religion. »

Le concile invite des représentants schismatiques d'hier à se retrouver dans le même idéal évangélique pour prier Dieu sans souci d'autre chose que de l'amour du prochain : les protestants (anglicans, luthériens, réformés, évangélistes, méthodistes, quakers), les orthodoxes (arméniens, coptes, syriens, russes exilés), les vieux chrétiens également (c'est ainsi que l'on nomme les croyants de l'Union d'Utrecht qui ont refusé le dogme de l'infaillibilité papale lors de Vatican I), tous sont invités à Rome sans souci des particularités qui leur ont valu d'être déclarés ennemis au cours des siècles par les papes successifs et le Vatican.

Les « frères séparés », comme il est dit lors du concile, doivent bénéficier du même traitement que les non-baptisés avec lesquels il est conseillé au chrétien de se montrer aimant et charitable. Il est loin le temps où les nouveau-nés morts avant d'avoir été baptisés n'avaient droit ni au paradis, à cause du péché originel, ni aux enfers, à cause de l'impossibilité d'avoir commis un péché mortel, mais croupissaient dans les limbes, un lieu en marge de l'enfer. La théologie scolastique qui a inventé cette géographie punitive au XIIIe siècle marque le pas.

Les limbes disparaîtront en 2007 par décision d'une Commission internationale de l'Église catholique. Vatican II a rendu possible ce trait de plume qui émancipe l'Église du jour de l'Église de toujours.

Le concile ne s'adresse plus spécifiquement aux chrétiens, mais à la totalité des hommes de la planète. Athées compris. Certes, l'Église ne va pas jusqu'à admettre l'athéisme dont elle propose la généalogie et l'analyse, mais elle invite celui qui ne croit pas « à examiner en toute objectivité l'Évangile du Christ », autrement dit à constater que, sur le fond, quand l'Église « défend la dignité de la vocation de l'homme et rend ainsi l'espoir à ceux qui n'osent plus croire à la grandeur de leur destin », elle n'est pas complètement étrangère aux préoccupations de ceux qui œuvrent pour la même fin, avec d'autres moyens. Jean XXIII est effectivement bien loin de jeter la pierre aux communistes qui partagent avec les chrétiens une passion pour la dignité inscrite dans « le fond secret du cœur humain » (*id.*). Le compagnonnage entre la gauche et les chrétiens cesse d'être inenvisageable. Donc, il sera bientôt envisagé.

Le temps où l'empereur byzantin Manuel II Paléologue fait savoir à son interlocuteur musulman que l'islam est une religion guerrière et conquérante, cruelle et vindicative, n'est plus. Le concile insiste sur ce qui rapproche les deux religions plutôt que sur ce qui les sépare : chrétiens et musulmans croient en un Dieu unique, créateur du ciel et de la terre, ayant parlé aux hommes ; ils veulent vivre selon les principes de Dieu. Certes, les musulmans ne croient pas que Jésus soit Dieu, mais ils conviennent qu'il est un prophète. De plus, ils invoquent Marie avec piété. Enfin tous attendent le retour de Dieu sur terre et le salut de l'humanité par son retour. Les dévots de Mahomet prient, pratiquent l'aumône et le jeûne. Dès lors, une réconciliation est possible. Le concile décrète donc : « Même si, au cours des siècles, de nombreuses dissensions et inimitiés se sont manifestées entre les chrétiens et les musulmans, le saint concile les exhorte tous à oublier le passé et à s'efforcer sincèrement à la compréhension mutuelle, ainsi qu'à protéger et à promouvoir ensemble, pour tous les hommes, la justice sociale, les valeurs morales, la paix et la liberté » (*Nostra aetate*, 2).

Même remarque avec les religions qui ne sont pas celles du Livre. Ainsi l'hindouisme, le bouddhisme et « les diverses religions non chrétiennes » qui sont toutes dans le vrai en tant qu'elles sont chacune redevables d'« une certaine perception de cette force cachée qui est présente au cours des choses et aux événements de la vie humaine » (*id.*). Le concile fait ici fi de sa vieille lutte contre le déisme et ne regarde pas trop à la bouche du cheval. L'hindouisme recourt aux mythes et à la philosophie, à la vie ascétique et à la méditation, le bouddhisme vise l'illumination par le détachement de ce monde, les autres religieux disposent de rites et ont le sens du sacré – tout cela suffit pour que tout ce monde s'embrasse. L'Église qui a lutté toute sa vie contre le relativisme invite au relativisme !

Vatican II donne une place importante aux laïcs – au détriment des clercs, diront quelques-uns dont certains deviendront schismatiques, comme le traditionaliste Mgr Lefebvre. L'Église n'est plus l'Église d'en haut, celle du pape et des cardinaux, des évêques et des prélats, mais l'Église d'en bas, celle que voulait Jésus estimant qu'elle était là où deux personnes se trouvaient réunies en son nom. Les premiers croient en Dieu, mais gèrent leur croyance par la hiérarchie et la transcendance ; les seconds croient au même Dieu, mais par d'autres voies, la démocratie et l'immanence. Les uns s'occupent de l'arrière-monde par leur vocation ; les autres de l'ici-bas *via* leurs métiers. On peut lire dans *Lumen gentium,* un texte promulgué le 21 novembre 1964 : « Les laïcs peuvent en outre, de diverses manières, être appelés à coopérer plus immédiatement avec l'apostolat de la hiérarchie. » Et plus loin : « Certains d'entre eux, suivant leurs moyens, apportent, à défaut de ministres sacrés, ou quand ceux-ci sont réduits à l'impuissance par un régime de persécutions, un concours des suppléances pour certains offices sacrés. » Autrement dit, faute de prêtres, un laïc fait l'affaire. Le concile invite ainsi les laïcs à devenir prêtres à leur façon ; paradoxalement, ce sont les prêtres qui deviendront de plus en plus laïcs, au point même de se demander pourquoi rester prêtre quand la vie évangélique suffit.

La pastorale n'est plus une affaire de prêtre et de pasteur, chacun peut le devenir, tout chrétien doit d'ailleurs le devenir. L'annonce du Christ suppose une action évangélique, une pratique, un témoignage par la vie et la parole. « Dans l'accomplissement universel de ce devoir, les laïcs ont la première place *[sic].* » Bien qu'ils soient soumis à l'obéissance, comme les clercs chrétiens, ils ont tout de même le droit de donner leur avis sur le fonctionnement de l'Église puisque le concile en fait même un « devoir ». Les clercs ont désormais l'obligation de tenir compte de ce que leur disent les laïcs. Le texte va même plus loin puisque au-delà de l'égalité qu'il y aurait entre clercs et laïcs il inverse même la perspective en estimant que les laïcs sont plus éclairés que les clercs : « Ceux-ci, avec l'aide *[sic]* de l'expérience des laïcs, sont mis en état de juger plus distinctement *[sic]* et plus exactement *[sic]* en matière spirituelle aussi bien que temporelle, et c'est toute l'Église qui pourra ainsi, renforcée par tous ses membres, remplir pour la vie du monde plus efficacement *[sic]* sa mission. » À Vatican II, le slogan est donc : Tout le pouvoir aux soviets !

Outre la pastorale, les laïcs sont également invités à participer aux rites de l'Église. Dans le décret sur l'apostolat des laïcs, *Apostolicam actuositatem*, il est en effet question de leur « participation active à la sainte liturgie ». Dans le préambule de *Sacrosanctum Concilium* (4 décembre 1963), le texte emprunte même au vocabulaire de la Déclaration des droits de l'homme et du citoyen de la Révolution française puisque « le saint concile déclare que la sainte mère l'Église considère comme égaux en droits et en dignité tous les rites légitimement reconnus, et qu'elle veut, à l'avenir, les conserver et les favoriser de toute manière ; et il souhaite que, là où il en est besoin, on les révise entièrement avec prudence dans l'esprit d'une saine tradition et qu'on leur rende une nouvelle vigueur en accord avec les circonstances et les nécessités d'aujourd'hui ». On appréciera la révision entière, qui suppose un peu d'audace, et l'invitation à l'exercice de la prudence, qui modère et tempère ladite audace, et ce afin que les nécessités d'aujourd'hui, autrement dit la modernité, respectent la saine tradition... L'enfant qui naît du mariage de la carpe moderne et du lapin traditionaliste est tout sauf traditionaliste. Le concile semble ici souscrire à la Constitution civile du clergé.

Juifs, protestants, orthodoxes, athées, agnostiques, non-baptisés, hindouistes, bouddhistes, chamanistes ou shintoïstes, animistes ou polythéistes, laïcs, tous les hommes sont frères. *Gaudium et spes* invite explicitement à vivre en « citoyens du monde ». Avec cet universalisme humaniste, Vatican II tourne le dos à saint Paul au nom de Jésus. Le concile range l'épée du Tarsiote au magasin des accessoires pour lui préférer les vertus évangéliques d'amour du prochain, de pardon des péchés, de communion des saints, de fraternité universelle. Le Christ casqué et armé qui triomphe, de Constantin au pont Milvius à Pie XII en compagnie des dignitaires du IIIe Reich, en passant par saint Bernard de Clairvaux qui prend la tête des croisades, ou Hernan Cortés qui extermine les peuples amérindiens, laisse sa place au Jésus des Béatitudes. Mais les civilisations se bâtissent à l'ombre des épées et non à celle des oliviers.

Jean XXIII s'inscrit dans la droite ligne des annonces faites par Jésus dans son Sermon sur la montagne : il choisit en effet le camp des affligés qu'il veut consoler, des doux auxquels il promet la possession de la terre, des affamés et des assoiffés de justice qu'il veut rassasier, des miséricordieux auxquels il promet la miséricorde, des cœurs purs auxquels il annonce la vue de Dieu, des artisans de paix qui seront appelés fils de Dieu, des persécutés pour la justice à qui il annonce que le royaume des cieux leur appartient, des insultés au nom du christianisme. Avec pareil programme, on ne crée ni ne défend une civilisation, on produit un humanisme. Le Dieu de colère laisse place au Dieu d'amour. Or la colère fait peur et tient les loups à distance alors que l'amour est une évidente promesse de victoire pour ceux qui ont choisi la haine.

Pie XII, qui a tant lancé de pierres aux communistes, avait sur les prêtres ouvriers une théorie particulière ; lui qui n'a pas mis *Mon combat* d'Adolf Hitler à l'Index, qui n'a pas excommunié Mussolini et Franco, Pétain et Hitler, ou l'un de leurs affidés, alors qu'il a mis Marx à l'Index et excommunié tous les marxistes et les communistes pour cause d'athéisme, a vu dans l'expérience des prêtres ouvriers un oxymore insupportable : selon lui, le prêtre doit être de droite, l'ouvrier est toujours de gauche, comment peut-on être les deux ? Il faut être prêtre sans être ouvrier et l'ouvrier ne sera tolérable et toléré, défendable et défendu qu'en tant qu'il sera catholique. Pie XII condamne donc le mouvement des prêtres ouvriers, effectivement initié par des cathos de gauche dans le sillage du catholicisme social, en 1954.

Les prêtres ouvriers voulaient lutter contre la déchristianisation en milieu ouvrier là où le syndicalisme et le militantisme de gauche emportaient les suffrages prolétariens. Contre le devenir bourgeois du christianisme dans les paroisses, ces hommes de Dieu qui portent le bleu de travail souhaitent porter la parole évangélique parmi les damnés de la terre tout en soutenant leurs combats pour améliorer leur quotidien. Ils estiment que les nourritures célestes et les nourritures terrestres sont indissociables. Ces curés ont connu l'Occupation, la Résistance, la déportation, la collaboration ; ils ont vu leur hiérarchie, Pie XII en tête, prendre le parti des dictatures de droite et condamner le marxisme ; pendant la Seconde Guerre mondiale, dans les camps de prisonniers ou les réseaux de résistance, ils ont fréquenté des êtres de chair et d'os, loin des idées inculquées au séminaire.

Après guerre, ils entrent souvent à la CGT et se font les compagnons de route du PCF dont l'idéologie se trouve alors indexée sur l'URSS. En 1949, Pie XII fait paraître un décret du Saint-Office qui excommunie les communistes et leurs sympathisants. En mars 1950, des prêtres ouvriers soutiennent l'appel de Stockholm initié par des communistes et invitant à renoncer à l'armement nucléaire. Pie XII, lui, n'ignorant pas, bien sûr, Hiroshima et Nagasaki, défend l'usage de la bombe atomique. À Noël 1955, dans un message radiodiffusé, le pape explique que cet arsenal est légitime – il doit être défensif et ne pas occasionner la destruction pure et simple de la planète.

Le *Catéchisme de l'Église catholique* actuellement en vigueur ne condamne pas la bombe atomique. L'Église condamne *un certain usage.* « Tout acte de guerre qui tend indistinctement à la destruction de villes entières ou de vastes régions avec leurs habitants, est un crime contre Dieu et contre l'homme lui-même, qui doit être condamné fermement et sans hésitation. » Mais il n'y a pas de condamnation ferme et sans hésiter de la bombe atomique – juste son usage dont l'Église estime donc qu'il n'entre pas dans la catégorie des actes de guerre qui détruisent des villes ou des régions avec leurs habitants... Quand elle est chrétienne, la bombe atomique semble épargner les victimes ! Le « Tu ne tueras point » s'avère un commandement qui souffre d'abondantes exceptions. On comprend pourquoi l'aumônier catholique George Zabelka bénit l'équipage de l'*Enola Gay* qui part détruire la ville d'Hiroshima... Les prêtres ouvriers, eux, soutiennent la paix et récusent la course aux armements nucléaires.

Le 28 mai 1952, lors des manifestations organisées par le Mouvement pour la paix, une émanation du PCF, contre la venue en France du général Ridgway accusé par les communistes d'utiliser des armes bactériologiques en Corée et en Chine, deux prêtres ouvriers sont arrêtés parce qu'ils se trouvent dans le cortège. La manifestation a été violente, elle a causé des morts et le siège du PCF a été perquisitionné. Le secrétaire général du PCF, Jacques Duclos, est arrêté. L'implication des prêtres dans le monde du travail fait tache d'huile : après les usines, ce sont les ports, puis les campagnes qui accueillent des curés travailleurs. Le 1er mars 1954, Pie XII interdit aux prêtres de travailler dans les usines : il met un coup d'arrêt à l'expérience des prêtres ouvriers. Ils étaient une centaine ; la plupart démissionnent ; quelques-uns restent et désobéissent.

Vatican II prend le parti de ceux qui ont désobéi ; autrement dit, ici comme ailleurs, le concile désavoue Pie XII. Il semble bien que, sans jamais le dire, Vatican II soit en fait le concile de l'épuration, de la dénazification, de l'apurement des comptes de l'Église qui avait collaboré au nom des chrétiens qui, individuellement, contre leur Église, avaient résisté, n'avaient pas souscrit aux fascismes ni au nazisme, sinon, pour certains, avaient pu, au nom d'un idéal de fraternité avec les petits et les sans-grade communs avec celui des Évangiles, se faire les compagnons de route du marxisme-léninisme.

Car, dans *Presbyterorum ordinis*, l'Église désavoue Pie XII en enseignant que les prêtres vivent au milieu des hommes, semblables aux autres hommes et qu'il leur faut dès lors partager leurs existences avec ces frères. On ne voit plus ce qui distingue le prêtre de celui qui ne l'est pas, le clerc du laïc. Puisqu'ils doivent annoncer la Bonne Nouvelle partout, il ne saurait y avoir de lieu interdit. Dès lors, l'usine et le bateau de pêche, la ville ou la campagne, deviennent les géographies de l'évangélisation. Si le concile rapproche les laïcs des prêtres jusqu'à parfois les confondre, il rapproche également les prêtres des laïcs là aussi jusqu'à les confondre : le laïc qui concélèbre la messe ou le clerc qui tient son poste sur la chaîne se confondent dans une même mission éthique et politique.

Le concile associe tous les prêtres dans une même mission : « Ceux qui se consacrent à un travail scientifique de recherche ou d'enseignement, ceux-là mêmes qui travaillent manuellement et partagent la condition ouvrière – là où, avec l'approbation de l'autorité compétente, ce ministère est jugé opportun – comme ceux qui accomplissent d'autres tâches apostoliques ou ordonnées à l'apostolat. Finalement, tous visent le même but : édifier le Corps du Christ. » *Partager la condition ouvrière*, la chose se trouve dite, même si le concept de *prêtre ouvrier* est soigneusement évité.

Les positions de Pie XII en faveur de la guerre et de la bombe atomique se trouvent nuancées. *Gaudium et spes* aborde ces questions. Le concile prend le parti de la paix contre « la barbarie de la guerre ». Le Christ ayant voulu la paix par son sacrifice, il faut la vouloir, elle est une construction. L'Église opte pour le pacifisme et pour la non-violence, même si la chose se trouve dite avec les précautions jésuitiques de la maison. « Nous ne pouvons pas ne pas louer ceux qui, renonçant à l'action violente pour la sauvegarde des droits, recourent à des moyens de défense qui, par ailleurs, sont à la portée même des plus faibles, pourvu que cela puisse se faire sans nuire aux droits et aux devoirs des autres ou de la communauté. » La violence et la guerre procèdent du péché originel ; la paix est volonté et construction dans l'imitation du Christ. La non-violence s'avère évangélique ; la guerre, contre-chrétienne.

Dans l'ordre jésuitique linguistique, l'expression « armes scientifiques » est préférée à « bombe atomique ». Certes, ces armes intègrent également ce qu'il est convenu de nommer le NBC (nucléaire, biologique, chimique), mais passer sous silence l'arme atomique sous ces termes fait sens. Le concile condamne également la *guerre froide*, mais cache également la chose à l'aide du même genre de circonlocution : « des guerres larvées (qui) traînent en longueur » (79) ; il fustige également le « recours aux procédés du terrorisme (qui) est regardé comme une nouvelle forme de guerre » (*id.*).

Le concile condamne absolument le *génocide*, mais en évitant le terme. Il préfère parler des actions « par lesquelles, pour quelque motif et par quelque moyen que ce soit, on extermine tout un peuple, une nation ou une minorité ethnique : ces actions doivent être condamnées comme des crimes affreux, et avec la dernière énergie. Et l'on ne saurait trop louer le courage de ceux qui ne craignent point de résister ouvertement aux individus qui ordonnent de tels forfaits » (*id.*). Parmi les presque 3 000 princes de l'Église rassemblés pour ce concile, ceux qui avaient gardé le souvenir de Pie XII ont dû se rappeler que telle n'avait pas été l'opinion du précédent souverain pontife. Décidément, les oreilles ontologiques de Pie XII devaient siffler !

L'Église en appelle au « droit des gens », aux conventions internationales qui obligent à respecter l'humanité dans les conflits que ni la foi, ni la raison, ni l'intelligence n'ont su empêcher. Mais, péché originel oblige, l'Église sait que la guerre est indéracinable. Il faut travailler pour la paix, mais, pour elle, savoir faire la guerre. Elle ne voit pas de contradiction entre le commandement qui interdit de tuer et le fait de tuer, dès lors qu'il s'agit de se défendre. Mais ceux qui agressent ne disent jamais qu'ils agressent, ils prétendent toujours qu'ils répondent à une offense. La non-violence et le pacifisme trouvent ici leurs limites : le concile affirme qu'il ne faut pas faire la guerre, sauf quand il faut la faire. L'Église défend donc ce qui se nomme « la légitime défense »... Face au risque de conflit nucléaire, l'Église n'a rien d'autre à proposer que d'inviter les chefs d'État des puissances belliqueuses à réfléchir avant de commettre un acte qui serait terriblement funeste.

Le concile critique la course aux armements même si, toujours jésuite, il convient que l'équilibre des menaces travaille en faveur de la dissuasion de recourir à l'arme atomique. Il n'a là encore de solution que dans l'invitation à « la réforme des esprits » – dans le sens chrétien bien sûr. On imagine mal qu'à cette époque Kennedy et Johnson ou Khrouchtchev et Brejnev aient été sensibles à réformer leurs esprits. La lecture de cette profession de foi : « la Providence divine requiert instamment de nous que nous nous libérions de l'antique servitude de la guerre » pouvait les faire sourire. En d'autres circonstances Staline disait : « Le Vatican ? Combien de divisions ? » Ce pacifisme d'intention aurait gagné à déboucher sur un pacifisme militant, sur une non-violence devenant culture évangélique et christique – une non-violence concrète universelle pouvait être proposée. Imagine-t-on Jésus déplorant l'arme nucléaire mais s'y résignant pourvu qu'elle se limite à la défensive ? Mais c'était déjà un grand pas que de sortir de l'ornière deux fois millénaire de la guerre juste et de la guerre préventive. Avec Vatican II, la guerre ne devenait légitime que quand elle se faisait défensive.

Vatican II réalisait en effet l'aggiornamento que souhaitait Jean XXIII : les Juifs n'étaient plus le peuple déicide ; les protestants et les orthodoxes priaient finalement le même Dieu que les catholiques et c'est ce qui importait ; les athées, les agnostiques et les non-baptisés cherchaient eux aussi la vérité, de sorte que, même s'ils pouvaient se tromper, ils étaient des compagnons dans le partage d'une commune recherche de vérité ; les hindouistes, les bouddhistes, les chamanistes, les shintoïstes, les animistes, les polythéistes eux aussi pouvaient errer dans le chemin, mais ils ne se trompaient pas de direction, car ils étaient frères eux aussi en rites et en sacré ; les laïcs se distinguaient à peine des prêtres en vertu du principe que tous les hommes sont frères ; les clercs avaient même des leçons à prendre des simples chrétiens qui n'avaient pas mis toute leur vie sous le signe religieux ; les communistes n'étaient pas les ennemis principaux, les prêtres ouvriers avaient raison d'évangéliser à leurs côtés les travailleurs dans les usines, les ports et les campagnes ; les nationalistes et les patriotes avaient tort d'oublier la leçon de l'universalisme chrétien qui invite au cosmopolitisme, à l'amour de son prochain, du plus proche au plus lointain ; la guerre étant inévitable puisque le péché originel s'en trouve à l'origine, il fallait vouloir la paix et la non-violence, sinon se résoudre à la guerre, mais seulement pour se défendre.

Sur chacune de ces questions, c'était un camouflet pour Pie XII, certes, mais aussi, et surtout, pour plus d'un millénaire d'Église catholique, apostolique et romaine. Car, depuis l'empereur Constantin, elle a justifié : l'usage du glaive contre l'adversaire ; le recours aux autodafés des livres non chrétiens ; les pogroms antisémites ; les guerres de Religion contre les protestants ; le massacre systématique et consciencieux des hérétiques ; la multiplication des bûchers contre les athées, les matérialistes, les agnostiques, les déistes, les philosophes, les penseurs ; les ethnocides dans les pays du Nouveau Monde ; la supériorité du clerc sur le laïc ; la haine des idéologies progressistes qui prenaient la défense des travailleurs opprimés ; les régimes fascistes qui représentaient une digue contre le bolchevisme athée et matérialiste qui menaçait débordement ; le génocide des Juifs par les nazis ; la guerre dite juste qui permettait l'attaque dite préventive et qui présentait toute agression comme une défense ; les prêtres ouvriers coupables de sympathies bolcheviques. Ce concile était une bombe.

Pour que le fond soit visible, la forme devait l'être, et ce dans l'église de campagne la plus reculée. Ce qui avait été concocté dans les bibliothèques du Vatican par les théologiens, les cardinaux, les conseillers, les penseurs qui avaient théorisé la chose avant de la formuler… en latin, devait produire des effets aux yeux du catholique pratiquant quand il allait à la messe du dimanche. La liturgie fut donc modifiée et c'est ce qui, aux yeux des pratiquants, fit la démonstration *visible* que les choses avaient bel et bien changé. Jamais l'idée selon laquelle la forme c'est du fond qui remonte à la surface ne s'est avérée aussi juste.

Un milliard 100 millions de chrétiens dans le monde ont donc vu la liturgie et le rituel de leur Église catholique se transformer afin de… *démocratiser* le christianisme ! Désormais, cette religion vieille de deux mille ans n'était plus l'affaire d'une aristocratie, d'une noblesse, du sang bleu de la hiérarchie ecclésiastique, des curés et des bonnes sœurs, des moines et des moniales, des évêques et des cardinaux, des bienheureux et des saints, des théologiens et des casuistes, mais celle du peuple des chrétiens, des gens simples, modestes, ignorant la théologie et la patristique, la scolastique et les conciles, la définition exacte de la transsubstantiation ou celle de l'eucharistie. Les subtilités de cette religion complexe disparaissaient au nom d'un discours humaniste qui semblait courir après celui des francs-maçons laïcs ou des philosophes kantiens, des penseurs personnalistes ou des spiritualistes athées.

L'habillage de la messe fut repensé de fond en comble, dans le détail de la musique ou des vêtements, de la langue vernaculaire ou du tutoiement de Dieu, de la mixité de l'assemblée ou de la communion sous les deux espèces, par exemple, mais aussi et surtout, dans la symbolique la plus profonde, dans le sens intime de la topographie du sacré, comme avec la messe effectuée face au public, avec un prêtre qui tourne le dos au tabernacle et s'adresse de face à l'assemblée des fidèles.

L'Église a entretenu avec la musique un rapport très intime : elle avait pour mission, comme tout l'art chrétien, de signifier la vérité de la religion catholique. Il y eut la monodie grégorienne qui était lisibilité et pureté du message chrétien avec une seule ligne mélodique, puis la polyphonie grégorienne avec mélismes et bourdon soutenant la ligne mélodique, une innovation contestée par certains chrétiens à cause de la priorité de la musique sur le texte, ensuite les motets de l'*ars nova*, la musique sacrée médiévale, le répertoire pour orgue, la cantate luthérienne, l'oratorio baroque qui fait concurrence à l'opéra avec des sujets religieux, les grandes formes comme la messe, le stabat mater, le requiem, les vêpres, les litanies.

Dans *La Révélation divine*, Vatican II propose une « révision des hymnes » et estime qu'on peut s'affranchir de la tradition musicale occidentale : « On admettra, selon les besoins, d'autres hymnes prises dans le trésor hymnodique. » Il s'agit en effet de changer « tout ce qui sent la mythologie ou s'harmonise mal avec la piété chrétienne » (93). C'est ainsi que le patrimoine culturel de la musique religieuse classique laisse place aux chansons populaires, au gospel, à ces chansons accompagnées de guitare qui ont fait le bonheur des spectateurs de *La vie est un long fleuve tranquille*... Une chanson du Top 10, pourvu qu'elle parle d'amour, s'harmonisait alors mieux avec la piété chrétienne qu'un Kyrie grégorien. Vandalisme doux...

La garde-robe du prêtre est mise aux orties. Il s'agit d'en finir avec « la seule somptuosité » dans les vêtements, mais aussi dans les ornements ou les objets du culte. Les dentelles, la soie, le brocart, la pourpre, tout cela disparaît. La soutane est rangée aux magasins des accessoires. Le prêtre est habillé de gris et porte un col romain blanc, mais il peut aussi porter des vêtements civils. La tradition picturale classique des peintures et sculptures qui peuvent se trouver dans l'église depuis plusieurs siècles est augmentée par une iconographie kitsch et saint-sulpicienne avec chromos, peintures de fidèles, photos découpées dans la presse, panneaux d'isorel avec calligraphies naïves, affiches avec dessins innocents et textes ingénus bricolées par les paroissiens. Iconoclasme suave...

Le latin, qui fut la langue du concile, reste la langue universelle du christianisme, certes ; mais la langue vernaculaire est préférée afin que le fidèle puisse entendre et comprendre ce qui se trouve dit. Le *Pater Noster* devient le *Notre Père*, le *Credo*, le *Je crois en Dieu*, l'*Ave Maria*, le *Je vous salue Marie*. Mais l'on ne se contente pas de démocratiser le message évangélique en le formulant dans la langue du croyant et non celle de l'Église, on descend du ciel Dieu, Jésus et Marie pour en faire des amis que l'on tutoie : lors de la prière, on ne dit plus *que Votre volonté soit faite* mais *que Ta volonté soit faite*, on n'énonce plus *Que votre règne arrive*, mais

Que ton règne arrive. Dieu, Jésus et Marie sont des sans-culottes avec lesquels on peut pratiquer le tutoiement révolutionnaire de l'an II.

Dans un vocabulaire qui fait une fois encore songer à la Déclaration des droits de l'homme et du citoyen, on peut lire dans *Gaudium et spes* : « Toute forme de discrimination touchant les droits fondamentaux de la personne, qu'elle soit sociale ou culturelle, qu'elle soit fondée sur le sexe, la race, la couleur de la peau, la condition sociale, la langue ou la religion, doit être dépassée et éliminée, comme contraire au dessein de Dieu. » Les femmes doivent pouvoir choisir librement leur mari, travailler, être impliquées dans la cité. On n'ira pas encore jusqu'à leur permettre l'accès à la prêtrise…

Dès lors, l'égalité entre les hommes et les femmes doit être visible : plus question d'une séparation entre le côté droit de l'église et son côté gauche avec la gauche réservée aux femmes parce que connotée négativement pendant que la droite revenait naturellement aux hommes. La misogynie, la phallocratie de l'Église issue du péché originel et de la faute commise par Ève, s'efface dans la mixité des sexes. Hommes et femmes peuvent donc se trouver côte à côte de part et d'autre de la travée centrale de l'église.

La communion qui permettait au prêtre d'offrir directement l'hostie pendant qu'un officiant tenait sous le menton du fidèle une patène destinée à la recueillir en cas de chute laisse la place à un nouveau rituel. On abolit le geste du clerc qui donne au laïc passif, au profit du clerc qui donne à un laïc actif : on lui remet en effet l'hostie consacrée dans la main et c'est lui qui procède à l'intromission dans la bouche. Dès lors, le corps du Christ n'est plus touché par privilège de la fonction par le seul prêtre, mais par le simple croyant. L'eucharistie ainsi modifiée fait de l'homme d'Église un fournisseur de prestation sacrée pendant que l'essentiel, la manducation, devient une affaire purement humaine. Les doigts de la main triviale ont un accès direct à la chair du Christ.

Cette destruction du sacré, ce massacre de la transcendance, cette triviale descente sur terre de la divinité, culminent dans la nouvelle scénographie de la messe. Depuis des siècles, le tabernacle qui contient le Saint-Esprit est enchâssé dans l'autel qui figure au fond du chœur : le prêtre y effectue la messe en regard de ce dispositif sacré. L'officiant revêtu des habits sacerdotaux a donc les fidèles dans le dos parce qu'il se trouve en face du sacré, devant le divin, regardant l'Esprit-Saint, au contact direct de la divinité, dans la vue des hosties consacrées, donc de la présence réelle du corps du Christ. Cet endroit s'avère éminemment symbolique puisqu'il est le lieu du soleil levant, autrement dit, celui d'où viendra le Christ lors du Jugement dernier. Quand le prêtre se tourne vers l'ouest, il se fait l'intermédiaire entre Dieu et ses fidèles, il intercède. Comme les fidèles, il fait face à l'ouest et, dans le mouvement vers Dieu, se trouve plus proche de Lui, plus lointain de la porte qui ouvre sur le monde profane.

Le changement liturgique de Vatican II abolit ce dispositif au profit d'une scénographie nouvelle : un autel est construit dans le chœur, entre l'abside où se trouve l'Esprit-Saint et la nef où prie la foule des fidèles. Cette fois-ci, le prêtre tourne le dos au tabernacle, donc au soleil levant, donc à la venue de Dieu, donc à Dieu lui-même, pour faire face aux hommes qu'il peut dès lors regarder en face et voir. Certes, le prêtre est plus proche de ses ouailles, mais c'est au prix d'une mise à distance de Dieu. Sur le terrain du symbole, de l'allégorie, la chose est terrible : en voulant rapprocher les hommes de Dieu, Vatican II a réalisé exactement l'inverse.

Jean XXIII qui avait convoqué le concile meurt le 3 juin 1963. Un nouveau pape est élu avec les cardinaux présents sur place le 21 juin, Paul VI. L'orientation générale du concile ne s'en trouve pas modifiée. Commencé le 11 octobre 1962, Vatican II se termine le 8 décembre 1965. Il s'était proposé d'endiguer la déchristianisation visible dans l'effondrement des vocations, dans la désaffection des églises du fait même des chrétiens, dans la croyance à la carte d'un grand nombre de croyants, dans le fait que la société se libérait de plus en plus du schéma judéo-chrétien, dans la laïcisation de tous les domaines, dans la montée en puissance du capitalisme consumériste, de l'agnosticisme, de l'athéisme, du matérialisme marxiste.

La civilisation du rock et de la BD, du cinéma et de la télévision, de la boîte de nuit et de la tabagie, de la pilule et du divorce, de l'alcool et des produits stupéfiants, du réfrigérateur et de l'automobile, de la bombe atomique et de la guerre froide, de l'amour libre et des loisirs, de l'argent et des objets, avance en broyant tout sur son passage. Vatican II ne peut rien y faire. Il semble même qu'en ayant voulu être un remède le concile a augmenté la maladie : en faisant de Dieu un copain à tutoyer, du prêtre un camarade à inviter en vacances, du symbolique une vieille lune à abolir, du mystère de la transcendance une plate immanence, de la messe une scénographie décalquant le schéma de l'émission télévisée, du rituel une aventure puisant indistinctement dans le succès des chansons du moment ou dans l'art naïf des croyants les plus allumés, du message du Christ un simple tract syndicaliste, de la soutane un déguisement de théâtre, des autres religions des spiritualités valant bien celle du christianisme, l'Église a précipité le mouvement en avant qui annonçait sa chute.

Dans son homélie du 29 juin 1972, soit moins de dix ans plus tard, Paul VI déplore ce qui est advenu après Vatican II : « Devant la situation de l'Église d'aujourd'hui, nous avons le sentiment que par quelque fissure la fumée de Satan est entrée dans le peuple de Dieu. Nous voyons le doute, l'incertitude, la problématique, l'inquiétude, l'insatisfaction, l'affrontement. On n'a plus confiance dans l'Église » – parole de pape… Puis, plus loin : « On croyait qu'après le concile le soleil aurait brillé sur l'histoire de l'Église. Mais au lieu de soleil, nous avons eu les nuages, la tempête, les ténèbres, la recherche, l'incertitude. Nous prêchons l'œcuménisme, et nous nous séparons toujours davantage les uns des autres. Nous cherchons à creuser des abîmes au lieu de les colmater. Comment cela a-t-il pu se produire ? Une puissance adverse est intervenue dont le nom est le diable, cet être mystérieux auquel saint Pierre fait allusion dans sa lettre. Combien de fois, dans l'Évangile, le Christ ne nous parle-t-il pas de cet ennemi des hommes ! Nous croyons à l'action de Satan qui s'exerce aujourd'hui dans le monde précisément pour troubler, pour étouffer les fruits du concile œcuménique, et pour empêcher l'Église de chanter sa joie d'avoir repris pleinement conscience d'elle-même. » La fumée de Satan qui entre par les fissures ? La lecture de l'Histoire effectuée par le premier des chrétiens paraît bien courte. Si celui qui dirige l'Église catholique mondiale n'a plus, pour comprendre le monde, que le concept de Satan, éculé tout autant que celui de Dieu, c'est que lui aussi il a sombré corps et âme dans l'abîme nihiliste.

3
Métaphysique de Mai 68
La voie royale consumériste

Colombey-les-Deux-Églises,
jeudi 11 décembre 1969.
Malraux rencontre de Gaulle, Mme de Gaulle
lui dit : « Un apiculteur affirme qu'en mai,
dans toute la France, les abeilles
étaient enragées aussi. »
André Malraux, *Le Miroir des limbes*

Avec la Révolution française à la fin du XVIIIe siècle et la révolution bolchevique au tout début du XXe, les événements de Mai 68 constituent le troisième temps de la déchristianisation de l'Europe. La rue a remplacé l'église, le tract se substitue au missel, la sérigraphie prend la place de l'icône, le mégaphone déclasse la chaire, l'assemblée générale devient le conclave, la manifestation est une grand-messe, le militant endosse les habits du prêtre, le maoïste porte les vêtements du moine-soldat, le portrait des icônes révolutionnaires fonctionne comme jadis celui des saints de la chrétienté, le gaz lacrymogène lustre comme l'eau bénite, le pavé est une aumône versée à la cause. Nonobstant tout cela, de Gaulle reste Dieu, bien sûr, et Pompidou son prophète. Promesses de tensions…

Vu de Paris, Mai 68 est un mouvement parisien, voire germanopratin. Or, ce fut un mouvement national, bien sûr, mais aussi et surtout occidental. Dans *Le Miroir des limbes*, l'agnostique Malraux écrit : « Le drame de la jeunesse me semble la conséquence de celui qu'on a appelé la défaillance de l'âme. Peut-être y a-t-il eu quelque chose de semblable, à la fin de l'Empire romain. Aucune civilisation ne peut vivre sans valeur suprême. Ni peut-être sans transcendance… » Malraux propose une lecture de Mai 68 sous l'angle ontologique et historique, spirituel et métaphysique. Il pense en termes de longue durée, il n'est pas chrétien mais envisage les choses en regard de la chrétienté parce que ce qui advient ce printemps-là s'inscrit dans le millénaire chrétien comme une nouvelle négation des valeurs de la chrétienté. Cette déconstruction n'est ni bonne, comme le croient les gauchistes ou les progressistes, ni mauvaise, comme le pensent les réactionnaires ou les conservateurs, *elle est*.

Elle est, et elle s'étend sur une vaste zone occidentale, car, outre Paris, elle concerne également Berlin, Berkeley, Rome, Amsterdam et La Haye, tout autant que deux pays qui ne relèvent pas de la configuration judéo-chrétienne mais qui souscrivent à l'occidentalisation postchrétienne, en l'occurrence le Japon shintoïste et l'Inde hindouiste, puisque Tokyo et New Delhi connaissent des événements semblables. Mai 68 est donc un mouvement de déchristianisation en Europe en même temps que l'avènement d'un monde franchement consumériste et déchristianisé en Occident.

Mai 68, c'est d'abord un vent libertaire qui ne méconnaît pas l'option paulinienne en vertu de laquelle « tout pouvoir vient de Dieu ». Quelles que soient les sensibilités de Mai, situationnistes ou maoïstes, trotskistes ou léninistes, guevaristes ou libertaires, c'est le principe même du pouvoir qui se trouve mis à mal : pouvoir de l'homme sur la femme, du père sur ses enfants, de l'époux sur sa conjointe, du patron sur ses ouvriers, du professeur sur ses étudiants, de l'enseignant sur ses élèves, de l'homme blanc sur son semblable de couleur, de l'hétérosexuel sur l'homosexuel, du mandarin sur son aréopage, du maître sur son disciple, du bourgeois sur le prolétaire, du contremaître sur l'ouvrier, du militaire sur le citoyen, du curé sur ses ouailles. Tout ceci devient bien vite suspicion de celui qui ne sait pas contre celui qui sait, soupçon de celui qui ne crée pas contre le créateur, contestation de celui qui n'a pas contre celui qui a, méfiance de celui qui ne pense pas contre celui qui pense. C'est une guerre civile ontologique.

Le désir légitime d'égalité en Mai devient dictature égalitariste les années qui suivent. L'égalité qui aurait pu se réaliser par le haut s'effectue par le bas : il est plus facile en effet de faire l'éloge de celui qui ne sait rien que de le hisser jusqu'au savoir, de célébrer son inculture plutôt que de l'initier à la culture, de ruiner le riche plutôt que d'enrichir le pauvre, de prendre modèle sur le fou, l'enfant, le malade, le naïf en art que sur le génie, de vanter les mérites du schizophrène que d'éduquer à la raison pleine. Certes, les vieilles figures d'oppression judéo-chrétiennes disparaissent, mais de nouveaux modèles surgissent : les victimes de la veille s'apprêtent à devenir ontologiquement les bourreaux du jour. Antique logique de l'inversion des valeurs qui signe le triomphe du ressentiment...

Le travail du négatif effectué en Mai concerne les totems du judéo-christianisme. Est ainsi visée la triade pétainiste : Travail, Famille, Patrie. Mais aussi le corps mutilé produit par cette religion : la sexualité bourgeoise, l'idéal ascétique, la condamnation des sexualités vécues en dehors du schéma hétérosexuel monogame et familialiste. Ou bien encore l'ordre rationnel : l'enfermement des fous, la condamnation du libertinage, la soumission des enfants à l'ordre symbolique et sexuel des adultes. De sorte que tout ce qui s'oppose à ces piliers de la civilisation devient vertu et vertueux : l'oisiveté, le loisir et le jeu contre le travail ; le célibat contre la famille ; le cosmopolitisme contre la patrie ; l'amour libre et les communautés libidinales contre la sexualité bourgeoise ; l'hédonisme libertin du collectionneur contre le sexe familialiste ennuyeux ; l'homosexualité composite contre l'hétérosexualité monogame ; la célébration de la logique des fous et des schizophrènes contre la tradition cartésienne et la raison classique ; la pédophilie ontologique et sexuelle contre la sujétion des enfants aux adultes. En Mai, le Christ avait en effet de quoi écarquiller les yeux !

L'attaque de la triade pétainiste présentait l'avantage pour une jeunesse protégée de pouvoir se dire résistante presque un quart de siècle après l'heure. La génération qui n'avait connu ni les massacres de la Première Guerre mondiale du grand-père, ni la défaite et les compromissions de l'Occupation de la Seconde Guerre mondiale du père, ni la mobilisation de la guerre d'Algérie du grand frère pouvait ainsi s'offrir le luxe d'une guerre en peau de lapin. Le chahut dans la rue pouvait se présenter comme un acte antifasciste.

De Gaulle qui fut l'homme de la Résistance dès le 18 juin 1940 devenait un fasciste portraituré en Adolf Hitler pendant que les CRS étaient transformés en SS. Une sérigraphie montre un Hitler avec brassard à croix de Lorraine arborant à la main un masque du général de Gaulle ; une autre représente un CRS chargeant, matraque en l'air, protégé par un bouclier sur lequel on peut lire le signe de la SS. Le gaullisme, c'était donc le nazisme – même s'il y manquait l'antisémitisme, les camps de concentration et d'extermination, les millions de morts de la guerre mondiale, les exactions de la SS, la solution finale, le zyklon B, Auschwitz et, *in fine*, le ravage de l'Europe. Le mot fasciste entamait une carrière médiatique.

Si les sérigraphies de Mai parlent, que disent les murs à cette époque ? Ils sont aussi la voix de Mai. Contre le christianisme : « Comment penser librement à l'ombre d'une chapelle » – en l'occurrence, celle de la Sorbonne. Ou bien : « Déchristianisons immédiatement la Sorbonne. » Contre le Christ : « À bas le crapaud de Nazareth. » Contre Dieu : « Même si Dieu existait, il faudrait le supprimer », mais aussi ceci : « Ni maître, ni Dieu. Dieu, c'est moi. » Contre la transcendance : « Le sacré, voilà l'ennemi. » Contre le travail : « Ne travaillez jamais ! », ou ceci : « Les gens qui travaillent s'ennuient quand ils ne travaillent pas. Les gens qui ne travaillent pas ne s'ennuient jamais. » Contre la famille : « Aimez-vous les uns sur les autres. » Contre la patrie : « Les frontières, on s'en fout. » Contre la bourgeoisie : « La bourgeoisie n'a pas d'autre plaisir que de les dégrader tous. » Contre la démocratie parlementaire : « Scrutin putain. » Contre la propriété : « Vous aussi vous pouvez voler. » Contre la mémoire : « Ce n'est pas seulement la raison des millénaires qui éclate en nous, mais leur folie, il est dangereux d'être héritier. » Contre la raison : « Nous sommes rassurés : 2 + 2 ne font plus 4. » Contre l'idéal ascétique : le fameux « Jouissez sans entraves » immortalisé par une photo de Cartier-Bresson, ou bien « Je jouis dans les pavés », ou encore « Jouissez ici et maintenant ». Contre la loi : « Il est interdit d'interdire. » Contre le sens : « J'ai quelque chose à dire mais je ne sais pas quoi. » Contre les figures d'autorité : « Qu'est-ce qu'un maître, un dieu ? L'un et l'autre sont l'image du père et remplissent une fonction oppressive par définition. » Contre les professeurs : « Ne dites plus : Monsieur le professeur, dites : crève salope », à moins qu'on lui préfère ceci : « Mangez vos professeurs. » Contre l'orthographe : « L'ortografe *[sic]* est une mandarine », sous-entendu, elle est pleine de pépins. Contre la culture : « Professeurs, vous êtes aussi vieux que votre culture, votre modernisme n'est que la modernisation de la police, la culture est en miettes. » Contre l'art : « L'art est mort, ne consommez pas son cadavre » ou bien : « L'art est mort, libérons notre vie quotidienne. » Contre la sexualité bourgeoise : « Inventez de nouvelles perversions sexuelles. » Contre le réel : « Prenez vos désirs pour la réalité », ou bien : « Le rêve est la réalité. » Contre les barreaux : « Ouvrons les portes des asiles, des prisons et autres facultés. » Les graffiteurs qui écrivaient : « Déculottez vos phrases pour être à la hauteur des sans-culottes » s'en sont donné à cœur joie. Un dernier, pour la route : « Savez-vous qu'il existait encore des chrétiens ? » Tout tient finalement en un seul graffiti : « À bas le vieux monde. » Sinon : « Ici, bientôt de charmantes ruines. »

Où l'on voit que le programme est globalement négatif et négateur ! La déconstruction des valeurs chrétiennes va extrêmement loin. Ainsi, sur la question de la sexualité des enfants. On le sait, Freud fait scandale en révélant en son temps que les enfants sont des êtres sexués capables d'érections, puis désireux ensuite de s'accoupler au parent du sexe opposé dans une phase dite du complexe d'Œdipe. Puisque l'enfant est un être sexué, et qu'il a une vie sexuelle, les soixante-huitards ne voient donc pas pourquoi il n'aurait pas *droit* lui aussi à une sexualité – avec des adultes...

Voilà pourquoi, en 1977, le gratin intellectuel germanopratin signe une pétition envoyée au Parlement pour abroger plusieurs articles de la loi sur la majorité sexuelle. Tous les signataires souhaitent la dépénalisation des relations sexuelles prétendument *consenties* entre adultes et mineurs de moins de quinze ans, l'âge de la majorité sexuelle en France à cette époque : Althusser, Aragon, Barthes, Beauvoir, Châtelet, Chéreau, Bory, Cuny, Deleuze, Derrida, Dolto, Jean-Pierre Faye, Gavi, Glucksmann, Guattari, Daniel Guérin, Guyotat, Jacques Henric, Hocquenghem, Kouchner, Jack Lang, Lapassade, Leiris, Lyotard, Mascolo, Matzneff, Catherine Millet, Ponge, Olivier Revault d'Allonnes, Robbe-Grillet, Christiane Rochefort, Danielle Sallenave, Sartre, Schérer, Sollers signent...

Dans *Le Nouveau Désordre amoureux* (1977), Pascal Bruckner et Alain Finkielkraut, devenu depuis membre de l'Académie française, invitent leurs lecteurs à s'inspirer des livres du pédophile Tony Duvert dont ils déplorent qu'ils « provoquent le scandale : ils devraient susciter des vocations, dessiller les yeux ». En 1979, dans *Au coin de la rue, l'aventure*, les deux compères récidivent en écrivant : « Désirez-vous connaître l'intensité des passions impossibles ? Éprenez-vous d'un(e) enfant. »

Dans *Le Grand Bazar*, en 1975, Daniel Cohn-Bendit, qui fut, on le sait, la figure emblématique de Mai 68, rapporte son expérience dans un jardin d'enfants à Francfort : « Les conflits avec des parents n'ont pas manqué. Certains enfants avaient souvent vu leurs parents faire l'amour. Un soir, une petite fille va voir sa copine chez elle et lui demande : "Veux-tu faire l'amour avec moi ?" Et elle parlait de baisage, de bite, etc. Alors les parents de la copine, qui étaient des catholiques pratiquants, sont venus se plaindre, très, très choqués. Il m'était arrivé plusieurs fois *[sic]* que certains gosses ouvrent ma braguette et commencent à me chatouiller. Je réagissais de manière différente selon les circonstances, mais leur désir me posait un problème. Je leur demandais : "Pourquoi ne jouez-vous pas ensemble, pourquoi vous m'avez choisi, moi, et pas des autres gosses ?" Mais s'ils insistaient, je les caressais quand même. Alors on m'accusait de "perversions". »

Une époque qui souhaite que des adultes puissent imposer leur sexualité à des enfants sous prétexte de libéralisation du sexe n'exprime rien d'autre que son nihilisme. On n'augmente ni ne crée une liberté en soumettant une catégorie démunie de la population à la sujétion d'une autre plus forte qu'elle. À l'université de Vincennes, lieu emblématique de la Pensée 68, René Schérer enseigne la pédophilie et la théorise dans plusieurs livres : *Émile perverti ou des rapports entre l'éducation et la sexualité* (1974), avec Guy Hocquenghem, *Co-ire. Album systématique de l'enfance* (1976), *L'Enfant interdit* (1976), *L'Emprise des enfants entre nous* (1979), *Une érotique puérile* (1979) ou *Enfantines* (2002). L'un de ses élèves, Bruno Tessarech, écrit dans *Vincennes* que Mai 68 a permis à Schérer de montrer son véritable visage : « Celui d'un Robespierre corrigé par le marquis de Sade, et dont la pensée libertaire produisait des anathèmes dont la violence nous fit frémir. »

L'époque intellectuelle a en effet déchristianisé tous azimuts, elle a détruit, déconstruit, brisé et cassé, et ce dans les grandes largeurs, mais elle n'a pas proposé une seule valeur nouvelle, elle n'a pas créé une vertu inédite. Au contraire, elle a augmenté le nihilisme du XXe siècle qu'elle a fini par placer sous le signe du marquis de Sade. Cet homme qui fut l'un des derniers esprits de la féodalité devient paradoxalement le premier penseur de cette modernité postchrétienne issue de Mai 68. Le XXe siècle aura été placé sous le signe de la mort de Dieu et de la promotion de Sade en divinité nihiliste.

Le marquis fut de tous les combats propres aux valeurs de l'Ancien Régime : mépris phallocrate des femmes, vision du monde misogyne, déclarations antisémites, mépris affiché du peuple, athéisme pour les puissants mais religion catholique pour mener la populace par le bout du nez, défense des privilèges de la noblesse, oisiveté rendue possible par la confiscation de la propriété, libertinage de prédateur à l'endroit de pauvresses ou de prostituées transformées en victimes sexuelles. C'est paradoxalement cette pensée, revue et corrigée par l'opportunisme du marquis converti au jacobinisme pour sauver sa tête pendant la Révolution française et qui écrit contre la peine de mort quand, en prison, il risque la guillotine, mais en fait l'éloge à longueur des pages de son œuvre, c'est donc paradoxalement cette pensée qui devient le modèle éthique et politique susceptible de remplacer l'antique schéma judéo-chrétien.

Or Sade propose rien de moins que la société totalitaire que prétendent combattre les intellectuels sadiens. *Les 120 Journées de Sodome* racontent en effet avec force détails les rafles de victimes au profit de seigneurs libertins, l'enfermement dans un endroit gardé par des miliciens, le sinistre château de Silling, le marquage des corps avec tatouage, le tri des êtres associés distingués par des morceaux de tissus colorés désignant un usage sexuel particulier, le port d'un uniforme, la nudité des victimes en attente de leur supplice, la vie dans le cachot, la tonte des femmes transformées en esclaves sexuelles, le châtiment cruel des manquements au règlement, la punition de mort des tentatives d'évasion, l'interminable litanie des scènes de tortures insoutenables, un raffinement pervers dans la cruauté, l'organisation massive du meurtre, la chosification du corps, la collusion des banquiers et des prélats dans le crime, les victimes jetées vivantes « dans un four ardent », le spectacle des pendaisons, la simulation des exécutions, l'arrachage des dents et tant d'autres détails qui, mais ce ne fut pas évident pour tout le monde, font songer au programme nazi. Seuls Albert Camus et Hannah Arendt ont associé l'univers de Sade à l'univers concentrationnaire.

Signe imparable de régression infantile, qu'il s'agisse d'un homme ou d'une civilisation, Sade souscrit au fantasme de la jubilation avec les matières fécales, au plaisir de la scatophilie, aux joies de la coprophagie qui font bien sûr partie des pratiques sexuelles célébrées : gober des pets, avaler des lavements à la sortie du fondement, manger des excréments, lamper de l'urine, déguster des fœtus, ingérer des fausses couches, boire du vomi, manger la crasse des doigts de pied, savourer du champagne dans lequel nagent des étrons, préparer des merdes pour qu'elles moisissent avant de les mâcher, dépuceler de jeunes vierges avec des étrons, fustiger les prisonniers avec des fouets enduits d'urine et d'excréments, uriner sur leurs plaies, « se faire coudre le trou du cul », jouer à pète-en-gueule, faire exploser une victime par injection de gaz dans son fondement, insérer un serpent dans l'anus, infliger des lavements à l'huile bouillante, voilà quelques idées sadiennes prélevées dans le seul registre scatologique, et ce dans une liste sans fin de tortures toutes plus extravagantes les unes que les autres. La seule loi de la nature selon Sade ? « Nous satisfaire n'importe aux dépens de qui. » N'est-ce pas l'impératif catégorique d'une société consumériste libérale en même temps que celui des dignitaires de régimes totalitaires ?

D'éminents intellectuels, penseurs et philosophes, poètes et prosateurs français transforment Sade en héros libertaire, en parangon de la libération sexuelle, en chantre de la véritable liberté, en héraut d'une société féministe, en nouveau moraliste, en libérateur du genre humain : Apollinaire a ouvert le bal en offrant ces éléments de langage dans la présentation alimentaire, selon ses propres confidences, d'une anthologie en 1911. Ces éléments ont été globalement repris par Foucault et Deleuze, Barthes et Lacan, Klossowski et Paulhan, Breton et Bataille, Aragon et Éluard, Char et Dalí, Heine et Lély, Desnos et Blanchot, Adorno et Horkheimer, Pasolini et Derrida, Sollers et Annie Le Brun entre autres gendelettres.

Sade qui écrivit dans *Les 120 Journées de Sodome* : « La vie d'un homme est une chose si peu importante que l'on peut s'en jouer tant que cela plaît, comme l'on ferait de celle d'un chat ou celle d'un chien ; c'est au plus faible à se défendre » devient le penseur de l'antihumanisme qui suit Mai 68. Cette idéologie de la mort de l'homme annoncée dès 1966 par Foucault dans *Les Mots et les Choses* se trouve prolongée par un demi-siècle de structuralisme qui achève le travail de déchristianisation. Avec cette philosophie nouvelle, le libéralisme, le marché, l'argent roi, le consumérisme pouvaient devenir les nouveaux dieux des temps postchrétiens. Mai 68 devenait la voie royale qui mène au consumérisme – et au nihilisme.

Le structuralisme qui domine la pensée française impose sa thématique dans le champ de la pensée couvert par la zone judéo-chrétienne. Dans la dernière page du livre de Foucault, *Les Mots et les Choses*, le philosophe annonce la mort de l'homme, son effacement « comme à la limite de la mer un visage de sable ». L'homme de Foucault est un parent de l'idée d'homme de Platon – une fiction à laquelle Diogène, brandissant sa lanterne allumée en plein jour, répondait qu'il avait bien vu des hommes, certes, et en quantité, des petits et des grands, des gras et des maigres, des costauds et des freluquets, des malins et des sots, mais qu'il n'avait jamais vu l'Homme, avec une majuscule. Ce que Foucault annonce, tout à ses archives et croyant que seul existe ce qui est écrit, c'est que le concept d'homme a vu le jour à un moment précis, fin du XVIIIe début du XIXe, et qu'il est mort vers la moitié du XXe siècle avec un chant du cygne philosophique qui serait la *Critique de la raison dialectique* de Sartre, un livre qui paraît en 1960. L'Homme n'aurait donc vécu que cent cinquante ans.

L'Homme de Foucault, c'est celui de l'humanisme. Ce que veut le philosophe de l'*Histoire de la folie*, c'est en finir avec la tradition marxiste, avec le souci de l'histoire, avec l'idéologie communiste au profit d'un gauchisme culturel qui remplace l'Homme par un concept tout à fait vague, celui de *Structure*. Deleuze qui s'essaie à le définir en 1967 dans un article intitulé « Qu'est-ce que le structuralisme ? » excelle dans l'exercice sophistique et rhétorique de l'ancien élève de l'École normale supérieure et, au sens étymologique, parle pour *ne rien dire*. La vieille ficelle de la théologie négative fait encore des merveilles et permet la logorrhée sans que le sujet se trouve même effleuré.

La structure est aussi mystérieuse que Dieu dont elle prend la place dans la philosophie française en cette moitié du XXe siècle. Elle manifeste le retour de la transcendance refoulée ! Pour tenter de faire surgir en plein jour le sens de cette chose, Deleuze mobilise le vieux vocabulaire scolastique médiéval : les espèces, les parties, les figures, les modes, l'actualisation, le virtuel, les accidents, les qualités, le singulier, le différenciant, la différenciation, la production, les rapports, le sériel. On se croirait dans la *Somme théologique* de saint Thomas d'Aquin, christianisme en moins. À ce jargon, Deleuze ajoute le sabir de la modernité en convoquant la linguistique de Ferdinand de Saussure : signifiant, signifié, signe, phonème, morphème, langue, langage, parole, différence, valeur, sémiologie, sémantique.

Puis, comme si la somme de tant d'obscurités devait déboucher sur la lumière, Deleuze ajoute à l'arsenal conceptuel scolastique et à l'artillerie linguistique une couche supplémentaire de noir en convoquant les brumes de la psychanalyse. L'inconscient dispose en philosophie contemporaine du pouvoir de l'abracadabra des magiciens. Il suffit de l'invoquer pour que le rideau se déchire et qu'apparaisse dans la clarté ce que l'on poursuivait depuis si longtemps. À l'évidence, Freud fait surgir une clarté, mais c'est celle d'une nouvelle nébulosité.

Alors qu'il était encore lucide, Freud a d'abord pensé en médecin soucieux du plasma germinal avant d'avancer très vite en littéraire soucieux d'une métaphore pour dire ce qui devient sa première topique, l'inconscient, le préconscient et le conscient. Puis, prestement, il transforme son allégorie, pourtant présentée comme telle, en vérité scientifique obtenue après une hypothétique autoanalyse suivie de tout autant hypothétiques recherches empiriques effectuées dans son cabinet avec la méthode du divan. Le docteur viennois prétend rivaliser avec Copernic et Darwin dans la scientificité quand il énonce un inconscient qui est le pur produit d'une élaboration littéraire. Selon Freud, l'inconscient se trouve ainsi découvert comme les lois de la thermodynamique. Or l'inconscient freudien, c'est l'inconscient de Freud érigé par ses soins en inconscient de tous – et ce depuis que l'homme est homme !

Cet inconscient ne relève en effet ni de la biologie, ni de l'anatomie, ni de la physiologie, ni de la psychologie, mais de la *métapsychologie* – autrement dit : de l'au-delà de la psychologie. On mesure combien la science n'a plus droit de cité dans ces contrées purement conceptuelles où tout devient possible. Freud ne se prive pas de prendre ses désirs pour la réalité comme les philosophes structuralistes qui inscrivent leurs pas dans ses traces. L'auteur de *Métapsychologie* postule en effet que, dans cet inconscient, se trouvent des traces laissées par un certain nombre d'histoires dans les temps préhistoriques : le viol primitif de la première femme par le premier homme, une horde primitive avec un père qui possède toutes les femelles, des fils jaloux des pleins pouvoirs sexuels de leur père, un meurtre de ce père par les enfants envieux, un banquet au cours duquel ils mangent le corps de leur géniteur et l'apparition, comme par miracle, d'un regret qui s'avère généalogique de la morale. On le voit, Freud était doué pour la fiction. Le reflux freudien du réel au profit du virtuel signe également le nihilisme du XXe siècle.

Freud postule toujours que ces récits présents dans l'inconscient psychique de ces hommes de la préhistoire sont passés jusqu'aux hommes contemporains sans discontinuer *via* un processus métapsychologique, lui aussi ignorant du réel, de la réalité, du corps et de la chair, car les transmissions s'effectuent selon d'autres voies que les voies matérielles. Pour Freud, le réel n'est pas le réel, car le réel c'est le symbolique qui, nous dit Deleuze, joue un rôle majeur dans le structuralisme bien que « nous ne [sachions] pas du tout encore en quoi consiste cet élément symbolique » (*Qu'est-ce que le structuralisme ?*). Autrement dit : le réel n'existe pas, car le symbolique prend toute la place, mais on ne sait pas *encore* ce qu'est ce symbolique qui prend cependant toute la place. Toute cette sophistique sent bon l'eau bénite médiévale.

Deleuze ajoute que la structure qui est tout se dit plus facilement par ce qu'elle n'est pas que par ce qu'elle est : elle n'est pas une forme sensible, ni une figure de l'imagination, ni une essence intelligible, elle n'est ni dicible ni indicible, ni idée platonicienne, ni réelle, ni actuelle, ni fictive, ni possible, ni visible, ni redevable de l'être, ni du non-être ! Sortant de l'ineffable, Deleuze recourt alors au registre oxymorique : elle se trouve dans « un espace inétendu ». Dès lors, elle relève d'une « typologie transcendantale », ce qui, dans le vocabulaire courant, désigne un lieu qui n'est nulle part, une étendue inexistante dans l'espace. C'est une forme dépourvue de forme. Sa réalité est donc virtuelle, mais le virtuel est plus vrai que le réel, en vertu de la précellence du symbolique offert sur le plateau freudien. Cet invisible indicible est tout. Les scolastiques du Moyen Âge ne disaient rien d'autre.

Le structuralisme réalise l'effacement du réel, l'abolition de l'histoire, la suppression de la réalité. La mort de l'homme s'accompagne donc de la mort du réel, la mort de la réalité, la mort de l'histoire au profit du virtuel, plus réel que la réalité, et du symbolique, plus vrai que toute vérité. La sortie du monde concret s'effectue grâce à la houlette freudienne des structuralistes. Ainsi, chacun croit savoir ce qu'est un père ou une mère parce qu'il a un père et une mère dont il est né. Mais chacun se trompe en croyant savoir. Car « père, mère, etc., sont d'abord des lieux dans une structure ». De même, chaque garçon croit savoir ce qu'est un phallus car il s'en estime pourvu. Il se trompe, dira le structuraliste, car le phallus « n'est ni l'organe réel, ni la série des images associées ou associables : il est phallus symbolique ».

L'Homme qui se trouve absorbé dans une vaste opération de fumisterie conceptuelle est régurgité comme une excrétion négligeable. On ne sait *pas encore* ce qu'est la structure, mais l'on sait qu'elle va abolir l'homme et l'humanisme qui l'accompagne. Chez Sade aussi l'homme disparaît dans l'agencement de signes qu'est le texte des *120 Journées de Sodome*. Faut-il conclure qu'il en va de même avec les camps de la mort dans lesquels l'Homme disparaît, non pas brûlé dans un four crématoire, mais dans l'agencement de signes auquel se réduit le national-socialisme ? Le structuralisme est une machine à produire du nihilisme et à avaler l'histoire pour en excréter des déchets conceptuels. Jamais le nihilisme philosophique n'est allé aussi loin. Avec lui, il s'agit moins de mort de la philosophie que de philosophie de la mort.

Les gens n'existent plus, l'individu est mort, la personne a disparu, le sujet est une fiction, l'histoire un rêve. Il n'y a plus de père et de fils sous un même toit, mais une relation structurale et structurelle entre des objets et des agents ayant une valeur symbolique ; il n'y a plus un homme et une femme dans le même lit, mais une relation structurale et structurelle entre des objets et des agents ayant une valeur symbolique ; il n'y a plus un patron et des ouvriers dans l'usine, mais une relation structurale et structurelle entre des objets et des agents ayant une valeur symbolique ; il n'y a plus un analyste et un patient dans le cabinet du psychanalyste, mais une relation structurale et structurelle entre des objets et des agents ayant une valeur symbolique. On ne dématérialise pas le monde de façon plus efficace. La réalité, c'est l'invisibilité qui se trouve entre ce qui n'existe pas et qui est tout.

Voilà le sens de l'antihumanisme structuraliste : l'homme est congédié du monde qui n'est plus constitué que de structures. Dans cette configuration conceptuelle, il n'y a plus d'ouvrier exploité par son patron, plus de femme battue par son mari violent, plus d'enfants assujettis à la sexualité d'un pédophile, plus de Noirs dominés par le colon blanc dans leur pays, mais juste des relations invisibles, des structures indéfinissables – l'invisible qui lie les molécules invisibles du principe homéopathique invisible. Le réel se trouve dissous. Du moins dans les livres...

Mais ces livres qui connaissent un grand succès en librairie et dans les médias ne sont-ils pas la preuve qu'il existe tout de même autre chose que des structures ? Ils sont tout de même pensés, conçus, écrits, rédigés, publiés, signés par des individus, des sujets, des personnes, des hommes qui ne refusent pas le moment venu de toucher le chèque de leurs droits... d'auteur ? Que nenni... Il faudrait être sot pour croire une chose pareille. Les *auteurs* structuralistes, et parmi eux plus particulièrement Michel Foucault et Roland Barthes, enseignent la mort de l'homme, la mort de l'histoire, la mort du réel, la mort de la philosophie, mais aussi, sans craindre le ridicule, la mort… de l'auteur. Que l'auteur annonce la mort de l'auteur ne semble une ineptie pour aucun de ces auteurs.

Le nihilisme structuraliste énonce ce paralogisme de la mort de l'auteur dès 1968, sous la plume de Barthes qui signe un article intitulé « La mort de l'auteur ». Barthes annonce sans trembler que : le texte n'a pas d'auteur ; que l'auteur apparaît récemment dans l'histoire, à savoir avec l'empirisme anglais et le positivisme présenté comme un moment du capitalisme – en fait c'est l'homme de Foucault en tant qu'il tient une plume et signe ses livres ; que l'écriture automatique et le cadavre exquis des surréalistes achèvent cette figure obsolète ; que l'auteur ne parlant pas dans le texte, c'est le langage qui parle à sa place – comme s'il existait un langage sans locuteur, une parole sans celui qui l'émet, un discours indépendant de celui qui le produit ; que l'auteur ne préexiste pas à son œuvre – plus c'est gros, mieux ça passe : Proust ne crée donc pas *À la recherche du temps perdu* car c'est la *Recherche* qui crée Proust – dont on peut se demander dès lors ce qu'il faisait et ce qu'il était, voire s'il existait même avant la production de son œuvre ; que le texte est cristallisation d'informations et que la narration n'est pas le fait d'un auteur mais d'un scripteur – ce qui, convenons-en, change tout ; que le scripteur est « sans passions, sans humeurs, sans sentiments, sans impressions » – ce qui se vérifie avec le cas de Marcel Proust comme chacun peut le constater à la lecture de l'œuvre ; qu'il n'existe aucun sens pour aucun texte car tous les sens sont possibles puisque, Duchamp n'est pas bien loin, ce sont les lecteurs qui confèrent le sens et non un hypothétique auteur – dès lors, « la naissance du lecteur doit se payer de la mort de l'auteur ».

Barthes, qui ne parvenait pas à écrire le roman du genre proustien qu'il a longtemps projeté et qui a passé sa vie à décortiquer les textes d'autrui, avait de bien bonnes raisons de penser que le lecteur de roman (qu'il était) s'avérait supérieur à l'auteur de roman (qu'il ne parvenait pas à être). Lui qui a laissé d'innombrables fiches pour ce roman qu'il n'eut pas la puissance de produire et qui, en douce, dans son lit, le soir, loin des regards mondains, lisait Chateaubriand avec délectation, a annoncé la mort de l'auteur parce qu'il ne réussissait pas à le devenir et la prééminence du lecteur parce qu'il parvenait à l'être. Barthes n'aimait pas la biographie, il avait bien raison, elle est la clé de toutes les théories.

Foucault non plus n'aimait pas la biographie. Et il avait les mêmes bonnes raisons que son ami Barthes. Dans le très sérieux *Bulletin de la Société française de philosophie*, Michel Foucault publie « Qu'est-ce qu'un auteur ? » en juillet-septembre 1969. Mai 68 est passé par là. Il reprend les thèses extravagantes de Barthes pour y souscrire, les développer et les préciser. C'est ainsi qu'une erreur peut commencer une carrière de vérité. Pour Foucault, l'écriture n'a rien à voir avec l'histoire, elle « s'est affranchie du thème de l'expression : elle n'est référée qu'à elle-même [...]. Elle est un jeu de signes ordonnés moins à son contenu signifié qu'à la nature même du signifiant » (*Dits et écrits*, I, 789). Pour le dire dans un vocabulaire normal : peu importe ce que veut dire un texte, ce qui compte, c'est l'agencement de signes dans sa configuration sémiologique. Est-ce que cette loi vaut aussi pour *Mon combat* d'Adolf Hitler : juste un pur agencement de signes dont le sens compterait pour rien ? Le structuralisme abolit l'auteur et la biographie, le contexte et l'histoire, le réel et la réalité. Autant de succès engrangés pour le nihilisme !

Attaqué par cette jeune garde qui voulait prendre sa place, le vieux Sartre répondit et, pour une fois, il vit juste. L'auteur de la *Critique de la dialectique*, un livre dont Foucault avait dit en 1966 qu'il s'agissait du « magnifique et pathétique effort d'un homme du XIXe siècle pour penser le XXe siècle », répond quelques mois plus tard à son jeune contradicteur et met dans le mille en affirmant que le structuralisme est « une idéologie nouvelle, dernier barrage que la bourgeoisie puisse encore dresser contre Marx ». Il avait saisi la tactique et la stratégie qui animaient Foucault pour occuper la place du *grand auteur* que Sartre tenait depuis un quart de siècle. Sartre meurt quelque temps plus tard ; Foucault et une poignée d'autres obtiennent la place escomptée ; peu après, les structuralistes cassent leurs jouets et passent à autre chose. Repu, couvert d'honneurs, honoré par le système, Foucault revint au sujet, ce qui aurait fait sourire Sartre qu'on n'aurait jamais vu, lui, au Collège de France.

Malgré son effacement du devant de la scène, le structuralisme a proliféré sur le mode tumoral et a eu le temps de faire des ravages ; il en fait encore aujourd'hui beaucoup chez tous ceux qui pensent en dehors de l'histoire et de façon anhistorique – les tenants du genre contre le sexe, de l'éducation contre l'instruction, de la pédagogie contre le savoir, de l'instant contre la durée, de la virtualité contre la réalité, de l'idéologie contre les faits. Le ravage majeur du structuralisme fut la mise à mort de l'histoire. Non pas de l'histoire réelle, concrète, elle n'a pas besoin qu'on la pense pour être, mais l'histoire comme souci indispensable à la pensée, comme condition nécessaire bien que non suffisante de la pensée.

Le judéo-christianisme avait produit une conception de l'histoire : il souscrivait à une lecture linéaire qui rendait possible l'avenir sur le mode de la parousie ; il inscrivait le présent dans la dialectique d'un passé dynamique ; il supposait un sens avec un développement logique ; il tablait sur des individus sujets de l'histoire et sujets dans l'histoire ; il n'ignorait pas que la grande individualité, fût-ce sur le mode de la sainteté, produisait l'histoire en même temps que l'histoire la produisait ; il savait que l'homme existait comme force existentielle incarnée dans une forme historique inscrite dans la temporalité.

Le structuralisme a tué toute possibilité de penser l'histoire, donc de s'y inscrire désormais. En évinçant le réel et la réalité afin de donner toute la place au symbolique, les pleins pouvoirs étaient offerts à la structure comme cause incausée, avatar du premier moteur immobile, retour du Dieu transcendant refoulé sous forme de déterminant caché. Le nihilisme a été produit avec beaucoup de méticulosité par ces philosophes qui ont désormais grande réputation partout sur la planète – Lévi-Strauss, Foucault, Barthes, Deleuze, Lacan, Derrida furent pourtant de grands prestidigitateurs d'un monde où tout est désormais devenu possible.

Tourner le dos à toute perspective historique, c'était laisser la voie libre au capitalisme libéral qui a bénéficié de l'incroyable opportunité de la chute du mur de Berlin en 1989 et de la fin de l'Empire soviétique en 1991. L'effondrement du marxisme-léninisme en Europe n'a pas ramené le judéo-christianisme au devant de la scène historique, mais le consumérisme hédoniste qui a creusé le nihilisme et fait avancer le désert cartographié par Nietzsche dans *Ainsi parlait Zarathoustra*. Le marché, autrement dit l'argent, fait la loi. Piero Manzoni l'a dit…

De la même manière que 1789 qui s'appuyait sur un idéal émancipateur d'égalité a vu se dévoyer ses principes dans la Terreur jacobine de 1793, Mai 68 qui célébrait l'idéal tout autant émancipateur de liberté a sombré dans le triomphe sans partage du marché. De Gaulle congédié par Mai 68 fut remplacé à la tête de l'État par un banquier issu de l'École normale supérieure – l'histoire s'effaçait et laissait la place à la finance et à la rhétorique. Dans le processus de déchristianisation, les dévots de la religion du Veau d'or n'avaient plus grand-chose à faire pour mettre l'édifice judéo-chrétien à bas. Depuis lors, l'Occident est à vendre.

4

L'histoire après la fin de l'histoire

Troisième intermède musulman

Londres, 14 février 1989,
Saint-Valentin.
Rushdie est condamné à mort
pour avoir écrit un roman.

Le 4 novembre 1991, l'Union soviétique s'effondre comme un vulgaire château de cartes. Cet empire qui voulait conquérir l'Europe, puis le monde, puis l'espace, puis la Lune, tombe comme un fruit pourri sur le sol de l'histoire. Le marxisme-léninisme avait été en Occident la tentative la plus aboutie d'en finir avec le judéo-christianisme. Le musée de l'athéisme installé dans la cathédrale Notre-Dame de Kazan à Leningrad en 1932 avait présenté les religions comme de vieilles lunes avec lesquelles, jadis, on asservissait les peuples en leur racontant des fariboles sans penser que le communisme entendait désormais disposer du monopole des fariboles utiles pour mener le peuple par le bout du nez.

Intellectuel, ami de Malevitch et Chagall, lecteur des philosophes, homme raffiné, compagnon de route des avant-gardes esthétiques, héraut du combat soviétique contre l'illettrisme, le commissaire à l'Instruction publique Anatoli Lounatcharski dit : « Nous haïssons les chrétiens. Ils prêchent le pardon et l'amour du prochain. L'amour chrétien retarde le développement de la révolution. À bas l'amour du prochain ! Le sentiment que nous devons avoir est la haine. » La haine du prochain et le refus du pardon au service de la révolution qui propose la solidarité universelle, la fraternité généralisée ?

L'Union soviétique a persécuté les ministres du culte et les croyants : privation des droits civiques pour les prêtres ; interdiction de scolarité pour leurs enfants, sauf s'ils se désolidarisent de leurs parents ; privation de cartes de rationnement, d'aide médicale, d'appartements communautaires ; déportation et travaux forcés pour des milliers d'évêques, de prêtres, de moines, de religieux ; planification sur tout le territoire de la destruction de la totalité des édifices religieux à la dynamite ; plus de 100 000 religieux sont fusillés entre 1937 et 1938 ; la religion islamique est également persécutée. Au total, 200 000 religieux sont sacrifiés sur l'autel de l'athéisme marxiste-léniniste entre 1917 et 1980.

Dès lors, après la chute de l'Empire soviétique, on aurait pu imaginer que la Russie ne succomberait pas aussi facilement aux sirènes du consumérisme, la religion païenne créée aux États-Unis. La conversion fut immédiate avec le congédiement de Gorbatchev le 25 décembre 1991 par les apparatchiks bolcheviques devenus soudainement libéraux soutenus par les gouvernants du libéralisme européen, le président Mitterrand compris, et son remplacement par Eltsine, grand alcoolique, certes, mais partisan du marché libre.

À partir de ce moment, la carte des goulags soviétiques laisse place à celle des supermarchés russes.

L'ancienne mafia communiste achète les biens d'État liquidés par les banques européennes pour une bouchée de pain. Il s'agissait d'accélérer le mouvement de marche forcée vers le marché faisant la loi. Ce qu'à l'Ouest l'Europe de Maastricht accomplissait avec une main de fer dans un gant de velours, la Banque mondiale l'obtenait à la hussarde à l'Est. Grâce aux banquiers venus des places financières de l'Europe libérale, celui qui, il y a peu, faisait régner l'ordre au nom du Parti comme kapo du régime léniniste devenait sans état d'âme le kapo du capital. Cette mafia russe constituée à cette époque, transmise des pères qui ont connu le drapeau rouge aux enfants qui ne l'ont pas connu, fait désormais régner sa loi partout où la trivialité libérale domine – le marché de l'immobilier, le commerce d'antiquités, l'art contemporain, la prostitution ogham, les clubs de football, les voitures de luxe, les châteaux du Bordelais. Les monarchies pétrolières du Golfe convoitent la même vulgarité.

En 1978, à Harvard, dans *Le Déclin du courage*, Soljenitsyne publie un réquisitoire contre la société matérialiste occidentale obsédée par l'argent, insoucieuse de morale, bradant les vertus pour les vices s'ils permettent d'acquérir des biens et des objets, des choses et des richesses terrestres. L'ancien déporté des camps soviétiques fustige également l'usage marchand du corps des femmes dans la publicité et la pornographie. Il condamne les deux poids deux mesures de l'intelligentsia européenne qui pousse des hauts cris contre les dictatures de droite mais se prosterne aux genoux des dictatures de gauche. Tolérances pour Brejnev, mais foudres contre Pinochet, comme jadis furies contre Franco mais douceurs pour Castro, ou plus anciennement colères contre Mussolini mais tendresses pour Lénine. Il interroge la Révolution française en dehors du catéchisme et de ses lieux communs, puis il fait du génocide vendéen perpétré par les Jacobins robespierristes la matrice des totalitarismes marxistes. En plein reflux du christianisme, il renvoie aux valeurs de la spiritualité orthodoxe russe. Alors que le cosmopolitisme triomphe, il parle de nationalisme. Quand tout le monde communie dans la religion d'une prétendue démocratie qui est en fait le pouvoir d'une oligarchie de politiciens corrompus, il en appelle à un pouvoir fort capable d'assurer dans son pays la transition de soixante-dix années de totalitarisme vers une période d'authentique démocratie qui est pour lui paysanne et locale, autogestionnaire et communaliste. La presse de gauche l'éreinte.

L'homme qui dénonce les camps de concentration soviétiques à la face du monde (même si d'autres l'ont fait avant lui, tels Kravtchenko avec *J'ai choisi la liberté* en 1947, ou David Rousset auquel on doit en France le premier usage du mot « goulag », puis Albert Camus dans *L'Homme révolté* en 1952), cet homme, donc, est traîné dans la boue par le pouvoir bolchevique à l'Est tout autant que par le pouvoir libéral à l'Ouest : contre-révolutionnaire, tsariste, antisémite, mais aussi sioniste, agent de la Gestapo, mais aussi du KGB, vendu à la CIA, à la solde des francs-maçons, travaillant pour les services secrets français, ultranationaliste, il eut droit à toutes les insultes, sans parler des calomnies ou des diffamations concernant sa vie privée – alors qu'il fut juste un homme libre, critique avec le totalitarisme soviétique, mais aussi critique avec le consumérisme occidental, ni dévot du marxisme-léninisme soviétique, ni bigot de la religion américaine des objets.

L'effondrement de l'URSS donne aux États-Unis les pleins pouvoirs sur la planète. À l'époque où l'arsenal militaire soviétique se trouve braqué sur l'Ouest, l'Occident libéral ne peut tout se permettre : le marché fait la loi pour autant qu'en Europe les pays, les partis, les syndicats alliés politiques de l'URSS la lui laissent faire. Ainsi, en France, le Parti communiste français (PCF) et sa courroie de transmission syndicale, la Confédération générale du travail (CGT), freinent le capitalisme et l'empêchent de se comporter comme il le souhaiterait. En 1974, le socialiste François Mitterrand sait qu'à cette époque il ne peut parvenir au pouvoir qu'avec l'aide du PCF. Dès lors, il jongle avec l'affaire Soljenitsyne et fait savoir qu'il faudrait qu'en URSS Soljenitsyne puisse publier *L'Archipel du Goulag*, bien sûr, mais qu'une critique qui vient de la droite ne saurait être une critique légitime. Le PCF, quant à lui, soutenait le PCUS – le Parti communiste soviétique. Il condamnait donc Soljenitsyne. Le Programme commun français était une épine dans le pied du capital.

Le mur de Berlin effondré, plus aucun surmoi politique n'arrêterait la métastase du consumérisme propagé par les États-Unis sur la planète entière. Un homme et un livre font la théorie de cette parousie nouvelle en 1992 : Francis Fukuyama et *La Fin de l'histoire et le dernier homme*. Il n'est pas étonnant que ce philosophe né quarante ans plus tôt en 1952 ait suivi les cours de Roland Barthes au Collège de France et de Jacques Derrida à l'École normale supérieure de Paris dans un temps où le structuralisme fait la loi et où le réel est moins important que les Idées qui disent ce réel. Il a également fait ses études à Yale où, depuis 1975, le même Derrida enseigne quelques semaines par an.

La thèse de *La Fin de l'histoire* se trouve chez Hegel, certes, mais, on l'a vu, elle est d'abord la philosophie judéo-chrétienne de l'Histoire. Avant que de se retrouver dans *La Phénoménologie de l'esprit* en 1804, elle est présente dans l'Évangile selon Jean qui annonce qu'après la première venue du Christ pour enseigner la Bonne Nouvelle associée à la Passion, une seconde venue adviendra pour établir définitivement le royaume de Dieu *sur terre*. Avec Adson de Montier-en-Der, la Sibylle Tiburtine, Joachim de Flore, Guibert de Nogent ou Grégoire de Tours, Tanchelm ou Éon de l'Étoile, Gérard Segarelli et Dolcino de Novare, le Moyen Âge ne cesse de produire des textes expliquant l'eschatologie et le millénarisme, le retour du Christ sur terre pour mille ans avant le Jugement dernier qui réalise la fin de l'histoire.

Cette idée se trouve reprise par le luthérien Hegel qui estime avec les fumées de l'idéalisme allemand que, grâce à Napoléon à Iéna, la Révolution française trouve son accomplissement avec le règne de la Raison incarnée dans l'Histoire. Hegel a annoncé la mort d'un tas de choses, l'art, la philosophie, l'histoire, car il pensait que, puisqu'il avait accompli la philosophie occidentale, il n'y avait plus aucune raison qu'elle demeure après la mort de son immense personne. Or, comme on pouvait s'en douter avec un peu de bon sens, cette histoire qui devait s'arrêter avec Napoléon a continué. Mais les philosophes ne sont pas hommes à estimer que, quand le réel donne tort à leurs idées, c'est que leurs idées ont tort. Tous préfèrent conclure que le réel a tort et qu'il faut bien plutôt changer de réel que d'idées.

C'est ainsi que, dans cet esprit, l'hégélien de gauche Alexandre Kojève, coqueluche de l'intelligentsia parisienne entre les deux guerres, auteur d'une *Introduction à la lecture de Hegel* à la Libération, a repris cette thèse de *La Fin de l'histoire* comme si rien n'avait eu lieu entre Napoléon à Iéna et le général de Gaulle à l'Élysée – ni guerre de Sécession aux États-Unis, ni guerre franco-allemande de 1870, ni Commune de Paris, ni génocide arménien, ni Première Guerre mondiale, ni révolution bolchevique, ni fascismes européens, ni national-socialisme, ni solution finale, ni Empire soviétique, ni Hiroshima, ni Nagasaki, ni Mao au pouvoir en Chine, ni Castro à Cuba, ni guerre du Vietnam, ni guerre froide, ni décolonisation, ni même Mai 68 !

Que s'est-il passé, d'un point de vue hégélien, kojévien, sinon derridien ou structuraliste, ce 22 août 1914 qui fut le jour le plus sanglant de l'histoire de France, un jour où, à Rossignol, dans les Ardennes belges, 27 000 Français trouvent la mort, soit quatre fois plus qu'à Waterloo, autant que pendant les huit années qu'a duré la guerre d'Algérie ? Ce jour-là, les Allemands perdent entre 800 et 1 000 hommes. Plus de 40 000 Français sont morts entre le 20 et le 24 août 1914. La Première Guerre mondiale a tué un million quatre cent mille soldats français, soit près de 900 morts par jour en moyenne sur mille cinq cent soixante jours de combat. Elle a occasionné la mort de près de 10 millions d'hommes de part et d'autre du Rhin : voilà qui ne serait pas de l'histoire ? *Quoi alors ?*

Le 4 juin 1968, quelques jours après les événements que l'on sait, Alexandre Kojève qui estimait venue la fin de l'Histoire n'a pas vu venir la sienne : lui qui travaillait pour le ministère de l'Économie et des Finances et posait les bases de l'accord général sur les tarifs douaniers et le commerce, il monte à la tribune de Bruxelles pour défendre le projet commercial du marché commun. Lui qui fit l'éloge de Staline, il célèbre ce qui deviendra le projet des libéraux européens : le marché libre d'une Europe postnationale. Il s'effondre au pied de la tribune.

Une crise cardiaque a raison de lui. Fin de l'histoire – pour lui...

Francis Fukuyama s'avère un disciple de Hegel, de Kojève et du structuralisme français, dont Derrida : même si l'histoire leur donne tort par le simple fait qu'elle continue, il faut bien donner la primeur à l'Idée. Si l'Idée a décrété que l'histoire est morte, toute preuve apportée par l'histoire qu'elle s'avère bel et bien vivante est exactement une preuve de sa mort ! Kojève qui annonçait que le mode de vie américain faisait désormais la loi sur toute la planète, que chacun était propriétaire ou aspirait à l'être, que l'homme historique était mort, que tous pouvaient désormais s'adonner à des activités hédonistes comme l'art, l'amour et le jeu, Kojève, donc, trouve un disciple idéal dans la personne de Fukuyama.

Car *La Fin de l'histoire et le dernier homme* l'affirme clairement : « L'apparition de forces démocratiques dans des parties du monde où l'on ne s'attendait pas à leur présence, l'instabilité des formes autoritaires de gouvernement et la complète absence d'alternatives *théoriques* cohérentes à la démocratie libérale nous forcent ainsi à reposer l'ancienne question : existe-t-il, d'un point de vue beaucoup plus "cosmopolitique" que cela n'était possible du temps de Kant, une histoire universelle de l'homme ? » (96). On sait que la réponse est positive : selon notre hégélo-kojévien, il existe bel et bien une histoire universelle de l'homme et elle se trouve réalisée avec la démocratie libérale.

Mais alors : que faire de la seule révolution iranienne qui, en 1979, soit treize années avant le livre de Fukuyama, chasse le Shah du pouvoir pour y installer l'ayatollah Khomeyni ? Comment faire de cette révolution théocratique qui entend appliquer la charia sur l'ancien territoire de la Perse un moment historique relevant d'une alternative théorique, puis pratique, à la démocratie ? Car, c'est le moins qu'on puisse dire, l'histoire donnait clairement tort au disciple des philosophes hégéliens et structuralistes avec cet événement qui, à lui seul, mettait à bas sa théorie fumeuse. La révolution des mollahs n'avait en effet ni le désir d'installer la démocratie, ni celui d'y favoriser un mode de vie libéral. La théocratie est le contraire de la démocratie ; la charia, l'antipode de la liberté libérale. On comprend qu'en 1993, une année après le succès de Fukuyama en Occident, Jacques Derrida se débarrasse intellectuellement de cet encombrant disciple dans *Spectres de Marx*.

Car nous n'en finissons pas de vivre dans l'onde de choc *historique* de cette révolution iranienne. L'ayatollah Khomeyni a écrit et agi. Il a fourni une théorie et activé une pratique – ce qui aurait dû suffire à Fukuyama pour envisager l'idée qu'il existait *au moins une* théorie alternative à la démocratie libérale sur la planète en même temps qu'une pratique qui s'en réclamait. L'ayatollah écrit contre les pays musulmans laïcs, contre les États-Unis, contre Israël, contre le sionisme, contre l'Occident, contre l'Europe, il affirme qu'il n'est soucieux « ni de l'Est athée, ni de l'Ouest oppresseur et infidèle », mais du seul Dieu des musulmans. Il écrit contre les jeux, la prostitution, l'homosexualité, le libertinage, le cinéma, l'alcool et la drogue. Il récuse tout autant le capitalisme que le communisme. Il fait de la révolution iranienne non pas le produit de forces historiques mais « un cadeau de Dieu ». Il affirme que l'islam n'est pas une affaire personnelle, intime, une croyance subjective, mais une affaire politique. Il explique que le gouvernement islamique « intervient et exerce son contrôle dans toutes les affaires individuelles et sociales, matérielles et spirituelles, culturelles et politiques, militaires et économiques ». Il ne s'adresse pas aux seuls Iraniens, mais à la totalité de la communauté musulmane de la planète.

Contre la corruption occidentale, athée avec les communistes et matérialiste avec l'Ouest, il veut et réalise l'islamisation de toute la société. La démocratie suppose un parlement, certes, mais dans ce parlement, il ne faut envoyer que « des députés engagés envers l'islam et la République islamique ». Pour se présenter aux élections, l'ayatollah s'adresse aux plus humbles. Il veut voir au parlement ou à la tête de l'État « ceux qui ont touché du doigt la privation et l'injustice dont sont victimes les musta'afin et déshérités de la société et qui pensent au bien-être de ceux-là, et non pas de ces capitalistes, propriétaires terriens et gens de la haute, vivant dans l'aisance et plongés dans les plaisirs et les passions sensuelles, qui ne peuvent comprendre l'amertume de la privation et la peine des affamés et des va-nu-pieds ». Des pauvres et non des riches, des croyants et non des intellectuels, des Iraniens du petit peuple et non des parvenus de l'élite, des musulmans issus des classes les plus modestes et non des apatrides vendus aux idées occidentales : voilà le moteur de la révolution islamique.

Contre ceux qui auraient pu entrer dans l'assemblée et ne pas s'y montrer assez zélés, l'ayatollah Khomeyni dit : « Je demande aux députés de l'Assemblée parlementaire islamique, en cette époque et dans les temps à venir, qu'au cas où, à Dieu ne plaise, des éléments égarés auraient imposé leur députation au peuple par des intrigues et des combines politiques, le Parlement rejette leur mandat et ne laisse pas même un seul saboteur lié [à l'étranger] entrer à l'Assemblée. » Voter est un devoir absolu ; l'abstention est un péché. Dans certaines circonstances qui sont décrétées par le clergé musulman, il devient même un péché mortel.

Les écoles ou les universités, les jardins d'enfants ou les centres pédagogiques et autres lieux d'éducation exigent également un personnel acquis aux idéaux de la révolution islamique : quiconque n'enseignera pas selon les principes musulmans sera chassé par les étudiants qui veilleront au respect de la croyance islamique. Il en ira de même avec les membres du clergé dont certains se sont laissé corrompre par les sirènes occidentales pendant des années : ils seront désignés et évincés par les croyants qui veilleront à la stricte observance de la loi islamique.

La justice obéira aux mêmes logiques : les juges et les magistrats feront régner la loi islamique et aucune autre. Ils auront le souci de se former à la loi et au droit en regard des hadiths du Prophète. C'est donc la charia qu'ils devront appliquer. Même remarque avec les gouverneurs de province, les ministres du gouvernement, les ambassadeurs, les représentants divers du pouvoir : leur mission consiste à veiller à l'application des principes islamiques. *Idem* avec l'armée, la gendarmerie, la police, les milices, les gardiens de la révolution, les comités révolutionnaires, les douaniers et autres gens sous uniforme.

Le message de Khomeyni est clairement universel. Il ne se soucie pas de distinguer ou de séparer chiites et sunnites. Il appelle les gouvernants à réaliser l'islam sur la planète entière : « Qu'ils appellent aussi les peuples à l'unité, qu'ils s'abstiennent du racisme, qui est en opposition avec ce que l'islam prescrit, et qu'ils tendent une main fraternelle à leurs frères dans la foi, dans quelque pays et de quelque race qu'ils soient, car l'islam les a nommés "frères".

Si, par la volonté des États et des peuples et avec l'aide de Dieu Très-Haut, cette fraternité dans la foi se réalise, vous verrez que ce sont les musulmans qui constituent la plus grande puissance mondiale. Dans l'espoir du jour où, par la volonté du Seigneur de l'Univers, cette fraternité et cette égalité seront réalisées. » L'*umma* est donc l'horizon de l'islam politique tel que l'ayatollah Khomeyni le définit à partir de la révolution iranienne.

Le Guide suprême de la révolution statue également sur les journalistes, les intellectuels, les artistes : « La question de la propagande n'est pas uniquement à la charge du ministère de l'Orientation : elle est du devoir de tous les savants, orateurs, écrivains et artistes. Il faut que le ministère des Affaires étrangères fasse en sorte que les ambassades aient des publications de propagande et qu'elles montrent clairement au monde le lumineux visage de l'islam, car si ce visage d'une si grande beauté – auquel le Coran et la Sunna nous invitent dans tous les domaines – se montrait sans le voile [dont l'ont affublé] les opposants à l'islam et les fausses compréhensions des amis, l'islam s'étendrait au monde entier et son glorieux étendard flotterait partout. » Comme la politique, l'éducation, l'école, l'université, le clergé, la justice, l'administration, l'intelligence doit se mettre au service de l'islam. Voilà qui définit clairement un régime totalitaire.

En effet, sous le régime du Shah, « la radio, la télévision, les journaux, les cinémas et les théâtres faisaient partie des instruments efficaces pour détruire et droguer les peuples, en particulier la jeune génération. Dans les cent dernières années, et tout particulièrement dans le dernier demi-siècle, que de plans d'envergure ont été réalisés par ces instruments, aussi bien pour la propagande contre l'islam et contre le clergé, qui est à son service, que pour la propagande en faveur des colonialistes de l'Est et de l'Ouest ». En régime islamique, toutes ces instances médiatiques auront donc à cœur de se faire les relais des valeurs de l'islam et de purger tout ce qui rappellerait les valeurs occidentales – le marxisme-léninisme de l'Est et le consumérisme hédoniste de l'Ouest, tous deux ennemis des principes coraniques.

Et Khomeyni d'écrire : « Les propagandes, articles, discours, livres et revues contraires à l'islam, à la décence publique et aux intérêts du pays sont illicites et il est de notre devoir à tous et du devoir de tous les musulmans d'y faire obstacle. Il faut faire obstacle aux libertés destructrices. » Puis ceci : « Nous devons tous savoir que la liberté sous sa forme occidentale, qui entraîne la corruption des jeunes gens et des jeunes filles, est condamnée par l'islam comme par la raison. » Où l'on voit que *liberté* et *raison*, en islam, ne signifient pas la même chose que liberté et raison en dehors de l'islam : dans les plis du drapeau islamique, être libre, c'est obéir ; exercer sa raison, c'est croire.

C'est au nom de cette liberté islamique et de cette raison musulmane, autrement dit au nom de la loi coranique, que l'écrivain Salman Rushdie découvre sa condamnation à mort le 14 février 1989, jour de la Saint-Valentin. Il apprend la nouvelle à Londres, où il habite. Voici le texte de la fatwa signée par Khomeyni qui lui est remis dans la voiture alors qu'il se dirige vers les studios de CBS : « Je porte à la connaissance des vaillants musulmans du monde entier que l'auteur des *Versets sataniques* – livre rédigé, édité et distribué dans le but de s'opposer à l'islam, au Prophète et au Coran – ainsi que les éditeurs dudit livre ayant agi en connaissance de son contenu sont condamnés à mort. Je demande aux vaillants musulmans de les exécuter avec célérité, où qu'ils les trouvent, pour que désormais personne n'ose offenser ce que les musulmans ont de sacré. Quiconque perdra la vie en essayant d'exécuter cette sentence sera considéré comme martyr, si Dieu le veut. Par ailleurs, si quelqu'un a accès à l'auteur de ce livre mais n'a pas lui-même le moyen d'exécuter cela, qu'il le désigne aux autres afin qu'il paie pour ses actes. » Une journaliste de la BBC lui téléphone et lui demande : « Quel effet cela fait-il d'apprendre que l'on vient d'être condamné à mort par l'ayatollah Khomeyni ? » rapporte l'écrivain dans *Joseph Anton*, son autobiographie…

Un ayatollah iranien décidait donc, à partir de son pays, sur un autre continent que celui qu'habitait l'écrivain, au nom de sa religion, en invoquant son Dieu et le Coran dont la quasi-totalité des sourates s'ouvrent en affirmant qu'il est « bon et miséricordieux », que, *partout sur la planète*, les musulmans dévots de ce Dieu de bonté et de miséricorde devaient se mettre en quête de l'auteur du livre, de tous ses éditeurs répartis sur la planète, de la totalité de ses traducteurs habitant une multiplicité de villes dans le monde, mais aussi de ses lecteurs disséminés parmi les cinq milliards d'habitants afin de les dénoncer ou de les *exécuter* sur place.

C'était une déclaration de guerre faite à quiconque était décrété ennemi de l'islam par l'ayatollah Khomeyni. Ce jour-là, l'Occident avait une chance d'exister encore un peu. Il ne la saisit pas. Aucun pays judéo-chrétien ne rappela définitivement ses ambassadeurs, aucun pays judéo-chrétien ne menaça le dignitaire religieux de représailles, aucun pays judéo-chrétien ne décida d'une riposte magistrale, diplomatique ou militaire, qui aurait ruiné cette fatwa, aucun pays judéo-chrétien ne décida d'un embargo économique, aucun pays judéo-chrétien, évidemment, ne fit de cette déclaration de guerre ciblée sur un homme, mais étendue à quiconque se réclamait, comme lui, de la liberté occidentale et de la raison occidentale, une occasion de défaire ce régime. Dans ce silence, l'Occident est mort.

Khomeyni ne fait que récupérer une affaire qui s'est déclenchée sans lui cinq mois plus tôt en Angleterre, pays où Rushdie est arrivé à l'âge de treize ans en provenance d'Inde. C'est en effet le 3 octobre 1988, soit moins de dix jours après la parution du livre à Londres, qu'un membre de la fondation islamique de Leicester photocopie des passages qu'il estime blasphématoires et les envoie aux autorités musulmanes d'Angleterre. Comme un seul homme, la communauté musulmane internationale s'embrase : preuve est faite que l'*umma* existe bel et bien. L'Inde prend feu, puis le Pakistan, puis l'Afrique du Sud, puis la Somalie, puis le Qatar. À La Mecque, le Conseil des juristes de la Ligue du monde musulman condamne le livre. À Riyad, les ministres des Affaires étrangères des 45 pays de l'Organisation de la conférence islamique emboîtent le pas. Au Caire, l'université d'al-Azhar dénonce le livre. À New York, Salman Rushdie est brûlé en effigie.

L'Europe judéo-chrétienne n'est pas en reste : à Bradford, 1 500 musulmans jettent les *Versets sataniques* au feu ; d'autres villes d'Angleterre allument également des autodafés ; à Londres, 8 000 personnes descendent dans la rue pour appeler au meurtre de l'écrivain indo-britannique ; en France, à Paris, cinq mois avant le bicentenaire de la Révolution française, le 26 février 1989, un millier de musulmans indiens, pakistanais, maghrébins, résidents français descendent dans la rue au cri de « À mort Rushdie » ; dans *Le Monde* (23 février 1989), Mgr Decourtray, primat des Gaules et archevêque de Lyon, estime qu'après le film de Scorsese, *La Dernière Tentation du Christ*, les croyants sont une fois de plus insultés et qu'en conséquence il assure de sa solidarité « tous ceux qui vivent, dans la dignité et la prière, cette blessure » ; à Rome, c'est la même ligne qu'épouse Jean-Paul II plus soucieux de la blessure des croyants de l'islam, Vatican II oblige, que des moyens d'empêcher la condamnation à mort d'un écrivain, realpolitik insoucieuse des Évangiles oblige – le Conseil de la fédération protestante, lui, condamne clairement ; à Londres, après la fatwa, le 27 mai, 20 000 manifestants – *20 000 manifestants* – réclament l'interdiction des *Versets sataniques* et veulent que le délit de blasphème prévu par la loi britannique pour le christianisme soit étendu à l'islam ; le 20 octobre 1989, un sondage Harris réalisé auprès de musulmans vivant en Grande-Bretagne montre que 28 % des sondés approuvent la fatwa, 79 % sont favorables à une punition de Rushdie et 62 % à la destruction du livre ; à Berlin-Ouest, l'Académie des beaux-arts refuse de prêter ses locaux pour un rassemblement en faveur de Rushdie – Günter Grass et Günther Anders démissionnent ; l'éditeur allemand renonce à publier le livre ; à Stockholm, l'Académie suédoise refuse de dénoncer la fatwa.

Les affrontements consécutifs à cette fatwa font des morts : à Islamabad, le 12 février 1989, cinq personnes meurent lors de l'attaque du Centre culturel américain, une centaine sont blessées, l'un des gardiens du centre est lynché ; à Bruxelles, le 29 mars 1989, l'imam Abdullah al-Ahdal qui a tenu des propos modérés est assassiné avec son bibliothécaire ; à Tsukuba, en juillet 1991, le traducteur du livre en japonais, Hitoshi Igarashi, est retrouvé mort dans son bureau à l'université, il a été poignardé au visage et au corps ; à Oslo, en octobre 1991, le traducteur norvégien, William Nygaard, est lui aussi attaqué, il survit à ses blessures ; Ettore Capriolo, le traducteur italien, subit lui aussi un attentat et en réchappe ; en Turquie, le 2 juillet 1993, le feu est mis à un hôtel où séjourne le traducteur turc, Aziz Nesin, l'incendie tue 37 personnes.

L'ayatollah Khomeyni n'a pas lu les *Versets sataniques* : il ignorait l'anglais et les langues qui auraient pu, à la date de la fatwa, lui permettre de juger de son contenu. Il aura donc agi par ouï-dire pour des raisons politiques. Certes, le livre comporte des passages qui peuvent blesser un musulman – les pensionnaires d'une maison de passe ont pour patronymes les noms des épouses du Prophète ; les clients tournent autour du bordel comme les fidèles le font à la Ka'ba pendant le pèlerinage qui est l'un des cinq piliers de la foi ; l'idée même qu'il existe des versets sataniques, parce que abrogés, font du Coran le produit de l'histoire et non un don de Dieu ; le fait que cette abrogation s'effectue sur des sourates qui témoignent d'un compromis avec le polythéisme avant que Mahomet n'opte pour un franc monothéisme témoigne en faveur d'une humanité hésitante et opportuniste du Prophète, cette hésitation est présentée comme un effet de Satan, d'où l'expression : *versets sataniques*. Mais il s'agit d'un roman, et non d'un traité de théologie musulmane ou d'un ouvrage de philosophie islamique. Ce roman est une œuvre de fiction foutraque et baroque, rococo même, délirante : le livre s'ouvre en effet sur l'explosion d'un avion provoquée par un attentat et sur la chute du héros qui se retrouve vivant après 10 000 mètres de trajet dans les airs avant que son corps ne se métamorphose avec cornes et sabots fourchus...

Peu importe que l'ayatollah Khomeyni n'ait pas lu le roman, il veille à ce que rien ne trouble le dogme de l'islam politique : dans le même esprit que le réalisme socialiste avec les dogmes du marxisme-léninisme, le romancier doit célébrer l'idéologie du pouvoir en place, en l'occurrence l'islamisme. Rire, sourire, plaisanter, délirer, broder, inventer, tordre la réalité font partie du jeu romanesque, de la licence poétique sans laquelle il n'est pas d'œuvre de fiction. Mais en régime totalitaire, le roman ne saurait s'affranchir de l'obligation supérieure du respect de l'idéologie qui le constitue.

En décidant de cette fatwa sur un livre qu'il n'a pas lu, l'ayatollah Khomeyni prend la main de manière internationale. Il s'inscrit dans la logique des croisades et déclare la guerre à l'Occident judéo-chrétien de façon planétaire. Où l'on découvre que Julien Freund, résistant, arrêté par la Gestapo, maquisard, prisonnier, évadé, avait raison de répondre à Jean Hyppolite qui, en sortant de sa soutenance de thèse où il était membre du jury, récusait sa théorie du couple ami/ennemi : « Vous pensez que c'est vous qui désignez l'ennemi, comme tous les pacifistes. Du moment que nous ne voulons pas d'ennemis, nous n'en aurons pas, raisonnez-vous. Or c'est l'ennemi qui vous désigne. Et s'il veut que vous soyez son ennemi, vous pouvez lui faire les plus belles protestations d'amitié. Du moment qu'il veut que vous soyez son ennemi, vous l'êtes. Et il vous empêchera même de cultiver votre jardin. » Hyppolite lui répond alors : « Dans ce cas il ne me reste plus qu'à me suicider. » L'hégélien Jean Hyppolite qui avait tort sur Freund, mais raison sur ce qui lui restait à faire si son interlocuteur disait vrai, meurt dans son lit le 26 octobre 1968 à Paris.

Hyppolite, qui préférait les Idées à la réalité et croyait plus à la vérité des concepts qu'à la réalité des faits, fut en toute bonne logique directeur de l'École normale supérieure d'Ulm, puis professeur au Collège de France. Condisciple normalien de Sartre et d'Aron, il eut pour élèves, entre autres célébrités, Deleuze, Derrida et Foucault – Jean d'Ormesson aussi... Cette façon de faire est typique de l'intelligentsia française issue de ce moule normalien : préférer une belle idée fausse à une vérité cruelle et laide. Michel Foucault fut le successeur de Jean Hyppolite au Collège de France. En 1971, il lui rend un hommage appuyé dans sa leçon inaugurale *L'Ordre du discours*.

Foucault est un intellectuel emblématique de la place parisienne, donc de la France, donc de l'Europe, donc du monde des idées dans un Occident qui, tout au souvenir de Sartre, pense encore à cette époque que Paris est l'arbitre des élégances spirituelles sur toute la planète. Lors de la révolution iranienne, Foucault effectue des reportages pour le *Corriere della Sera*. Il part en septembre 1978 pour Téhéran et donne une série d'articles qui, depuis, fondent la ligne dominante du monde intellectuel qui se dit et se croit de gauche sur la question de l'islam. Foucault veut voir directement les faits, mais il n'imagine pas qu'entre lui et les faits il y a sa biographie. Il ira deux fois : du 16 au 24 septembre 1978 et du 9 au 15 novembre, soit huit et six jours.

Certes, il rencontre des cadres de l'armée du Shah, des conseillers américains, des leaders laïcs de l'opposition, des chefs religieux, des manifestants, mais sa fascination personnelle pour la violence, sa haine de toute société en place, sa fascination pour la brutalité, sa passion nihiliste trouvent leur compte dans cette aventure qu'il voit comme une régénération spirituelle dans un monde qui a perdu le sens du sacré, du religieux et de la transcendance. L'homme qui ne cesse de lutter contre la religion judéo-chrétienne dans son pays s'agenouille quand il s'agit de la religion musulmane sur un autre continent. Car, que fait Foucault en Iran si ce n'est rayer d'un trait de plume la démocratie pour lui préférer la théocratie ? Supprimer la référence à l'assemblée délibérative pour la remplacer par la décision d'un seul homme, le Guide suprême ? Abolir la séparation des Églises et de l'État pour ne voir de salut politique que dans un État religieux ?

Pour Foucault, dans un article intitulé « Le Shah a cent ans de retard » (1er octobre 1978), la révolution islamique s'effectue contre la modernité occidentale qui est… un archaïsme. Bel exemple de paradoxe superbement soutenu par la sophistique du normalien ! Ce qui est moderne, voilà ce qui est ancien. Le désir d'avenir porté par le Shah est un fragment du passé ! L'ayatollah veut régresser vers le local, le campagnard, le rural, le traditionnel ? Voilà la vraie modernité… Il fait d'un texte tribal du désert arabique ayant plus de mille ans le bréviaire pour le futur d'une nation ? Voilà l'authentique modernité… Le passé, voilà donc l'avenir.

Par ailleurs, Foucault dénonce avec raison la corruption du pouvoir du Shah, la confiscation de l'industrie par son clan, la pauvreté du peuple, le règne dispendieux, le massacre des opposants, la police politique, la manne pétrolière contrôlée par la famille royale, les morts de la répression, mais pourquoi souscrire à ce raisonnement simpliste et croire que les ennemis de nos ennemis sont obligatoirement nos amis ? Foucault n'aime pas l'Occident, il n'aime pas le capitalisme ; or les chiites n'aiment pas l'Occident ni le capitalisme ; donc les chiites sont les amis de Michel Foucault. Foucault oppose le Shah qui est un « roi », un « despote » à Khomeyni qui est « le saint », « l'exilé démuni », « l'homme qui se dresse les mains nues, acclamé par un peuple » – *À quoi rêvent les Iraniens ?* (*Dits et écrits*, III, 688). Le Mal d'un côté, le Bien de l'autre. Qui ne voudrait combattre le Mal quand il se trouve si clairement identifié et que le Bien se trouve si nettement désigné ? Foucault a choisi le Bien, donc il soutient la révolution iranienne. Dès lors, il souscrit « à la force du courant mystérieux qui passe entre le vieil homme exilé depuis quinze ans et son peuple qui l'invoque ».

Aux antipodes de la lucidité, dans *Le Nouvel Observateur* du 16 au 22 octobre 1978, Foucault écrit : « Un fait doit être clair : par "gouvernement islamique", personne, en Iran, n'entend un régime politique dans lequel le clergé jouerait un rôle de direction ou d'encadrement » ! Khomeyni est toujours à Neauphle-le-Château en région parisienne. Le Shah gouverne encore. Mais comment peut-on imaginer qu'une théocratie pourrait régner sans le clergé ? Foucault souhaite « quelque chose de très vieux et aussi de très éloigné dans le futur : revenir *[sic]* à ce que fut l'islam au temps du Prophète ; mais aussi avancer vers un point lumineux et lointain où il serait possible de renouer avec une fidélité plutôt que de maintenir une obéissance ». Autrement dit : faire du neuf avec du vieux, préparer l'avenir en faisant un bond en arrière de plus de mille ans, renouer avec l'idéal tribal pour un temps où l'homme a marché sur la Lune.

Cet islam à venir, Foucault le décrit dans *Le Nouvel Observateur*, journal de gauche s'il en est un, comme extatique devant une apparition relayant ce que lui dit une autorité religieuse : « L'islam valorise le travail ; nul ne peut être privé des fruits de son labeur ; ce qui doit appartenir à tous (l'eau, le sous-sol) ne devra être approprié par personne. Pour les libertés, elles seront respectées dans la mesure où leur usage ne nuira pas à autrui ; les minorités seront protégées et libres de venir à leur guise à condition de ne pas porter dommage à la majorité ; entre l'homme et la femme, il n'y aura pas d'inégalité de droits, mais différence, puisqu'il y a différence de nature *[sic]*. Pour la politique, que les décisions soient prises à la majorité, que les dirigeants soient responsables devant le peuple et que chacun, comme il est prévu dans le Coran, puisse se lever et demander des comptes à celui qui gouverne » (692). Au régime des mollahs, on rase gratis – mais tout le monde porte la barbe.

Ce qui fascine Foucault l'athée, l'ennemi de la société démocratique, l'adversaire du pouvoir qu'il ne refuse jamais, c'est une société inspirée par la transcendance et le sacré ! Il salue en effet ces combattants musulmans qui recherchent « au prix même de leur vie cette chose dont nous avons, nous autres, oublié la possibilité depuis la Renaissance et les grandes crises du christianisme : une *spiritualité politique*. J'entends déjà des Français qui rient, mais je sais qu'ils ont tort ». Il dit du gouvernement islamique qu'il l'a « impressionné dans sa tentative pour ouvrir dans la politique une dimension spirituelle ». Foucault qui rêve de revenir à avant la Renaissance et avant les crises du christianisme ? Foucault fasciné par le Moyen Âge théocratique et scolastique ? On croit rêver…

Toujours extralucide, Foucault écrit dans *Le Chef mythique de la révolte de l'Iran* (26 novembre 1978) :

« Khomeyni *n'est pas un homme politique* : il n'y aura pas de parti de Khomeyni, il n'y aura pas de gouvernement Khomeyni. » Il dit de la révolution islamique qu'elle sera « peut-être la première grande insurrection contre les systèmes planétaires, la forme la plus moderne de la révolte et la plus folle ». Ce mouvement « ne se laisse pas disperser dans des choix politiques, un mouvement traversé par le souffle d'une religion qui parle moins de l'au-delà que de la transfiguration de ce monde-ci ».

Le 1er février 1979, Khomeyni rentre à Téhéran. Il instaure un pouvoir théocratique et gouverne avec les religieux. Les prédictions de Foucault se révèlent toutes fausses : Khomeyni est un homme politique, il y a un gouvernement Khomeyni, la spiritualité fait moins la loi que des milices armées qui, se réclamant du Coran, arrêtent, torturent, font couler le sang, vitriolent le visage des femmes non voilées et tuent les opposants. Un régime dictatorial se met en place. L'extrême gauche française, la LCR, le PCF, les marxistes souscrivent à ce régime : la religion compte pour rien car seuls importent la lutte contre l'impérialisme américain, l'opposition antisioniste à Israël, l'effondrement de la bourgeoisie occidentale.

À qui lui fait remarquer que, pour Marx, « la religion est l'opium du peuple », Foucault rétorque que « la phrase qui précède immédiatement et qu'on ne cite jamais dit que la religion est l'esprit d'un monde sans esprit. Disons donc que l'islam, cette année 1978, n'a pas été l'opium du peuple, justement parce qu'il a été l'esprit d'un monde sans esprit ». Formidable coup de bonneteau normalien : pas vu, pas pris ! L'opium marxiste est parti en fumée pendant que l'esprit hégélien, concept fumeux s'il en est un, prenait d'un seul coup toute la place. Dès lors, la religion judéo-chrétienne reste l'opium du peuple pendant que la religion musulmane en est son esprit ! Grâce à Foucault, on pouvait donc être de gauche et, comme Mgr Lefebvre, catholique intégriste, souscrire aux fariboles religieuses – pourvu qu'elles soient coraniques. *Nous en sommes encore là.*

Le seul point sur lequel Foucault ne s'est pas trompé, c'est dans la réponse qu'il fait à une lectrice iranienne du *Nouvel Observateur* qui s'étonnait des propos qu'il y tenait sur la spiritualité politique islamique. Le philosophe dit en effet : « Le problème de l'islam comme force politique est un problème essentiel pour notre époque et pour les années qui vont venir. » Foucault meurt du sida le 25 juin 1984. Sans faire parler un mort, on peut imaginer qu'il aurait été au premier rang pour défendre Rushdie au nom des droits de l'homme. À l'heure où j'écris, Salman Rushdie vit toujours caché, dans la crainte d'une mort qui peut lui être infligée à tout moment parce qu'il a écrit un roman.

L'ayatollah Khomeyni a suivi Foucault dans la mort le 3 juin 1989. Son régime est toujours en place en 2017. Sa fatwa a été reconduite par les religieux qui lui ont succédé. Le 23 février 2016, la prime pour qui tuerait Salman Rushdie a été augmentée par l'Iran de 600 000 dollars. Que fait l'Occident ? Rien. Que peut-il faire ? Rien. Le programme impérialiste de Khomeyni se réalise jour après jour sur la planète avec l'assentiment d'un grand nombre d'intellectuels qui se proclament de gauche. Le judéo-christianisme assimilé à l'Occident, au capitalisme, au sionisme, est devenu lui aussi une cible. Le Saint-Siège n'a rien vu venir – sauf Benoît XVI en 2006 lors de son discours de Ratisbonne et de ses références à Manuel II Paléologue. Ceci explique-t-il cela ? Toujours est-il qu'il a depuis remis les clés de Saint-Pierre à son successeur le pape François, un jésuite qui doit aimer le Foucault désireux que la spiritualité monothéiste sauve la politique. Le Dieu du Vatican est mort sous les coups du Dieu de La Mecque.

5

Généalogie de la petite guerre

Antépénultième intermède musulman

New York, 11 septembre 2001.
Effondrement du World Trade Center.

L'Occident hyperindustriel, armé jusqu'aux dents, disposant d'armes de guerre sophistiquées à l'extrême, y compris, pour les États-Unis, d'avions furtifs, de sous-marins à propulsion nucléaire lanceurs d'engins atomiques, d'un état-major formé à l'École de guerre dans laquelle on analyse les guerres de Thucydide et de Napoléon, de Hitler et de Giap, de César et de Staline, s'est trouvé mis à mal par quatre hommes armés d'un cutter aux États-Unis et, pour la France, d'armes achetées d'occasion sur un marché parallèle. Les milliards engloutis dans la défense nationale de ces deux pays n'ont servi à rien ce jour du 11 septembre face à un cutter de 10 euros acheté dans un supermarché et d'une kalachnikov coûtant 500 euros sur le marché noir. Comment en sommes-nous arrivés là ?

Répondre à cette question suppose de renoncer au temps médiatique qui est sidération de l'instant et sidération dans l'instant. La chaîne d'information continue illustre bien ce qu'est ce temps post-temporel : un flux sur place, un écoulement immobile, une dialectique gelée dans l'ici et maintenant réitéré en boucle, à satiété. Ce qui est prend toute la place ; mais ce qui prend toute la place est vite remplacé par ce qui, à son tour, prend toute la place avant d'être lui-même remplacé par ce qui prendra sa place. Un clou chasse l'autre sans qu'on conserve trace et mémoire de quelque clou que ce soit. Ni de l'opération qui les aura chassés.

L'emprisonnement dans ce temps de l'instant interdit qu'on résolve cette question car il interdit toute résolution de toute question. Dans cette cage atemporelle, il n'y a plus ni questions ni réponses, juste des images et un commentaire qui est description de l'image sans ajout de quoi que ce soit, sûrement pas un décodage : celui qu'on nomme pourtant toujours un journaliste s'avère en fait le perroquet verbal de l'image, il dit ce que l'image montre déjà. En présence d'un incendie, il dit que les flammes ravagent le bâtiment ; en présence des pompiers, il ajoute que les soldats du feu sont sur place ; quand les secours médicaux arrivent et qu'on voit les gyrophares des ambulances, il dit que les secours sont sur place ; quand la police balise le terrain avec un ruban, il rapporte que le terrain est balisé avec du ruban. Le quidam qui passe par là ou qui regarde la scène est sollicité pour donner son avis ; il le donne : il dit qu'une explosion a eu lieu, que la police est sur place, que les secours sont arrivés et que l'espace est délimité par un ruban. Un autre passant peut aussi être requis ; il donnera lui aussi son avis : le même. Le journaliste complétera en disant qu'une cellule psychologique est déjà sur place. Sous une tente. Et l'on peut alors voir des images de cette toile de tente.

Ce temps qui a congédié et conjuré la réflexion, l'analyse, le commentaire, la mise en perspective du fait avec ses causes, ses raisons, sa généalogie, est ennemi de l'intelligence et ami de la passion, du pathos, des émotions, des sensations, des perceptions immédiates. Aucune pensée n'est possible car penser, c'est avoir besoin de temps pour exposer un raisonnement alors que le temps médiatique, c'est de l'argent qu'on ne peut laisser à la réflexion. La publicité qui nourrit les chaînes a besoin de plans courts, jamais plus d'une poignée de secondes, pour des sujets qui en chassent d'autres afin de retenir le téléspectateur devant son écran et le rendre captif au moment où elles lancent la publicité qu'on appelait jadis, c'était plus clair, la propagande. La pensée n'est pas en soi incompatible avec l'univers médiatique ; mais elle l'est quand ce dernier obéit aux seules lois du marché.

Le temps médiatique atemporel est réduit à la vibration d'un point. Or le temps, du moins dans sa perception occidentale judéo-chrétienne, est une ligne qui suppose, certes, que l'instant soit un point, mais un point mobile et non immobile qui *vient de* et *va vers*. Ce point qui vient du passé et va vers le futur est un punctum, au sens étymologique, autrement dit non plus un point, mais un champ de vision constitué par deux distances délimitant la zone d'accommodation visuelle. Ce champ est un point extrapolé, un point élargi, un point dynamique et non statique, dialectique et non fixe, cinétique et pas immobile. Il se déplace. Or ce déplacement se pense et il se pense d'autant mieux qu'il est élargi et pénètre dans l'histoire passée. La généalogie, une discipline héritée de Nietzsche, permet d'aller aux sources de ce point dans lequel nous sommes. Interroger le présent, c'est solliciter la modalité de son inscription dans la civilisation.

Répondre à la question *le 7 janvier est-il notre 11 Septembre* suppose donc un examen de préalables :

qu'est-ce que le 11 Septembre ? Qu'est-ce qui l'a rendu possible ? Qu'est-ce que le 7 janvier ? Qu'est-ce qui l'a rendu possible ? Ensuite nous pourrons aborder la question de ce qui les rassemble et de ce qui les distingue. Au fur et à mesure, il sera donc question : du choc des civilisations, du triomphe de la petite guerre brièvement théorisée par Clausewitz, de l'effondrement des grands récits occidentaux, du retour de la théocratie sous forme islamique, de l'effondrement de la raison occidentale et de l'effacement de la civilisation judéo-chrétienne.

Jacques Derrida et Jürgen Habermas ont dialogué à New York en octobre et décembre 2001 sur *Le « Concept » du 11 septembre*. Or il n'y a pas de concept là où il y a des faits ; et là où il y a des faits, il n'y a souvent pas de concept. Certes, le concept aide à penser le fait ; mais, bien souvent, il se substitue au fait que les philosophes écartent volontiers pour penser d'autant plus facilement. La pensée occidentale dominante est souvent *réaliste* à défaut d'être réellement réaliste. Précisons : le réalisme au sens philosophique et médiéval du terme est le contraire du réalisme au sens trivial du mot. Au Moyen Âge, les *réalistes* sont les philosophes pour lesquels l'idée est vraie, plus vraie même que la réalité qu'elle est censée exprimer. Les penseurs qui s'opposent à cette version platonicienne sont des *nominalistes* pour lesquels l'idée existe bien, certes, mais comme un outil qui n'a pas de vie en soi mais une fonction utilitaire.

Le 11 Septembre ne fut donc pas un concept mais un fait, un événement, un moment dans l'histoire. Ce moment est fait par l'histoire en même temps qu'il la fait. Ce qui a rendu possible le 11 Septembre rend possible ce que le 11 Septembre rend possible. Autrement dit : le 11 Septembre est l'effet d'un passé et la cause d'un futur. L'événement ne tombe pas du ciel, si je puis dire ; il monte de terre, il se trouve construit, prévu, élaboré, échafaudé par une histoire qui le rend possible. Ces avions qui frappent les tours jumelles viennent de loin et repartent plus loin encore.

Factuellement, le 11 Septembre nomme ce qui advient à cette date : le mardi 11 septembre 2001, 19 personnes détournent quatre avions de ligne et les font se précipiter pour deux d'entre eux sur les deux tours jumelles de New York, pour un troisième sur le Pentagone à Washington, pour le quatrième, probablement détourné dans son détournement par des passagers et des membres de l'équipage, dans un champ de Pennsylvanie. Il paraît possible que sa destination initiale ait été la Maison-Blanche. La presse et le gouvernement américain sont convenus de nommer *terroristes* les hommes à l'origine de cette action. Il est admis depuis que le mot soit repris tel quel. Ces opérations ont été effectuées avec des cutters et un spray de gaz lacrymogène, des objets en vente libre dans un supermarché pour une poignée de dollars.

Oussama Ben Laden a revendiqué les attentats, ce qui devrait suffire pour mettre à mal les thèses négationnistes ayant fleuri sur ce sujet et ce dans le seul but d'accabler le gouvernement américain et les services secrets israéliens. Sauf à imaginer que Ben Laden serait aussi une fiction américaine, les revendications et les faits établissent que le réel, *ce* réel, a bien eu lieu. On peut multiplier le nombre des supports, comptabiliser les parutions, lister les revendications et préciser les détails : Oussama Ben Laden qui dirige alors al-Qaida a choisi cette cible, ce jour, cette heure et les modalités de l'opération. Ensuite, il a délégué l'intendance.

Le monde connecté dans lequel nous vivons désormais fait que le premier impact a été filmé en temps réel et que l'image a été répandue puis dupliquée des milliards de fois dans les heures qui ont suivi. C'est donc en direct que le second impact a eu lieu, démultiplié à l'infini dans la moindre maison de la planète disposant d'un récepteur de télévision, transformant cet attentat en spectacle politique universel. Le compositeur Stockhausen et le philosophe Baudrillard n'ont été sensibles qu'à cet aspect happening… La planète a su en temps réel ce qui advenait sur le territoire même des États-Unis. Par la même occasion, on a également vu le visage ahuri de George Bush découvrant l'attentat alors qu'un conseiller s'adresse à lui devant les caméras et se penche à son oreille tandis qu'il assiste à une leçon de lecture dans une école élémentaire en Floride… Sa réaction ? Pas de réaction…

Le président des États-Unis prend un avion pour rentrer à la Maison-Blanche où il retrouve ses conseillers. Le soir, il prononce un discours à la nation. On peut imaginer que ce texte aura été élaboré dans la journée par les tenants du complexe militaro-industriel, les bailleurs de fonds de toute campagne, qui ont intérêt à profiter de cet événement pour avancer leurs pièces : la guerre est bonne pour leur commerce. Ben Laden a voulu ce que dès lors Bush va vouloir. L'intelligence eût consisté à ne pas tomber dans le piège ; la bêtise fut de s'y jeter la tête la première. L'attentat avait fait 2 977 morts ; le plus jeune avait deux ans ; le plus âgé, quatre-vingt-cinq. Le tout, avec moins de cinq cutters. Avec le prix de deux places de cinéma, les États-Unis se retrouvaient à genoux. La plus grande armée du monde, la plus sophistiquée, la plus dispendieuse en argent public se trouvait donc réduite à néant avec ces cutters.

La réponse fut le déclenchement de la guerre au terrorisme. On connaissait l'identité des 19 acteurs de cette journée : le cerveau de l'opération, Mohammed Atta, était *égyptien* ; deux autres étaient *émiratis* ; 15 *saoudiens* ; un *libanais* ; Ben Laden lui-même, qui revendiquait explicitement cet attentat, était *saoudien*, comme la plupart. La logique eût voulu que la rétorsion s'effectue en direction d'un de ces pays concernés – Égypte, Arabie saoudite, Liban, Émirats arabes. Il n'en fut rien. C'est sur l'Afghanistan des talibans que les États-Unis et la quasi-totalité des pays européens, dont la France, lancent leurs premières bombes au prétexte que Ben Laden habiterait dans les montagnes afghanes.

L'autre prétexte était qu'il fallait en finir avec al-Qaida. Cette guerre a duré d'octobre 2001 au 31 décembre 2014, soit treize années. Elle a fait 25 000 victimes civiles en Afghanistan. Des talibans, bien sûr, mais sûrement beaucoup plus de victimes afghanes innocentes. Des femmes, des enfants, des adolescents, des vieillards qui n'étaient coupables que de vivre en Afghanistan et dont les cadavres n'ont jamais été photographiés, filmés, montrés. Ben Laden est mort le 2 mai 2011, au Pakistan comme chacun sait. Al-Qaida n'est pas mort, il a changé de nom et est devenu plus puissant. Ben Laden voulait une guerre de civilisations : Bush la lui a offerte sur un plateau. Elle dure encore. La France a consenti à ce plan funeste.

Ben Laden a justifié les attentats du 11 Septembre en renvoyant à l'occupation de la Palestine par les Israéliens et aux actions militaires de l'État hébreu au Liban. Il sait que la Palestine peut fédérer la communauté musulmane sur la totalité de la planète. Il le sait et il le veut. Il l'obtient donc. Pour ce faire, Ben Laden en fait la partie émergée d'un iceberg dont la partie immergée est le désir d'en finir avec les régimes arabes socialistes et laïcs, comme celui de Saddam Hussein, coupables de tenir le Coran à distance respectable de la politique et de mener la vie dure à quelques musulmans qui prêcheraient la théocratie islamique à laquelle souscrit l'ennemi public des États-Unis. Ben Laden avait besoin de la guerre de l'Occident contre l'Islam et d'un Islam qui ne soit pas laïc – comme ceux de Saddam Hussein, de Kadhafi et de Bachar el-Assad. Comme ceux aussi de l'Égypte et de la Tunisie d'avant le printemps arabe. Ben Laden et Bush père et fils partageaient donc le même objectif : le premier a délégué le travail aux deux seconds. Ben Laden voulait restaurer le califat, il n'avait besoin ni de l'Occident ni de musulmans tièdes. Jusqu'à ce jour, ses plans se déroulent comme prévu, malgré sa mort.

Ajoutons à la Palestine et au Liban incriminés par Ben Laden le fait qu'en 1990-1991 la guerre du Golfe a également opposé les États-Unis et une grande partie de l'Europe, dont la France, aux Irakiens. Ben Laden offre au sultan du Koweït de libérer son pays en proposant 100 000 hommes pour lutter contre le régime athée de Saddam Hussein. En vain. Le sultan choisit la coalition occidentale. Le prétexte étant pour les judéo-chrétiens de régler un conflit entre l'Irak et le Koweït jugé selon le code des droits de l'homme. Conflit qui, à l'évidence, visait la mainmise sur les puits de pétrole de la région que les Occidentaux ne voulaient pas laisser entre les mains de Saddam Hussein présenté comme un nouvel Adolf Hitler (qu'on se souvienne d'une campagne de publicité dans les rues de Paris qui présentait le raïs sous les traits du dictateur nazi...). Les bombardements occidentaux ont fait entre 20 000 et 25 000 victimes militaires et 3 664 victimes civiles. Le régime irakien ne tombe pas.

Pour faire suite à ce conflit, en 2003, George Bush Senior décide d'une guerre dite préventive contre l'Irak sous prétexte que ce pays dispose d'armes de destruction massive (ADM) qui mettent en danger la sécurité des États-Unis et de l'Occident ! Colin Powell intervient à l'ONU le 12 septembre 2002 pour dénoncer la chose avec des échantillons de ce produit hautement toxique. On saura plus tard que cette image qui a fait le tour du monde était une fiction destinée à frapper les imaginations par les médias. Dans un article du *Monde diplomatique* d'Ignacio Ramonet daté de juillet 2003 on peut lire ceci : « Dans un entretien au magazine *Vanity Fair*, publié le 30 mai, M. Wolfowitz a reconnu le mensonge d'État. Il a avoué que la décision de mettre en avant la menace des armes de destruction massive pour justifier une guerre préventive contre l'Irak avait été adoptée "pour des raisons bureaucratiques". "Nous nous sommes entendus sur un point, a-t-il précisé, les armes de destruction massive, parce que c'était le seul argument sur lequel tout le monde pouvait tomber d'accord." » Le conflit aurait fait entre 500 000 et 1 500 000 morts civils. Et parmi eux, encore et toujours, des femmes, des enfants, des adolescents, des vieillards innocents.

Rappelons également qu'en 2011, bruyamment conseillée par le philosophe Bernard-Henri Lévy, la France du président Nicolas Sarkozy bombarde la Libye sous prétexte d'en finir avec le régime de Kadhafi. Elle supprime un dictateur, certes, mais elle permet une anarchie durable, exactement comme la mort de Saddam Hussein a signé la fin de sa dictature laïque, avec laquelle l'Occident pouvait diplomatiquement composer, au profit d'une anarchie sanglante entre sunnites et chiites qui a conduit au démembrement de ces deux pays et à des guerres civiles qui permettent aujourd'hui à l'État islamique de réaliser le califat voulu par Ben Laden.

Dans cette configuration, à laquelle il faudrait ajouter l'opération Serval au Mali en janvier 2013 pour contrer l'avancée musulmane vers la capitale du Mali, la France est devenue la partenaire de cette campagne américaine assimilée par Bush à une croisade. Comment peut-on imaginer que l'*umma*, la communauté des musulmans sur la planète, ne se range pas du côté des innombrables musulmans bombardés par les pays occidentaux ? Qui fera le compte un jour des victimes innocentes de ces guerres menées contre l'islam par des politiciens acoquinés à des vendeurs d'armes, soutenus par des philosophes et relayés par les médias dominants ? Avant que nous ne les attaquions, ces pays ne nous menaçaient pas. La preuve, l'État français recevait leurs chefs d'État en grande pompe – quand certains ne finançaient pas les campagnes de tel ou tel.

Les fauteurs de guerres méconnaissent les fondamentaux de la pensée musulmane. Bush, par exemple, ignorait la différence entre sunnites et chiites... L'islam oppose en effet clairement *dar al-Islam*, le territoire de l'islam, *dar al-Harb*, le territoire de la guerre et *dar al-Suhl*, le territoire du tribut. Dans le premier, l'islam règne ; dans le deuxième, il faut mener le combat pour l'imposer ; dans le troisième, le pays, assez fort pour ne pas avoir été converti, reste sous influence et obtient une paix temporaire par le paiement d'un impôt. Actuellement, les Frères musulmans ajoutent un *dar ad-Da'wa*, une terre de mission, dans laquelle les musulmans minoritaires dans un pays doivent vivre en musulmans dans ce pays. Cette partition du monde est la leur.

Dans son *Message au peuple américain*, deux jours avant l'élection présidentielle de Barack Obama, Ben Laden rappelle ce que les Américains ont fait au Liban, en Palestine, en Irak : « La terreur d'État s'appelle la liberté et la démocratie, mais la résistance s'appelle terrorisme et réaction. Ainsi en est-il de l'injustice et de l'embargo jusqu'à ce que mort s'ensuive, comme l'avait fait Bush père en Irak, en causant le plus grand massacre d'enfants, comme l'a fait Bush fils pour renverser un ancien complice et le remplacer par un autre, afin de voler le pétrole irakien, entre autres crimes. C'est sur ce décor que sont survenus les événements du 11 Septembre, comme une réplique à ces énormes injustices car peut-on blâmer celui qui ne fait que se défendre ? Se défendre et punir l'oppresseur, c'est aussi du terrorisme ? S'il en est ainsi, nous n'avions pas d'autre choix » (*Al-Qaida dans le texte*, Gilles Kepel). L'embargo de 1991-2000 a en effet causé la mort de 500 000 enfants de moins de cinq ans en Irak.

Le « 11 Septembre » ne fut donc pas un concept, mais la réponse politique à la politique que l'Occident mène en terre musulmane. Ben Laden se réclame de l'islam, il revendique une guerre de civilisation entre la théocratie islamique, qu'il souhaite impérialiste et planétaire, et la démocratie occidentale qu'il estime judéo-américaine – ce *judéo-américanisme* ne peut pas ne pas être entendu comme un équivalent du judéo-christianisme occidental. Quand Ben Laden et George Bush parlent tous deux de croisades, ils ne le font pas innocemment ! Déjà, le 23 février 1998, Ben Laden souhaite créer un *Front islamique mondial pour le djihad contre les Juifs et les croisés* ! (Gilles Kepel.) Le 23 août 1996, il a déjà parlé de

« la coalition judéo-croisée » dans sa *Déclaration de djihad contre les Américains qui occupent les pays des deux Lieux saints* qu'il assimile à la « coalition judéo-chrétienne ». Le 23 février 1998, dans sa *Déclaration du Front islamique mondial pour le djihad contre les Juifs et les croisés*, Ben Laden réutilise ces expressions et invite à ceci : « Tuer les Américains et leurs alliés, qu'ils soient civils ou militaires, est un devoir qui s'impose à tout musulman, qui le pourra, dans tout pays où il se trouvera. » Nous y sommes...

Comment pourrait-on ne pas inscrire le 7 janvier 2015 dans cette configuration ? Et l'agression au couteau de trois militaires en faction devant un centre communautaire juif à Nice le 3 février 2015 ? Et l'attaque d'un soldat français dans les toilettes d'un aéroport d'Orly le 10 avril de la même année ? Et l'assassinat d'Aurélie Châtelain par Sid Ahmed Ghlam le 19 avril 2015 ? Et la décapitation d'Hervé Cornara en Isère le 26 juin 2015 ? Et l'attentat réalisé par un ressortissant marocain dans le Thalys entre Amsterdam et Paris le 21 août 2015 ? Et les sept attaques perpétrées à Paris et en Seine-Saint-Denis par au moins dix terroristes et une vingtaine de complices qui ont occasionné la mort de 130 personnes et fait 413 blessés le 13 novembre 2015 ? Et l'attaque menée par un islamiste marocain avec une fausse ceinture d'explosifs et un véritable couperet de boucherie contre un commissariat parisien le 7 janvier 2016 ? Et l'agression d'un enseignant juif par un adolescent turc le 11 janvier 2016 ? Et le meurtre d'un commandant de police et de sa femme, Jean-Baptiste Salvaing et Jessica Schneider, à Magnanville, par Larossi Abballa le 13 juin 2016 ? Et les 86 morts et 286 blessés de la Promenade des Anglais par le Tunisien Mohamed Lahouaiej-Bouhlel le 14 juillet

2016 ? Et l'égorgement du père Hamel à Saint-Étienne-du-Rouvray le 26 juillet 2016 ? Tous ces faits ne concernent que la France, mais je pourrais lister également ceux qui ont eu lieu pendant cette même période en Belgique, en Allemagne, au Danemark, au Royaume-Uni, en Russie. Cette liste, hélas, s'alourdira. À la rentrée 2016, le président socialiste François Hollande lui-même affirme dans *Un président ne devrait pas dire ça* qu'« il y a un problème avec l'islam, c'est vrai, nul n'en doute », mais aussi : « Comment on peut éviter la partition ? Car c'est ça qui est en train de se produire : la partition. » Ces attentats s'inscrivent dans le projet décidé en son temps par Ben Laden.

Certes Ben Laden est mort, bien sûr al-Qaida a passé la main à de nouvelles organisations, avec de nouveaux noms, un combattant vivant reprenant le flambeau d'un combattant mort, mais il existe une nouvelle configuration géopolitique internationale : l'État islamique créé à partir d'al-Qaida en 2006. Il est aujourd'hui sur la terre d'Irak et de Syrie, mais son espace déterritorialisé s'étend aussi en Libye, au Nigeria, au Sinaï égyptien, en Algérie, au Yémen. Le 20 juin 2014, Abou Bakr al-Baghdadi se proclame calife, successeur de Mahomet, sous le nom d'Ibrahim. Ce que voulait Ben Laden s'est ainsi élargi, précisé, affirmé, imposé.

Dès décembre 2002, dans *Recommandations tactiques*, Ben Laden écrit clairement qu'il veut un califat : « La conséquence positive la plus importante des attaques de New York et Washington a été de montrer la réalité du combat entre les croisés et les musulmans, de révéler l'ampleur de la rancœur que nous portent les croisés, une fois que ces deux attaques ont dépouillé ce loup de sa peau de mouton, et qu'il est apparu sous son visage affreux.

Le monde entier s'est réveillé, les musulmans ont pris conscience de l'importance de la doctrine de l'allégeance à Dieu et de la rupture, la fraternité entre musulmans s'est renforcée, ce qui est un pas de géant vers l'unification des musulmans sous le slogan de l'unicité de Dieu, afin d'établir le califat bien guidé, s'il plaît à Dieu ; enfin, tout le monde a pu constater que l'Amérique, cette force oppressive, peut être frappée, humiliée, abaissée, avilie. Enfin je recommande aux jeunes gens l'effort dans le djihad, car ils sont les premiers concernés par cette obligation. » Ben Laden invite « à la dissimulation, surtout pour les actions militaires du djihad » (*id.*). Les victimes sont clairement désignées : les Juifs, les Américains et « leurs complices » – dont la France.

L'État islamique est franchement impérialiste ; il a pour cibles partout sur la planète les Juifs, les Américains et leurs alliés, Français compris. On trouve en librairie, pour le prix d'un cutter, un petit livre qui donne le mode d'emploi de ce projet d'étendre le califat à l'Occident judéo-chrétien. Il est aussi en accès libre sur Internet où il est d'abord paru en 2004. Le titre est *Gestion de la barbarie* ; il annonce donc franchement la couleur. Son sous-titre est : *L'étape par laquelle l'islam devra passer pour restaurer le califat*. Son auteur est Abou Bakr Naji. Il s'agit de détruire les démocraties par l'ultraviolence et d'instaurer un perpétuel climat de peur et d'insécurité. La première phase : « L'épuisement et la démoralisation. » Pour ce faire, il faut surprendre les États par la périphérie et créer un climat de terreur partagée par la totalité de la population. Deuxième étape : « L'administration de la sauvagerie. » Alors que les États ne sont plus à même d'assurer la paix et la loi, les djihadistes assurent ces fonctions à la place des États. Les gens voudront le retour à la paix et au calme, moyennent soumission, ils l'obtiendront. Michel Houellebecq a donné une formidable version romanesque du processus dans *Soumission*. Troisième et dernière étape : étendre le domaine d'influence et proclamer le califat.

Qui peut dire que ce qui est advenu le 7 janvier dans les locaux de *Charlie Hebdo*, mais aussi les innombrables tentatives avortées, partiellement réussies, médiatiquement désamorcées après avoir été placées sous les rubriques des faits divers de désaxés, de déséquilibrés, de détraqués, ne s'inscrivent pas dans ce processus clairement annoncé et énoncé de l'installation de la terreur dans les consciences ? Car personne ne niera que cet attentat ait créé un sentiment de terreur massive : la manifestation du 11 septembre n'a d'ailleurs été que l'expression de la sidération muette et silencieuse dans laquelle se retrouvait la population.

Que fut en effet cet événement, « le 7 janvier » ? L'abattage en règle de l'équipe du journal *Charlie Hebdo* coupable d'avoir publié des caricatures du Prophète et de tenir une ligne dite islamophobe par les deux frères Kouachi, Chérif, trente-deux ans, et Saïd, trente-quatre ans, tous deux français de parents algériens. Ils entrent dans la rédaction au cri de « Allah Akbar ». Après avoir identifié le directeur du journal, Charb, ils le tuent ; ils ajoutent : « Vous allez payer car vous avez insulté le Prophète. » Ils assassinent alors neuf personnes : sept autres membres de la rédaction, un invité et le policier chargé de la protection de Charb qui avait tenté de riposter. La fleur du dessin caricatural français gît dans son sang : outre Charb, Wolinski, Cabu, Tignous, Honoré. Parmi les autres victimes : la psychanalyste Elsa Cayat, l'économiste Bernard Maris, le policier Franck Brinsolaro affecté à la protection de Charb, le correcteur Mustapha Ourrad, Michel Renaud, le fondateur du festival *Rendez-vous du carnet de voyage* invité pour l'occasion, et Frédéric Boisseau, un agent chargé de la maintenance du bâtiment.

Les frères Kouachi sortent de l'immeuble et tirent toujours en criant à nouveau « Allah Akbar ». Ils disent également clairement : « On a vengé le Prophète Mohamed. » Sur le trajet, alors qu'il est à terre, déjà blessé, ils abattent à bout portant le policier Ahmed Merabet qui implore pitié et miséricorde, ils l'achèvent d'une balle dans la tête. Ils disent une nouvelle fois : « On a vengé le Prophète Mohamed. » Dans leur fuite, ils abîment leur voiture sur un plot ; ils braquent un chauffeur et lui volent son véhicule ; ils lui disent : « Si les médias t'interrogent, tu diras : *c'est al-Qaida au Yémen*. » Course-poursuite. Plan Vigipirate. La capitale se trouve en état de siège. Les deux frères sont repérés dans une imprimerie de l'Aisne où ils se sont réfugiés pour la nuit. Le GIGN les tue alors qu'ils sortent en tirant sur les gendarmes.

Le même jour, 8 janvier, Amedy Coulibaly, un Français d'origine malienne, tue une jeune policière sur son trajet, blesse grièvement un employé de voirie ; le 9, il effectue une prise d'otages dans un supermarché casher porte de Vincennes : il se revendique clairement de l'État islamique. Il assassine quatre Juifs : trois clients et un employé. Les forces de gendarmerie et de police le tuent lors d'un assaut en fin de journée. Dans la soirée, un complice poste une vidéo réalisée par ses soins. On y découvre son nom de guerre : « Abou Bassir Abdallah al-Ifrisi, soldat du califat. » Sans surprise, il justifie ses actes en invoquant le comportement de l'Occident contre les pays musulmans qu'il bombarde depuis des années.

Quelle fut la réponse du chef de l'État français à ces attentats concomitants et concertés ? Une réponse médiatique, la seule capable de masquer son incapacité à proposer une réponse politique : demander au Parti socialiste qu'il organise une manifestation dans la rue le dimanche suivant pour clamer ce slogan excellent d'un point de vue publicitaire, « Je suis Charlie », mais nullissime d'un point de vue politique. Car que veut dire « Je suis Charlie » quand on ne fut ni membre de la rédaction massacrée, dessinateur ou chroniqueur, ni membre du personnel d'encadrement, ni même policier chargé de la protection, mais spectateur d'un attentat par télévision interposée ? Le président de la République s'est affiché avec des chefs d'État dans une manifestation VIP : nombre d'entre eux sont en délicatesse avec les droits de l'homme et le droit international !

Que ce 7 janvier soit notre 11 Septembre ne fait aucun doute. Comparer le nombre de victimes n'aurait pas de sens pour déduire une pareille chose. Il s'agit de deux événements qui coupent l'histoire du pays concerné en deux : avant et après. Les États-Unis ont répondu par une guerre qui n'est pas la solution – sauf quand les politiques envisagent de subventionner ceux qui les subventionnent en leur permettant de mener des guerres, de fabriquer des armes, de rénover les stocks de munitions, de travailler au perfectionnement de machines de guerre de plus en plus létales. La France a répondu en s'installant sur le terrain médiatique qui ne vit que de passion et de compassion, de pathos et d'émotion, de bons sentiments et de morale moralisatrice. C'est utile pour gérer l'événement quand on n'a pas de vision politique mais inefficace car ces événements ne sont pas ponctuels et conjoncturels mais appelés à se répéter sans fin.

Ce qui réunit ces deux moments, c'est ce que Clausewitz nomme la petite guerre. On sait que *De la guerre* (posthume, 1832) fut un livre majeur lu aussi bien par Lénine, Mao et Giap que par Hitler, Patton et Eisenhower. Mais, plus étonnant, ce texte fut également lu par Colin Powell et un lecteur anonyme qui en a annoté un exemplaire dans une cache d'al-Qaida à Tora Bora (*Monde diplomatique*, novembre 2009). Le général prussien a théorisé *la petite guerre* et l'on est souvent passé à côté de ce moment polémologique majeur.

Car comment comprendre, sinon, qu'un cutter puisse avoir raison de l'armée américaine dans sa totalité ? La petite guerre est la vérité de notre époque. Il se peut qu'elle soit celle avec laquelle s'effondre un jour notre Occident hypermilitarisé, mais dont les bombes atomiques ne peuvent rien contre le jeune djihadiste décidé à mourir. La guerre dite asymétrique par les communicants des états-majors dit bien que si cette petite guerre est petite, elle n'en est pas moins guerre.

Qu'est-ce que cette petite guerre ? Clausewitz a écrit sur ce sujet, mais son épouse qui a composé *De la guerre* après sa mort à cause du choléra n'a pas intégré ces notes dans l'opus majeur. Elles ont été publiées tardivement en Allemagne, et en allemand, en 1966. Le titre est : *Conférences sur la petite guerre*. La mort a empêché Clausewitz d'aller jusqu'au bout de son projet qui était un triptyque : *De la guerre* comme premier volet, un deuxième sur la petite guerre, un troisième sur la tactique – ce dernier fragment a été publié sous le titre *Théorie du combat*.

La lecture de ces notes de cours donnés à Berlin permet de savoir ce qu'il entendait par *petite guerre* : elle suppose « une certaine ingéniosité » (p. 173) là où la grande guerre relève de l'ordre scientifique. On ne niera pas que l'usage d'un seul cutter et de beaucoup d'ingéniosité ait rendu possible et victorieux l'attentat du 11 Septembre alors que la riposte d'une guerre en Afghanistan, elle, mettait en jeu la formidable machine de guerre américaine dont la gueule déborde de science. Clausewitz donne une définition : « Toutes les actions guerrières qui se produisent avec de petits détachements relèvent de la petite guerre » (p. 176).

Ce qui distingue la grande de la petite guerre n'est pas si net. Mais quelques caractéristiques permettent de savoir ce qu'elle est plus précisément. Dans le cas de la petite guerre, concernant ses buts et ses moyens, les petits détachements trouvent facilement des moyens de subsistance sans contrainte ; ils sont capables de dissimuler leur présence facilement ; ils savent se mouvoir et se replier rapidement ; ils mènent des combats fractionnés ; ils ne peuvent prendre le temps d'une disposition calculée, mais se retrouvent d'autant plus mobiles ; ils combattent en soutien ; ils n'ont pas besoin de grands préparatifs ; ils mettent en branle aussi bien une stratégie qu'une tactique pour déterminer le but, le moment, le lieu, la force. Clausewitz précise que la petite guerre relève de la tactique de la grande guerre. Concernant l'esprit de la petite guerre, disons que la peur est plus grande devant le danger que dans le cas de la grande guerre ; elle exige donc « la hardiesse la plus haute et la sage prudence » (p. 181). Et ceci : « Pour ce qui est de l'individu, la plus haute énergie, l'obstination la plus furieuse vis-à-vis de tous les dangers sont la plus haute sagesse » (*id.*).

Clausewitz théorise la petite guerre en 1811, pendant les guerres napoléoniennes. À l'évidence, le champ de bataille du début du XIXe ne saurait être celui du début du XXIe siècle ! Ne serait-ce que parce que Hitler et Staline ont modifié la donne, ainsi que les guerres de décolonisation dans lesquelles la guérilla a eu raison d'armées d'État et surtout l'existence de la bombe atomique. Par conséquent, la petite guerre doit être définie à nouveaux frais : l'usage de l'ingéniosité, la pertinence du petit groupe, la ductilité de leurs mouvements, l'organisation de l'invisibilité, la préparation minimale restent pertinents dans la définition. Mais elle doit s'étoffer avec de nouvelles précisions.

La petite guerre est la guerre de ceux qui n'ont pas les moyens de la grande ; elle est la guerre des petits et des pauvres contre celle des grands et des riches ; elle pulvérise les moyens de la grande guerre par les siens qui sont modestes et minimaux ; elle est dite guérilla, terrorisme ou résistance, guerre de libération selon les parties prenantes – le gaullisme est terrorisme pour les nazis en 1942, mais résistance et guerre de Libération pour le général et les siens. À l'évidence, la petite guerre nomme celle que l'islam radical mène à l'Occident judéo-chrétien sur tous ses territoires – ceux du *dar al-Harb*, le territoire de la guerre, autrement dit : les territoires non musulmans ou les territoires musulmans décrétés corrompus avec l'Occident parce que laïcs. L'État islamique agit selon l'ordre de la théocratie musulmane. L'Europe judéo-chrétienne est donc une cible privilégiée, avec les États-Unis et Israël.

Les moyens de la grande guerre comptent pour zéro quand il faut lutter contre la pauvreté efficace de la petite guerre : le budget de l'armée américaine, le premier de la planète, s'avère inefficace contre une poignée d'hommes – un seul aurait suffi pourvu qu'il réussisse... – armés de cutters. Les avions furtifs, les sous-marins nucléaires lanceurs d'engins, les bombes atomiques, les centaines de milliers de militaires professionnels américains n'ont servi à rien pour localiser Ben Laden, pas plus que pour le tuer. C'est une banale information obtenue par la torture à Guantánamo, *celle d'un seul homme*, qui a conduit à son repaire et à son anéantissement scénographié comme un film.

Certes, le 11 Septembre américain et le 7 janvier français ne sont factuellement pas comparables : les lieux, les modes opératoires, le nombre de victimes, les réactions des chefs d'État respectifs, les conséquences de ces réactions (guerrières pour les États-Unis, expectantes pour la France), tout cela interdit la mise en perspective. Mais il ne s'agit que des éléments factuels. En revanche, mises en perspective historique, il s'agit de deux façons identiques de déclarer une même guerre dans deux endroits différents. Certes, New York n'est pas Paris, mais les deux villes sont des symboles de l'Occident judéo-chrétien. Au regard de l'histoire et de ses longues durées (une pensée dont sont capables les penseurs du djihad au contraire des Occidentaux fatigués...), cette guerre de civilisation est la répétition de celle qui opposait les croisés judéo-chrétiens et les musulmans il y a bientôt mille ans.

On l'a vu, Ben Laden inscrivait son combat dans celui-là. Quelques jours après le 11 Septembre, George Bush déclarait quant à lui au peuple américain : « Cette croisade, cette guerre contre le terrorisme, prendra quelque temps. » Le même avait aussi dit ce 1er novembre 2001 : « Soit vous êtes avec nous, soit vous êtes contre nous. » Faut-il préciser que le chef de l'État reprenait ainsi les paroles du Christ dans les Évangiles : « Celui qui n'est pas avec moi est contre moi, et celui qui ne se joint pas à moi s'égare » (Matthieu 12, 30) ? Cette guerre qui devait prendre *un certain temps* a toujours lieu. Le 11 Septembre et le 7 janvier en sont deux batailles gagnées par leurs assaillants.

Entre ces deux dates, il y eut également un événement historique qui fait sens : l'assassinat de Ben Laden au matin du 2 mai 2011, à 1 h 30, heure locale, à Abbottabad au Pakistan. L'opération montée par Barack Obama et la CIA avait pour nom… *Geronimo*. Geronimo ! Geronimo fut le chef apache qui a combattu les Américains qui l'ont arrêté plusieurs fois, l'ont parqué, déporté ; il s'est évadé à plusieurs reprises, a mené d'autres combats dans lesquels il a fait preuve d'une extrême compétence de guerrier sur le terrain. Le 4 septembre 1886, il se rend aux Américains après avoir négocié la paix pour les siens. Il est emprisonné à Fort Sill. Il cultive alors des pastèques, vend des arcs et des flèches au marché, est exhibé par les États-Unis à l'Exposition universelle de 1904 ou aux parades de jeux Olympiques de Saint Louis. Pendant les vingt-deux années qu'il passe au pénitencier, il se convertit au protestantisme… et à l'alcoolisme en même temps. Le 16 février 1909, ivre mort, il tombe de son cheval, passe la nuit sous la pluie et meurt le lendemain d'une pneumonie ; il avait quatre-vingts ans. Il a regretté toute sa vie de s'être rendu.

Que dit le choix du nom de Geronimo pour l'opération qui conduit au meurtre de Ben Laden ? Car, outre que le chef indien était un guérillero hors pair qui a donné du fil à retordre aux Américains, Geronimo s'est rendu, a été emprisonné, transformé en homme blanc, montré dans des zoos humains, humilié, alcoolisé, christianisé et tué à petit feu pendant presque un quart de siècle. Que le patronyme de l'Apache valeureux ait été choisi masque mal que les

États-Unis voulaient en finir avec Ben Laden comme jadis ils en avaient fini avec les Amérindiens après les avoir génocidés. Guerre de civilisation, déjà.

Les services secrets américains ont su où habitait Ben Laden dès août 2010. Ils disposaient des plans précis de sa résidence puisqu'ils l'ont construite à l'échelle sur le territoire américain pour répéter leur opération commando. Il aurait donc été envisageable de s'emparer de Ben Laden vivant afin de le juger. Un pays qui se réclame sans cesse du droit et se dit une démocratie ne se comporte pas autrement. L'opération a été menée dans le but de tuer Ben Laden et ceux qui seraient là, dont femmes et enfants eux aussi massacrés. Dire le droit est bien ; agir selon le droit est mieux. Il n'y eut pas d'action selon le droit, mais expédition punitive. Terrorisme, diraient certains contre lesquels il faudrait beaucoup de casuistique pour argumenter. Mais le terrorisme d'État se nomme guerre ; et terrorisme la petite guerre de ceux qui résistent à la guerre d'État. Barack Obama a annoncé au monde entier que Ben Laden avait été tué. Puis il a conclu : « Justice est faite. » Une foule en liesse a dansé dans la rue. Les télévisions du monde entier ont montré les images. On voyait alors ce qui se nommait *justice* pour les États-Unis.

Ben Laden mort, les choses continuent ! Il n'a été d'aucune utilité que le corps mort fût jeté à la mer, comme un vulgaire déchet, afin d'interdire le lieu de pèlerinage. Faire disparaître un corps ne fait pas disparaître ce dont ce corps était porteur. Mieux, ou pire, c'est selon, c'est ainsi qu'on crée des martyrs. Tout a été filmé de l'opération, y compris le corps et le visage réduits en bouillie par les balles du commando. Tout a été filmé, mais rien n'a été montré. En revanche, une superproduction a été tournée pour fixer dans la fiction ce qui ne fut pas ainsi : *Zero Dark Thirty* (ou *Opération avant l'aube*) par la réalisatrice californienne Kathryn Bigelow.

Les Américains, et nous après eux, croient que ce qui n'est pas montré sur un écran n'a pas eu lieu – l'un des signes du nihilisme de la civilisation judéo-chrétienne. L'islam qui se refuse à représenter les visages et les corps sait bien que le réel n'a pas besoin d'être montré à la télévision ou dans les médias pour exister – c'est le signe d'une autre civilisation. Le film de fiction a pour mission de donner la version pour l'histoire – mais c'est une légende. Les invraisemblances filmiques comptent pour rien dans un monde qui a renoncé à la raison. En régime nihiliste, la fiction dit mieux la réalité que la réalité elle-même.

La guerre continue. Elle ne fait que commencer. Ici, le 11 Septembre, là, le 7 janvier, ailleurs, plus tard, à d'autres dates, d'autres événements du même type. L'Occident ne dispose plus que de soldats salariés n'ayant pas envie de mourir pour ce que furent ses valeurs aujourd'hui mortes. Qui, à ce jour, donnerait sa vie pour les gadgets du consumérisme devenus objets du culte de la religion du capital ? Personne. On ne donne pas sa vie pour un iPhone. L'islam est fort, lui, d'une armée planétaire faite d'innombrables croyants prêts à mourir pour leur religion, pour Dieu et son Prophète.

Nous avons le nihilisme, ils ont la ferveur ; nous sommes épuisés, ils expérimentent la grande santé ; nous vivons englués dans l'instant pur, incapables d'autre chose que de nous y consumer doucement, ils tutoient l'éternité que leur donne, du moins le croient-ils, la mort offerte pour leur cause ; nous avons le passé pour nous ; ils ont l'avenir pour eux car, pour eux, tout commence ; pour nous, tout finit.

Chaque chose a son temps. Le judéo-christianisme a régné pendant presque deux millénaires. Une durée honorable pour une civilisation. La civilisation qui la remplacera sera elle aussi remplacée. Question de temps. Le bateau coule ; il nous reste à sombrer avec élégance.

Conclusion

La puissance déterritorialisée
Vers une civilisation planétaire

Si le réel donne tort à l'idéologie, c'est l'idéologie qui a tort, pas le réel. Quand Samuel Huntington montre la Lune en annonçant dans *Le Choc des civilisations* que, désormais, ce sont des blocs spirituels et culturels qui s'opposeront, les imbéciles n'ont eu de cesse qu'ils regardent son doigt. Pour la plupart de ces idiots, même si le réel donne raison aux analyses du philosophe américain et tort à leur jugement, ils persistent à fixer l'index. Un grand nombre des faits annoncés en 1996 dans ce livre s'est trouvé validé par le réel. Mais il faut bien plus que le désaveu apporté par le réel à nombre de penseurs et d'intellectuels, de philosophes et de politiciens, de sociologues et d'historiens pour qu'ils se trouvent ébranlés dans leurs convictions idéologiques.

Ainsi, en 1996, Samuel Huntington a diagnostiqué : la fin des États qui ne contrôlent plus la monnaie, les idées, la technologie, la circulation des biens et des personnes ; le déclin de l'autorité gouvernementale ; l'explosion et la disparition de certains États ; l'intensification des conflits tribaux, ethniques et religieux ; l'émergence de mafias criminelles internationales ; la circulation sur la planète de dizaines de millions de réfugiés ; la prolifération des armes ; l'expansion du terrorisme ; les nettoyages ethniques ; le paradigme étatique remplacé par le paradigme chaotique. Depuis cette date, le réel a-t-il donné tort au philosophe américain ?

L'effondrement de l'Empire soviétique, donc de la menace marxiste-léniniste sur la totalité de la planète, n'a pas laissé le champ libre, comme le croit Francis Fukuyama dans *La Fin de l'histoire*, à une domination internationale et sans partage du libéralisme. L'analyse à courte vue imposée désormais à toute intelligence par le modèle journalistique a certes pu faire illusion le jour même ou le lendemain de la chute du mur de Berlin, mais un esprit avisé ne pouvait imaginer que la fin de l'Union soviétique correspondrait au triomphe idéologique et politique définitif des États-Unis dans le monde entier.

Le monde n'est pas bipolaire avant de n'être plus qu'un seul quand l'autre terme d'un dualisme hypothétique a disparu ! Il est effectivement multipolaire et construit sur des civilisations qui procèdent de spiritualités hétérogènes, autrement dit : de religions. Bien qu'entre 1917 et 1991 le régime de l'URSS fût officiellement athée, il relevait lui aussi du judéo-christianisme généalogique du continent américain. La Russie soviétique et l'Amérique impérialiste qui lui est contemporaine sont, du point de vue de la civilisation, comme un même gant, l'un à l'endroit, l'autre à l'envers : mais il s'agit bien du même gant...

En revanche, la Chine confucéenne, l'Inde hindouiste, l'Extrême-Orient bouddhiste, le Japon shintoïste, l'Afrique subsaharienne néoanimiste, le Moyen-Orient et l'Afrique du Nord islamiques constituent des civilisations homogènes dès lors qu'elles sont mises en regard d'autres civilisations. On peut en effet épiloguer sans fin sur ce qui distingue et semble séparer l'Iran chiite de l'Arabie saoudite sunnite, mais ces deux pays voient leurs différences s'effacer d'un seul coup en regard de la Corée bouddhiste ou de la Nouvelle-Zélande judéo-chrétienne.

À Téhéran et à Ryad, tout autant qu'à Gaza et Islamabad, normalement, on ne mange pas de porc et on ne boit pas d'alcool, pendant qu'à Séoul ou à Pékin on mange du chien, mais pas à Tokyo, alors qu'à Wellington on mange des sandwiches au jambon – comme à Paris et Moscou, et partout ailleurs dans l'Europe chrétienne, mais dans aucun pays bouddhiste ou hindouiste puisqu'ils sont végétariens… La gastronomie fournit un angle d'attaque souvent oublié mais pertinent et décalé pour penser les civilisations qui ne se réduisent pas au mode de production de leurs richesses – reliquat de la vieille lecture marxiste.

Du point de vue de la civilisation, chacune de ces capitales prend ses racines dans un livre qu'elle estime saint, sacré, religieux : on le sait, c'est le Coran qui prohibe la viande de porc et l'alcool, un interdit qu'on trouve également dans l'autre religion sémite et abrahamique qu'est le judaïsme qui s'appuie sur la Torah, au contraire du Nouveau Testament qui ne les interdit pas. Les Veda, qui comprennent le Rigveda et les Upanishad, sont les textes de références des hindouistes avec le *Mahâbhârata*, le *Ramayana* et la *Baghavad-Gîtâ* qui théorisent la compassion à l'endroit de toute créature vivante et, pour ce faire, interdisent l'abolition de toute vie animale. Il en va de même avec les textes bouddhistes *Theravada* qui prohibent l'alimentation carnée pour les mêmes raisons. Les textes de la religion abrahamique en revanche interdisent la consommation du chien, un tabou qui a stoppé cette alimentation préhistorique qui persiste malgré tout de nos jours dans certains endroits où le texte d'Abraham ne fait pas la Loi.

Une civilisation ne produit pas une religion, car c'est la religion qui produit la civilisation. L'empreinte marxiste, comme on pourrait le dire dans l'esprit de l'éthologie, a dressé les intelligences à obéir à cette idée que l'infrastructure économique conditionne la superstructure idéologique. Autrement dit : que les modes de production économiques, propriété privée ou propriété collective, précédaient l'idéologie qu'ils rendaient ensuite possible sur le principe de la conséquence.

Or c'est l'inverse qui est vrai : il y a d'abord une idéologie, donc une spiritualité, donc une religion, ensuite arrive la civilisation. L'économie compte pour rien dans la production d'une civilisation car toutes, sans exception, se sont construites à partir du capitalisme qui s'avère consubstantiel aux échanges humains. La lecture marxiste fait du capitalisme une invention tardive, comme si le capital ne faisait pas la loi depuis que la rareté détermine la valeur ! La rareté du beau coquillage à l'époque préhistorique dispose de son pendant dans la rareté contemporaine qui constitue l'œuvre du peintre Basquiat en valeur indexée sur sa rareté.

Dire du capitalisme qu'il naît à une date précise permet de laisser croire qu'il peut également mourir à une date précise : la vulgate marxiste enseigne qu'il voit le jour au XIXe siècle avec le développement de la société industrielle et qu'il disparaîtra dialectiquement avec l'avènement de la révolution prolétarienne qui réalisera l'appropriation collective des moyens de production. Or il y eut du capitalisme préindustriel et les révolutions marxistes-léninistes qui ont décrété la collectivisation de la propriété privée n'ont pas aboli le capitalisme, elles l'ont assujetti à l'État pour en faire un capitalisme étatique. Pour l'anecdote, rappelons que dans son abondante œuvre complète, Marx n'utilise que deux fois le mot « capitalisme » : une fois dans le premier tome du *Capital*, une autre dans *Théorie de la plus-value*. Engels qui met au point les manuscrits laissés à sa mort par son ami établit les deux autres volumes du *Capital* : « capitalisme » y apparaît quatre fois dans le livre II et trois fois dans le livre III...

Préhistorique, mésopotamien, assyrien, babylonien, égyptien, grec, romain, amérindien, européen, féodal, industriel, numérique, écologique, le capitalisme est plastique mais permanent. Il fonctionne en basse continue de toute civilisation – en énergie durable... L'URSS n'a pas aboli le capitalisme mais il en a proposé la formule bolchevique suivie en cela de nos jours par le marxisme-léninisme cubain, vietnamien, coréen ou chinois. L'islam en propose un peu partout sur la planète une formule coranique. Et ceux-là mêmes des partis politiques qui font profession de l'abolir ne proposent rien d'autre dans leurs programmes qu'une nouvelle variation sur le thème du capitalisme – une version soviétisée, planifiée, nationalisée, étatisée. Le capitalisme est donc indépassable, il est une hydre à mille têtes dont l'une repousse dès qu'elle a été coupée.

Le capitalisme n'est donc pas, contrairement à ce qu'avance Fukuyama dans *La Fin de l'histoire*, l'horizon indépassable de notre futur, car il ne fait pas l'histoire : il accompagne les hommes et les accompagnera, comme il les a accompagnés depuis qu'ils existent. Le capitalisme est un épiphénomène là où la puissance fait la loi, il en est l'instrument. Que le joli coquillage rare appartienne au chef le plus armé, le plus fort, le plus rusé, le plus entouré, le plus craint dans la tribu préhistorique à l'époque de Lascaux ou que la toile impressionniste de Van Gogh soit entre les mains du mâle dominant, sujet déraciné postmoderne résidant dans un paradis fiscal sous les tropiques, ne change rien à l'affaire – la puissance élit un destin et en écarte un autre dans la plus aveugle des fatalités. L'économie ne produit rien, elle est elle aussi un produit.

Le libéralisme n'est pas, à rebours de ce que racontent depuis toujours ses thuriféraires, le véhicule de l'émancipation des hommes. Le commerce n'est pas en soi un facteur de civilisation, scie musicale de la philosophie des Lumières libérales, Voltaire et Montesquieu, Adam Smith et Ricardo en parangons, mais un facteur d'enrichissement des riches et, la plupart du temps, d'appauvrissement des pauvres. Certes le revenu moyen augmente sur la planète avec l'économie de marché, mais quand on prend le salaire du plus riche pour l'additionner à celui du plus pauvre et qu'on divise la somme obtenue par deux pour obtenir une moyenne, on ne dit rien de la paupérisation qui est la vérité de l'opération. Le très riche s'enrichit, le très pauvre s'appauvrit et le salaire moyen est une fiction, une allégorie, un concept utile à la propagation de l'idéologie libérale.

Ce même libéralisme triomphe en Europe depuis un quart de siècle. Dans l'Europe dite de Maastricht, il dispose de tous les leviers : l'économie et la société de marché, la représentation électorale verrouillée par un dispositif oligarchique, la domination des médias de masse, le formatage du plus jeune âge avec les programmes des écoles, le renoncement des universités à l'esprit critique, l'édition aux mains des directeurs commerciaux, les pleins pouvoirs de la banque qui ne prête qu'aux riches, la religion de l'argent et le culte du Veau d'or, le commerce du renard libre dans le poulailler libre, l'humanisme sirupeux de la religion chrétienne, l'art contemporain fabriqué par les marchands, la police contrainte par l'État à être forte avec les faibles et faible avec les forts.

Dans le moment électoral, pour se faire plébisciter, droite et gauche libérales confondues, les partisans de cette Europe du marché avaient promis le plein-emploi, l'amitié entre les peuples, le cosmopolitisme heureux, le règne de la paix, la croissance assurée ; depuis bientôt un quart de siècle que cette idéologie se trouve au pouvoir sans contre-pouvoir digne de ce nom, elle a généré le chômage de masse, la montée de la xénophobie, le multiculturalisme nihiliste, les guerres et le terrorisme, l'économie impuissante face aux défis mondiaux.

Cette Europe est morte, c'est entendu. Voilà pourquoi quelques hommes politiques essaient de la faire... Le judéo-christianisme ne fait plus recette dans les pays où il dominait depuis des siècles. Dans cette Europe libérale, les idées puis les lois qui s'affranchissent totalement de l'idéologie chrétienne sont de plus en plus nombreuses : déconnexion de la sexualité de la procréation, de l'amour et de la famille ; libre accès à la contraception pharmaceutique ; dépénalisation, libéralisation et remboursement de l'avortement par la sécurité sociale ; simplification et banalisation du divorce ; légalisation du mariage homosexuel ; possibilité d'adopter des enfants pour les parents d'un même sexe ; tolérance de la gestation pour autrui pratiquée à l'étranger mais validée par la loi européenne ; marchandisation du corps humain.

Il n'y a matière ni à se réjouir ni à récriminer, ni à rire comme Démocrite ni à pleurer comme Héraclite, mais à comprendre comme Nietzsche : la famille traditionnelle explosée, il ne reste plus que des monades sans portes ni fenêtres pour utiliser les mots du Leibniz de *La Monadologie*. Des individus déliés, des sujets désassujettis, des personnes errantes, des subjectivités autistes, des mortels ontologiquement hagards perdus entre deux néants. La famille, la communauté, le groupe, le collectif, l'État, la nation, le pays, la république ne font plus recette. Chacun est devenu une planète froide lancée comme un bolide fou dans un cosmos gelé sans grande probabilité de rencontre. C'est ainsi. Le réactionnaire peut pester et le progressiste applaudir, peu importe ; le tragique regarde ce qui advient, ce qui est et ce qui va advenir.

L'Europe est à prendre, sinon à vendre. Ni moi ni mon lecteur contemporain ne verrons qui prendra et à qui la vieille chose sera vendue. Mais plusieurs prétendants paraissent à ce jour notables. Le judéo-christianisme est épuisé ; il est une puissance qui a fait son temps. L'étoile effondrée s'effondre encore, c'est dans l'ordre de son être. La démographie témoigne du mouvement des choses, mais c'est une discipline dont ne veulent pas entendre parler les dénégateurs du réel : elle est en effet l'activité qui produit des images fidèles de la réalité, mais c'est une offense intellectuelle aux yeux de ceux qui pensent que la réalité n'existe pas et qui ne veulent surtout pas qu'elle existe. Elle contrarie trop leurs idées et ils préfèrent les fictions qui les sécurisent aux vérités qui les inquiètent.

Or la chose est simple : si les Européens judéo-chrétiens ne font plus d'enfants, les nouveaux Européens arrivés avec l'immigration produite par les guerres occidentales en provenance de pays massivement détruits par l'Occident modifient la configuration spirituelle, intellectuelle et religieuse de l'Europe. Ces peuples sont en effet en grande partie musulmans. Ils fuient *légitimement* la guerre, l'anarchie, le chaos, la misère créés par les armées américaines et leurs coalisés, dont la France et nombre de pays européens. Ces nouveaux Européens, donc, prennent le relais démographique car leurs taux de natalité en expansion compensent le taux de natalité effondré des Européens postchrétiens tout acquis à la religion de l'individualisme consumériste. Une fois encore, la chose n'est ni bonne comme le croient les islamophiles, ni mauvaise comme le pensent les islamophobes, elle est – comme le sait le tragique.

Quand le judéo-christianisme faisait la loi, il imposait l'interdiction de la sexualité en dehors de la procréation, il prohibait tous les moyens de contraception, il criminalisait les célibataires, il jetait l'anathème sur les femmes et les foyers sans enfants, il invitait à générer des familles nombreuses en vertu de l'invitation chrétienne du « Croissez et multipliez », il pourchassait les homosexuels, il brûlait les sodomites comme il disait alors avec les mots de l'Ancien Testament, il allait jusqu'à codifier dans des *pénitentiels* les moments de l'année pendant lesquels il était possible d'embrasser sa femme, il décrétait péché mortel la masturbation. Avec ce régime de terreur sexuelle, la démographie galopait.

Les législations postchrétiennes qui libèrent la sexualité et la découplent de la procréation, de l'amour et de la famille contribuent à l'effondrement démographique. Pendant ce temps, l'islam en pleine forme démographique porte à son tour l'antique idéologie du monothéisme judéo-chrétien : célébration de la polygamie comme chez les Juifs orthodoxes ; instauration d'un mariage pour une durée déterminée, le *mut'a* ; imposition d'un devoir de procréation ; invitation à la famille nombreuse

– elle est signe de prospérité et fait plaisir à Dieu ; criminalisation et condamnation de l'homosexualité ; opposition au mariage homosexuel ; interdiction de l'homoparentalité ; refus de la gestation pour autrui. Ces populations jeunes produisent des enfants et font de l'islam une religion avec laquelle l'Occident doit désormais compter.

Huntington a analysé l'islam politique en dehors de l'idéologie des partisans et des adversaires. Il a rapporté des faits : démographiquement, cette religion monte en puissance ; en s'appuyant sur le Coran qui l'affirme sans ambages, elle clame sa supériorité sur les autres religions monothéistes, mais aussi sur toute autre forme de spiritualité ; elle fait de l'incroyant un adversaire, sinon un ennemi de prédilection ; elle ne cache pas son désir de convertir par la force et la violence ; elle ne donne aucune frontière à son expansion sur la planète ; elle fournit une alternative au nihilisme occidental, à la religion du Veau d'or et au mode de vie consumériste ; elle offre une spiritualité dans un espace mental vidé de son contenu. Voilà qui a suffi à classer Huntington du côté des islamophobes pour l'intelligentsia occidentale frottée aux huiles essentielles marxistes depuis plus d'un siècle.

Or les faits semblent donner raison au philosophe américain. On peut vitupérer contre un chiffre donné par un démographe, il n'en demeure pas moins que la démographie exprime des choses exactement comme la géographie : refuser que la Corse soit une île, nonobstant les cartes satellitaires qui le montrent nettement, n'empêche pas la Corse d'être une île. Quand elle est pratiquée avec le projet d'obtenir une vérité de nature objective et scientifique, la démographie n'est pas une idéologie ; en revanche, refuser les leçons de la démographie en est une.

Après l'effondrement du communisme soviétique, ça n'est donc pas le libéralisme qui triomphe, mais le religieux pour lequel des millions de gens descendent dans la rue. L'effondrement du judéo-christianisme en Europe, la baisse du taux de fécondité de sa population couplée à la « Résurgence de l'Islam » (comme l'écrit Huntington avec une majuscule exactement comme dans les cas de la « Réforme protestante », de la « Révolution française », de la « Révolution américaine » et de la « Révolution russe ») et à l'augmentation de son taux de fécondité, témoigne en faveur de l'Islam porteur d'une nouvelle spiritualité européenne capable de disposer de la puissance avec laquelle se constituent les civilisations nouvelles. Hors idéologie, aucun démographe n'imagine une ligne de force inverse à celle-ci ou en faveur du judéo-christianisme.

Mais cette civilisation nouvelle obéira elle aussi aux lois de l'entropie qui finit toujours par emporter ce qui est vers ce qui n'est plus. Dans le jeu des civilisations post-judéo-chrétiennes qui se jouera sur des siècles, voire des millénaires, l'Islam, c'est évident, tiendra un rôle important. L'actuel califat de l'État islamique présenté dans une perspective exclusivement morale et nullement géostratégique ou géopolitique comme le summum de la barbarie pourrait bien être l'esquisse d'une forme dont aucun contemporain ne verra l'achèvement. Les réactionnaires de tous bords veulent empêcher ce mouvement en ignorant la vanité et le caractère chimérique d'un contrefort au mouvement de la puissance.

Qu'on y songe bien, le barbare d'hier est toujours le civilisé d'aujourd'hui. Le civilisé, c'est le barbare qui a réussi ; le barbare, le civilisé qui a échoué. Aucune civilisation ne s'est jamais construite avec des saints et des pacifistes, des non-violents et des vertueux – des gentils garçons… Ce sont toujours des gens de sac et de corde, des bandits et des soudards, des tueurs sans pitié et des assassins au long cours, des tortionnaires et des sadiques qui posent les bases d'une civilisation. Derrière Jésus, les enfants de chœur sont gens de plume ou de pinceau, tout juste bons à faire des poètes et des écrivains, des artistes et des philosophes ; derrière saint Paul, les créateurs d'empires sont gens de glaive et de potence, de bûchers et de culs-de-basse-fosse. Les premiers décorent les édifices bâtis par les seconds.

Ne comparons pas les civilisations, elles sont incomparables. Mais en dehors des détails pris par la puissance, détails dont la description constitue si souvent ce qu'il est convenu de nommer l'Histoire, elles sont toutes réductibles à un même principe : son flux est une éthologie activée sur de grands espaces. La philosophie de l'histoire coïncide avec une éthologie planétaire qui met des forces en lutte. Ce qui vainc n'est jamais le plus juste ou le plus vrai, mais le plus fort, le moins faible. On ne gagne pas avec la vérité la plus vraie ou la justice la plus juste, mais avec la force la plus forte. Or la force ignore le bien et le mal. Quand la force vainc, on nomme bien ce qui a vaincu, parce qu'il a vaincu, et non parce qu'il s'agit du Bien. Dès que cette force se montre la moins forte et qu'elle succombe, on dit du vaincu qu'il était dans le camp du mal. Dans cette logique éthologique, le bien nomme ce qui a vaincu ; le mal, ce qui a perdu.

Mais la force ne saurait être éternelle là où elle est, car elle obéit elle aussi à l'entropie. Que le judéo-christianisme s'efface et qu'une autre civilisation s'annonce dans ce qui s'énonce ne prouve rien d'autre que la mort annoncée de ce qui naît ici et maintenant. La civilisation morte a obéi au schéma qui l'a conduite de la naissance à la disparition *via* ses moments de croissance, d'acmé et de décroissance ; la civilisation naissante va obéir au schéma qui la conduira de la naissance à la disparition, *via* ses moments de croissance, d'acmé et de décroissance ; puis cette civilisation sera remplacée par une autre – et ce de manière finie.

Car ces fins ajoutées auront un jour une fin finale. Nous entrons dans les derniers temps des civilisations territorialisées. Chacune des grandes civilisations passées entrait dans une carte de géographie qui délimitait de manière visible ses territoires, sa zone, son espace, son sol. Une civilisation a toujours eu des frontières. Les empires étaient adossés à des terres qui ne relevaient pas du domaine impérial. Le plus grand des empires jamais réalisé n'a jamais été plus grand que les terres qui ne lui étaient pas soumises. Ainsi, au XIIIe siècle, l'Empire mongol qui s'étendait sur 33 millions de kilomètres carrés ne fut qu'un confetti au regard de ce qui n'était pas lui. Même remarque avec l'Empire britannique au XXe siècle – le plus grand de tous les temps. Ne parlons pas de l'infime particule qu'est la Terre dans notre galaxie, et la poussière qu'est notre galaxie dans l'Univers...

Quand les cathédrales européennes seront devenues des ruines semblables à celles de Palmyre ou de Pétra, la civilisation islamique aura elle aussi un jour affaire à d'autres civilisations aux démographies puissantes : parmi les plus structurées et les moins chaotiques à ce jour, la Chine confucéenne, l'Inde hindouiste. Mais qui sait le temps venu où la puissance aura été la plus puissante ? Avec cette hypothèse, nous entrons à nouveau dans le règne des longues durées. Il serait ridicule et vain de chiffrer les temps nécessaires à la disparition des civilisations territorialisées pour envisager chronologiquement le temps de l'avènement de la civilisation déterritorialisée. Mais elle adviendra.

La technologie efface l'espace et le temps terrestres au profit d'un espace et d'un temps virtuels, ceux de la pure présence et de l'immédiateté. Déjà, l'univers de la connexion donne aux monades errantes l'illusion d'exister dans une communauté qui n'est en fait que l'illusion du grégaire conférée par l'énervement du mouvement brownien. Connectés au monde entier, nous sommes devenus incapables d'une authentique présence au monde : en étant virtuellement partout, nous ne sommes plus réellement nulle part. Assis à la même table d'un restaurant, deux amoureux soucieux de leur téléphone portable ne sont déjà plus ensemble, ils sont avec le tiers – tiers autrui, tiers temps, tiers espace, tiers ailleurs.

La connectique virtuelle n'en est qu'à ses balbutiements. Un jour viendra où la civilisation sera planétaire, une, unique, monolithique. On ne peut la décrire sans entrer dans la science-fiction, mais on ne saurait imaginer que ce qui adviendra fera l'économie de ce qui est déjà : la servitude de l'humain à l'endroit des machines, présentées comme libératrices alors qu'elles asservissent, sera de plus en plus importante jusqu'à devenir totale. Celui qui croira obéir à une machine ignorera qu'il se soumet à celui à laquelle la machine obéit. Car la machine n'est que ce que les hommes lui demandent d'être et rien d'autre. Vouloir l'autonomie des machines, c'est encore soumettre la machine au vouloir humain : ce que la machine voudra dans sa folie sera ce que l'homme aura voulu qu'elle veuille. Exiger la liberté, c'est ici soumettre.

Ce qui faisait la matière du monde risque de disparaître dans un monde de virtualité. Ce que les hommes auront détruit pour n'avoir pas su le protéger, l'air, la planète, la nature, la vie, ils en proposeront des formules artefactuelles : de l'air chimiquement produit dans des usines, des morceaux de planète artificiellement maintenus en vie dans des zones de viabilité, des écosystèmes hors sol, une nature en pot et en serre, en bac et sous verre, en sachet et sous vide, une vie fabriquée en laboratoire avec ciseaux d'ADN et des calculs d'identité informatisés, des riches qui ne mourront plus qu'accidentellement et des pauvres dont les corps serviront de pièces de rechange à ceux qui auront les moyens de les acheter, des banques de données numériques corporelles, des esprits et des intelligences téléchargeables transportés dans des corps interchangeables.

Le *transhumanisme* est là, déjà, qui nous montre l'esquisse du monde qui attend nos suivants qui vivront dans la civilisation déterritorialisée. Le mot date de 1957, on le doit au frère biologiste d'Aldous Huxley ! Mais la chose prend son envol à la fin du XXe siècle, quand, justement, la fiction communiste apparaît telle qu'elle est, une fiction, et la fiction libérale telle qu'elle est aussi, une fiction. Elle prend la place de la fiction nécessaire à l'action. La puissance semble agir, ici comme ailleurs, afin d'obtenir son être et la permanence de son être toujours selon la logique entropique.

Le point de départ de cette nouvelle idéologie est commun avec toutes les généalogies d'idéologies : les conquistadors de nouveaux mondes estiment que ce qui est mériterait soit d'être amélioré, soit de ne plus être. Le présent est mauvais, parce qu'il est présent ; le futur sera meilleur, parce qu'il est futur. En ce sens, le transhumanisme s'inscrit dans le vieux lignage des utopies qui, du christianisme aux fascismes en passant par le communisme et le national-socialisme, veulent un Homme nouveau affranchi de l'Homme du passé.

Le *Mafarka* du futuriste Marinetti, un roman d'anticipation lyrico-poétique écrit en français en 1909, pourrait bien un jour passer pour le modèle prototypique de ce que vise le transhumanisme. Mafarka ayant perdu son frère dévoré par un troupeau de chiens enragés entreprend de rendre à sa mère le fils qu'elle a perdu. Avec l'aide de forgerons, de tisserands, de menuisiers, gens d'artefact, il crée un être avec des ailes orange qui produisent une musique et doivent lui permettre de se rendre maître et possesseur du Temps et de l'Espace. Une fois mécaniquement achevé, Gazourma, c'est son nom, reçoit la vie d'un baiser de la bouche de son père. À l'instant où ce souffle vital lui donne l'être, il déploie violemment ses ailes et projette mortellement son père contre les rochers. Coloubbi qui joue le rôle de mère est elle aussi tuée par son fils mécanique. Gazourma se déclare le maître du firmament et entreprend la conquête de Mars. Il s'envole vers son destin après avoir tué père et mère. Quelques années après avoir publié ce texte, Marinetti qui voulait abolir la culture apporte ses suffrages au fascisme italien.

L'homme du présent est à dépasser car il s'avère imparfait, disent les transhumanistes contemporains : il naît, il est, il croît, il souffre, il vieillit, il décroît, il meurt – comme les civilisations. Les tenants du transhumanisme souhaitent qu'il soit, mais tout à fait autrement : la naissance ne doit plus obéir aux caprices et aux aléas de la nature, elle doit procéder d'un volontarisme scientifique et d'une sélection appropriée ; la souffrance doit disparaître, car le bonheur doit faire la loi ; dès lors, tout ce qui entrave cet hédonisme doit être supprimé : le handicap, la maladie, le vieillissement, mais aussi la mélancolie, la dépression, le chagrin, à quoi on peut ajouter aussi, car ce sont des facteurs de souffrance, la laideur selon la définition du moment, les limites à la mémoire, à l'intelligence, mais aussi à la performance physique, tout autant que l'apparence corporelle qu'on est légitime à vouloir augmentée selon les critères esthétiques du jour.

Cet homme nouveau s'obtiendra par la science, la médecine, la technologie, la biologie, la chirurgie, la pharmacologie, la génétique, mais aussi la cybernétique. L'augmentation des performances intellectuelles supposera l'intervention chirurgicale dans le cerveau du posthumain qu'un processeur permettra d'optimiser. Le travail sur le système nerveux augmentera la présence au monde : savoir plus, connaître tout, vivre plusieurs vies, expérimenter tous les possibles.

On sait aujourd'hui comment créer en laboratoire des souvenirs de choses qui n'ont pas existé dans l'encéphale d'un mammifère : un jour probable, on effacera les souvenirs traumatisants ou politiquement gênants pour les remplacer par de faux souvenirs qui seront de vrais artefacts euphorisants ou asservissants. Se souvenir de ce qu'on n'a pas vécu et oublier ce qu'on aura vécu réalisera à la lettre le vieil impératif révolutionnaire de droite comme de gauche qui invitait à faire table rase du passé. Le *bourrage de crâne* cessera alors d'être une formule pour devenir une pratique effective.

Cette fausse mémoire vraie fiction pourra être augmentée par un exocortex, un genre de disque dur sur lequel pourraient se trouver téléchargées des données provenant d'un être dupliqué, décalqué, dont le contenu cérébral et neuronal aurait été copié et collé sur un micro-support susceptible d'être intégré au corps. Le transhumanisme travaille en effet au mariage tératologique de l'humain et de la machine, de la cellule biologique associée au microprocesseur informatique. Quand on se souvient que Bergson définissait le rire comme « du mécanique plaqué sur du vivant », on en vient à douter de la pertinence de sa formule...

À terme, ce monde auquel travaillent déjà un nombre considérable de personnes, dont, depuis 1980, l'université de Californie à Los Angeles, abolira définitivement le vieux monde. Le transhumanisme comme destin de la fin du destin, achèvement de la puissance en mort réelle de l'homme, semble obéir au programme de l'effondrement de l'étoile. Le nihilisme entrera dans sa plus grande période d'incandescence : hyperrationalisme scientiste, technophilie illimitée, optimisme éthique, culture de l'antinature, religion de l'artefact, dénaturation de l'humain, matérialisme intégral, utilitarisme charnel, anthropocentrisme narcissique, hédonisme autiste – tout ce qui définissait le nihilisme sera concentré dans une idéologie qui sera probablement la dernière. Cette ultime civilisation aura pour tâche d'abolir toute civilisation.

La vérité du politique ne sera plus à penser en regard de la cité grecque de Platon, de l'utopie de Thomas More, de l'État de Machiavel, du contrat social de Rousseau, du libéralisme de Montesquieu, de la démocratie de Tocqueville, du communisme de Marx, mais de deux ouvrages de romanciers britanniques qui disent en plein XXe siècle tout sur la société de contrôle et le transhumanisme qui constitueront le noyau dur de la dernière des civilisations qui sera sans conteste déterritorialisée : *Le Meilleur des mondes* d'Aldous Huxley et *1984* de George Orwell.

Nul doute qu'une nouvelle religion surgira alors comme moment final de la puissance. Après cela, il ne restera plus que le néant, la néantisation de la puissance, l'effondrement de l'effondrement. Une poignée de posthumains survivra au prix d'un esclavage inédit de masses élevées comme du bétail. Le problème ne sera plus comme aujourd'hui d'humaniser les abattoirs mais d'abattre à la chaîne les damnés de la terre au profit des élus posthumains. Les dictatures de ces temps funestes transformeront les dictatures du XXe siècle en bluettes. Google travaille aujourd'hui à ce projet transhumaniste. Le néant est toujours certain.

Chronologie

Première partie
LES TEMPS DE LA VIGUEUR

I. Naissance. La fabrication d'une civilisation

Entre 7 et 5 av. J.-C. : naissance de Jésus pour ceux qui y croient.

30 ou 33 apr. J.-C. : mort du même Jésus devenu Christ entre deux.

Juillet 34 : bien que mort, le Christ apparaît à Paul de Tarse.

Vers 45 : Paul commence ses voyages pour christianiser dans le bassin méditerranéen.

67 ou 68 : mort de Paul de Tarse.

140 : Ariston de Pella, *Discussion de Jason et de Papiscus au sujet du Christ,* premier texte chrétien contre les Juifs.

Vers 165 : Justin de Naplouse décapité après avoir refusé de célébrer les idoles.

178 : Celse écrit le *Discours véritable contre les chrétiens*.

IIe siècle : constitution du corpus du Nouveau Testament qui distingue et sépare les évangiles apocryphes des évangiles canoniques.

215 : Origène se sectionne les génitoires.

284 : Dioclétien devient empereur. Le christianisme se répand.

Fin du IIIe siècle : mise en place de la Tétrarchie par Dioclétien afin de lutter contre les invasions dites barbares.

Entre 295 et 337 : plusieurs batailles sont menées ; en Égypte (295-296), en Perse (297-298), en Italie (312), entre le Rhin et le Danube (322-324), en Perse à nouveau (334-337)...

II. Croissance. La force de la foi

24 février 303 : Dioclétien engage la « Grande Persécution » avec un premier édit promulgué à Nicomédie. Constantin y participe. (Deuxième édit au printemps 303, troisième édit à l'automne, quatrième édit début 304.)

Vers 305 : saint Antoine forme quelques disciples en Égypte et crée ainsi la première communauté monastique chrétienne au monde.

1er mai 305 : l'empereur Dioclétien abdique (de même pour Maximien). Galère devient auguste d'Orient et Constance (le père de Constantin) celui d'Occident.

15 mai 305 : concile d'Elvire en Espagne.

306 : Maxence (fils de Maximien) prend le pouvoir à Rome.

310 : Constantin contraint son beau-père (Maximien) à se pendre.

312 : Constantin invente l'art chrétien en commandant un premier bijou apologétique.

28 octobre 312 : Constantin vainc Maxence au pont Milvius.

313 : conversion de l'empereur Constantin au christianisme.

13 juin 313 : signature de l'édit de Milan par Constantin qui met fin aux persécutions. Le christianisme devient religion d'État.

314 : concile d'Ancyre.

Vers 318 : création d'un premier monastère par Pacôme.

325 : concile œcuménique de Nicée.

Automne 326 : Hélène, mère de l'empereur Constantin, part en Terre sainte. Elle y invente des éléments biographiques concernant Jésus.

Été 329 : mort d'Hélène.
22 mai 337 : Constantin reçoit le baptême et meurt.
346 : écriture du Code théodosien sous Constant Ier.
356 : mort de saint Antoine, le premier moine anachorète.
Entre 361 et 363 : l'empereur Julien tente de restaurer le paganisme pendant les vingt mois où il est empereur.
26 juin 363 : bataille de Ctésiphon contre les Perses. Mort de Julien frappé dans le dos par une lance probablement chrétienne.
Entre 364 et 375 : Valens au pouvoir. Persécution des philosophes.
Entre 379 et 395 : l'empereur Théodose lance une campagne contre le paganisme.
28 février 380 : édit de Thessalonique ; l'Empire devient officiellement chrétien.
388 : les mariages mixtes sont punis de mort.
391 : le temple de Sérapis est détruit par les fidèles du patriarche Théophile.
392 : un décret de Théodose interdit les cultes païens.
396 : Augustin devient évêque d'Hippone.
414 : les Juifs d'Alexandrie sont expulsés massivement.
Mars 415 : meurtre et massacre d'Hypatie par des chrétiens.
416 : l'empereur Théodose II impose le christianisme à tous les soldats de l'Empire.
418 : concile de Carthage.
Vers 420 : Jean Cassien reprend la liste des péchés capitaux d'Évagre le Pontique.
428 : Théodose II réitère la condamnation de Justin Martyr.
28 août 430 : mort d'Augustin à Hippone assiégée par les Vandales.
431 : concile d'Éphèse.
451 : le concile de Chalcédoine est suivi d'un schisme.
529 : concile d'Orange.
Vers 547 : saint Benoît rédige sa règle pour le monastère du Mont-Cassin.
550 : l'empereur Justinien ferme le dernier lieu de culte païen.

Vers 570 : naissance de Mahomet à La Mecque en Arabie saoudite.

611 : première vision de Mahomet.

623 : bataille et victoire de al-Nakhla.

624 : bataille de Badr.

625 : bataille de Uhud.

630 : Mahomet conquiert La Mecque.

631 : Mahomet est le maître de toutes les villes importantes d'Arabie.

8 juin 632 : mort de Mahomet à Médine. Abou Bakr lui succède.

634 : mort d'Abou Bakr, Omar lui succède.

640 : conquête d'Alexandrie par les musulmans. Le calife Omar détruit tous les livres.

673 : concile d'Herfort.

675 : le XIe concile de Tolède légifère sur l'autorité et la forme des conciles.

692 : concile de Constantinople.

693 : XVIe concile de Tolède.

705 : Hippone devient musulmane.

11 juillet 711 : conquête musulmane de ce qu'on n'appelle pas encore l'Espagne.

726 : l'empereur Léon III publie un édit interdisant le culte des images.

Janvier 727 : l'empereur chrétien Léon III fait détruire une mosaïque du Christ à Constantinople. Cet acte déclenche la querelle des images.

730 : les évêques d'Orient attaquent l'empereur iconoclaste.

11 février 731 : mort de Grégoire II. Grégoire III lui succède et convoque un concile à Rome le 1er novembre 731 au cours duquel il excommunie les iconoclastes. Léon III envoie ses navires à Rome pour destituer le nouveau pape.

25 octobre 732 : Charles Martel arrête les Arabes à Poitiers.

734 : les musulmans occupent la Provence. Charles Martel rétablit le catholicisme.

739 : le pape nomme Charles Martel vice-roi.

Juin 740 : mort de Léon III remplacé par son fils aîné Constantin V.
740-775 : période iconoclaste sous le règne de Constantin V.
780 : mort de Constantin V. Constantin VI est encore enfant, sa mère Irène devient impératrice régente. Iconophile, elle restaure le culte de l'image.
787 : concile de Nicée II. Abrogation des décrets de Léon III et Constantin V.
796 : massacre de chrétiens par des musulmans à Cordoue.
802 : Constantin VI détrône sa mère. Deuxième période de l'iconoclasme.
815 : un nouveau concile infirme celui de Nicée.
21 janvier 842 : mort de l'empereur. Sa femme Théodora devient impératrice régente.
Mars 843 : Théodora convoque un concile à Constantinople et met fin à la querelle des iconoclastes. Il confirme celui de Nicée de 787 annulé par celui de 815. Retour définitif des images dans le monde chrétien.
904 à 963 : « pornocratie pontificale ».
Vers 986 : découverte de l'Amérique par les Vikings.
1000 : conquête de l'Afghanistan par les musulmans. Massacre de l'Hindu Kuch : huit millions d'hindous tués par les musulmans.
Entre 1004 et 1014 : le sultan al-Hakim fait détruire le tombeau du Christ et des milliers d'églises chrétiennes, il persécute les Juifs et les chrétiens.
1047 : Guillaume le Conquérant reçoit Bérenger de Tours.
Septembre 1054 : concile de Verceil.
1071 : les Turcs seldjoukides ravissent la ville aux Arabes abbassides.
1078 : les Turcs prennent une seconde fois Jérusalem et interdisent les chrétiens de pèlerinages.

III. Puissance. La violence de la religion

1088 : mort de Bérenger de Tours après sa condamnation.
15 juillet 1099 : les croisés reprennent Jérusalem aux musulmans.

29 juillet 1099 : mort du pape Urbain II.

1120 : premier procès d'animaux à Laon en France.

Avant 1127 : au Mont-Saint-Michel, Jacques de Venise donne les premières traductions du grec au latin.

1130-1136 : à l'abbaye de Clairvaux, saint Bernard déclare à propos des païens que « la meilleure solution est de les tuer ».

1139 : IIe concile de Latran.

1er décembre 1145 : le pape Eugène III appelle à une deuxième croisade. Le roi Louis VII s'adresse à Bernard de Clairvaux qui accepte de lancer l'opération.

22 juillet 1209 : répression de l'hérésie cathare lors de la croisade des albigeois.

1213 : le pape Innocent III fustige l'islam.

1215 : IVe concile de Latran.

1217-1221 : cinquième croisade.

Septembre 1219 : François d'Assise rencontre le sultan d'Égypte Malik al-Kâmil pour le convertir.

5 novembre 1219 : les croisés mènent une nouvelle attaque et prennent Damiette.

1221 : rentré en Italie, François d'Assise promulgue la règle franciscaine dans laquelle il invite les chrétiens à vivre en terre d'islam sans faire d'histoires.

1230 : Grégoire IX fait brûler le Talmud. Innocent IV qui lui succédera confirmera cette sentence.

1231 : le pape Grégoire IX décrète l'Inquisition.

1234 : Raymond de Peñafort compile les *Décrétales de Grégoire IX* et fonde le droit canon.

Vers 1330 : Pétrarque inaugure la recherche des manuscrits antiques. Il est suivi par Niccolò Niccoli et Poggio Bracciolini dit Le Pogge.

1335-1340 : Guillaume d'Occam écrit un *Court traité du pouvoir tyrannique*.

1374 : mort de Pétrarque.

1376 : Nicolas Eymerich rédige son *Manuel des inquisiteurs*.

Noël 1386 : jugement et pendaison d'une truie à Falaise (Calvados) pour homicide.

19 août 1391 : l'Église brûle sa première sorcière à Paris, Jeanne de Brigue.

Hiver 1391 : à Ankara (Turquie), l'empereur Manuel II Paléologue dialogue avec un musulman.

1399 : Tamerlan prend Delhi.

4 mai 1410 : le pape Jean XXIII occupe le trône après la mort d'Alexandre V.

Deuxième partie
LES TEMPS DE L'ÉPUISEMENT

I. Dégénérescence. La déconstruction rationnelle

1415 : Le Pogge découvre des discours de Cicéron à Cluny.

6 juillet 1415 : Jan Hus est brûlé sur un bûcher à Constance.

Janvier 1417 : Le Pogge redécouvre une édition de *De la nature des choses* de Lucrèce dans un monastère de Fulda.

1431 : procès de Jeanne d'Arc.

30 mai 1434 : bataille de Lipany.

4 décembre 1484 : Innocent VIII écrit une bulle qui permet à l'Inquisition d'agir en matière de sorcellerie.

1486 : Henry Institoris et Jacques Sprenger écrivent *Le Marteau des sorcières*.

2 janvier 1492 : l'Alhambra passe aux mains des catholiques.

1492 : Grenade est reconquise. Fin d'al-Andalus.

1492 : Christophe Colomb en Amérique.

3 mai 1493 : le pape Alexandre VI signe la bulle qui donne l'Amérique aux rois de Castille et d'Aragon (Isabelle et Ferdinand) en échange de la christianisation des populations autochtones.

1503 : Rome unifie les procédures inquisitoriales.

1517 : Luther placarde ses 95 thèses sur l'église de Wittenberg.

1536 : Jean Calvin publie l'*Institution de la religion chrétienne*.

1545-1563 : concile de Trente (1545-1547, 1547-1549, 1551-1552, 1562-1563). En 1546 : définition du dogme du péché originel.

1547 : François Hotman se convertit à la religion de Calvin.

1549 : La Boétie publie son *Discours de la servitude volontaire*.

7 juillet 1550 : Charles Quint au collège Saint-Grégoire de Valladolid.

27 octobre 1553 : Michel Servet est brûlé vif à Genève.

1554 : Théodore de Bèze publie le *Traité des hérétiques et de leur juste punition par la loi civile.*

1564 : apparition du mot « déisme », dans *Instruction chrétienne* de Pierre Viret.

9 avril 1565 : Montaigne rencontre des Indiens cannibales à Bordeaux.

7 octobre 1571 : bataille de Lépante.

Nuit du 23 au 24 août 1572 : le roi Charles IX et Catherine de Médicis font massacrer les protestants. Saint-Barthélemy.

1578 : Francisco Peña ajoute ses commentaires au livre d'Eymerich.

1579 : Philippe Duplessis-Mornay et Hubert Languet publient *De la puissance légitime du prince sur le peuple et du peuple sur le prince*.

17 février 1600 : Giordano Bruno brûlé à Rome par l'Inquisition.

22 juin 1633 : Galilée condamné par l'Inquisition.

1637 : Descartes, *Discours de la méthode*.

1647 : Gassendi publie *Vie et mœurs d'Épicure*.

1683 : échec du siège de Vienne par les Turcs.

1729 : *Le Testament* du curé Jean Meslier annonce pour la première fois en Occident « la mort de Dieu ».

1751-1772 : l'*Encyclopédie* de Diderot et d'Alembert.

1er novembre 1755 : tremblement de terre à Lisbonne.

1762 : Rousseau, *Du contrat social*.

Février 1762 : Voltaire publie un *Extrait des sentiments de Jean Meslier*.
1781 : publication de *Critique de la raison pure* de Kant.

II. SÉNESCENCE. Le principe de ressentiment

14 juillet 1789 : prise de la Bastille.
Nuit du 4 au 5 août 1789 : abolition des privilèges.
1793 :

21 janvier : décapitation de Louis XVI.
10 mars : création du Tribunal révolutionnaire.
22 mai : Brissot demande la dissolution de la Commune de Paris et du club des Jacobins.
13 juillet : Charlotte Corday assassine Marat.
1er août : décision légale d'anéantir la Vendée. Ce même jour, profanation des tombeaux des rois et reines de France à Saint-Denis.
17 septembre : vote de la loi sur les suspects.
2 octobre : politique de déchristianisation.
7 octobre : destruction de la sainte ampoule de Reims.
16 octobre : décapitation de Marie-Antoinette.
31 octobre : exécution des Girondins.
25 décembre : Robespierre précise les modalités du principe du gouvernement révolutionnaire à la Convention.

1794 :

17 janvier : création des « colonnes infernales » du général républicain Turreau pour détruire la Vendée ; 300 000 morts.
5 février : Robespierre fait l'éloge de la Terreur à la Convention.
6 février : rappel de Carrier à Nantes, il a massacré près de 5 000 personnes.
24 mars : sur ordre de Robespierre, exécution des hébertistes.
5 avril : les soldats du général républicain Crouzat fabriquent des barils de graisse avec le corps de 150 Vendéennes à Clisson (Vendée). Ce même jour, exécution de Danton et des dantonistes.

4 juin : élection de Robespierre comme président de la Convention à l'unanimité.

11 juin : début de la Grande Terreur. Elle fera plus de 200 000 morts.

28 juillet (10 thermidor an II) : exécution de Robespierre et des siens.

9 novembre 1799 : coup d'État du 18 brumaire de Bonaparte.

1846 : dernier procès d'animaux à Pleternica en Slavonie.

1848 : *Manifeste du parti communiste* de Marx.

1871 : proclamation de l'Empire allemand.

1883 : début de la construction de la Sagrada Familia par Antonio Gaudí. Cette même année, Nietzsche publie *Ainsi parlait Zarathoustra*.

1907 : Léon Blum, *Du mariage*.

20 février 1909 : parution dans *Le Figaro* du *Manifeste futuriste* de Marinetti.

28 juillet 1914 : début de la Première Guerre mondiale.

22 août 1914 : bataille de Rossignol. Journée la plus meurtrière de cette guerre. Les Français perdent 11 900 soldats, les Allemands, 3 500.

1916 : Tzara et le dadaïsme à Zurich.

1917 : réforme du droit canon par Pie X.

1917 : *Fontaine*, premier *ready-made* de Marcel Duchamp.

10 octobre 1917 : le Comité central du Parti décide du coup d'État bolchevique.

24 octobre 1917 : coup d'État bolchevique dit révolution russe.

Novembre 1917 : élections.

28 novembre 1917 : Lénine et le Conseil des commissaires du peuple décrètent la terreur de masse.

10 décembre 1917 : création de la Tcheka, police politique.

5 janvier 1918 : Assemblée constituante.

Printemps 1918 : création du premier camp de concentration soviétique dans les îles Solovki (URSS).

30 août 1918 : attentat de Fanny Kaplan contre Lénine.

5 septembre 1918 : décret sur la terreur rouge.

11 novembre 1918 : fin de la Première Guerre mondiale.

28 juin 1919 : traité de Versailles.

1921 : création du Parti national fasciste par Mussolini.

12 juin 1921 : le général soviétique Toukhatchevski donne l'ordre d'utiliser des gaz.

3 avril 1922 : Staline au pouvoir.

30 octobre 1922 : Mussolini obtient le pouvoir et constitue le gouvernement.

1923 : Radiguet, *Le Diable au corps*.

1924-1925 : Hitler, *Mein Kampf*.

1924 : *Premier manifeste du surréalisme* d'André Breton.

21 janvier 1924 : mort de Lénine.

11 février 1929 : création du Vatican par les accords du Latran signés entre Mussolini et Pie XI.

14 mai 1929 : *Discours à la Chambre des députés* de Mussolini.

30 janvier 1933 : Hitler arrive légalement au pouvoir et devient chancelier de l'Allemagne.

20 juillet 1933 : l'Église signe un concordat avec Hitler.

1935 : proclamation des lois raciales de Nuremberg.

1936 : texte de l'évêque nazi Alois Hudal, *Fondements du national-socialisme*.

Février 1936 : le Front populaire remporte les élections législatives.

18 juillet 1936 : l'Espagne bascule dans la guerre civile.

Nuit du 14 au 15 août 1936 : massacre de Badajoz.

1er octobre 1936 : Franco devient généralissime.

1937 : l'encyclique *Divini redemptoris* du pape Pie XI condamne le communisme.

1938 : publication de *Leur morale et la nôtre* de Trotski.

3 mai 1938 : à Rome, Hitler rend visite à Mussolini.

Nuit du 9 au 10 novembre 1938 : Nuit de cristal.

2 mars 1939 : Pie XII remplace Pie XI mort le 10 février. C'est le pape de la collaboration avec les régimes fascistes.

1er avril 1939 : fin de la guerre civile en Espagne.

Septembre 1939 : invasion de la Pologne par les troupes du IIIe Reich.

1940 : l'Allemagne nazie entre en France.

18 juin 1940 : appel du général de Gaulle.

1941 : les négociations commencent entre l'Espagne franquiste et le Saint-Siège. Le Concordat est signé treize ans plus tard.
Avril 1941 : rafles de Juifs en France.
20 janvier 1942 : Hitler décide de la solution finale à Wannsee.
30 juillet 1943 : en France, une faiseuse d'anges, Marie-Louise Giraud, est guillotinée.
6 juin 1944 : débarquement des Alliés en Normandie.
10 juin 1944 : massacre des villageois d'Oradour-sur-Glane par la division *Das Reich*.
24 août 1944 : entrée de la division Leclerc dans Paris.

III. DÉLIQUESCENCE. Le nihilisme européen

28 septembre 1944 : libération du premier camp de concentration à Lublin-Maïdanek en Pologne.
4 février 1945 : conférence de Yalta.
13-15 février 1945 : bombardement de Dresde.
30 avril 1945 : suicide de Hitler dans son bunker.
8 mai 1945 : victoire des Alliés sur l'Allemagne nazie.
6 et 9 août 1945 : Hiroshima puis Nagasaki.
Vers 1947 : début de la guerre froide.
1949 : l'Église excommunie tous les communistes.
29 juin 1949 : premier journal télévisé en France.
5 mars 1953 : mort de Staline après trente ans de pouvoir. On lui doit 20 millions de morts.
9 octobre 1958 : mort de Pie XII.
28 octobre 1958 : élection de Jean XXIII.
Mai 1961 : Piero Manzoni vend ses matières fécales haussées au rang d'œuvres d'art.
12 août 1961 : construction du mur de Berlin.
11 octobre 1962 : à l'initiative de Jean XXIII, début de Vatican II.
3 juin 1963 : mort de Jean XXIII.
21 juin 1963 : Paul VI est élu pape.
1965 : avec Vatican II, l'Église renonce à faire des Juifs le peuple déicide.

8 décembre 1965 : fin de Vatican II.
Mai 1968.
28 avril 1969 : de Gaulle quitte le pouvoir après un référendum perdu. La gauche et une partie de la droite (Pompidou, Giscard, Chirac) ont voté pour son départ.
11 décembre 1969 : Malraux rencontre le général de Gaulle à Colombey-les-Deux-Églises.
9 novembre 1970 : mort du général de Gaulle.
20 novembre 1975 : mort de Franco.
1977 : pétition d'une majorité d'intellectuels et de philosophes français pour abroger plusieurs articles de la loi sur la majorité sexuelle.
6 août 1978 : mort de Paul VI.
26 août 1978 : Jean-Paul Ier est élu pape.
Septembre 1978 : Foucault est à Téhéran et fait l'éloge du nouveau régime des mollahs.
28 septembre 1978 : mort suspecte de Jean-Paul Ier.
16 octobre 1978 : Jean-Paul II élu pape.
1979 : la révolution iranienne chasse le Shah du pouvoir et y installe l'ayatollah Khomeyni.
10 mai 1981 : François Mitterrand élu président de la République.
1983 : François Mitterrand renonce au socialisme et décrète la rigueur.
26 avril 1986 : catastrophe nucléaire de Tchernobyl.
14 février 1989 : Salman Rushdie est condamné à mort par l'Iran khomeyniste pour avoir écrit un roman.
26 février 1989 : manifestations en France contre Salman Rushdie.
9 novembre 1989 : chute du mur de Berlin.
2 août 1990 : les États-Unis déclenchent la première guerre du Golfe. Les Français sont leurs alliés.
28 février 1991 : fin de la première guerre du Golfe.
1991 : fin de l'Empire soviétique.
25 décembre 1991 : Gorbatchev est congédié. Démantèlement de l'Union soviétique.

Conclusion. La puissance déterritorialisée. Vers une civilisation planétaire

11 septembre 2001 : effondrement du World Trade Center à New York.

12 septembre 2002 : intervention de Colin Powell à l'ONU.

2003 : George Bush Senior décide d'une guerre dite « préventive » contre l'Irak. La France emboîte le pas aux États-Unis.

2 avril 2005 : mort de Jean-Paul II.

19 avril 2005 : Benoît XVI élu pape.

2005 : la Sagrada Familia est déclarée patrimoine de l'UNESCO.

2006 : création de l'État islamique à partir d'al-Qaida.

12 septembre 2006 : tollé planétaire après le discours de Benoît XVI à Ratisbonne.

7 novembre 2010 : Benoît XVI consacre la Sagrada Familia qui est pourtant toujours inachevée à ce jour.

Mars 2011 : sur l'initiative du président Sarkozy, la France bombarde la Libye.

2 mai 2011 : assassinat de Ben Laden.

Janvier 2013 : début de l'opération Serval.

28 février 2013 : Benoît XVI renonce à être pape.

13 mars 2013 : jésuite, le cardinal Bergoglio élu pape prend le nom d'un franciscain.

20 juin 2014 : Abou Bakr al-Baghdadi se proclame calife.

7 janvier 2015 : attentat contre *Charlie Hebdo*.

8 janvier 2015 : mort des frères Kouachi ; Amedy Coulibaly tue une jeune policière.

9 janvier 2015 : prise d'otages par Amedy Coulibaly dans un supermarché casher.

13 novembre 2015 : attentats à Paris.

14 juillet 2016 : un attentat islamiste perpétré par le Tunisien Mohamed Lahouaiej Bouhlel sur la Promenade des Anglais à Nice fait 86 morts.

26 juillet 2016 : le père Hamel est égorgé par deux islamistes pendant la messe à Saint-Étienne-du-Rouvray en Normandie.

Octobre 2016 : le président de la République au passé socialiste François Hollande affirme dans *Un président ne devrait pas dire ça* qu'« il y a un problème avec l'islam, c'est vrai, nul n'en doute ». Et dans la foulée : « Comment on peut éviter la partition ? Car c'est ça qui est en train de se produire : la partition. »

Bibliographie

Introduction
PUISSANCE ET DÉCADENCE

J'ai peut-être plus lu pour ce livre que pour tout autre. Avec ***Cosmos*** (Flammarion, 2015), j'avais invité à désherber les bibliothèques afin de faire la part des livres qui éloignent du monde, pour nous en éloigner, et des livres qui rapprochent du monde, pour nous en rapprocher.

Avec ***Décadence***, j'invite aux seules lectures qui permettent d'aller plus loin. L'index des œuvres citées dira à quelles sources j'ai puisé. Se proposer de donner du sens à deux mille ans d'histoire de la civilisation judéo-chrétienne, c'est se priver de la possibilité d'entrer dans le détail. La miniature a ses charmes, mais aussi ses limites ; de même avec l'épopée.

Je ne propose à lire ici que les livres sans lesquels ce livre n'aurait pas été livre.

*

La philosophie de l'histoire est vieille comme la philosophie. J'ai consacré une partie de mon doctorat de IIIe cycle à Spengler. Mais ***Le Déclin de l'Occident*** (Gallimard, 1948) est trop mécaniciste pour moi, bien que son vitalisme me convienne : une force athée fait l'Histoire, c'est évident, et elle est pour moi initiée bien avant l'homme (en l'occurrence par l'effondrement d'une étoile...), mais elle ne fait jamais l'histoire selon un canevas qui se répéterait scrupuleusement dans toutes les civilisations. En gros, toute vie, de l'étoile à la civilisation, en passant par l'homme, suppose naissance, être, croissance, puissance, acmé, dégénérescence, sénescence, déliquescence, décadence et mort, mais pas dans le détail.

L'ouvrage qui, en revanche, m'a inspiré est celui de Samuel Huntington, *Le Choc des civilisations* (Odile Jacob, 1997), un livre déconsidéré lors de sa parution en France par l'intelligentsia parisienne pour laquelle nommer ce qui est ou risque de venir, c'est être responsable du réel et de ce qui advient. Il suffisait pour cette coterie d'affirmer qu'il n'y avait pas de choc des civilisations pour qu'il n'y en ait pas, qu'il n'y en ait jamais eu et qu'il n'y en ait jamais ! C'est la vieille pathologie de la dénégation dont j'ai analysé le mécanisme dans *Le réel n'a pas eu lieu. Le principe de Don Quichotte* (Autrement, 2014), un mal qui touche en priorité les intellectuels germanopratins.

Il me faudrait également signaler les rôles tenus par Nietzsche avec sa « volonté de puissance », Bergson avec son « élan vital » ou Deleuze et ses « flux d'intensité » dans l'économie de mon propos. Ces trois penseurs vitalistes sont très utiles pour élaborer une philosophie de l'histoire.

*

En vertu d'un étrange paradoxe, la question de la décadence est souvent traitée par des optimistes qui croient qu'on peut enrayer le mouvement, ce qui les conduit souvent à tenir des propos sinon conservateurs, du moins réactionnaires – au sens étymologique : ils veulent restaurer un ordre ancien. Le pessimiste y voit le pire et condamne tout ce qui advient. Julien Freund propose méthodiquement des chapitres sur chacun des auteurs qui a abordé la question dans *La Décadence* (Sirey, 1984).

Je ne me sens ni optimiste (en voyant le réel meilleur qu'il n'est) ni pessimiste (en voyant le réel pire qu'il n'est), mais tragique (en tâchant de voir le réel tel qu'il est). Voilà pourquoi je me reconnais dans l'adage spinoziste qui invite ni à rire ni à pleurer, mais à comprendre.

Quand on s'essaie à penser la décadence, on ne peut pas ne pas avoir pour modèle Francis Gibbon et son *Histoire du déclin et de la chute de l'Empire romain* (Laffont, 1983). J'aime cet auteur pour sa capacité à embrasser large, à tenir la distance, à proposer une lecture qui ne fait pas comme si les ruines des grandes civilisations effondrées n'avaient rien à nous dire pour comprendre notre présent, pour sa lucidité tragique, pour son souffle poétique et pour son art de montrer comment finit une civilisation et de quelle manière une autre prend sa place.

Il me faut ici signaler l'œuvre de Lucien Jerphagnon qui m'a, on le sait, initié à la philosophie antique, donc à la philosophie tout court. *Vivre et philosopher sous les Césars* et *Vivre et philosopher sous l'Empire chrétien* (Privat, 1980 et 1983) ne m'ont jamais quitté. Sa méthode et son esprit me guident

D'une certaine manière, ma *Métaphysique des ruines*, qui analysait la peinture ruiniste de Monsù Desiderio (Mollat, 1995), fonctionnait en propylée à cette méditation sur les ruines. Le *Traité d'athéologie* (Grasset, 2005) a précisé les détails que je n'ai pas repris dans ce livre sur l'invention de Jésus, le rôle joué par Constantin et sa mère Hélène dans le devenir religion de cette secte construite sur le seul Verbe d'un texte, celui du Pentateuque.

Première partie
LES TEMPS DE LA VIGUEUR

I. NAISSANCE. La fabrication d'une civilisation

La bibliographie sur Jésus est considérable ; celle qui considère Jésus comme un mythe est dérisoire. On lira donc pour ce faire Prosper Alfaric *Jésus a-t-il existé ?* (Coda, 2005), et, avec le même titre, un livre de Georges

Las Vergnas (Chez l'auteur, 1958). Puis : ***Du sens des Évangiles*** de Iosif Kryvelev (Éditions en langues étrangères de Moscou, 1963). ***Jésus a-t-il vécu ? Controverse religieuse sur le mythe du Christ*** d'Arthur Drews (Albert Messein, 1912) et le dernier livre de Paul-Louis Couchoud, ***Le Dieu Jésus*** (Gallimard, 1951) qui tient moins pour un homme progressivement divinisé que pour un Dieu progressivement humanisé.

II. CROISSANCE. La force de la foi

Constantin a christianisé l'empire en se convertissant. Il est étonnant que cet homme n'ait pas généré plus d'ouvrages. Lire Robert Turcan, ***Constantin en son temps. Le baptême ou la pourpre*** (Faton, 2006). D'autres biographies existent, elles sont apologétiques. De même pour la biographie de sa mère Hélène : Hélène Yvert-Jalu, ***L'Impératrice sainte Hélène. À la croisée de l'Orient et de l'Occident*** (Téqui, 2013). Il y a plus de dix ans, j'appelais dans le *Traité d'athéologie* à une athéologie comme science – vœu pieux…

Pas plus on ne trouve de textes historiques sur Eusèbe de Césarée, lui aussi saisi par des plumes apologétiques. Ainsi Victor Hély, abbé, et son ***Eusèbe de Césarée. Premier historien de l'Église*** (Bloud et Barral, 1877). Avec Eusèbe, il s'agit pourtant du premier intellectuel au service du pouvoir judéo-chrétien. D'Eusèbe lui-même : ***La Théologie politique de l'Empire chrétien*** suivi de ***Louanges de Constantin*** (Cerf, 2001).

Le concile fut l'instrument doctrinal de l'Église. Je dispose d'une édition du ***Dictionnaire portatif des conciles*** (Didot Paris, 1767) qui s'est avérée extrêmement utile.

Les Pères de l'Église ont été l'instrument philosophique de l'Église. Deux volumes utilisés dans les séminaires pour former les prêtres m'ont été très précieux : de Fulbert Cayré, ***Patrologie et histoire de la théologie*** (Société de Saint-Jean l'Évangéliste, Desclée et Cie, 1933). De même les deux volumes de Monseigneur C. Lagier : ***L'Orient*** *chrétien* ; tome I, *Des apôtres jusqu'à Photius (de l'an 33 à l'an 850)* et, tome II, *De Photius à l'Empire latin de Constantinople (de l'an 850 à l'an 1204*), (Au bureau de l'œuvre d'Orient, 1935).

La mythologie du grand nombre de martyrs chrétiens se trouve déconstruite dans Glen W. Bowersock, *Rome et le martyre* (Flammarion, 2002). Marie-Françoise Baslez a publié *Les Persécutions dans l'Antiquité. Victimes, héros, martyrs* (Fayard, 2007) dans lequel une partie est intitulée « L'invention du martyre ». On lui doit également la direction d'un excellent travail intitulé *Chrétiens persécuteurs. Destructions, exclusions religieuses au IVe siècle* (Albin Michel, 2014). C'est un véritable travail d'historien sur un chantier inédit.

On s'étonnera dès lors du peu de sérieux du livre du professeur honoraire au Collège de France Paul Veyne, *Quand notre monde est devenu chrétien (312-394)* (Albin Michel, 2007), dédié à Lucien Jerphagnon. Normalien, agrégé, ancien communiste, universitaire, ami de Michel Foucault, spécialiste reconnu du monde antique, Paul Veyne écrit de Constantin, « Il ne persécuta pas les païens, ne leur ôtera pas la parole, ne les défavorisera pas dans leur carrière : si ces superstitieux veulent se damner, libre à eux ; les successeurs de Constantin ne les contraindront pas davantage et laisseront le soin de leur conversion à l'Église, qui usera plus de persuasion que de persécution ». Plus loin : « Constantin, disons-nous, a laissé en paix les païens et leurs cultes ». Et puis : « En somme, Constantin a respecté à peu près *[sic !]* son principe dogmatique de tolérance ». Enfin, pour répondre à la question posée par son titre, cette affirmation sidérante qui fait suite à un éloge de l'amour promu par la religion nouvelle : « C'est par cet amour, par le rayonnement de son Seigneur et par une conception sublime du monde et de l'homme que la nouvelle religion s'est imposée ». Dans son grand âge, Paul Veyne semble plus se ménager les faveurs d'un Dieu qui n'existe pas que de faire un véritable travail d'historien !

On sait pourtant, au moins depuis 1924, six ans avant la naissance de Paul Veyne donc, quel rôle ont joué la violence, la brutalité, la persécution, la soldatesque, et non la vérité intrinsèque du message biblique, dans la christianisation de l'empire. Lire à cet effet Auguste Bouché-Leclercq, *L'Intolérance religieuse et la politique* (Flammarion, 1911).

Pour qui voudra une véritable lecture rationnelle et une réponse historique au devenir chrétien de l'empire, lire ***Comment notre monde est devenu chrétien*** de Marie-Françoise Baslez (CLD, 2008). La même historienne a dirigé un collectif intitulé *Les Premiers Temps de l'Église. De saint Paul à saint Augustin* (Gallimard, 2004).

*

Les premiers chrétiens, avant que cette secte ne devienne une religion, ont été d'authentiques cas pathologiques. Eric R. Dodds avec son *Païens et chrétiens dans un âge d'angoisse* (La Pensée sauvage, 1979) a superbement montré l'arrière-plan névrotique dans lequel la civilisation romaine était tombée avant que la civilisation judéo-chrétienne ne la remplace. Ce livre nous renseigne aussi sur notre époque...

Peter Brown a mis en évidence la même chose en interrogeant la patristique dans *Le Renoncement à la chair. Virginité, célibat et continence dans le christianisme primitif* (Gallimard, 1995). L'œuvre complète de Brown est à lire. Dont sa biographie d'Augustin, *La Vie de saint Augustin* (Seuil, 1971) et sa *Genèse de l'Antiquité tardive* (Gallimard, 1983).

Le regretté Jacques Lacarrière, homme libre s'il en fut, a écrit deux livres savoureux et intelligents, cultivés et originaux sur ce sujet : *Les Hommes ivres de Dieu* (Fayard, 1975) et *Les Gnostiques* (Gallimard, 1973).

Voir également : *Règles de moines. Pacôme, Augustin, Benoît, François d'Assise, Carmel* (Seuil, 1982).

*

Sur l'Islam. Il est facile de se faire simplement un avis en dehors de toute idéologie islamophile ou islamophobe en allant directement aux sources et en lisant : **Le Coran** (La Pléiade, Gallimard, 1967) ; les hadiths du Prophète Al-Sîra. ***Al-Sîra. Le Prophète de l'Islam raconté par ses compagnons*** (deux forts volumes publiés chez Grasset en 2005 et 2007) ; une biographie du Prophète : Ibn Hichâm. *La Biographie du Prophète Mahomet* (Fayard, 2004). Pour les plus pressés, lire le très synthétique et juste *Mahomet* d'Anne-Marie Delcambre (Desclée de Brouwer, 1999).

J'ai également travaillé sur les quatre gros volumes d'El-Bokhâri, *Les Traditions islamiques* (Librairie d'Amérique et d'Orient, 1977). Ces plus de 2 500 pages rassemblent les traditions prophétiques d'El-Bokhâri, un auteur du IXe siècle qui rassemble et commente une multitude de hadiths, un texte que les sunnites placent juste après le Coran.

Indépendamment de la divinité de Mahomet, on saura au moins ce qu'il a dit et fait, ce qui permettra de parler de l'Islam en connaissance de cause. À moins de penser en croyant ; ce qui est une autre chose...

*

La fiction chrétienne n'a pu exister qu'avec le recours et le secours de l'art qui a d'abord servi à donner corps et figure à un Jésus conceptuel, à sa prétendue famille, à ses faits et gestes supposés, à ses rencontres hypothétiques.

D'où l'intérêt de lire sur la querelle qui oppose sous Byzance les défenseurs de l'icône, de l'image, et ceux qui la refusent sous prétexte qu'elle réactive le fétichisme païen des idoles. La controverse est peu abordée et, quand elle l'est, c'est de manière très technique : André Grabar, *L'Iconoclasme byzantin* (Flammarion, 1984), avec une illustration très intéressante ; Pascal Boulhol, *Claude de Turin. Un évêque iconoclaste dans l'Occident carolingien. Étude suivie de l'édition du Commentaire sur Josué* (Institut d'études augustiniennes, 2002) ; Marie-France Auzépy, *L'Histoire des iconoclastes* (Association des amis du Centre d'histoire et civilisation de Byzance, 2007).

*

Le politiquement correct affirme que l'Europe ne serait rien sans l'apport de l'Islam. Dans *Aristote au mont Saint-Michel* (Seuil, 2008), Sylvain Gouguenheim déconstruit cette mythologie en montrant que c'est plutôt l'inverse qui est vrai car « l'Orient musulman doit presque tout à l'Orient chrétien » (p. 101). Ce ne sont donc pas les *Arabes musulmans* qui ont traduit de l'arabe au grec, ou au latin, les auteurs de l'Antiquité, mais, à partir du VIe siècle et ce jusqu'au Moyen Âge, des *Arabes chrétiens syriaques* qui traduisent le grec en latin. L'auteur montre qu'au XIIe siècle Jacques de Venise traduit Aristote au Mont-Saint-Michel et qu'il rend possible l'Occident chrétien avec sa scolastique et sa philosophie. Il va sans dire que ce livre a été éreinté par les journalistes du politiquement correct qui ont vu là un brûlot islamophobe, un historien révisionniste, une pensée rance et nauséabonde, etc. Il n'empêche, on voit mal après lecture de son livre formidablement documenté ce qu'on peut bien lui opposer comme arguments. L'insulte ne suffit pas – ou plus.

III. PUISSANCE. La violence de la religion

Le Moyen Âge ne fut une grande clarté que pour ceux qui aiment les extrêmes subtilités de la théologie catholique, les interminables arabesques de la scolastique. La raison y fut l'instrument des croyances, en Dieu, certes, mais aussi dans le diable. Le discours sur Dieu vaut celui qui est tenu sur le Malin. On y croit autant qu'au Christ ressuscité le troisième jour après sa mort et assis à la droite du Père, au Ciel.

Les procès d'animaux témoignent que la raison fut mise au service de la déraison : Jean Réal, *Bêtes et juges* (Buchet-Chastel, 2006) et les travaux de Michel Pastoureau, notamment sur les procès d'animaux, dans *Une histoire symbolique du Moyen Âge occidental* (Seuil, 2004). Du même : *Le Roi tué par un cochon* (Seuil, 2015).

Les procès en sorcellerie témoignent eux aussi que la raison fut mise au service de la déraison : Nicolas Eymerich et Francisco Peña dans *Le Manuel des inquisiteurs* (Albin Michel, 2002), Bernard Gui dans *Manuel de l'inquisiteur* (Les Belles Lettres, 2012), et l'anonyme dont Louis Sala-Molins traduit et publie le *Dictionnaire des inquisiteurs* de 1494 (Galilée, 1981) regorgent de philosophie, de raisonnements, d'argumentations, de sophistique, de rhétorique. Henri Maisonneuve a publié des *Études sur les origines de l'Inquisition* (Vrin, 1942) qui sont remarquables.

Les procès en sorcellerie témoignent également que la raison fut mise au service de la déraison : Henry Institoris et Jacques Sprenger n'ont pas manqué d'arguties et de références philosophiques pour envoyer au feu nombre de femmes qu'il s'agissait de transformer en sorcières, voir *Le Marteau des sorcières* (Jérôme Million, 1990).

Enfin, les croisades témoignent elles aussi que la raison fut mise au service de la déraison. Plutôt que des histoires des croisades, je préfère renvoyer à des biographies : celle de *Saint Bernard de Clairvaux* par Pierre Aubé (Fayard), celle de *Pierre l'Ermite et la première croisade* de Jean Flori (Fayard, 1999).

Lire aussi les chroniqueurs, mais en sachant que chacun exagère et prêche pour sa paroisse : Geoffroi de Villehardouin et Robert de Clari, *Ceux qui conquirent Constantinople* (10/18, 1966) et, vu d'en face, Amin Maalouf, *Les Croisades vues par les Arabes. La barbarie franque en Terre sainte* (Lattès, 1986).

Deuxième partie
LES TEMPS DE L'ÉPUISEMENT

I. DÉGÉNÉRESCENCE. La déconstruction rationnelle

La découverte d'un exemplaire du grand poème philosophique *De la nature des choses* de Lucrèce par Le Pogge dans un monastère de Fulda en janvier 1417 inaugure la Renaissance. Avec Pétrarque avant lui, Le Pogge découvre des textes de l'Antiquité et montre qu'il existe une philosophie, une vision du monde et des choses, une politique, une physique, qui ne sont pas chrétiennes – et pour cause, puisque ces pensées sont préchrétiennes. Cette source préchrétienne va rendre possible une sortie en douceur du christianisme et, avec le temps, l'entrée dans une ère postchrétienne. Du Pogge, on peut lire ***Les Ruines de Rome*** et ***Les Facéties*** (Les Belles Lettres, 1999 et 2005).

Dans ***Quattrocento*** (Flammarion, 2013), Stephen Greenblatt raconte cette aventure de façon très érudite et rigoureuse, mais dans un ton romanesque et presque cinématographique qui ne sacrifie jamais la précision et l'histoire. Le résultat est totalement original et très efficace. Un grand film pourrait être tiré de cette aventure philosophique.

Le christianisme n'a dès lors pas manqué de se fissurer. Un siècle avant Luther, le Bohémien Jan Hus propose une réforme du catholicisme. Il finit sur le bûcher en 1415. Richard Friedenthal a écrit la biographie intellectuelle de cet inconnu majeur après lequel la réforme luthérienne n'a pas inventé grand-chose, sinon la popularisation de ses thèses : ***Jan Hus. Hérétique et rebelle*** (Calmann-Lévy, 1977).

Raoul Vaneigem a écrit l'histoire des hussites, les partisans de Jan Hus, dans ***La Résistance au christianisme. Les hérésies des origines au XVIIIe siècle*** (Fayard, 1996). On lui doit également un « Que sais-je ? » sur ***Les Hérésies*** (PUF, 1994).

*

La littérature sur les ethnocides dus aux conquêtes des terres non chrétiennes par les chrétiens est abondante. Les biographies de Cortés, de Colomb, de Las Casas, de Sepúlveda ne manquent pas. Je retiens *Le Rêve mexicain* (Gallimard, 1988) de Jean-Marie G. Le Clézio, un texte aux effets puissants.

La polémique entre Las Casas et Sepúlveda sur la façon de considérer les habitants des Amériques est sidérante. Lire : Bartolomé de Las Casas, *La Controverse entre Las casas et Sepúlveda* (Vrin, 2007) et, *cum grano salis*, la narration de Bartolomé de Las Casas, *Très Brève Relation de la destruction des Indes* (La Découverte, 1983). Indispensable : Louis Sala-Molins, *Le Code noir ou le calvaire de Canaan* (PUF, 1987).

J'ai découvert le mensonge de Montaigne qui dit avoir rencontré les Brésiliens à Rouen alors qu'il les a vus à Bordeaux dans l'excellente biographie de Philippe Desan, *Montaigne. Une biographie politique* (Odile Jacob, 2014). Le philosophe craignait de raviver un mauvais souvenir du roi parce qu'il avait été mal accueilli à Bordeaux en lui rappelant l'épisode bordelais, il a donc déplacé sa rencontre à Rouen et consigné sa fiction dans les *Essais* ! On croyait la biographie du philosophe bien connue, ce livre montre que non. Jean-François Dupeyron, quant à lui, n'opte pas pour cette thèse dans son néanmoins très intéressant *Montaigne et les Amérindiens* (Le Bord de l'Eau, 2013). Le chapitre « Des cannibales » des *Essais* ouvre la philosophie européenne en deux : il y eut un avant et un après Montaigne. Le Nouveau Monde montrait qu'il y avait un autre monde et qu'il n'était pas chrétien. Le relativisme fissurait massivement l'Occident chrétien.

*

La philosophie joue un rôle majeur dans la laïcisation de la pensée : *Le Prince* de Machiavel en 1532, le

Discours de la servitude volontaire de La Boétie en 1549, les *Essais* de Montaigne entre 1572 et 1592, le *Discours de la méthode* de Descartes en 1637, la *Vie d'Épicure* de Gassendi en 1647 – le *Testament* du curé Meslier peut bien arriver en 1729 et annoncer pour la première fois en Europe la mort de Dieu.

Les philosophes matérialistes français jouent un rôle majeur dans l'accélération de ce processus : Diderot et D'Alembert, d'Holbach, La Mettrie, Helvétius, pillent le curé Meslier sans toujours le citer. Le fidéisme se transforme en déisme, puis en athéisme.

Rousseau publie *L'Émile* et le *Contrat social* en 1762. Son œuvre offre une alternative éthique et politique à la morale chrétienne avec une éthique déiste, et à la théocratie chrétienne avec la démocratie républicaine. La critique de la modernité, l'éloge de Sparte, la célébration du sentiment et du ressentiment qu'on trouve respectivement dans le *Discours sur les sciences et les arts* (1750), le *Discours sur les origines et les fondements de l'inégalité parmi les hommes* (1755) et *Les Confessions* (1782) rendent possible un rousseauisme qui va devenir raison d'État avec Robespierre et les siens.

II. Sénescence. Le principe de ressentiment

La bibliographie sur la Révolution française remplit des bibliothèques. C'est la lecture des *Origines de la France contemporaine* d'Hippolyte Taine (Laffont, 2011) qui me dessille les yeux : sous couvert de grands mots, l'Histoire s'est finalement faite avec de petits sentiments – en l'occurrence les passions tristes, dont le ressentiment. Là où l'on parlait de Fraternité, il fallut souvent entendre vengeance, quand on prononçait le mot de Liberté il fallait comprendre punition, souvent quand il fut question d'Égalité on devait comprendre jalousie. Renoncer à l'histoire légendaire et mythologique de la Révolution française qui fait la loi depuis l'historiographie marxiste-léniniste de Soboul et Mathiez jusqu'à Mélenchon ne conduit pas *de facto* à adopter des thèses contre-révolutionnaires !

En revanche, la Gironde, qui fut calomniée par Robespierre et les siens, mérite d'être réévaluée comme possibilité d'une révolution en dehors des passions tristes. La liberté, l'égalité et la fraternité comme passions positives, ce furent les objectifs des Girondins. Je développe cette position dans ***La Force du sexe faible. Contre-histoire de la Révolution française*** (Autrement, 2016).

On doit à Nietzsche l'analyse de l'homme du ressentiment, notamment dans la ***Généalogie de la morale*** (Gallimard, 1966). Max Scheler analyse cette notion dans ***L'Homme du ressentiment*** (Gallimard, 1970). Marc Ferro, incontestable historien de gauche, a publié une remarquable analyse sous le titre ***Le Ressentiment dans l'histoire*** (Odile Jacob, 2007). Pour comprendre la place qu'occupe désormais l'islam politique en Europe, les catégories de cet ouvrage font merveille. Antoine Grandjean et Florent Guénard ont dirigé un intéressant ***Le Ressentiment, passion sociale*** (PUR, 2012). Dans le même esprit, une foisonnante monographie sur une passion triste qui joue un rôle moteur dans l'histoire des individus et des peuples : ***L'Envie. Une histoire du mal***, de Helmut Schoeck (Les Belles Lettres, 1995).

*

S'il est vrai, et je le crois, que les artistes sont en avance sur l'époque, non qu'ils l'annoncent et la fassent, mais parce qu'ils sont des sismographes qui ressentent les secousses inaugurales, il faut aller voir du côté des avant-gardes du XXe siècle qui ont toutes prêché la destruction : Marinetti dans l'ouvrage de Giovanni Lista, ***Futurisme. Manifestes, documents, proclamations*** (L'Âge d'Homme, 1973) ; Tristan Tzara, ***Poésies complètes*** (Flammarion, 2011) ; Marcel Duchamp, ***Duchamp du signe*** (Flammarion, 1976) et ***Ingénieur du temps perdu*** (Belfond, 1977) ; André Breton, ***Manifestes du surréalisme*** (La Pléiade, Gallimard, 1988).

La destruction esthétique a préfiguré la destruction politique qui a incarné le nihilisme : Lénine, *Œuvres complètes* (Éditions en langues étrangères de Moscou, 1948) ; Trotski, *Leur morale et la nôtre* (Pauvert, 1972) ; Mussolini, *Œuvres et discours* (Flammarion, 1938) ; Hitler, *Mon combat* (Nouvelles Éditions latines, 1934).

Ce qu'ont été concrètement les camps nihilistes : Margarete Buber-Neumann, *Prisonnière de Staline et d'Hitler* ; tome I, *Déportée en Sibérie*, et tome II, *Déportée à Ravensbrück* (Seuil, 1949 et 1988). Et, bien évidemment, le monumental livre de Soljenitsyne, *L'Archipel du Goulag* (Seuil, 1974). Pour mémoire : Camus, *L'Homme révolté* (Gallimard, 1951).

L'histoire du communisme dispose désormais de sa somme avec le travail considérable en 3 000 pages de Thierry Wolton : *Une histoire mondiale du communisme* ; tome I, *Les Bourreaux*, tome II, *Les Victimes*, tome III, *Les Complices* (Grasset, 2015).

Sur le nazisme : la biographie en deux volumes de *Hitler* par Ian Kershaw (Flammarion, 2010) saisit le dictateur et sa doctrine dans leur interaction biographique et historique. Un modèle britannique de pensée hors idéologie qui récuse aussi bien la thèse libérale que la thèse marxiste. Lire, du même : *Qu'est-ce que le nazisme ?* (Gallimard, 1992). Sur les relations entre le Vatican et le IIIe Reich : Saul Friedländer, *Pie XII et le IIIe Reich* (Seuil, 2010).

III. DÉLIQUESCENCE. Le nihilisme européen

La décision américaine de détruire Hiroshima et Nagasaki n'a pas généré une haine planétaire et durable contre le pays auteur de ce crime de masse sciemment perpétré. Günther Anders a pensé cet événement avec pénétration : *Hiroshima est partout* (Seuil, 2008), et *La Menace nucléaire. Considérations radicales sur l'âge atomique* (Le Serpent à plumes, 2006). Karl Jaspers avait lui aussi réfléchi à la question de l'arme nucléaire avec : *La Bombe atomique et l'avenir de l'homme* (Buchet-Chastel, 1963).

Le christianisme s'est fissuré depuis la Renaissance et, paradoxe, c'est l'Église elle-même qui, croyant colmater les fissures, les élargit jusqu'à mettre l'édifice en péril avec Vatican II. Ce concile évacue en effet la transcendance et le sacré pour confiner le catholicisme dans l'immanence d'un moralisme politiquement correct. On tutoie Dieu, Jésus est un copain, on tourne le dos au Saint-Sacrement, on joue de la guitare. D'où l'intérêt de lire les documents de ce concile : ***Vatican II. L'intégrale*** (Bayard, 2002).

En avril 1961, Piero Manzoni met en vente 90 boîtes de sa *Merde d'artiste*. Lire, de lui : ***Contre rien*** (Allia, 2002). Jean Baudrillard avait analysé le nihilisme de l'art contemporain dans un article paru dans *Libération* devenu petit livre chez Sens & Tonka sous le titre ***Le Complot de l'art*** (1999).

L'affaire Rushdie est une date majeure dans le début de la fin de l'Occident : un romancier a été condamné à mort par un État islamique, l'Iran, pour avoir écrit une fiction sans qu'une réponse occidentale politique n'ait été opposée. Voir la version de Rushdie lui-même dans ***Joseph Anton*** (Plon, 2012). Également : Ramine Kamrane, ***La Fatwa contre Rushdie. Une interprétation stratégique*** (Kimé, 1998) et Raphaël Aubert, ***L'Affaire Rushdie*** (Cerf, 1990).

Sur la guerre du Golfe : plutôt Noam Chomsky, ***La Loi du plus fort. Mise au pas des États voyous***, (Le Serpent à plumes, 2002) que Jean Baudrillard, ***La guerre du Golfe n'a pas eu lieu*** (Galilée, 1991). Lire l'excellent « La guerre immonde » de Deleuze et Schérer, *Libération*, 4 mars 1991, repris dans ***Deux régimes de fous*** (Minuit, 2003).

CONCLUSION. La puissance déterritorialisée. Vers une civilisation planétaire

La « démission » d'un pape est chose peu commune. Il faut qu'il y ait de bien graves raisons pour justifier pareille décision. La lecture de Manuel II Paléologue, ***Entretiens avec un musulman. Septième controverse*** (Cerf, 1966), permettra à chacun de se faire un avis sur *l'affaire de Ratisbonne* dont, pour ma part, je pense qu'elle n'est pas pour rien dans le retrait de ce pape théologien, philosophe, intellectuel du monde malpropre de la politique. Le texte de l'intervention de Benoît XVI, ***Foi, raison et université : souvenirs et réflexions***, est publié en français sur le site du Vatican (2006).

Le « 11 septembre » a été abordé dans leurs styles par deux philosophes majeurs : Jacques Derrida et Jürgen Habermas, ***Le « Concept » du 11 septembre*** (Galilée, 2004). Un peu moins de métaphysique et un peu plus de politique auraient éclairé le débat.

La pensée de Ben Laden, car il y en a une, se trouve dans ***Al-Qaïda dans le texte***, un ouvrage qui rassemble quelques écrits des théoriciens de cette nébuleuse (PUF, 2008). Un travail de Gilles Kepel et Jean-Pierre Milelli.

Et puis, pour finir, ce terrible texte d'Abou Bakr Naji, ***Gestion de la barbarie. L'étape par laquelle l'islam devra passer pour restaurer le califat*** (Éditions de Paris, 2007) qui annonce franchement la couleur pour les temps à venir en matière de relations entre l'islam de guerre et l'Occident. Personne ne pourra dire qu'il ne savait pas.

Index des noms propres

ABBÉ GRÉGOIRE, 553, 554, 557, 562
ABD AL-RAHMÂN AL-GHÂFIQÎ, 381
ABDALLAH, 221
ABÉLARD, Pierre, 282, 284
ABOU BAKR, 237, 782
ABOU BAKR NAJI, 746, 810
ABÛ JA FAR AL-DHAHABÎ, 387
ADORNO, Theodor W., 695
ADRIEN II, 404
ADSON de Montier-en-Der, 712
AESCHINE, 152
AGRIPPA, 110
AGRIPPA d'AUBIGNÉ, Théodore, 473
AHASVÉRUS, 114
AL-AHDAL, Abdullah, 722
AL-BAGHDADI, Abou Bakr, 745, 792
AL FÂRÂBÎ, 383
AL-HAKIM, bi-Amr Allah, 298, 783
AL-KAFÎF, Abû-l-Rabî, 387
AL-KÂMIL, Malik, 288, 306-308, 388, 784
AL-MAHRÎ, 387
AL-QUARRÂBI, Abû-l-Abbâs, 387
ALAIN de Lille, 341
ALBÉRIC de Reims, 282
ALBERT le GRAND, 384
ALEMBERT, Jean Le Rond (d'), 527, 626, 786, 806
ALEXANDRE, 94
ALEXANDRE III, 349
ALEXANDRE V, 406, 785
ALEXANDRE VI, 446, 785
ALLAIS, Alphonse, 645-647
ALTDORFER, Albrecht, 257, 264
ALTHUSSER, Louis, 691
AMAURY, Arnaud, 97, 306
AMINA, 221
AMMIEN MARCELLIN, 428, 431
AMMONIOS, 210
ANANIAS, 86
ANDERS, Günther, 722, 808
ANDRÉ le CRÉTOIS, 249
ANSELME de Cantorbéry, 284
ANSELME de Laon, 282
ANTELME, Robert, 522
APHRAATE, 133
APOLLINAIRE, 110, 117
APOLLINAIRE, Guillaume, 648, 650, 695
ARAFAT, Yasser, 259
ARAGON, Louis, 691, 695
ARCHIMÈDE, 383

ARENDT, Hannah, 694
ARENSBERG, Walter, 654
ARISTIPPE, 99
ARISTON de Pella, 115, 779
ARISTOTE, 99, 105, 205, 213, 267, 274, 283, 342, 383, 384, 398, 431, 501, 802
ARMAND, Inès, 582
ARON, Raymond, 725
ARTÉMIDORE d'Éphèse, 372
ASCONIUS, 428
ASSAD (-EL), Bachar, 740
ASTÉRIOS d'Anassée, 117
ATTA, Mohammed, 739
AUBERT, Raymond, 535
AUGUSTE, 94, 173
AURÉLIEN, 204
AVERROÈS, 383, 387
AVICENNE, 383

BACON, Francis (peintre), 257
BACON, Francis (philosophe), 196
BADIOU, Alain, 276
BARCLAY, William, 465, 471
BARNABÉ, 92, 105, 114, 115, 150, 153
BARNAVE, Antoine, 560
BARRA, Didier, dit Monsù Desiderio, 11-13, 15, 18, 797
BARTHES, Roland, 691, 695, 702, 703, 705, 711
BARTHEZ, Paul-Joseph, 39
BASILIDE, 152
BASLEZ, Marie-Françoise, 83, 799, 800
BATAILLE, Georges, 695
BAUDELAIRE, Charles, 14, 45
BAUDRI de Bourgueil, 299
BAUDRILLARD, Jean, 738, 809
BAUDRILLART, Alfred, 612
BAYLE, Pierre, 626
BEAUMETZ, Jean (de), 263
BEAUSSART, Roger, 612
BEAUVOIR, Simone (de), 608, 626, 691
BECCARIA, Cesare, 591, 626
BELLINI, Giovanni, 263
BEN LADEN, Oussama, 737-740, 742-746, 753-755, 792, 810
BÉNI-ETCOETERA, 646
BENOÎT XIII, 406
BENOÎT XVI, 23-25, 211, 638, 730, 792, 810
BENTHAM, Jeremy, 626
BÉRENGER de Tours, 277-280, 783
BERGSON, Henri, 29, 437, 626, 654, 776, 796
BERKELEY, George, 626
BERNARD le MOINE, 298
BERTRAND, Élie, 495
BÈZE, Théodore (de), 472-474, 483, 786
BICHAT, Marie François Xavier, 39
BIGELOW, Kathryn, 756
BILHAUD, Paul, 645, 648
BLAKE, William, 257, 263
BLANCHOT, Maurice, 695
BLUM, Léon, 606, 608, 788
BOCCACE, 341
BOCCIONI, Umberto, 648
BOÈCE, 282, 501
BOISSEAU, Frédéric, 748
BONIFACE IX, 406
BORDEU, Théophile (de), 39
BORY, Jean-Louis, 691
BOSSUET, Jacques-Bénigne, 504, 536, 538, 570
BOUCHER, Jean, 472
BOULLÉE, Étienne-Louis, 20
BOURGET, Paul, 644
BRAUDEL, Fernand, 31

BREJNEV, Léonid, 676, 709
BRETON, André, 660, 695, 789, 807
BRINSOLARO, Franck, 747
BRISSOT de WARVILLE, Jacques Pierre Brissot, dit, 527, 559, 787
BRUCKNER, Pascal, 691
BRUEGEL L'ANCIEN, Pieter, 257
BRUNO, Giordano, 426, 502, 786
BRUTUS, 427, 475, 558
BUCHANAN, George, 472
BUDÉ, Guillaume, 484
BUFFON, Georges-Louis Leclerc (de), 493
BURIDAN, Jean, 341
BUSH, George W., 738-740, 742, 743, 753
BUSH, George, 295, 740-743, 792

CABANNE, Pierre, 653
CABU, 747
CAGE, John, 645, 661
CAÏUS, 108
CALOCAERUS, 193
CALVIN, Jean, 467, 470-474, 476, 483, 538, 626, 786
CAMUS, Albert, 602, 610, 694, 710, 808
CAPRIOLO, Ettore, 723
CARDELLI, Martina, 642
CARPACCIO, Vittore, 655, 656
CARPOCRATE, 152
CARRIER, Jean-Baptiste, 553, 561, 563, 564, 585, 787
CARTIER-BRESSON, Henri, 690
CASANOVA, Giacomo, 490
CASSIEN, Jean, 146, 147, 781
CASTRO, Fidel, 709, 713
CATHERINE de MÉDICIS, 456, 471, 473, 483, 786
CATON L'ANCIEN, 550
CAUCHON, Pierre, 418
CAYAT, Elsa, 747
CELSE, 104, 154-158, 779
CÉRINTHE, 92, 152
CERVANTÈS, Miguel (de), 484
CÉSAIRE d'Arles, 120, 341
CÉSAR, Jules, 162, 173, 204, 733
CÉZANNE, Paul, 643
CHAGALL, Marc, 707
CHAMPION de CICÉ, Jérôme, 591
CHAR, René, 695
CHARB, 747
CHARLEMAGNE, 89, 273, 425
CHARLES d'Orléans, 341
CHARLES II le CHAUVE, 273, 523
CHARLES IX, 457, 463, 471, 473, 786
CHARLES QUINT, 447, 657, 786
CHARLES X, 19
CHARRON, Pierre, 498, 626
CHATEAUBRIAND, François-René (de), 703
CHÂTELET, François, 691
CHÉREAU, Patrice, 691
CHRYSIPPE, 463
CICÉRON, 14, 105, 425, 427, 428, 466, 528, 785
CIORAN, Emil, 43
CLAUSEWITZ, Carl (von), 736, 750, 751
CLÉMENT IV, 143
CLÉOPÂTRE, 204
COHN-BENDIT, Daniel, 691
COLOMB, Christophe, 443-447, 449, 785, 805
COLUMELLE, 428, 431
COMMODE, 117

Comte, Auguste, 626
Condillac, Étienne Bonnot (de), 426, 626
Condorcet, Nicolas (de), 196, 526, 591
Constance Chlore, 153, 154, 161
Constant Ier, 202, 781
Constantin V, dit Copronyme, 248-250, 783
Constantin VI, 250, 783
Constantin, 17, 83, 104, 109, 121-123, 149, 153, 154, 160, 161, 163-168, 170-172, 186-194, 196, 197, 201, 214, 215, 219, 221, 239, 241, 244, 252, 253, 255, 261, 290-292, 295-297, 310, 426, 430, 447, 453, 467, 499, 577, 593, 595, 622, 670, 780, 781, 797-799
Copernic, Nicolas, 493, 499, 627, 698
Corrège, 490
Cortés, Hernán, 97, 453, 670, 805
Cosmas Indicopleustès, 121
Coulibaly, Amedy, 748, 792
Cousin, Victor, 626
Couthon, Georges, 560
Crescence le Cynique, 116
Crispus, 193
Cros, Charles, 644
Crouzat, Joseph, 541, 565, 787
Cuny, Alain, 691
Cyprien de Carthage, 180, 292
Cyrille d'Alexandrie, 120, 207, 209, 210, 215
Cyrille de Jérusalem, 117
Dalí, Salvador, 257, 695
Damaris, 100
Damascius, 203
Damase Ier, 186
Dante, 341, 537
Darré, Richard Walther, 631
Darwin, Charles, 493, 627, 698
David, 57, 62, 74, 475
De Vos, Maarten, 95, 97
Debord, Guy, 661
Delacroix, Eugène, 257
Deleuze, Gilles, 29, 281, 364, 691, 695-697, 699, 705, 725, 796, 809
Démétrios Lacon, 466
Démocrite, 96, 267, 280, 765
Denis, Maurice, 257
Denys l'Aréopagite, dit Pseudo-Denys, 100, 266
Derrida, Jacques, 459, 610, 691, 695, 705, 711, 714, 715, 725, 736, 810
Descartes, René, 426, 501-507, 626, 786, 806
Deschamps, Dom, 507
Desmoulins, Camille, 526, 528, 530
Desnos, Robert, 695
Dickens, Charles, 617
Diderot, Denis, 426, 506, 507, 514, 527, 542, 626, 786, 806
Didyme d'Alexandrie, ou Didyme l'Aveugle, 117, 130
Dioclétien, 104, 153, 154, 158, 163, 164, 201, 205, 779, 780
Diodore de Tarse, 121
Diodore, 133
Diogène d'Oenanda, 466
Diogène Laërce, 94, 99, 280, 424, 465, 495, 696

DIX, Otto, 257
DOLCINO de Novare, 712
DOLTO, Françoise, 691
DOMINGO de SOTO, 454
DONEAU, Hugues, 483
DUCHAMP, Marcel, 642-655, 658, 661, 703, 788, 807
DUCLOS, Jacques, 673
DUNS SCOT, John, 282, 363
DUPLESSIS-MORNAY, Philippe de Mornay, dit Philippe, 472, 477, 786
DUVERT, Tony, 691

EIRÍKSSON, Leifr, 443
EISENHOWER, Dwight David, 750
ÉLIE, 59
ÉLUARD, Paul, 695
ENGELS, Friedrich, 38, 763
ENSOR, James, 257
ÉON de L'ÉTOILE, 712
ÉPICURE, 96, 100, 105, 267, 284, 423-426, 432-435, 437, 439, 465-467, 491, 492, 538, 550
ÉPIPHANE de Salamine, 117, 207
ÉRASME, 408, 426, 447, 484, 626
ERÍKRR le ROUGE, 443
ESCHYLE, 425
EUCLIDE, 383
EUGÈNE III, 305, 784
EURIPIDE, 425
EUSÈBE de Césarée, 116, 121, 161, 162, 164-167, 188-196, 200, 202, 215, 252, 798
EUSÈBE de Nicomédie, 215
EUTROPE, 162
ÉVAGRE le PONTIQUE, 145-147, 781
EYMERICH, Nicolas, 309-316, 318, 320-322, 324-327, 329, 330, 332, 369, 373, 447, 784, 786, 803

FABRE D'ÉGLANTINE, Philippe Fabre, dit, 526
FAUSTA, 168, 193
FAYE, Jean-Pierre, 691
FÉNELON, 538, 626
FERDINAND le CATHOLIQUE, 387, 446, 785
FEUERBACH, Ludwig, 501
FEYERABEND, Paul, 29
FICHTE, Johann Gottlieb, 567, 633
FINKIELKRAUT, Alain, 691
FLAVIUS JOSÈPHE, 76
FLORI, Jean, 303, 803
FONTENELLE, Bernard Le Bovier (de), 626
FOUCAULT, Michel, 695, 696, 702-705, 725-731, 791, 799
FOUCHÉ, Joseph, 553-558, 576, 584, 587
FOUQUIER-TINVILLE, Antoine, 533, 535, 553, 559, 585, 591, 602
FRA ANGELICO, 257
FRANCO, Francisco, 599-604, 614, 663, 670, 709, 789, 791
FRANÇOIS (pape), 25, 201, 638, 731
FREUD, Sigmund, 42, 156, 372, 658-660, 690, 697-699
FREUND, Julien, 724, 796
FRONTIN, 428, 431
FUKUYAMA, Francis, 711, 714, 715, 760, 763
FULBERT de Chartres, 278

GAINSBOROUGH, Thomas, 656
GALÈRE, 154, 162, 164, 780

GALIEN, Claude, 361, 383
GALILÉE, 426, 493, 502, 786, 803
GAMA, Vasco (de), 490
GASSENDI, Pierre, 424, 426, 786, 806
GAUDÍ, Antoni, 23, 602, 788
GAUGUIN, Paul, 257, 264
GAVI, 691
GENGIS KHAN, 44
GENLIS, Félicité (de), 18
GENSÉRIC, 13
GEORGES de Pisidie, 117
GÉRARD de Crémone, 384
GERBERT d'Aurillac, pape Sylvestre II, 278
GERLIER, Pierre, 611, 612
GERMAIN Ier, 248
GERONIMO, 754
GERSON, Jean, 420
GERSTEIN, Kurt, 636, 637
GIAP, Vo Nguyen, 733, 750
GILBERT de la Porrée, 284
GIOTTO, 341, 389
GIRAUD, Marie-Louise, 607, 790
GLEIZES, Albert, 648
GLUCKSMANN, André, 691
GOBI, Jean, 342
GOODMAN, Christopher, 472
GORKI, Maxime, 588
GOUDEAU, Émile, 644
GOULART, Simon, 486
GOURMONT, Remy (de), 654
GOYA, Francisco (de), 257, 263, 519, 657
GOYARD-FABRE, Simone, 479
GRASS, Günter, 722
GRÉGOIRE de Nysse, 117, 260, 362
GRÉGOIRE de Tours, 712
GRÉGOIRE Ier, 146, 147
GRÉGOIRE II, 246, 248, 782
GRÉGOIRE III, 248, 782
GRÉGOIRE IX, 315, 340, 784
GRÉGOIRE le Grand, 246, 363
GRÉGOIRE VII, 280
GRÉGOIRE XII, 406, 411
GRÉGOIRE XIII, 473, 499
GRIMM, Frédéric-Melchior, 542
GRÜNEWALD, Matthias, 257
GUATTARI, Félix, 364, 691
GUENNADI, 121
GUÉRIN, Daniel, 691
GUESDE, Jules, 581
GUI, Bernard, 97, 309, 310, 447, 803
GUIBERT de Nogent, 303, 712
GUILLAUME d'Occam, 282, 341, 535, 784
GUILLAUME de Champeaux, 282
GUILLAUME de Diguleville, 342
GUILLAUME de Machaut, 341
GUILLAUME le CONQUÉRANT, 23, 24, 279, 343, 783
GUYOTAT, Pierre, 691

HABERMAS, Jürgen, 736, 810
HALLEY, Edmond, 493
HALS, Frans, 501, 504
HARVEY, William, 493
HÉBERT, Jacques-René, 525, 526, 530-535, 555, 559
HEGEL, Georg Wilhelm Friedrich, 28, 29, 470, 495, 567, 570-573, 575, 620, 633, 711, 712, 714
HEIDEGGER, Martin, 43, 124, 188
HEINE, Maurice, 695
HÉLÈNE, 160, 161, 164, 167-171, 261, 297, 780, 781, 797, 798

HELVÉTIUS, Claude-Adrien, 426, 806
HENRI Ier, 280
HENRI II, 456
HENRI III, 472
HENRIC, Jacques, 691
HÉRACLITE, 765
HERDER, Johann Gottfried, 28, 493
HERMANN de Carinthie, 388
HERMAS, 141
HÉRODE, 94, 155
HERÓLFSSON, Bjarni, 443
HIÉROCLÈS, 204
HILAIRE de Poitiers, 121
HIMMLER, Heinrich, 631
HITLER, Adolf, 21, 98, 125, 288, 469, 552, 581, 584, 595, 596, 599, 614-634, 636-638, 663, 670, 688, 704, 733, 740, 750, 752, 789, 790, 808
HOBBES, Thomas, 538, 626
HOCHE, Lazare, 564
HOCQUENGHEM, Guy, 691, 692
HOLBACH, Paul-Henri Thiry (d'), 426, 507, 514, 806
HONORÉ, 747
HONORIUS III, 280, 388
HORACE, 425
HORKHEIMER, Max, 695
HORMISDAS, 142, 404
HOTMAN, François, 472, 476, 477, 483, 485, 786
HOUELLEBECQ, Michel, 747
HUDAL, Alois, 633, 634, 636, 638, 789
HUME, David, 520, 542, 626
HUNAYN IBN ISHAQ, 383
HUNTINGTON, Samuel, 759, 768, 769, 796
HUS, Jean, 403, 407-422, 447, 485, 785, 804
HUSSEIN, Saddam, 740, 741
HUXLEY, Aldous, 773, 777
HYPATIE, 199-201, 204-207, 209, 210, 215, 781
HYPPOLITE, Jean, 724, 725

IBN HICHÂM, 221, 801
IGARASHI, Hitoshi, 723
IGNACE d'Antioche, 111, 180
INGRES, Jean Auguste Dominique, 657
INNOCENT III, 388, 784
INNOCENT IV, 315
INNOCENT VIII, 785
INSTITORIS, Henry, 362-364, 367, 368, 371, 374, 785, 803
IRÈNE, 242, 250, 783
IRÉNÉE de Lyon, 110, 130, 254, 362
ISABELLE la CATHOLIQUE, 387, 445, 446, 785
ISCHOLAS, 463
ISIDORE de Séville, 121, 311, 363, 366
ISOU, Isidore, 661

JACQUES de Venise, 383, 384, 784
JACQUES de Vitry, 389
JAMBLIQUE, 193
JEAN CHRYSOSTOME, 117-119, 133, 142, 362, 453, 616, 622
JEAN DAMASCÈNE, 111, 117, 247, 301
JEAN de Monagria, 249
JEAN de Salisbury, 384
JEAN XVII, 143, 404
JEAN XXIII (antipape), 406-408, 410-412, 414, 785
JEAN XXIII, 663, 666, 670, 676, 683, 790

JEANNE de Brigue, 355, 356, 361, 362, 785
JEAN-PAUL II, 415, 722, 791, 792
JÉRÉMIE, 119, 291
JÉRÔME de Prague, 420, 447
JERPHAGNON, Lucien, 132, 160, 797, 799
JÉSUS, 45-47, 55-79, 81-83, 87-94, 97, 98, 100-102, 104, 105, 111-114, 117, 120, 124, 127, 128, 131, 133, 136, 137, 140, 143, 144, 147, 149-151, 155, 158, 160, 166, 168, 171, 177-185, 199, 211, 212, 214, 215, 221, 222, 224-227, 250, 254-263, 267, 271, 277, 283, 287, 288, 290, 292-295, 297, 300, 312-314, 318, 320, 322, 360, 390, 398, 408-410, 412, 421, 441, 446-448, 509, 510, 537, 573, 577, 595, 598, 619, 622, 625, 626, 667, 670, 676, 680, 681, 770, 779, 780, 797, 798, 801, 809
JOACHIM de FLORE, 712
JOHNSON, Lyndon B., 676
JOSEPH BARSABAS, 66
JOSEPH II, 524
JOSEPH, 56, 61-64, 66, 67, 69, 70, 106, 127, 150, 155, 314, 441
JUDE APÔTRE, 66
JULIEN, 203, 499, 781
JÜNGER, Ernst, 617
JUSSIEU, Bernard (de), 493
JUSTIN de Naplouse, dit Justin Martyr, Justin le Philosophe, 115, 116, 133, 254, 362, 779, 781
JUSTINIEN, 201, 781
KADHAFI, Mouammar, 740, 741
KANDINSKY, Vassily, 657, 658, 661
KANT, Emmanuel, 28, 490, 495-497, 506, 567, 570, 623, 626, 714, 787
KAPLAN, Fanny, 584, 788
KEDROV, Mikhaïl, 585
KENNEDY, John, 676
KEPEL, Gilles, 743, 810
KETTON, Robert (de), 388
KHEOPS, 16, 37
KHOMEYNI, Ruhollah, 714-721, 723, 724, 726, 727, 729, 730, 791
KHROUCHTCHEV, Nikita, 676
KIM JONG-UN, 44
KINSKI, Klaus, 259
KLEIN, Yves, 645
KLOSSOWSKI, Pierre, 695
KNOX, John, 472
KOJÈVE, Alexandre, 712-714
KOUACHI, Chérif, 747, 748, 792
KOUACHI, Saïd, 747, 748, 792
KOUCHNER, Bernard, 691
KRAVTCHENKO, Viktor, 710
KRITCHEVSKI, Boris, 579
KROUPSKAÏA, Nadejda, 582

L'HOSPITAL, Michel (de), 483
LA BOÉTIE, Étienne (de), 463, 464, 472, 478, 481-488, 507, 512, 786, 806
LA METTRIE, Julien Offray (de), 426, 507, 806
LA NOUE, Odet (de), 477, 486
LA ROCHE, ALAIN (de), 363
LACAN, Jacques, 695, 705
LACTANCE, 167, 180, 292, 426
LAFARGUE, Paul, 581
LANDER, Karl, 585

LANFRANC de Pavie, 279, 280
LANG, Jack, 691
LANGUET, Hubert, 477, 786
LANZMANN, Claude, 21
LAPASSADE, Georges, 691
LAS CASAS, Bartolomé (de), 446-450, 452-456, 805
LAURENT le MAGNIFIQUE, 364
LE BRUN, Annie, 695
LE GRECO, 257, 264
LE PÉRUGIN, 264
LE POGGE, Poggio Bracciolini, dit, 404, 406, 407, 425-427, 429, 430, 434, 440, 441, 784, 785, 804
LE SUEUR, Eustache, 96, 97
LEDOUX, Claude-Nicolas, 20
LEFEBVRE, Monseigneur, 667, 730
LEFORT, Claude, 479
LÉGER, Fernand, 648, 650
LEIBNIZ, Gottfried Wilhelm, 426, 494, 495, 497, 766
LEIRIS, Michel, 691
LELY, Gilbert, 695
LÉNINE, Vladimir Ilitch Oulianov, dit, 191, 571, 576-585, 588, 589, 614, 659, 709, 750, 788, 789, 808
LÉON de Byzance, 117
LÉON Ier, 120
LÉON III, dit L'ISAURIEN, 242, 245, 246, 248, 250, 782, 783
LÉON IX, 280
LÉON V, dit L'ARMÉNIEN, 251
LÉON X, 364
LÉON XIII, 211
LÉONARD de VINCI, 653
LEQUEU, Jean-Jacques, 20
LEUCIPPE, 267
LÉVI-STRAUSS, Claude, 705
LEVI, Primo, 522
LÉVY, Bernard-Henri, 741
LÉVY, Jules, 644, 645, 647, 648
LIBANIOS, 117
LICINIUS, 122, 193
LIEBKNECHT, Karl, 581
LINNÉ, Carl (von), 493
LITTRÉ, Émile, 366
LOCKE, John, 626
LOUIS VII, 305, 784
LOUIS XIV, 507, 511, 520, 536-538, 558, 656
LOUIS XV, 524
LOUIS XVI, 19, 50, 519-525, 528, 530-532, 535-541, 560, 787
LOUIS XVII, 531, 532, 534
LOUNATCHARSKI, Anatoli, 708
LUCRÈCE, 18, 105, 136, 423-426, 428, 432, 434-440, 465-467, 491, 492, 506, 785, 804
LUTHER, Martin, 213, 273, 408, 422, 467-473, 476, 484, 538, 570, 626, 785, 804
LYOTARD, Jean-François, 691

MACETTE, 356-358, 361, 362
MACHIAVEL, Nicolas, 426, 478-481, 776, 805
MME d'ÉPINAY, 542
MADAME de WARENS, 542
MADAME ÉLISABETH, 534
MADAME ROLAND, 531
MAHOMET, 190, 205, 219-237, 239, 243, 297, 298, 301, 307, 313, 378, 380, 381, 385, 388-392, 394, 396-398, 667, 723, 745, 782, 801
MAÏMONIDE, Moïse, 387
MAISTRE, Joseph (de), 42
MALAPARTE, Curzio, 579

MALEVITCH, Kasimir, 707
MALRAUX, André, 253, 685, 686, 791
MAN RAY, 652, 653
MANI, 108
MANTEGNA, Andrea, 257
MANUEL II Paléologue, 24, 377, 389-391, 396, 397, 666, 730, 785, 809
MANZONI, Piero, 641, 642, 646, 661, 706, 790, 809
MAO ZEDONG, 44, 191, 614, 713, 750
MARAT, Jean-Paul, 19, 526, 530, 555, 559, 576, 591, 602, 787
MARC AURÈLE, 105, 116, 117, 205, 208, 284, 390
MARC, 75, 98, 178, 181, 216, 258, 261, 263, 322, 625
MARCION, 108, 151, 254
MARCUS MANILIUS, 428
MARE, André, 648
MARÉCHAL, Sébastien, 507
MARIE-ANTOINETTE, 520, 523-525, 531-533, 535, 543, 560, 787
MARIE, Vierge, 56, 59-66, 70, 74, 89, 107, 127, 155, 247, 249, 255, 261, 266, 313, 314, 359, 362, 363, 366, 367, 390, 441, 651, 666, 680, 681
MARINETTI, Filippo Tommaso, 659, 774, 788, 807
MARIS, Bernard, 747
MARIUS VICTORINUS, 193
MARQUIS de SADE, 692, 693, 695, 700
MARROU, Henri-Irénée, 203, 330
MARSILE de Padoue, 535
MARTEL, Charles, 220, 378, 381, 382, 782
MARTINIANUS, 193
MARX, Karl, 28, 38, 501, 571, 573-578, 614, 617, 658, 659, 670, 704, 729, 763, 776, 788
MASACCIO, 257
MASCOLO, Denys, 691
MATTHIEU PARIS, 114
MATZNEFF, Gabriel, 691
MAUPASSANT, Guy, 644
MAURRAS, Charles, 635
MAXENCE, 17, 164-166, 168, 190, 193, 296, 780
MAXIME d'Éphèse, 193
MAXIME le CONFESSEUR, 115, 117
MAXIMIEN, 154, 164, 193, 780
MAXIMILLA, 152
MAXIMIN DAÏA, 164
MÉLÉTIOS, 117
MERABET, Ahmed, 748
MERCADER, Ramón, 589
MERCIER, Louis Sébastien, 523
MESLIER, Jean, 49, 426, 501, 506-513, 626, 786, 806
MÉSUÉ, Jean, 383
MÉTRODORE, 193
MICHEL III, dit l'Ivrogne, 251
MIGGRODE, Jacques (de), 455
MILLET, Catherine, 691
MILTIADE le SOPHISTE, 116
MINERVINA, 168
MIRABEAU, Honoré Gabriel Riqueti, comte (de), 526, 529, 530
MITTERRAND, François, 708, 711, 791
MOÏSE, 30, 59, 76, 155, 224, 225, 313, 338, 390, 394, 396, 397, 470, 503
MOLIÈRE, 40, 426, 439
MOLOTOV, Viatcheslav, 634

MOMORO, Antoine-François, 526
MONET, Claude, 657, 658
MONROE, Marilyn, 614
MONSÙ DESIDERIO, *voir* Didier Barra et François de Nomé
MONTAIGNE, Michel (de), 48, 426, 430, 443, 447, 455-460, 462-464, 482-487, 497-501, 503, 506, 626, 654, 786, 805, 806
MONTAN, 110, 152, 254
MONTESQUIEU, 506, 515, 520, 626, 764, 776
MORE, Thomas, 426, 484, 776
MUSSOLINI, Benito, 591, 593, 594, 596-600, 618, 620, 634-637, 659, 663, 670, 709, 789, 808

NAPOLÉON, 44, 633, 712, 733
NESIN, Aziz, 723
NESTOR, 215
NESTORIUS, 108
NEWTON, Isaac, 426, 493
NICCOLI, Niccolò, 429, 430, 784
NICOLAS de Lyre, 363
NIÉPCE, Nicéphore, 657
NIETZSCHE, Friedrich, 9, 23, 28, 29, 363, 434, 480, 501, 514, 631, 632, 648, 650, 653, 654, 706, 735, 765, 788, 796, 807
NIL d'Ancyre, 119
NOMÉ, François (de), dit Monsù Desiderio, 11-13, 15, 18, 797
NYGAARD, William, 723

OBAMA, Barack, 743, 754, 755
OLYMPE DE GOUGES, Marie Gouze, dite, 591
OMAR II, 242
OMAR, 205, 237, 243, 298, 782
ORESME, Nicolas, 341
ORESTE, 206, 209-211
ORHAN, Danielle, 642
ORIGÈNE, 108, 127, 134, 216, 217, 291, 292, 362, 779
ORMESSON, Jean (d'), 725
ORWELL, George, 600, 777
OURRAD, Mustapha, 748
OVIDE, 425

PALLOY, Pierre-François, 18, 19
PAPIAS, 108
PAPISCUS, 115
PASCAL, Blaise, 426, 498, 626
PASOLINI, Pier Paolo, 695
PATTON, George, 750
PAUL de Burgos, 363
PAUL de Crète, 249
PAUL de Samosate, 108
PAUL le JEUNE, 249
PAUL OROSE, 121
PAUL VI, 663, 683, 684, 790, 791
PAULHAN, Jean, 695
PAWLOWSKI, Volker, 22
PÉGUY, Charles, 393
PÉLAGE, 108, 131, 132, 145, 182
PEÑA, Francisco, 310, 315, 317, 321, 323, 325-327, 330-332, 786
PERFECTUS, 386
PÉTAIN, Philippe, 599-601, 604-608, 610-612, 663, 670
PETIT-RADEL, Louis François, 558
PÉTRARQUE, 341, 426-430, 784, 804
PÉTRONE, 428, 432, 433

PHILIPPE d'Orléans, 527
PHILODÈME de GADARA, 466
PHOTIUS, 108
PICABIA, Francis, 648
PIE VII, 657
PIE XI, 591, 597, 604, 634-636, 638, 789
PIE XII, 125, 603, 604, 620, 636-638, 663, 664, 670-675, 677, 789, 790
PIERRE CHRYSOLOGUE, 119
PIERRE de Poitiers, 388
PIERRE de Tolède, 388
PIERRE l'ERMITE, 297, 298, 302-305, 447
PIERRE le BLAKHERNITE, 249
PIERRE le VÉNÉRABLE, 388, 622
PINOCHET, Augusto, 709
PISAN, Christine (de), 341
PITHOU, François, 483
PLATON, 93, 99, 105, 191, 205-207, 267, 274, 280, 283, 342, 373, 383, 397, 430, 501, 696, 776
PLAUTE, 428, 432
PLEKHANOV, Gueorgui, 581
PLINE, 76
PLOTIN, 189, 202, 205-207, 209, 342, 431
POLYCARPE, 110
PONCE PILATE, 94, 156, 258, 417
PONET, John, 472
PONGE, Francis, 691
PORPHYRE de Tyr, 202, 205, 501
POTTIER, Eugène, 658
POWELL, Colin, 741, 750, 792
PREU, Johann Samuel, 493
PRISCILLA, 152
PROCLUS, 152, 283
PROPERCE, 427
PROUDHON, Pierre-Joseph, 649
PROUST, Marcel, 564, 702
PRUD'HON, Pierre-Paul, 263
PRUDENCE, 121
PSEUDO-BARNABÉ, *voir* Barnabé
PSEUDO-MACAIRE, 194
PSEUDO-MATTHIEU, 58, 59
PYRRHUS, 463

QUINTILIEN, 428, 431

RABELAIS, François, 430, 484
RADIGUET, Raymond, 606, 789
RAOUL de Caen, 302, 304
RAPHAËL, Raffaello Sanzio, dit, 96, 264
RATRAMNE de Corbie, 272-274, 276, 277
RAYMOND d'Aguilers, 305
RAYMOND de Peñafort, 340, 784
RENAUD, Michel, 748
RENI, Guido, 263
REVAULT D'ALLONNES, Olivier, 691
REY, Alain, 578
RICARDO, David, 764
RICHARD le POITEVIN, 303
RIEFENSTAHL, Leni, 632, 633
RIEGNER, Gerhart, 636
RIGAUD, Hyacinthe, 656
RIVIÈRE, Pierre, 514
ROBBE-GRILLET, Alain, 691
ROBERT GROSSETÊTE, 384
ROBERT, Hubert, 19
ROBESPIERRE, Maximilien (de), 191, 337, 526, 528, 530, 539, 543, 553, 555, 560, 561, 576, 579, 591, 595, 692, 787, 788, 806, 807

ROCHEFORT, Christiane, 691
ROMEAU, 523
RONDET, Laurent-Étienne, 493
ROSENBERG, Alfred, 631, 633, 634
ROSSIGNOL, Jean, 564, 713, 788
ROUAULT, Georges, 257
ROUSSEAU, Jean-Jacques, 476, 506, 520, 528, 538, 541, 543-552, 555, 558, 562, 567, 576, 591, 626, 776, 786, 806
ROUSSET, David, 522, 710
ROUX, Jean-Paul, 379
RUBENS, Pierre Paul, 257, 263, 490, 657
RUSHDIE, Salman, 707, 719, 721, 722, 730, 791, 809

SAINT ACEPSIME, 139
SAINT AMBROISE de Milan, 121, 130, 142, 160, 276, 293, 362, 501
SAINT AMOUN, 139
SAINT ANTOINE, 133-139, 142, 259, 780, 781
SAINT ANTONIN de Florence, 363
SAINT ARSÈNE le ROMAIN, 140
SAINT ATHANASE d'Alexandrie, 117, 130, 135, 136
SAINT ATHANASE le SINAÏTE, 121
SAINT ATHÉNAGORE, 142
SAINT AUGUSTIN, 12-16, 58, 105, 124, 130-132, 180, 181, 195, 265, 270, 293, 310, 341, 363, 374, 425, 453, 622
SAINT BASILE de Césarée, 117, 362
SAINT BENOÎT, 138, 146, 147, 433, 434, 781
SAINT BERNARD de Clairvaux, 287-289, 297, 305, 308, 447, 598, 616, 622, 670, 784, 803
SAINT BESSARION, 140
SAINT CHENOUTI, 140
SAINT CLÉMENT de Rome, 254
SAINT DAVID de Thessalonique, 139
SAINT ÉPHREM de Nisibe, 120, 133, 139
SAINT ÉTIENNE, 221
SAINT EUSTATHE, 108, 161
SAINT FRANÇOIS d'Assise, 288, 306, 307, 388, 447, 784
SAINT GRÉGOIRE de Nazianze, 117, 120, 142, 145
SAINT HIPPOLYTE, 117
SAINT ISIDORE, 139
SAINT JACQUES le JUSTE, 58, 60, 64, 66, 149, 150, 152
SAINT JACQUES, 139
SAINT JEAN d'Égypte, 139
SAINT JEAN LE PETIT, 139
SAINT JEAN, 78, 92, 98, 112, 150, 153, 183, 184, 195, 204, 244, 258, 259, 261, 313, 362, 625, 712
SAINT JÉRÔME, 121, 136, 137, 207, 362, 363, 424
SAINT LAURENT, Yves, 614
SAINT LUC, 63, 66, 72, 74, 94, 95, 98, 151, 153, 178, 181, 258, 261, 262, 267, 288, 302
SAINT MACAIRE, 139, 145, 170
SAINT MARC, 75, 98, 178, 181, 216, 258, 261, 263, 322, 625
SAINT MARON, 139
SAINT MATTHIEU, 59, 64, 73, 74, 97, 112, 153, 159, 178,

181, 216, 258, 261, 267, 271, 293, 308, 322, 625, 754
SAINT PACÔME le Grand, 137, 780
SAINT PALLADE, 139
SAINT PASCHASE RADBERT, 272-274, 277, 279
SAINT PAUL de Tarse, 66, 81-88, 90-102, 104, 111-114, 124, 127-129, 132, 136, 137, 140-142, 149, 150, 153, 160, 166, 179, 180, 190, 200, 208, 209, 221, 224, 227, 239, 243, 276, 290, 294, 365, 370, 405, 415, 418, 429, 440, 447, 453, 469, 510, 536, 593, 595, 599, 621, 622, 631, 670, 770, 779
SAINT PAUL le SIMPLE, 138
SAINT PIERRE, 72, 92, 102, 114, 149, 150, 153, 186, 404, 684
SAINT POIMEN, 139
SAINT RUFIN, 367
SAINT SIMÉON le STYLITE, 140
SAINT SIMOÈS, 139
SAINT THALÈLE, 139
SAINT THOMAS d'Aquin, 310, 341, 353, 370, 374, 375, 622, 697
SAINT VALÈRE, 367
SAINT-ÉVREMOND, Charles (de), 426
SAINT-JUST, Louis Antoine (de), 515, 527, 530, 539, 553, 560, 565, 606
SAINT-LAMBERT, Jean-François (de), 542
SAINTE ANNE, 57-60
SAINTE MARIE l'Égyptienne, 140
SALLENAVE, Danielle, 691
SALOMÉ, 65
SAMUEL, 57
SANCHEZ DE HUELVA, Alonso, 444
SANTERRE, Antoine-Joseph, 564
SARKOZY, Nicolas, 741, 792
SARTRE, Jean-Paul, 188, 281, 626, 691, 696, 704, 725
SAÜL, *voir* Saint Paul de Tarse
SAUSSURE, Ferdinand (de), 697
SAVONAROLE, Jérôme, 447
SCHÉRER, René, 691, 692, 809
SCHÖNBERG, Arnold, 661
SCHOPENHAUER, Arthur, 29, 42, 632
SCORSESE, Martin, 259, 722
SCOT ÉRIGÈNE, Jean, 265, 279, 280, 282
SEGARELLI, Gérard, 712
SÉNÈQUE, 105, 284, 425, 463, 466
SEPÚLVEDA, Juan Ginés (de), 447, 448, 452-455, 805
SERVET, Michel, 474, 786
SÉVÈRE, 164
SHAKESPEARE, William, 165
SIBYLLE TIBURTINE, 712
SIGISMOND, 415
SILIUS ITALICUS, 428
SIMON le MAGICIEN, 152
SIMON le ZÉLOTE, 66
SIXTE IV, 387
SLUYS, Félix, 12
SMITH, Adam, 764
SOCRATE le SCOLASTIQUE, 207, 210
SOCRATE, 99, 284
SOLARIO, Andrea, 264
SOLIMAN, 242, 248

SOLJENITSYNE, Alexandre, 709, 711, 808
SOLLERS, Philippe, 691, 695
SOPHOCLE, 425
SORDINI, Ettore, 642
SOROKINE, Nathalie, 608
SPEER, Albert, 21
SPENGLER, Oswald, 28, 29, 795
SPINOZA, Baruch, 426, 626
SPRENGER, Jacques, 309, 362-364, 367, 368, 371, 374, 785, 803
STACE, 428
STALINE, Joseph, 22, 44, 576, 580, 583, 589, 603, 676, 713, 733, 752, 789, 790
STIEGLITZ, Alfred, 654
STIRNER, Max, 648-651
STOCKHAUSEN, Karlheinz, 738
STUART-MILL, John, 626
SUÁREZ, Francisco, 622
SUÉTONE, 76
SUHARD, Emmanuel, 612
SULPICE SÉVÈRE, 121
SYNÉSIOS de Cyrène, 142, 206

TACITE, 428, 431, 509
TAINE, Hippolyte, 519, 598, 806
TAMERLAN, 44, 379, 380, 785
TARQUIN, 475
TATIEN, 108, 362
TERTULLIEN, 116, 130, 141, 200, 253, 291, 292, 362
TESSARECH, Bruno, 692
THÉMISTIOS, 193
THÉODORA, 168, 241, 242, 251, 264, 783
THÉODORE ABU QURRA, 383
THÉODORE de Mopsueste, 121
THÉODORE STUDITE, 111
THÉODORET de Cyr, 121, 207
THÉODOSE II, 133, 293, 781
THÉODOSE le JEUNE, 203
THÉODOSE, 124, 133, 140, 160, 186-188, 201, 204, 294, 781
THÉON d'Alexandrie, 199
THÉOPHILE d'Antioche, 181
THÉOPHILE, 204
THORFINNR KARLSEFNI, 443
TIBÈRE, 94
TIEPOLO, Giambattista, 257
TIGNOUS, 747
TINTORET, 257
TITE-LIVE, 426, 431
TITIEN, 257, 490, 657
TORQUEMADA, Tomás (de), 309, 311, 447
TOUKHATCHEVSKI, Mikhaïl, 586, 789
TOYNBEE, Arnold Joseph, 28
TROTSKI, Léon Bronstein, dit, 579, 580, 583, 584, 588, 589, 614, 660, 789, 808
TULARD, Jean, 563
TURREAU, Louis-Marie, 553, 563, 787
TZARA, Tristan, 659, 788, 807

URBAIN II, 97, 297-300, 305, 784

VALENS, 203, 781
VALÉRIUS FLACCUS, 428
VALÉRY, Paul, 39
VAN EYCK, Jan, 257, 656
VÉLASQUEZ, Diego, 257, 263
VENANCE FORTUNAT, 121
VÉRONÈSE, 257
VEYNE, Paul, 799, 800
VICO, Giambattista, 28, 493
VICTOR, 110
VIRET, Pierre, 500, 786
VIRGILE, 14, 350, 425, 426, 463

VITORIA, Francisco (de), 622
VOLTAIRE, 495, 506, 513, 527, 530, 541, 542, 626, 764, 787
VORAGINE, Jacques (de), 171, 622

WALPOLE, Horace, 542
WARHOL, Andy, 614
WEIL, Simone, 600, 602
WEINREICH, Max, 628
WESTERMANN, François-Joseph, 564
WOLFOWITZ, Paul, 741
WOLINSKI, 747
WYCLIF, John, 410, 412, 413, 416, 418

ZABELKA, George, 672
ZACHARIE, 64, 68
ZACHÉE, 67, 68
ZELIVSKY, Jan, 421
ZÉNOBIE de Palmyre, 204
ZÉNON, 69, 100, 463
ZURBARÁN, Francisco (de), 257

Index des œuvres

« À quoi rêvent les Iraniens ? » (*Dits et écrits*), 727
« Déclaration de jihad contre les Américains qui occupent les pays des deux lieux saints » (*Al-Qaida dans le texte*), 744
« Déclaration du Front islamique mondial pour le jihad contre les Juifs et les Croisés » (*Al-Qaida dans le texte*), 744
« La mort de l'auteur », 702
« Le chef mythique de la révolte de l'Iran », 728
« Le Shah a cent ans de retard », 726
« Le terrorisme révolutionnaire », 578
« Message au peuple américain » (*Al-Qaida dans le texte*), 743
« Métaphysique de la mort », 632
« Qu'est-ce qu'un auteur ? », 703
« Qu'est-ce que le structuralisme ? », 696, 699
« Recommandations tactiques » (*Al-Qaida dans le texte*), 745
« Victoire de la contre-révolution à Vienne », 576
120 journées de Sodome (*Les*), 693, 695, 700
1984, 777
4'33, 645, 661
À Donat, 292
À la louange de la milice nouvelle, 287, 289
À la recherche du temps perdu, 702
À ma femme, 141
À propos de jeune sœur, 647
À une jeune veuve, 142
À Zosarios, 119
Abbaye de Longchamp (*L'*), 19
Achromes, 642
Actes de Paul, 83
Actes des apôtres, 95, 112, 153, 243, 625
Adresse aux habitants du Valais, 554
Aéroplane, 650
Ainsi parlait Zarathoustra, 23, 648, 706, 788

Al-Qaïda dans le texte, 743, 810
Album primo-avrilesque, 645
Ami du peuple (*L'*), 526
Amours de Charlot et Toinette (*Les*), 523
Ancien Testament (*L'*), 45, 57, 58, 61, 64, 71, 73, 74, 115, 151, 243, 254, 262, 263, 290, 311-313, 338, 352, 358, 359, 522, 634, 767
Annales (*Les*), 509
Antéchrist (*L'*), 650
Apocalypse de Jean, 184, 195
Apologétique, 180, 200
Apologie du prophète David, 130
Apologie, 142
Archipel du goulag (*L'*), 711, 808
Argonautiques, 428
Arnolfini et sa femme, 656
Art de cracher et de se moucher (*L'*), 528
Art oratoire, 431
Astrologiques ou la science sacrée du ciel (*Les*), 428
Au coin de la rue, l'aventure, 691
Autobiographie, 303
Babillard (*Le*), 521
Bastille dans les premiers jours de sa démolition (*La*), 19
Béatitudes, 670
Bhagavad Gîtâ, 761
Bon Sens du curé Meslier (*Le*), 514
Bordel royal, 523
Britannicus, 162
Bulletin de la Société française de philosophie, 703
Cahiers noirs, 124
Cahiers sur la science de la logique de Hegel, 571
Candide, 513
Canon, 260
Canzionere (Le), 341
Catéchisme de l'Église catholique, 147, 180, 672
Charlie Hebdo, 747, 792
Choc des civilisations (*Le*), 759, 796
Chronique du mois (*La*), 526
Chronique mozarabe, 382
Cité de Dieu (*La*), 14, 130, 181, 294
Co-ire. Album systématique de l'enfance, 692
Code théodosien, 202, 781
Colloques, 408
Combat de nègres dans une cave pendant la nuit, 645
Comment organiser l'émulation ?, 584
Commentaire de Saint Paul I. Cor. et de Luc IV, 121
Commentaire sur l'évangile concordant, ou Diatessaron, 120
Commentaires, 428
Conférences sur la petite guerre, 750
Confessions (Les), Saint Augustin, 132, 180
Confessions (Les), Jean-Jacques Rousseau, 542, 806
Conflit des facultés (*Le*), 567
Considérations inactuelles, 9
Considérations sur la Révolution française, 567
Considérations sur les causes de la grandeur des Romains et de leur décadence, 515

Consommation d'art dynamique par le public dévorateur d'art, 642
Constitutions apostoliques (*Les*), 120
Contre Celse, 292
Contre Julien d'Éclane, 132
Contre la méthode, 29
Contre les hérésies, 130
Contre les Juifs, 116, 117
Contre les manichéens, 130
Contre les prophètes célestes, 468
Contre les suggestions des huit vices principaux, 145
Contre Pison, 428
Contre rien, 642, 809
Contre'un, voir *Discours de la servitude volontaire*, 463, 478, 483, 512, 786, 806
Coran (Le), 205, 220, 230, 237-239, 243, 298, 301, 303, 358, 377, 379, 380, 385-388, 391, 397, 718-720, 723, 728, 729, 740, 761, 768, 801
Corps d'air, 642
Corriere della sera, 725
Courrier de Provence, 526
Courrier français (*Le*), 521
Court Traité du pouvoir tyrannique, 282, 535, 784
Crise de l'esprit (*La*), 39
Critique de la raison dialectique, 696
Critique de la raison pure, 497, 570, 626, 787
Crucifixion selon Combas (*La*), 257
De l'âme, 254, 384
De l'avantage des tremblements de terre, 496
De l'idolâtrie, 291
De la colère de Dieu, 426
De la couronne du soldat, 291
De la doctrine chrétienne, 58
De la génération et de la corruption, 384
De la guerre, 750
De la longueur et de la brièveté de la vie, 384
De la mémoire, 384
De la monarchie héréditaire, 538
De la monarchie, 537
De la monogamie, 142
De la nature des choses, 425, 435, 438, 467, 785, 804
De la persévérance dans le veuvage, 142
De la puissance légitime du prince sur le peuple et du peuple sur le prince, 786
De la virginité, 142
Décaméron (Le), 341
Déclaration des droits de l'homme et du citoyen, 593, 681
Déclin du courage (*Le*), 709
Décrétales, 340, 784
Défenseur de la Constitution (Le), 526
Défenseur de la paix, 535
Démonstration contre les Juifs, 117
Dernière Tentation du Christ (La), 259, 722
Des aqueducs, 428
Des lois agraires, 428
Des révolutions des sphères célestes, 627
Description de la ménagerie royale d'animaux vivants, 525
Désireux d'ardeur suprême (bulle), 364

Deutéronome (Le), 91, 243, 261, 291, 339, 454
Deuxième Épître aux Corinthiens, 83, 112
Deuxième Épître aux Philippiens, 183
Deuxième Épître aux Romains, 151
Diable au corps (Le), 606, 789
Dialogue avec Tryphon, 116
Dialogue sur les deux grands systèmes du monde, 502
Dictionnaire culturel en langue française, 578
Dictionnaire des inquisiteurs, 309, 803
Didachè ou Doctrine des Apôtres (La), 177
Discours à la nation allemande, 567, 633
Discours à l'assemblée des saints, 162
Discours apologétiques contre ceux qui rejettent les saintes images, 247
Discours au VIe congrès international de droit pénal, 638
Discours de la méthode, 503, 626, 786, 806
Discours de la servitude volontaire, 463, 478, 482, 483, 512, 786, 806
Discours sur l'art de la guerre, 480
Discours sur la première décade de Tite-Live, 480
Discours sur les sciences et les arts, 543, 549, 550, 806
Discours sur l'histoire universelle, 536
Discours sur l'origine et les fondements de l'inégalité parmi les hommes, 544
Discours véritable contre les chrétiens, 154, 157, 158
Discussion de Jason et de Papiscus au sujet du Christ, 115, 779
Dits et écrits, 703, 727
Divine comédie (La), 341
Divini redemptoris (encyclique), 611, 635, 789
Doctrine du droit, 567
Doctrine du fascisme (La), 595, 596
Du contrat social, 506, 543
Du droit des magistrats sur leurs sujets, 472
Du mariage, 606, 788
Du règne, 537
Du spirituel dans l'art, 658
Duchamp du signe, 653, 807
Ecclésiastique (L'), 74
Église de Blainville (L'), 643
Église de l'Antiquité tardive (303-604) (L'), 203
Église Saint-Jean-en-Grève (L'), 19
Éléments, 383
Éloge de la calvitie, 206
Éloge de la nouvelle chevalerie, 306
Émile ou de l'éducation, 542, 551, 552, 626, 806
Émile perverti ou des rapports entre l'éducation et la sexualité, 692
Encyclopédie (L'), 514, 527, 786
Enfant interdit (L'), 692
Enfantines, 692
Ennéades (Les), 202, 342
Entretiens avec un musulman, 390, 398, 809
Éphéméride, 464

Épître aux Colossiens, 99, 101
Épître aux Éphésiens, 101, 180
Épître aux Galates, 66
Épître aux Philippiens, 90, 183
Épître aux Romains, 103, 129, 415
Épître de Barnabé, 114
Épître de Jacques, 152
Épître du Pseudo-Barnabé, 105
Épîtres aux hébreux, 153
Épîtres canoniques, 142
Épîtres de Pierre, 153
Essai de sismothéologie, 493
Essai de théodicée sur la bonté de Dieu, la liberté de l'homme et l'origine du mal, 494
Essai sur la régénération physique, morale et politique des juifs, 553
Essais (Les), 455, 458, 459, 463, 482, 483, 498, 626, 805, 806
Éthique (*L'*), 626
Éthique à Nicomaque, 384
Évangile de l'enfance, 58, 59
Évangile selon Jean, 62, 78, 114, 153, 244, 313, 357, 362, 625, 712
Évangile selon Luc, 151, 153, 178, 258, 302
Évangile selon Marc, 75, 98, 178, 181, 258
Évangile selon Matthieu, 57, 64, 73, 74, 97, 153, 159, 178, 258
Examen de conscience sur les devoirs de la royauté, 538
Exhortation à la chasteté, 142
Exode, 59, 65, 76, 91, 243, 263, 347, 352, 358
Explosion dans une église, 18
Extrait des sentiments de Jean Meslier, 513, 787
Facéties (*Les*), 405, 427, 804
Femme cocher – Tarif horokilométrique, 647
Femme nue aux bas noirs, 643
Figaro (*Le*), 643, 659, 788
Fin de l'histoire et le dernier homme (*La*), 711, 714
Fondements du national-socialisme (*Les*), 633, 634, 638
Fontaine, 643, 646, 653, 658, 788
Fragments d'institution républicaine, 606
Gai savoir (*Le*), 514
Galates, 66, 91
Genèse (La), 58, 70, 74, 89, 129, 130, 141, 195, 265, 322, 336, 351, 355, 359, 367, 800
Gestion de la barbarie. L'étape par laquelle l'islam devra passer pour restaurer le califat, 810
Grand Bazar (*Le*), 691
Grands Cimetières sous la lune (*Les*), 602
Guerre des Gaules (*La*), 162
Hiérarchie céleste (*La*), 266
Histoire admirable des horribles insolences, cruautés et tyrannies exercées par les Espagnols dans les Indes Occidentales, 455
Histoire de l'enfance de Jésus, 66, 71

Histoire de la folie à l'âge classique, 696
Histoire de Rome, 426
Histoire ecclésiastique, 207
Histoire et dictionnaire de la Révolution français 1789-1799, 563
Histoires, 428
Hitler et les professeurs, 628
Homélies, 118, 130
Hommage à la Catalogne, 600
Homme révolté (L'), 808
Humani Generis Unitas (encyclique), 635
Humanité (L'), 579
Hurlements en faveur de Sade, 661
Hydropathe (L'), 644
Impression, soleil levant, 657
Impromptus, 428
Ingénieur du temps perdu, 653, 807
Institution de la religion chrétienne (L'), 470, 786
Institutions cénobitiques, 146
Institutions divines (Les), 292
Institutions, 180
Instruction chrétienne, 500, 786
Instructions, 309
Introduction à la lecture de Hegel, 712
Introduction à la psychanalyse, 658
Isaïe, 74
J'ai choisi la liberté, 710
Jérémie, 91, 119, 291
Joseph Anton, 720, 809
Josué, 74, 291, 802
Journal d'un bourgeois de Paris sous la Révolution, 535
Journal des débats et des décrets, 561
Journal du club des Cordeliers, 526
Julien dit l'Apostat, 160
L'Emprise des enfants entre nous, 692
La Clé des songes, 372
La Famille de cochons ramenée à l'étable, 523
La Gaule française, 472, 476
Le Godemiché royal, 523
Leçons sur la philosophie de l'histoire, 576
Légende de saint Augustin. Ruines et embarcation échouée, 12
Légende de saint Augustin. Ruines imaginaires au bord de la mer, 12
Légende de sainte Ursule, 655
Légende dorée (La), 171, 622
Lettre à Hérodote, 423
Lettre à Ménécée, 423, 434
Lettre à Pythoclès, 423, 491
Lettre d'un certain Valère à un certain Rufin « pour qu'il ne prenne pas femme », 367
Lettre de Constantin auguste aux Églises au sujet du Concile de Nicée, 121
Lettre de Simone Weil à Georges Bernanos (1938), 600
Lettre, 246, 290, 389
Lettres à Atticus, 427
Lettres persanes, 507, 515
Leur morale et la nôtre, 589, 789, 808
Lévitique, 61, 89, 91, 338
Livre de Michée, 74
Livre de Ruth, 74
Livre de Zacharie, 64, 68

Livre des Chroniques (*Le*), 74
Livre des rois (Le), 74
Livres de Samuel (*Les*), 74
Logique (La), 384
Lois (*Les*), 383
Louanges de Constantin, 188, 798
Madone de la salle de bains (*La*), 654
Mafarka le futuriste, 774
Mahâbhârata, 761
Maîtresse d'école (*La*), 558
Malaise dans la civilisation, 658
Manifeste dada (1918), 659
Manifeste du futurisme, 659
Manifeste du parti communiste, 576, 658
Manifeste du surréalisme (1924), 660, 788, 807
Manifeste du surréalisme (1929), 660, 807
Manuel des inquisiteurs, 97, 309, 784, 803
Marche funèbre composée pour les funérailles d'un grand homme sourd, 646
Marteau des sorcières (*Le*), 309, 362-364, 366, 373, 375, 785, 803
Maximes capitales, 466
Meilleur des mondes (*Le*), 777
Mein Kampf, voir *Mon combat*, 789
Mémoire touchant l'édit de janvier 1562, 483
Mémoires de l'État de France sous Charles Neuvième, 486
Merde d'artiste, 641, 646, 809
Métaphysique (La), 342, 384
Métapsychologie, 698
Miroir des limbes (*Le*), 685
Mit brennender Sorge (encyclique), 634
Mon combat, 98, 125, 288, 584, 595, 616, 619, 620, 622, 626, 627, 634, 670, 704, 808
Monadologie (La), 766
Monde comme volonté et comme représentation (Le), 632
Monde diplomatique (*Le*), 741, 750
Monsieur Aa l'antiphilosophe nous envoie ce manifeste, 660
Moralia, 142
Mots et les choses (*Les*), 695, 696
Mythe du XXe siècle (*Le*), 631, 633, 634
Nature (*La*), 424
Nombres, 61
Nouveau désordre amoureux (*Le*), 691
Nouveau Testament (*Le*), 55, 57, 58, 64, 68, 71, 74, 98, 99, 111, 151, 152, 182, 243, 244, 263, 266, 287, 291, 294, 303, 310-312, 359, 368, 374, 509, 761, 779
Nouvel Observateur (*Le*), 727, 730
Nouvelle gazette rhénane, 576, 578
Nu descendant un escalier, 644
Ordre du discours (*L'*), 725
Organt, 527
Orgie royale (*L'*), 523
Origine de Constantin (*L'*), 162
Origine des espèces (*L'*), 627
Origines, 366

Origines de la France contemporaine (*Les*), 519, 806
Par-delà le bien et le mal, 648
Parménide (Le), 342
Partie d'échecs (*La*), 643
Patriote français (*Le*), 526
Pensées pour moi-même, 390
Père Duchesne (*Le*), 521, 525, 531, 535
Petits traités d'histoire naturelle, 384
Peusis, 249
Phédon (Le), 205
Phénoménologie de l'esprit, 567, 575, 633, 712
Physique (La), 384
Pierre l'Ermite, 297, 298, 302-305, 447, 803
Poème sur le désastre de Lisbonne, 495
Poèmes dogmatiques, 120
Porte-bouteilles, 643, 646
Portrait de Marcel Lefrançois, 643
Portrait du docteur Dumouchel, 643
Portrait du père de l'artiste, 643
Portrait d'Yvonne Duchamp, 643
Portrait ou Dulcinée, 643
Pour Archias, 427
Pour Caecina, 428
Pour Caelius, 428
Pour Cluentius, 428
Pour Milon, 428
Pour Murena, 428
Pour Rabirius Postumus, 428
Pour Roscius, 428
Préceptes, 141
Précis de décomposition, 43
Premier Art chrétien (200-395) (*Le*), 253
Premier Discours sur les images, 247
Première Communion de jeunes filles chlorotiques par un temps de neige, 645
Première Épître à Timothée, 129
Première Épître aux Corinthiens, 83, 85, 91, 101, 102, 127-129
Première Épître aux Thessaloniciens, 111, 113, 179, 180
Prince (Le), 478-480, 482, 805
Principes de la philosophie du droit, 567
Principes de la philosophie (Les), 504
Printemps (Le), 643
Propos de table, 473
Proto-évangile, 58
Psaume XXII, 75, 261
Psaumes, 73
Qu'est-ce que les Lumières ?, 495
Quamvis immanis (lettre), 604
Quand notre monde est devenu chrétien (312-394), 799
Quarante-cinq articles, 412
Race. Nouvelle noblesse du sang et du sol (*La*), 631
Raison dans l'Histoire (*La*), 572, 576, 620
Ramayana, 761
Rapport du 14 août 1793, 565
Récolte de la tomate par des cardinaux apoplectiques au bord de la mer Rouge, 645
Réflexions sur le désastre de Lisbonne, 493
Réfutation des sophistes, 384

Règle de saint Benoît, 146
Religion dans les limites de la simple raison (La), 570
République (La), 205, 280, 383
Résolution claire et facile sur la question tant de fois faite de la prise des armes par les inférieurs, 477
Réveille-matin des Français et de leurs voisins, composé par Eusèbe Philadelphe cosmopolite, en forme de dialogues (Le), 485
Revendications contre les tyrans, 472
Rêveries du promeneur solitaire, 543
Révolutions de France et de Brabant (Les), 521
Révolutions de Paris, 526
Roue de bicyclette, 642, 643
Royal Veto (Le), 521
Royauté (La), 465
Ruines de Rome. De l'inconstance de la fortune (Les), 404, 804
Saga d'Érik le Rouge (La), 443
Saga des Groenlandais (La), 443
Saga du Vinland (La), 443
Sahîh Al-Boukhârî, 380
Saint Paul à Éphèse, 96
Sculptures vivantes, 642
Seconds Analytiques, 384
Serment, 383
Sermon de saint Paul à Éphèse (Le), 96
Sermon sur la montagne, 158, 254, 256, 670
Sermons, 14, 120
Shoah, 21
Similitudes, 180
Sîra (La), 221, 229-236
Six livres du royaume et de la puissance royale, contre Buchanan, Brutus et Boucher et les autres monarchomaques, 471
Somme des cas de pénitence, 340
Somme théologique, 353, 365, 370, 697
Souffles d'artiste, 642
Soumission, 747
Spectres de Marx, 715
Sur la déposition d'Arien, 130
Sur l'adoration en esprit et en vérité, 120
Sur les causes des tremblements de terre, à l'occasion du sinistre qui a atteint les régions occidentales de l'Europe vers la fin de l'année dernière, 496
Sur les Proverbes, 120
Sur les Psaumes, 120
Syllogismes de l'amertume, 43
Technique du coup d'État, 579
Témoignage de l'âme, 130
Tentation d'Antoinette et de son cochon dans la tour du temple (La), 525
Testament, 501, 506-508, 513, 626, 786, 806
Tête ou l'oreille du cochon (La), 523
Théétète, 373
Théorie de la plus-value, 763
Théorie du combat, 750
Thèses, 408, 785
Timée (Le), 383
Topiques, 384
Torah (La), 303, 358, 761

Toute la vie, 612
Traditions islamiques (Les), 380, 801
Tragiques (Les), 473
Traité contre les objections des Grecs, 274
Traité d'athéologie, 84, 86, 797, 798
Traité de l'âme, 273
Traité de la prédestination, 274
Traité de l'âme à Odon de Beauvais, 274
Traité des devoirs, 293
Traité des hérétiques et de leur juste punition par la loi civile, 474, 786
Traité du corps et du sang de notre Seigneur, 273
Traité sur le corps et le sang du Seigneur, 272, 276
Traité sur les principes de l'homme, 527
Très Brève Relation de la destruction des Indes, 446, 448, 450
Trinité (La), 131
Tristan, 616
Ulysse, 661
Un vieux doit-il se marier ?, 427
Une érotique puérile, 692
Unique et sa propriété (L'), 648, 649
Vanity Fair, 741
Variété, 40
Versets sataniques (Les), 719, 721-723
Vie d'Antoine, 135
Vie d'Épicure, 424, 806
Vie de Constantin, 121, 164, 252
Vie de Louis-Philippe Joseph, duc d'Orléans (La), 525
Vie de Paul de Thèbes, premier ermite, 136
Vie est un long fleuve tranquille (La), 680
Vie et faits notables de Henry de Valois, 472
Vies, doctrines et sentences des philosophes illustres, 280
Vieux cordelier (Le), 526, 530
Vincennes, 692
Visions, 180
Vive description de la tyrannie et des tyrans avec les moyens de se garantir de leur joug, voir *Discours sur la servitude volontaire*, 486
Vivre et philosopher sous l'Empire chrétien, 162, 797
Vue imaginaire de la Grande galerie du Louvre en ruines, 19
Yvonne et Magdeleine déchiquetées, 647
Zero Dark Thirty, 756
Zweites Buch, 552

Index des thèmes

11 Septembre, 749-756
Abjuration, 331, 349, 374
Abolition
des privilèges, 472, 539, 591, 787
du sujet, 657
Absolution, 190, 328
Abstinence sexuelle, 41, 88, 123, 152, 405
Accords du Latran, 591-597, 789
Acédie, 145, 147
Adoptianistes (les), 107
Adultère, 64, 91, 129, 141-143, 155, 204, 213, 287-293, 360, 366, 529, 582, 606
Al-Andalus, 382, 384, 386, 387, 785
Al-Qaida, 737-750, 792
Alains (les), 13
Alamans (les), 153
Aliénation, 548, 577
Almohades (les), 387
Aloges (les), 107
Âme, 109, 205, 206, 215, 277, 430, 452, 499
Amour, 368, 439, 440, 799
du prochain, 67, 287, 294, 326, 393
Anachorétisme, 106, 119, 133, 134, 136, 137, 142, 781
Anathème, 143, 213, 277, 333, 692, 767
Ange, 106, 135, 141, 156, 157, 178, 247, 251, 265, 266, 276, 390, 461
sexe de l', 265, 461
Anoméens (les), 187, 331
Anthropocentrisme, 32, 776
Anthropophagie, 455-463
Antibolchevisme, 611-613
Anticorps du Christ, 55-79, 81, 87, 93, 127, 140, 171, 272
Antidico-marianites (les), 107, 314
Antijudaïsme, 631
Antisémitisme, 105-125, 303, 445, 453, 553, 606-677, 689-693
chrétien, 105-125, 303, 606-615, 625-632, 664, 689-693
d'État, 606-615, 618-625, 689-693
Apollinaristes (les), 107, 187
Apostasie, 215, 307
Apôtre, 57, 66, 67, 83, 92-114, 149-156, 221, 261, 290, 310, 390, 451, 664

Arbitraire, 405, 509, 569, 583
Arbre de la connaissance, 130, 336
Archange, 106, 180, 181, 266
Arianisme, 107, 214-216, 312
Ariens (les), 13, 161, 187, 215
Aristotélisme, 32, 116, 205, 213, 268, 274, 342, 383-389, 398, 431, 501
Art, 243, 254, 648, 687
  occidental, 648, 687
  chrétien, 253
  islamique, 243
  et les Incohérents, 644-646
  et Marcel Duchamp, 647
  mort de l', 643, 660
Arts libéraux, 270
Ascèse, 106, 116, 137, 138, 141, 145, 206, 253, 352, 424, 600
Astrophysique, 33-35, 41
Ataraxie, 433, 435
Athéisme, 191, 427, 467, 468, 506-508, 513, 514, 587, 592, 595, 596, 603, 609, 621, 626, 633, 666, 671, 683, 693, 707, 708, 806
Atomisme, 267, 423, 505
Attentat, 579, 581, 584, 723, 737-739, 744, 745, 747, 749, 788, 792
  du 7 janvier 2015, 744, 792
  et petite guerre, 733-757
  du 11 septembre 2001, 733, 736, 737, 739, 743, 747, 749, 751, 753, 754, 756, 792, 810
Augustiniens (les), 132, 802
Augustinisme, 132
Auschwitz, 21, 689
Autodafé, 95-97, 204, 265, 386, 405, 418, 429, 447, 499, 557, 593, 677, 721
Autorité, 103, 132, 190, 209, 211, 316, 348, 365, 408, 410, 413, 415, 417, 421, 453, 463, 468-470, 473, 476, 482, 500, 503, 581, 592, 636, 649, 674, 690, 714, 721, 728, 759, 782
Avarice, 145, 147, 461
Avortement, 213, 368, 607, 765
Barbarie, 9, 13, 14, 21, 39, 40, 43, 104, 153, 193, 197, 216, 298, 388, 390, 431, 436, 454, 455, 459-462, 464, 513, 555, 589, 613, 674, 746, 769, 780, 803, 810
Bataille de al-Nakhla, 228, 782
Bataille de Badr, 228, 231, 232, 782
Bataille de Ctésiphon, 203, 781
Bataille de Lépante, 378, 786
Bataille du Pont Milvius, 17, 168, 670, 780
Béatitudes, 158-160, 166, 670
Beau (le), 255, 649-651
Bethléem, 74
Bien (le), 107, 130, 152, 206, 255, 292, 296, 304, 306, 324, 325, 336, 338, 339, 350, 373, 396, 433, 465, 467, 477, 479, 481, 495, 509, 511, 536, 588, 600, 612, 631, 648, 649, 651, 727, 770
Big Bang, 27, 34, 35
Blasphème, 116, 120, 196, 305, 312, 315, 323, 721, 722

Bolchevisme, 22, 578, 580, 582-588, 592, 595, 596, 599, 606, 609-613, 618, 619, 630, 633-635, 678, 703, 710, 713, 763, 788
Bouddhisme, 239, 377, 667
Bourgeoisie, 559, 575, 578, 648, 656-658, 689, 704, 729
Caballéité, 281, 656
Califat, 228, 237, 249, 381, 740, 742, 745-747, 769, 810
Camp, 390, 522, 601, 602, 609, 612, 621, 671, 709
  de concentration, 567, 576, 583-589, 601, 689, 709, 710, 788, 790
  d'extermination, 615, 631
  de la mort, 601, 700
Cannibalisme, 452, 576
Capitalisme, 385, 576, 619, 658, 683, 702, 705, 711, 715, 727, 730, 762, 763
  bourgeois, 568
Carpes (les), 153
Castration, 90, 134, 368, 602
Cataphryges (les), 110
Catéchisme, 147, 180, 432, 671, 672, 710
Catholicisme, 101, 320, 325, 382, 447, 468, 478, 484, 493, 502, 511, 535, 553, 554, 594-600, 604, 616, 624, 633, 634, 671, 804, 809
  antisémitisme, 609
  social, 152
Célibat, 83, 85, 88, 106, 128, 141, 143, 151, 199, 314, 357, 368, 404, 429, 528, 632, 688
Cénobitisme, 106, 133, 137, 138, 142, 146
Censure, 514, 580, 648
Césarisme, 469
Césarochristianisme, 469
Césaropapisme, 93, 177, 188, 197, 241, 467-469, 476, 515, 541
Chahada, 297
Chair, 28, 47, 56, 62, 76, 79, 83-91, 100, 102, 106, 115, 120, 128, 130, 132, 136, 157, 185, 200, 206, 209, 213, 231, 247-250, 255, 257, 258, 260, 271, 274, 283, 302, 314, 343, 352, 370, 407, 430, 432, 438, 441, 454, 499, 502, 504, 519, 559, 562, 577, 630, 650, 655, 671, 682, 699, 800
Chamanisme, 91, 377, 669, 677
Chambre à gaz, 615, 625, 637
Charia, 42, 714, 715, 717
Charité, 96, 169, 293, 323, 339, 348, 361, 405, 447, 480, 664
Chasteté, 83, 85, 88, 106, 142, 213, 510
Châtiment, 75, 103, 123, 179, 396, 441, 490, 694
Chérubin, 266
Chrisme, 166, 167, 296
Christ, 41, 50, 55-79, 81, 82, 84, 86, 87, 89-110, 112-121, 124, 127, 129, 134, 143, 145, 152, 154, 166-172, 178, 181, 185, 188, 194, 195, 212-215, 239, 242, 245, 247, 250, 252-254, 256, 257, 259-263, 265-290, 292-294, 297, 298, 304, 305, 312, 314, 326, 350, 351, 366, 389, 394-398, 404, 408, 410-412, 414, 417, 419, 421, 429, 436, 441, 451,

464, 473-475, 485, 507, 538, 577, 595, 598, 601, 609, 619, 625, 628, 630, 649, 664-666, 668, 670, 674, 681-684, 688, 689, 712, 722, 753, 779, 783, 798, 802
Pantocrator, 56
nature du, 107
des Béatitudes, 166
et agneau, 60, 64, 79, 169, 173, 226, 254, 259, 260, 263
et poisson, 76-78, 260
et ancre, 260
et prolétariat, 158, 577
Christianisation, 169, 219, 292, 446, 785, 800
Christianisme, 17, 18, 24, 49, 58, 75, 82, 86, 87, 90, 91, 101, 105, 106, 108, 116, 117, 133, 134, 140, 143, 145, 149, 150, 152, 154, 158-160, 163, 165-169, 171, 172, 177, 182, 186, 187, 191, 193, 197, 199-201, 206, 214, 217, 219-221, 239, 241, 244, 249, 253-255, 257, 266, 271, 272, 276, 280, 290-293, 300, 301, 308, 311, 313, 329, 352, 358, 359, 387, 389, 390, 393, 394, 403, 409, 412, 423-427, 429-431, 433-435, 446, 452, 481, 485, 491, 498, 499, 509, 543, 553, 557, 570, 577, 593, 655, 670, 671, 678, 680, 684, 685, 689, 697, 710, 722, 728, 774, 779-781, 800, 804, 809
primitif, 106, 186, 199, 260, 800
et fascisme, 596-599, 604, 613
et nazisme, 111, 125, 621-628, 633, 634, 655, 656
Circoncision
du prépuce, 88, 91
de l'esprit, 91
des cœurs, 81-104
de la bouche, 91
des lèvres, 91
de l'âme, 91
des oreilles, 91
Cité céleste, 190
Cité, 16, 23, 116, 184, 205, 307, 318, 382, 436, 457, 458, 465, 483, 511, 550, 552, 597, 681, 698, 776
de Dieu, 94, 109, 188, 195
des hommes, 94, 109, 188, 190, 191
Civilisation
aztèque, 97
judéo-chrétienne, 15, 24, 48, 49, 55, 79, 91, 146, 173, 213, 355, 541, 756, 795, 796, 800
planétaire, 759-777
Code justinien, 368
Collaboration, 612, 636, 659, 671, 789
Colombe, 61, 108, 234, 308
Commerce des indulgences, 319
Communauté
chrétienne, 99
de moines chrétiens, 138
Communion, 102, 151, 191, 347, 421, 670, 679, 681
Communisme, 422, 507, 508, 513, 555, 573, 577, 589, 596, 599, 605, 606,

611, 619, 635, 648, 663, 707, 715, 769, 774, 776, 789, 808
et Jean Meslier, 507, 514
et Dom Deschamps, 507
Concile
de Jérusalem, 92
de Carthage, 109, 130, 132, 781
de Cologne, 109
de Saragosse, 109
de Constantinople, 260, 782
de Hiéraphe, 109, 110
de Rome, 665, 782
d'Éphèse, 109, 110, 215, 781
de Palestine, 110
de Césarée, 110
d'Afrique, 110
de Lyon, 110
d'Elvire, 122, 213, 780
d'Orange, 130, 781
de Trente, 130, 143, 213, 215, 277, 786
d'Herfort, 143, 782
de Tolède, 211, 213, 782
de Latran, 277, 404, 784
d'Ancyre, 213, 780
de Valence, 213
d'Arles, 213, 293
d'Avranches, 213
de Nicée, 121, 201, 214, 250, 251, 265, 783
de Hiera, 250
de Verceil, 265, 280, 783
de Paris, 280
de Bordeaux, 280
de Constance, 410
de Chalcédoine, 262, 273, 314, 414, 781
Conférence de Wannsee, 630, 636
Conférence de Yalta, 21, 790
Confucianisme, 239, 377
Conquête de l'Espagne, 377
Constantinople, 17, 109, 117, 119, 145, 210, 215, 241-243, 246, 250, 251, 260, 384, 622, 782, 783, 799, 803
Consubstantiation, 414
Consumérisme, 599, 683, 685-706, 708, 710, 711, 719, 756, 767, 768
Continence, 83, 85, 88, 93, 106, 128, 151, 213, 800
Contrat social, 475-478, 506, 541, 543, 547-550, 576, 598, 776, 786, 806
Contre-réforme, 18
Contre-révolution, 42, 160, 172, 559, 562, 574, 576, 584, 591-613, 710
Controverse de Valladolid, 446, 452
Conversion, 83, 86, 87, 95, 120, 123, 149, 169, 172, 221, 229, 237, 239, 300, 305, 307, 308, 325, 386, 387, 391, 394, 476, 553, 580, 708, 780, 799
Corps
absence du, 56, 57
du Christ, 79, 84, 93, 101, 102, 106, 213, 257, 265-284, 414, 421, 674, 682
du judéo-christianisme, 81
Haine du/des, 138, 200, 440
mystique, 101, 102
glorieux, 107, 423, 577
chrétien, 109, 140, 241
réel, 81, 128, 155, 172, 258, 271, 504

des Pères du désert, 140
torture des, 211
Corruption, 40, 279, 302, 370, 403, 414, 417, 427, 483, 485, 550, 716, 719, 726
Cosmogonie, 151, 154, 435
Cosmos, 37, 89, 189, 270, 358, 436, 493, 766
Croisades, 172, 287-308, 405, 447, 491, 593, 599, 621, 622, 724, 743, 803
des Albigeois, 97, 306, 784
Croix, 47, 59, 73, 75, 91, 113, 118, 124, 164, 165, 170-172, 178, 185, 195, 197, 239, 250-254, 257-263, 297, 301, 302, 331, 356, 357, 387, 474, 587, 625, 689
et *crux immissa*, 259
et *crux commissa*, 259
Crosse, 11-13, 557, 563
Culte
païen, 65, 168, 196, 201, 781
absolu, 245
partiellement relatif, 245
pleinement relatif, 245
relatif secondaire, 245
des images, 245, 250, 410, 493, 782
des reliques, 171
des icônes, 251
Culture, 38, 40, 41, 152, 156, 159, 200, 239, 244, 264, 269, 296, 306, 311, 339, 431, 487, 503, 545-547, 549, 550, 575, 578, 580, 653, 676, 679, 681, 687, 690, 696, 716, 722, 759, 774, 776
Cyniques (les), 99, 206
Dada, 659, 660, 788
Dar ad-Da'wa, 742
Dar al-Harb, 381, 742, 752
Dar al-Islam, 381, 391, 742
Dar al-Kufr, 391
Dar al-Suhl, 742
Déchristianisation, 540, 557, 558, 587, 588, 592, 595, 598, 601, 602, 604, 609, 610, 613, 663-686, 695, 706, 787
Décosaquisation, 585
Décrétale, 272, 340, 368, 784
Déisme, 426-428, 468, 476, 490, 491, 497, 500, 503, 504, 506, 595, 616, 620, 667, 786, 806
Démocratie, 468, 469, 515, 537, 550, 568, 579, 618, 632, 634, 635, 668, 689, 710, 714-716, 726, 743, 746, 755, 776, 806
libérale, 714, 715
Déportation, 450, 563, 565, 583, 585, 586, 610, 671, 708
Despotisme, 472, 478
Déterminisme, 31, 38, 43, 44, 215, 216, 480, 631
Devoir conjugal, 128
Dhimmitude, 297, 385
Diable, 118, 130, 135, 150, 184, 279, 296, 314, 322, 335, 340, 357, 358, 362, 370, 374, 413, 452, 468, 491, 521, 625, 684, 802
Dictature, 44, 216, 480, 552, 588, 600, 634, 635, 664, 671, 687, 709, 741, 742, 777
du parti, 578, 582
du prolétariat, 575, 578, 582

Divorce, 128, 141, 213, 498, 510, 683, 765
Djihad, 42, 237, 248, 304, 379, 381, 746, 750, 753
Docétistes (les), 107
Dogme, 106, 215, 251, 270, 273, 320, 405, 414, 474, 599, 623, 649, 665, 724, 786
Dolorisme, 498, 510, 515
Donatistes (les), 107, 187
Droit
naturel, 466, 511
international, 749
et jusnaturalisme, 466
Dulie, 244, 245, 410, 493
Ébionites (les), 313
Écritures, 16, 45, 46, 55-77, 87-99, 106-119, 134, 151-163, 189, 205, 209, 210, 226, 243, 244, 251, 255, 263, 266, 267, 287-294, 299, 357-362, 369, 408, 410, 411, 501, 507, 684, 712, 722, 761
Édit de Milan, 122, 123, 149, 168-173, 186, 780
Édit de Nicomédie, 163, 780
Édit de Thessalonique, 177, 201
Égalité 191, 239, 422, 450, 508, 511, 520, 540-548, 561-565, 568, 576, 605, 648, 668, 681, 687, 706, 718, 728, 806, 807
Église
apostolique, 498, 663
catholique, 14, 20, 63, 76, 77, 92-152, 168, 169, 180-186, 200-217, 244-375, 403-422, 441-453, 498-512, 593-684, 726
d'Orient, 110, 242
d'Occident, 63, 110, 242
Pères de, 13, 119, 120, 144, 180, 181, 183, 205, 244, 259, 358, 362, 365, 366
et Vichy, 610-620
Elkasaïtes (les), 150
Encratites (les), 133, 253
Enfer, 50, 106, 157, 164, 184, 205, 277, 314, 323, 342, 376, 405, 441, 508, 521, 665
Entropie, 16, 39-50, 769, 770
Épée, 219-239, 245, 269, 288, 289, 291, 293, 294, 303, 308, 342, 387, 391, 392, 405, 415, 452, 453, 455, 456, 460, 461, 564, 621, 670
Épicuriens (les), 14, 99, 100, 267, 268, 467, 505
Épicurisme, 205, 425, 426, 432-434, 468, 506
Épistémologie, 29, 504
Érasmisme, 484
Eschatologie, 50, 197, 577, 712
Esclavage, 91, 304, 391, 410, 453, 462, 521, 583, 648, 777
Esprit-saint, 57, 66, 90, 106, 108, 110, 128, 150, 186, 211, 214, 245, 312, 320, 649, 682
État islamique, 44, 219, 296, 742, 745, 746, 748, 752, 769, 792, 809
État
bolchevique, 22, 577, 578, 580, 788
totalitaire, 199-217
chrétien, 199-217, 315, 330
autoritaire, 469

Étatisme, 591
Éternel retour, 44, 177, 194, 195, 297, 631
Ethnocide, 295
Étrusques (les), 30
Eunomiens (les), 187
Europe, 20, 22-24, 44, 47, 82, 89, 138, 197, 220, 268, 303, 310, 336, 337, 341, 355, 364, 377, 378, 381, 382, 384, 387, 407, 408, 422, 426, 429, 448, 459, 476, 488, 490, 494, 496, 506, 514, 515, 520, 524, 528, 551, 559, 581, 588, 593, 600, 604, 612, 619, 621, 633, 636, 637, 639, 642, 657, 663, 664, 685, 686, 689, 705, 707-709, 711, 713, 715, 721, 725, 739, 740, 752
Évangiles, 55-264, 287-322, 357-362, 408, 410, 411, 501, 509, 595, 619, 625, 664, 666, 673, 684, 712, 722, 753, 779, 798
Excommunication, 110, 123, 248, 277, 293, 312, 313, 317, 327, 336, 348, 349, 411, 413, 630, 665, 670, 671, 782, 790
Exégèse, 49, 117, 248, 272
Famille, 56, 85, 119, 140-142, 163, 167, 237, 256, 337, 345, 359, 387, 406, 512, 523, 527, 529, 537, 539, 552, 560, 585, 593, 605-608, 611, 618, 649, 657, 688, 689, 726, 765-767, 801
Fascisme, 42, 43, 591-614, 618, 634, 635, 638, 663, 664, 673, 678, 688, 689, 713, 774, 789
Fatwa, 719, 721-724, 730
Faute, 94, 119, 169, 318, 319, 321, 328, 355, 424, 490, 521, 534, 539, 576, 605, 681, 742
Fédéralisme, 559, 560, 569, 591
Femme, 20, 56, 60, 62-64, 71, 83, 85, 90, 92, 93, 96, 100, 110, 123, 128, 129, 140, 143, 151, 156-158, 162, 200, 207, 208, 211, 212, 232-234, 242, 243, 254, 288, 291, 295, 301, 309, 323, 335-337, 341, 342, 345, 352, 356, 358-362, 365-368, 370, 373-376, 379, 380, 393, 394, 405, 407, 432, 437, 440, 441, 447, 449-451, 455, 461, 462, 498, 508, 510, 511, 529, 531, 533, 551, 552, 557, 561, 563-565, 579, 591-593, 605-607, 610, 636, 643, 647, 650, 656, 659, 681, 687, 693, 694, 701, 709, 728, 729, 739, 741, 755, 767, 803
  et viol, 564, 698
  et mariage, 60, 63, 83, 98, 106, 119, 128, 141, 142, 163, 168, 169, 190, 193, 213, 251, 256, 287, 293, 313, 314, 346, 356, 386, 396, 404, 462, 463, 510, 520, 525, 529, 530, 551, 582, 585, 592, 605, 606, 656, 681, 701, 744, 767, 783
  et maternité, 62-65, 84, 96, 151, 165, 302, 306, 313, 330, 368, 451, 564, 593, 605-607

Fidéisme, 464, 468, 476, 478, 483, 485, 497, 500, 503, 506, 514, 620, 623, 626, 806
Foi, 24, 47, 48, 90, 104, 124, 127, 131, 197, 200, 212, 234, 249, 297, 318-320, 322, 332, 333, 339, 347, 366, 367, 369, 379, 385, 386, 389-392, 404, 405, 416, 417, 431, 447, 448, 455, 464, 476, 478, 490, 493, 494, 497, 508, 514, 524, 570, 603, 616, 621, 623, 628, 649, 675, 717, 718, 723, 780, 798, 810
et raison, 50, 106, 109, 154, 268-270, 277, 284, 308, 311, 312, 318
apodictique, 623
Fornication, 92, 128, 211, 213
Franc-maçonnerie, 527, 570, 601, 606, 609, 611, 613, 621, 679, 710
Francs (les), 219, 358, 382, 476
French Theory, 111
Futurisme, 643, 650, 654, 659, 774, 788, 807
Gastronomie, 761
ontologique, 60, 61
Gaullisme, 613, 689, 752
Gématrie, 77
Génocide, 287, 295, 306, 446, 675, 678, 713, 755
vendéen, 563, 564, 710
Gentils (les), 82, 92, 303
Géocentrisme, 499
Gestation pour autrui, 765, 768
Girondins (les), 527, 531, 540, 559, 560, 591, 787, 807
Glossolalie, 95
Gnosticisme, 151, 314
Gnostiques (les), 107, 150, 152, 253, 800
Golgotha, mont du, 55, 111, 113, 170, 259, 263, 298
Goths (les), 13, 153, 219, 273
Goulag, 22, 583, 587-589, 708, 710, 711, 808
Gourmandise, 144-147, 542
Grâce, 17, 46, 57, 62, 101, 106, 107, 131, 160, 182, 247, 271, 308, 313, 314, 319, 325, 366, 387, 396, 410, 473, 494, 503, 532, 535, 544, 556, 581, 607
sanctifiante, 107
actuelle, 107
Grâces, 325
supérieures, 107
extraordinaires, 107
Grande Bibliothèque d'Alexandrie, 204
Guerre, 11, 20-22, 40, 45, 98, 150, 159, 162, 163, 165, 187, 190, 192, 204, 216, 220, 226-229, 233-237, 239, 242, 267, 288, 290-297, 300, 303, 305, 307, 338, 341, 359, 362, 379, 381, 409, 410, 426, 428, 444, 447, 449, 451, 452, 455, 461, 462, 464, 466, 469, 470, 480, 483, 491, 497, 506, 507, 510, 511, 543, 546, 550, 552, 555, 562, 563, 576, 583, 586, 592, 599, 604, 605, 610, 611, 613, 615-622, 624, 628-630, 633, 638, 643, 655, 659, 664, 666, 671, 672, 674-677, 683, 687-689, 712, 713, 720, 721,

724, 733, 738-742, 748-756, 765-767, 788, 790-792, 809
sainte, 237, 295, 299, 306, 379, 380, 447, 628
juste, 109, 287, 292-295, 452, 622, 628, 676, 678
de civilisation, 300, 739, 743, 753, 755
d'Espagne, 600, 603, 789
petite, 733, 736, 750-752
grande, 751, 752
Guerres de Vendée, 561, 564
Hadith, 220, 243, 380, 391, 717, 801
Hédonisme, 19, 424, 430, 487, 507, 510, 550, 599, 609, 626, 688, 706, 714, 719, 775, 776
Héliocentrisme, 499
Hellénistes (les), 150, 153
Hérésie, 108, 130, 133, 186, 202, 212, 214, 250, 254, 280, 301, 309-317, 319-326, 328, 329, 331, 332, 341, 364, 391, 410, 413, 416, 418, 469, 473, 474, 491, 513, 621, 665, 677, 786, 804
cathare, 306, 784
et Jean Hus, 408, 411, 416, 420, 804
Herméneutique, 115, 248
Hétérodoxie, 108, 258, 414
Hindouisme, 239, 377, 667, 669, 677, 686, 760, 761, 771
Hippone, 12-15, 132, 293, 360, 453, 501, 781, 782
Homéens (les), 107, 331
Homélie, 111, 114, 118, 130, 684
Homéousiens (les), 107
Homme
nouveau, 42, 91, 430, 543, 549-551, 553, 554, 577, 579, 583, 584, 587, 592, 598, 599, 774-776
régénéré, 42, 91, 543, 544, 553, 554, 562
mort de l', 430, 695-702
vs structure, 696-705
du ressentiment, 50, 120, 200, 230, 322, 366, 517-637, 783, 787, 806, 807
Homoiousiens (les), 331
Homoousiens (les), 331
Homoparentalité, 768
Homosexualité, 85, 129, 143, 213, 216, 301, 601, 621, 687, 688, 715, 765, 767, 768
Hostie, 102, 106, 205, 213, 271, 272, 274, 275, 277-279, 327, 410-414, 421, 464, 475, 510, 515, 681, 682
Hussites (les), 421, 422, 497, 804
Iazyges (les), 153
Icône, 242-256, 651-655, 685, 801
Iconoclastes (les), 18, 107, 241-256, 382, 607, 654, 782, 801-803
Iconophiles (les), 242-256, 654, 783
Idéal ascétique, 145, 425, 435, 498, 510, 512, 515, 598, 650, 658, 667, 688
Idéalisme, 111, 276, 430, 567, 596, 712
Idée, 29, 47, 191, 192, 205, 274, 276, 280, 281, 307, 373, 430, 503, 519, 567-573, 577, 620, 650, 651,

696, 699, 711, 712, 714, 725, 736
Idéologie, 29, 46-48, 105, 111, 122, 152, 196, 211, 237, 253, 254, 269, 281, 301, 519, 544-550, 567, 568, 609, 618, 628-633, 649, 671, 677, 695, 696, 724, 759-776, 801, 808
Idole, 18, 92, 99, 115, 171, 202, 227, 234, 247, 257, 301, 510, 571, 651, 779, 801
IIIe Reich, 22, 552, 616-670, 789, 790, 808
Immanence, 468-481, 541, 597, 668, 683, 809
Immortalité, 59, 279, 461, 570, 689
Impérialisme, 197, 237, 308, 450, 693
chrétien, 197, 308
colonial, 450
américain, 729
Impuissance sexuelle, 85-88, 368, 370
Impureté, 147, 373
Incarnation, 57, 65, 76, 77, 107, 140, 166, 221, 248-264, 279, 312, 390, 571, 712
Inconscient, 50, 660, 697-700
et surréalisme, 660
et Freud, 660, 697, 698, 700
Individualisme, 648, 767
Indulgence, 318, 319, 321, 331, 332, 406-413, 484
Inquisition, 295, 309-333, 340, 355, 364, 371, 373, 414, 447, 452, 474, 493, 521, 543, 593, 784-786, 803
Islam, 205, 220, 221, 226, 227, 229, 231, 236, 237, 239, 241, 243, 244, 297, 301, 305, 308, 377, 378, 380, 381, 385-392, 394, 491, 666, 715-719, 722, 724, 725, 730, 740, 742, 743, 745, 746, 752, 756, 763, 767-769, 784, 793, 801, 802, 810
politique, 717, 718, 724, 768, 807
Résurgence de l', 769
Islamisation, 229, 716
Islamisme, 42, 724, 744, 792
Ismaéliens (les), 382
Jacobiens (les), 150, 153
Jacobinisme, 20, 562, 693
Jacobins (les), 548, 561, 564, 575, 586, 591, 710, 787
Jésus, *voir Christ, Messie*
Jeûne, 58, 115, 118, 134, 138, 152, 227, 339, 494, 667
Johanniens (les), 150
Jouissance, 92, 360, 396, 433, 435, 487, 511, 605
Judaïsme, 87, 90, 91, 101, 112, 144, 150, 239, 243, 244, 315, 390, 624, 630, 634, 654, 761
Judée, 112, 124, 149, 150, 657
Judéo-bolchevisme, 606
Judéo-christianisme, 15-17, 20, 23, 46, 50, 65, 67, 72, 79, 88, 90, 91, 97, 104, 111, 112, 124, 140, 252, 267, 268, 358, 360, 377, 378, 383-385, 418, 426, 431, 440, 441, 459, 463, 467, 478, 490, 500, 506, 541, 576-578, 638, 650, 654, 655, 658, 659, 687, 705,

706, 743, 757, 760, 761, 765-767, 769, 770
Justice, 45, 86, 103, 131, 158, 159, 191, 192, 237, 290, 299, 332, 336, 345, 346, 350, 424, 465, 466, 508, 511, 513, 539, 552, 574, 583, 607, 648, 649, 659, 667, 670, 716-718, 741, 755, 770
Kantisme, 570
Laïcité, 94, 476, 535
Latrie, 244, 245, 291, 558
Laurier, 59
Libéralisme, 431, 648, 695, 708, 760, 764, 769, 776
Libertinage, 301, 427, 487, 607, 688, 692, 693, 715
Libido, 83, 88, 127, 136, 142, 212, 360, 361, 368, 434, 437, 520, 608
Littérature apologétique, 133
Logos, 62, 78, 79, 189-192, 194, 571
Loi
    juive, 61, 66, 394
    d'Israël, 63
    mosaïque, 150, 394-398, 470
    islamique, 397, 717
    calviniste, 470
    coranique, 719
Lucifer, 107, 362, 374
Luxure, 144, 145, 211, 213, 227, 301, 405, 409
Machiavélisme, 427, 479, 480
Magie, 96, 155
    noire, 356, 358
    blanche, 356, 358
Mai 1968, 664, 685-706
Mal (le), 70, 71, 85, 103, 106, 107, 116, 130, 131, 134, 135, 152, 223, 289, 296, 306, 312, 314, 336, 338-340, 350, 353, 357, 359, 361, 370, 373, 396, 470, 473, 476, 487, 494, 495, 497, 508, 510, 521, 536, 571, 588, 605, 627, 649, 727, 770, 807
Malicide, 289, 306
Malthusianisme, 40
Manichéisme, 107, 314
Marcionisme, 107, 150
Mariage homosexuel, 765, 768
Martyr, 22, 81, 104, 115, 116, 134, 151, 171, 200, 210, 256, 294, 299, 307, 314, 342, 367, 420, 421, 462, 604, 720, 755, 799
Marxisme-léninisme, 196, 572, 576, 577, 595, 596, 599, 673, 707, 710, 724
Matérialisme, 38, 267, 280, 507, 513, 596, 619, 683, 776
    historique, 38
Messie, 50, 57, 71, 73, 74, 87, 114, 258, 261, 313, 575, 577, 619
Métaphysique, 11, 17, 27, 58, 213, 274, 342, 377, 384, 491, 501, 550, 594, 632, 685-706, 797, 810
Métapsychologie, 698, 699
Millénarisme, 50, 108, 150, 195, 422, 573, 712
Misogynie, 93, 129, 681
Mithraïsme, 107
Mitre, 11-13, 358, 417, 501, 557
Modalistes (les), 107
Mohel, 88
Monachisme, 133

Monarchianistes (les), 107
Monarchie, 109, 154, 188, 191, 422, 471, 472, 477, 478, 502, 506, 511, 521, 528, 530, 536-538, 554, 570, 709
Monarchomaques (les), 468, 471, 476, 477, 482, 486, 488
Monastère, 47, 117, 138, 146, 268, 412, 423, 425, 441, 468, 558, 587, 588, 602, 637, 780, 781, 785, 804
Monitoire, 335-353
Monogamie, 128, 142, 649
Monothéisme, 191, 228, 467, 723, 767, 768
Monothélistes (les), 107
Montaniens (les), 150
Montanistes (les), 108, 110, 116
Mort de Dieu, 24, 49, 505, 508, 515, 573, 626, 650, 693, 786, 806
Mort de l'homme, 430, 695, 696, 700, 702
Mortification, 138, 200, 424, 435
Mythe du juif errant, 111, 114
Mythologie chrétienne, 157, 255
  Annonciation, 221, 225, 256, 656
  Dormition de la Vierge, 256
  Vierge à l'enfant, 256
  Déploration, 75, 256
  Adoration des bergers, 256
  Adoration des rois mages, 256
  Visitation, 256
  Nativité, 255, 256, 297
  Massacre des Innocents, 256
  Circoncision, 81-104, 112, 115, 124, 154, 256, 390
  Présentation au Temple, 256
  Fuite en Égypte, 66, 256
  Sainte Famille, 256
  Tentation du désert, 256
  Sermon sur la montagne, 158, 254, 256, 670
  Noces de Cana, 256
  Jésus devant Pilate, 256
  Jésus et la Samaritaine, 256
  Jésus marchant sur les eaux, 256
  Pêche miraculeuse, 256
  Marie Madeleine aux pieds du Christ, 256
  Marie Madeleine au tombeau, 256
  Résurrection, 77, 100, 107, 110, 150, 157, 180, 182, 195, 206, 247, 256, 313, 423, 577
  Résurrection de Lazare, 256
  Guérison du paralytique, 256
  Femme adultère, 91, 256, 287, 293, 360
  Multiplication des pains, 74, 77, 226, 256
  Entrée à Jérusalem, 256
  Marchands du Temple, 22, 74, 124, 256, 288, 294, 595, 619, 626
  Denier de César, 256
  Lavement des pieds, 256
  Cène, 77, 101, 102, 256, 271
  Jardin des Oliviers, 256

Baiser de Judas, 256
Reniement de Pierre, 256
Couronnement d'épines, 256
Couronnement de Marie, 256
Flagellation, 256, 258, 263
Portement de la croix, 256
Calvaire, 170, 256, 541, 806
Descente de la croix, 256
Apparition aux disciples, 256
Pèlerins et le repas d'Emmaüs (les), 256
Incrédulité de Thomas, 256
Ascension, 247, 256, 454
Pentecôte, 161, 256
Assomption, 256
Martyre de saint Étienne, 256
Paul sur le chemin de Damas, 224, 256
Paul à Athènes, 256
Paul à Éphèse, 96
Jugement dernier, 179, 181, 182, 184, 186, 195, 256, 682, 712
Crucifixion, 254-258, 260-262
Docteurs du Temple, 71
Nation, 9, 42, 120, 158, 420, 460, 537, 539, 554, 568, 593, 598, 603, 624, 630, 633, 675, 726, 738, 766
National-socialisme, 615, 628, 638, 700, 713, 774
et catholicisme, 611, 621, 624-626, 633, 634, 636
et parousie, 196
Nazisme, 21, 22, 42, 522, 552, 609-612, 632, 659, 689, 694, 741, 752, 789, 790, 808
et christianisme, 119, 125, 596, 604, 609, 625, 627, 630, 631, 633, 634, 637, 663, 673, 678
Nazoréens (les), 150
Néguentropie, 39, 41, 45, 50
Néoplatoniciens (les), 99, 189, 191, 193, 205, 206, 209, 424, 431
Néoplatonisme, 189, 206, 249
Nestorianisme, 214, 215
Nestoriens (les), 107, 383
Nihilisme, 20, 50, 503, 638, 641-757, 768, 776, 808, 809
Nominalistes (les), 281, 282, 414, 420, 736
Notarique, 77
Nouveau monde, 313, 430
Oblomovisme, 23
Omeyyades (les), 386
Ontologie, 17, 24, 27, 31, 57, 60, 61, 65, 78, 104, 131, 186, 216, 251, 272, 281, 349, 355, 357, 359, 373, 419, 430, 431, 441, 491, 500, 503, 537, 538, 631, 648, 654, 675, 686-688, 766
Oppression, 475, 568, 687, 690, 715, 743, 746
résistance à l', 568
Oracle, 93, 165, 291
Ordalie, 63, 190, 230, 231, 293, 296, 390
Orgueil, 138, 139, 145, 147, 448
Origéniens (les), 108
Orthodoxie, 105, 108, 119, 187, 211, 212, 363, 473, 501, 665, 669, 676, 710, 767

Paganisme, 17, 18, 100, 165, 169, 188, 190, 201-203, 206, 210, 228, 254, 294, 499, 621, 626, 633, 634, 781
Paléo-christianisme, 149
Panthéisme, 107
Papauté, 75, 109, 242, 313, 326, 405, 471, 484, 536, 598, 599
Pâques, 121, 314, 513, 558
Parabole, 73, 78, 178, 248, 256, 272, 276, 374
des mines, 98, 287
Bon Samaritain (Le), 256
Mauvais serviteur (Le), 256
Retour de l'enfant prodigue (Le), 256
Mauvais riche (Le), 256
Aveugles (Les), 67, 69, 256
Vierges sages et les Vierges folles (Les), 178, 256
Bon grain et l'ivraie (Le), 73, 256
Ouvriers de la onzième heure (Les), 256
Paradis, 43, 50, 106, 160, 182, 184, 205, 219-239, 290, 299, 300, 335, 336, 359, 380, 390, 499, 577, 665
Parousie, 50, 705, 711
marxiste-léniniste, 567-589
chrétienne, 177, 178, 180, 181, 185, 186, 195, 197, 294, 409, 571, 572
et national-socialisme, 620
communiste, 576, 589, 592
Passion du Christ, 75-77, 101, 102, 104, 145, 195, 256, 299, 314, 366, 473, 476, 498, 712
Patripassianistes (les), 107
Patristique, 46, 105, 107, 110, 111, 114, 115, 119, 183, 207, 214, 270, 282, 284, 310, 335, 360, 365, 368, 374, 503, 510, 594, 678, 800
Patrologie, 105, 798
Pauliniens (les), 153, 359, 360, 471
Paulinisme, 189
Péché, 77, 119, 139, 142, 144-147, 152, 157, 185, 187, 199, 216, 250, 260, 271, 287, 295, 296, 299, 300, 309, 313, 318, 319, 323, 325, 339, 340, 342, 360, 406, 411, 415, 454, 455, 469, 490, 555, 649, 670, 717, 767, 781, 786
originel, 42, 70, 106, 129-132, 140, 182, 195, 324, 325, 328, 355, 395, 424, 441, 469
de connaissance, 130
de chair, 130, 213, 441
Pédophilie, 404, 688, 692, 701
Peine de mort, 422, 454, 524, 540, 543-548, 569, 591, 594, 607, 693
Pélagianisme, 107, 132, 314
Pèlerinage, 169-172, 297, 298, 406, 419, 497, 723, 755, 783
Pénitence, 106, 139, 142, 213, 294, 340, 413, 484, 494, 604, 767

Pensée scolastique, 46, 48, 75, 105, 111, 207-210, 265-284, 329, 362-376, 384, 414-421, 431, 453, 494, 499-505, 594, 665, 678, 697-699, 728, 802
magique, 12, 43, 171, 184, 253, 301, 329, 342, 349, 371, 372, 374, 375, 609
tragique, 43, 473, 480-482, 631, 797
Pétriniens (les), 150-153
Peuple déicide, 113-120, 303, 593, 606-609, 626, 676, 790
Pharisiens (les), 72, 92, 112
Phénoménologie, 111, 276, 355-376
Photinistes (les), 107, 314
Physiologie, 81, 84, 360, 698
Platonisme, 32, 93, 99, 105, 116, 156, 189-209, 249, 250, 267, 274, 276, 278, 280, 283, 342, 373, 383, 389, 397, 424, 430, 431, 501, 537, 567, 696-699, 736, 776
Pneumatomaques (les), 107
Pogrom, 303, 304, 586, 588, 677
Polémologie, 296, 301, 750
Politique, 17, 40-49, 83, 93, 102-109, 122, 132, 154, 165-191, 207-215, 221, 228, 248-255, 269, 281, 305, 320, 324, 337, 357, 380, 403, 405, 407, 422, 447, 461-488, 502-515, 519-526, 536-554, 569-636, 648-660, 678, 693, 711-777
et christianisme, 40-49, 83, 93, 102, 108, 166, 168, 172, 186, 187, 269, 274, 282, 305, 403, 405, 407, 502-526
et islam, 380, 381
Polygamie, 463, 767
Polythéisme, 169, 191, 238, 301, 390, 467, 677, 723
Prédestination, 45, 62, 106, 223, 274, 620
Prédéterminationistes (les), 107
Première croisade, 97
Prépuce, saint, 89-93
Présocratiques (les), 105, 765
Prière, 25, 107, 121, 124, 135, 138, 212, 224, 227, 236, 244, 248, 313, 339, 347, 357, 362, 388, 421, 474, 476, 493, 494, 498, 509, 599, 680, 722
Priscillianisme, 107, 314
Procès, 313, 375, 416-418, 474, 543, 589, 593, 602, 784, 785, 788, 803
d'animaux, 336-352
de la truie de Falaise, 340-346
des sangsues, 346-352
de sorcières, 355-376
Procréation, 56, 128, 151, 441, 608, 632, 765, 767
vs sexe, 56, 128, 441, 608, 765, 767
Progrès, 29, 43, 82, 195-197, 568, 571-573, 678, 686
Prolétariat, 42, 158, 440-589, 616, 671, 687, 762
dictature du, 582-588
Prophète, 46, 50, 57, 72, 73, 110, 112-114, 122, 130, 150-159, 221-243, 254, 380, 385, 388, 468, 508, 666, 685, 719, 723-727, 747, 748, 756, 801

Prophétie, 77, 82, 112, 179, 181, 223, 225
Prosélytisme, 254, 270, 288, 291, 308, 326, 380, 386, 447, 452, 498, 553, 603, 622, 665, 743, 768
Prostitution, 118, 120, 140, 161, 407, 422, 588, 608, 618, 693, 709, 715
Protestantisme, 18, 132, 143, 182, 267, 457, 458, 464, 468, 469, 471-473, 475, 477, 478, 482-485, 493-499, 535, 580, 611, 621-628, 649, 665, 669, 676, 677, 722, 754, 769, 786
Prototype, 140, 247-251
Providence, 172, 469-504, 536, 538, 570, 572, 603, 620, 628, 676
Purgatoire, 406, 421, 509
Pythagoriciens (les), 99, 116, 459
Quadrivium, 270
Quartodécimans (les), 107, 110
Querelle des images, 18, 107, 241-257
Querelle des Universaux, 269, 280-284
Race, 42, 244, 281, 289, 303, 553, 608, 610, 634, 664, 681, 717
Racialisme, 634
Raison, 20, 28, 29, 48-50, 59, 99, 102, 121, 130, 156, 158, 180, 185, 191, 192, 265, 268, 276, 296, 306, 308, 325, 347, 352, 355, 363, 364, 431, 465, 468, 482, 493, 497, 507, 515, 649, 660, 675, 687-689, 719, 756, 802, 803
  et foi, 106, 109, 116, 154, 268-270, 277, 284, 375, 395, 498, 500, 508, 509, 621
  hégélienne, 29, 571-573, 576, 620, 712
  naturelle, 269, 270
  occidentale judéo-chrétienne, 57, 721, 736
Ready-made, 642, 643, 645, 646, 650, 661, 788
Réalisme, 259, 282, 414, 480, 724, 736
Réalistes (les), 280-282, 736
Reconquista (la), 387
Rédemption, 107, 260, 390, 417, 576
Réforme de l'Église, 212, 274, 408, 422, 468, 469, 484, 769, 804
  et laïcité, 476
Régime, 385, 511, 554, 568, 580, 584, 589, 630, 663, 709, 718, 727-730, 740, 741, 756, 760, 791
  chrétien, 384
  coranique, 378
  de Vichy, 608-613
  fasciste, 594, 596, 636, 664, 678, 789
  islamique, 719
  marxiste-léniniste, 589
  national-socialiste, 188, 612, 626, 636
  totalitaire, 20-22, 552, 636, 695, 718, 724
Religion, 9, 17, 45, 46, 82, 90, 91, 93, 96, 99, 115, 122, 124, 127, 149, 154, 160, 163, 165, 166, 168, 169, 186, 188, 201, 210, 221, 223, 226, 227, 229, 239, 248, 250, 269, 270,

291, 296, 299, 302, 306, 311, 313, 319, 321, 373, 385, 405, 426, 432, 435-437, 467, 468, 470, 474, 476, 478, 480, 481, 483, 485, 496-498, 502, 505, 507, 508, 513, 515, 548, 551, 552, 570, 577, 595, 597, 598, 603, 604, 610, 622, 624-626, 634, 649, 652, 656, 664-667, 678, 681, 684, 688, 706, 707, 720, 729, 756, 759-762, 764, 768, 776, 777, 780, 797, 799
catholique, 508, 594-598, 604, 620, 679, 693
chrétienne, 24, 315, 390, 432, 481, 506, 508, 624, 764
de l'athéisme, 592
de l'Être suprême, 591
de l'individualisme consumériste, 767
des objets, 710
du capital, 756
et opium du peuple, 729, 730
guerres de, 622, 677
islamique, 708
judéo-chrétienne, 499, 726, 730
musulmane, 237, 301, 726, 730
païenne, 481, 708
Relique, 95, 171, 278, 363, 410, 419, 422, 493, 513, 559, 587
Renaissance (la), 17, 18, 467, 506, 728, 804, 809
République, 173, 337, 468, 469, 478-481, 537, 548, 554, 556, 560-563, 565, 570, 578, 584, 605, 611, 716
Résistance, 44, 474, 562, 568, 608, 613, 634, 655, 671, 688, 743, 752
Ressentiment, 50, 200, 230, 321, 519, 526, 541, 547, 555, 559, 568, 615, 617, 618, 628, 630, 635, 650, 687, 787, 806, 807
Révolution française, 19, 20, 337, 519, 520, 526, 536, 541, 553, 554, 561, 562, 567, 568, 572, 573, 575, 587, 591-593, 598, 606, 610, 635, 669, 685, 693, 702, 710, 712, 721, 769, 806
Rhétorique, 46, 48, 109, 111, 117, 569, 584, 706
Rousseauisme, 543, 548, 806
Royaume des cieux, 158, 159, 172, 177, 195, 217, 257, 296, 314, 670
Sacrement, 102, 106, 107, 143, 213, 273, 312, 317, 405, 410
Baptême, 61, 74, 77, 88, 107, 108, 110, 151, 152, 172, 182, 213, 247, 259, 273, 308, 317, 371, 468, 509, 654, 781
Confirmation, 107, 213, 421
Eucharistie, 74, 101, 107, 133, 213, 259, 268, 271-278, 390, 410, 413, 475, 510, 678, 682
Extrême-onction, 107, 213, 338
Mariage, 61, 83, 85, 93, 128, 133, 140-143, 165, 204, 213, 317, 356, 357, 440, 507, 528, 561, 604,

606, 612, 649, 656, 669, 765, 767, 781
Ordination, 187, 213, 403
Pénitence, 106, 107, 139, 142, 213, 319, 327, 413, 494
Sacrifices humains, 454, 455
Sadducéens (les), 72, 112
Saint-Barthélemy (massacre de la), 464, 471-473, 476, 484, 786
Saint-Esprit, 57, 93, 106, 108, 110, 128, 150, 186, 187, 214, 245, 312, 320, 649, 682
Saint-Sépulcre, 297, 298, 305
Saint-Siège, 404, 597, 603, 637, 663, 730, 790
Sainte Vertu, 89
Salut, 43, 65, 91, 136, 155, 160, 186, 260, 295, 318, 367, 394, 410, 570, 576, 578, 588, 619, 666
Sang du Christ, 50, 102, 213, 271, 274, 276, 408
Sarmates (les), 153, 162
Sarrasins (les), 298, 304, 308, 312, 377, 378, 381, 382, 388, 389, 514
Saxons (les), 153
Scolastique, 46, 48, 75, 111, 267, 268, 270-272, 282, 284, 366, 374, 431, 499, 501, 545, 699, 802
Séraphin, 106, 266
Serpent, 70, 121, 130, 131, 134, 135, 157, 308, 313, 322, 335, 336, 338, 340-342, 355, 365, 695
Servitude, 92, 122, 462, 486, 487, 521, 583, 676, 772
Sexe, 40, 41, 93, 127, 131-133, 263, 265, 358, 360, 374, 461, 524, 652, 681, 688, 691, 765
libéralisation du, 692, 704
vs procréation, 56, 441, 608
Sexualité, 29, 56, 83, 88, 127, 128, 132, 133, 141, 142, 144, 213, 216, 360, 404, 410, 434, 438, 510, 532, 533, 551, 606-608, 622, 632, 650, 658, 688, 690-692, 701, 765, 767
Shintoïsme, 377
Shoah, 113
Simonie, 406, 409, 412, 417, 427
Socialisme, 573, 581, 605, 791
transcendantal, 567, 577, 582
Société policière, 584
Solution finale, 630, 636, 689, 713, 790
Sophistes (les), 109, 245
Sophistique, 46, 48, 206, 282, 283, 346, 368, 421, 431, 594, 699, 726, 803
Sorcellerie, 155, 309, 358, 361, 362, 364, 785, 803
Sorcière, 309, 355, 361, 362, 364-366, 369-375, 469, 491, 593, 803
et procès, 341, 355, 356, 358-360, 368, 375, 665, 785
Sperme, 56, 131
Spiritualité, 46, 99, 239, 255, 433, 684, 710, 760, 762, 768, 769
politique, 728-730
Stoïciens (les), 99, 424, 431, 498
Stoïcisme, 205
Structuralisme, 695, 696, 704

vs histoire, 700, 704, 705, 714
vs réel, 698-700, 704, 711
Structure, 696-700, 705
et antihumanisme, 700, 701
Superstition, 169, 203, 358, 365
Supplice, 30, 47, 93, 184, 185, 193, 232, 260, 262, 294, 330, 331, 342, 345, 419, 461, 694
Surhomme nietzschéen, 596, 631
Surréalisme, 660
Syllogisme, 48, 396
Synode de Latran, 274
Taborites (les), 421, 422
Talion, 151, 159, 385, 396
Tentations de saint Antoine, 135
Terre sainte, 169, 172, 298, 780
Terreur, 19, 309, 326, 329, 330, 342, 575, 592, 746, 747, 767, 787, 788
blanche, 591, 602
de 1793, 559-561, 572, 591, 706
d'État, 743
de masse, 583, 584
gouvernement par la, 324
rouge, 583, 584, 602, 788
Terrorisme, 588, 591, 613, 675, 739, 743, 753, 755, 759, 765
d'État, 592, 755
et petite guerre, 752, 755
révolutionnaire, 576, 578
Thanatocratie, 44
Théocratie, 50, 237, 296, 469-471, 511, 515, 535, 583, 726, 727, 736, 740, 743, 806
vs démocratie, 634, 715
Théodicée, 571
Théologie, 24, 45, 46, 75, 109, 115, 117, 268, 270, 274, 277, 330, 338, 345, 346, 363, 364, 367, 368, 377, 407, 409, 412, 436, 468, 469, 477, 491-493, 496, 505, 595, 665, 678, 697, 723, 802
paulinienne, 90
politique, 102
positive, 270
scolastique, 270, 271
Théorétique, 207
Torture, 97, 163, 191, 211, 234, 235, 246, 251, 259, 262, 263, 311, 322, 323, 325, 329-332, 342, 355, 358, 371, 374, 405, 450, 452, 456, 461, 525, 560, 565, 587, 588, 695, 753
Totalitarisme, 541, 547, 550, 551, 562, 564, 580, 582, 635, 710
Tour de Babel, 15
Transcendance, 162, 467, 471, 541, 597, 667, 682, 683, 686, 689, 697, 726, 728, 809
Transhumanisme, 773, 774, 776, 777
Transsubstantiation, 213, 268, 273-275, 277-280, 410, 414, 678
Travail, Famille, Patrie, 605, 611, 688
Tremblement de terre de Lisbonne, 490, 491, 496, 515
Trinité, 12, 13, 107, 186, 246, 273, 312, 314, 390, 474, 475
Trivium, 270

Tyrannie, 449, 470-472, 475, 477, 485, 486, 508, 550, 569, 583, 588
Umma, 237, 718, 721, 742
Un-Bien, 206, 431, 537
Unitariens (les), 107
Universalisme, 669
chrétien, 90, 313, 677
Utraquistes (les), 421, 422
Valentiniens (les), 116, 313
Vandales (les), 13, 17, 153, 781
Vatican (le), 89, 93, 147, 181, 255, 365, 404-406, 409, 410, 413, 422, 468, 470, 471, 498, 507, 591, 593, 603, 606, 626, 631, 635-638, 663-665, 676, 678, 731, 808, 810
et État, 597
Vatican II, 609, 663, 664, 666, 676, 682-684, 722, 790, 791, 809
et *Apostolicam Actuositatem*, 669
et bombe atomique, 672, 674
et communion, 681, 683
et *Gaudium et Spes*, 669
et génocide, 675
et guerre défensive, 676
et humanisme, 669
et juifs, 113, 609, 664, 676
et laïcs, 667, 669
et latin, 680
et *Lumen Gentium*, 668
et messe, 679-682
et *Nostra Ætate*, 667
et *Presbyterorum ordinis*, 673
et prêtres ouvriers, 671-674
et *Révélation divine* (*La*), 679
et *Sacrosanctum Concilium*, 669
Végétarisme, 151
Vénération, 244, 245, 247
Verbe, 62, 78, 79, 249, 260, 276, 313, 797
Vertus théologales, 107
Vie, 39
anachorétique, 106
ascétique, 145, 667
astrophysique, 35
biologique, 36
chrétienne, 18, 108, 119, 185, 186, 209, 409
éternelle, 138, 179, 184-186, 195, 259, 299, 308, 359, 380
géologique, 35
humaine, 36, 667
monastique, 106, 145, 410, 413
philosophique, 200, 207, 283, 465
Vin
et sang du Christ, 76, 77, 102, 133, 213, 224, 271, 274, 276, 277, 313, 421
Virginité, 61, 62, 106, 128-143, 213, 390, 393, 394, 498
Vitalisme, 33, 38, 39, 596, 795
Volupté, 433, 510
Zoroastrisme, 86

Table

PRÉFACE. Métaphysique des ruines
Même la mort meurt 11
INTRODUCTION. Puissance et décadence
Dans l'écho d'une étoile effondrée 27

Première partie
LES TEMPS DE LA VIGUEUR

I. NAISSANCE
La fabrication d'une civilisation

1. Les aventures de l'anticorps du Christ
Biographie d'une fiction 55
2. Théorie de la circoncision des cœurs
La progéniture de l'avorton de Dieu 81
3. Un coup de poing juif dans le visage du Christ
Naissance de l'antisémitisme chrétien 105
4. L'invention du corps mutilé
Universalisation d'une névrose 127
5. Le devenir religion d'une secte
Quand la Louve est mangée par l'Agneau 149

II. Croissance
La force de la foi

1. L'ici-bas du royaume des cieux
Parousie, césaropapisme et fin de l'histoire 177
2. Torturer les corps, torturer les âmes
L'État totalitaire chrétien 199
3. Un paradis à l'ombre des épées
Premier intermède islamique 219
4. Une esthétique de la propagande
Politique de l'art chrétien 241
5. Le corps du Christ dans l'estomac d'un rat
Scolastique et dialectique cassent des briques 265

III. Puissance
La violence de la religion

1. La guerre juste : juste la guerre
L'« invention exquise » des croisades 287
2. Force de loi à la force
Inquisition et gouvernement par la terreur 309
3. Fulminer des monitoires contre les cochons
Un tribunal pour extirper la bête en l'homme 335
4. Phénoménologie du balai de sorcière
Critique de la raison misogyne 355
5. Heurs et malheurs des Sarrasins
Deuxième intermède musulman 377

Deuxième partie

LES TEMPS DE L'ÉPUISEMENT

I. DÉGÉNÉRESCENCE
La déconstruction rationnelle

1. Papes, antipapes et contre-papes
   Le poisson chrétien pourrit par la tête........ 403
2. Architectonique des ruines antiques
   Les livres contre le livre.............................. 423
3. Manger son prochain comme soi-même
   Faire son miel des cannibales..................... 443
4. La ruse de la raison huguenote
   La désacralisation du souverain................. 465
5. Sismologie lisboète de Dieu
   Philosophie du tremblement de terre.......... 489

II. SÉNESCENCE
Le principe de ressentiment

1. La machine ressentimenteuse
   La révolution dévore ses enfants................ 519
2. Le principe d'extermination
   L'invention du totalitarisme......................... 541
3. Le socialisme transcendantal
   La parousie marxiste-léniniste.................... 567
4. La révolution contre-révolutionnaire
   Le fascisme comme réaction chrétienne..... 591
5. Théorie de la chambre à gaz
   Les ruines de l'Occident................................ 615

III. DÉLIQUESCENCE
Le nihilisme européen

1. La passion de la destruction
   Une esthétique nihiliste................................ 641

2. La déchristianisation chrétienne
Le Paraclet immanent de Vatican II 663
3. Métaphysique de Mai 68
La voie royale consumériste 685
4. L'histoire après la fin de l'histoire
Troisième intermède musulman 707
5. Généalogie de la petite guerre
Antépénultième intermède musulman 733

CONCLUSION. La puissance déterritorialisée
Vers une civilisation planétaire 759

CHRONOLOGIE 779
BIBLIOGRAPHIE 795
INDEX DES NOMS PROPRES 811
INDEX DES ŒUVRES 827
INDEX DES THÈMES 837

12309

Composition
NORD COMPO

Achevé d'imprimer en Espagne
par CPI *(Barcelone)*
le 20 novembre 2018.

Dépôt légal : septembre 2018.
EAN 9782290153079
OTP L21EPLN002276B002

ÉDITIONS J'AI LU
87, quai Panhard-et-Levassor, 75013 Paris

Diffusion France et étranger : Flammarion